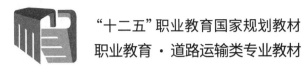

"十二五"职业教育国家规划教材

职业教育·道路运输类专业教材

经全国职业教育教材审定委员会审定

公路工程检测技术

Detection Technology of Highway Engineering

（第7版）

周德军　张俊红 ▲ 主　编
朱铁增 ▲ 副主编
李　斌 ▲ 主　审

人民交通出版社

北京

内 容 提 要

本书为"十二五"职业教育国家规划教材,共分11个模块,主要介绍公路工程试验检测依据与质量检评标准、试验检测数据处理、混合料常规试验检测、路基路面常规检测、地基承载力检测、钻(挖)孔灌注桩检测、混凝土结构检测、有效预应力与预应力孔道压浆试验、桥梁荷载试验、隧道工程常规试验检测、交通安全设施工程检测。每个模块均设有模块考核、模块学习效果评价和模块学习总结与反思,帮助师生进行学习效果检验。

本书既可作为高等职业院校道路与桥梁工程技术、公路养护与管理、建设工程监理等专业教材,也可作为公路工程测量、检测等相关专业技术人员参考用书。

本书配套多媒体课件,教师可通过加入职教路桥教学研讨群(教师专用QQ:561416324)获取。书中配有丰富的数字资源,包括视频、微课、图片等,读者可通过扫描封面资源码免费查看。此外,全书模块3~模块11配有电子活页式技能训练任务单,学生可以扫描书页中二维码下载使用。

图书在版编目(CIP)数据

公路工程检测技术 / 周德军,张俊红主编. — 7 版. — 北京:人民交通出版社股份有限公司,2024.8
ISBN 978-7-114-18538-0

Ⅰ.①公… Ⅱ.①周…②张… Ⅲ.①道路工程—检测—高等职业教育—教材 Ⅳ.①U41

中国版本图书馆 CIP 数据核字(2022)第 257391 号

"十二五"职业教育国家规划教材
职业教育·道路运输类专业教材
Gonglu Gongcheng Jiance Jishu

书 名:	公路工程检测技术(第7版)
著 作 者:	周德军　张俊红
责任编辑:	刘　倩
责任校对:	赵媛媛　魏佳宁
责任印制:	刘高彤
出版发行:	人民交通出版社
地　　址:	(100011)北京市朝阳区安定门外外馆斜街3号
网　　址:	http://www.ccpcl.com.cn
销售电话:	(010)59757973
总 经 销:	人民交通出版社发行部
经　　销:	各地新华书店
印　　刷:	北京市密东印刷有限公司
开　　本:	787×1092　1/16
印　　张:	33
字　　数:	798 千
版　　次:	2002 年 4 月　第 1 版　2005 年 5 月　第 2 版 2009 年 8 月　第 3 版　2013 年 8 月　第 4 版 2015 年 8 月　第 5 版　2019 年 10 月　第 6 版 2024 年 8 月　第 7 版
印　　次:	2024 年 8 月　第 7 版　第 1 次印刷　总第 42 次印刷
书　　号:	ISBN 978-7-114-18538-0
定　　价:	69.00 元

(有印刷、装订质量问题的图书,由本社负责调换)

第7版前言

课程特点

"公路工程检测技术"是高等职业院校道路与桥梁工程技术、道路养护与管理、道路工程检测技术、道路工程造价等专业的核心课程。学习本课程须在"土质与土力学""道路建筑材料""基础工程""路基路面工程""桥梁工程"等课程基础上进行。同时,本课程又是一门理论与实践并重的课程,需安排足够的实习实训环节,理实一体化教学效果更佳。

1. 本课程与相关课程的联系分工

数理统计在"工程数学"中讲授,本课程主要介绍其原理在公路工程中的应用。土壤、砂石材料、石灰、水泥、水泥混凝土、沥青及沥青混合料等材料的技术性质及指标检测分别在"土质与土力学""道路建筑材料"中讲授,本课程不再赘述。

2. 与本课程有关的课程

与本课程有关的课程主要有"土质与土力学""道路建筑材料""工程数学""电工学""基础工程"等,在教学中要注意相互配合。

3. 技能训练

本教材模块3~模块11均提供"电子活页式任务工单",学生可通过扫描"【模块学习效果评价】""3.能力目标达成度测评"中二维码获取,开展技能训练。

教材传承与改版

2001年7月,为适应高等职业教育发展需要,交通部科教司路桥工程学科委员会高职教材联络组在昆明召开会议,按照《交通高等职业技术教育路桥专业课程设置框架》的要求,启动了路桥专业高职系列教材的编写工作。《公路工程检测技术》作为系列教材之一,于2002年4月由人民交通出版社出版发行。随着我国公路建设有关标准、规范、规程的陆续更新,本教材也在不断升级改版,2005年、2009年、2013年、2015年、2019年分别出版了第2版、第3版、第4版、第5版和第6版。本教材第1版至第5版由贵州交通职业技术学院(现更名为贵州交通职业大学)金桃和山西交通职业技术学院(现更名为山西工程科技职业大学)张美珍主编,第6版由山西交通职业技术学院张美珍和贵州交通职业技术学院周德军主编。在持续的更新改版中,主编不断将新规范、新技术融入教材内容,使得本教材受到使用院校广大师生的好评,也得到生产一线检测人员的肯定。本教材第3版入选普通高等教育"十一五"国家级规划教材,第5版入选"十二五"职业教育国家规划教材。

为适应目前职业教育教学的新要求,本版教材以《公路工程检测技术》(第6版)为基础,对内容框架进行了重构,将公路工程试验检测工作设计成相对独立的"模块",教师可以根据不同专业的需求自由地组合教学内容,方便灵活地实施教学计划,以满足学生的培养要求和促进教学目标的达成。这种模块化的教材设计使得教学更加具有针对性和实效性,有利于提高学生的学习效果和帮助学生完成自主学习,充分践行"以学习者为中心"理念,组织模块及任务的学习,并及时检验学习成效。编者将团队在实施课程思政设计方面所采用的方法和积累的经验展示出来,旨在为其他任课教师提供有益的思路和参考,促进本课程育人与育才的有机结合;同时,将"1+X"路桥工程无损检测证书考核的知识与技能点有机融入相关任务中,为学生考证提供参考。

本版教材由贵州交通职业大学周德军、山西工程科技职业大学张俊红担任主编。其中,周德军负责第1、2、3、4、6、11模块的修订指导及统稿,张俊红负责第5、7、8、9、10模块的修订指导及统稿。全书由贵州省质安交通工程监控检测中心有限责任公司总经理/党支部书记、交通运输部试验检测专家李斌担任主审。编写分工如下:模块1、模块2由周德军和石铸明(贵州交通职业技术学院试验检测中心)修编;模块3由李何(贵州交通职业大学)修编;模块4由朱铁增、李旭丹、李迪(河南交通职业技术学院)和石铸明修编;模块5由杜素军(山西工程科技职业大学)修编;模块6由应江虹(贵州交通职业大学)修编;模块7由史云飞(山西工程科技职业大学)修编;模块8由黄伯太(四川升拓检测技术股份有限公司)修编;模块9由张俊红修编;模块10由王燕春(山西工程科技职业大学)修编;模块11由石铸明修编。本教材的教学参考意见由张俊红修编,课程思政设计建议由周德军提供,课证融通情况介绍由黄伯太编写,相关内容的获取方式见下页"可与本教材配合使用的教学资源"。

修订后的教材特点

1. 紧贴行业发展前沿,符合职业教育人才培养目标;重构教材内容架构,实施"模块化"组合和"任务式"学习

本版以交通运输部最新颁布的《公路工程质量检验评定标准 第一册 土建工程》(JTG F80/1—2017)、《公路路基路面现场测试规程》(JTG 3450—2019)为依据,以"理论基础扎实、注重实践能力、以学生为中心"的原则,融入生产一线的新技术、新工艺,并根据道路与桥梁工程类专业人才培养目标和职业能力的要求,以学习者获取知识和技能为逻辑主线,将公路工程试验检测工作中涉及的"相似内容、相近方法"的小任务巧妙地组合成了独立的"模块"单元,对教材内容进行重构及修订。

2. 融入课程思政,探索课程思政示范课建设

结合编写团队近年实施本课程课程思政理念探索的经验和做法,编写本教材"课程思政设计建议",提纲挈领地阐述了本课程课程思政设计的总思路,指导教师围绕需实现的"素质目标"来制定每个模块的"【模块学习目标】",选择合适的思政元素融入教学设计中并实施教学。

3. 课证融通,更好对接职业技能要求及"1+X"技能等级标准

本教材内容与职业技能要求紧密结合,参照"公路工程助理试验检测工程师"从业资格证书中相关考核要求及《公路水运工程试验检测等级管理要求》(JT/T 1181—2018)中公路工程专业试验检测项目(路基路面,基坑、地基与地桩,混凝土结构、桥梁结构,交通安全设施安装施工工程等)参数规定的方法要求进行修订。同时,将"路桥工程检测'1+X'证书考核项目"融入教材内容,更便于学生学习掌握相关知识点,为考取相应的职业技能证书提供了必要的知识储备。

4. 校企双元开发、重视实训学习

本教材在修订过程中,征求了行业企业技术人员的意见和建议,并邀请企业专家参与教材编写,对教材内容进行把关,突出了理论与实践相统一,强调实践

性,更好地体现了"校企双元"开发的特点。本版教材配套了丰富的微课和操作视频、实际案例和课后任务与评定,实现了课程内容、岗位工作内容、能力结构以及评价标准的有机衔接和贯通。

可与本教材配合使用的教学资源

1. 教学课件

本版教材的编写团队制作了配套的多媒体课件,供任课老师教学参考。

2. 视频、微课

本版教材配套了大量文本、微课、视频、动画资源,见"本教材配套教学资源索引",读者可通过扫描封面二维码免费观看。

3. 实训表格(电子版)

在本课程学习过程中,学生需要填写大量检测报告,以及利用数理统计知识进行试验检测数据的处理。为践行易教利学的一体化教学思路,本版教材编写团队提供大量电子版实训表格供师生使用。

4. 教学建议

为便于广大教师使用本教材进行授课,编写团队特别编写了本教材"教学参考建议""课程思政设计建议"及"课证融通——1+X路桥工程无损检测证书考核在本教材中的融合"等教学建议,限于篇幅,故以电子版向教师提供。

需要上述教学资源的教师可通过加入职教路桥教学研讨群(教师专用QQ:561416324)获取。

致谢

本教材在编写过程中,得到了人民交通出版社股份有限公司和兄弟院校的帮助,附于书末的主要参考文献的作者们对本书完成给予了巨大支持。此外,各兄弟院校的同行们对书稿提出了宝贵意见,在此一并致以诚挚的谢意!

由于编者们水平有限,书中难免有不妥和谬误之处,敬请读者批评指正,以便及时修订完善。

编 者

2024年4月

本教材配套数字资源索引

序号	对应模块	资源名称	资源类型（文本、微课、视频、动画）	书中页码
一、知识点对应数字资源				
1	模块3	无机结合料稳定材料基础知识	微课	041
2		水泥石灰剂量EDTA滴定法	文本	044
3		无机结合料稳定材料无侧限抗压强度试验方法	文本	048
4		无机结合料稳定材料取样方法	文本	049
5		无机结合料稳定材料试件制作(圆柱形)试验规程	文本	050
6		无机结合料稳定材料养生试验方法	文本	051
7		水泥混凝土工作性(坍落度仪法)	文本、微课、视频、动画	054
8		水泥混凝土抗压强度试验方法	文本	059
9		水泥混凝土抗压强度计算	微课	062
10		水泥混凝土抗弯拉试验	文本、微课	064
11		砂浆立方体抗压强度试验	文本	067
12		水泥砂浆的理论知识	微课	067
13		沥青混合料马歇尔稳定度试验	文本	071
14		沥青混合料取样法	文本	071
15		沥青混合料试件制作(击实法)	文本	072
16		沥青混合料车辙试验	文本	079
17		沥青混合料试件制作(轮碾法)	文本	080
18		压实沥青混合料密度试验(表干法)	文本	082
19		沥青混合料理论最大相对密度试验(真空法)	文本	084
20		沥青混合料中沥青含量试验(离心分离法)	文本	087
21	模块4	随机法确定测点位置	微课	097
22		短脉冲雷达测试路面厚度	视频	110
23		挖坑灌砂法试验操作	视频	116
24		环刀法试验操作	文本、微课、视频	120
25		灌水法试验	文本	121
26		核子密湿度仪测试压实度方法	文本	122
27		钻芯法试验	视频	122
28		无核密度仪测试压实度	文本、视频	126
29		三米直尺法测试平整度	视频	132
30		连续式平整度仪测试平整度	视频	135

续上表

序号	对应模块	资源名称	资源类型（文本、微课、视频、动画）	书中页码
31	模块4	车载式激光平整度仪测试平整度	文本、视频	137
32		手推式断面仪测试平整度	文本	138
33		贝克曼梁法测试路基路面回弹弯沉试验	视频	141
34		自动弯沉仪测试路面弯沉	文本	147
35		落锤式弯沉仪测试路面弯沉	视频	148
36		土基现场CBR试验	文本	159
37		贝克曼梁法测试路基路面回弹模量试验	文本	164
38		手工铺砂法试验	视频	168
39		车载式激光构造深度仪试验	文本、视频	173
40		数字式摆式仪试验	视频	177
41		沥青路面渗水系数测试试验	视频	181
42		沥青路面车辙试验	文本	187
43		路面表观损坏测试方法	文本	189
44	模块5	载荷试验	文本、微课	202
45	模块6	泥浆性能指标检测	微课	231
46		成孔质量检测	微课	235
47		低应变法检测桩身完整性	微课	246
48		超声波法检测桩身完整性	微课	254
49		钻芯法检测桩身完整性	微课	264
50		基桩静载试验的一般规定	微课	270
51		单桩竖向抗压静载试验	微课	272
52		单桩竖向抗拔静载试验	微课	278
53		单桩水平静载试验	微课	282
54	模块7	钢筋保护层厚度检测	微课	294
55		钢筋锈蚀检测	微课	297
56		回弹仪构造与工作原理	微课	300
57		回弹法数据处理	微课	303
58		超声波法检测混凝土裂缝深度	微课	316
59		超声波法检测结构混凝土内部不密实区及空洞	微课	326
60		冲击回波法检测混凝土厚度	微课	330
61	模块8	反拉法检测锚下有效预应力	文本、视频	344
62		孔道压浆密实度检测	微课	363
63		图8-23～图8-26彩图	图片	365

续上表

序号	对应模块	资源名称	资源类型（文本、微课、视频、动画）	书中页码
64	模块10	隧道开挖断面检测	微课	415
65		喷射混凝土强度检测	微课	419
66		锚杆质量无损检测	微课	423
67		锚杆拉拔力测试	微课	428
二、【模块考核】参考答案				
1	模块1	[模块1考核]答案	文本	022
2	模块2	[模块2考核]答案	文本	039
3	模块3	[模块3考核]答案	文本	093
4	模块4	[模块4考核]答案	文本	198
5	模块5	[模块5考核]答案	文本	227
6	模块6	[模块6考核]答案	文本	291
7	模块7	[模块7考核]答案	文本	342
8	模块8	[模块8考核]答案	文本	371
9	模块9	[模块9考核]答案	文本	412
10	模块10	[模块10考核]答案	文本	471
11	模块11	[模块11考核]答案	文本	493
三、任务工单				
1	模块3	任务工单号3-1 无机结合料无侧限抗压强度试验	电子活页	093
		任务工单号3-2 水泥混凝土抗压强度试验	电子活页	
		任务工单号3-3 水泥混凝土抗弯拉强度试验	电子活页	
		任务工单号3-4 沥青混合料马歇尔稳定度试验	电子活页	
		任务工单号3-5 沥青混合料车辙试验	电子活页	
		任务工单号3-6 沥青混合料最大理论相对密度试验（真空法）	电子活页	
2	模块4	任务工单号4-1 路面厚度检测与评定	电子活页	198
		任务工单号4-2 几何尺寸检测	电子活页	
		任务工单号4-3 压实度检测与评定	电子活页	
		任务工单号4-4 平整度检测与评定	电子活页	
		任务工单号4-5 抗滑性能检测与评定	电子活页	
		任务工单号4-6 承载能力检测与评定	电子活页	
		任务工单号4-7 沥青路面渗水系数检测与评定	电子活页	
3	模块5	任务工单号5-1 动力触探法测定地基承载力试验	电子活页	227
4	模块6	任务工单号6-1 泥浆性能指标检测	电子活页	291
		任务工单号6-2 基桩成孔质量检测	电子活页	

续上表

序号	对应模块	资源名称	资源类型（文本、微课、视频、动画）	书中页码
4	模块6	任务工单号6-3 低应变法桩身完整性检测	电子活页	291
		任务工单号6-4 超声波透射法桩身完整性检测	电子活页	
		任务工单号6-5 单桩竖向静载试验	电子活页	
5	模块7	任务工单号7-1 钢筋位置、间距及钢筋的混凝土保护层厚度试验	电子活页	342
		任务工单号7-2 回弹法测定结构混凝土抗压强度	电子活页	
		任务工单号7-3 冲击弹性波法测定结构混凝土裂缝深度	电子活页	
		任务工单号7-4 冲击回波法测定混凝土内部不密实区及空洞	电子活页	
6	模块8	任务工单号8-1 冲击弹性波法定位测试预应力孔道灌浆密实性试验	电子活页	371
7	模块9	任务工单号9-1 电阻应变片的粘贴	电子活页	412
8	模块10	任务工单号10-1 冲击回波法检测结构混凝土厚度试验	电子活页	471
9	模块11	任务工单号11-1 混凝土护栏断面尺寸检测	电子活页	493
		任务工单号11-2 路面标线逆反射性能检测	电子活页	
		任务工单号11-3 波形梁钢护栏横梁中心高度检测	电子活页	
		任务工单号11-4 立柱竖直度检测	电子活页	
		任务工单号11-5 立柱埋深检测（冲击弹性波检测仪）	电子活页	
		任务工单号11-6 标线抗滑值检测	电子活页	
		任务工单号11-7 标线厚度检测	电子活页	

资源使用方法：

1.扫描封面上的二维码(注意此码只可激活一次)；

2.关注"交通教育出版"微信公众号；

3.公众号弹出"购买成功"通知，点击"查看详情"，进入后即可查看资源；

4.也可进入"交通教育出版"微信公众号，点击下方菜单"用户服务—图书增值"，选择已绑定的教材进行观看和学习。

目录

模块1　公路工程试验检测依据与质量检评标准 ···································· 001
 任务1-1　试验检测相关标准的运用 ·· 002
 任务1-2　认知公路工程质量检验评定标准的基本要求 ························· 011
 任务1-3　认知试验检测和工程质量检验评定的关系 ···························· 017
 模块1考核 ··· 019
 模块学习效果评价 ·· 021
 模块学习总结与反思 ··· 022

模块2　试验检测数据处理 ·· 023
 任务2-1　认识样本与抽样检验的风险 ·· 024
 任务2-2　数值修约与有效位数的确定 ·· 027
 任务2-3　数据统计特征量的计算 ·· 032
 任务2-4　可疑数据的取舍 ·· 034
 模块2考核 ··· 037
 模块学习效果评价 ·· 039
 模块学习总结与反思 ··· 039

模块3　混合料常规试验检测 ·· 040
 任务3-1　无机结合料稳定材料的试验检测 ··· 041
 任务3-2　水泥混凝土及水泥砂浆的试验检测 ····································· 054
 任务3-3　沥青混合料的试验检测 ·· 070
 模块3考核 ··· 089
 模块学习效果评价 ·· 093
 模块学习总结与反思 ··· 093

模块 4　路基路面常规检测 ··· 094
任务 4-1　现场测试的选点 ··· 096
任务 4-2　几何尺寸及路面厚度的检测与评定 ··· 100
任务 4-3　压实度的检测与评定 ··· 113
任务 4-4　平整度的检测与评定 ··· 131
任务 4-5　承载能力的检测与评定 ·· 139
任务 4-6　抗滑性能的检测与评定 ·· 166
任务 4-7　沥青路面渗水系数的检测与评定 ·· 181
任务 4-8　路基路面损坏程度的检测与评定 ·· 185
任务 4-9　其他相关检测项目的检测与评定 ·· 192
模块 4 考核 ·· 195
模块学习效果评价 ··· 198
模块学习总结与反思 ·· 198

模块 5　地基承载力检测 ··· 199
任务 5-1　认识地基承载力 ··· 200
任务 5-2　地基承载力的检测与评定 ··· 201
模块 5 考核 ·· 223
模块学习效果评价 ··· 227
模块学习总结与反思 ·· 227

模块 6　钻(挖)孔灌注桩检测 ··· 228
任务 6-1　施工过程的质量检测 ··· 229
任务 6-2　桩身完整性的检测与评定 ··· 245
任务 6-3　承载能力的检验与评定 ·· 270
模块 6 考核 ·· 287
模块学习效果评价 ··· 291
模块学习总结与反思 ·· 291

模块 7　混凝土结构检测 ··· 292
任务 7-1　钢筋混凝土结构中钢筋的检测 ·· 293
任务 7-2　结构混凝土抗压强度的检测 ··· 300
任务 7-3　结构混凝土裂缝的检测 ·· 314
任务 7-4　结构混凝土内部缺陷的检测 ··· 325
模块 7 考核 ·· 339
模块学习效果评价 ··· 342
模块学习总结与反思 ·· 342

模块 8　有效预应力与预应力孔道压浆试验　343
任务 8-1　锚下有效预应力检测　344
任务 8-2　预应力孔道压浆试验检测　352
模块 8 考核　367
模块学习效果评价　371
模块学习总结与反思　371

模块 9　桥梁荷载试验　372
任务 9-1　认知桥梁荷载试验　373
任务 9-2　桥梁静载试验　387
任务 9-3　桥梁动载试验　398
模块 9 考核　408
模块学习效果评价　412
模块学习总结与反思　412

模块 10　隧道工程常规试验检测　413
任务 10-1　开挖质量检测　414
任务 10-2　初期支护常规试验检测　418
任务 10-3　防水层施工试验检测　429
任务 10-4　混凝土衬砌施工试验检测　434
任务 10-5　超前地质预报　443
任务 10-6　隧道施工监控量测　455
模块 10 考核　466
模块学习效果评价　471
模块学习总结与反思　471

模块 11　交通安全设施工程检测　472
任务 11-1　认知交通安全设施　473
任务 11-2　交通安全设施现场试验检测　477
模块 11 考核　491
模块学习效果评价　493
模块学习总结与反思　493

附录　494
附录 1　回弹法测定结构混凝土强度相关数据　494
附录 2　t 分布概率系数表　507

参考文献　509

模块 1 MODULE ONE
公路工程试验检测依据与质量检评标准

【模块内容简介】

标准是开展试验检测活动的前提和依据,除科研等特殊情况外,试验检测一般应采用现行有效的标准方法进行。

公路工程质量检验与评定是以现行有效的国家和交通运输行业颁布的有关公路工程的法律法规、设计标准、施工规范、产品标准和试验检测规程等为依据进行的。其中,工程质量的检验、检测是公路工程质量评定的前提和依据。

通过本模块的学习,学习者应了解标准运用和公路工程质量检验与评定的知识。本模块主要学习 3 个任务,其知识结构如图 1-1 所示。

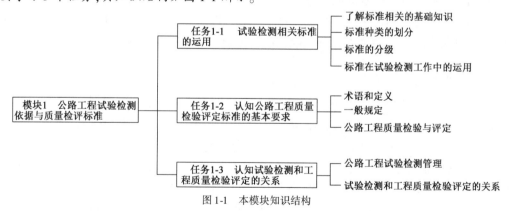

图 1-1　本模块知识结构

【模块学习目标】

素质目标:通过对标准体系和公路工程质量检验评定的学习,形成严谨求实、行为规范的职业品格。

知识目标:了解我国现行标准的架构体系,了解公路工程质量检验评定的相关知识。

能力目标:能够合理选择标准,通过现场检验和试验检测,进行工程质量评定。

任务1-1 试验检测相关标准的运用

【任务描述】

公路工程试验检测与评定工作必须严格按标准、规范要求完成,这一要求贯穿任务准备、任务实施和结果评定等全过程。树立标准意识、训练养成标准操作工作习惯、严格按标准形成评价意见,对于即将或正在从事试验检测工作的人员来说,显得尤为重要。

标准是开展试验检测活动的前提和依据,试验检测人员应了解我国现行标准的架构体系,对标准的理解、识别、运用具备相应能力,并在工作中树立试验规范意识。

【任务实施】

一、了解标准相关的基础知识

(一)标准的概念

《标准化工作指南 第1部分:标准化和相关活动的通用术语》(GB/T 20000.1—2014)对"标准"给出了下述的定义,即"通过标准化活动,按照规定的程序经协商一致制定,为各种活动或其结果提供规则、指南或特性,供共同使用和重复使用的文件"。

(1)标准宜以科学、技术和经验的综合成果为基础;

(2)规定的程序指制定标准的机构颁发的标准制定程序;

(3)诸如国际标准、区域标准、国家标准等,由于它们可以公开获得以及必要时通过修正或修订保持与最新技术水平同步,因此它们被视为构成了公认的技术规则。其他层次上通过的标准,诸如专业协(学)会标准、企业标准等,在地域上可影响几个国家。

(二)标准的特征

标准首先是一种约束性文件(通常也称为标准化文件)。标准的发端是针对技术的,但由于时代的发展,技术与管理的融合加速,标准也由技术而向其他领域进行渗透,如管理活动和工作岗位,使标准覆盖和应用的范围越来越广。标准是对共同、重复的事物或过程进行约定的,共同、重复是制定标准的前提。其所追求的是结果的一致性,需要特别注意的是这里并不是要求结果最佳,而是一致,从共同的一致性中获得效益的最佳。

标准是一个统称,它可以有不同的名称,如规程、规范、导则、指南以至操作手册、作业指导书等。

标准具有前瞻性、科学性、民主性和权威性四种特性。

1. 前瞻性

标准是"对活动或其结果规定共同的和重复使用的规则、导则或特性的文件",不仅反映了制定标准的前提,而且反映了制定标准的目的。例如,同一类技术活动在不同地点不同对象上同时或相继发生;某一种概念、符号被许多人反复应用等,具有重复性,人们根据积累起来的实践经验,制定标准,以便更好地去指导或规范未来的同一种实践活动等。

2. 科学性

标准是"以科学、技术和实践经验的综合成果为基础"制定出来的。即:制定标准的基础是"综合成果",单单是科学技术成果,如果没有经过综合研究、比较、选择、分析其在实践活动中的可行性、合理性或没有经过实践检验,是不能纳入标准之中的;同样,单单是实践检验,如果没有总结其普遍性、规律性或经过科学的论证,也是不能纳入标准的。这一规定反映标准的严谨性和科学性。

3. 民主性

标准要"经协商一致制定",也就是说,在制定标准的过程中,标准涉及的各个方面对标准中规定的内容,需要形成统一的各方均可接受的意见,保证了标准的全局观、社会观和公正性,反映了标准的民主性。标准的民主性越突出,标准就越有生命力。

4. 权威性

标准是"经一个公认机构批准"的。"公认机构"是指社会公认的或由国家授权的、有特定任务的、法定的组织机构或管理机构,在相关领域有技术权威,为社会所公认。经过该机构对标准制定的过程、内容进行审查,确认标准的科学性、民主性、可行性,以特定的形式批准,既保证了标准的严肃性,也体现了标准的权威性。

二、标准种类的划分

1. 按法律约束力划分

可分为强制性标准和推荐性标准。

在我国,对于保障人身健康和生命财产安全、国家安全、生态环境安全以及满足经济社会管理基本需要的技术要求,应当制定强制性国家标准。强制性国家标准由国务院有关行政主管部门依据职责提出、组织起草、征求意见和技术审查,由国务院标准化行政主管部门负责立项、编号和对外通报,由国务院批准发布或授权发布。

对于满足基础通用、与强制性国家标准配套、对各有关行业起引领作用等需要的技术要求,可以制定推荐性国家标准。推荐性国家标准由国务院有关行政主管部门制定。

2. 按标准性质划分

可分为技术标准、管理标准、工作标准等。

3. 按标准化的对象和作用划分

可分为基础标准、安全标准、卫生标准、环保标准、产品标准、方法标准、工艺标准等。

三、标准的分级

1. 世界范围内的标准分级

(1)国际标准:由众多具有共同利益的独立主权国参加组成的国际性标准化组织,通过合作和协商制定发布的标准,发布后在世界范围内适用,作为世界各国进行贸易和技术交流的基本准则和统一要求,如国际标准化组织(ISO)、国际电工委员会(IEC)和国际电信联盟(ITU)等发布的标准。

(2)区域标准:泛指世界某一区域或地区的标准化团体或国家集团,为其共同利益而制定发布的标准,如亚洲标准咨询委员会(ASAC)、欧洲标准化委员会(CEN)、泛美标准委员会(COPANT)等发布的标准。

(3)国家标准:是由合法的国家标准化组织,经过法定程序制定发布的标准,在该国范围内适用,如美国国家标准学会标准(ANSI)、日本工业标准(JIS)等。

(4)行业标准:是指在一个国家的某一行业范围内,由该行业标准化组织制定发布的标准,并在该行业范围内使用。

(5)地方标准:是指一个国家的地方一级行政机构的标准化组织制定发布的标准,并在该地方范围内适用。

(6)企业标准:是指某一企业范围内统一制定发布的标准,它既是企业科学管理的基础,也是企业新产品开发、组织生产和经营活动的依据。

2. 我国的标准分级

国务院印发的《深化标准化工作改革方案》(国发〔2015〕13号),其改革措施中指出,政府主导制定的标准由6类整合精简为4类,分别是强制性国家标准、推荐性国家标准、推荐性行业标准、推荐性地方标准;市场自主制定的标准分为团体标准和企业标准。政府主导制定的标准侧重于保基本,市场自主制定的标准侧重于提高竞争力。

(1)国家标准:指对全国技术经济发展有重大意义而必须在全国范围内统一的标准。强制性国家标准的代号为"GB",推荐性国家标准代号为"GB/T"。国家标准的编号由国家标准的代号、国家标准发布的顺序号和国家标准发布的年号三部分构成。例如:

GB 55008—2021　混凝土结构通用规范

GB/T 50081—2019　混凝土物理力学性能试验方法标准

(2)行业标准:指在全国性的各个行业范围内统一的标准,我国部分行业标准的代号有农业-NY、铁道-TB、建材-JC、交通-JT、化工-HG等。行业标准专业性较强,是国家标准的补充。例如:

JT/T 1181—2018　公路水运工程试验检测等级管理要求

(3)地方标准:指在某个省、自治区、直辖市范围内需要统一的标准。地方标准的编号由代号"DB"加上行政区划代码前两位数组成。例如:

DB 62/T 25-3103—2015　公路隧道防火涂料施工质量验收规程(甘肃省)

(4)团体标准:指由团体按照团体确立的标准制定程序自主制定发布,由社会自愿采用的标准。团体是指具有法人资格,且具备相应专业技术能力、标准化工作能力和组织管理能力的学会、协会、商会、联合会和产业技术联盟等社会团体。团体标准例如:

T/CECS G:J51-01—2020　公路桥梁锚下有效预应力检测技术规程(中国工程建设标准化协会)

T/JSJTQX 42—2023　公路连续梁桥整联同步顶升施工技术规程(江苏省交通企业协会)

(5)企业标准:指由企业制定的产品标准和为企业内需要协调统一的技术要求和管理、工作要求所制定的标准。例如:

Q/320322JY002—2023　点连式内置保温现浇混凝土复合剪力墙系统(江苏××新型建材有限公司)

Q/TCSW015—2023　三伏贴(延安××生物科技有限公司)

四、标准在试验检测工作中的运用

除科研等特殊情况外,试验检测一般应采用现行有效的标准方法进行。根据《中华人民共和国计量法》及其实施细则、《中华人民共和国认证认可条例》、《检验检测机构资质认定管理办法》等法律、行政法规的规定,检验检测机构从事下列活动,应当取得资质认定:

(1)为司法作出的裁决出具具有证明作用的数据、结果的;
(2)为行政机关作出的行政决定出具具有证明作用的数据、结果的;
(3)为仲裁机构作出的仲裁决定出具具有证明作用的数据、结果的;
(4)为社会经济、公益活动出具具有证明作用的数据、结果的;
(5)其他法律法规规定应当取得资质认定的。

在中华人民共和国境内从事向社会出具具有证明作用的数据、结果的检验检测活动,应当对检验检测机构实施资质认定和监督管理。

因针对同一检测对象,可能会有多种检测方法标准、涉及不同的检测设备、不同的检测过程等等,故无论是资质认定(CMA)、实验室认可(CNAS),还是行业试验检测资质管理,一般会对试验检测方法标准进行批准、授权,未经批准、授权的试验检测方法标准不得在向社会出具具有证明作用的数据、结果的检验检测报告中使用。

资质认定(CMA)证书附表(样例)如表1-1所示。

资质认定证书附表(样例)　　　　　　　表1-1

序号	类别(产品/项目/参数)	产品/项目/参数		依据的标准(方法)名称及编号(含年号)	限制范围	说明
		序号	名称			
二				建筑工程		
17	结构混凝土	17.1	钻芯法检测混凝土强度	《钻芯法检测混凝土强度技术规程》(CECS 03—2007) 《钻芯法检测混凝土强度技术规程》(JGJ/T 384—2016)		新增标准
		17.2	回弹法检测混凝土强度	《回弹法检测山砂混凝土抗压强度技术规程》(DBJ52/T 017—2014) 《回弹法检测混凝土抗压强度技术规程》(JGJ/T 23—2011)		

续上表

序号	类别(产品/项目/参数)	产品/项目/参数 序号	产品/项目/参数 名称	依据的标准(方法)名称及编号(含年号)	限制范围	说明
二				建筑工程		
17	结构混凝土	17.3	钢筋间距	《混凝土中钢筋检测技术规程》(JGJ/T 152—2019)		
		17.4	超声回弹综合法检测混凝土强度	《超声回弹综合法检测混凝土抗压强度技术规程》(T/CECS 02—2020)		
		17.5	碳化深度值	《回弹法检测混凝土抗压强度技术规程》(JGJ/T 23—2011)《回弹法测定山砂混凝土抗压强度技术规程》(DBJ52/T 017—2014)		
		17.6	表观及内部缺陷	《超声法检测混凝土缺陷技术规程》(CECS 21—2000)《建筑结构检测技术标准》(GB/T 50344—2019)		
		17.7	钢筋锈蚀电位	《建筑结构检测技术标准》(GB/T 50344—2019)《混凝土中钢筋检测技术标准》(JGJ/T 152—2019)		
		17.8	钢筋保护层厚度	《混凝土中钢筋检测技术标准》(JGJ/T 152—2019)		
18	地基基础	18.1	地基承载力	《岩土工程勘察规范》[2009年版](GB 50021—2001)《静力触探技术标准》(CECS 04:88)《建筑地基检测技术规范》(JGJ 340—2015)《圆锥动力触探试验规程》(YS 5219—2000)《铁路工程地质原位测试规程》(TB 10018—2018)		
		18.2	地表沉降	《工程测量标准》(GB 50026—2020)		

加盖 CMA 印章的试验检测报告中所使用的检测标准、试验方法必须在 CMA 证书附表的范围以内(注:附表范围内的标准一般仅列出试验依据、检测方法,不涵盖判定依据)。

1. 标准的选择

目前,现行国家标准、行业标准、地方标准中仅名称相同的就有近 2000 项,有些标准技术指标不一致甚至冲突,既造成执行标准困难,也造成政府部门制定标准的资源浪费和执法尺度不一。制定主体多,28 个部门和 31 个省(区、市)可以制定发布强制性行业标准和地方标准,数量庞大,强制性国家、行业、地方三级标准共有万余项,缺乏强有力的组织协调,交叉重复矛盾难以避免。且近年来,标准更新频率加快,但各相关联标准间衔接配套的步调不一致,也加大了标准选择的难度。

标准选择时,首先要看标准的适用范围;其次要看是否具备或拟配备标准所要求的环境、设备等硬件条件;应优选时间最近的标准。

2. 标准的更新和变更

试验检测人员应清楚所使用标准是否现行有效,试验检测机构应建立标准查新的程序并有效实施,及时掌握标准废止、修订情况,确保不误用标准。

经批准、授权的标准,如发生更新,试验检测机构应及时到原批准、授权管理部门申请办理变更手续。

3. 标准的学习、培训

使用新标准或标准更新时,应加强对标准的学习和培训,以保证试验检测技术要求与现行标准一致。

4. 现行公路工程行业标准

现行公路工程行业标准一览表(截至2024年7月)见表1-2。

现行公路工程行业标准(截至2024年7月)　　　　表1-2

序号	板块	模块	现行编号(文号)	名称
1	总体		JTG 1001—2017	公路工程标准体系
2			JTG 1002—2022	公路工程行业标准制修订管理导则
3			JTG 1003—2023	公路工程行业标准编写导则
4	通用	基础	JTG B01—2014	公路工程技术标准
5			JTG 2111—2019	小交通量农村公路工程技术标准
6			JTJ 002—1987	公路工程名词术语
7			JTJ 003—1986	公路自然区划标准
8			建标〔2011〕124号	公路工程项目建设用地指标
9			JTG 2120—2020	公路工程结构可靠性设计统一标准
10			JTG F80/1—2017	公路工程质量检验评定标准　第一册　土建工程
11			JTG 2182—2020	公路工程质量检验评定标准　第二册　机电工程
12		安全	JTG B05—2015	公路项目安全性评价规范
13			JTG B05-01—2013	公路护栏安全性能评价标准
14			JTG B02—2013	公路工程抗震规范
15			JTG/T 2231-01—2020	公路桥梁抗震设计规范
16			JTG/T 2231-02—2021	公路桥梁抗震性能评价细则
17			JTG 2232—2019	公路隧道抗震设计规范
18			JTG F90—2015	公路工程施工安全技术规范
19		绿色	JTG B03—2006	公路建设项目环境影响评价规范
20			JTG B04—2010	公路环境保护设计规范
21			JTG/T 2340—2020	公路工程节能规范
22		智慧	JTG/T 2420—2021	公路工程信息模型应用统一标准
23			JTG/T 2421—2021	公路工程设计信息模型应用标准
24			JTG/T 2422—2021	公路工程施工信息模型应用标准

续上表

序号	板块	模块	现行编号（文号）	名称
25		勘测	JTG C10—2007	公路勘测规范
26			JTG/T C10—2007	公路勘测细则
27			JTG C20—2011	公路工程地质勘察规范
28			JTG/T C21-01—2005	公路工程地质遥感勘察规范
29			JTG/T C21-02—2014	公路工程卫星图像测绘技术规程
30			JTG/T 3222—2020	公路工程物探规程
31			JTG C30—2015	公路工程水文勘测设计规范
32	建设	设计	JTG/T 3310—2019	公路工程混凝土结构耐久性设计规范
33			JTG D20—2017	公路路线设计规范
34			JTG/T D21—2014	公路立体交叉设计细则
35			JTG D30—2015	公路路基设计规范
36			JTG/T D31—2008	沙漠地区公路设计与施工指南
37			JTG/T D31-02—2013	公路软土地基路堤设计与施工技术细则
38			JTG/T D31-03—2011	采空区公路设计与施工技术细则
39			JTG/T 3331-04—2023	多年冻土地区公路设计与施工技术规范
40			JTG/T D31-05—2017	黄土地区公路路基设计与施工技术规范
41			JTG/T D31-06—2017	季节性冻土地区公路设计与施工技术规范
42			JTG/T D32—2012	公路土工合成材料应用技术规范
43			JTG/T D33—2012	公路排水设计规范
44			JTG/T 3334—2018	公路滑坡防治设计规范
45			JTG D40—2011	公路水泥混凝土路面设计规范
46			JTG D50—2017	公路沥青路面设计规范
47			JTG/T 3350-03—2020	排水沥青路面设计与施工技术规范
48			JTG D60—2015	公路桥涵设计通用规范
49			JTG/T 3360-01—2018	公路桥梁抗风设计规范
50			JTG/T 3360-02—2020	公路桥梁抗撞设计规范
51			JTG/T 3360-03—2018	公路桥梁景观设计规范
52			JTG D61—2005	公路圬工桥涵设计规范
53			JTG 3362—2018	公路钢筋混凝土及预应力混凝土桥涵设计规范
54			JTG 3363—2019	公路桥涵地基与基础设计规范
55			JTG D64—2015	公路钢结构桥梁设计规范
56			JTG/T D64-01—2015	公路钢混组合桥梁设计与施工规范
57			JTG/T 3364-02—2019	公路钢桥面铺装设计与施工技术规范
58			JTG/T 3365-01—2020	公路斜拉桥设计规范
59			JTG/T 3365-02—2020	公路涵洞设计规范

续上表

序号	板块	模块	现行编号(文号)	名称
60		设计	JTG/T D65-05—2015	公路悬索桥设计规范
61			JTG/T D65-06—2015	公路钢管混凝土拱桥设计规范
62			JTG 3370.1—2018	公路隧道设计规范 第一册 土建工程
63			JTG D70/2—2014	公路隧道设计规范 第二册 交通工程与附属设施
64			JTG/T D70—2010	公路隧道设计细则
65			JTG/T D70/2-01—2014	公路隧道照明设计细则
66			JTG/T D70/2-02—2014	公路隧道通风设计细则
67			JTG/T 3374—2020	公路瓦斯隧道设计与施工技术规范
68			JTG D80—2006	高速公路交通工程及沿线设施设计通用规范
69			JTG D81—2017	公路交通安全设施设计规范
70			JTG/T D81—2017	公路交通安全设施设计细则
71			JTG/T 3381-02—2020	公路限速标志设计规范
72			JTG D82—2009	公路交通标志和标线设置规范
73			JTG/T 3383-01—2020	公路通信及电力管道设计规范
74			JTG/T L11—2014	高速公路改扩建设计细则
75	建设		JTG/T L80—2014	高速公路改扩建交通工程与沿线设施设计细则
76		试验	JTG E20—2011	公路工程沥青及沥青混合料试验规程
77			JTG 3420—2020	公路工程水泥及水泥混凝土试验规程
78			JTG 3430—2020	公路土工试验规程
79			JTG 3431—2024	公路工程岩石试验规程
80			JTG 3432—2024	公路工程集料试验规程
81			JTG E50—2006	公路工程土工合成材料试验规程
82			JTG 3441—2024	公路工程无机结合料稳定材料试验规程
83			JTG 3450—2019	公路路基路面现场测试规程
84		检测	JTG/T 3512—2020	公路工程基桩检测技术规程
85		施工	JTG/T 3610—2019	公路路基施工技术规范
86			JTG/T F20—2015	公路路面基层施工技术细则
87			JTG/T F30—2014	公路水泥混凝土路面施工技术细则
88			JTG F40—2004	公路沥青路面施工技术规范
89			JTG/T 3650—2020	公路桥涵施工技术规范
90			JTG/T 3650-02—2019	特大跨径公路桥梁施工测量规范
91			JTG/T 3660—2020	公路隧道施工技术规范
92			JTG/T 3671—2021	公路交通安全设施施工技术规范
93			JTG/T F72—2011	公路隧道交通工程与附属设施施工技术规范
94		监理	JTG G10—2016	公路工程施工监理规范

续上表

序号	板块	模块	现行编号(文号)	名称
95	建设	造价	JTG 3810—2017	公路工程建设项目造价文件编制导则
96			JTG/T 3811—2020	公路工程施工定额测定与编制规程
97			JTG/T 3812—2020	公路工程建设项目造价数据标准
98			JTG 3820—2018	公路工程建设项目投资估算编制办法
99			JTG/T 3821—2018	公路工程估算指标
100			JTG 3830—2018	公路工程建设项目概算预算编制办法
101			JTG 3831—2018	公路工程概算定额
102			JTG 3832—2018	公路工程预算定额
103			JTG 3833—2018	公路工程机械台班费用定额
104	养护	综合	JTG 5110—2023	公路养护技术规范
105			JTG 5120—2021	公路桥涵养护规范
106			JTG H12—2015	公路隧道养护技术规范
107			JTJ 073.1—2001	公路水泥混凝土路面养护技术规范
108			JTG 5142—2019	公路沥青路面养护技术规范
109			JTG 5150—2020	公路路基养护技术规范
110			JTG/T 5190—2019	农村公路养护技术规范
111		检测评价	JTG 5210—2018	公路技术状况评定标准
112			JTG/T E61—2014	公路路面技术状况自动化检测规程
113			JTG/T H21—2011	公路桥梁技术状况评定标准
114			JTG/T J21—2011	公路桥梁承载能力检测评定规程
115			JTG/T J21-01—2015	公路桥梁荷载试验规程
116			JTG 5220—2020	公路养护工程质量检验评定标准　第一册　土建工程
117		养护设计	JTG 5421—2018	公路沥青路面养护设计规范
118			JTG/T J22—2008	公路桥梁加固设计规范
119			JTG/T 5440—2018	公路隧道加固技术规范
120		养护施工	JTG/T F31—2014	公路水泥混凝土路面再生利用技术细则
121			JTG/T 5521—2019	公路沥青路面再生技术规范
122			JTG/T J23—2008	公路桥梁加固施工技术规范
123			JTG H30—2015	公路养护安全作业规程
124		造价	JTG 5610—2020	公路养护预算编制导则
125			JTG/T M72-01—2017	公路隧道养护工程预算定额
126			JTG/T 5612—2020	公路桥梁养护工程预算定额
127			JTG/T 5640—2020	农村公路养护预算编制办法
128	公路运营	收费服务	JTG/T 6303.1—2017	收费公路移动支付技术规范　第一册　停车移动支付
129			JTG B10-01—2014	公路电子不停车收费联网运营和服务规范

任务 1-2 认知公路工程质量检验评定标准的基本要求

【任务描述】

为进一步加强公路工程项目的质量检验和评定工作,提升公路工程的质量要求,加大对质量检验关键环节的管控,提高行业管理水平,交通运输部修订并发布了《公路工程质量检验评定标准 第一册 土建工程》(JTG F80/1—2017)(以下简称《检评标准》),从 2018 年 5 月 1 日起正式开始施行。

《检评标准》具有强制性及限值要求,是评判公路工程质量的依据。在实施公路工程试验检测任务中,熟悉并掌握该标准,是高质量开展试验检测工作的前提条件。

【任务实施】

《检评标准》适用于各等级公路新建与改建工程施工质量的检验评定,是公路工程施工质量的最低限值标准。

对特殊地区或采用新材料、新工艺的工程,当《检评标准》中缺乏适宜的技术要求时,可参照相关技术标准或根据实际情况制定相应的质量标准,并报主管部门批准后实施。

一、术语和定义

(1)检验:对被检查项目的特征和性能进行检查、检测、试验等,并将结果与标准规定的要求进行比较,以评定其是否合格所进行的活动。

(2)评定:对分项工程、分部工程、单位工程和合同段的质量进行检验,并确定其质量等级的活动。

(3)关键项目:分项工程中对结构安全、耐久性和主要使用功能起决定性作用的检查项目。

(4)一般项目:分项工程中除关键项目以外的检查项目。

二、一般规定

(1)公路工程质量检验评定应按分项工程、分部工程、单位工程逐级进行,并应符合下列规定:
①在合同段中,具有独立施工条件和结构功能的工程为单位工程。
②在单位工程中,按路段长度、结构部位及施工特点等划分的工程为分部工程。
③在分部工程中,根据施工工序、工艺或材料等划分的工程为分项工程。
(2)单位工程、分部工程和分项工程应在施工准备阶段按《检评标准》附录 A 进行划分。
(3)公路工程质量检验评定应符合下列规定:
①分项工程完工后,应根据《检评标准》进行检验,对工程质量进行评定,隐蔽工程在隐蔽前应检查合格。
②分部工程、单位工程完工后,应汇总评定所属分项工程、分部工程质量资料,检查外观质量,对工程质量进行评定。

下面以一般建设项目为例,工程划分见表1-3。

一般建设项目工程划分　　　　　表1-3

单位工程	分部工程	分项工程
路基工程(每10km或每标段)	路基土石方工程(1~3km路段)①	土方路基,填石路基,软土地基处治,土工合成材料处治层等
	排水工程(1~3km路段)①	管节预制,混凝土排水管施工,检查(雨水)井砌筑,土沟,浆砌水沟,盲沟,跌水,急流槽,水簸箕,排水泵站沉井,沉淀池等
	小桥及符合小桥标准的通道、人行天桥、渡槽(每座)	钢筋加工及安装,砌体,混凝土扩大基础,钻孔灌注桩,混凝土墩、台,墩、台身安装,台背填土,就地浇筑梁、板,预制安装梁、板,就地浇筑拱圈,混凝土桥面板桥面防水层,支座垫石和挡块,支座安装,伸缩装置安装,栏杆安装,混凝土护栏,桥头搭板,砌体坡面护坡,混凝土构件表面防护,桥梁总体等
	通道、涵洞(1~3km路段)①	钢筋加工及安装,涵台,管节预制,管座及管涵安装,波形钢管涵安装,盖板预制,盖板安装,箱涵浇筑,拱涵浇(砌)筑,倒虹吸竖井、集水井砌筑,一字墙和八字墙,涵洞填土,顶进施工的涵洞,砌体坡面防护,涵洞总体等
	防护支挡工程(1~3km路段)①	砌体挡土墙,墙背填土,边坡锚固防护,土钉支护,砌体坡面防护,石笼防护,导流工程等
	大型挡土墙、组合挡土墙(每处)	钢筋加工及安装,砌体挡土墙,悬臂式挡土墙,扶壁式挡土墙,锚杆、锚定板和加筋土挡土墙,墙背填土等
路面工程(每10km或每标段)	路面工程(1~3km路段)①	垫层、底基层、基层、面层、路缘石、路肩等
桥梁工程②(每座或每合同段)	基础及下部构造(1~3墩台)③	钢筋加工及安装,预应力筋加工和张拉,预应力管道压浆,混凝土扩大基础,钻孔灌注桩,挖孔桩,沉入桩,灌注桩桩底压浆,地下连续墙,沉井,沉井、钢围堰的混凝土封底,承台等大体积混凝土结构,砌体,混凝土墩、台,墩、台身安装,支座垫石和挡块,拱桥组合桥台,台背填土等
	上部构造预制和安装(1~3跨)③	钢筋加工及安装,预应力筋加工和张拉,预应力管道压浆,预制安装梁、板,悬臂施工梁,顶推施工梁,转体施工梁,拱圈节段预制,拱的安装,转体施工拱,中下承式拱吊杆和柔性系杆,刚性系杆,钢梁制作,钢梁安装,钢梁防护等
	上部构造现场浇筑(1~3跨)③	钢筋加工及安装,预应力筋加工和张拉,预应力管道压浆,就地浇筑梁、板,悬臂施工梁,就地浇筑拱圈,劲性骨架混凝土拱,钢管混凝土拱,中下承式拱吊杆和柔性系杆,刚性系杆等
	桥面系、附属工程及桥梁总体	钢筋加工及安装,混凝土桥面板桥面防水层,钢桥面板上防水黏结层,混凝土桥面板桥面铺装,钢桥面板上沥青混合料铺装,支座安装,伸缩装置安装,人行道铺设,栏杆安装,混凝土护栏,钢桥上钢护栏安装,桥头搭板,混凝土小型构件预制,砌体坡面护坡,混凝土构件表面防护,桥梁总体等
	防护工程	砌体坡面护坡,护岸④,导流工程等
	引道工程	见路基工程、路面工程的分项工程
隧道工程⑤(每座或每合同段)	总体及装饰装修(每座或每合同段)	隧道总体、装饰装修工程
	洞口工程(每个洞口)	洞口边仰坡防护,洞门和翼墙的浇(砌)筑,截水沟,洞口排水沟,明洞浇筑,明洞防水层,明洞回填
	洞身开挖(100延米)	洞身开挖

续上表

单位工程	分部工程	分项工程
隧道工程⑤(每座或每合同段)	洞身衬砌(100延米)	喷射混凝土、锚杆、钢筋网、钢架、仰拱、仰拱回填、衬砌钢筋、混凝土衬砌、超前锚杆、超前小导管、管棚
	防排水(100延米)	防水层、止水带、排水
	路面(1~3km路段)①	基层、面层
	辅助通道⑥(100延米)	洞身开挖、喷射混凝土、锚杆、钢筋网、钢架、仰拱、仰拱回填、衬砌钢筋、混凝土衬砌、超前锚杆、超前小导管、管棚、防水层、止水带、排水
绿化工程(每合同段)	分隔带绿地、边坡绿地、护坡道绿地、碎落台绿地、平台绿地(每2km路段)	绿地整理,树木栽植,草坪、草本地被及花卉种植,喷播绿化
	互通式立体交叉区与环岛绿地、管理养护设施绿地、服务设施区绿地、取、弃土场绿地(每处)	
声屏障工程(每合同段)	声屏障工程(每处)	砌块体声屏障,金属结构声屏障,复合结构声屏障
交通安全设施(每20km或每标段)	标志、标线、突起路标、轮廓标(5~10km路段)①	标志,标线,突起路标,轮廓标
	护栏(5~10km路段)①	波形梁护栏,缆索护栏,混凝土护栏,中央分隔带开口护栏
	防眩设施、隔离栅、防落物网(5~10km路段)①	防眩板,防眩网,隔离栅,防落物网等
	里程碑和百米桩(5km路段)	里程碑,百米桩
	避险车道(每处)	避险车道
交通机电工程	其分部、分项工程划分见《公路工程质量检验评定标准 第二册 机电工程》	
附属设施	管理中心、服务器、房屋建筑、收费站、养护工区等设施	按其专业工程质量检验评定标准评定

注:①按路段长度划分的分部工程,高速公路、一级公路宜取低值,二级及二级以下公路可取高值。
②分幅桥梁按照单幅划分,特大斜拉桥和悬索桥按照附表A-2进行划分,其他斜拉桥和悬索桥可作为一个单立工程参照附表A-2进行划分。
③按单孔跨径确定的特大桥取1,其余根据规模取2或3。
④护岸可参照挡土墙进行划分。
⑤双洞隧道每单洞作为一个单位工程。
⑥辅助通道包括竖井、斜井、平行导坑、横通道、风道、地下风机房等。

三、公路工程质量检验与评定

1. 工程质量检验

(1)分项工程应按基本要求、实测项目、外观质量和质量保证资料等检验项目分别检查。

(2)分项工程质量应在所使用的原材料、半成品、成品及施工控制要点等符合基本要求的规定,无外观质量限制缺陷且质量保证资料真实齐全时,方可进行检验评定。

(3)基本要求检查应符合下列规定:

①分项工程应对所列基本要求逐项检查,经检查不符合规定时,不得进行工程质量的检验评定。

②分项工程所用的各种原材料的品种、规格、质量及混合料配合比和半成品、成品应符合

有关技术标准规定并满足设计要求。

(4)实测项目检验应符合下列规定:

①对检测项目按规定的检查方法和频率进行随机抽样检验并计算合格率。

②《检评标准》规定的检查方法为标准方法,采用其他高效检测方法应经比对确认。

③《检评标准》中以路段长度规定的检查频率为双车道路段的最低检查频率,对多车道应按车道数与双车道之比相应增加检查数量。

④按下式计算检查项目合格率:

$$检查项目合格率(\%) = \frac{合格的点(组)数}{该检查项目的全部点(组)数} \times 100 \qquad (1\text{-}1)$$

(5)检查项目合格判定应符合下列要求:

①分项工程中对结构安全、耐久性和主要使用功能起决定性作用的检查项目,为关键项目,以"△"加以标识。关键项目的合格率应不低于95%(机电工程为100%),否则该检查项目为不合格。

②分项工程中除关键项目以外的检查项目为一般项目。一般项目的合格率应不低于80%,否则该检查项目为不合格。

③有规定极值的检查项目,任一单个检测值不应突破规定极值,否则该检查项目为不合格。

(6)外观质量应进行全面检查,并满足规定要求,对于明显的外观缺陷,施工单位应采取措施进行整修或返工处理后再复评,否则该检验项目为不合格。

(7)工程应有真实、准确、齐全、完整的施工原始记录、试验检测数据、质量检验结果等质量保证资料。质量保证资料应包括下列内容:

①所用原材料、半成品和成品质量检验结果。

②材料配合比、拌和加工控制检验和试验数据。

③地基处理、隐蔽工程施工记录和桥梁、隧道施工监控资料。

④质量控制指标的试验记录和质量检验汇总图表。

⑤施工过程中遇到非正常情况记录及其对工程质量影响分析评价资料。

⑥施工过程中如发生质量事故,经处理补救后达到设计要求的认可证明文件等。

(8)检验项目评为不合格的,应进行整修或返工处理直至合格。

2. 工程质量评定

(1)工程质量等级应分为合格与不合格。

(2)分项工程、分部工程、单位工程质量评定应有符合《检评标准》附录K规定的资料。

(3)分项工程质量评定合格应符合下列规定:

①检验记录应完整。

②实测项目应合格。

③外观质量应满足要求。

(4)分部工程质量评定合格应符合下列要求:

①评定资料应完整。

②所含分项工程及实测项目应合格。

③外观质量应满足要求。

(5)单位工程质量评定合格应符合下列规定:

①评定资料应完整。
②所含分部工程应合格。
③外观质量应满足要求。

(6)评定为不合格的分项工程、分部工程,经返工、加固、补强或调测,满足设计要求后,可重新进行检验评定。

(7)所含单位工程合格,该合同段评定为合格;所含合同段合格,该建设项目评定为合格。

(8)公路工程质量检验评定的流程图如图1-2所示。

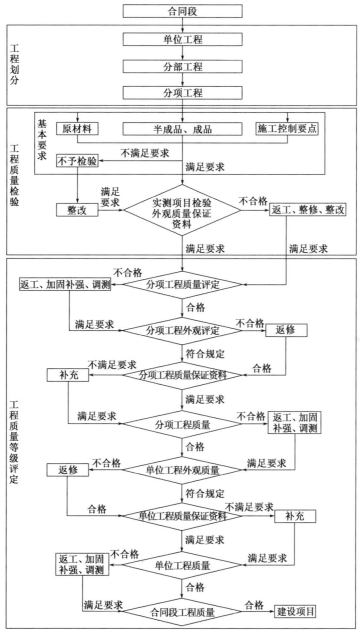

图1-2 公路工程质量检验评定流程图

【例 1-1】 一个单位工程是路基工程,其分部工程为路基土石方工程,而土方路基属于其中一个分项工程。试对其进行质量评定。

解: 1. 土方路基检查时的基本要求

只有在所检测的分项工程满足以下基本要求的前提下,才能开展试验检测与质量评定:

(1)在路基用地和取土坑范围内,应认真清除地表植被、杂物、积水、淤泥和表土,处理坑塘,并按规范和设计要求对基底压实。

(2)路基填料应符合《公路路基施工技术规范》(JTG/T 3610—2019)等规定,经认真调查、试验后合理选用。

(3)填方路基须分层填筑压实,每层表面应平整,路拱必须合适,排水应良好。

(4)施工临时排水系统应与设计排水系统结合,避免冲刷边坡,勿使路基附近积水。

(5)在设定取土区内合理取土,不得滥开滥挖。完工后,应按要求对取土坑和弃土场进行修整,保持合理的几何外形。

2. 土方路基实测项目

土方路基实测项目应符合表1-4的规定。

3. 土方路基外观质量规定

(1)路基边线与边坡不应出现单项累计长度超过50m的弯折。

(2)路基边坡、护坡道、碎落台不得有滑坡、塌方或深度超过100m的冲沟。

土方路基实测项目 表1-4

项次	检查项目			规定值或允许偏差			检查方法和频率
				高速公路一级公路	其他公路		
					二级公路	三、四级公路	
1△	压实度(%)	上路床		0~0.3m	≥96	≥95	≥94	按《检评标准》附录B检查;密度法:每200m每压实层测2处
		下路床	轻、中及重交通荷载等级	0.3~0.8m	≥96	≥95	≥94	
			特重、极重交通荷载等级	0.3~1.2m	≥96	≥95	—	
		上路堤	轻、中及重交通荷载等级	0.8~1.5m	≥94	≥94	≥93	
			特重、极重交通荷载等级	1.2~1.9m	≥94	≥94	—	
		下路堤	轻、中及重交通荷载等级	>1.5m	≥93	≥92	≥90	
			特重、极重交通荷载等级	>1.9m				
2△	弯沉(0.01mm)			不大于设计验收弯沉值			按《检评标准》附录J检查
3	纵断高程(mm)			+10,-15	+10,-20		水准仪:中线位置每200m测2点
4	中线偏位(mm)			50	100		全站仪:每200m测2点,弯道加HY、YH两点
5	宽度(mm)			满足设计要求			尺量:每200m测4点

续上表

项次	检查项目	规定值或允许偏差			检查方法和频率
		高速公路 一级公路	其他公路		
			二级公路	三、四级公路	
6	平整度(mm)	≤15	≤20		三米直尺:每200m 测2处×5尺
7	横坡(%)	±0.3	±0.5		水准仪:每200m测 2个断面
8	边坡	满足设计要求			尺量:每200m测 4点

注:1. 表列压实度系按现行《公路土工试验规程》(JTG 3430)重型击实试验所得最大干密度求得的压实度。评定路段内的压实度平均值下置信界限不得小于规定标准,单个测定值不得小于极值(表列规定值减5个百分点)。按测定值不小于表列规定值减2个百分点的测点占总检查点数的百分率计算合格率。
2. 特殊干旱、特殊潮湿地区或过湿土路基等,可按路基设计、施工规范所规定的压实度标准进行评定。
3. 三、四级公路铺筑沥青混凝土或水泥混凝土路面时,路基压实度应采用二级公路标准。

任务 1-3 认知试验检测和工程质量检验评定的关系

【任务描述】

工程试验检测既是公路工程施工技术管理中的一个重要组成部分,也是施工质量控制和竣工验收评定中不可缺少的一个主要环节。公路工程质量检验与评定的内容大多与试验检测相关,特别是"关键项目"大多需要提供试验检测数据。作为试验检测人员或工程质量管理人员、现场技术人员等,在整个施工期间应吃透并领会设计文件,熟悉现行施工技术规范和试验检测规程,严格做好公路工程进场材料质量控制、现场施工过程质量控制和分部分项工程验收三个关键环节的把关工作。

【任务实施】

工程试验检测是工程质量管理中一个必不可少的环节,同时也是施工过程中、施工结束后验收评定的一个中心环节。试验检测人员应熟悉《检评标准》相关知识,掌握试验检测活动在公路工程质量检验评定中的应用。

一、公路工程试验检测管理

1. 公路工程试验检测行业管理

公路工程试验检测,是指根据国家有关法律、法规的规定,依据工程建设技术标准、规范、规程,对公路工程所用材料、构件、工程制品、工程实体的质量和技术指标等进行的试验检测活动。

公路工程试验检测机构(以下简称检测机构),是指承担公路工程试验检测业务并对试验检测结果承担责任的机构。

公路工程试验检测人员,是指具备相应公路工程试验检测知识、能力,并承担相应公路工程试验检测业务的专业技术人员。

交通运输部负责公路工程试验检测活动的统一监督管理。交通运输部工程质量监督机构具体实施公路工程试验检测活动的监督管理。

省级人民政府交通运输主管部门负责本行政区域内公路工程试验检测活动的监督管理。省级交通质量监督机构具体实施本行政区域内公路工程试验检测活动的监督管理。

2. 公路工程试验检测资质管理

检测机构等级,是依据检测机构的公路工程试验检测水平、主要试验检测仪器设备及检测人员的配备情况、试验检测环境等基本条件,对检测机构进行的能力划分。

公路工程专业分为综合类和专项类。公路工程综合类设甲、乙、丙3个等级。公路工程专项类分为交通工程和桥梁隧道工程。

3. 试验检测活动

取得等级证书,同时按照《计量法》的要求经过计量行政部门考核合格的检测机构,可在等级证书注明的项目范围内,向社会提供试验检测服务。

取得等级证书的检测机构,可设立工地临时试验室,承担相应公路工程的试验检测业务,并对其试验检测结果承担责任。工程所在地省级交通质监机构应当对工地临时试验室进行监督。

检测机构应当严格按照现行有效的国家和行业标准、规范和规程独立开展检测工作,不受任何干扰和影响,保证试验检测数据客观、公正、准确。

检测机构在同一公路工程项目标段中不得同时接受业主、监理、施工等多方的试验检测委托。

二、试验检测和工程质量检验评定的关系

(1)工程质量评价层级可表示为:建设项目→合同段→单位工程→分部工程→分项工程→检验项目(基本要求、实测项目、外观质量和质量保证资料)→实测项目(实测项目表)→检查项目(表中所列)→检测指标(有些检查项目如路面平整度、摩擦因数等包括多个指标)。

(2)单位工程、分部工程、分项工程划分是工程项目管理的一条主线,项目划分需要在施

工准备阶段完成。《检评标准》涉及工程质量、安全、进度、费用管理等各个方面，是工程建设、监理、施工单位等开展各项工作的基础条件。

（3）根据有关法律法规的规定，施工单位对施工质量负责，因此，施工单位按照《检评标准》进行工程质量检验评定。

建设单位、监理单位、施工单位及质量监督部门和检测单位在公路工程质量检验评定过程中的作用和需要完成的工作，由《公路工程竣（交）工验收办法》等规定。

《公路工程施工监理规范》（JTG G10—2016）中规定"驻地办应及时对已完分部工程进行质量检验评定，总监办应及时组织进行单位工程和合同段工程质量评定"。

（4）实测项目是检查项目和相关要求的综合，《检评标准》中明确了实测项目的具体要求，包括项目类别、检查项目名称、规定值或允许偏差、检查方法和频率等。

（5）一般项目的检查项目多为几何尺寸类的项目，这些项目与涉及结构安全、耐久性的关键项目相比较，其重要性虽可以适当降低，但一般项目合格率水平却与公路工程施工工艺及管理水平有关。

（6）关键项目是分项工程中对结构安全、耐久性和主要使用功能起决定性作用的检查项目，《检评标准》中采用统计方法进行评定的路基路面压实度、验收弯沉值、路面结构层厚度、水泥混凝土抗压和抗弯拉强度等都是关键项目。

实测项目的规定极值是指任一单个检测值都不能突破的极限值，不符合要求时，该实测项目为不合格。关键项目合格率不符合规定的90%或单点检测值超过规定极值时，必须进行返工。

（7）从《检评标准》中各类关键项目的组成看，基本均需进行试验检测，运用试验检测结果数据进行评定。一般项目在实际工作中，部分检查项目由现场技术员或质检人员进行检测，在"分项工程质量检验评定表"中直接填写；也可由试验检测人员进行检测，出具试验检测报告，在"分项工程质量检验评定表"中引用试验检测报告数据。

（8）试验检测和工程质量检验是相互依存、互为支撑的共生关系。试验检测需要《检评标准》明确检查方法、频率、规定值或允许偏差等内容，《检评标准》需要根据试验检测活动提供的数据才能进行评定和下结论。

施工阶段，对上道工序完成情况和分项工程进行试验检测，对上道工序的质量缺陷或隐患及时反馈，避免形成永久缺陷，同时对分项工程进行系统评定，以达最终工程质量的有效保证。

交竣工阶段，通过试验检测验证工程质量是否满足技术和相关标准的要求。

综上所述，试验检测对推动工程质量、安全、进度等有重大作用。

模块1考核

一、填空题

1. 实测项目是检查项目和相关要求的综合，《检评标准》中明确了实测项目的具体要求，包括_____、检查项目名称、_____、检查方法和_____等。

2. 公路水运工程试验检测机构中公路工程专业资质分为：综合甲级、综合乙级、

_____、_____和_____。

3. 关键项目：分项工程中对_____、耐久性和主要使用功能起决定性作用的检查项目。

4. 施工单位外购的原材料、半成品和成品进场后应进行抽查复验，检验结果应由_____或_____进行审核。

5. _____部门负责本行政区域内公路水运工程试验检测活动的监督管理。

二、选择题

1. 分项工程中除关键项目以外的检查项目为一般项目。一般项目的合格率应不低于(　　)。
   A. 75%　　　　　B. 80%　　　　　C. 85%　　　　　D. 90%

2. 以下工程属于分项工程的是(　　)。
   A. Z 合同段路基工程　　　　　B. Y 合同段排水工程
   C. X 合同段路面基层　　　　　D. M 合同段交通工程

3. 分项工程质量检验内容中，具有质量否决权的是(　　)。
   A. 外观鉴定　　　　　　　　　B. 质量保证资料
   C. 基本要求　　　　　　　　　D. 实测项目

4. 根据《检评标准》规定，某一级公路土基压实度标准为 94%，当某测点的压实度为 89.5% 时，评定结果为(　　)。
   A. 优良　　　B. 合格　　　C. 不合格并扣分　　　D. 不合格并返工

5. 对水泥混凝土路面质量评定影响最大的实测项目是(　　)。
   A. 抗弯拉强度　　　B. 平整度　　　C. 抗滑　　　D. 纵断高程

三、判断题

1. 业主不得在合同签订中提出高于《检评标准》中的技术要求。(　　)

2. 工程建设项目同一合同段中的施工和监理单位不得将外委试验委托给同一家检测单位。(　　)

3. 关键项目合格率不符合规定的 95% 或单点检测值超过规定极值时，必须进行返工。(　　)

4. 取得交通行业等级证书的检测机构，可在高速公路建设项目设立工地临时试验室，承担相应公路水运工程的试验检测业务，无须取得资质认定(CMA)资质。(　　)

5. 交通安全设施的分部分项工程划分时，5~10km 路段内的防眩设施、隔离栅、防落物网为一个分部工程。(　　)

四、案例题

表 1-5 为某四级公路的石灰粉煤灰稳定粒料基层的分项工程质量评定表，请完善表中空格内容并作最后评定。

石灰粉煤灰稳定粒料基层实测项目

表1-5

分项工程名称：石灰粉煤灰稳定粒料基层　　工程部位：_____　　所属建设项目(合同段)：_____
所属分部工程名称：__路面工程__　　所属单位工程名称：_____
施工单位：_____　　分项工程编号：_____

基本要求				见《检评标准》												
实测项目	项次	检查项目		规定值或允许偏差	实测值各实验允许偏差值									质量评定		
					1	2	3	4	5	6	7	8	9	10	平均值、代表值	合格率（%）	合格判定
	1△	压实度（%）	代表值	97	98	98	97	96	95	97	97	98	96	98			
			极值	93													
	2	平整度		12	8	9	9	13	8	—	—	—	—	—			
	3	纵断高程(mm)		+5，-15	+2	+3	-1	-2	+5	+6	+3	-5	-10	-10			
	4	宽度(mm)		符合设计要求	—	—	—	—	—	—	—	—	—	—		100	
	5△	厚度(mm)	代表值	-10	-5	-10	-12	-10	-13	-10	-12	-8	-10	-7			
			合格值	-20													
	6	横坡（%）		±0.5	0.2	0.1	0.3	0.4	0.5								
	7△	强度(MPa)		符合设计要求	1.0	0.9	0.7	1.1	0.9	0.8	0.9	1.0	0.8	0.9			
外观质量				满足规定要求					质量保证资料					试验记录完整			
工程质量等级评定																	

检验负责人：　　　检测：　　　记录：　　　复核：　　　年　月　日

【模块学习效果评价】

1.素质目标达成度测评					
序号	素质目标	素质目标测评点	配分比例	得分	备注
1	严谨求实	工程质量评定严谨	20		对照本模块实际拟定的素质目标进行测评
2	行为规范	试验检测工作规范	20		
		分项总分	40		

续上表

2. 知识目标达成度测评				
序号	评分内容	配分比例	得分	备注
1	填空题	20		扫描获取[模块1考核]答案
2	选择题	10		
3	判断题	10		
4	案例题	20		
分项总分		60		

【模块学习总结与反思】

1. 通过本模块的学习,你的主要收获有哪些?

2. 作为未来的工程师,谈谈你所认知的试验检测工作在公路工程建设过程中处于何种地位,起到何种作用?

模块2 MODULE TWO
试验检测数据处理

【模块内容简介】

工程质量的评定是以试验检测数据为依据的。工程实践中,试验检测采集得到的原始数据往往类多量大,有时杂乱无章,并且存在各种各样的误差,甚至还有错误,因此,必须对原始数据进行分析处理,才能得到可靠的试验检测结果。

通过本模块的学习,学习者应掌握试验检测数据处理的相关知识。本模块主要学习 4 个任务,其知识结构如图 2-1 所示。

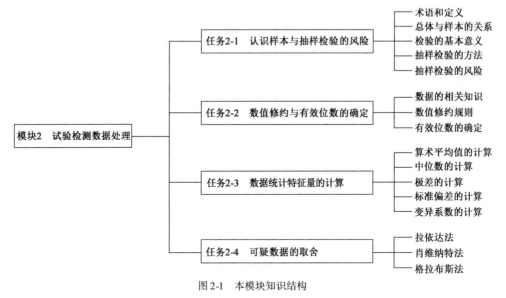

图 2-1　本模块知识结构

【模块学习目标】

素质目标:通过对试验检测数据处理知识点的学习,形成科学处理数据、规范书写数据的认知。

知识目标:掌握试验检测数据处理的相关知识。

能力目标:能够运用合适的数理统计方法、数值修约方法等进行试验检测数据处理。

任务2-1 认识样本与抽样检验的风险

【任务描述】

对于产品的质量和可靠性,从理论上来说,全数检验是风险最小的一种管理方式,但全数检验必然导致工作量大、检验周期长、成本费用高等问题。在产品检验中,全数检验的应用场合很少,且一些特殊产品,一经检验就失去使用性能(如炮弹等),故大多数情况下是采取抽样检验的方法。

随着生产的发展和科学技术的进步,应用概率论和数理统计理论,有效解决了全数检验和破坏性检验的问题。现通过对总体与样本、抽样检验的方法、风险等基础知识进行介绍,使试验检测人员了解随机抽样、系统抽样、分层抽样等技术手段,对所抽样品(对象物)的产品特性有充分了解,具备分析和判断能力。

【任务实施】

一、术语和定义

《统计学词汇及符号 第 1 部分:一般统计术语与用于概率的术语》(GB/T 3358.1—2009)、《随机数的产生及其在产品质量抽样检验中的应用程序》(GB/T 10111—2008)中对与样本的相关术语进行了解释,具体如下。

1. 总体
所有考虑对象的全体。

2. 批
按抽样目的,在基本相同条件下组成的总体的一个确定部分。

3. 抽样单元
总体划分成若干部分中的每一部分。

4. 样本
由一个或者多个抽样单元组成的总体的子集。

5. 抽样
抽取或组成样本的行动。

6. 随机抽样
从总体中抽取 n 个抽样单元构成样本,使 n 个抽样单元每一可能组合都有一个特定被抽到概率的抽样。

7. 分层抽样
样本抽自于总体不同的层,且每个层至少有一个抽样单元入样的抽样。

8. 系统抽样

将总体中的全部抽样单元按照某种次序排列,在规定的范围内随机抽取一个或一组初始单元,然后按一定规则确定其他样本单元的抽样方法。

二、总体与样本的关系

在工程质量检验中,除重要项目外,大多数采用抽样检验,这就涉及总体与样本的概念,而组成样本的每一个个体,则为样品。

例如,从每一桶沥青中抽取两个试样,一批沥青有 100 桶,抽检了 200 个试样做试验,则这 100 桶沥青称为总体,200 个试样称为样本,而 200 个试样中的某一个,就是该样本中的一个样品。其关系如图 2-2 所示。

图 2-2　总体与样本的关系

三、检验的基本意义

检验的基本意义在于:用某种方法检验产品,将结果与质量判定标准比较,判断出各个产品是"优良品"还是"不良品",或者与产品"批"的判定标准比较,判断出批是"合格批"还是"不合格批"。从此意义上说,检验分为对"各个产品"的检验和对"批"的检验两种情况。这两种检验过程可分别用图 2-3、图 2-4 表示。

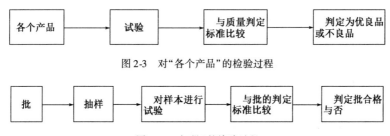

图 2-3　对"各个产品"的检验过程

图 2-4　对"批"的检验过程

四、抽样检验的方法

常用的抽样检验的方法一般有以下三种:简单随机抽样、系统抽样和分层抽样。

1. 简单随机抽样

简单随机抽样是指一批产品共有 N 件,其中任意 n 件产品都有同样的可能性被抽到。这种方法适用于对总体缺乏基本了解的场合。"随机"取样不同于"随便"取样。随机取样是利用随机表或随机数骰子等工具进行的取样,它可以保证总体每个单元出现的概率相同。如抽奖时摇奖的方法就是一种简单的随机抽样。简单随机抽样时必须注意不能有意识抽好的或差的,也不能为了方便只抽表面摆放的或容易抽到的。

2. 系统抽样

当对总体实行简单随机抽样有困难时,如连续作业时抽样、产品为连续体时的抽样(如测定公路路基的弯沉值)等,可采用一定间隔进行抽取的抽样方法。

例如:现要求测定 1 000m 路基的弯沉值,由于路基是连续体,可采取每20m或50m测定一点(或两点)的办法,做抽样测定。这时可用掷骰子或其他随机方法确定起点位置,如从 K0+010 开始,然后分别测定 K0+030、K0+050 等或 K0+060、K0+110 等位置的弯沉值。

系统抽样还适合流水生产线上的取样,但应注意的是,当产品质量特性发生变化时,易产生较大偏差。

3. 分层抽样

分层抽样是指针对不同类产品有不同的加工设备、不同的操作者、不同的操作方法时,对其质量进行评估时的一种抽样方法。在质量管理过程中,逐批验收抽样检验方案是最常见的抽样方案。

五、抽样检验的风险

无论是在企业内或在企业外,供求双方在进行交易时,对交付的产品验收时,多数情况下验收全数检验是不现实或者没有必要的,往往要进行抽样检验,以保证和确认产品的质量。验收抽样检验的具体做法通常是:从交验的每批产品中随机抽取预定样本容量的产品项目,对照标准逐个检验样本的性能。如果样本中所含不合格品数不大于抽样方案中规定的数目,则判定该批产品合格,即为合格批,予以接收;反之,则判定为不合格,拒绝接收。

抽样检验与全数检验的不同之处在于,全数检验要对整个批量逐一检验,剔除不合格品,而抽样检验是根据部分产品的检验结果推断整批的质量状况。采用抽样检验时,生产方和用户都要冒一定的风险。第一类是将合格批错判为不合格,使生产方蒙受损失,称为生产者风险;第二类是将不合格批错判为合格,使用户蒙受损失,称为用户风险。

抽样检验涉及 3 个参数,产品的批量 N、样本大小 n 和不合格判定数 A_c,这 3 个参数就确定了一个抽样方案。对于一个不合格品率 P 已知的产品批,按给定的抽样方案 (N,n,A_c) 判断产品为合格品的概率称为批合格概率,用 $L(P)$ 表示。

当 n、A_c 不变,N 变化时,为了分析 N 变化对两种风险的影响,用超几何分布来准确计算在抽样方案为 $(50,20,0)$(图 2-5 中曲线 1)、$(200,20,0)$(图 2-5 中曲线 2)和 $(1\,000,20,0)$(图 2-5 中曲线 3)的情况下,批的接收概率 $L(P)$ 的值,画出对应的 QC 曲线。当不合格率 P 较小(比如小于 5% 时),考虑到生产者的利益,应该接收该批产品,由图 2-5 可以看出,当 n、A_c 不变时,随着 N 的增加,批的接收概率 $L(P)$ 的值在变大,即生产方的风险在减小。当不合格品率 P 较大(比如大于 10%)时,出于对消费者的利益保护,该批产品应该拒收。由图 2-5 可以看出,当 n、A_c 不变时,随着 N 的增加,批的接收概率 $L(P)$ 的值在变大,拒收的概率在减小,消费者的风险在增大。因此,在抽样检验过程中,当 n、A_c 不变时,批量 N 越大,生产方风险越小,消费者风险越大;批量 N 越小,生产方风险越大,消费者风险越小。

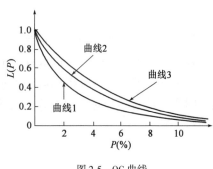

图 2-5　QC 曲线

以公路工程施工为背景实例,如:某大桥进行桩基混凝土浇筑,预计需混凝土泵车运输100车,按施工规范要求的取样频率为2组(6块试件)。

(1)全数检验:取100车的混凝土分别制作试件,然后在标准状态下养护28d进行抗压强度试验。

(2)甲试验员从100车里随机抽取1车,一次性制成2组(6块)试件;乙试验员从100车里随机连续抽6车,每一车制作1块试件,共2组(6块)试件;丙试验员从前1~33车、34~66车、67~100车中分三批随机各抽取2车,分别制作1块试件,共2组(6块)试件。

混凝土生产因原材料及生产过程的波动,必然存在质量的波动。甲仅抽取1车,风险必然最大。乙连续抽6车,占总车数的6%,风险小于甲,但未考虑施工人员的疲劳等因素。丙考虑多种因素的影响,把整个混凝土浇筑过程分为前期、中期、后期,分别抽样,风险必然最小。

(3)如我们再把取样频率提高,也会降低风险,但成本也必然增加。

(4)按丙试验员的抽样方案检验28d混凝土强度均合格,能保证该桩基混凝土一定合格吗?不尽然,如在丙未抽检到的94车混凝土中,某一车混凝土因车辆故障,运输时间过长,导致混凝土坍落度损失过大,不能放出混凝土,驾驶员此时加水搅拌后放出混凝土进入桩基,该车混凝土必然存在质量问题。

综上,影响产品质量的因素较多,只要是抽样检验,必然有风险的存在,但可以降低风险的概率,只有执行合理的抽样检验方案,才能减少风险的存在。

任务2-2 数值修约与有效位数的确定

【任务描述】

试验检测中的数据与日常生活中常说的数据在意义上有较大的区别。试验检测中的数据蕴含的信息量更大、要求更严谨。例如1与1.0,在日常生活使用时基本没有太大差别,而在试验检测中体现了我们所使用的仪器设备精度有明显差异,进而导致数值有效位数不同。

试验检测数据的数值与仪器设备的精度和计算方法有关,要取得准确可靠的数据,进行正确的数据处理和计算是非常重要的环节。通过数据处理相关知识的学习,使试验检测人员掌握正确进行数值修约、数据有效位数确定的能力。

【任务实施】

一、数据的相关知识

工程质量控制、评价是以数据为依据,质量控制中常说的"一切用数据说话",就是要用数据来反映工程产品的质量状况及判断质量效果。

质量数据主要来源于工程建设过程中的各种检验,即材料检验、工序检验、工程半成品检验、竣工验收检验等,也包括使用过程中的必要检验。只有通过对质量数据的收集、处理、分析,才能达到对生产施工过程的了解、掌握及控制。没有质量数据,就不可能有科学的质量控制。

质量数据根据自身特性,可分为计量值数据和计数值数据。

1. 计量值数据

计量值数据是可以连续取值的数据,其表现形式是连续型的,如长度、厚度、直径、强度、化学成分等质量特征,一般都可以用检测工具或仪器等测量(或试验)。类似这些质量特征的测量数据,一般都带有小数,如长度为 1.15m、1.18m 等。因此,在工程质量检验中得出的原始检验数据,大部分是计量值数据。

2. 计数值数据

有些反映质量状况的数据是不能用测量器具来度量的。为了反映或描述属于此类型内容的质量状况,而又必须要用数据来表示时,便采用计数的办法,即用 1、2、3…连续地数出个数或次数,凡属于这种性质的数据即计数值数据。计数值数据的特点是不连续,并只能出现 0、1、2 等非负的整数,不可能有小数,如不合格品数、不合格的构件数、缺陷的点数等。一般来说,以判断的方法得出的数据和以感觉性检验方法得出的数据大多属于计数值数据。

计数值数据有两种表示方法:一种方法是直接用计数出来的次数、点数来表示,称为 P_n 数据;另一种方法是把它们(P_n 数据)与总检查次(点)数相比,用百分数表示,称为 P 数据。P 数据在工程检验中经常使用,如某分项工程的质量合格率为 90%,即表示经检查为合格的点(次)数与总检查点(次)数的比值为 90%。但也应注意,不是所有用百分数表示的数据都是计数值数据,当分子、分母为计量值数据时,计算出来的百分数也应是计量值数据。一般可以这样说,在用百分数表示数据时,当分子、分母为计量值数据时,分数值为计量值数据;当分子、分母为计数值数据时,分数值为计数值数据。

二、数值修约规则

《数值修约规则与极限数值的表示和判定》(GB/T 8170—2008)中规定,科学技术与生产活动中,试验测定和计算得出的各种数值,当得出数值需要修约时,应按本标准给出的规则进行。

(一)术语

1. 数值修约

通过省略原数值的最后若干位数字,调整所保留的末位数字,使最后所得到的值最接近原数值的过程。

经数值修约后的数值称为(原数值的)修约值。

2. 修约间隔

修约值的最小数值单位。

修约间隔的数值一经确定,修约值应为该数值的整数倍。

例如:如指定修约间隔为 0.1,修约值即应在 0.1 的整数倍中选取,相当于将数值修约到一位小数。

例如:如指定修约间隔为100,修约值即应在100的整数倍中选取,相当于将数值修约到"百"数位。

3. 有效位数

有效数字的个数称为该数的有效位数。

对没有小数位且以若干个零结尾的数值,从非零数字最左一位向右数得到的位数减去无效零(即仅为定位用的零)的个数,就是有效位数;对其他十进位数,从非零数字最左一位向右数而得到的位数,就是有效位数。

例如:35 000,若有两个无效零,则为三位有效位数,应写为 350×10^2;若有三个无效零,则为两位有效位数,应写为 35×10^3。

例如:3.2、0.32、0.032、0.003 2 均为两位有效位数;0.032 0 为三位有效位数。

例如:12.490 为五位有效位数;10.00 为四位有效位数。

4. 0.5 单位修约(半个单位修约)、0.2 单位修约

0.5 单位修约是指修约间隔为指定数位的 0.5 单位,即修约到指定数位的 0.5 单位。

例如:将 60.28 修约到个数位的 0.5 单位,得 60.5。

0.2 单位修约指修约间隔为指定数位的 0.2 单位,即修约到指定数位的 0.2 单位。

例如:将 832 修约到"百"数位的 0.2 单位,得 840。

(二)确定修约间隔

(1)指定修约间隔为 10^{-n}(n 为正整数),或指明将数值修约到 n 位小数。

(2)指定修约间隔为1,或指明将数值修约到个数位。

(3)指定修约间隔为 10^n,或指明将数值修约到 10^n 数位(n 为正整数),或指明将数值修约到"十""百""千"……数位。

(三)进舍规则

(1)拟舍弃数字的最左一位数字小于5时,则舍去,即保留的各位数字不变。

例如:将 12.149 8 修约到一位小数,得 12.1。

例如:将 12.149 8 修约成两位有效位数,得 12。

(2)拟舍弃数字的最左一位数字大于5或者是5,而其后跟有并非全部为0的数字时进一,即保留数字的末位数字加1。

例如:将 1 268 修约到"百"数位,得 13×10^2(特定场合可写为 1 300)。

例如:将 1 268 修约成三位有效位数,得 127×10(特定场合可写为 1 270)。

例如:将 10.502 修约到个数位,得 11。

注:示例中,"特定时"的含义系指修约间隔或有效位数明确时(下同)。

(3)拟舍弃数字的最左一位数字为5,而右面无数字或皆为0时,若所保留的末位数字为奇数(1、3、5、7、9)则进一,为偶数(0、2、4、6、8)则舍弃。

例如:修约间隔为 0.1(或 10^{-1})。

拟修约数值   修约值

| 1.050 | 10×10^{-1}（特定场合可写为1.0） |
| 0.35 | 4×10^{-1}（特定场合可写为0.4） |

例如：修约间隔为1 000（或10^3）。

拟修约数值	修约值
2 500	2×10^3（特定场合可写为2 000）
3 500	4×10^3（特定场合可写为4 000）

例如：将下列数字修约成两位有效位数。

拟修约数值	修约值
0.032 5	0.032
32 500	32×10^3（特定场合可写为32 000）

(4)负数修约时，先将它的绝对值按上述的规定进行修约，然后在所得值前面加上负号。

例如：将下列数字修约到"十"数位。

拟修约数值	修约值
-355	-36×10（特定场合可写为-360）
-325	-32×10（特定场合可写为-320）

例如：将下列数字修约成两位有效位数。

拟修约数值	修约值
-365	-36×10（特定场合可写为-360）
-0.036 5	-36×10^{-3}（特定场合可写为-0.036）

(四)不许连续修约

(1)拟修约数字应在确定修约位数后一次修约获得结果，而不得多次连续修约。

例如：修约15.454 6，修约间隔为1。

正确的做法：15.454 6→15。

不正确的做法：15.454 6→15.455→15.46→15.5→16。

(2)在具体实施中，有时测试与计算部门先将获得数值按指定的修约位数多一位或几位报出，而后由其他部门判定。为避免产生连续修约的错误，应按下述步骤进行：

①报出数值最右的非零数字为5时，应在数值后面加"（+）"或"（-）"或不加符号，以分别表明已进行过舍、进或未舍未进。

例如：16.50(+)表示实际值大于16.50，经修约舍弃成为16.50；16.50(-)表示实际值小于16.50，经修约进一成为16.50。

②如果判定报出值需要进行修约，当拟舍弃数字的最左一位数字为5而后面无数字或皆为0时，数值后面有（+）号者进一，数值后面有（-）号者舍去，其他仍按上述进舍规则进行修约。

例如：将下列数字修约到个数位后进行判定（报出值多留一位到一位小数）。

实测值	报出值	修约值
15.454 6	15.5(-)	15
16.520 3	16.5(+)	17

| 17.500 0 | 17.5 | 18 |
| -15.454 6 | -15.5(-) | -15 |

在统计中将常用的数值修约规则归纳为以下几句口诀：

四舍六入五考虑，

五后非零则进一，

五后为零视奇偶，

奇升偶舍要注意，

修约一次要到位。

(五)0.5 单位修约与 0.2 单位修约

在必要时，可采用 0.5 单位修约和 0.2 单位修约。

(1)0.5 单位修约：将拟修约数值 X 乘以 2，按指定修约间隔对 $2X$ 依"(三)进舍规则"进行修约，所得数值($2X$ 修约值)再除以 2。

例如：将下列数字修约到个数位的 0.5 单位(或修约间隔为 0.5)。

拟修约数值 X	$2X$	$2X$ 修约值(修约间隔为1)	X 修约值(修约间隔为0.5)
60.25	120.50	120	60.0
60.38	120.76	121	60.5
-60.75	-121.50	-122	-61.0

(2)0.2 单位修约：将拟修约数值 X 乘以 5，按指定修约间隔对 $5X$ 依"(三)进舍规则"进行修约，所得数值($5X$ 修约值)再除以 5。

例如：将下列数字修约到"百"数位的 0.2 单位(或修约间隔为 20)。

拟修约数值 X	$5X$	$5X$ 修约值(修约间隔为100)	X 修约值(修约间隔为20)
830	4 150	4 200	840
842	4 210	4 200	840
-930	-4 650	-4 600	-920

上述数值修约规则(有时称为"奇升偶舍法")与以往用的"四舍五入"的方法区别在于，用"四舍五入"法对数值进行修约，从很多修约后的数值中得到的均值偏大，而用上述修约规则，进舍的状况和进舍误差均具有平衡性，若干数值经过这种修约后，修约值之和变大的可能性与变小的可能性是一样的。

三、有效位数的确定

在试验检测过程中存在大量的数据，如何正确记录和计算数据是关系最终检测结果有效性、准确性的关键。

(1)测试所得的原始数据，应与所用仪器设备的精度一致，不得在记录时予以提前修约。

例如：用千分之一的天平称量(试验方法中要求天平精度为百分之一)，天平显示试样重 12.117g，报数应为 12.117g，不能报数 12.12g。

(2)原始记录的结果计算，一般情况下，试验检测方法中会明确计算结果数值精确至多少或取 X 位小数等,此时按试验检测方法的要求计算并保留相应的有效位数。但也存在试验检测方法中未明确计算结果数值精确至多少或取几位小数等情况,此时,宜按原始数据中有效位数最少或精度最小的保留,或按计算结果对应的技术指标所要求的有效位数加一位。

(3)结果报告,提供结果数值的有效位数宜与技术指标要求一致。

任务2-3　数据统计特征量的计算

【任务描述】

工程质量数据的统计特征量分为两类:一类表示统计数据的规律性,主要有算术平均值、中位数和加权平均值等;另一类表示统计数据的差异性,即工程质量的波动性,主要有极差、标准偏差和变异系数等。通过学习,使试验检测人员掌握算术平均值、中位数、极差、标准偏差和变异系数的相关知识。

【任务实施】

一、算术平均值的计算

算术平均值是表示一组数据集中位置最有用的统计特征量,经常用样本的算术平均值来代表总体的平均水平。样本的算术平均值用 $\bar{x}$ 表示。如果 n 个样本数据为 x_1、x_2、$\cdots$、x_n,那么,样本的算术平均值为

$$\bar{x} = \frac{1}{n}(x_1 + x_2 + \cdots + x_n) = \frac{1}{n}\sum_{i=1}^{n} x_i \tag{2-1}$$

【例2-1】　对某路段沥青混凝土面层进行抗滑性能检测,摩擦因数的检测值(共 10 个测点)分别为 58、56、60、53、48、54、50、61、57、55(摆值),求摩擦因数的算术平均值。

解: 由式(2-1)可知,摩擦因数的算术平均值为

$$\bar{F}_B = \frac{1}{10}(58+56+60+53+48+54+50+61+57+55) = 55.2(摆值)$$

二、中位数的计算

在一组数据 x_1、x_2、$\cdots$、x_n 中,按其大小次序排序,以排在正中间的一个数表示总体的平均水平,称为中位数(或称为中值),用 $\tilde{x}$ 表示。当 n 为奇数时,正中间的数只有一个;当 n 为偶数时,正中间的数有两个,取这两个数的平均值作为中位数,即

$$\tilde{x} = \begin{cases} x_{\frac{n+1}{2}} & (n \text{ 为奇数}) \\ \frac{1}{2}(x_{\frac{n}{2}} + x_{\frac{n+1}{2}}) & (n \text{ 为偶数}) \end{cases} \tag{2-2}$$

【例 2-2】 检测值同例 2-1，求中位数。

解：检测值按大小次序排列为 61、60、58、57、56、55、54、53、50、48(摆值)，则中位数为

$$\tilde{F}_B = \frac{F_{B(5)} + F_{B(6)}}{2} = \frac{56+55}{2} = 55.5(摆值)$$

三、极差的计算

在一组数据中最大值与最小值之差，称为极差，记作 R：

$$R = x_{max} - x_{min} \tag{2-3}$$

【例 2-3】 例 2-1 中的检测数据的极差为多少？

解：
$$R = F_{Bmax} - F_{Bmin} = 61 - 48 = 13(摆值)$$

极差没有充分利用数据的信息，但计算十分简单，仅适用于样本容量较小($n<10$)的情况。

四、标准偏差的计算

标准偏差有时也称标准离差、标准差或均方差，它是衡量样本数据波动性(离散程度)的指标。在质量检验中，总体的标准偏差(σ)一般不易求得。样本的标准偏差 S 按式(2-4)计算：

$$S = \sqrt{\frac{(x_1-\bar{x})^2+(x_2-\bar{x})^2+\cdots+(x_n-\bar{x})^2}{n-1}}$$

$$= \sqrt{\frac{\sum_{i=1}^{n}(x_i-\bar{x})^2}{n-1}} \tag{2-4}$$

【例 2-4】 仍用例 2-1 的数据，求样本标准偏差 S。

解：由式(2-4)可知，样本标准偏差为

$$S = \sqrt{\frac{(x_1-\bar{x})^2+(x_2-\bar{x})^2+\cdots+(x_n-\bar{x})^2}{n-1}}$$

$$= \sqrt{\frac{(58-55.2)^2+(56-55.2)^2+\cdots+(55-55.2)^2}{10-1}}$$

$$= 4.13(摆值)$$

五、变异系数的计算

标准偏差是反映样本数据的绝对波动状况,当测量较大的量值时,绝对误差一般较大;当测量较小的量值时,绝对误差一般较小。因此,用相对波动的大小,即变异系数更能反映样本数据的波动性。

变异系数用 $C_v(\%)$ 表示,是标准偏差 S 与算术平均值 $\bar{x}$ 的比值,即

$$C_v = \frac{S}{\bar{x}} \times 100\% \tag{2-5}$$

【例2-5】 若甲路段沥青混凝土面层的摩擦因数算术平均值为55.2(摆值),标准偏差为4.13(摆值);乙路段的摩擦因数算术平均值为60.8(摆值),标准偏差为4.27(摆值)。求两路段的变异系数。

解: 甲路段 $C_{v甲} = \dfrac{4.13}{55.2} \times 100\% = 7.48\%$

乙路段 $C_{v乙} = \dfrac{4.27}{60.8} \times 100\% = 7.02\%$

从标准偏差看,$S_甲 < S_乙$,但从变异系数分析,$C_{v甲} > C_{v乙}$,说明甲路段的摩擦因数相对波动比乙路段大,面层抗滑稳定性较差。

任务2-4 可疑数据的取舍

【任务描述】

工程受实际条件影响,质量常会发生波动情况,由于质量的波动,自然会引起质量检测数据的参差不齐,有时还会发现一些明显过大或过小的数据,这些数据为可疑数据。因此,在进行数据分析之前,应用数理统计法判别其真伪,并决定取舍。常用的方法有拉依达法、肖维纳特法、格拉布斯法等。

【任务实施】

一、拉依达法

当试验次数较多时,可简单地用3倍标准偏差(3S)作为确定可疑数据取舍的标准。当某一检测数据(x_i)与其算术平均值($\bar{x}$)之差大于3倍标准偏差时,用公式表示为

$$|x_i - \bar{x}| > 3S \tag{2-6}$$

则该检测数据应舍弃。

由于该方法是以 3 倍标准偏差为判别标准,所以又称 3 倍标准偏差法,简称"3S"法。

取 3S 的理由:根据随机变量的正态分布规律,在多次试验中,检测值落在"$\bar{x}-3S$"与"$\bar{x}+3S$"之间的概率为 99.73%,出现在此范围之外的概率为 0.27%。也就是说,在近 400 次试验中才能遇到一次,这种事件为小概率事件,出现的可能性很小,几乎不可能发生。因而在实际试验中,一旦出现,就认为该检测数据是不可靠的,应将其舍弃。

另外,当检测值与平均值之差大于 2 倍标准偏差($|x_i - \bar{x}| > 2S$)时,则该检测值应保留,但需存疑。在生产(施工)、试验过程中,如发现有可疑的变异时,则该检测值应予舍弃。

【例 2-6】 试验室进行同配比的混凝土强度试验($n=10$),其试验结果分别为 25.8、25.4、31.0、25.5、27.0、24.8、25.0、26.0、24.5、23.0,单位为 MPa,试用"3S"法判别其取舍。

解: 分析上述 10 个检测数据,$x_{\min}=23.0$ 和 $x_{\max}=31.0$ 最可疑,故应首先判别 $x_{\min}$ 和 $x_{\max}$。经计算:

$$\bar{x}=25.8, S=2.1$$
$$|x_{\max}-\bar{x}| = |31.0-25.8| = 5.2 < 3S = 6.3$$
$$|x_{\min}-\bar{x}| = |23.0-25.8| = 2.8 < 3S = 6.3$$

故上述检测数据均不能舍弃。

拉依达法简单方便,不需要查表,要求较宽,当试验检测次数较多或要求不高时可以应用,但当试验检测次数较少时(如 $n<10$),在一组检测值中即使混有异常值,也无法舍弃。

二、肖维纳特法

进行 n 次试验,其检测值服从正态分布,以概率 $1/(2n)$ 设定一判别范围 $(-K_nS, K_nS)$,当偏差(检测值 x_i 与其算术平均值 $\bar{x}$ 之差)超出该范围时,就意味着该检测值 x_i 是可疑的,应予以舍弃。因此,肖维纳特法可疑数据舍弃的标准为

$$\frac{|x_i - \bar{x}|}{S} \geq K_n \tag{2-7}$$

式中:K_n——肖维纳特系数,与试验次数 n 有关,见表 2-1。

肖维纳特系数 K_n　　　　表 2-1

n	K_n	n	K_n	n	K_n	n	K_n	n	K_n	n	K_n
3	1.38	8	1.86	13	2.07	18	2.20	23	2.30	50	2.58
4	1.53	9	1.92	14	2.12	19	2.22	24	2.31	75	2.71
5	1.65	10	1.96	15	2.13	20	2.24	25	2.33	100	2.81
6	1.73	11	2.00	16	2.15	21	2.26	30	2.39	200	3.02
7	1.80	12	2.03	17	2.17	22	2.28	40	2.49	500	3.20

【例 2-7】 试验结果同例 2-6,试用肖维纳特法进行判别。

解: 查表 2-1,当 $n=10$ 时, $K_n=1.96$。对于检测值 31.0,则有

$$\frac{|x_i - \bar{x}|}{S} = \frac{|31.0 - 25.8|}{2.1} = 2.48 > K_n = 1.96$$

说明检测数据 31.0 是异常的,应予以舍弃。这一结论与拉依达法的结果是不一致的。

肖维纳特法改善了拉依达法,但从理论上分析,当 $n \to \infty$, $K_n \to \infty$ 时,所有异常值都无法舍弃。此外,肖维纳特系数与置信水平之间无明确联系,已逐渐被格拉布斯法取代。

三、格拉布斯法

格拉布斯法假定检测数据服从正态分布,根据顺序统计量来确定可疑数据的取舍。做 n 次重复试验,测得结果为 x_1、$x_2 \cdots x_i \cdots x_n$,且 x_i 服从正态分布。

为了检验 $x_i(i=1、2、\cdots、n)$ 中是否有可疑值,可将 x_i 按其值由小到大的顺序重新排列,得:

$$x_{(1)} \leqslant x_{(2)} \leqslant \cdots \leqslant x_n$$

根据顺序统计原则,给出标准化顺序统计量 g:

当最小值 $x_{(1)}$ 可疑时,则

当最大值 $x_{(n)}$ 可疑时,则

$$\left.\begin{array}{l} g_{(1)} = \dfrac{\bar{x} - x_{(1)}}{S} \\[2mm] g_{(n)} = \dfrac{x_{(n)} - \bar{x}}{S} \end{array}\right\} \quad (2-8)$$

式中: $\bar{x}$——检测值的算术平均值;

S——检测值的标准偏差。

根据格拉布斯统计量的分布,在指定的显著性水平 β(一般 $\beta=0.05$)下,求得判别可疑值的临界值 $g_0(\beta,n)$。格拉布斯法的判别标准:当 $g \geqslant g_0(\beta,n)$ 时,则可疑值 $x_{(i)}$ 是异常的,应予舍去。其中, $g_0(\beta,n)$ 值列于表 2-2 中。

格拉布斯系数 $g_0(\beta, n)$ 表 2-2

n	β 0.01	β 0.05	n	β 0.01	β 0.05	n	β 0.01	β 0.05
3	1.15	1.15	13	2.61	2.33	23	2.96	2.62
4	1.49	1.46	14	2.66	2.37	24	2.99	2.64
5	1.75	1.67	15	2.70	2.41	25	3.01	2.66
6	1.94	1.82	16	2.74	2.44	30	3.10	2.74
7	2.10	1.94	17	2.78	2.47	35	3.18	2.81
8	2.22	2.03	18	2.82	2.50	40	3.24	2.87
9	2.32	2.11	19	2.85	2.53	50	3.34	2.96
10	2.41	2.18	20	2.88	2.56	100	3.59	3.17
11	2.48	2.24	21	2.91	2.58			
12	2.55	2.29	22	2.94	2.60			

利用格拉布斯法每次只能舍弃一个可疑值,若有两个以上的可疑数据,应该一个一个地舍弃,舍弃第一个数据后,检测次数由 n 变为 $n-1$,以此为基础再判别第二个可疑数据是否应舍去。每次均值和均方差要重新计算,再决定取舍。

【例 2-8】 试用格拉布斯法判别例 2-6 中检测数据的真伪。

解：(1) 检测数据按从小到大的顺序排列如下

23.0 24.5 24.8 25.0 25.4 25.5 25.8 26.0 27.0 31.0

(2) 计算数据特征量

$$\bar{x} = 25.8 \quad S = 2.1$$

(3) 计算统计量

$$g_{(1)} = \frac{\bar{x} - x_{(1)}}{S} = \frac{25.8 - 23.0}{2.1} = 1.33$$

$$g_{(10)} = \frac{x_{(10)} - \bar{x}}{S} = \frac{31.0 - 25.8}{2.1} = 2.48$$

由于 $g_{(10)} > g_{(1)}$,首先判别 $x_{(10)} = 31.0$

(4) 选定显著性水平 $\beta = 0.05$,并根据 $\beta = 0.05$ 和 $n = 10$,由表 2-2 查得

$$g_0(0.05, 10) = 2.18$$

(5) 判别

由于 $g_{(10)} = 2.48 > g_0(0.05, 10) = 2.18$,所以 $x_{(10)} = 31.0$ 为异常值,应予以舍弃。这一结论与肖维纳特法结论是一致的。

依照上述方法继续对余下的 9 个数据分别进行判别,经计算没有异常值。

模块2考核

一、填空题

1. 我国的标准分为强制性国家标准、＿＿＿＿＿＿、＿＿＿＿＿＿、

_____、和_____、_____。

2. 标准最为常见的一种表现形式是_____。

3. 125.555 保留整数_____；10.05001 保留一位小数_____；13.025 保留两位小数_____。

4. 数理统计，在一组数据中最大值与最小值之差，称为_____。

二、选择题

1. 推荐性国家标准的代号是(　　)。
   A. GB　　　　B. GB-T　　　　C. GB/T　　　　D. WB/T

2. 标准具有以下(　　)特性。
   A. 前瞻性　　　　　　　　　B. 统一性
   C. 科学性　　　　　　　　　D. 民主性
   E. 权威性

3. 测得一组数据为 5.82、5.80、5.75、5.72、5.65。依据规范其测定值修约保留到 0.1，当测定值大于等于 5.8，判定其合格，用全数值判定该组数据中的合格值，表达正确的是(　　)。
   A. 5.75,5.72,5.65,5.82,5.80
   B. 5.80,5.82,5.75
   C. 5.82
   D. 5.80,5.82

4. 下列数字修约到 0.5 单位，正确的一组是(　　)。
   A. 26.16→26.0　32.25→32.5
   B. 14.38→14.0　40.75→40.5
   C. 26.16→26.5　32.45→32.0
   D. 14.38→14.5　40.75→41.0

5. 1.032×2.12×0.65737 的积计算后，表述正确的是(　　)。
   A. 1.4382　　　B. 1.438　　　C. 1.43822　　　D. 1.44

三、判断题

1. 国家标准是我们执行的最高要求。　　　　　　　　　　　　　　　　　　(　　)

2. 检测室内有 2 个天平，一个天平的精度为 0.01g（已坏、停用），另一个天平的精度为 0.001g。规范要求天平的精度为 0.01g，试验时小王使用千分之一的天平称量约 0.2g 无水碳酸钠，小王在原始记录上记录 0.02g。　　　　　　　　　　　　　　　　　　(　　)

3. 抽样检验以数理统计为理论依据。　　　　　　　　　　　　　　　　　　(　　)

4. 这组数据：23、29、20、32、23、21、33、25 的中位数为 24。　　　　　(　　)

四、案例题

1. 某路段沥青混凝土面层抗滑性能检测，摩擦因数的检测值（共 10 个测点）分别为 55、56、59、60、54、53、52、54、49、53。求摩擦因数的平均值、中位数、极差、标准偏差、变异系数。

2. 某路段二灰碎石基层无侧限抗压强度试验结果（单位：MPa）分别为 0.792、0.306、0.968、0.804、0.447、0.894、0.702、0.424、0.498、1.075、0.815，请分别用拉依达法、肖维纳特法和格拉布斯法对上述数据进行取舍判别。

【模块学习效果评价】

<table>
<tr><td colspan="6" align="center">1. 素质目标达成度测评</td></tr>
<tr><td>序号</td><td>素质目标</td><td>素质目标测评点</td><td>配分比例</td><td>得分</td><td>备注</td></tr>
<tr><td>1</td><td>严谨求实</td><td>数据处理科学严谨,逻辑严密</td><td>20</td><td></td><td rowspan="3">对照本模块实际拟定的素质目标进行测评</td></tr>
<tr><td>2</td><td>行为规范</td><td>数据书写规范整洁</td><td>20</td><td></td></tr>
<tr><td colspan="3" align="center">分项总分</td><td>40</td><td></td></tr>
<tr><td colspan="6" align="center">2. 知识目标达成度测评</td></tr>
<tr><td>序号</td><td colspan="2" align="center">评分内容</td><td>配分比例</td><td>得分</td><td>备注</td></tr>
<tr><td>1</td><td colspan="2" align="center">填空题</td><td>20</td><td></td><td rowspan="5">扫描获取
[模块2考核]
答案</td></tr>
<tr><td>2</td><td colspan="2" align="center">选择题</td><td>10</td><td></td></tr>
<tr><td>3</td><td colspan="2" align="center">判断题</td><td>10</td><td></td></tr>
<tr><td>4</td><td colspan="2" align="center">案例题</td><td>20</td><td></td></tr>
<tr><td colspan="3" align="center">分项总分</td><td>60</td><td></td></tr>
</table>

【模块学习总结与反思】

1. 结合本模块学习,谈谈"标准、规范、规则、法规"等对我们生活和学习的影响

2. 作为未来工程师,谈谈"数据"和工程质量的关系,以及将来工程实践中如何运用好数据

模块3
MODULE THREE
混合料常规试验检测

【模块内容简介】

在公路工程建设中,常用的混合料主要包括无机结合料稳定材料、水泥混凝土及水泥砂浆、沥青混合料等。实际施工过程中,混合料各项技术指标可能因施工工艺等多种因素的影响而与设计时不同,出现偏差。为了及时掌握混合料的质量情况,现场工程师需要对这些混合料的主要材料含量、成型结构物强度等关键技术指标进行抽检,用于评价混合料的质量是否符合设计要求,并为相应技术决策提供基础资料,以确保工程质量。

本模块依据工程中常见混合料的常规试验检测,设置了3个任务,其内容结构如图3-1所示。

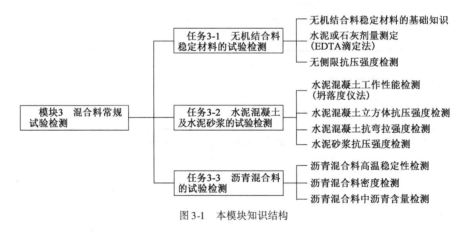

图3-1 本模块知识结构

【模块学习目标】

素质目标:通过对无机结合料稳定材料、水泥混凝土及水泥砂浆、沥青混合料等常见混合料的现场取样、试件制作、强度及密度检测等知识和技能的学习,培养诚实守信、吃苦耐劳的品质。

知识目标:了解无机结合料稳定材料、水泥混凝土及水泥砂浆、沥青混合料的材料特点;掌握无机结合料稳定材料、水泥混凝土及水泥砂浆、沥青混合料常规试验检测的原理和方法。

能力目标:能够按照规范要求进行无机结合料稳定材料、水泥混凝土及水泥砂浆、沥青混合料现场取样、试件制作和养护;能够规范完成水泥或石灰剂量的检测(EDTA 滴定法);能够规范完成水泥混凝土及水泥砂浆的强度检测及结果评定;能够完成沥青混合料高温稳定性检测(马歇尔稳定度试验、车辙试验)、毛体积密度检测(表干法)、理论最大相对密度检测(真空法)及混合料中沥青含量检测(离心分离法)。

任务 3-1 无机结合料稳定材料的试验检测

【任务描述】

无机结合料稳定材料亦称为半刚性材料,用其修筑的路面结构层称为无机结合料稳定材料结构层,通常应用于公路路面基层、底基层。该材料的稳定性好、结构本身自成板体、抗冻性较好,但易缩裂,耐磨性差。

无机结合料稳定材料中若水泥或石灰剂量过少则不能确保稳定层的强度,若剂量过大则不经济且会使基层开裂,影响其水稳性。因此,在实际施工过程中,需控制好无机结合料稳定材料中水泥或石灰的剂量,并采用合适的方法进行现场养生,进行无侧限抗压强度检测等。

【任务实施】

一、无机结合料稳定材料的基础知识

无机结合料稳定材料基础知识(微课)

(一)无机结合料稳定材料概念及分类

无机结合料稳定材料是指在集料或经过粉碎的(或原来松散的)材料中掺入一定量的无机结合料(包括水泥、石灰或粉煤灰等)和水,经拌和、压实及养护后的混合料,通常应用于公路路面基层、底基层。

无机结合料稳定材料分类如图3-2所示。

(二)无机结合料稳定材料的组成设计

1. 一般原则

无机结合料稳定材料组成设计必须满足设计强度的要求;抗裂性要达到最优,且便于施工;无机结合料剂量合理,尽量采用综合稳定;集料应有一定的级配。

2. 设计步骤

(1)先对原材料(各种土和稳定剂)的性质进行检测。如对于粗粒材料和中粒材料,应做筛分或压碎值试验;对于稳定剂,主要测定石灰的有效氧化钙和氧化镁含量以及水泥的胶砂强度和凝结时间。

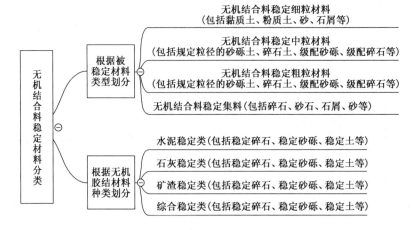

图 3-2　无机结合料稳定材料分类

（2）拟定混合料配合比。不同的无机结合料稳定材料，混合料组成设计的规定是不同的。因无机结合料稳定材料主要用于公路路面基层和底基层，因此本任务只介绍《公路路面基层施工技术细则》（JTG/T F20—2015）的相关规定。

按《公路路面基层施工技术细则》（JTG/T F20—2015）的推荐，水泥稳定材料可依据被稳定材料和作为基层或底基层需满足的条件采用表 3-1 中所示水泥剂量制备混合料试件，同一种被稳定材料的混合料试件，至少制备 3 组，这 3 组应按推荐试验剂量的最小、中间和最大制备，然后通过击实试验确定混合料的最佳含水率和最大干密度。再按最佳含水率和最大干密度与工地预计达到的压实度制备试件，进行无侧限抗压强度试验，然后根据表 3-1 中规定的强度标准，选定合适的水泥剂量。同样，石灰剂量的选定方法亦如此。

水泥稳定材料配合比试验推荐水泥试验剂量表　　表 3-1

被稳定材料	条件		推荐试验剂量(%)				
级配碎石或砾石	基层	$R_d \geq 5.0$MPa	5	6	7	8	9
		$R_d < 5.0$MPa	3	4	5	6	7
土、砂、石屑等		塑性指数<12	5	7	9	11	13
		塑性指数≥12	8	10	12	14	16
有级配的碎石或砾石	底基层	—	3	4	5	6	7
土、砂、石屑等		塑性指数<12	4	5	6	7	8
		塑性指数≥12	6	8	10	12	14
碾压贫混凝土	基层	—	7	8.5	10	11.5	13

石灰粉煤灰稳定材料和石灰煤渣稳定材料比例可采用表 3-2 中的推荐值。水泥粉煤灰稳定材料和水泥煤渣稳定材料比例可采用表 3-3 中的推荐值。

石灰粉煤灰稳定材料和石灰煤渣稳定材料推荐比例 表 3-2

材料类型	材料名称	使用层位	结合料间比例	结合料与被稳定材料间比例
石灰粉煤灰	硅铝粉煤灰的石灰粉煤灰类[a]	基层或底基层	石灰：粉煤灰 = 1:2 ~ 1:9	—
石灰粉煤灰	石灰粉煤灰土	基层或底基层	石灰：粉煤灰 = 1:2 ~ 1:4[b]	石灰粉煤灰：细粒材料 = 30:70[c] ~ 10:90
石灰粉煤灰	石灰粉煤灰稳定级配碎石或砾石	基层	石灰：粉煤灰 = 1:2 ~ 1:4	石灰粉煤灰：被稳定材料 = 20:80 ~ 15:85[d]
石灰煤渣	石灰煤渣稳定材料	基层或底基层	石灰：煤渣 = 20:80 ~ 15:85	—
石灰煤渣	石灰煤渣土	基层或底基层	石灰：煤渣 = 1:1 ~ 1:4	石灰煤渣：细粒材料 = 1:1 ~ 1:4[e]

注：a CaO 含量为 2%~6% 的硅铝粉煤灰。
　　b 粉土以 1:2 为宜。
　　c 采用此比例时，石灰与粉煤灰之比宜为 1:2 ~ 1:3。
　　d 石灰粉煤灰与粒料之比为 15:85 ~ 20:80 时，在混合料中，粒料形成骨架，石灰粉煤灰起填充和胶结作用。这种混合料称骨架密实式石灰粉煤灰粒料。
　　e 混合料中石灰应不少于 10%，可通过试验选取强度较高的配合比。

水泥粉煤灰稳定材料和水泥煤渣稳定材料推荐比例 表 3-3

材料类型	材料名称	使用层位	结合料件比例	结合料与被稳定材料间比例
水泥粉煤灰	硅铝粉煤灰的水泥粉煤灰类[a]	基层或底基层	水泥：粉煤灰 = 1:3 ~ 1:9	—
水泥粉煤灰	水泥粉煤灰土	基层或底基层	水泥：粉煤灰 = 1:3 ~ 1:5	水泥粉煤灰：细粒材料 = 30:70[b] ~ 10:90
水泥粉煤灰	水泥粉煤灰稳定级配碎石或砾石	基层	水泥：粉煤灰 = 1:3 ~ 1:5	水泥粉煤灰：被稳定材料 = 20:80 ~ 15:85[c]
水泥煤渣	水泥煤渣稳定材料	基层或底基层	水泥：煤渣 = 5:95 ~ 15:85	—
水泥煤渣	水泥煤渣土	基层或底基层	水泥：煤渣 = 1:2 ~ 1:5	水泥煤渣：细粒材料 = 1:2 ~ 1:5[d]

注：a CaO 含量为 2%~6% 的硅铝粉煤灰。
　　b 采用此比例时，水泥与粉煤灰之比宜为 1:2 ~ 1:3。
　　c 水泥粉煤灰与粒料之比为 15:85 ~ 20:80 时，在混合料中，粒料形成骨架，石灰粉煤灰起填充和胶结作用。
　　d 混合料中水泥应不少于 4%，可通过试验选取强度较高的配合比。

水泥、石灰综合稳定时，水泥用量占结合料总量不小于 30% 时，应按水泥稳定材料的技术要求进行组成设计，水泥和石灰的比例宜取 60:40、50:50 或 40:60。水泥用量占结合料总量小于 30% 时，应按石灰稳定材料设计。

应特别注意的是，做材料组成设计确定混合料中水泥用量时，试件不应按击实试验所得的最大干密度制作，而应按与规定的现场压实度相应的干密度制作。例如，击实试验所得的水泥砂砾最大干密度为 2.36g/cm^3，现场要求的压实度为 97%，则与现场压实度相应的试件干密度应为 $2.36 \times 0.97 \approx 2.29 (\text{g/cm}^3)$。

二、水泥或石灰剂量测定（EDTA 滴定法）

对于水泥或石灰稳定材料中水泥或石灰剂量的测定，《公路工程无机结合料稳定材料试验规程》（JTG 3441—2024）中规定采用 EDTA 滴定法。EDTA 滴定法操作简单、方便、快速，适用于快速测定水泥和石灰稳定材料中水泥和石灰的剂量，可用于测定水泥和石灰综合稳定材料中结合料的剂量，也可用于检查现场拌和与摊铺的均匀性。

EDTA 滴定法的原理：EDTA 二钠（乙二胺四乙酸二钠）与水泥或石灰稳定材料中的二价钙离子 Ca^{2+} 反应生成络合物，通过 EDTA 二钠的消耗量（体积）求出水泥或石灰稳定材料中钙离子的浓度，进而求出水泥或石灰稳定材料中的水泥或石灰含量，即水泥或石灰剂量。

水泥石灰剂量
EDTA 滴定法
（文本）

（一）检测方法与数据处理

1. 检测前的准备

检测前应做好如下准备工作：配备仪器设备、配备试剂、准备标准曲线等。

1）配备仪器设备

滴定管（酸式）、大肚移液管、棕色广口瓶、电子天平、精密试纸、聚乙烯桶等，这里仅列出主要仪器设备，未列出的请参考现行《公路工程无机结合料稳定材料试验规程》（JTG 3441）。

2）配备试剂

(1) 0.1mol/L 乙二胺四乙酸二钠（EDTA 二钠）标准溶液。

(2) 10% 氯化铵（NH_4Cl）溶液。

(3) 1.8% 氢氧化钠（内含三乙醇胺）溶液。

(4) 钙红指示剂。

3）准备标准曲线

(1) 取样。

(2) 混合料组成按式(3-1)计算：

$$干料质量 = 湿料质量/(1 + 含水率) \qquad (3-1)$$

计算步骤如下：

① 干混合料质量 = 湿混合料质量/(1 + 最佳含水率)。

② 干土质量 = 干混合料质量/(1 + 石灰或水泥剂量)。

③ 干石灰或水泥质量 = 干混合料质量 - 干土质量。

④ 湿土质量 = 干土质量 ×(1 + 土的风干含水率)。

⑤ 湿石灰质量 = 干石灰质量 ×(1 + 石灰的风干含水率)。

⑥ 石灰土中应加入的水质量 = 湿混合料质量 - 湿土质量 - 湿石灰质量。

(3) 准备试样：准备 5 种试样，每种 2 个样品（以水泥稳定材料为例），如为水泥稳定中、粗粒材料，每个样品取 1 000g 左右（如为细粒土，则可取 300g 左右）准备试验。为了减少中、粗粒材料的离散，宜按设计级配单份掺配的方式备料。

(4) 取一个盛有试样的盛样器，在盛样器内加入两倍试样质量（湿料质量）体积的 10% 氯化铵溶液(如湿料质量为300g,则氯化铵溶液为600mL;如湿料质量为1000g,则氯化铵溶液为2000mL)。料为300g,则搅拌3min(每分钟搅110~120次);料为1000g,则搅拌5min。如用1000mL具塞三角瓶,则手握三角瓶(瓶口向上)用力振荡3min(每分钟120次±5次),以代替搅拌棒搅拌。放置沉淀10min(如10min后,得到的是混浊悬浮液,则应增加放置沉淀时间,直到出现无明显悬浮颗粒的悬浮液为止,并记录所需时间。以后所有该种水泥或石灰稳定材料的试验,均应以同一时间为准),然后将上部清液转移到300mL烧杯内,搅匀,加盖表面皿待测。

(5)用移液管吸取上层(液面下1~2cm)悬浮液10.0mL,放入200mL的三角瓶内,用量管量取1.8%氢氧化钠(内含三乙醇胺)溶液50mL倒入三角瓶中,此时溶液的pH值为12.5~13.0(可用pH=12~14精密试纸检验),然后加入钙红指示剂(质量约为0.2g),摇匀,溶液呈玫瑰红色。记录滴定管中EDTA二钠标准溶液的体积V_1,然后用EDTA二钠标准溶液滴定,边滴定边摇匀,并仔细观察溶液的颜色;在溶液颜色变为紫色时,放慢滴定速度,并摇匀;直到纯蓝色为终点,记录滴定管中EDTA二钠标准溶液体积V_2(以mL计,读至0.1mL)。计算$V_1 - V_2$,即为EDTA二钠标准溶液的消耗量。

(6)对其他几个盛样器中的试样,用同样的方法进行试验,并记录各自的EDTA二钠标准溶液的消耗量。

(7)以同一水泥或石灰剂量稳定材料EDTA二钠标准溶液消耗量(mL)的平均值为纵坐标,以水泥或石灰剂量(%)为横坐标制图。两者的关系应是一根顺滑的曲线,如图3-3所示。如素土、水泥或石灰改变,必须重作标准曲线。

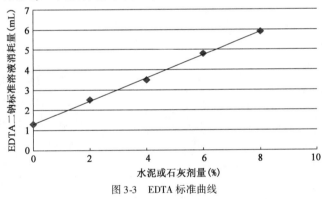

图3-3 EDTA标准曲线

2. 试验检测步骤

步骤一 取样。

选取有代表性的无机结合料稳定材料,对稳定中、粗粒材料取试样约3000g,对稳定细粒材料取试样约1000g。

步骤二 滴定。

对水泥或石灰稳定细粒材料,称300g放在搪瓷杯中,用搅拌棒将结块搅散,加10%氯化铵溶液600mL;对水泥或石灰稳定中、粗粒材料,可直接称取1000g左右,放入10%氯化铵溶液2000mL,然后如前述步骤进行试验。

步骤三 确定水泥或石灰剂量。

利用所绘制的标准曲线,根据EDTA二钠标准溶液消耗量,确定混合料中的水泥或石灰剂量。

本试验应进行两次平行测定,取算术平均值,精确至0.1mL。允许重复性误差不得大于均值的5%,否则,重新进行试验。

(二) 检测结果评定

施工现场实际采用的水泥剂量应比室内试验确定的剂量多0.5%~1.0%。采用集中厂拌法施工时,可只增加0.5%;采用路拌法施工时,宜增加1%。水泥的最小剂量应符合表3-4的规定。

水泥最小剂量　　　　　　　　　　表3-4

被稳定材料类型	拌和方法	
	路拌法	集中厂拌法
中粒材料和粗粒材料	4%	3%
细粒材料	5%	4%

【例3-1】 某试验检测中心根据试验委托方要求,对所送检的水泥稳定材料用EDTA滴定法确定水泥剂量。委托方提供干燥被稳定材料配合比。试验数据及结果处理见表3-5、表3-6。

无机结合料稳定材料水泥(石灰)EDTA标准曲线标定记录表　　表3-5

试验条件	温度21℃;湿度58%RH		标定依据	JTG 3441—2024	
标定用设备名称及编号	电子天平(TG-002)、滴定设备(HX-002)				
干燥被稳定材料配合比	材料名称	规格型号	生产厂家	样品编号	质量比例(%)
	粗集料1	4.75~9.5mm	—	YP-2023-KH-WJL-CJL-06002-01	18
	粗集料2	9.5~13.2mm	—	YP-2023-KH-WJL-CJL-06002-02	14
	粗集料3	13.2~26.5mm	—	YP-2023-KH-WJL-CJL-06002-03	33
	机制砂	0.075~4.75mm	—	YP-2023-KH-WJL-XJL-06002-04	35
无机结合料种类	水泥	P.O 42.5	—	YP-2023-KH-WJL-SNJ-06002-05	—
设计配合比的无机结合料剂量(%)			5.0	设计配合比的用水量(%)	5.0
加入10%氯化铵溶液搅拌/振荡后,放置沉淀直至出现无明显悬浮颗粒的悬浮液,记录沉淀所需的时间(min)					18
EDTA标准溶液配制记录编号	—		配制时间	—	
无机结合料剂量(%)	初读数(mL)	终读数(mL)	EDTA二钠标准溶液消耗量(mL)	EDTA二钠标准溶液平均消耗量(mL)	备注
0	2.0	3.9	1.9	1.9	—
	3.9	5.8	1.9		—
2	1.5	12.8	11.3	12.1	—
	13.3	26.2	12.9		—

续上表

无机结合料剂量（%）	初读数（mL）	终读数（mL）	EDTA二钠标准溶液消耗量（mL）	EDTA二钠标准溶液平均消耗量（mL）	备注
4	6.5	27.2	20.7	20.1	—
	27.2	46.7	19.5		—
6	4.5	35.2	30.7	30.6	—
	3.1	33.5	30.4		—
8	3.3	45.4	42.1	41.8	—
	2.3	43.9	41.6		—
剂量曲线	（图：EDTA二钠标准溶液消耗量(mL) 对 水泥(石灰)剂量(%) 的关系曲线，数据点约为 (0,2)、(2,12)、(4,20)、(6,31)、(8,42)）					
备注：—					

无机结合料稳定材料水泥（石灰）剂量试验检测记录表　　表3-6

工程名称	—	委托/任务编号	—
工程部位/用途	—	试样检测日期	—
试验条件	温度21℃；湿度58%RH	检测依据	JTG 3441—2024
主要仪器设备名称及编号	滴定设备(HX-)、电子天平(TG-003)		

干燥被稳定材料配合比	材料名称	规格型号	生产厂家	质量比例(%)
	粗集料1	4.75~9.5mm	—	18
	粗集料2	9.5~13.2mm	—	14
	粗集料3	13.2~26.5mm	—	33
	机制砂	0.075~4.75mm	—	35

无机结合料种类	水泥	P.O 42.5	
设计配合比的无机结合料剂量(%)	5.0	设计配合比的用水量(%)	—
取样地点	混凝土室	取样时间	—
EDTA标准溶液配制记录编号	BZRY-EDTA-20230609	配制时间	—
EDTA标准曲线标定记录编号	BD-EDTA-20230609	标定时间	—
加入10%氯化铵溶液搅拌/振荡后，放置沉淀，直至出现无明显悬浮颗粒的悬浮液，记录沉淀所需的时间(min)			22

续上表

试验次数	试样质量(g)	初读数(mL)	终读数(mL)	EDTA二钠标准溶液消耗量(mL)	平均EDTA二钠标准溶液消耗量(mL)	水泥或石灰剂量(%)
1	1 000.05	2.5	27.6	25.1	25.2	5.0
2	999.96	1.5	26.8	25.3		

备注:取最大干密度为2.4g/cm³、最佳含水率为5.0%的拌合物进行水泥剂量试验

三、无侧限抗压强度检测

在沥青路面结构中,由于面层厚度较小,传给路面基层的荷载应力较大,因此路面基层和底基层是承受车辆荷载作用的主要结构,这就要求无机结合料稳定材料具有足够的强度。在水泥混凝土路面结构中,基层的主要作用是保证路面整体强度、防止水泥混凝土板产生开裂及延长路面使用寿命。因此,基层材料具有适当的强度即可,但材料强度应均匀、整体性好、表面密实平整、透水性小。所以,无机结合料稳定材料必须具备一定的强度、抗变形能力和水稳定性,以满足行车、气候和水文地质条件的要求。

无机结合料稳定材料的强度主要用其抗压强度评价。《公路工程无机结合料稳定材料试验规程》(JTG 3441—2024)规定,抗压强度采用以规定温度下保湿养护6d、浸水1d后的7d无侧限抗压强度为准。《公路路面基层施工技术细则》(JTG/T F20—2015)规定,应采用7d龄期无侧限抗压强度作为无机结合料稳定材料施工质量控制的主要指标。不同的交通等级、稳定剂类型和路面结构层次,对无机结合料稳定材料的抗压强度要求也不相同,7d龄期无侧限抗压强度标准值应符合表3-7的规定。

无机结合料稳定材料的7d无侧限抗压强度标准值(单位:MPa) 表3-7

公路等级	结构层	水泥稳定材料			石灰稳定材料	石灰粉煤灰稳定材料		
		极重、特重交通	重交通	中、轻交通		极重、特重交通	重交通	中、轻交通
二级及二级以下公路	底基层	2.5~4.5	2.0~4.0	1.0~3.0	0.5~0.7	≥0.7	≥0.6	≥0.5
	基层	4.0~6.0	3.0~5.0	2.0~4.0	≥0.8	≥0.9	≥0.8	≥0.7
高速公路和一级公路	底基层	3.0~5.0	2.5~4.5	2.0~4.0	≥0.8	≥0.8	≥0.7	≥0.6
	基层	5.0~7.0	4.0~6.0	3.0~5.0	—	≥1.1	≥1.0	≥0.9

(一)检测方法与数据处理

无机结合料稳定材料无侧限抗压强度试验方法(文本)

无侧限抗压强度是试件在无侧向压力的条件下,抵抗轴向压力的极限强度。无侧限抗压试验是将试件置于不受侧向限制的条件下进行的强度试验,此时试件小主应力为零,而大主应力的极限值为无侧限抗压强度。由于试件侧面不受限制,这样求得的抗压强度值比侧面受限抗压强度值略小。

1. 检测前的准备

无机结合料无侧限抗压强度检测在试验前应做好如下准备工作:配备仪器

设备、取样、试件制作(圆柱形)、养生等。

步骤一 配备仪器设备。

(1)方孔筛:孔径53mm、37.5mm、31.5mm、26.5mm、4.75m和2.36mm的筛各一个。

(2)试模:细粒材料,试模的直径×高=φ50mm×50mm或φ100mm×100mm;中粒材料,试模的直径×高=φ100mm×100mm或φ150mm×150mm;粗粒材料,试模的直径×高=φ150mm×150mm,见图3-4。

(3)电动脱模器,见图3-5。

(4)反力架:反力为400kN以上。

(5)液压千斤顶:200~1 000kN。

(6)夯锤和导管。

(7)密封湿气箱或湿气池,放在能保持恒温的小房间内。

(8)水槽:深度应大于试件高度50mm。

(9)路面材料强度试验仪或其他合适的压力机。

(10)电子天平:量程不小于15kg,感量0.01g;量程不小于4 000g,感量0.01g。

(11)台秤:称量50kg,感量5g。

(12)其他仪器包括量筒、拌和工具、搪瓷盘、漏斗、大小铝盒、烘箱、游标卡尺等。

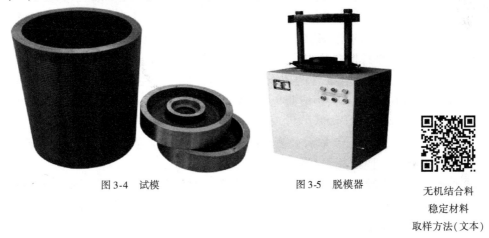

图3-4 试模　　　图3-5 脱模器　　　无机结合料稳定材料取样方法(文本)

步骤二 取样。

可用下列方法之一将整个样品缩小到每个试验所需材料的合适质量。

(1)四分法

①需要时应加清水使试样变湿。充分拌和试样:在一块清洁、平整、坚硬的表面上将试料堆成一个圆锥体,用铲翻动此锥体并形成一个新锥体,这样重复进行3次。在形成每一个锥体堆时,铲中的料要放在锥顶,使滑到边部的那部分料尽可能分布均匀,使锥体的中心不移动。

②将平头铲反复交错垂直插入最后一个锥体的顶部,使锥体顶变平,每次插入后提起铲时不要带有试料。沿两个垂直的直径,将已变成平顶的锥体料堆分成四部分,尽可能使这四部分料的质量相同。

③将对角的一对料(如一、三象限为一对,二、四象限为另一对)铲到一边,将剩余的一对铲到一块。重复上述拌和以及缩小的过程,直到达到要求的试样质量。

(2)分料器法

如果集料中含有粒径2.36mm以下的细料,材料应该是表面干燥的。将材料充分拌和后,通过分料器保留一部分,将另一部分再次通过分料器。这样重复进行,直到将原样品缩小到需要的质量。

(3)料堆取料

在料堆的上部、中部和下部各取一份试样,混合后按四分法分料取样。

(4)试验室分料

①目标配合比阶段各种集料应逐级筛分,然后按设定级配进行配料。

②生产配合比阶段可采用四分法分料,且取料总质量应大于分料取样后每份质量的4~8倍。

(5)施工过程取样

①在进行混合料验证时,宜在摊铺机后取料,且取料应分别来源于3~4台不同的料车,然后混合到一起进行四分法取样,进行无侧限抗压强度成型及试验。

②在评价施工离散性时,宜在施工现场取料,且在施工现场的不同位置按随机取样原则分别取样品,对于结合料剂量还需要在同一位置的上层和下层分别取样。试样应单独成型。

无机结合料稳定材料试件制作(圆柱形)试验规程(文本)

步骤三 试件制作(圆柱形)。

(1)对于无机结合料稳定细粒材料,试件数量每2 000m² 应至少制6个试件;对于无机结合料稳定中粒材料和粗粒材料,应至少分别制9个和13个试件。

(2)试件的径高比一般为1∶1,根据需要也可成型1∶1.5或1∶2的试件。试件的成型根据需要的压实度水平,按照体积标准,采用静力压实法制备。

(3)将具有代表性的风干试料(必要时,可以在50℃烘箱内烘干),用木槌捣碎或用木碾碾碎,但应避免破坏粒料的原粒径。按照公称最大粒径的大一级筛,将试料过筛并进行分类。

(4)在预定做试验的前一天,取有代表性的试料测定其风干含水率;对于稳定细粒材料,试样应不少于1 000g;对于中、粗粒材料,试样应不少于2 000g。

(5)按照击实法或振动成型法确定无机结合料稳定材料的最佳含水率和最大干密度。

(6)根据最大干密度的大小,称取一定质量的风干试料,其质量随试件大小而变。对于$\phi 50mm \times 50mm$试件,1个试件需干试料180~210g;对于$\phi 100mm \times 100mm$试件,1个试件需干试料1 700~1 900g;对于$\phi 150mm \times 150mm$试件,1个试件需干试料5 700~6 000g。

(7)对于稳定细粒材料,一次可称取6个试件所需的试料;对于稳定中粒材料,一次可以称取1个试件所需的试料;对于粗粒材料,一次只称取1个试件的试料。将准备好的试料分别装入塑料袋中备用。

(8)检查设备、涂抹机油。调试成型所需要的各种设备,检查是否运行正常;将成型用的模具擦拭干净,并涂抹机油。

(9)将称好的试料放在长方盘(400mm×600mm×70mm)内。向试料中加水拌料、闷料。石灰稳定材料、水泥石灰综合稳定材料、石灰粉煤灰综合稳定材料、水泥粉煤灰综合稳定材料,可将石灰或粉煤灰和试料一起拌和,将拌和均匀后的试料放在密闭容器或塑料袋(封口)内浸润备用。对于细粒材料(特别是黏质土),浸润时的含水率应比最佳含水率小3%,对于中粒土或粗粒材料可按最佳含水率加水;对于水泥稳定类材料,加水量应比最佳含水率小1%~2%。

加水量可按式(3-2)估算:

$$m_w = \left(\frac{m_n}{1+0.01w_n} + \frac{m_c}{1+0.01w_c}\right) \times 0.01w - \frac{m_n}{1+0.01w_n} \times 0.01w_n - \frac{m_c}{1+0.01w_c} \times 0.01w_c \quad (3-2)$$

式中:m_w——混合料中应加的水量(g);

m_n——混合料中素土(或集料)的质量(g),其含水率为w_n(风干含水率)(%);

m_c——混合料中水泥(或石灰)的质量(g),其原始含水率为w_c(%)(水泥的w_c通常很小,也可以忽略不计);

w——要求达到的混合料的含水率(%)。

浸润时间:黏质土12~24h;粉质土6~8h;砂类土、砂砾土、红土砂砾、级配砂砾等可以缩短到4h左右;含土很少的未筛分碎石、砂砾及砂可以缩短到2h。浸润时间一般不超过24h。

(10)在试件成型前1h内,加入预定数量的水泥并拌和均匀。在拌和过程中,应将预留的水(对于细粒土为3%,对于水泥稳定类为1%~2%)加入试料中,使混合料含水率达到最佳含水率。拌和均匀的加有水泥的混合料应在1h内按下述方法制成试件,超过1h的混合料应该作废。其他结合料稳定材料,混合料虽不受此限,但也应尽快制成试件。

(11)按预定干密度制备试件。

用反力架和液压千斤顶,或采用压力试验机制件。

将试模配套的下垫块放入试模的下部,外露2cm左右。将称量的规定数量的稳定材料混合料分2~3次灌入试模中,每次灌入后用夯棒轻轻均匀插实。

将整个试模(连同上、下垫块)放到反力框架内的千斤顶上(千斤顶下应放一扁球座)或压力机上,以1mm/min的加载速率加压,直到上下压柱都压入试模为止。维持压力2min。

解除压力后,取下试模,并放到脱模器上将试件顶出。用水泥稳定有黏结性的材料(如黏质土)时,制件后可立即脱模;用水泥稳定无黏结性细料材料时,最好过2~4h再脱模;对于中、粗粒材料的无机结合料稳定材料,也最好在2~6h内脱模。

在脱模器上取试件时,应用双手抱住试件侧面的中下部,然后沿水平方向轻轻旋转,待感觉到试件移动后,再将试件轻轻捧起,放置在试验台上。切勿直接将试件向上拔起。

称试件的质量,小试件精确至0.01g,中试件准确至0.01g,大试件准确至0.1g。然后用游标卡尺量试件的高度h,准确至0.1mm。检查试件的高度和质量,不满足标准的试件作为废件。

试件称量后应立即放在塑料袋中封闭,并用潮湿的毛巾覆盖,移放至养生室。小试件的高度误差范围应为0~1.0mm,中试件的高度误差范围为0~1.5mm,大试件的高度误差范围应为0~2.0mm。质量损失:稳定细粒材料应不超过标准质量5g,稳定中粒材料应不超过25g,稳定粗粒材料应不超过50g。

步骤四 养生。

试件从试模内脱出并量高、称质量后,中试件和大试件应装入塑料袋内。试件装入塑料袋内后,将袋内的空气排除干净,扎紧袋口,将包好的试件放入养生室。

标准养生的温度为20℃±2℃,标准养生的湿度为≥95%。试件应放在铁架或木架上,间距至少10~20mm。试件表面应保持一层水膜,并避免水直接冲淋。

对于无侧限抗压强度试验,标准养生龄期为7d,最后一天浸水,见图3-6。

在养生期的最后一天,将试件取出,观察试件的角有无磨损和缺块,并量

无机结合料稳定材料养生试验方法(文本)

高、称质量。将试件浸泡于20℃±2℃水中,应使水面在试件顶上约2.5cm。

在养生期间,试件如有明显的边角缺损,试件应该作废。质量的损失(指含水率的减少,不包括由于各种不同原因从试件上掉下的混合料)应符合下列规定:小试件不超过1g;中试件不超过4g;大试件不超过20g。质量损失超过此规定的试件,应予作废。

图3-6　无机结合料试件标准养生

2. 试验检测步骤

步骤一　压力机的选择。

根据试验材料不同类型的工程经验,选择合适量程的测力计和压力机,试件破坏荷载应大于测力量程的20%且小于测力量程的80%。球形支座和上下顶板涂上机油,使球形支座能够灵活转动。

步骤二　称试件试验前质量。

将已浸水24h的试件从水中取出,用软布吸去试件表面的水份,并称试件的质量。

步骤三　量试件高度。

用游标卡尺测量试件的高度h_1,准确到0.1mm。

步骤四　抗压强度测定。

将试件放到路面材料强度试验仪或压力机上,并在升降台上先放一扁球座,进行抗压试验。试验过程中,应保持加载速率为1mm/min。记录试件破坏时的最大压力$P(N)$。

步骤五　测定含水率。

从试件内部取有代表性的样品(经过打破)测定其含水率w_1。

步骤六　数据处理。

试件的无侧限抗压强度用公式(3-3)计算:

$$R_c = \frac{P}{A} \tag{3-3}$$

式中:R_c——试件无侧限抗压强度(MPa);

　　　P——试件破坏时的最大压力(N);

　　　A——试件的截面积(mm^2),$A = \frac{1}{4}\pi D^2$。

注:①抗压强度保留2位小数。

②同一组试件试验中,采用3倍均方差方法剔除异常值,中粒材料异常值不超过1个,粗粒材料异常值不超过2个。异常值数量超过规定的试验重做。

③同一组试验的变异系数$C_v(\%)$符合下列规定,方为有效试验。

小试件:$C_v \leq 6\%$;中试件:$C_v \leq 10\%$;大试件:$C_v \leq 20\%$。如不能保证试验结果的变异系数小于规定的值,则应按允许误差10%和90%概率重新计算所需的试件数量,增加试件数量并另做试验。

④试件干密度保留4位小数。

⑤检测报告中一定保证率下的代表值 $R_{c,r}$ ($R_{c,r} = \overline{R}_c - Z_a S$),其中 Z_a 为标准正态分布表中随保证率而变的系数。

(二)检测结果评定

现场检测需按下述方法对无侧限抗压强度进行评定:

评定路段试样的平均强度 $\overline{R}_c$,应满足式(3-4)要求:

$$\overline{R}_c \geq \frac{R_d}{1 - Z_a C_v} \tag{3-4}$$

式中: R_d——设计抗压强度(MPa);

Z_a——标准正态分布表中随保证率而变的系数,高速公路、一级公路:保证率为95%, Z_a = 1.645;其他公路:保证率为90%, Z_a = 1.282;

C_v——试验结果的偏差系数(以小数计)。

评定路段内无机结合料稳定材料强度评为不合格时,相应分项工程为不合格。

注:①土的性质应符合设计要求,土块要经粉碎。

②石灰质量应符合设计要求,块灰须充分消解才能使用,未消解生石灰块必须剔除。

③水泥质量应符合设计要求。

④水泥、石灰、粉煤灰和土的用量按设计要求准确控制。

⑤在试验前应将所用的测试仪表(传感器、测力环)和需用的附件(压头)及试件各按其位加以固定或使位置平稳,对照两侧立柱上刻画的调平顶盘、顶平面的最低和最高极限位置线,满足要求即可,否则应采取加垫或其他措施加以调整。

⑥操作路面材料强度试验仪时,使用变速操作杆选择快速或慢速时,应在开车状态变速,不要在停止状态下强行扳动,以免造成零件损坏。当变速操作杆在手动位置时,可使用手摇把;停止使用时,必须将手摇把拔掉,不得放在机上。

【例3-2】 某试验检测中心根据委托试验方要求,对所送检的水泥稳定材料做无侧限抗压强度。委托方提供干燥被稳定材料配合比。试验数据处理见表3-8。

无机结合料稳定材料无侧限抗压强度试验检测记录表 表3-8

工程名称	—		委托/任务编号	RW-2023-KH-WJL-06001
工程部位/用途	—		试样检测日期	2023-6-9
试验条件	温度21~22℃;湿度56~58%RH		检测依据	JTG 3441—2024
样品信息	样品名称:无侧限抗压强度试件		规格型号:φ150mm×150mm	
	样品状态:试件无缺损、置于塑料袋中密封		样品数量:13个	
	样品编号:YP-2023-KH-WJL-06001-01-13		来样时间:—	
主要仪器设备名称及编号	电子天平(TG-003)、电子数显卡尺(LX-007)、微机控制电液伺服万能试验机(LX-002)			
结合料种类:水泥,结合料剂量(%)/测力计修正因子/测力计校准时间				
最大干密度(g/cm³)/最佳含水率(%)/预定压实度(%)			制件方法	静力压实法
制件日期	—	开始浸水时间	—	龄期(d)	7

续上表

试件编号	1	2	3	4	5	6	7	8	9	10	11	12	13
浸水前试件质量(g)	6 384.9	6 353.7	6 421.2	6 366.7	6 311.9	6 356.2	6 326.4	6 360.8	6 357.5	6 331.7	6 357.4	6 350.1	6 349.3
浸水后试件质量(g)	6 416.8	6 407.3	6 478.5	6 428.5	6 398.7	6 406.7	6 368.4	6 424.7	6 403.3	6 369.9	6 428.9	6 402.8	6 405.9
吸水量(g)	31.9	53.6	57.3	61.8	86.8	50.5	42.0	63.9	45.8	38.2	71.5	52.7	56.6
养生前试件高度(mm)	150.0	150.0	150.1	149.8	150.0	149.9	150.1	150.0	150.1	150.0	149.9	149.9	150.1
浸水后试件高度(mm)	150.1	150.1	150.2	149.9	150.1	150.0	150.1	150.1	150.1	150.0	150.1	150.1	150.2
试件最大荷载(kN)	106.28	93.78	74.36	82.55	98.54	76.79	85.54	72.41	94.38	71.63	88.53	78.97	85.26
无侧限抗压强度(MPa)	6.02	5.31	4.21	4.67	5.58	4.35	4.84	4.10	5.34	4.06	5.01	4.47	4.83

试件个数	13	平均强度(MPa)	4.83	强度最大值(MPa)	6.02	强度最小值(MPa)	4.10
标准差	0.61	变异系数(%)	12.63	Z_a	1.282	强度代表值 $R_{c,r}$(MPa)	4.05

任务 3-2　水泥混凝土及水泥砂浆的试验检测

【任务描述】

由水泥、集料、水、矿质掺合料和外加剂按一定比例拌和而成的混合料,经浇注、振捣、硬化后形成的强度符合要求的固体材料称为水泥混凝土。水泥混凝土具有施工方便、性能可根据需要设计调整、抗压强度高、耐久性好、与钢筋等材料的协调性好等优点,被广泛用于道路、桥梁及隧道工程中。

水泥混凝土工作性法
(坍落度仪法)
(文本、微课、视频、动画)

新拌混凝土的工作性,又称工艺性能,对其在操作过程中的特点起着决定性作用,例如运输、拌和、浇筑和振捣等工作。这种工作性能对于成型后的建筑物质量及密实程度有着直接的影响。因此,掌握水泥混凝土工作性能的测定方法,是现场试验检测人员必须掌握的基本技能。

水泥混凝土的强度是工程结构安全和使用寿命的重要指标,因此不容忽视。作为公路工程中重要的材料,水泥混凝土的质量对整个工程质量和使用安全有着至关重要的影响。公路工程试验检测人员必须熟练掌握水泥混凝土的强度试验原理、操作流程、数据处理及结果评定等,确保水泥混凝土的质量符合标准要求,通过严格的试验检测,为公路工程的安全性和耐久性提供有力保障。

【任务实施】

一、水泥混凝土工作性能检测(坍落度仪法)

(一)理论知识

水泥混凝土在尚未凝结硬化以前,称为水泥混凝土拌合物或新拌水泥混凝土。水泥混凝土拌合物接受加工的性能称为工作性或施工和易性。

水泥混凝土拌合物的工作性包括流动性、可塑性、稳定性和易密性四个方面。流动性是指水泥混凝土拌合物在自重或振动力作用下克服内部阻力产生流动变形的性能;可塑性是指水泥混凝土拌合物制作成某种形状不产生脆断的性能;稳定性是指水泥混凝土拌合物在运输和浇筑过程中不产生分层、离析、泌水,保持自身均匀的性能;易密性是指水泥混凝土拌合物易于浇捣密实的性能。优质的新拌水泥混凝土应具有:满足输送和浇捣要求的流动性;不产生脆断的可塑性;不产生分层、泌水的稳定性和易于浇捣紧密的密实性。

水泥混凝土拌合物的工作性用稠度表示。《公路工程水泥及水泥混凝土试验规程》(JTG 3420—2020)规定坍落度大于 10mm、集料最大粒径不大于 31.5mm 的水泥混凝土稠度测定用坍落度仪法。干稠性水泥混凝土的稠度测定用维勃仪法,因实际工程中不常用,此处不再赘述。

(二)检测方法与数据处理

坍落度是指一定形状的水泥混凝土拌合物在自重作用下的下沉量;坍落扩展度是指水泥混凝土拌合物最终扩展后的直径。坍落度及坍落扩展度越大表示水泥混凝土拌合物流动性越大,它是混凝土品质的重要指标,对其施工有很大的影响。进行坍落度及坍落扩展度测试的同时,可评价水泥混凝土拌合物的黏聚性、保水性、含砂(浆)量、棍度等,综合评价拌合物的工作性能。

图 3-7 坍落度筒实物图

1)检测前的准备

新拌水泥混凝土工作性检测在试验前应做好如下准备工作:配备仪器设备、水泥混凝土拌合物的拌和、现场取样等。

步骤一 配备仪器设备。

(1)坍落筒:如图 3-7 所示,坍落筒为铁板制成的截头圆锥筒,厚度不小于 1.5mm,内侧平滑,没有铆钉头之类的突出物,在筒上方约 2/3 高度处有两个把手,近下端两侧焊有两个踏脚板,保证坍落筒可以稳定操作,坍落筒尺寸见表 3-9。

(2)捣棒:直径 16mm、长约 650mm 并具有半球形端头的钢质圆棒。

(3)其他：小铲、木尺、小钢尺、抹刀和钢平板等。

坍落筒尺寸表　　　　　　　　　表3-9

集料最大粒径（mm）	筒的名称	筒的内部尺寸(mm)		
		底面直径	顶面直径	高度
<31.5	标准坍落筒	200±2	100±2	300±2

注：干燥状态的细集料和粗集料分别对应含水率小于0.5%的细集料和含水率小于0.2%的粗集料。

步骤二 水泥混凝土拌合物的拌和。

(1)拌和时保持室温20℃±5℃，相对湿度大于50%。

(2)拌合物的总量至少应比所需量多20%。拌制混凝土的材料用量应以质量计，称量的精确度，集料为±1%，水、水泥、掺合料和外加剂为±0.5%。

(3)粗集料、细集料均以干燥状态为基准，计算用水量时应扣除粗集料、细集料中的含水率。

(4)外加剂的加入。

对于不溶于水或难溶于水且不含潮解型盐类的外加剂，应先与一部分水泥拌和，以保证充分分散。

对于不溶于水或难溶于水但含潮解型盐类的外加剂，应先与细集料拌和。对于水溶性或液体外加剂，应先与水均匀拌和。

其他特殊外加剂，应遵守有关规定。

(5)拌制混凝土所用各种用具，如铁板、铁铲、抹刀，应预先用水润湿，使用完后必须清洗干净。

(6)使用搅拌机前，应先用少量砂浆涮膛，再刮出涮膛砂浆，以避免正式拌和混凝土时水泥砂浆黏附筒壁造成损失。涮膛砂浆的水胶比及砂灰比，应与正式的混凝土配合比相同。

(7)用搅拌机拌和时，拌和量宜为搅拌机公称容量的1/4～3/4。

(8)搅拌机搅拌，按规定称好原材料，往搅拌机内顺序加入粗集料、细集料和水泥，开动搅拌机，将材料拌和均匀。在拌和过程中徐徐加水，全部加料时间不宜超过2mim，务必使拌合物均匀一致。

(9)人工拌和：采用人工拌和时，先用湿布将铁板、铁铲润湿，再将称好的砂和水泥在铁板上干拌均匀，加入粗集料，混合搅拌均匀。而后将此拌合物堆成长堆，中心扒长槽，将称好的水倒入约一半，将其与拌合物仔细拌匀，再将材料堆成长堆，扒成长槽，倒入剩余的水，继续进行拌和，来回翻拌至少10遍。

步骤三 现场取样。

(1)混凝土现场取样：凡是从搅拌机、料斗、运输小车以及浇制的构件中采取新拌混凝土代表性样品时，均需从三处以上的不同部位抽取大致相同份量的代表性样品(不要抽取已经离析的混凝土)，集中用铁铲翻拌均匀，而后立即进行拌合物的试验。拌合物取样量应多于试验所需数量的1.5倍，其体积不宜小于20L。

(2)为使取样具有代表性,宜采用多次采样的方法,最后集中用铁铲翻拌均匀。

(3)从第一次取样到最后一次取样不宜超过15min。取回的混凝土拌合物应经过人工再次翻拌均匀,而后进行试验。

2)试验检测步骤

步骤一 润湿坍落度仪及其他器具。

试验前将坍落筒内外洗净,放在经水润湿过的平板上(平板吸水时应垫以塑料布),踏紧踏脚板。

步骤二 装新拌水泥混凝土。

将代表样分三层装入筒内,每层装入高度稍大于筒高的1/3,用捣棒在每一层的横截面上均匀插捣25次,插捣在全面积上进行,沿螺旋线由边缘至中心,插捣底层时插至底部,插捣其他两层时,应插透本层并插入下层20~30mm,插捣须垂直压下(边缘部分除外),不得冲击。

步骤三 插捣。

在插捣顶层时,装入的混凝土应高出坍落筒,随插捣过程随时添加拌合物,当顶层插捣完毕后,将捣棒用锯和滚的动作,清除掉多余的混凝土,用抹刀抹平筒口,刮净筒底周围的拌合物,而后立即垂直地提起坍落筒,提筒宜控制在3~7s内完成,并使混凝土不受横向及扭力作用。从开始装筒至提起坍落筒的全过程,应在150s内完成。

步骤四 测定坍落度。

将坍落筒放在锥体混凝土试样一旁,筒顶平放木尺,用小钢尺量出木尺底面至试样顶面中心的垂直距离,即为该混凝土拌合物的坍落度,精确至1mm,如图3-8所示。

当混凝土试件的一侧发生崩坍或一边剪切破坏,则应重新取样另测。如果第二次仍发生上述情况,则表示该混凝土和易性不好,应记录。

步骤五 测定坍落度扩展度值。

当混凝土拌合物的坍落度大于160mm时,用钢尺测量混凝土扩展后最终的最大直径和最小直径,在这两个直径之差小于50mm的条件下,用其算术平均值作为坍落度扩展度值,否则,此次试验无效。

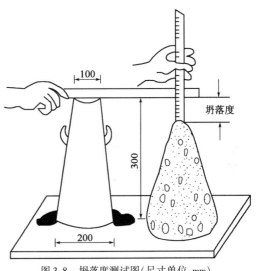

图3-8 坍落度测试图(尺寸单位:mm)

步骤六 检测棍度。

坍落度试验的同时,可用目测方法评定混凝土拌合物的下列性质,并予以记录。

棍度:按插捣混凝土拌合物时难易程度评定,分"上""中""下"三级。

"上":表示插捣容易;

"中":表示插捣时稍有石子阻滞的感觉;

"下":表示很难插捣。

步骤七 检测黏聚性。

黏聚性:观测拌合物各组成成分相互黏聚情况,评定方法用捣棒在已坍落的混凝土锥体一侧轻打,如锥体在轻打后渐渐下沉,则表示黏聚性良好;如锥体突然倒坍,部分崩裂或发生石子离析现象,则表示黏聚性不好。

步骤八 检测保水性。

保水性:指水分从拌合物中析出情况,分"多量""少量""无"三级评定。

"多量":表示提起坍落筒后,有较多水分从底部析出;

"少量":表示提起坍落筒后,有少量水分从底部析出;

"无":表示提起坍落筒后,没有水分从底部析出。

坍落度值和坍落扩展度值测量时均精确至1mm,结果修约至最接近的5mm。

(三)检测结果评定

公路桥涵用混凝土拌合物的工作性选择应根据现行《公路桥涵施工技术规范》(JTG/T 3650)有关规定选择,表3-10可供工程施工中选用参考。

公路桥涵用水泥混凝土拌合物的坍落度　　　　表3-10

项次	结构种类	坍落度(mm)
1	桥涵基础、墩台、挡土墙及大型制块等便于灌注捣实的结构	0~20
2	项次1中桥涵墩台等工程中较不便施工处	10~30
3	普通配筋的钢筋混凝土结构,如钢筋混凝土板、梁、柱等	30~50
4	钢筋较密、断面较小的钢筋混凝土结构(梁、柱、墙等)	50~70
5	钢筋配置特密、断面高而狭小,极不便灌注捣实的特殊结构部位	70~90

注:1.使用高频振捣器时,其混凝土坍落度可适当减小。
2.本表系指采用机械捣器的坍落度,采用人工捣器时可适当放大。
3.曲面或斜面结构的混凝土,其坍落度应根据实际需要另行选定。
4.需要配置大坍落度混凝土时,应掺加外加剂。
5.轻集料混凝土的坍落度,应比表中数值减少10~20mm。

【例3-3】 某试验检测中心根据委托试验方要求,对所送检的水泥混凝土原材料,按照水泥360kg/m³、细集料800kg/m³、粗集料1(5~10mm)391kg/m³、粗集料2(10~20mm)587kg/m³、水185kg/m³、减水剂3.6kg/m³进行拌和后做坍落度试验,所得结果见表3-11。

水泥混凝土稠度试验(坍落度仪法)记录表　　　　表3-11

主要仪器设备名称及编号		坍落筒(HNT-004)、钢直尺(HNT-033)							
试验地点		砂浆、混凝土室		搅拌方式			机械搅拌		
		配合比(1m³)							
试拌日期	试拌编号	水泥(kg)	粉煤灰(kg)	细集料(kg)	粗集料1(kg)	粗集料2(kg)	粗集料3(kg)	水(kg)	外加剂(%)	备注
—	A	360	—	830	406	609	—	175	3.6	
试拌编号	坍落度测值(mm)	坍落度(mm)	扩展度最大直径(mm)	扩展度最小直径(mm)	扩展度平均值(mm)	保水性	棍度	黏聚性	含砂情况
A	205	205	—	—	—	无	中	良好	中
	205		—	—	—	无	中	良好	

二、水泥混凝土立方体抗压强度检测

(一)理论知识

硬化后的水泥混凝土在路面结构、桥梁结构以及建筑结构中,将受到复杂的应力作用,因此要求水泥混凝土材料必须具备各种力学强度,如立方体抗压强度、棱柱体抗压强度、劈裂抗拉强度、抗剪强度、弯拉强度等。

《公路工程水泥及水泥混凝土试验规程》(JTG 3420—2020)规定,通常制作 150mm×150mm×150mm 的标准尺寸立方体试件,在标准条件(温度20℃±2℃,相对湿度95%以上)下养护,标准养护龄期为28d,以养护28d后按规范要求的方法所测得的抗压强度值为混凝土立方体抗压强度标准值。若试件为非标准尺寸,应乘以相应表3-12中的相应系数。立方体抗压强度标准值是划分水泥混凝土强度等级的依据。《混凝土结构设计规范》(GB 50010—2010)将普通混凝土按立方体抗压强度标准值分为 C15、C20、C25、C30、C35、C40、C45、C50、C55、C60、C65、C70、C75、C80 共 14 个等级。

水泥混凝土抗压强度是衡量水泥混凝土质量的重要指标,表征混凝土的质量和坚固程度,是评价混凝土性能的重要手段之一。

(二)检测方法与数据处理

水泥混凝土抗压强度试验方法(文本)

水泥混凝土立方体抗压强度测试的原理是以试件成型时侧面为上下受压面,通过施加竖直方向的外力,使混凝土立方体试件发生破坏,从而确定其抗压强度。

1)检测前的准备

水泥混凝土立方体抗压强度检测在试验前应做好如下准备工作:立方体试件成型、养护及抗压强度仪器配备。

步骤一 立方体试件成型。

(1)准备仪器。

①试模:刚性、金属制成的侧模和底板构成,用适当的方法组装而成。试模内表面粗糙度 R_a 不大于 3.2μm;内部尺寸允许偏差不应大于公称尺寸的 ±0.2%,且不大于1mm;相邻面夹角为 90°±0.2°。混凝土试模见图 3-9。

②振动台:标准振动台,应符合现行《混凝土试验用振动台》(JG/T 245)的要求,见图 3-10。

③捣棒:直径 16mm、长约 650mm 并具有半球形端头的钢质圆棒。

④其他:小铲、抹刀、橡皮锤和钢平板等。

(2)将试模内壁敷一薄层矿物油脂或其他脱模剂,根据坍落度不同采用不同的成型方法。

(3)取水泥混凝土拌合物的总量至少应比所需量多20%以上,并取出少量混凝土拌合物代表样,在5min内进行坍落度或维勃试验,认为品质合格后,应在15min内开始制件。

(4)水泥混凝土拌合物装填与捣实。

图 3-9 混凝土试模

图 3-10 混凝土振动台

捣实工作可采用下列方式：

①当坍落度小于 25mm 时，可采用 ϕ25mm 的插入式振捣棒成型。将混凝土拌合物一次装入试模，装料时应用抹刀沿各试模壁插捣，并使混凝土拌合物高出试模口；振捣时振捣棒距底板 10~20mm，且不要接触底板。振动直到表面出浆为止，且应避免过振，以防止混凝土离析，一般振捣时间为 20s。振捣棒拔出时要缓慢，拔出后不得留有孔洞。用刮刀刮去多余的混凝土，在临近初凝时，用抹刀抹平。试件表面与试模边缘高低差不得超过 0.5mm。

②当坍落度大于 25mm 且小于 90mm 时，用标准振动台成型。将试模放在振动台上夹牢，防止试模自由跳动，将混凝土拌合物一次装满试模并稍有富余，开动振动台至混凝土表面出现乳状水泥浆时为止，振动过程中随时添加混凝土使试模常满，记录振动时间（一般不超过 90s）。振动结束后，用金属直尺沿试模边缘刮去多余混凝土，用抹刀将表面初次抹平，待试件收浆后，再次用抹刀将试件仔细抹平，试件抹面与试模边缘的高低差不得超过 0.5mm。

③当坍落度大于 90mm 时，用人工成型。拌合物分厚度大致相等的两层装入试模，捣固时按螺旋方向从边缘到中心均匀地进行。插捣底层混凝土时，捣棒应到达模底；插捣上层时，捣棒应贯穿上层后插入下层 20~30mm 处。插捣时应用力将捣棒压下，保持捣棒垂直，不得冲击。捣完一层后，用橡皮锤轻轻击打试模外端面 10~15 下，以填平插捣过程中留下的孔洞。每层插捣次数 100cm² 截面积内不得少于 12 次，试件抹面与试模边缘的高低差不得超过 0.5mm。

步骤二 立方体试件养护。

(1)试件成型后，用湿布覆盖表面（或其他保持湿度办法），在室温 20℃±5℃、相对湿度大于 50% 的环境中静放 1~2 昼夜（不超过 2 昼夜），然后拆模，作第一次外观检查和编号，对有缺陷的试件应除去，或加工补平。当一组（3 个试件）中有一个存在蜂窝时，本组试件作废，除特殊情况外应重新制作。

(2)将完好试件放入标准养护室内进行养护，标准养护条件为温度 20℃±2℃、相对湿度大于 95%。试件宜放在铁架或木架上，彼此间距至少 10~20mm，试件表面应保持一层水膜，并避免直接用水冲淋。当无标准养护室时，将试件放入温度为 20℃±2℃ 的不流动的 Ca(OH)$_2$ 饱和溶液中养护。

(3)标准养护龄期为 28d（从搅拌加水开始计时），非标准的养护龄期为 1d、3d、7d、60d、

90d、180d。

步骤三 抗压强度仪器配备。

(1)压力机或万能试验机,见图3-11、图3-12:压力试验机的上、下承压板应具有足够的刚度,其中一个承压板上应具有球形支座,为了便于试件对中,球形支座最好位于上承压板上。压力机的精确度(示值的相对误差)应在±1%以内。要求试件破坏时的读数不小于全量程的20%,也不大于全量程的80%。水泥混凝土强度等级≥C50时,试件周围应设防崩裂网罩。压力试验机上、下压板之间各垫一钢垫板,钢垫板平面尺寸不小于试件的承压面积,其厚度至少为25mm。钢垫板的平面度公差为±0.04mm。

(2)钢尺:精确至1mm。

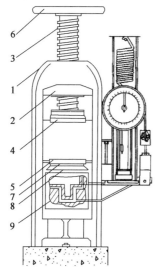

图3-11 压力机

1-机架;2-螺母;3-螺杆;4-上承压板;5-下承压板;
6-转动手轮;7-球座;8-遮屏板;9-油缸

图3-12 万能材料试验机实物图

2)试验检测步骤

步骤一 检查试件外形尺寸。

水泥混凝土立方体试件养护至试验龄期时,自养护室取出,应尽快试验,避免其湿度发生变化。取出试件,先检查其尺寸及形状,相对两面应平行;相邻面间的夹角应为90°,其公差不得超过0.2°;试件各边长尺寸公差不得超过1mm。试件如有蜂窝缺陷,应在试验前3d用浓水泥浆填补平整,并在报告中说明。

步骤二 安放试件。

将试件安放在试验机的下承压板或垫板上,以成型时的侧面作为上下受压面,试件中心应与压力机几何对中。开动试验机,当上压板与试件或钢垫板接近时,调整球座,使接触均衡。

步骤三 加压试件。

在试验过程中应连续均匀地加荷。当混凝土强度等级<C30时,加荷速度取0.3~0.5MPa/s;当混凝土强度等级≥C30且<C60时,加荷速度取0.5~0.8MPa/s;混凝土强度等级≥C60时,加荷速度取0.8~1.0MPa/s。当试件接近破坏而开始变形时,应停止调整试验机

油门,直至试件破坏,记下破坏极限荷载。

步骤四 数据处理。

混凝土立方体抗压强度f_{cu}(以 MPa 计)按式(3-5)计算:

$$f_{cu} = \frac{F}{A} \tag{3-5}$$

式中:f_{cu}——混凝土立方体抗压强度(MPa);

　　F——极限荷载(N);

　　A——受压面积(mm^2)。

水泥混凝土
抗压强度
计算(微课)

混凝土立方体抗压强度计算应精确至 0.1MPa。

以三个试件测值的算术平均值为测定值,三个测值中的最大值或最小值,如有一个与中间值的差值超过中间值的 15% 时,则把最大值及最小值一并舍弃,取中间值作为该组试件的抗压强度值;如有两个测值与中间值的差值均超过中间值的 15%,则该组试验结果无效。

(三)检测结果评定

混凝土强度等级小于 C60 时,非标准试件的抗压强度应乘以尺寸换算系数,见表3-12,并应在报告中注明。当混凝土强度等级大于或等于 C60 时,宜用标准试件,使用非标准试件时,换算系数由试验确定。

混凝土试件尺寸及强度的尺寸换算系数　　　表3-12

试件尺寸(mm×mm×mm)	集料最大粒径(mm)	强度换算系数
100×100×100	31.5	0.95
150×150×150	37.5	1.00
200×200×200	63.0	1.05

水泥混凝土抗压强度评定:当试件组数 $n \geq 10$ 时,应用数理统计方法评定。

$$m_{f_{cu}} \geq f_{cu,k} + \lambda_1 \times S_n \tag{3-6}$$

$$f_{cu,min} \geq \lambda_2 \times f_{cu,k} \tag{3-7}$$

上述式中:$m_{f_{cu}}$——同批 n 组试件强度的平均值(MPa),精确到 0.1MPa;

　　$f_{cu,k}$——混凝土设计强度等级(MPa);

　　S_n——同批 n 组试件强度的标准差(MPa),由式(3-8)计算,精确到 0.01MPa;当 $S_n < 2.5$MPa 时,取 $S_n = 2.5$MPa;

　　$f_{cu,min}$——n 组试件中强度最低一组的值(MPa),精确到 0.1MPa;

　　$\lambda_1 、\lambda_2$——合格评定系数,见表3-13。

$$S_n = \sqrt{\frac{\sum_{i=1}^{n}(f_{cu,i})^2 - n(m_{f_{cu}})^2}{n-1}} \tag{3-8}$$

式中:n——同批混凝土试件组数;

　　$f_{cu,i}$——第 i 组混凝土试件的强度代表值(MPa)。

合格率判定系数 λ_1、λ_2值 表3-13

n	10~14	15~19	≥20
λ_1	1.15	1.05	0.95
λ_2	0.9	0.85	

当同批试件组数 $n<10$ 时,可用非数理统计方法评定,见式(3-9)、式(3-10)。

$$m_{fcu} \geq \lambda_3 \times f_{cu,k} \quad (3-9)$$
$$f_{cu,min} \geq \lambda_4 \times f_{cu,k} \quad (3-10)$$

式中:λ_3、λ_4——混凝土强度的非统计合格评定系数,见表3-14。

混凝土强度的非统计合格评定系数 表3-14

混凝土强度等级	<C60	≥C60
λ_3	1.15	1.10
λ_4	0.95	

检测项目中,水泥混凝土抗压强度被评为不合格时,相应分项工程为不合格。

【例3-4】 某试验室对同配比的水泥混凝土经标准养护后,进行28d抗压强度试验,其试验结果分别为34.2、32.9、34.6、27.2、36.3、35.6、34.1、35.5、34.9、34.8(单位:MPa),已知设计强度为C30,问该混凝土质量是否合格?

解:(1)计算水泥混凝土强度平均值:

$$m_{fcu} = \frac{34.2+32.9+34.6+27.2+36.3+35.6+34.1+35.5+34.9+34.8}{10} = 34.0(MPa)$$

(2)计算水泥混凝土强度标准差:

$$S_{fcu} = \sqrt{\frac{(34.2^2+32.9^2+\cdots+34.9^2+34.8^2)-10\times 34.0^2}{10-1}} = 2.57(MPa)$$

(3)查表,代入公式进行计算:

由 $n=10$,查表3-14知:$\lambda_1=1.15$,$\lambda_2=0.9$。

$$f_{cu,k} + \lambda_1 \times S_{fcu} = 30+1.15\times 2.57 \approx 33.0(MPa) \leq 34.0 MPa$$
$$f_{cu,min} = 27.2 MPa > \lambda_2 \times f_{cu,k} = 0.9\times 30 = 27.0(MPa)$$

该批混凝土质量合格。

【例3-5】 某试验检测中心根据委托试验方要求,对所送检的水泥混凝土原材料,按施工配合比进行拌和,成型及养护后得到两组设计强度为C20的水泥混凝土立方体试件,经做抗压强度试验,所得结果见表3-15。

水泥混凝土抗压强度试验记录表 表3-15

样品信息	样品名称:混凝土试件		规格型号:150mm×150mm×150mm	
	样品状态:无蜂窝麻面,无掉角		样品数量:2组(6块)	
主要仪器设备名称及编号	微机控制全自动压力试验机(LX-003)			
强度等级	C20	成型日期	—	养护条件	—

续上表

试件编号	试验日期	龄期(d)	试件尺寸(mm)				极限荷载(kN)	抗压强度测值(MPa)	抗压强度测定值(MPa)	换算系数	换算成标准试件抗压强度(MPa)
			长		宽						
06032-01	—	28	150	150	150	150	464.65	20.7	23.3	1.0	23.3
06032-02			150	150	150	150	569.66	25.3			
06032-03			150	150	150	150	537.73	23.9			
06032-04	—	28	150	150	150	150	506.11	22.5	24.4	1.0	24.4
06032-05			150	150	150	150	548.05	24.4			
06032-06			150	150	150	150	595.92	26.5			

三、水泥混凝土抗弯拉强度检测

(一)理论知识

水泥混凝土抗弯拉强度是指水泥混凝土棱柱体试件在两点加载条件下,断裂时的极限应力,表征其在受弯矩作用下的抵抗能力。因水泥混凝土路面面层直接承受车辆动荷载的冲击、摩擦和反复弯曲作用,故道路路面或机场跑道用水泥混凝土,以抗弯拉强度为主要强度指标,以抗压强度作为参考指标。水泥混凝土弯拉强度试验用标准试件尺寸为150mm×150mm×550mm(集料最大粒径31.5mm),非标准试件尺寸为100mm×100mm×400mm(集料最大粒径26.5mm),标准条件下养护龄期为28d。

水泥混凝土抗弯拉试验
(文本、微课)

根据《公路水泥混凝土路面设计规范》(JTG D40—2011)规定,不同交通分级的水泥混凝土弯拉强度标准值见表3-16。

水泥混凝土弯拉强度标准值　　表3-16

交通荷载等级	极重、特重、重	中等	轻
水泥混凝土弯拉强度标准值(MPa)	≥5.0	4.5	4.0

(二)检测方法与数据处理

道路路面用水泥混凝土的抗弯拉强度是以标准方法制备成150mm×150mm×550mm的梁式试件,在标准条件下,经养护28d后,按三分点加荷方式测定其抗弯拉强度。

1)检测前的准备

水泥混凝土抗弯拉强度检测在试验前应做好如下准备工作:仪器配备、试件制备及养护。

步骤一　仪器配备。

(1)混凝土搅拌机:自由式或强制式,应附有产品品质保证文件。

(2)拌和用铁板、铁锹、抹刀、小铲。

(3)磅秤:称量100kg,感量50g。

(4)天平:称量2 000g,感量1g。

(5)量筒:1 000mL和200mL各一个。

(6)试验机:采用50~300kN弯拉强度试验机或万能试验机。弯拉强度试验装置由双点加荷压头和活动支座组成,活动支座采用球形支撑,如图3-13所示。

a)水泥混凝土抗弯拉夹具　　　　　b)抗弯拉试验装置图

图3-13　混凝土抗弯拉强度试验装置(尺寸单位:mm)

1、2—一个钢球;3、5—两个钢球;4—试件;6—固定支座;7—活动支座;8—机台;9—活动船形垫块(共4块)

步骤二　试件制备。

使用拌和机前,应先用少量砂浆进行涮膛,其水灰比及砂灰比与正式混凝土配合比相同,再刮出涮膛砂浆。按规定称好各种原材料,往拌和机内依次加入粗集料、细集料、水泥,加料时间不宜超过2min,开动机器将材料拌和均匀,将水徐徐加入,水全部加入后,继续拌和约2min。将拌合物倒出在铁板上,再经人工翻拌1~2min,务必使拌合物均匀一致。将试模擦净,边模与底模接触处涂抹干黄油,防止漏浆。将试模紧密结合,试模内均匀涂抹一层机油。当坍落度大于90mm时,使用人工成型,将拌和好的混凝土拌合物分两层装入试模,装入高度约为1/2。每层插捣次数100cm^{2}内不少于12次,按螺旋线由边缘到中心均匀进行。刮除多余混凝土,用抹刀抹平表面,试件抹面与试模边缘高低差不超过0.5mm。擦净试模边缘多余混凝土。试件成型后,在室温15~25℃,相对湿度大于50%的情况下,静放1~2d,然后拆模并对试件进行外观检查及编号。

步骤三　试件养护。

将试件放入标准养护室进行养护,标准养护室温度为20℃±2℃,相对湿度在95%以上。试件放在铁架上,间距至少10~20mm。试件表面应保持一层水膜,不能用水直接冲淋。标准养护龄期为28d(以搅拌加水开始),非标准的龄期为1d、3d、7d、60d、90d、180d。若用其他方法养护,须在报告中说明养护方法。到达试验龄期时,从水槽中取出试件并擦干表面水分,检查试件,如试件长向中部1/3区段内表面有直径超过5mm、深度超过2mm的孔洞,则该试件作废。

混凝土抗弯拉强度试件应取同龄期者为一组,每组3根同条件制作和养护的试件。

2)试验检测步骤

步骤一　检查试件外观及尺寸。

检查标准养护到规定龄期的试件有无缺陷,有则应除去,同时试件中部1/3区段内表面不得有直径超过5mm。深度超过2mm的孔洞。

步骤二 试件弯拉加压。

调整两个可移动支座,使其与试验机下压头中心距离为225mm,并旋紧两支座,将试件安放在支座上,试件成型时的侧面朝上,几何对中后,缓缓加初荷载约1kN,而后以 0.02～0.05MPa/s(强度等级 < C30 时)、0.05～0.08MPa/s(强度等级 C30 ≤ R < C60 时)、0.08～0.10MPa/s(强度等级≥C60 时)的速度均匀加荷。当试件接近破坏而开始迅速变形时,应停止调整试验机油门,直至试件破坏,记下最大荷载和试件下边断裂的位置。

步骤三 数据处理。

(1)当断裂面发生在两个加荷点之间时(断面位置在试件断块短边一侧的底面中轴线上量得),抗弯拉强度 f_f 按式(3-11)计算:

$$f_f = \frac{FL}{bh^2} \tag{3-11}$$

式中:f_f——抗弯拉强度(MPa),精确至0.01MPa;

F——极限荷载(N);

L——支座间距(mm);

b——试件宽度(mm);

h——试件高度(mm)。

(2)3个试件如有一个断裂面位于加荷点外侧,则混凝土抗弯拉强度按另外两个试件的试验结果计算。如这两个测值的差值不大于这两个测值中较小值的15%,则以两个测值的平均值为测试结果,否则试验结果无效。

(3)如两个试件均出现断裂面且位于加荷点外侧,则该组试件结果无效。

(4)采用100mm×100mm×400mm非标准试件时,所取得的弯拉强度值应乘以尺寸换算系数0.85。

注:①试件从养护水槽中取出后,应尽快擦干试件表面水分进行试验,以免试件内部的湿度发生显著变化。

②试验前应准确地在试件表面画出支点及加载位置,距端部分别为50mm、200mm、350mm、500mm。

③试验应按规定加载速度连续而均匀加载,直至试件破坏。

(三)检测结果评定

水泥混凝土抗弯拉(折)强度评定:

当试件组数 $n > 10$ 时,应用数理统计方法评定。

$$f_{cs} \geq f_r + K\sigma \tag{3-12}$$

$$\sigma = C_v \times \bar{f}_e \tag{3-13}$$

式中:f_{cs}——合格判定平均抗弯拉强度值(MPa);

f_r——设计抗弯拉强度标准值(MPa);

K——合格判定系数,见表3-17;

σ——抗弯拉强度统计均方差;

C_v——实测抗弯拉强度统计变异系数；

$\bar{f}_e$——实测抗弯拉强度统计平均值(MPa)。

合格判定系数 K 值　　表3-17

n	11~14	15~19	≥20
K	0.75	0.70	0.65

当 $11 < n < 19$ 时，允许有一组最小抗弯拉强度小于 $0.85f_r$，但不得小于 $0.80f_r$。

当 $n \geq 20$ 时，高速公路和一级公路均不得小于 $0.85f_r$；其他公路允许有一组最小抗弯拉强度小于 $0.85f_r$，但不得小于 $0.80f_r$。

当试件组数 $n \leq 10$ 时，试件平均强度不得小于 $1.15f_r$，任一组强度均不得小于 $0.85f_r$。

实测抗弯拉强度统计变异系数 C_v 值应符合设计要求。

当标准小梁合格判定平均抗弯拉强度 f_{cs}、最小抗弯拉强度 f_{min} 和统计变异系数 C_v 值中有一个不符合上述要求时，应在不合格路段每公里每车道钻取3个以上 $\phi150mm$ 的芯样，实测劈裂强度，通过各自工程的经验统计公式换算弯拉强度，其合格判定平均抗弯拉强度 f_{cs} 和最小抗弯拉强度 f_{min} 必须合格，否则，应返工重铺。

实测项目中，评定路段内水泥混凝土抗弯拉强度被评为不合格时，相应分项工程为不合格。

【例3-6】 某试验检测中心根据委托试验方要求，对所送检的水泥混凝土原材料，按给定配合比进行拌和，成型及养护后，经做抗弯拉强度试验，所得结果见表3-18。

水泥混凝土抗弯拉强度记录表　　表3-18

试件编号	龄期(d)	支座间距离(mm)	试件中部宽度(mm)	试件中部高度(mm)	极限荷载(kN)	断裂面是否位于加荷点外侧	弯拉强度测值(MPa)	弯拉强度(MPa)	尺寸换算系数	换算成标准试件弯拉强度(MPa)
1	28	450	150.2	150.3	35 740	否	4.74	4.71	1	4.7
2		450	150	150.1	35 145	否	4.68			
3		450	150.3	150.1	35 440	否	4.71			

四、水泥砂浆抗压强度检测

(一) 理论知识

砂浆是由胶凝材料、细集料、掺合料和水按一定比例配制而成的建筑工程材料，在工程中起黏结、衬垫和传递应力的作用。砂浆按用途可分为砌筑砂浆和抹面砂浆。

砂浆立方体抗压强度试验(文本)

水泥砂浆的理论知识(微课)

在道路、桥梁和隧道工程中,砂浆是一种用量大、用途广的工程材料,主要用于桥涵、挡土墙和隧道衬砌等砌体的砌筑及砌体表面的抹面。合理地选择和使用砂浆,对保证工程质量、降低工程成本有着重要意义。

砂浆硬化后应具有足够的强度。砂浆在圬工砌体中,主要是传递压力,所以要求砌筑砂浆应具有一定的抗压强度。砂浆抗压强度是确定其强度等级的重要依据。

(二)检测方法与数据处理

砂浆立方体抗压强度是以 70.7mm×70.7mm×70.7mm 的立方体试件,在标准条件下(温度 20℃±2℃,湿度 90% 以上),养护 28d 龄期的单位承压面积上的破坏荷载。

1)检测前的准备

水泥砂浆抗压强度检测在试验前应做好如下准备工作:取样、试件制备、试件养护、抗压强度仪器配备等。

步骤一 取样。

(1)水泥砂浆试验用料应从同一盘砂浆或同一车砂浆中取样。取样量不应少于试验所需量的 4 倍。

(2)当施工过程中进行砂浆试验时,砂浆取样方法应按相应的施工验收规范执行,并宜在现场搅拌点或预拌砂浆卸料点的至少 3 个不同部位及时取样。对于现场取得的试样,试验前应人工搅拌均匀。

(3)从取样完毕到开始进行各项性能试验,不宜超过 15min。

步骤二 试件制备。

采用立方体试件,每组试件应为 3 个。应采用黄油等密封材料涂抹试模的外接缝,试模内应涂刷薄层机油或隔离剂。应将拌制好的砂浆一次性装满砂浆试模,成型方法应根据稠度而确定。当稠度大于 50mm 时,宜采用人工插捣成型,当稠度不大于 50mm 时,宜采用振动台振实成型。

人工插捣:应采用捣棒均匀地由边缘向中心按螺旋方式插捣 25 次,插捣过程中当砂浆沉落低于试模口时,应随时添加砂浆,可用油灰刀插捣数次,并用手将试模一边抬高 5~10mm 各振动 5 次,砂浆应高出试模顶面 6~8mm。

机械振动:将砂浆一次装满试模,放置到振动台上,振动时试模不得跳动,振动 5~10s 或持续到表面泛浆为止,不得过振。

应待表面水分稍干后,再将高出试模部分的砂浆沿试模顶面刮去并抹平。试件制作后应在温度为 20℃±5℃ 的环境下静置 24h±2h,对试件进行编号、拆模。当气温较低时,或者凝结时间大于 24h 的砂浆,可适当延长时间,但不应超过 2d。

步骤三 试件养护。

试件拆模后应立即放入温度为 20℃±2℃,相对湿度为 90% 以上的标准养护室中养护。养护期间,试件彼此间隔不得小于 10mm,混合砂浆、湿拌砂浆试件上面应覆盖,防止有水滴在试件上;从搅拌加水开始计时,标准养护龄期应为 28d,也可根据相关标准要求增加 7d 或 14d。

步骤四 抗压强度仪器配备。

(1)试模:应为 70.7mm×70.7mm×70.7mm 的带底试模,应具有足够的刚度并拆装方便。

试模的内表面应机械加工,其不平度应为每100mm不超过0.05mm,组装后各相邻面的不垂直度不应超过±0.5°。

(2)钢制捣棒:直径为10mm,长度为350mm,端部为半球形。

(3)压力试验机:精度应为1%,其量程应是试件的预期破坏荷载值,并不小于全量程的20%,且不大于全量程的80%。

(4)垫板:试验机上、下压板及试件之间可垫以钢垫板,垫板的尺寸应大于试件的承压面,其不平度应为每100mm不超过0.02mm。

(5)振动台:空载中台面的垂直振幅应为0.5mm±0.05mm,空载频率应为50Hz±3Hz,空载台面振幅均匀度不应大于10%,一次试验应至少能固定3个试模。

2)试验检测步骤

步骤一 检查试件外观尺寸。

试件从养护地点取出后应及时进行试验。试验前应将试件表面擦拭干净,检查其外观,并测量尺寸,应计算试件的承压面积。当实测尺寸与公称尺寸之差不超过1mm时,按照公称尺寸进行计算。

步骤二 试件加压。

将试件安放在试验机的下压板或下垫板上,试件的承压面应与成型时的顶面垂直,试件中心应与试验机下压板或下垫板中心对准。开动试验机,当上压板与试件或上垫板接近时,调整球座,使接触面均衡受压。承压试验应连续而均匀地加荷,加荷速度应为0.25~1.5kN/s,砂浆强度不大于2.5MPa时,宜取下限。当试件接近破坏而开始迅速变形时,停止调整试验机油门,直至试件破坏,然后记录破坏荷载。

步骤三 数据处理。

砂浆的抗压强度 $f_{m,cu}$ 按式(3-14)计算:

$$f_{m,cu} = K \cdot \frac{N_u}{A} \tag{3-14}$$

式中:$f_{m,cu}$——砂浆立方体抗压强度(MPa),精确至0.01MPa;

N_u——极限破坏荷载(N);

A——试件受压面积(mm^2);

K——换算系数,取1.35。

以3个试件测值算术平均值的1.35倍作为该组砂浆立方体试件抗压强度平均值,精确至0.1MPa。

3个测值中,最大值或最小值中如有一个与中间值的差值超过中间值的15%,则把最大值及最小值一并舍去,取中间值作为该组试件的抗压强度值;如有2个测值与中间值的差值超过中间值的15%,则该组试件的试验结果无效。

(三)检测结果评定

水泥砂浆强度评定:

(1)同强度等级试件的平均强度不低于设计强度等级的1.1倍。

(2)任意一组的强度不低于设计强度等级的85%。

实测项目中,水泥砂浆强度评为不合格时,相应分项工程为不合格。

【例 3-7】 某试验检测中心根据试验委托方要求,对所送检的水泥砂浆原材料,按给定配合比进行拌和,试验制备及养护后,经做 28d 抗压强度试验,所得结果见表 3-19。

水泥砂浆抗压强度试验记录表　　　　　　　　　　　表 3-19

样品信息	样品名称:砂浆　　　试件型号:70.7×70.7×70.7(mm) 样品状态:无蜂窝麻面、无掉角　　样品数量:2 组(6 块) 样品编号:YP-2023-XM09-SYH-06032-01～06　　来样时间:							
主要仪器设备名称及编号	微机伺服水泥抗压试验机(SN-019)							
强度等级	M7.5	成型日期		—	养护条件		—	
试件编号	试验日期	龄期(d)	试件尺寸(mm)		极限荷载(N)	抗压强度测值(MPa)	抗压强度(MPa)	修正系数
			长	宽				
06032-01	2023.6.26	28	70.7	70.7	47.82	9.6	9.6	—
06032-02			70.7	70.7	49.46	9.9		
06032-03			70.7	70.7	46.81	9.4		
06032-04	2023.6.26	28	70.7	70.7	45.32	9.1	9.1	—
06032-05			70.7	70.7	43.98	8.8		
06032-06			70.7	70.7	47.71	9.5		
备注:JTG 3420—2020 规程,采用有底试模,无须修正							

任务 3-3　沥青混合料的试验检测

【任务描述】

沥青混合料是由人工合理选配的矿料与沥青结合料拌和而成的混合料的总称,其中矿料起骨架作用,沥青与填料(矿粉)起胶结和填充作用。沥青混合料经摊铺、压实成型后成为沥青路面。

沥青混合料具有良好的力学性能、耐久性、良好的抗滑性、便于分期修筑路面及再生利用等特点,沥青混合料修成路面,晴天无尘,雨天不泞,便于汽车高速行驶。由于沥青混合料具有以上诸多优点,故目前路面大量由沥青混合料铺筑而成。但是,沥青混合料铺筑而成的路面目前还存在一定的缺点,因沥青的老化现象和温度稳定性差,夏季高温时沥青路面易软化产生车辙、波浪等病害;冬季低温时沥青路面易脆裂,在车辆重复荷载作用下易产生裂缝。

为保证沥青混合料的质量,从而提高沥青路面的使用性能,沥青混合料需做如下常规试验检测:沥青混合料高温稳定性检测(马歇尔稳定度试验和车辙试验)、沥青混合料理论最大相对密度检测(真空法)、沥青混合料中沥青含量检测(离心分离法)。

【任务实施】

一、沥青混合料高温稳定性检测

(一)理论知识

沥青混合料高温稳定性是指沥青混合料在高温条件下,能够抵抗车辆荷载的反复作用,不发生显著永久变形,保证路面平整度的特性。沥青混合料是典型的黏-弹-塑性材料,沥青路面在夏季高温条件下或长时间承受荷载作用时会产生显著的变形,其中不能恢复的部分称为永久变形,这种特性是导致沥青路面产生车辙、波浪及拥包等病害的主要原因。所以,对沥青混合料高温稳定性的检测至关重要。

马歇尔稳定度试验是目前沥青混合料中最重要的一个试验方法,由于试验时条件有所不同,将其分别称为标准马歇尔试验、浸水马歇尔试验或真空马歇尔试验。其中标准马歇尔试验主要用来检测沥青混合料的高温性能,所测定的指标有马歇尔稳定度(MS)、流值(FL)和马歇尔模数(T),并以这些指标来表征其高温时的稳定性和抗变形能力。稳定度是指在规定的温度和加荷速率下,标准试件的破坏荷载;流值是最大破坏荷载时,试件的垂直变形;马歇尔模数为稳定度除以流值的商。浸水马歇尔试验主要用来检验沥青混合料受水损害时抵抗剥落的能力,表征指标为残留稳定度。

本任务主要介绍标准马歇尔试验和车辙试验。

(二)检测方法与数据处理

1. 方法1:标准马歇尔试验

马歇尔稳定度试验用于测定沥青混合料试件的破坏荷载和抗变形能力,自美国密西西比州公路局布鲁斯·马歇尔提出,至今已有半个多世纪。马歇尔稳定度试验原理是通过对沥青混合料在一定温度下进行压实和剪切变形,测定其稳定度和流值,从而评价其抗剪强度和变形能力。本方法适用于马歇尔稳定度试验和浸水马歇尔稳定度试验,以进行沥青混合料的配合比设计或沥青路面施工质量检验。本方法适用于标准马歇尔试件圆柱体和大型马歇尔试件圆柱体。

沥青混合料马歇尔稳定度试验(文本)　　沥青混合料取样法(文本)

1)检测前的准备

在试验前应做好如下准备工作:沥青混合料取样、试件制作、马歇尔稳定度仪器配备等。

步骤一　沥青混合料取样。

沥青混合料应随机取样,并具有充分的代表性。用以检查拌和质量(如油石比、矿料级配)时,应从拌和机一次放料的下方或提升斗中取样,不得多次取样混合后使用。用以评定混合料质量时,必须分几次取样,拌和均匀后作为代表性试样,取样最少数量见表3-20。

常用沥青混合料试验项目的样品数量　　　　表 3-20

试验项目	目的	最少试样量(kg)	取样量(kg)
马歇尔试验、抽提筛分试验	施工质量检验	12	20
车辙试验	高温稳定性检验	40	60
浸水马歇尔试验	水稳定性检验	12	20
冻融劈裂试验	水稳定性检验	12	20
弯曲试验	低温性能检验	15	25

热拌沥青混合料在不同地方取样的要求如下：

(1)在沥青混合料拌和站取样。

在拌和站取样时，宜用专用的容器(一次可装 5～8kg)装在拌和机卸料斗下方，每放一次料取一次样，顺次装入试样容器中，每次倒在清扫干净的平板上，连续几次取样，混合均匀，按四分法取样至足够数量。

(2)在沥青混合料运料车上取样。

在运料汽车上取沥青混合料样品时，宜在汽车装料一半后，分别用铁锹从不同方向的 3 个不同高度处取样；然后混在一起用手铲适当拌和均匀，取出规定数量。在施工现场的运料车上取样时，应在卸料一半后从不同方向取样，样品宜从 3 辆不同的车上取样后混合使用。

注：在运料车上取样时不得仅从满载的运料车车顶上取样，且不允许只在一辆车上取样。

(3)在道路施工现场取样。

在施工现场取样时，应在摊铺后未碾压前，摊铺宽度两侧的 1/2～1/3 位置处取样，用铁锹取该摊铺层的料。每摊铺一车料取一次样，连续 3 车取样后，混合均匀，按四分法取样至足够数量。

(4)热拌沥青混合料每次取样时，都必须用温度计测量温度，准确至 1℃。

(5)乳化沥青常温混合料试样的取样方法与热拌沥青混合料相同，但宜在乳化沥青破乳、水分蒸发后装袋，对袋装常温沥青混合料亦可直接从储存的混合料中随机取样，取样袋数不少于 3 袋，使用时将 3 袋混合料倒出做适当拌和，按四分法取出规定数量试样。

(6)液体沥青常温沥青混合料的取样方法同上。当用汽油稀释时，必须在溶剂挥发后方可封袋保存；当用煤油或柴油稀释时，可在取样后即装袋保存，保存时应特别注意防火安全。

(7)从碾压成型的路面上取样时，应随机选取 3 个以上不同地点，钻孔、切割或刨取该层混合料。需重新制作试件时，应加热拌匀，按四分法取样至足够数量。

步骤二 沥青混合料试件制作(击实法)。

本方法适用于标准击实法或大型击实法制作沥青混合料试件，以供试验室进行沥青混合料物理力学性质试验使用。标准击实法适用于马歇尔试验、间接抗拉试验(劈裂法)等所使用的 $\phi 101.6mm \times 63.5mm$ 圆柱体试件的成型。大型击实法适用于 $\phi 152.4mm \times 95.3mm$ 的大型圆柱体试件的成型。

(1)仪器设备

①标准击实仪：由击实锤、$\phi 98.5mm \pm 0.5mm$ 平圆形压实头及带手柄的导向棒组成。用机械将压实锤提升，至 457.2mm ± 1.5mm 高度沿导向棒自由落下连续击实，标

准击实锤质量为 4536g±9g。

②大型击实仪:由击实锤、φ149.5mm±0.1mm 平圆形压实头及带手柄的导向棒(直径 15.9mm)组成。用机械将压实锤提升,至 457.2mm±2.5mm 高度沿导向棒自由落下击实,大型击实锤质量为 10 210g±10g。

③自动击实仪是将标准击实锤及标准击实台安装一体并用电力驱动使击实锤连续击实试件且可自动记数的设备,击实速度为 60 次/min±5 次/min。

④试验室用沥青混合料拌和机,如图 3-13 所示:能保证拌和温度并充分拌和均匀,可控制拌和时间,容量不小于 10L,如图 3-14 所示。搅拌叶自转速度为 70~80r/min,公转速度为 40~50r/min。

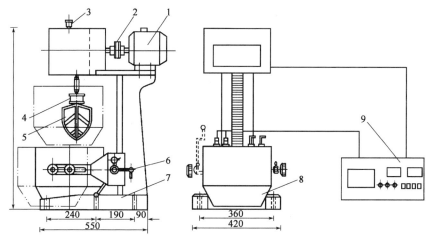

图 3-14 试验室用沥青混合料拌和仪器
1-电机;2-联轴器;3-变速器;4-弹簧;5-拌和叶片;6-升降手柄;7-底座;8-加热拌和锅;9-温度时间控制仪

⑤脱模器:电动或手动,可无破损地推出圆柱体试件,备有标准圆柱体试件及大型圆柱体试件尺寸的推出环。

⑥试模:由高碳钢或工具钢制成,每组包括内径 101.6mm±0.2mm、高 87mm 的圆柱形金属筒,底座(直径约 120.6mm)和套筒(内径 101.6mm、高 70mm)各 1 个。大型圆柱体试件的试模套筒外径 165.1mm、内径 155.6mm±0.3mm,总高 83mm;试模内径 152.4mm±0.2mm,总高 115mm;底座板厚 12.7mm、直径 172mm。

⑦烘箱:大、中型各一台,装有温度调节器。

⑧天平或电子秤:用于称量矿料的,感量不大于 0.5g;用于称量沥青的,感量不大于 0.1g。

⑨沥青运动黏度测定设备:毛细管黏度计、赛波特重油黏度计或布洛克菲尔德黏度计。

⑩温度计:分度为 1℃。宜采用有金属插杆的热电偶沥青温度计,金属插杆的长度不小于 300mm。量程 0~300℃,数字显示或度盘指针的分度 0.1℃,且有留置读数功能。

⑪其他:插刀或大螺丝刀电炉或煤气炉、沥青熔化锅、拌和铲、标准筛、滤纸(或普通纸)胶布、卡尺、秒表、粉笔、棉纱等。

(2)试验准备

①确定制作沥青混合料试件的拌和与压实温度。

当缺乏沥青黏度测定条件时,试件的拌和与压实温度可按表3-21选用,并根据沥青品种和标号作适当调整。针入度小、稠度大的沥青取高限,针入度大、稠度小的沥青取低限,一般取中值。对改性沥青,应根据改性剂的品种和用量,适当提高混合料的拌和和压实温度,对大部分聚合物改性沥青,需要在基质沥青的基础上提高15~30℃左右,掺加纤维时,尚需再提高10℃左右。常温沥青混合料的拌和及压实在常温下进行。

沥青混合料拌和及压实温度参考表　　　　　表3-21

沥青混合料种类	拌和温度(℃)	压实温度(℃)
石油沥青	130~160	120~150
煤沥青	90~120	80~110
改性沥青	160~175	140~170

②在试验室人工配制沥青混合料时,材料准备按下列步骤进行。

a. 将各种规格的矿料置105℃±5℃的烘箱中烘干至恒重(一般不少于4~6h)。根据需要,粗集料可先用水冲洗干净后烘干。也可将粗、细集料过筛后用水冲洗再烘干备用。

b. 按规定试验方法分别测定不同粒径规格粗、细集料及填料(矿粉)的各种密度,按规定方法测定沥青的密度。

c. 将烘干分级的粗、细集料,按每个试件设计级配要求称其质量,在一金属盘中混合均匀,矿粉单独加热,置于烘箱中预热至沥青拌和温度以上约15℃(采用石油沥青时通常为163℃;采用改性沥青时通常需180℃)备用。

d. 将规定方法采集的沥青试样,加热至规定的沥青混合料拌和温度备用,但不得超过175℃。

e. 用沾有少许黄油的棉纱擦净试模、套筒及击实座等置100℃左右烘箱中加热1h备用。常温沥青混合料用试模不加热。

(3)试验步骤

①拌制黏稠石油沥青或煤沥青混合料。

a. 将沥青混合料拌和机预热至拌和温度以上10℃左右备用(对试验室试验研究、配合比设计及采用机械拌和施工的工程,严禁用人工炒拌热拌沥青混合料)。

b. 将每个试件预热的粗、细集料置于拌和机中,用小铲子适当混合,然后再加入需要数量的已加热至拌和温度的沥青(如沥青已称量在一专用容器内时,可在倒掉沥青后用一部分热矿粉将沾在容器壁上的沥青擦拭一起倒入拌和锅中),开动拌和机一边搅拌一边将拌和叶片插入混合料中拌和1~1.5min,然后暂停拌和,加入单独加热的矿粉,继续拌和至均匀为止,并使沥青混合料保持在要求的拌和温度范围内。标准的总拌和时间为3min。

②马歇尔标准击实法的成型步骤。

a. 将拌好的沥青混合料,均匀称取一个试件所需的用量(标准马歇尔试件约1 200g,大型马歇尔试件约4 050g)。当已知沥青混合料的密度时,可根据试件的标准尺寸计算并乘以1.03得到要求的混合料数量。当一次拌和几个试件时,宜将其倒入经预热的金属盘中,用小铲适当拌和均匀分成几份,分别取用。在试件制作过程中,为防止混合料温度下降,应连盘放在烘箱中保温。

b. 从烘箱中取出预热的试模及套筒,用沾有少许黄油的棉纱擦拭套筒、底座及击实锤底面,将试模装在底座上,垫一张圆形的吸油性小的纸,按四分法从四个方向用小铲将混合料铲入试模中,用插刀或大螺丝刀沿周边插捣 15 次,中间 10 次。插捣后将沥青混合料表面整平成凸圆弧面。对大型马歇尔试件,混合料分两次加入,每次插捣次数同上。

c. 插入温度计,至混合料中心附近,检查混合料温度。

d. 待混合料温度符合要求的压实温度后,将试模连同底座一起放在击实台上固定,在装好的混合料上面垫一张吸油性小的圆纸,再将装有击实锤及导向棒的压实头插入试模中,然后开启电动机击实仪将击实锤从 457mm 的高度自由落下击实规定的次数(75、50 或 35 次)。对大型马歇尔试件,击实次数为 75 次(相应于标准击实 50 次的情况)或 112 次(相应于标准击实 75 次的情况)。

e. 试件击实一面后,取下套筒,将试模掉头,装上套筒,然后以同样的方法和次数击实另一面。

f. 试件击实完成后,立即用镊子取掉上下面的纸,用卡尺量取试件离试模上口的高度并由此计算试件高度,如高度不符合要求时,试件应作废,并按式(3-15)调整试件的混合料质量,以保证高度符合 63.5mm ± 1.3mm(标准试件)或 95.3mm ± 2.5mm(大型试件)的要求。

$$调整后混合料质量 = \frac{要求试件高度 \times 原用混合料质量}{所得试件的高度} \quad (3\text{-}15)$$

③卸去套筒和底座,将装有试件的试模横向放置冷却至室温后(不少于12h),置脱模机上脱出试件。

④将试件仔细置于干燥洁净的平面上,供试验用。

步骤三 马歇尔稳定度仪器配备。

(1)沥青混合料马歇尔试验仪:分为自动式和手动式。自动马歇尔试验仪(图 3-15)应具备控制装置、记录荷载-位移曲线、自动测定荷载与试件的垂直变形,能自动显示和存储或打印试验结果等功能。手动式由人工操作,试验数据通过操作者目测后读取数据。对用于高速公路和一级公路的沥青混合料宜采用自动马歇尔试验仪。

a)实物图

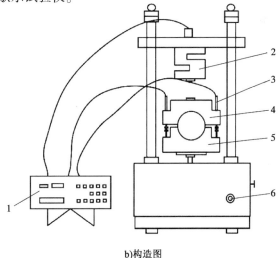
b)构造图

图 3-15 沥青混合料马歇尔稳定度试验仪
1-控制器;2-压力传感器;3-位移传感器;4-上压头;5-下压头;6-电源开关

当集料公称最大粒径小于或等于 26.5mm 时,宜采用 ϕ101.6mm×63.5mm 的标准马歇尔试件,试验仪最大荷载不得小于 25kN,读数准确至 0.1kN,加载速率应能保持 50mm/min ± 5mm/min。钢球直径 16mm ± 0.05mm,上下压头曲率半径为 50.8mm ± 0.08mm。

当集料公称最大粒径大于 26.5mm 时,宜采用 ϕ152.4mm×95.3mm 大型马歇尔试件,试验仪最大荷载不得小于 50kN,读数准确至 0.1kN。上下压头曲率内径为 ϕ152.4mm ± 0.2mm,上下压头间距 19.05mm ± 0.1mm。

(2)恒温水槽:控温准确度为 1℃,深度不小于 150mm。

(3)真空饱水容器:包括真空泵及真空干燥器。

(4)烘箱。

(5)天平:感量不大于 0.1g。

(6)温度计:分度值 1℃。

(7)卡尺。

(8)其他:棉纱、黄油等。

2)试验检测步骤

步骤一 标准击实法成型试件。

按标准击实法成型马歇尔试件,标准马歇尔试件尺寸应符合直径 101.6mm ± 0.2mm、高 63.5mm ± 1.3mm 的要求。对大型马歇尔试件,尺寸应符合直径 152.4mm ± 0.2mm、高 95.3mm ± 2.5mm 的要求。一组试件的数量最少不得少于 4 个,并符合有关规定。

步骤二 试件外观尺寸检测。

量测试件的直径及高度:用卡尺测量试件中部的直径,用马歇尔试件高度测定器或用卡尺在十字对称的 4 个方向量测离试件边缘 10mm 处的高度,准确至 0.1mm,并以其平均值作为试件的高度。如试件高度不符合 63.5mm ± 1.3mm 或 95.3mm ± 2.5mm 的要求或两侧高度差大于 2mm 时,此试件应作废。

步骤三 试件其他指标检测。

按规定的方法测定试件的密度,并计算空隙率、沥青体积百分率、沥青饱和度、矿料间隙率等体积指标。

步骤四 试验水温调节。

将恒温水槽调节至要求的试验温度,对黏稠石油沥青或烘箱养生过的乳化沥青混合料为 60℃ ± 1℃,对煤沥青混合料为 33.8℃ ± 1℃,对空气养生的乳化沥青或液体沥青混合料为 25℃ ± 1℃。

步骤五 试件保温。

将试件置于已达规定温度的恒温水槽中保温。保温时间对标准马歇尔试件需 30~40min,对大型马歇尔试件需 45~60min。试件之间应有间隔,底下应垫起,距水槽底部不小于 5cm。

步骤六 马歇尔试验仪安装。

将马歇尔试验仪的上下压头放入水槽或烘箱中达到同样温度。将上下压头从水槽或烘箱中取出擦拭干净内面。为使上下压头滑动自如,可在下压头的导棒上涂少量黄油。再将试件取出置于下压头上,盖上上压头,然后装在加载设备上。在上压头的球座上放妥钢球,并对准荷载测定装置的压头。当采用自动马歇尔试验仪时,将自动马歇尔试验仪的压力传感器、位移

传感器与计算机或 $X-Y$ 记录仪正确连接,调整好适宜的放大比例,压力和位移传感器调零。当采用压力环和流值计时,将流值计安装在导棒上,使导向套管轻轻地压住上压头,同时将流值计读数调零。调整压力环中百分表,对零。

步骤七 马歇尔试验仪加载。

启动加载设备,使试件承受荷载,加载速度为 50mm/min±5mm/min。计算机或 $X-Y$ 记录仪自动记录传感器压力和试件变形曲线并将数据自动存入计算机。

当试验荷载达到最大值的瞬间,取下流值计,同时读取压力环中百分表读数及流值计的流值读数。

从恒温水槽中取出试件至测出最大荷载值的时间,不得超过 30s。

3) 检测数据处理

(1) 试件的稳定度及流值

①当采用自动马歇尔试验仪时,将计算机采集的数据绘制成压力和试件变形曲线,或由 $X-Y$ 记录仪自动记录的荷载-变形曲线,按图 3-16 所示的方法在切线方向延长曲线与横坐标相交于 O_1,将 O_1 作为修正原点,从 O_1 起量取相应于荷载最大值时的变形作为流值(FL),以 mm 计,准确 0.1mm。最大荷载即为稳定度(MS),以 kN 计,准确至 0.01kN。

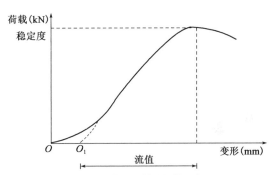

图 3-16 马歇尔试验结果的修正方法

②采用压力环和流值计测定时,根据压力环标定曲线,将压力环中百分表的读数换算为荷载值,或者由荷载测定装置读取的最大值即为试样的稳定度(MS),以 kN 计,准确至 0.01kN。由流值计及位称传感器测定装置读取的试件垂直变形,即为试件的流值(FL),以 mm 计,准确至 0.1mm。

(2) 试件的马歇尔模数按式(3-16)计算:

$$T = \frac{MS}{FL} \tag{3-16}$$

式中:T——马歇尔模数(kN/mm);

MS——试件的稳定度(kN);

FL——试件的流值(mm)。

(3) 试件的浸水残留稳定度按式(3-17)计算:

$$MS_0 = \frac{MS_1}{MS} \times 100 \tag{3-17}$$

式中:MS_0——试件的浸水残留稳定度(%);

MS_1——试件浸水 48h 后的稳定度(kN)。

(4) 试件的真空饱水残留稳定度按式(3-18)计算:

$$MS'_0 = \frac{MS_2}{MS} \times 100 \tag{3-18}$$

式中:MS'_0——试件的真空饱水残留稳定度(%);

MS_2——试件真空饱水后浸水 48h 的稳定度(kN);

MS——试件按标准试验方法所得的稳定度(kN)。

数据取舍:当一组测定值中某个测定值与平均值之差大于标准差的 k 倍时,该测定值应予舍弃,并以其余测定值的平均值作为试验结果。当试件数目 n 为 3、4、5、6 时,k 值分别为 1.15、1.46、1.67、1.82。

2. 方法 2:浸水马歇尔试验

浸水马歇尔试验方法与标准马歇尔试验方法的不同之处在于,试件在已达规定温度恒温水槽中的保温时间为 48h。其余均与标准马歇尔试验方法相同。

3. 方法 3:真空饱和马歇尔试验

真空饱和马歇尔试验方法是:先将试件放入真空干燥器中,关闭进水胶管,开动真空泵,使干燥器的真空度达到 97.3kPa(730mmHg)以上并维持 15min;然后打开进水胶管,靠负压加入冷水流,使试件全部浸入水中;浸水 15min 后恢复常压,取出试件再放入规定温度,黏稠沥青混合料为(60±1)℃的恒温水槽中保温 48h,进行马歇尔试验。其余与标准马歇尔试验方法相同。

【例 3-8】 某试验检测中心根据委托试验方要求,对所送检的沥青混合料原材料,做目标配合比设计,通过击实法制作马歇尔标准试件,表干法测定其密度,真空法检测其理论最大相对密度,在规定温度及时间内测其稳定度和流值等,所得结果见表 3-22。

马歇尔稳定度、毛体积密度、最大理论相对密度试验记录表　　　　表 3-22

试件编号	试件厚度 (mm)				试件在空气中质量 (g)	试件在水中质量 (g)	试件表干质量 (g)	吸水率 (%)	相对密度 理论值 2.425 实测值	密度 (g/cm³) 理论值 2.418 实测值	稳定度 (kN)	流值 (0.1mm)	马歇尔模数 (kN/mm)
	单值			平均值									
1	63.1	63.2	63.5	63.2	63.3	1304.9	748.6	1310.4	1.0	2.323	2.316	12.36	36.1	3.4
2	62.9	63.0	62.8	63.0	62.9	1291.4	745.9	1300.2	1.6	2.330	2.323	13.01	35.2	3.7
3	63.5	63.4	63.6	63.5	63.5	1309.6	742.0	1304.9	1.4	2.327	2.320	12.04	36.4	3.3
4	63.4	63.0	63.3	63.1	63.2	1300.1	746.8	1307.3	1.3	2.320	2.313	11.01	32.8	3.4
5	63.4	63.6	63.3	63.3	63.4	1305.0	748.5	1309.5	0.8	2.326	2.319	9.96	36.9	2.7
6	63.0	63.0	63.3	63.3	63.2	1295.5	746.4	1302.9	1.3	2.328	2.321	10.01	33.1	3.0
平均值									1.2	2.325	2.319	11.40	35.1	3.2

4. 方法 4:车辙试验

沥青混合料车辙试验是用一块碾压成型的板块试件(通常尺寸为 300mm×300mm×50mm),在规定温度条件(通常为 60℃)下,以一个轮压为 0.7MPa 的实心橡胶轮胎在其上行走,测量试件变形稳定期时,每增加 1mm 变形需要行走的次数,称为"动稳定度"(以次/mm 表

沥青混合料
车辙试验
（文本）

示）。高速公路和一级公路动稳定度大于或等于800次/mm；一级公路、城市干道动稳定度大于或等于600次/mm。

动稳定度既是评价沥青混凝土路面高温稳定性的一个指标，也是沥青混合料配合比设计时的一个辅助性检验指标。

1）检测前的准备

沥青混合料车辙试验在试验前应做好如下准备工作：配备仪器设备、制备试件（轮碾法）。

步骤一 配备仪器设备。

（1）车辙试验机（图3-17）。

①试件台：可牢固地安装两种宽度（300mm和150mm）的规定尺寸试件的试模。

②试验轮：橡胶制的实心轮胎，外径ϕ200mm、轮宽50mm、橡胶层厚15mm。橡胶硬度（国标标准硬度）20℃时为84±4；60℃时为78±2。试验轮行走距离为（230±10）mm，往返碾压速度为（42±1）次/min（21次往返/min）。允许采用曲柄连杆驱动试验台运动（试验台不动）的任一种方法。

③加载装置：使试验轮与试件的接触压强在60℃时为（0.7±0.05）MPa，施加的总荷载为780kN左右，根据需要可以调整。

④试模：钢板制成，由底板及侧板组成，试模内侧尺寸长为300mm、宽为300mm、厚为50mm。

⑤变形测量装置：自动检测车辙变形并记录曲线的装置，通常用LVDT、电测百分表或非接触位移计。

⑥温度检测装置：自动控制检测并记录试件表面及恒温室内温度的温度传感器、温度计（精度0.5℃）。

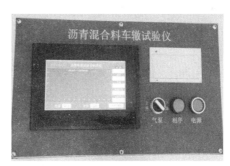

图3-17 沥青混合料车辙试验仪

（2）恒温室：车辙试验机安放在恒温室内，装有加热器、气流循环装置及自动温度控制设备，能保持恒温室温度（60±1）℃[试件内部温度（60±0.5）℃，根据需要亦可为其他需要的温度]；用于保温试件并进行检验，温度应能自动连续记录。

（3）台秤：称量15kg，分度值不大于5g。

步骤二 制备试件（轮碾法）。

（1）在试验室用轮碾成型机（图3-18）制备试件

①试件尺寸通常为长300mm×宽300mm×厚（50~100）mm。试件的厚度可根据集料粒

径大小选择,同时根据需要,厚度也可以采用其他尺寸,但混合料一层碾压的厚度不得超过100mm。

②将预热的试模从烘箱中取出,装上试模框架,在试模中铺一张裁好的普通纸(可用报纸),使底面及侧面均被纸隔离;将拌和好的全部沥青混合料(注意不得散失,分两次拌和的应倒在一起),用小铲稍加拌和后均匀地沿试模由边至中按顺序转圈装入试模,中部要略高于四周。

沥青混合料试件制作(轮碾法)(文本)

③取下试模框架,用预热的小型击实锤由边至中转圈夯实一遍,整平成凸圆弧形。

④插入温度计,待混合料达到规定的压实温度(为使冷却均匀,试模底下可用垫木支起)时,在表面铺一张裁好尺寸的普通纸。

⑤成型前将碾压轮预热至100℃左右;然后,将盛有沥青混合料的试模置于轮碾机的平台上,轻轻放下碾压轮,调整总荷载为9kN(线荷载300N/cm)。

⑥启动轮碾机,先在一个方向碾压2个往返(4次);卸荷;再抬起碾压轮,将试件调转方向;再加相同荷载碾压至马歇尔标准密实度100%±1%为止。试件正式压实前,应经试压,测定密度后,决定试件的碾压次数。对普通沥青混合料,一般12个往返(24次)左右可达要求(试件厚度为50mm)。

图3-18 轮碾成型机

⑦压实成型后,揭去试件表面的纸,用粉笔在试件表面标明碾压方向。

⑧盛有压实试件的试模,置室温下冷却,至少12h后方可脱模。

(2)在工地制备试件

①采取代表性的沥青混合料样品,数量需多于3个试件的需要量。

②按试验室方法称取一个试样混合料数量装入符合要求尺寸的试模中,用小锤均匀击实。试模应不妨碍碾压成型。

③碾压成型:在工地上,可用小型振动压路机或其他适宜的压路机碾压,在规定的压实温度下,每一遍碾压3~4s,约25次往返,使沥青混合料压实密度达到马歇尔标准密度100%±1%。

④如将工地取样的沥青混合料送往试验室成型,混合料必须放在保温桶内,不使其温度下降,且在抵达试验室后应立即成型;如温度低于要求,可适当加热至压实温度后,用轮碾成型机成型。如属于完全冷却后经二次加热重塑成型的试件,必须在试验报告上注明。

2)试验检测步骤

步骤一 试验轮接地压强测定。

试验轮接地压强测定:测定在60℃时进行,在试验台上放置一块50mm厚的钢板,其上铺一张毫米方格纸,上铺一张新的复写纸,以规定的700N荷载后试验轮静压复写纸,即可在方格纸上得出轮压面积,并由此求得接地压强。当压强不符合0.7MPa±0.05MPa时,荷载应予适当调整。

步骤二 轮碾成型法制作试块。

用轮碾成型法制作车辙试验试块。在试验室或工地制备成型的车辙试件,其标准尺寸为 300mm×300mm×50mm;也可从路面切割得到 300mm×150mm×50mm 的试件。

步骤三 试件放置。

试件成型后,连同试模一起在常温条件下放置的时间不得少于 12h。对聚合物改性沥青混合料,放置的时间以 48h 为宜,使聚合物改性沥青充分固化后方可进行车辙试验,但室温放置时间也不得长于一周。

为使试件与试模紧密接触应标记碾压成型时试件碾压方向。

步骤四 试件保温。

将试件连同试模一起,置于已达到试验温度 60℃±1℃ 的恒温室中,保温不少于 5h,也不得多于 24h。在试件的试验轮不行走的部位上,粘贴一个热电耦温度计(也可在试件制作时预先将热电耦导线埋入试件一角),控制试件温度稳定在 60℃±0.5℃。

步骤五 试件安装及检测车辙变形。

将试件连同试模移至轮碾试验机的试验台上。试验轮在试件的中央部位,其行走方向须与试件碾压或行车方向一致。开动车辙变形自动记录仪,然后启动试验机,使试验轮往返行走,时间约 1h,或最大变形达到 25mm 时为止。试验时,记录仪自动记录变形曲线及试件温度。对于 300mm 宽且试验时变形较小的试件,也可在一块试件两侧 1/3 位置上进行两次试验取平均值。

3)检测数据处理

(1)从图 3-19 上读取 45min(t_1)及 60min(t_2)时的车辙变形 d_1 及 d_2,准确至 0.01mm。

当变形过大,在未到 60min 变形已达 25mm 时,则以达到 25mm(d_2)时的时间为 t_2,将其前 45min 为 t_1,此时的变形量为 d_1。

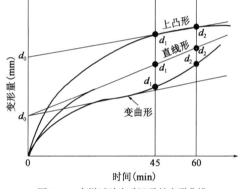

图 3-19 车辙试验自动记录的变形曲线

(2)沥青混合料试件的动稳定度按式(3-19)计算。

$$DS = \frac{(t_2 - t_1) \times N}{d_2 - d_1} \times C_1 \times C_2 \tag{3-19}$$

式中:DS——沥青混合料的动稳定度(次/mm);

d_1——时间为 t_1(一般为 45min)时的变形量(mm);

d_2——时间为 t_2(一般为 60min)时的变形量(mm);

N——试验轮每分钟行走次数,通常为 42 次/min;

C_1——试验机类型修正系数,曲柄连杆驱动试件的变速行走方式为 1.0;

C_2——试件系数,试验室制备的宽 300mm 的试件为 1.0。

(3)同一沥青混合料或同一段的路面,至少取 3 个试件。当 3 个试件动稳定度变异系数不大于 20% 时,取其平均值作为试验结果;当其变异系数大于 20% 时,应分析原因,并追加试验。如计算动稳定度值大于 6 000 次/mm 时,记作 >6 000 次/mm。

(4)试验报告应注明试验温度、试验轮接地压强、试件密度、空隙率以及试件制作方法等。

重复性试验动稳定度变异系数的允许差不大于20%。

【例3-9】 某试验检测中心根据委托试验方要求,对所送检的沥青混合料原材料,做目标配合比设计,通过车辙试验检测其动稳定度,所得结果见表3-23。

沥青混合料车辙试验记录表　　　　　表3-23

制样情况	轮碾成型,试件尺寸(mm)为:长300、宽300、高50;试件成型后连同试模一起在常温下放置16h									
主要仪器设备及编号	车辙试验成型机(LQL-015)、沥青混合料车辙试验机(LQL-016)									
沥青混合料类型	AC-16沥青混合料	试件+试模置于60℃±1℃的恒温环境时间(h)				16h	60℃下试验轮接地压强(MPa)			0.7
试件编号	试验机类型修正系数 C_1	试件系数 C_2	试验轮往返碾压速度 N(次/min)	试验温度(℃)	变形量 d_1(mm)	时间 t_1(min)	变形量 d_2(mm)	时间 t_2(min)	试件动稳定度测值(次/mm)	动稳定度(次/mm)
1	1.0	1.0	42	60.0	2.42	45	2.74	60	1969	1680
2	1.0	1.0	42	60.0	2.04	45	2.41	60	1703	
3	1.0	1.0	42	60.0	1.79	45	2.25	60	1370	
标准差	300.22				变异系数(%)						17.9

二、沥青混合料密度检测

(一)理论知识

沥青混合料的密度有毛体积密度、表观密度、表干密度、最大理论相对密度等。测定的密度可用于进行沥青混合料的配合比设计、计算沥青混合料面层的压实度、路况调查、施工质量管理等,既保证沥青混合料的材料质量,又保证了沥青混合料路面的施工质量。

密度测定方法根据沥青混合料的吸水率不同进行选用。对吸水率小于0.5%的沥青混合料通常采用水中称重法测定表观相对密度和表观密度;对吸水率小于2%的沥青混合料通常采用表干法测定毛体积相对密度和毛体积密度;对吸水率大于2%的沥青混合料,宜改用蜡封法测定毛体积相对密度和毛体积密度。表干法和蜡封法都不适用的情况下,可采用体积法。

通常采用真空法测定沥青混合料的最大理论相对密度。

压实沥青混合料密度试验(表干法)(文本)

(二)检测方法与数据处理

1. 方法1:压实沥青混合料密度试验(表干法)

沥青混合料密度试验表干法适用于测定吸水率不大于2%的各种沥青混合料试件的毛体积相对密度或毛体积密度,标准温度为25℃±0.5℃。本方法测定的毛体积密度适用于计算沥青混合料试件的空隙率、矿料间隙率等各项体积指标。

1)检测前的准备

检测压实沥青混合料密度(表干法)在试验前应做好如下准备工作:仪器设备配备、试件制备。

步骤一 仪器设备配备。

(1)浸水天平或电子秤:当最大称量在3kg以下时,感量不大于0.1g;最大称量3kg以上时,感量不大于0.5g;最大称量10kg以上时,感量5g,应有测量水中重的挂钩。

(2)水中重称重装置:网篮、溢流水箱和试件悬吊装置。

(3)其他:秒表、毛巾、电风扇或烘箱等。

步骤二 试件制备。

可采用室内成型的试件,也可采用工程现场钻芯、切割的方法获得的试件。

2)试验检测步骤

步骤一 选用浸水天平。

选择适宜的浸水天平或电子秤,最大称量应不小于试件质量的1.25倍,且不大于试件质量的5倍。

步骤二 称试件空气中质量。

除去试件表面的浮粒,称取干燥试件的空气中质量(m_a),根据选择的天平的感量读数,准确至0.1g、0.5g或5g。

步骤三 称试件水中质量。

将溢流水箱温度保持在25℃±0.5℃。挂上网篮,浸入溢流水箱中,调节水位将天平调平或复零,把试件置于网篮中(注意不要晃动水)浸水中3~5min,称取水中质量(m_w)。若天平读数持续变化,不能很快达到稳定,说明试件吸水较严重,不适用于此法测定,应改用蜡封法测定。

步骤四 称试件表干质量。

从水中取出试件,用洁净柔软的拧干湿毛巾轻轻擦去试件的表面水(不得吸走空隙内的水),称取试件的表干质量(m_f)。

注:对从路上钻取的非干燥试件可先称取水中质量(m_w),然后用电风扇将试件吹干至恒重(一般不少于12h,当不需进行其他试验时,也可用60℃±5℃烘箱烘干至恒重),再称取空气中质量(m_a)。

3)检测数据处理

(1)试件的吸水率是指试件吸水体积占沥青混合料毛体积的百分率,取1位小数,按式(3-20)计算。

$$S_a = \frac{m_f - m_a}{m_f - m_w} \times 100 \tag{3-20}$$

式中:S_a——试件的吸水率(%);

m_a——干燥试件的空中质量(g);

m_w——试件的水中质量(g);

m_f——试件的表干质量(g)。

当试件的吸水率 $S_a>2\%$ 要求时,应改用蜡封法测定。

(2)试件的毛体积密度和毛体积相对密度。

密实的沥青混合料试件的毛体积相对密度,按式(3-21)和式(3-22)计算,取 3 位小数。

$$\gamma_f = \frac{m_a}{m_f - m_w} \quad (3-21)$$

$$\rho_f = \frac{m_a}{m_f - m_w}\rho_w \quad (3-22)$$

式中:ρ_f——试件的毛体积密度(g/cm³);

γ_f——试件的毛体积相对密度,无量纲;

ρ_w——25℃时水的密度,取 0.997 1g/cm³。

2. 方法 2:沥青混合料理论最大相对密度试验(真空法)

沥青混合料理论最大相对密度是指没有空隙的或没有空气的理想沥青混合料的密度,它是确定沥青混合料空隙率的依据,也是确定沥青混合料现场压实度(以空隙率表示)的依据。本方法适用于真空法测定沥青混合料理论最大相对密度,供沥青混合料配合比设计、路况调查或路面施工质量管理计算空隙率、压实度等使用。不适用于吸水率大于 3% 的多孔性集料的沥青混合料。

沥青混合料理论最大相对密度试验(真空法)(文本)

1)检测前的准备

图 3-20 沥青混合料理论最大相对密度仪

检测沥青混合料理论最大相对密度(真空法)在试验前应做好如下准备工作:仪器设备配备、取样及负压容器标定。

步骤一 仪器设备配备(图3-20)。

(1)天平:称量 10kg 以上,感量不大于 0.5kg;称量 5kg 以上,感量不大于 0.1g;称量 2kg 以下,感量不大于 0.05g。

(2)负压容器:根据试样数量选用表 3-24 中的 A、B、C 任何一种类型。负压容器口带橡皮塞,上接橡胶管,管口下方有滤网,防止细料部分吸入胶管。

负压容器类型　　表 3-24

类型	容器	附属设备
A	耐压玻璃、塑料或金属制的罐,容积大于 1 000mL	有密封盖,接真空胶管,与真空泵连接
B	容积大于 1 000mL 的真空容量瓶	带胶皮塞,接真空胶管,与真空泵连接
C	4 000mL 耐压真空干燥	带胶皮塞,放气阀,接真空胶皮管与真空泵连接

(3)真空负压装置:由真空泵及水银压力计(或真空表)组成,真空泵能使负压容器内造成4kPa(30mmHg)负压。

(4)恒温水槽:水温控制为 25℃ ±0.5℃。

(5)温度计:分度为 0.5℃。

(6)其他:玻璃板等。

步骤二 取样。

按前面介绍的沥青混合料取样方法或从沥青路面上采取(或钻取)沥青混合料试样,可按表 3-25 中的数量进行取样。将沥青混合料团块仔细分散,粗集料不破碎,细集料团块分散到小于 6.4mm。若混合料坚硬,可用烘箱适当加热后打散,一般加热温度不超过 60℃。分散试样应用手掰开,不得用锤打碎,防止集料破碎。当试样是从路上采取的非干燥混合料时,应用电风扇吹干至恒重后再操作。

沥青混合料试验数量　　　　　　　表 3-25

集料公称最大粒径 (mm)	试验最小质量 (g)	集料公称最大粒径 (mm)	试验最小质量 (g)
4.75	500	19	2 000
9.5	1 000	26.5	2 500
13.2	1 500	31.5	3 000
16	1 500	37.5	3 500

步骤三 负压容器标定。

采用 A 类容器时,将容器全部浸入 25℃±0.5℃ 的恒温水槽中,恒温 10min±1min,称取容器的水中质量(m_1)。采用 B、C 类大端口的负压容器时,先将 B、C 类负压容器恒温 10min±1min 后取出,装满 25℃±0.5℃ 的水(上面用玻璃板盖住保持完全充满水),正确称取负压容器与水的总质量 m_b。最后,将负压容器干燥,编号称取其质量。

2)试验检测步骤

步骤一 将试样转入负压容器,称总质量。

将沥青混合料试样装入干燥的负压容器中,称容器及沥青混合料总质量,得到试样的净质量 m_n,试样质量应不小于规定的最小数值。

步骤二 负压容器装水。

在负压容器中注入 25℃±0.5℃ 的水,将混合料全部浸没,并高出混合料顶面约 2cm。

步骤三 负压容器启动。

将负压容器与真空泵、真空表连接,开动真空泵,使负压容器内负压在 2min 内达到 3.7kPa±0.3kPa(27.5mm±2.5mmHg)时,开始计时,同时开启振动装置和抽真空,持续 15min±2min。然后强烈振荡负压容器,使水充分搅动混合料,除去剩余的气泡。每隔 2min 晃动若干次,直至不见气泡出现为止。为使气泡容易除去,可在水中加有 0.01% 浓度的表面活性剂(如每 100mL 水中加 0.01g 洗涤灵)。

步骤四 负压容器卸压。

当抽真空结束后,关闭真空装置和振动装置,打开调压阀慢慢卸压,卸压速度不得大于 8kPa/s,使负压容器内压力逐渐恢复。

步骤五 称取试验后质量。

当负压容器采用 A 类容器时,浸入保温至 25℃±0.5℃ 的恒温水槽的时间为 10min±1min 时,称取负压容器与沥青混合料的水中质量(m_2)。当负压容器采用 B、C 类容器时,将装有沥青混合料试样的容器浸入保温至 25℃±0.5℃ 的恒温水槽,时间约 10min±1min 取出,加上盖,使容器上没有空气,擦净容器外的水分,称取容器、水和沥青混合料试样的总质量(m_c)。

3)检测数据处理

(1)采用 A 类容器时,沥青混合料的理论最大相对密度按式(3-23)计算。

$$\gamma_t = m_a / [m_a - (m_2 - m_1)] \tag{3-23}$$

式中:γ_t——沥青混合料理论最大相对密度;

m_a——干燥沥青混合料试样的空气中质量(g);

m_1——负压容器在25℃水中的质量(g);

m_2——负压容器与沥青混合料一起在25℃水中的质量(g)。

(2)采用 B、C 类容器作负压容器时,沥青混合料的最大相对密度按式(3-24)计算。

$$\gamma_t = m_a / (m_a + m_b - m_c) \tag{3-24}$$

式中:m_b——装满25℃水的负压容器质量(g);

m_c——25℃时试样、水与负压容器的总质量(g)。

(3)沥青混合料25℃时的理论最大密度按式(3-25)计算。

$$\rho_t = \gamma_t \times \rho_w \tag{3-25}$$

式中:ρ_t——沥青混合料的理论最大密度(g/cm³);

ρ_w——25℃时水的密度,0.9971g/cm³。

同一试样至少平行试验两次,取平均值作为试验结果,计算至小数点后三位。

【例3-10】 某试验检测中心根据委托试验方要求,对所送检的沥青混合料原材料,做目标配合比设计,通过真空法测检测其理论最大相对密度,所得结果见表3-26。

沥青混合料最大理论相对密度(真空法)试验记录表　　表3-26

沥青混合料类型		AC-16			试验层位		—
试件编号	容器类型	干燥试样在空气中质量 m_a(g)	装满25℃水的负压容器质量 m_b(g)	25℃时试样、水与负压容器的总质量 m_c(g)	试样理论最大相对密度	试样在25℃水中理论最大密度测值 $\rho_t = \gamma_t \times \rho_w$ (g/cm³)	理论最大密度平均值测值 (g/cm³)
1	C	2 012.5	4 317.0	5 544.2	2.563	2.555	2.554
2	C	2 002.0	4 315.6	5 535.6	2.560	2.553	

三、沥青混合料中沥青含量检测

(一)理论知识

沥青用量对沥青混合料性能的影响可能超过沥青本身特性的影响,随着沥青用量的增加,矿料表面的沥青膜增厚,自由沥青比例增加,在高温条件下,这部分沥青在荷载作用下发生明显的流动变形,从而导致沥青混合料抗高温变形能力的降低,因此,进行沥青混合料配合比设计时宜选择最佳沥青用量。此外,当沥青用量过少,或矿粉用量过多时,混合料容易产生疏松不易压实。反之,如沥青用量过多,或矿粉质量不好,则容易使混合料黏结成团块,不易摊铺。

沥青混合料中沥青含量的测定是公路工程施工过程中一项常规试验项目,它对沥青路面施工质量控制有着重要意义。检测方法有很多,此处仅介绍离心分离法。

(二)检测方法与数据处理

方法:沥青混合料中沥青含量检测(离心分离法)

沥青混合料中沥青含量通常采用油石比或沥青用量表示。油石比是指沥青混合料中沥青质量占矿料总质量的百分比,代号 P_a;沥青用量是指沥青混合料中沥青质量占沥青混合料总质量的百分比,代号 P_b。最佳沥青含量以 OAC 表示。该试验既可用于热拌热铺沥青混合料路面施工时的沥青用量检测,以评定拌和厂产品质量,也适用于旧路调查时检测沥青混合料的沥青用量,用此法抽提的沥青溶液可用于回收沥青,以评定沥青的老化程度。

沥青混合料中沥青含量试验(离心分离法)(文本)

1)检测前的准备

检测沥青混合料中沥青含量(离心分离法)在试验前应做好如下准备工作:仪器设备配备、取样。

步骤一 仪器设备配备。

(1)离心抽提仪(图3-21):由试样容器及转速不小于3 000r/min 的离心分离器组成,分离器备有滤液出口。容器盖与容器之间用耐油的圆环形滤纸密封。滤液通过滤纸排出后从出口流出收入回收瓶中,仪器必须安放稳固并有排风装置。

(2)圆环形滤纸;回收瓶:容量1 700mL 以上;压力过滤装置。

(3)天平:感量不大于0.01g、1mg 的天平各一台;量筒:最小刻度1mL。

(4)电烘箱:装有温度自动调节器。

(5)三氯乙烯:工业用;碳酸铵饱和溶液:供燃烧法测定滤纸中的矿粉含量用。

(6)其他:小铲,金属盘,大烧杯等。

图3-21 沥青离心抽提仪

步骤二 取样。

(1)在拌和厂从运料卡车按规定方法采取沥青混合料试样,放在金属盘中适当拌和,待温度稍下降至100℃以下时,用大烧杯取混合料试样质量(m)1 000~1 500g(粗粒式沥青混合料用高限,细粒式用低限,中粒式用中限),准确至0.1g。

(2)如果试样是路上用钻机法或切割法取得的,应用电风扇吹风使其完全干燥,置微波炉或烘箱中适当加热后成松散状态取样,但不得用锤击以防集料破碎。

2)试验检测步骤

步骤一 溶解沥青。

向装有试样的烧杯中注入三氯乙烯溶剂,将其浸没30min,记录溶剂用量,用玻璃棒适当搅动混合料,使沥青充分溶解。也可直接在离心分离器中浸泡。

步骤二 沥青混合料装入离心分离器。

将沥青混合料及溶液倒入离心分离器,用少量溶剂将烧杯及玻璃棒上的黏附物全部洗入分离器中。

步骤三 称取试验前滤纸质量。

称取洁净的圆环形滤纸质量,准确至0.01g。注意,滤纸不宜多次反复使用,有损坏者不能使用,有石粉黏附时应用毛刷清除干净。将滤纸垫在分离器边缘上,加盖紧固。在分离器出口处放上回收瓶,上口应注意密封,防止流出液成雾状散失。

步骤四 操作离心机。

开动离心机,转速逐渐增至3 000r/min,沥青溶液通过排出口注入回收瓶中,待流出停止后停机。从上盖的孔中加入新溶液,数量大体相同。稍停3~5min后,重复上述操作,如此数次直至流出的抽提液成清澈的淡黄色为止。

步骤五 称取试验后滤纸质量。

卸下上盖,取下圆环形滤纸,在通风橱或室内空气中蒸发后放入105℃±5℃的烘箱中干燥,称取质量,其增重部分(m_2)为矿粉的一部分。

步骤六 称取干燥集料质量。

将容器中的集料仔细取出,在通风橱或室内空气中蒸发后放入105℃±5℃的烘箱烘干(一般需要4h),然后放入大干燥器中冷却至室温,称取集料质量(m_1)。

步骤七 测定泄漏入滤液中矿粉质量。

(1)用压力过滤器过滤回收瓶中的沥青溶液,由滤纸的增重(m_3)得出泄漏入滤液中矿粉。如无压力过滤器时,也可用燃烧法测定。

(2)用燃烧法测定抽提液中矿粉质量的步骤如下:

①将回收瓶中的抽提液倒入量筒中,准确定量至 mL(V_a)。

②充分搅匀抽提液,取出10mL(V_b)放入坩埚中,在热浴上适当加热使溶液试样变成暗黑色后,置高温炉500~600℃中烧成残渣,取出坩埚冷却。

③向坩埚中按每1g残渣5mL的用量比例,注入碳酸铵饱和溶液,静置1h后放入105℃±5℃烘箱中干燥。

④取出后放在干燥器中冷却,称取残渣质量(m_4),准确至1mg。

3)检测数据处理

(1)沥青混合料中矿料的总质量按式(3-26)计算:

$$m_a = m_1 + m_2 + m_3 \tag{3-26}$$

式中:m_a——沥青混合料中矿料部分的总质量(g);

m_1——容器中留下的集料干燥质量(g);

m_2——圆环形滤纸在试验前后的增重(g);

m_3——泄漏入抽提液中的矿粉质量(g),用燃烧法时可按式(3-27)计算:

$$m_3 = m_4 \times \frac{V_a}{V_b} \tag{3-27}$$

式中:V_a——抽提液的总量(mL);

V_b——取出的燃烧干燥的抽提液数量(mL);

m_4——坩埚中燃烧干燥的残渣质量(g)。

(2)沥青混合料中的沥青含量和油石比按式(3-28)和式(3-29)计算：

$$P_b = \frac{m - m_a}{m} \tag{3-28}$$

$$P_a = \frac{m - m_a}{m_a} \tag{3-29}$$

式中：m——沥青混合料的总质量(g)；

P_b——沥青混合料的沥青含量(%)；

P_a——沥青混合料的油石比(%)。

注：同一沥青混合料试样至少平行试验两次，取平均值作为试验结果。两次试验结果的差值应小于0.3%，当大于0.3%但小于0.5%时，应补充平行试验一次，以三次试验的平均值作为试验结果；三次试验的最大值与最小值之差不得大于0.5%。

【例3-11】 某试验检测中心根据委托试验方要求，对所送检的沥青混合料原材料，进行目标配合比设计，通过离心分离法检测其沥青用量及油石比，所得结果见表3-27。

沥青混合料中沥青含量(离心分离法)试验记录表　　　　　表3-27

沥青混合料类型	ATB-25	试验层位	—
试验次数	1	2	
混合料试样质量(g)	1 019.00	1 020.95	
环形滤纸试验前质量(g)	2.959	2.956	
环形滤纸试验后质量(g)	4.933	4.415	
滤纸在试验前后增重(g)	1.974	1.459	
容器中集料质量(g)	883.06	889.62	
干矿粉合计质量(g)	965.11	968.84	
沥青质量(g)	53.9	52.1	
沥青用量测值(%)	5.29	5.10	
沥青用量测定值(%)	5.20		
油石比(%)	5.48		

模块3考核

一、填空题

1.水泥或石灰剂量检测可用于检测现场_____和_____的均匀性，可用于指导现场拌和与摊铺施工。水泥或石灰_____直接影响无机结合料结构层的_____、_____及_____，影响公路面层结构的质量。

2.《公路工程无机结合料稳定材料试验规程》(JTG 3441—2024)中规定,抗压强度采用以规定温度_____下,保湿养护_____、浸水_____后的_____为准。

3.水泥混凝土根据强度划分为_____、_____、_____三类。

4.《公路工程水泥及水泥混凝土试验规程》(JTG 3420—2020)规定,通常制作_____的标准尺寸立方体试件,在标准条件(温度_____,相对湿度_____以上)下养护,以养护_____按规范要求的方法所测得的抗压强度值为混凝土立方体抗压强度标准值。

5.水泥混凝土抗弯拉试验时:试件成型时的_____朝上,缓缓加初荷载约_____,而后以_____ MPa/s(强度等级_____时)、_____ MPa/s(强度等级_____时)、_____ MPa/s(强度等级_____时)的速度均匀加荷。当试件接近破坏而开始迅速变形时,应停止调整试验机油门,直至试件破坏,记下_____和_____的位置。

6.砂浆按用途可分为_____和_____。

7.马歇尔稳定度试验是目前沥青混合料中最重要的一个试验方法,由于试验时条件有所不同,将其分别称为_____、_____、_____。

8.沥青混合料最大理论相对密度是指_____或_____的理想沥青混合料的密度,它是确定沥青混合料_____的依据,也是确定沥青混合料现场_____(以空隙率表示)的依据。

9.沥青用量的影响可能超过沥青本身特性的影响,随着_____的增加,矿料表面的_____增厚,_____比例增加,在高温条件下,这部分沥青在荷载作用下发生明显的_____变形,从而导致沥青混合料_____能力的降低,因此,进行沥青混合料配合比设计时宜选择最佳____用量。

10.沥青混合料中沥青含量试验取样,在拌和厂从_____按规定方法采取沥青混合料试样,放在金属盘中适当拌和,待温度稍下降至_____以下时,用大烧杯取混合料试样质量_____(m)(粗粒式沥青混合料用高限,细粒式用低限,中粒式用中限),准确至0.1g。

二、选择题

1.测定水泥混凝土抗压强度的标准试件尺寸为(　　)。

　　A.150mm×150mm×150mm

　　B.40mm×40mm×160mm

　　C.100mm×100mm×100mm

　　D.150mm×100mm×100mm

2.砂浆立方体抗压强度的试件尺寸为(　　)。

　　A.70.7mm×70.7mm×70.7mm

　　B.150mm×150mm×150mm

　　C.160mm×160mm×40mm

　　D.150mm×150mm×300mm

3. 新拌水泥混凝土的工作性,包括以下哪些( )?
   A. 流动性　　　　　B. 黏聚性　　　　　C. 保水性　　　　　D. 泌水性

4. 在运料汽车上取沥青混合料样品时,宜在汽车装料一半后,分别用铁锹从不同方向的( )个不同高度处取样。
   A. 3　　　　　　　　　　　　　　　B. 4
   C. 5　　　　　　　　　　　　　　　D. 6

5. 马歇尔击实试验中,按四分法从四个方向用小铲将混合料铲入试模中,用插刀或大螺丝刀沿周边插捣( )次,中间( )次。
   A. 10,15　　　　　　　　　　　　　B. 15,10
   C. 10,20　　　　　　　　　　　　　D. 15,25

6. 浸水马歇尔试验方法与标准马歇尔试验方法的不同之处在于,试件在已达规定温度恒温水槽中的保温时间为( ),其余均与标准马歇尔试验方法相同。
   A. 12h　　　　　　　　　　　　　　B. 24h
   C. 36h　　　　　　　　　　　　　　D. 48h

7. 测定吸水率不大于2%的各种沥青混合料试件的毛体积相对密度或毛体积密度用以下哪种方法( )。
   A. 水中称重法　　　　　　　　　　　B. 表干法
   C. 蜡封法　　　　　　　　　　　　　D. 体积法

8. 检测沥青混合料最大理论相对密度(真空法)的负压容器有( )类型。
   A. 4　　　　　　B. 3　　　　　　C. 1　　　　　　D. 2

9. 油石比是指沥青混合料中( )的百分比。
   A. 沥青体积占矿料总体积　　　　　　B. 沥青体积占沥青混合料总体积
   C. 沥青质量占矿料总质量　　　　　　D. 沥青质量占沥青混合料总质量

10. 马歇尔稳定度试验从恒温水槽中取出试件至测出最大荷载值的时间,不得超过( )。
    A. 60s　　　　　B. 20s　　　　　C. 30s　　　　　D. 25s

三、判断题

1. 无机结合料稳定材料的强度采用28d龄期的无侧限抗压强度指标。　　　　　　　(　)
2. 水泥混凝土的抗弯拉强度就是抗折强度。　　　　　　　　　　　　　　　　　　(　)
3. 马歇尔稳定度和流值是表示沥青混合料高温时的稳定性和抗变形能力的指标。
   　　　　　　　　　　　　　　　　　　　　　　　　　　　　　　　　　　　　(　)
4. 土中掺有适量石灰、水泥、粉煤灰的稳定土是无机结合料稳定土。　　　　　　　(　)
5. 水泥混凝土路面是以抗压强度为主的。　　　　　　　　　　　　　　　　　　　(　)
6. 标准马歇尔稳定度试验的加载速度为50mm/min±5mm/min。　　　　　　　　　(　)
7. 用轮碾成型法制作车辙试验试块。在试验室或工地制备成型的车辙试件,其标准尺寸为300mm×300mm×150mm。　　　　　　　　　　　　　　　　　　　　　　　　(　)
8. 车辙试验是为了测定沥青的耐久性。　　　　　　　　　　　　　　　　　　　　(　)
9. 压实沥青混合料密度试验(表干法)试件制备可采用室内成型的试件,也可采用工程现

场钻芯、切割的方法获得的试件。（ ）

10. 检测项目中，水泥混凝土抗压强度被评为不合格时，相应分项工程为不合格。（ ）

四、案例题

1. 某国道二级沥青混合料路面基层采用水泥、石灰稳定土，水泥∶石灰 = 3∶6，结合料剂量为9%，通过静力压实法制作6个 φ100mm×100mm 的圆柱形试件，经在规定温度下养护、浸水后做无侧限抗压强度试验。试验结果记录见表3-28，试计算其无侧限抗压强度、标准差、变异系数、压实度代表值（$Z_a = 1.282$）。

试验结果　　　　　　　　　　　　　　　　　　　　　　　　　　　　表3-28

试件号		1	2	3	4	5	6
养护前试件质量（m_2）	g	1 835.8	1 837.1	1 821.0	1 823.8	1 821.2	1 826.8
浸水前试件质量（m_3）	g	1 834.0	1 835.6	1 819.5	1 820.2	1 819.2	1 824.9
浸水后试件质量（m_4）	g	1 846.0	1 845.3	1 829.3	1 834.4	1 829.3	1 836.3
养护期间质量损失（$m_2 - m_3$）	g	1.8	1.5	1.5	3.6	2.0	1.9
吸水量（$m_4 - m_3$）	g	12.0	9.7	9.8	12.2	10.1	11.4
养护前试件高度（h）	cm	10.0	10.0	10.0	10.0	10.0	10.0
浸水后试件高度（h_1）	cm	10.0	10.1	10.0	10.0	10.0	10.0
试件的最大压力（P）	kN	27.8	22.4	26.2	27.0	26.5	25.9
无侧限抗压强度（R_c）	MPa						

2. 某中心试验室对同配比的T梁混凝土标准试块经标准养护28d后，进行抗压强度试验，其试验结果分别为44.2、42.9、44.6、37.2、46.3、45.6、44.1、45.5、44.9、44.8（单位：MPa），已知设计强度为C40，问该混凝土质量是否合格？

3. 某三级沥青混合料路面，中粒式沥青粒料面层为AC-16，采用真空法检测沥青混合料的最大理论相对密度，作为沥青混合料配合比的参数，见表3-29，请计算出试样理论最大相对密度和试样在25℃水中理论最大密度测值？

试验结果　　　　　　　　　　　　　　　　　　　　　　　　　　　　表3-29

沥青混合料类型		AC-16			试验层位	沥青混合料面层	
试件编号	容器类型	干燥试样在空气中质量 m_a（g）	装满25℃水的负压容器质量 m_b（g）	25℃时试样、水与负压容器的总质量 m_c（g）	试样理论最大相对密度（g/cm³）	试样在25℃水中理论最大密度测值 $\rho_t = r_t \times \rho_w$（g/cm³）	理论最大密度平均值测值（g/cm³）
1	B	2 496.5	5 174.3	6 684.1			
2	B	2 504.7	5 117.6	6 631.6			

五、技能训练题

完成任务工单3-1～3-6，并规范完整填写试验检测记录表和评定表。任务工单通过扫描本模块"技能目标达成度测评"中二维码获取。

【模块学习效果评价】

<table>
<tr><td colspan="6" align="center">1. 素质目标达成度测评</td></tr>
<tr><td>序号</td><td>素质目标</td><td>素质目标测评点</td><td>配分比例</td><td>得分</td><td>备注</td></tr>
<tr><td rowspan="2">1</td><td rowspan="2">规范意识</td><td>查阅规范,实际操作中对规范的正确使用</td><td>2.5</td><td></td><td rowspan="5">对照本模块实际拟定的素质目标进行测评</td></tr>
<tr><td>仪器的规范使用、存放和保养</td><td>2.5</td><td></td></tr>
<tr><td rowspan="2">2</td><td rowspan="2">劳动精神</td><td>具备诚实守信的态度,认真记录、检查、核对</td><td>2.5</td><td></td></tr>
<tr><td>具备吃苦耐劳的品质</td><td>2.5</td><td></td></tr>
<tr><td colspan="3" align="center">分项总分</td><td>10</td><td></td></tr>
</table>

序号	评分内容	配分比例	得分	备注
	2. 知识目标达成度测评			
1	填空题	5		扫描获取[模块3考核]答案
2	选择题	5		
3	判断题	5		
4	案例题	15		
	分项总分	30		

序号	技能训练	任务工单号	配分比例	得分	备注
	3. 能力目标达成度测评				
1	无机结合料无侧限抗压强度试验	3-1	10		扫描获取模块3任务工单
2	水泥混凝土抗压强度试验	3-2	10		
3	水泥混凝土抗弯拉强度试验	3-3	10		
4	沥青混合料马歇尔稳定度试验	3-4	10		
5	沥青混合料车辙试验	3-5	10		
6	沥青混合料最大理论相对密度试验(真空法)	3-6	10		
	分项总分		60		

【模块学习总结与反思】

通过本模块的学习,你的主要收获有哪些?不足有哪些?下一步改进措施是什么?

模块4
MODULE FOUR
路基路面常规检测

【模块内容简介】

路基路面常规检测主要是采用局部破损或无损检测的技术手段,对路基路面进行质量诊断。本模块包括现场测试的选点、几何尺寸及路面厚度的检测与评定、压实度的检测与评定、平整度的检测与评定、承载能力的检测与评定、抗滑性能的检测与评定、渗水系数的检测与评定。

通过本模块的学习,学习者应能够选择合适的检测方法,对路基路面的质量进行检测并能正确评判其质量。本模块主要学习9个任务,其知识结构如图4-1所示。

【模块学习目标】

素质目标:通过对现场测试的选点,对压实度、平整度、抗滑性能和渗水系数等指标的检测与评定,养成严格按规范操作的规范意识及严谨求实的职业品格;通过对路基路面常规项目的检测与评定,培养吃苦耐劳的劳动精神,树立实践出真知的职业理念。

知识目标:掌握如何进行现场测试选点、常用检测方法的测试步骤及结果处理方法;理解各常规检测方法的原理及适用范围;了解车载式激光平整度仪法、自动弯沉仪法、核子密度仪法、单轮横向力系数测试系统的基本原理。

能力目标:能依据试验规程完成相关检测内容并能规范完整地填写试验检测记录表。

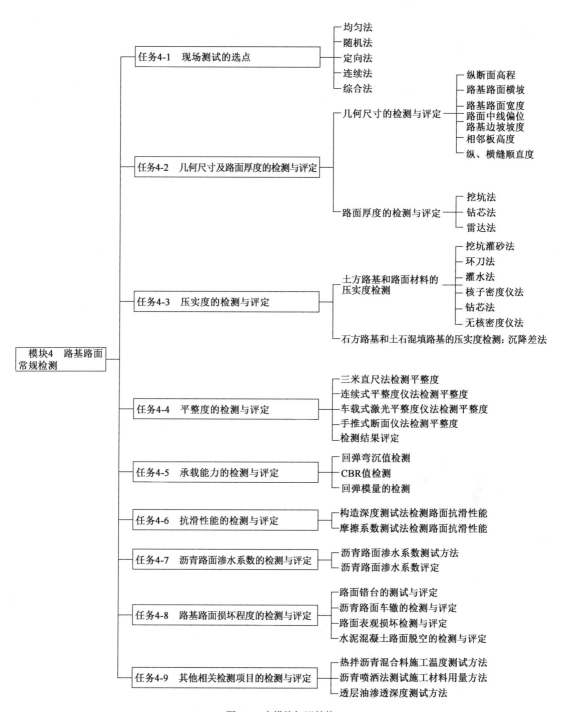

图 4-1 本模块知识结构

任务 4-1　现场测试的选点

【任务描述】

对公路路基路面各个层次进行各种测定时,正确规范地选择位置,才能使测点更具有代表性,更能体现公路的整体实际情况,从而保证公路路基路面现场测试结果的可靠性。例如,在路基压实度检测中,选择只在路基中间选点或只在路基边缘选点,测试的结果可能有较大的差别,甚至不同的检测位置可能会得到截然相反的测试结论。因此,我们要学会正确地选择测试位置。

【任务实施】

一、均匀法

将道路沿纵向或横向进行等间距划分,并在划分点处做好标记,在划分点上布置测点的方法称为均匀法,如图4-2所示。

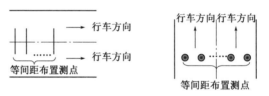

图4-2　均匀法选点示意图

二、随机法

随机法又称为随机取样选点法,是指在路基路面现场测试时按数理统计原理确定测点位置的方法。

随机取样选点法需要用到的工具有钢尺、皮尺、硬纸片(共28块,编号1~28,每块尺寸大小为2.5cm×2.5cm,装在一个布袋内)或能够产生随机数的计算软件(如WPS表格、Excel等)、骰子(2个)、毛刷、粉笔等,如图4-3所示。

a)钢尺　　　b)皮尺　　　c)毛刷　　　d)骰子

图4-3　随机取样选点法需要用到的工具

1. 测试区间或测试断面的确定方法

测试路段可以是一个作业段、一天完成的路段或路线全程。在路基、路面工程检查验收时，通常取1km为一个测试路段。下面主要介绍测定断面和测定区间的确定步骤。

（1）将确定的测试路段划分为若干个区间或断面（一般为20m），将其编号为第 $1 \sim n$ 个区间或第 $1 \sim n$ 个断面，其总的区间数或断面数为 $T = \dfrac{测试路段长度}{桩号间距（断面一般为20m）}$。当区间（断面）数 $T > 30$ 时，应分次选取。

（2）随机抽取一块硬纸片，硬纸片上的编号即对应一般取样随机数表中的栏号。

（3）按照测定区间数、断面数的检测频率要求确定取样总数 n。根据所抽取硬纸片对应的栏号，依次找出该栏号下 A 列 $1 \sim n$ 对应的 B 列中的值，也可通过计算机软件产生对应 A 值的 B 值，即得到 n 组 A、B 值。

随机法确定测点位置（微课）

（4）将 n 个 B 值与总区间数或断面数 T 相乘，四舍五入成整数，即得到 n 个断面的编号，即可根据该编号确定实际断面或区间的位置。

【例4-1】 拟从 K18+000～K19+000 的检测路段中选择20个断面测定路面宽度、高程、横坡度等外形尺寸，断面桩号决定方法如下：

（1）按照20m等间距对拟测试路段内的断面进行编号。则1km总长的断面数 $T = \dfrac{1\,000\text{m}}{20\text{m}} = 50$（个），编号为1、2、3、…、50。

（2）从布袋中取出一块硬纸片，其编号为5，即采用表4-1中的第5栏。

一般取样的随机数表　　　　表4-1

栏号1			栏号2			栏号3			栏号4			栏号5		
A	B	C	A	B	C	A	B	C	A	B	C	A	B	C
15	0.033	0.578	05	0.048	0.879	21	0.013	0.220	18	0.089	0.716	17	0.024	0.863
21	0.101	0.300	17	0.074	0.156	30	0.036	0.853	10	0.102	0.330	24	0.060	0.032
23	0.129	0.916	18	0.102	0.191	10	0.052	0.746	14	0.111	0.925	26	0.074	0.639
30	0.158	0.434	06	0.105	0.257	25	0.061	0.954	28	0.127	0.840	07	0.167	0.512
24	0.177	0.397	28	0.179	0.447	29	0.062	0.507	24	0.132	0.271	28	0.194	0.776
11	0.202	0.271	26	0.187	0.844	18	0.087	0.887	19	0.285	0.089	03	0.219	0.166
16	0.204	0.012	04	0.189	0.482	24	0.105	0.849	01	0.326	0.037	29	0.264	0.284
08	0.208	0.418	02	0.208	0.577	07	0.139	0.159	30	0.334	0.938	11	0.282	0.262
19	0.211	0.798	03	0.214	0.402	01	0.175	0.647	22	0.405	0.295	14	0.379	0.994
29	0.233	0.070	07	0.245	0.080	23	0.196	0.873	05	0.421	0.282	13	0.394	0.405
07	0.260	0.073	15	0.248	0.831	26	0.240	0.981	13	0.451	0.212	06	0.410	0.157
17	0.262	0.308	29	0.261	0.037	14	0.255	0.374	02	0.461	0.023	15	0.438	0.700
25	0.271	0.180	30	0.302	0.883	06	0.310	0.043	08	0.487	0.539	22	0.453	0.635
06	0.302	0.672	21	0.318	0.088	11	0.316	0.653	08	0.497	0.396	21	0.472	0.824
01	0.409	0.406	11	0.376	0.936	13	0.324	0.585	25	0.503	0.893	05	0.488	0.118

续上表

栏号1			栏号2			栏号3			栏号4			栏号5		
A	B	C	A	B	C	A	B	C	A	B	C	A	B	C
13	0.507	0.693	14	0.430	0.814	12	0.351	0.275	15	0.594	0.603	01	0.525	0.222
02	0.575	0.654	27	0.438	0.676	20	0.371	0.535	27	0.620	0.894	12	0.561	0.980
18	0.591	0.318	08	0.467	0.205	08	0.409	0.495	21	0.629	0.841	08	0.652	0.508
20	0.610	0.821	09	0.474	0.138	16	0.445	0.740	17	0.691	0.583	18	0.668	0.271
12	0.631	0.597	10	0.492	0.474	03	0.494	0.929	09	0.708	0.689	30	0.736	0.634
27	0.651	0.281	13	0.498	0.892	27	0.543	0.387	07	0.709	0.012	02	0.763	0.253
04	0.661	0.953	19	0.511	0.520	17	0.625	0.171	11	0.714	0.049	23	0.804	0.140
22	0.692	0.089	23	0.591	0.770	02	0.699	0.073	23	0.720	0.695	25	0.828	0.425
05	0.779	0.346	20	0.604	0.730	19	0.702	0.934	03	0.748	0.413	10	0.843	0.627
09	0.787	0.173	24	0.654	0.330	22	0.816	0.802	20	0.781	0.603	16	0.858	0.849
10	0.818	0.837	12	0.728	0.523	04	0.838	0.166	26	0.830	0.384	04	0.903	0.327
14	0.905	0.631	16	0.753	0.344	15	0.904	0.116	04	0.843	0.002	09	0.912	0.382
26	0.912	0.376	01	0.806	0.134	28	0.969	0.742	12	0.884	0.582	27	0.935	0.162
28	0.920	0.163	22	0.878	0.884	09	0.974	0.046	29	0.926	0.700	20	0.970	0.582
03	0.945	0.140	25	0.930	0.162	05	0.977	0.494	16	0.951	0.601	19	0.975	0.327

注:此表共28个栏号,第6~28栏号中的A、B、C列的值可参照有关规程、规范或标准。

(3) 从第5栏A列中挑出小于20所对应的B列数值,将B列数值与T相乘,四舍五入得到20个断面编号,将断面编号×20m即可得到20个断面的桩号。

计算过程列于表4-2。

路面宽度、高程、横坡度检测断面随机选点计算   表4-2

断面序号	5栏A列	B列	$B \times T$	断面编号	桩号
1	17	0.024	1.20	1	K18+020
2	07	0.167	8.35	8	K18+160
3	03	0.219	10.95	11	K18+220
4	11	0.282	14.10	14	K18+280
5	14	0.379	18.95	19	K18+380
6	13	0.394	19.70	20	K18+400
7	06	0.410	20.50	21	K18+420
8	15	0.438	21.90	22	K18+440
9	05	0.488	24.40	24	K18+480
10	01	0.525	26.25	26	K18+520
11	12	0.561	28.05	28	K18+560
12	08	0.652	32.60	33	K18+660
13	18	0.668	33.40	33	K18+680

续上表

断面序号	5栏A列	B列	B×T	断面编号	桩号
14	02	0.763	38.00	38	K18+760
15	10	0.843	42.15	42	K18+840
16	16	0.858	42.90	43	K18+860
17	04	0.903	45.15	45	K18+900
18	09	0.912	45.60	46	K18+920
19	20	0.970	48.50	49	K18+980
20	19	0.975	48.75	49	K19+000

2. 测点位置确定方法

(1) 按照有关要求确定测点数量 n。当 $n>30$ 时应分次选取,若采用计算机软件进行随机选取,则不受选取数量限制。

(2) 随机抽取一块硬纸片,硬性纸片上的编号即对应表4-1中的栏号。根据所抽取硬纸片对应的栏号,依次找出该栏号下 A 列 $1\sim n$ 对应的 B、C 列中的值,也可通过计算机软件产生对应 A 值的 B 值和 C 值,即得到 n 组 A、B、C 值。

(3) 确定纵向距离。以 A 列中对应的 B 列中数值乘以测试路段的总长度,再加上测试路段起点的桩号,即得出取样纵向位置,即断面桩号。

(4) 确定横向距离。以 A 列中对应的 C 列中的数值,乘以检查路面的宽度,再减去宽度的一半,即得出取样位置离路面中心线的距离。若差值为正(+),表示在中心线的右侧;若差值为负(−),则表示在中心线的左侧。

【例4-2】 拟从 K18+000~K19+000 的检测路段中选择6个测点进行钻孔取样检测压实度、结构层厚度等,钻孔位置决定方法如下:

(1) 随机抽取一张硬纸片,其编号为3,即采用表4-1中的第3栏。
(2) 从第3栏 A 列中从上至下小于或等于6的数分别为01、06、03、02、04、05。
(3) 从 B 列中挑出与这6个数对应的6个数填于表4-3中。
(4) 测试路段长度为1 000m,将 B 列中6个数分别乘以1 000m即为距起点的距离。
(5) 距起点的距离加上该段的起点桩号即为取样位置桩号。
(6) 从 C 列中挑出与 A 列对应的数分别列于表4-3中。
(7) 路面宽度为10m,用10分别乘以 C 列数值,得出6个数值,即距边缘距离;距边缘距离分别减去路面宽度的一半即可得到测点距路面中心线的距离。计算结果列于表4-3。

钻孔位置取样选点计算表 表4-3

测点编号	A列	B列	距起点距离(m)	桩号	C列	距边缘距离(m)	距路面中心线距离(m)
1	01	0.175	175	K18+175	0.647	6.47	+1.47
2	06	0.310	310	K18+310	0.043	0.43	−4.57
3	03	0.494	494	K18+494	0.929	9.29	+4.29

续上表

测点编号	A列	B列	距起点距离(m)	桩号	C列	距边缘距离(m)	距路面中心线距离(m)
4	02	0.699	699	K18+699	0.073	0.73	-4.27
5	04	0.838	838	K18+838	0.166	1.66	-3.34
6	05	0.977	977	K18+977	0.494	4.94	-0.06

三、定向法

选取轮迹带或出现裂缝、错台、板角等具有某个特征或指定的位置作为测点的方法称为定向法,如图4-4所示。

图4-4 定向法选点示意图

四、连续法

按相应标准的规定,沿道路纵向间距连续、均匀布置测区进行选点的方法称为连续法,如图4-5所示。

图4-5 连续法选点示意图

五、综合法

同时按照上述两种以上选点方法的规定,确定测点位置的方法称为综合法。通常适用于沿道路纵向连续选择测区,测区内随机选择测点,或者沿道路纵向均匀确定测区,测区内定向选取测点等。

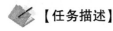 任务4-2 几何尺寸及路面厚度的检测与评定

【任务描述】

路基路面的几何尺寸包括路基路面宽度、纵断面高程、横坡、中线偏位、路基边坡坡度等,路基路面几何尺寸的施工质量直接影响行车安全、路面承载能力、排水性能等,是公路现场检

测不可或缺的一部分。在施工过程中及竣(交)工验收时,检测路基路面几何尺寸,水泥混凝土路面相邻板高差和纵、横缝顺直度,达到设计和规范规定的质量要求,可以监控施工质量,评价道路线形和几何尺寸。

在路面工程中,各结构层的厚度是和道路整体强度密切相关的,只有在保证厚度的情况下,路面各结构层及整体的强度才能得到保证。除了能保证强度外,严格控制各结构层的厚度,还能对路面的高程起到一定的控制作用;在路面施工完成后,路面各结构层的厚度是工程竣工验收的基础资料。因此,在《公路工程质量检验评定标准 第一册 土建工程》(JTG F80/1—2017)中,路面厚度是各个层次实测项目中的关键项目,路面厚度检测是施工过程中质量控制及施工验收的必测项目。

【任务实施】

一、几何尺寸的检测与评定

(一)理论知识

依据规范规定,在路基路面施工过程中、交工验收期间以及旧路调查中,都需要检测路基路面各部分的平面几何尺寸及厚度,以保证其符合规定的要求。

公路横断面是指中线上各点的法向切面,由横断面设计线和地面线组成。其中,横断面设计线包括行车道、路肩、中央分隔带、边沟、边坡、截水沟、护坡道以及取土坑、弃土坑、环境保护设施等。两侧路肩外缘之间的部分称为路幅。

高速公路、一级公路的路基标准横断面分为整体式和分离式两类。其中,整体式断面路幅范围内主要包括车道、中间带(中央分隔带及左侧路缘带)以及路肩(右侧硬路肩及土路肩),如图 4-6 所示;分离式断面路幅范围内主要包括车道和两侧路肩(硬路肩及土路肩)。

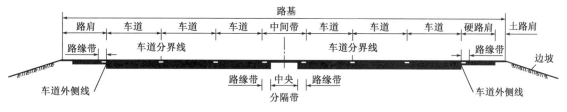

图 4-6 高速公路、一级公路整体式路基标准横断面示意图

二、三、四级公路的路基标准横断面如图 4-7 所示,在路幅范围内包括车道、路肩等。

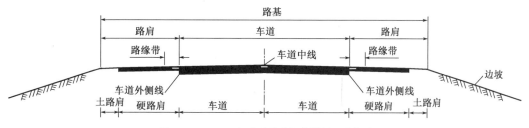

图 4-7 二、三、四级公路路基标准横断面示意图

路基横坡是指路基横断面上路槽中心线与路槽边缘两点高程差与水平距离的比值,以百分比表示。路面横坡是指路面横断面上路拱或中央分隔带两侧直线部分的坡度,以百分比表示。

路基宽度是指车道与路肩宽度之和,以 m 计。当设有中间带、变速车道、爬坡车道、紧急停车带时,尚应包括这些部分的宽度。路面宽度是指包括车道、路缘带、变速车道、爬坡车道、硬路肩和紧急停车带的宽度,以 m 计。

路面中线偏位是指路面实际中心线偏离设计中心线的距离,以 mm 计。

路基边坡的坡度影响路基的整体稳定性和工程量。路基边坡的形状有直线形边坡、折线边坡和台阶边坡三种。

(二)检测方法与数据处理

1)检测前的准备

步骤一 仪器与材料准备。

几何尺寸检测所用的仪器与工具有钢尺(钢卷尺、钢直尺)、塞尺、经纬仪、全站仪、水准仪、水平尺、坡度测量仪、塔尺、棱镜、脚架等,部分仪器与工具如图4-8所示。

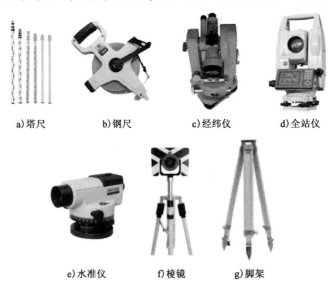

a)塔尺　　b)钢尺　　c)经纬仪　　d)全站仪

e)水准仪　　f)棱镜　　g)脚架

图4-8　几何尺寸检测所用的仪器与工具

检测仪器在使用前应先检查是否在校准有效期限内。校准是为了保证仪器的正常工作状态和检测精度。

步骤二 检测位置的准备。

(1)在路基或路面上准确恢复桩号。

(2)按随机取样的方法,在一个测试路段内选取测定的断面位置及里程桩号,并做上记号。通常,将路基路面宽度、横坡、高程以及中线偏位选在同一断面位置,且宜选在整数桩号上。

(3)根据公路设计的要求,确定路基路面各部分设计宽度的边界位置;确定设计高程的纵断面位置；在与中线垂直的横断面上，确定成形后路面的实际中线位置；根据公路设计的路拱形状，确定曲线与直线部分的交界位置及路面与路肩（或硬路肩）的交界位置，作为横坡检验的标准，当有路缘石或中央分隔带时，以两侧路缘石边缘为横坡测定的基准点。在测定位置上分别用粉笔做上记号。

2）现场检测步骤

步骤一 测定纵断面高程。

纵断面高程检测的关键在于测定纵断面高程的位置是否准确，我们按照道路设计标准决定测定纵断面位置。

（1）架设水准仪。

将水准仪架设在路面平顺处调平，将水准尺竖立在设计高程的纵断面位置。

（2）读数。

以路线附近的水准点高程为基准。记录测定点的高程读数，以 m 计，准确至 0.001m。如图 4-9 所示为水准尺的读数示例。

（3）计算闭合差。

连续测定全部测点，并与水准点闭合。闭合差应达到三等水准测量要求。

各断面的实测高程 H_{1i} 与设计高程 H_{0i} 之差，可按式（4-1）计算。

$$\Delta H_i = H_{1i} - H_{0i} \tag{4-1}$$

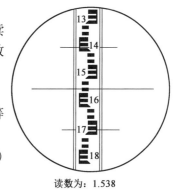

读数为：1.538

图 4-9 水准尺读数

式中：H_{1i}——第 i 个断面的纵断面实测高程（m）；

H_{0i}——第 i 个断面的纵断面设计高程（m）；

ΔH_i——第 i 个断面的纵断面高程偏差（m）。

步骤二 测定路基路面横坡。

当公路在中心线处建有路拱时，路基路面横坡的测定变得很困难，因为路拱是一个曲线，设计横坡则是指直线部分的横坡。其测定方法如下：

（1）有中央分隔带的公路路面横坡测定方法。

有中央分隔带的公路路面横坡是指路面与中央分隔带交界处及路面边缘与路肩交界处两点的高程差与水平距离的比值，以% 表示。测定横坡时，其测定方法如下：

①将水准仪（全站仪）架设在路基路面平顺处调平。

②将水准尺分别竖立在路面与中央分隔带交界处的路缘带边缘 d_1 处，以及路面与路肩交界位置（或外侧路缘石边缘）d_2 处，d_1 和 d_2 测点必须在同一横断面上。

③测量 d_1 和 d_2 处的高程，记录高程读数 h_{d_1} 和 h_{d_2}，以 m 计，准确至 0.001m。

④用钢卷尺测量各测点断面 d_1 和 d_2 之间两测点的水平距离 B_i，以 m 计，准确至 0.005m。

（2）无中央分隔带的公路路面横坡测定方法。

无中央分隔带的公路路面横坡是指路拱两侧直线部分的坡度。测定横坡时，其测定方法如下：

将水准尺分别竖立在道路中心 d_1（或路基顶面相应位置）及路面与路肩交界位置或外侧路缘石边缘（或路基顶面相应位置）d_2 处，d_1 和 d_2 两测点应在同一横断面上。其余步骤与有中央分隔带的公路路面横坡测定的①、③、④步相同。

各测定断面的实测路面横坡 i_{1i} 与设计横坡 i_{0i} 之差，可按式(4-2)计算，结果准确至 0.01%。

$$i_{1i}(\%) = \frac{h_{d_{1i}} - h_{d_{2i}}}{B_{1i}} \times 100 \tag{4-2}$$

$$\Delta i_i = i_{1i} - i_{0i} \tag{4-3}$$

式中：i_{1i}——第 i 个断面的横坡(%)；

$h_{d_{1i}}$、$h_{d_{2i}}$——第 i 个断面测点 d_1 和 d_2 处的高程读数(m)；

B_{1i}——第 i 个断面测点 d_1 和 d_2 之间的水平距离(m)；

Δi_i——第 i 个断面的横坡偏差(%)；

i_{0i}——第 i 个断面的设计横坡(%)。

(3)路基横坡测定方法与无中央分隔带的公路路面横坡测定方法相同，故不再赘述。

步骤三 测定路基路面宽度。

用钢卷尺沿公路中心线垂直方向水平量取路基路面各部分的宽度，以 m 计，准确至 0.001m。

测量时钢卷尺应保持水平，不得将尺紧贴路面量取，也不得使用皮尺。总宽度为路基路面各部分宽度之和。

各断面的实测宽度 B_{1i} 与设计宽度 B_{0i} 之差，可按式(4-4)计算。

$$\Delta B_i = B_{1i} - B_{0i} \tag{4-4}$$

式中：B_{1i}——第 i 个断面的实测宽度(m)；

B_{0i}——第 i 个断面的设计宽度(m)；

ΔB_i——第 i 个断面的宽度偏差(m)。

步骤四 测定中线偏位。

(1)有中线坐标的道路。

①根据待测点 P 的施工桩号，在道路上标记 P 点。

②从设计资料中查出该点的设计坐标，用经纬仪(全站仪)对该设计坐标进行放样，并在放样点 P' 做好标记。

③量取 PP' 的长度，即为中线偏位 Δ_{CL}，以 mm 计，准确至 1mm。

(2)无中线坐标的道路。

先由设计资料计算出该点的坐标，其余步骤与有中线坐标的道路操作步骤相同。

步骤五 测定路基边坡坡度。

(1)方法1：全站仪法。

将全站仪架设在路基路面平顺处调平，在同一横断面上选择坡顶 a、坡脚 b 两测点(图4-10)，分别测量其相对高程并记录读数 H_a、H_b，同时测量并记录两点间的水平距离 L。测量结果以 m 计，准确至 0.001m。边坡坡度通常以 $1:m$ 表示。

全站仪法采用式(4-5)、式(4-6)计算路基边坡坡度。路基边坡各部分位置示意图见图 4-10。

$$H_i = H_{ai} - H_{bi} \tag{4-5}$$

$$m_i = \frac{L_i}{H_i} \tag{4-6}$$

式中：H_i——第 i 个断面坡顶、坡脚测点的高差，即垂直距离(m)；

H_{ai}、H_{bi}——第 i 个断面坡顶、坡脚测点的相对高程读数(m)；

m_i——第 i 个断面的坡度值，路基边坡坡度以 $1：m_i$ 表示；

L_i——第 i 个断面坡顶、坡脚测点的水平距离(m)。

(2)方法 2：坡度测量仪法。

将坡度测量仪(图 4-11)的测试面垂直于路中线放在待测边坡上，旋转刻度盘，将仪器上的水平气泡调到水平位置，读取并记录刻度盘上的刻度值即为路基边坡坡度，保留两位小数。

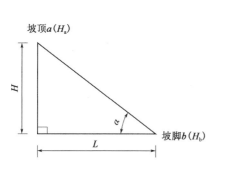

图 4-10 路基边坡各部分位置示意图

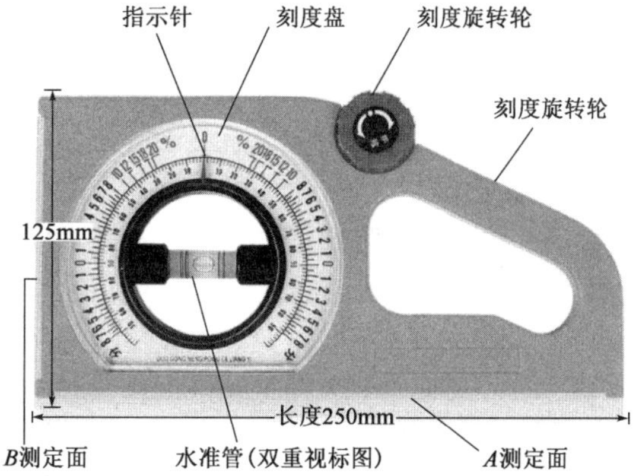

图 4-11 坡度测量仪

步骤六 测定相邻板高差。

将水平尺垂直跨越接缝并水平放置于高出的一侧，用塞尺量测接缝处水平尺下基准面与位置较低板块的高差，以高差最大值为该接缝处的相邻板高差 H，以 mm 计，准确至 0.5mm。

步骤七 测定纵、横缝顺直度。

(1)在待测试路段的直线段上，将尼龙线对齐 20m 长的纵缝两端并拉直，用钢直尺量测纵缝与尼龙线的最大间距，以 mm 计，准确至 1mm，即为该处纵缝顺直度。

(2)将尼龙线沿板宽对齐面板横缝两端并拉直，用钢直尺量测横缝与尼龙线的最大间距，以 mm 计，准确至 1mm，即为该板的横缝顺直度。

3)检测数据计算与处理

路基路面中几何尺寸按选择的方法检测后，计算各点的实测值与设计值的偏差。

(三)检测结果评定

在道路工程中，各项几何尺寸指标按选择的方法检测后，依据设计值及相关要求计算合格率。例如《公路工程质量检验评定标准 第一册 土建工程》(JTG F80/1—2017)不同材料的路基路面实测项目中对几何尺寸的要求见表4-4。

路基路面几何尺寸实测项目检测要求　　　　　　　表4-4

结构名称	检查项目		规定值或容许偏差		检查频率
			高速、一级公路	其他公路	
土方路基	纵断高程(mm)		+10, -15	+10, -20	水准仪:每200m测2点
	中线偏位(mm)		50	100	全站仪:每200m测2点,弯道增加HY、YH两点
	宽度(mm)		符合设计要求		尺量:每200m测4点
	横坡(%)		±0.3	±0.5	水准仪:每200m测2个断面
石方路基	纵断高程(mm)		+10, -20	+10, -30	水准仪:每200m测2点
	中线偏位(mm)		≤50	≤100	全站仪:每200m测2点,弯道增加HY、YH两点
	宽度(mm)		符合设计要求		尺量:每200m测4点
	横坡(%)		±0.3	±0.5	水准仪:每200m测2个断面
水泥混凝土面层	纵断高程(mm)		±10	±15	水准仪:每200m测2个断面
	中线偏位(mm)		20		全站仪:每200m测2点
	宽度(mm)		±20		尺量:每200m测4点
	横坡(%)		±0.15	±0.25	水准仪:每200m测2个断面
沥青混凝土面层	纵断高程(mm)		±15	±20	水准仪:每200m测2个断面
	中线偏位(mm)		20	30	全站仪:每200m测2点
	宽度(mm)	有侧石	±20	±30	尺量:每200m测4点
		无侧石	≥设计值		
	横坡(%)		±0.3	±0.5	水准仪:每200m测2个断面
稳定粒料基层和底基层	纵断高程(mm)	基层	+5, -10	+5, -15	水准仪:每200m测2个断面
		底基层	+5, -15	+5, -20	
	宽度(mm)		满足设计要求		尺量:每200m测4点
	横坡(%)	基层	±0.3	±0.5	水准仪:每200m测2个断面
		底基层	±0.3	±0.5	
级配碎(砾)石基层和底基层	纵断高程(mm)	基层	+5, -10	+5, -15	水准仪:每200m测2个断面
		底基层	+5, -15	+5, -20	
	宽度(mm)		满足设计要求		尺量:每200m测4点
	横坡(%)	基层	±0.3	±0.5	水准仪:每200m测2个断面
		底基层	±0.3	±0.5	

二、路面厚度的检测与评定

(一) 理论知识

《公路路基路面现场测试规程》(JTG 3450—2019)中规定的路面厚度的测定方法有挖

坑法、钻芯法和短脉冲雷达测试法。路面各结构层厚度的检测一般与压实度检测同时进行,当用灌砂法进行压实度检测时,可量取挖坑灌砂深度,即为结构层厚度;当用钻芯法检测压实度时,可直接量取芯样的高度,即为结构层厚度;还可以用雷达法进行无破损检测,直接测出结构层厚度。

(二)检测方法与数据处理

1. 方法1:挖坑法

对于路面基层或砂石路面的厚度测定,可以用挖坑法。

1)检测前的准备

挖坑法测定路面结构层厚度前首先要做好充分的准备,准备工作包括仪器与材料准备、测试位置的准备。

步骤一 仪器与材料准备。

(1)挖坑用的镐、铲、凿子、锤子、毛刷等,如图4-12所示。

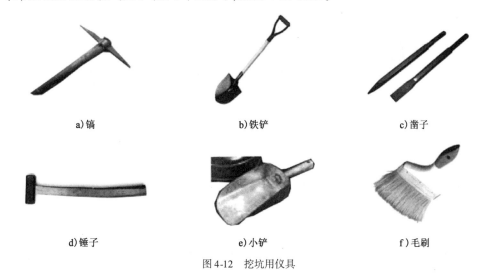

图4-12 挖坑用仪具

(2)量尺:钢直尺、钢卷尺、游标卡尺,如图4-13所示。

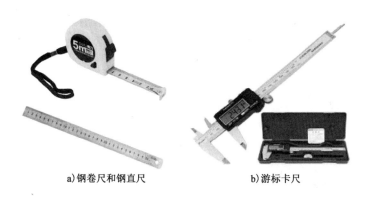

图4-13 量尺实物图

(3)其他:搪瓷盘等。

步骤二 测试位置的准备。

(1)按模块四任务 4-1 中所述选点方法确定挖坑检查的位置,如为既有道路,应避开坑洞等显著缺陷或接缝位置。

(2)选一块约 40cm×40cm 的平坦表面作为试验地点,用毛刷将其清扫干净。

2)现场检测步骤

根据材料坚硬程度,选择镐、铲、凿子等适当的工具开挖这一层材料(图 4-14),直至层位底面。在便于开挖的前提下,开挖面积应尽量缩小,坑洞大体呈圆形。边开挖边将材料铲出,置于方盘内。用毛刷清扫坑底,确认已开挖至下一层的顶面。将一把直尺平放且横跨于坑的两边,用另一把钢直尺在坑的中部位置垂直伸至坑底(图 4-15),测量坑底至直尺下缘的距离,即可得到测试层的厚度 T_1,以 mm 计,准确至 1mm。

图 4-14 现场挖坑

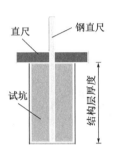

图 4-15 测检查层厚度

2. 方法 2:钻芯法

对沥青混凝土面层、水泥混凝土路面板和能够取出完整芯样的基层的厚度测定,宜采用钻芯法。

1)检测前的准备

钻芯法测定结构层厚度前首先要做好充分的准备,准备工作包括仪器与材料准备、测试位置的准备。

步骤一 仪器与材料准备。

(1)路面钻芯机:手推式或车载式,配有淋水冷却装置(图 4-16)。钻头的标准直径为 100mm,如芯样仅供测量厚度,不做其他试验时,沥青面层与水泥混凝土板也可用直径为 50mm 的钻头;对于有可能无法钻出完整试件的基层材料,可用直径为 150mm 的钻头,但钻孔深度均必须达到层厚。

(2)量尺:钢卷尺、游标卡尺。

图 4-16 钻芯机实物图

(3)其他:搪瓷盘、棉纱、硬纸片以及干冰(固体 CO_2)等。

步骤二 测试位置的准备。

(1)按任务 4-1 中所述选点方法确定钻芯检查的位置,如为既有道路,应避开坑洞等显著缺陷或接缝位置。

(2)将取样位置清扫干净。

(3)在选取采样地点的路面上,先用粉笔对钻孔位置做出标记。

2)现场检测步骤

步骤一 用路面钻芯机钻孔(图4-17)。

图4-17 钻芯机现场工作实图

钻芯的直径应符合规定的要求,钻孔深度应超过测试层的底面。步骤如下:

(1)用钻芯机在取样地点垂直对准路面钻孔位置,放下钻头,牢固安放,使钻芯机在运转过程中不得移动。

(2)开放冷却水,启动发动机,徐徐压下钻杆,钻取芯样,但不得使劲下压钻头。待钻透全厚后,上抬钻杆,拔出钻头,停止转动,不使芯样损坏,取出芯样。沥青混合料芯样及水泥混凝土芯样可用清水漂洗干净备用。

(3)当试验需要不能用水冷却时,应采用干钻孔。此时为保护钻头,可先用干冰(约3kg)放在取样位置上,冷却路面约1h,钻孔时以低温CO_2等冷却气体代替冷却水。

步骤二 取出芯样。

仔细取出完整芯样,清除表面灰土,找出与下层的分界。

步骤三 量测厚度。

用钢直尺或游标卡尺沿芯样圆周对称的十字方向量取表面至上下层分界面的高度(图4-18),共四处,取其平均值,即为该层的厚度T_1,以mm计,准确至1mm。

取样时应注意:①取得的路面试块应保持边角完整,颗粒不得散失。②采取的路面混合料试样应整层取样,试样不得破碎。③将钻取的芯样或切割的试块,妥善盛放于盛样器中,必要时用塑料袋封装。

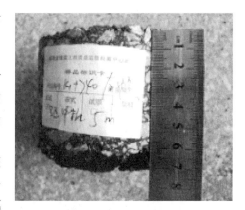

图4-18 结构层厚度量测

④填写样品标签,一式两份,一份粘贴在试样上,另一份作为记录备查。⑤钻孔采取芯样的直

径不宜小于最大集料粒径的 3 倍。

3. 方法 3：雷达法

随着科学技术的发展，自 20 世纪 80 年代开始，发达国家研究用地质雷达检测路面层厚度技术，并取得了成功。该项检测技术是一种先进的、高效的、不损坏路面的、连续的检测路面面层厚度的方法。随着雷达技术的发展，检测精度越来越高。雷达检测设备有两种：一种是便携式，适宜在野外检测与局部检测；另一种是车载式，适合于高速、大面积检测。便携式雷达路面检测仪如图 4-19 所示，车载式雷达路面检测车如图 4-20 所示。

短脉冲雷达测试路面厚度（视频）

图 4-19　便携式雷达路面检测仪　　　图 4-20　车载式雷达路面检测车

地质雷达检测公路路面面层厚度属于反射探测法，是用高频无线电波来确定介质内部物质分布规律的一种物理方法。路面测厚技术结构框如图 4-21 所示，其基本原理是，不同的介质具有不同的介电常数，地质雷达通过发射天线向地下发射一定强度的高频电磁波，电磁波在地下传播的过程中遇到不同介电常数的界面时，一部分能量产生反射波，一部分能量继续向地下传播，如图 4-22 所示。通过接收天线接收反射回地面的电磁波，地质雷达根据接收到电磁波的波形、振幅、强度和时间的变化特征，推断地下介质的空间位置、结构、形态和埋藏深度。

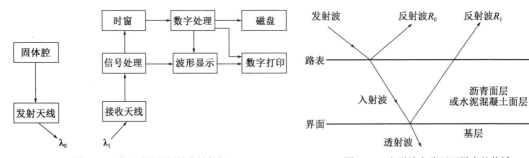

图 4-21　路面雷达测厚技术结构框　　　图 4-22　电磁波在路面面层中的传播
注：λ 表示波长。

采用本方法测试路面厚度时，短脉冲雷达天线频率是影响测试效果的重要因素，要根据被测路面的标称厚度选择适当频率的天线。一般情况下，当被测路面标称厚度小于 10cm 时，通常选用频率不小于 2GHz 的雷达天线；标称厚度为 10~25cm 时，通常选用频率不小于 1.5GHz

的雷达天线;标称厚度大于25cm时,通常选用频率不小于1GHz的雷达天线。

为了准确反算出路面厚度,必须知道路面材料的介电常数,通常采用在路面上钻芯取样方法,以获取路面材料的介电常数。

(1)雷达法测得数据的计算与处理。

由于地下介质具有不同的介电常数,造成各种介质具有不同的电导性,电导性的差异影响电磁波的传播速度。相对于雷达所用的高频电磁波(900～2 500MHz)来说,路面面层所用的材料都是低损耗介质,电磁波在面层中的传播速度为:

$$v = \frac{c}{\sqrt{\varepsilon_r}} \tag{4-7}$$

式中:v——电磁波在介质中的传播速度(mm/ns);

c——电磁波在空气中的传播速度(mm/ns),取300mm/ns;

ε_r——面层的相对有效介电常数,它取决于构成面层的所有物质的介电常数。

由雷达波识别软件自动识别各层分界线,得到雷达波在各层中的双程走时 Δt。根据该双程走时以及电磁波在路面材料中的传播速度,按式(4-8)计算面层厚度 T:

$$T = v \times \frac{\Delta t}{2} \tag{4-8}$$

式中:T——面层厚度(mm);

v——电磁波在路面材料中的传播速度(mm/ns);

Δt——雷达波在路面面层中的双程走时时间(ns)。

(2)按式(4-9)计算实测厚度 T_{1i} 与设计厚度 T_{0i} 之差。

$$\Delta T_i = T_{1i} - T_{0i} \tag{4-9}$$

式中:ΔT_i——路面第 i 层厚度的偏差(mm);

T_{1i}——路面第 i 层的实测厚度(mm);

T_{0i}——路面第 i 层的设计厚度(mm)。

(3)计算一个测试路段厚度的平均值、标准差,并计算厚度的偏差值。

(三)检测结果评定

在道路工程中,路面各结构层厚度按着选择的方法检测后,依据设计值及相关要求计算代表值。《公路工程质量检验评定标准 第一册 土建工程》(JTG F80/1—2017)中几种常见的路面结构层厚度的代表值与合格值允许偏差见表4-5。

几种常用的路面结构层厚度的代表值与合格值的允许偏差 表4-5

类型与层位	厚度(mm)				检查频率
	代表值		合格值		
	高速公路、一级公路	其他公路	高速公路、一级公路	其他公路	
水泥混凝土面层	-5	-5	-10	-10	每200m测2点
沥青混凝土、沥青碎石面层	总厚度:-5%H 上面层:-10%h	-8%H	总厚度:-10%H 上面层:-20%h	-15%H	每200m测1点

续上表

类型与层位		厚度(mm)				检查频率
		代表值		合格值		
		高速公路、一级公路	其他公路	高速公路、一级公路	其他公路	
沥青贯入式面处		—	$-8\%H$ 或 -5	—	$-15\%H$ 或 -10	每200m测2点
稳定粒料	基层	-8	-10	-10	-20	每200m测2点
	底基层	-10	-12	-25	-30	
级配碎（砾）石	基层	-8	-10	-10	-20	每200m测2点
	底基层	-10	-12	-25	-30	

测试路段内路面结构层厚度按代表值和单个合格值的允许偏差进行评定。厚度代表值 X_L 为厚度的算术平均值的下置信界限值，应不小于设计厚度减去允许误差。厚度算术平均值的下置信界限值应按式(4-10)计算：

$$X_L = \overline{X} - S\frac{t_\alpha}{\sqrt{n}} \tag{4-10}$$

式中：X_L——厚度代表值(算术平均值的下置信界限)；

      $\overline{X}$——厚度平均值；

      S——厚度标准差；

      n——检查数量；

      t_α——t 分布表中随测点数和保证率(置信度 α)而变的系数(查本书末附录2)。对高速公路和一级公路：基层、底基层为99%，面层为95%；其他公路基层、底基层为95%，面层为90%。

当厚度代表值大于或等于设计厚度减去代表值允许偏差时，则按单个检查值的偏差不超过单点合格值来计算合格率；当厚度代表值小于设计厚度减去代表值允许偏差时，该评定路段厚度不合格，相应分项工程评为不合格。

沥青面层一般按沥青铺筑层总厚度进行评定，高速公路和一级公路分 2~3 层铺筑时，还应进行上面层厚度的检查与评定。

对于用路面雷达测试系统等快速、高效无损检测的方法，检测频率高一些，仍可按此评定。

【例4-3】 某高速公路的某一路段水泥混凝土路面板厚度检测数据见表4-6。采用的保证率为95%，设计厚度 $h_d = 25$ cm，代表值容许偏差 $\Delta h = 5$ mm，试对该路段的板厚进行评价。

水泥混凝土路面板厚度检测结果(单位：cm)   表4-6

序号	1	2	3	4	5	6	7	8	9	10	11	12	13	14	15
厚度 h_i	25.1	24.8	25.1	24.6	24.7	25.4	25.2	25.3	24.7	24.9	24.9	24.8	25.3	25.3	25.2
序号	16	17	18	19	20	21	22	23	24	25	26	27	28	29	30
厚度 h_i	25.0	25.1	24.8	25.0	25.1	24.7	24.9	25.0	25.4	25.2	25.1	25.0	25.0	25.5	25.4

解：经计算得：

$\bar{h} = 25.05 \text{cm}$

$S = 0.24 \text{cm}$

根据 $n = 30, \alpha = 95\%$，查附表 2 得 $\dfrac{t_\alpha}{\sqrt{n}} = 0.310$

厚度代表值为算术平均值的下置信界限，即

$h_L = \bar{h} - S\dfrac{t_\alpha}{\sqrt{n}} = 25.05 - 0.310 \times 0.24 = 24.98(\text{cm})$

已知 $h_d = 25\text{cm}, \Delta h = 5\text{mm}$，查表 4-5 得 Δh 合格 $= -10\text{mm}$。

因为 $h_L > h_d - \Delta h = 250 - 5 = 245(\text{mm}) = 24.5\text{cm}$

$h_i > h_d - \Delta h$ 合格 $= 25 - 1.0 = 24(\text{cm})$

且 $h_{i\max} = 25.5\text{cm} > 24\text{cm}$

$h_{i\min} = 24.6\text{cm} > h_d - \Delta h$ 合格 $= 24\text{cm}$

又因合格数 $m = 30$，检测点数 $n = 30$，合格率 $P = \dfrac{m}{n} \times 100 = \dfrac{30}{30} \times 100 = 100(\%)$

所以，该路段板厚合格率为100%。

任务4-3　压实度的检测与评定

【任务描述】

大量的室内试验和工程实践表明，在道路工程中，压实具有特殊的重要作用。压实能使路基路面各结构层材料具有足够的密实度，以充分发挥路基土和路面材料的强度，减少路基路面在行车荷载作用下的变形。同时，压实可以增加路基土和路面材料的不透水性和强度稳定性，保证其使用质量，从而延长路基路面的使用寿命。若压实得不够，则路面容易产生车辙、裂缝、沉陷，甚至整个路面出现剪切破坏。

为了评价压实效果，现场用压实度来表示压实质量。工程中历来将压实度用于控制道路施工、评定工程标准、工程验收以及质量事故的检查和判定。因此，对路基土和路面材料进行压实度检测是评定工程质量的一个重要依据。

【任务实施】

一、土方路基和路面材料的压实度检测

(一) 理论知识

压实，就是通过施加外力，把一定体积的土体或路面材料压缩到更小体积的过程。

土方路基和路面基层的压实度是指压实层材料压实后的干密度与该材料的标准最大干密度之比,用百分数表示。沥青混凝土面层的压实度是指按规定方法测定的混合料试件的毛体积密度与标准密度之比,也用百分数表示。因此,压实度的测定主要包括室内标准密度(最大干密度)确定和现场密度试验。土方路基和路面基层的标准密度以重型击实标准为准,沥青混凝土面层压实度以试验室标准密度、最大理论密度或试验路段密度为准。对于特殊干旱、潮湿地区或过湿土以及铺筑中、低级路面的三、四级公路路基,则以路基设计施工规范规定的击实试验方法和压实度标准进行评定。

由于土的性质、颗粒的差别,确定最大干密度的方法也有区别,一般土采用"击实法"确定,粗粒土和巨粒土最大干密度还可采用表面振动压实仪法确定。土的最大干密度确定方法见表 4-7。各试验方法的仪器设备、试验步骤等详见《公路土工试验规程》(JTG 3430—2020)。

土的最大干密度确定方法 表 4-7

试验方法	适用范围	土的粒组
轻型、重型击实法	①小试筒适用于粒径不大于 20mm 的土; ②大试筒适用于粒径不大于 40mm 的土	细粒土 粗粒土
表面振动压实仪法	①本试验规定采用振动台法测定无黏聚性自由排水粗粒土和巨粒土(包括堆石料)的最大干密度; ②本试验方法适用于通过 0.075mm 标准筛的干颗粒质量百分数不大于 15% 的无黏聚性自由排水粗粒土和巨粒土; ③对于最大颗粒大于 60mm 的巨粒土,因受试筒允许最大粒径的限制,宜按相似级配法的规定处理	粗粒土 巨粒土

常见的路面基层材料有半刚性基层和粒料类基层,粒料类基层最大干密度的确定可参照粗粒土和巨粒土的表面振动压实仪法。半刚性基层按照《公路工程无机结合料稳定材料试验规程》(JTG 3441—2024)执行,用标准击实法求得。但当粒料含量大于 50% 时,需采用理论计算法按以下方法求得。

1. 石灰土、二灰稳定粒料

根据室内试验测得结合料的最大干密度 ρ_1 和集料的表观相对密度 γ,把已确定的结合料与集料的质量比换算为体积比 $V_1:V_2$,则混合料的最大干密度 ρ_0 为

$$\rho_0 = V_1\rho_1 + V_2\gamma \tag{4-11}$$

石灰土、二灰稳定粒料的最佳含水率 w_0 是结合料的最佳含水率 w_1 和集料饱水裹覆含水率 w_2 的加权值,可按下式计算:

$$w_0 = w_1 A + w_2 B \tag{4-12}$$

式中:A、B——结合料和集料的质量百分比,以小数计。

饱水裹覆含水率是指把集料浸水饱和后取出,不擦去表面裹覆水时的含水率。除吸水率特大的集料外,此值对于砾石可以取 3%,碎石可以取 4%。

2. 水泥稳定粒料

此类材料的最大干密度 ρ_0 与集料的最大干密度 ρ_G 和水泥硬化后的水泥质量有关,即

$$\rho_0 = \frac{\rho_G}{1 - \frac{(1+K)a}{100}} \qquad (4\text{-}13)$$

式中：ρ_G——集料在振动台上加载振动而得到的最大干密度(g/cm^3)；

　　　a——水泥含量(%)；

　　　K——水泥水化时水的增量，视水泥品种不同而异，一般为水泥质量的10%~25%，以小数计。

水泥加水拌匀后，在105℃烘箱中烘干，计算试验前水泥质量和烘干后硬化的水泥质量之差，即可求得水泥水化的增量。

因水泥中含有水化产物，故用烘干法不能正确测出水泥稳定粒料的最佳含水率。根据对比试验，水泥稳定粒料的最佳含水率 w_0 按下式计算：

$$w_0 = (0.5 + K)a + w_2 \left(1 - \frac{a}{100}\right) \qquad (4\text{-}14)$$

式中：w_2——集料饱水裹覆含水率(%)；

　　　其余变量含义见式(4-13)。

(二)检测方法与数据处理

压实度常用的检测方法有：挖坑灌砂法、环刀法、核子密度仪法、钻芯法、灌水法、无核密度仪法、沉降差法。现场压实度主要检测方法及各方法的适用范围见表4-8。

现场压实度检测方法及适用范围比较　　表4-8

试验方法	适用范围
挖坑灌砂法	适用于在现场测定基层(或底基层)、砂石路面以及路基土的各种材料压实层的密度和压实度；也适用于沥青表面处治、沥青灌入式面层的密度和压实度检测，但不适用于填石路堤等有大孔洞或大孔隙材料的压实度检测
环刀法	适用于现场测试细粒土及龄期不超过2d的无机结合料稳定细粒土结构的密度，并计算施工压实度，以评价结构层的压实质量
灌水法	适用于现场检测粗粒土和巨粒土的密度
核子密度仪法	适用于现场用核子密度仪以散射法或直接透射法测定路基或路面材料的密度和含水率，并计算施工压实度；适用于施工质量的现场快速评定，不宜用作仲裁试验或评定验收试验
钻芯法	适用于测试从压实的沥青路面上钻取沥青混合料芯样的密度，并计算施工压实度，以评价结构层的压实质量；同时适用于龄期较长的无机结合料稳定类基层和底基层的密度检测
无核密度仪法	适用于现场用无核密度仪快速测试当日铺筑且未开放交通的沥青路面各层沥青混合料的密度，计算压实度，但测试结果不宜用于验收评定
沉降差法	适用于通过测量土石路堤或填石路堤碾压过程中的沉降变化量，结合施工工艺参数，测试土石路堤或填石路堤的压实程度

挖坑灌砂法
试验操作
（视频）

1. 方法1：挖坑灌砂法

挖坑灌砂法是利用均匀颗粒的砂去置换试洞的体积，从而测试现场土或路面材料经压实后实际达到的干密度，适用于在现场测定基层（或底基层）、砂石路面及路基土的各种材料压实层的密度和压实度，但不适用于填石路堤等有大孔洞或大孔隙材料的压实度检测。挖坑灌砂法的优点是数值准确、操作过程可控和结果具有代表性，是目前公路建设中应用最广泛的压实度检测方法；缺点是需要携带较多量的砂，而且称量次数较多，测试速度较慢。

1）检测前的准备

挖坑灌砂法检测压实度前首先要做好充分的准备，准备工作包括仪器与材料准备、测试位置的准备与处理、参数的测定和标定。

步骤一 仪器与材料准备。

（1）灌砂设备：包括灌砂筒、标定罐和基板。

灌砂筒、标定罐和基板均为金属材质，其形式和主要尺寸如图4-23、图4-24所示，主要尺寸见表4-9。

图4-23 灌砂筒、标定罐和基板实物图

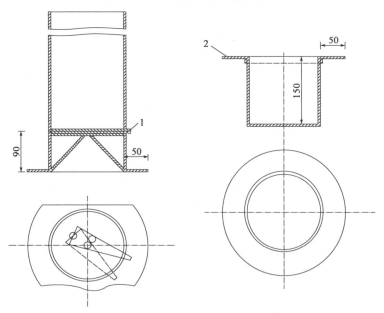

图4-24 灌砂筒和标定罐结构图（尺寸单位：mm）
1-开关；2-罐缘

灌砂设备的主要尺寸 表4-9

结构			小型灌砂筒	中型灌砂筒	大型灌砂筒
灌砂筒	储砂筒	直径(mm)	100	150	200
		容积(cm^3)	2 121	4 771	8 482
	流砂孔	直径(mm)	10	15	20
标定罐	金属标定罐	内径(mm)	100	150	200
		外径(mm)	150	200	250
基板	金属方盘基板	边长(mm)	350	400	450
		深(mm)	40	50	60
	中孔	直径(mm)	100	150	200
	板厚		≥1.0(铁)	≥1.0(铁)	≥1.0(铁)
		厚(mm)	≥1.2(铝合金)	≥1.2(铝合金)	≥1.2(铝合金)

灌砂筒的选择：在测试前，应根据填料粒径及测试层厚度选择不同尺寸的灌砂筒，并符合表4-10的规定。

灌砂筒类型(单位:mm) 表4-10

灌砂筒类型	填料最大粒径	适宜的测试层厚度
φ100	<13.2	≤150
φ150	<31.5	≤200
φ200	<63	≤300
φ250及以上	≤100	≤400

注:路基填料最大粒径超过100mm的，应采用其他方法测试压实度；当挖坑过程中存在超过规定粒径10%的填料时应另在附近选点重做。试验过程中若发现储砂筒内砂不足以填满试坑，说明灌砂筒尺寸过小，应选择较大尺寸的灌砂筒重新试验，而不应在试验过程中添加量砂。

(2)天平或台秤:称量10~15kg,感量不大于1g,用于含水率测定的天平精度，对细粒土、中粒土、粗粒土宜分别为0.01g、0.1g、1.0g。

(3)含水率测定器具:如铝盒、烘箱等。

(4)量砂:粒径0.3~0.6mm清洁干燥的均匀砂,20~40kg,使用前需洗净、烘干、筛分至符合要求并放置24h以上,使其与空气的湿度达到平衡。

(5)其他:如凿子、螺丝刀、铁锤、长把勺、长把小簸箕、毛刷、试样盘、玻璃板、温度计等。

步骤二 测试位置的准备与处理。

按随机取样选点的方法确定测试位置，将其表面清扫干净，面积不得小于基板面积。

步骤三 参数的测定和标定。

(1)按照有关标准和规程对结构层填料进行击实试验，得到最大干密度(ρ_c)及最佳含水率。

(2)标定灌砂设备下部圆锥体内的质量。在储砂筒筒口高度上，向储砂筒内装砂至距筒顶15mm±5mm。称取装入筒内砂的质量m_1,精确至1g；以后每次标定及试验都应该维持装砂高度与质量不变。将开关打开,让砂自由流出,并使流出砂的体积与标定罐的容积相当(或等于工地所挖试坑的体积),然后关上开关。不晃动储砂筒的砂,轻轻地将灌砂筒移至玻璃板上(图4-25),将开关打开,让砂流出,直到筒内砂不再下流时,将开关关闭,取走灌砂筒。称量留在玻璃板上的砂或称量储砂筒内砂的质量,精确至1g。玻璃板上的砂质量(图4-26)就是填满灌砂筒下部圆锥体的砂质量 m_2,重复上述测量3次,取其平均值。

图4-25 灌砂筒移至玻璃板

图4-26 填满筒下部圆锥体的砂

(3)标定量砂的堆积密度 ρ_s(g/cm³)。用15~25℃的水确定标定罐的容积 V(图4-27),精确至1mL。在储砂筒中装入质量为 m_1 的砂,并将灌砂筒放在标定罐上,将开关打开,让砂流出。在整个流砂过程中,不要碰到灌砂筒,直到储砂筒内的砂不再下流时,将开关关闭,取下灌砂筒,称取筒内剩余砂的质量 m_3,精确至1g。按下式计算填满标定罐所需砂的质量 m_a(g):

$$m_a = m_1 - m_2 - m_3 \tag{4-15}$$

式中:m_a——标定罐中砂的质量(g);
m_1——装入储砂筒内砂的总质量(g);
m_2——灌砂筒下部圆锥体内砂的质量(g);
m_3——灌砂入标定罐后,筒内剩余砂的质量(g)。

重复上述测量3次,取其平均值。按下式计算量砂的堆积密度 ρ_s:

图4-27 标定罐容积的确定

$$\rho_s = \frac{m_a}{V} \tag{4-16}$$

式中:ρ_s——量砂的堆积密度(g/cm³);
V——标定罐的体积(cm³)。

2)现场检测步骤

步骤一 将基板放在清扫干净的平坦表面上,当表面的粗糙度较大时,则将盛有量砂(m_1)的灌砂筒放在基板中孔上,做好基板位置标识。将灌砂筒的开关打开,让砂流入基板的中孔内,直到储砂筒内的砂不再下流时关闭开关。取下灌砂筒,并称量筒内砂的质量(m_5),精确至1g。

步骤二 取走基板,收回留在试验地点未混入杂质的量砂,重新将表面清扫干净。

步骤三 将基板放回原处并固定,沿基板中孔凿洞(洞的直径与灌砂筒直径一致)。在凿筒过程中,不应使凿出的材料丢失,并随时将凿松的材料取出装入塑料袋中或大铝盒内密封,防止水分蒸发(图4-28)。试洞的深度应等于测试层厚度,但不得有下层材料混入。称取洞内材料质量 m_w,准确至1g。当需要测试厚度时,应先测量厚度后再称量材料总质量。

图4-28 取出凿松材料

步骤四 从挖出的全部材料中取出有代表性的试样,放在铝盒或洁净的搪瓷盘中,测定其含水率(w,以%计)。

步骤五 储砂筒内放满砂到要求质量 m_1,将基板安放在试坑原位上。灌砂筒安放在基板中间,下口对准基板中孔,打开灌砂筒开关,让砂流入试坑内。在此期间,不应碰灌砂筒,直到储砂筒内的砂不再下流时,关闭开关。取走灌砂筒,并称量筒内剩余砂的质量 m_4,准确至1g。

步骤六 如清扫干净的平坦表面粗糙度不大,可省去**步骤一**和**步骤二**的操作。在试洞挖好后,将灌砂筒直接对准试坑,中间不需要放基板。打开灌砂筒的开关,让砂流入试坑内。在此期间,不应碰灌砂筒,直到储砂筒内的砂不再下流时,关闭开关,取走灌砂筒,并称量剩余砂的质量 m_4',准确至1g。

步骤七 取出储砂筒内的量砂,以备下次试验时再用。

步骤八 取走基板,将留在试坑内未混入杂质的量砂收回;将坑内剩余量砂清理干净后,回填与被测结构同材质的填料,并用铁锤分3~4层夯实。

步骤九 收回的量砂烘干、过筛,并放置24h以上,使其与空气的湿度达到平衡后可以继续使用。若量砂中混有杂质,则应废弃。

3) 检测数据计算与处理

(1)计算填满试坑所用砂的质量(g)。

①灌砂时,试坑上放有基板:

$$m_b = m_1 - m_4 - (m_1 - m_5) \tag{4-17}$$

②灌砂时,试坑上不放基板:

$$m_b = m_1 - m_4' - m_2 \tag{4-18}$$

式中:m_b——填满试坑所用砂的质量(g);
m_1——灌砂前灌砂筒内砂的质量(g);
m_2——灌砂筒下部圆锥体内砂的质量(g);
m_4、m_4'——灌砂后,储砂筒内剩余砂的质量(g);
$m_1 - m_5$——灌砂筒下部圆锥体内及基板和粗糙表面间砂的合计质量(g)。

(2)计算试坑材料的湿密度 ρ_w(g/cm³)。

$$\rho_w = \frac{m_w}{m_b} \times \rho_s \tag{4-19}$$

式中：ρ_w——试坑材料的湿密度（g/cm³）；
　　　m_w——试坑中取出的全部材料的质量（g）；
　　　ρ_s——量砂的松方密度（g/cm³）。

(3)计算试坑材料的干密度（g/cm³）。

$$\rho_d = \frac{\rho_w}{1+0.01w} \tag{4-20}$$

式中：ρ_d——试坑材料的干密度（g/cm³）；
　　　w——试坑材料的含水率（%）。

(4)计算干密度 ρ_d（g/cm³）。

当为水泥、石灰、粉煤灰等无机结合料稳定土的场合时，可按下式计算干密度 ρ_d（g/cm³）：

$$\rho_d = \frac{m_d}{m_b} \times \rho_s \tag{4-21}$$

式中：ρ_d——当为水泥、石灰、粉煤灰等无机结合料稳定土时的干密度（g/cm³）；
　　　m_d——试坑中取出的稳定土的烘干质量（g）。

(5)计算施工压实度。

$$K = \frac{\rho_d}{\rho_c} \times 100 \tag{4-22}$$

式中：K——测试地点的施工压实度（%）；
　　　ρ_d——试样的干密度（g/cm³）；
　　　ρ_c——由击实试验得到的试样的最大干密度（g/cm³）。

当试坑材料组成与击实试验的材料有较大差异时，可以试坑材料做标准击实，求取实际的最大干密度。

(6)计算一个测试路段压实度的平均值、标准差、变异系数，并计算压实度代表值。

2. 方法 2：环刀法

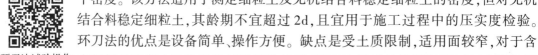
环刀法试验操作
（文本、微课、视频）

环刀法是利用环刀直接在土层中取样，从而测试现场土或路面材料经压实后实际达到的干密度。该方法适用于测定细粒土及无机结合料稳定细粒土的密度，但对无机结合料稳定细粒土，其龄期不宜超过 2d，且宜用于施工过程中的压实度检验。环刀法的优点是设备简单、操作方便。缺点是受土质限制，适用面较窄，对于含有粒料的稳定土及松散性材料无法使用；环刀法测试的结果与环刀打入结构层的位置有关，如果取样深度较浅，则检测值偏大；另外，当环刀打入土中时，产生的应力使环刀内部的部分细粒土扰动，因此测试结果不准确。

环刀法所用的主要仪器有人工取土器（图4-29、图4-30）或电动取土器（图4-31、图4-32）。

检测方法与数据收集处理详见《公路路基路面现场测试规程》（JTG 3450—2019）中 T 0923—2019 中的要求。

图 4-29 人工取土器

1-手柄;2-导杆;3-落锤;4-环盖;5-环刀;
6-定向筒;7-定向筒齿钉;8-试验地面

图 4-30 人工取土器实物图

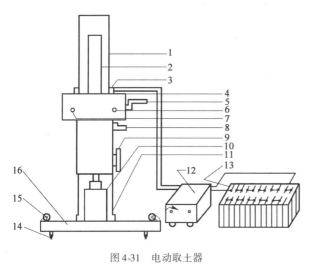
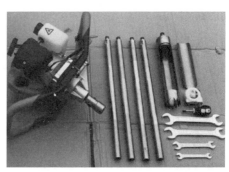

图 4-31 电动取土器

1-立柱;2-升降轴;3-电源输入;4-直流电机;5-升降手柄;6、7-电源指示;8-锁紧手柄;9-升降手轮;10-取芯头;11-立柱套;12-调整器;13-蓄电池;14-行车轮;15-定位销;16-底座平台

图 4-32 电动取土器实物图

3. 方法 3:灌水法

灌水法也叫水袋法,是一种简单而有效的现场测量材料密度和压实度的方法,适用于现场检测粗粒土的密度。它的试验原理与挖坑灌砂法相似。灌水法是通过用水来置换试坑的体积从而求得被测结构层材料的密度,得出压实度。

检测方法与数据收集处理详见《公路土工试验规程》(JTG 3430—2020)中

灌水法试验
(文本)

T 0110—1993 中的要求。

4. 方法 4：核子密度仪法

核子密度仪法是国外用于现场控制压实度常见方法。20 世纪 90 年代初引入我国。核子密度仪法是利用放射性元素测量土或路面材料的密度和含水率，适用于现场检测土壤、碎石、土石混合物、沥青混合料和非硬化水泥混凝土等材料密度和含水率，并计算施工压实度，以评价结构层的压实质量。该方法的优点是测量速度快，需要人员少；缺点是放射性物质对人体有害，仪器的使用和保存要求较高，易受测试层温度及多种环境因素的影响，测试值波动较大，另外需要打洞的仪器，打洞会使洞壁附近的结构遭到破坏，影响测定的准确性。对于核子密度湿度仪法，可作施工控制使用，须经对比试验检验，确认其可靠性，才可以作为质量评定依据。

核子密度仪法（图 4-33）测定压实度可以采用散射和直接透射两种方式进行。其中，散射方式宜用于测试沥青混合料面层的压实密度或硬化混凝土等难以打孔材料的密度。直接透射方式宜用于测试厚度不大于 30cm 的土基、基层材料或非硬化水泥混凝土等可以打孔材料的密度及含水率。

a)

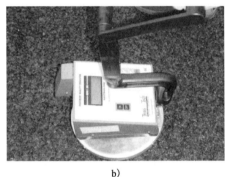
b)

图 4-33 核子密度仪实物照

核子密湿度仪测试压实度方法（文本）

检测方法与数据收集处理详见《公路路基路面现场测试规程》（JTG 3450—2019）中 T 0922—2019 中的要求。

5. 方法 5：钻芯法

压实度是施工质量管理的最为重要的指标之一，沥青路面的成败与否，压实是最重要的工序。对沥青混合料，国内外均以从压实的沥青路面上钻取的沥青混合料芯样试件的密度，计算施工压实度，以评价结构层的压实质量。

沥青混合料标准密度，以试验室标准密度、最大理论密度或试验路段密度为准。可采用表 4-11 中的方法进行密度试验，具体的试验方法见《公路工程沥青及沥青混合料试验规程》（JTG E20—2011）规定。

钻芯法试验（视频）

1）检测前的准备

钻芯法检测压实度前首先要做好充分的准备，准备工作包括仪器与材料准备、测试位置的准备。

压实沥青混合料密度试验方法及适用范围比较　　　　　表 4-11

试验方法	适用范围
水中重法	适用于测定吸水率小于 0.5% 的密实沥青混合料试件
表干法	适用于密级配沥青混凝土或沥青玛蹄脂碎石混合料(SMA)和沥青稳定碎石混合料试件,但不适用于吸水率大于 2% 的沥青混合料试件
蜡封法	适用于吸水率大于 2% 的沥青混凝土或沥青碎石混合料试件,以及不能用水中重法或表干法测密度的试件
体积法	仅适用于不能用表干法、蜡封法测定的空隙较大的沥青碎石混合料及大空隙透水性开级配沥青混合料(OGFC)等

步骤一　仪器与材料准备。

(1)路面取芯机:如图 4-34 所示。

(2)天平:感量不大于 0.1g,如图 4-35 所示。

图 4-34　路面取芯机　　　　　图 4-35　静水天平实物图

(3)溢流水槽、吊篮。

(4)石蜡,如图 4-36 所示。

图 4-36　石蜡实物图

(5)其他:卡尺、毛刷、小勺、取样袋(容器)、电风扇等。

步骤二 测试位置的准备。

确定好取样位置,清扫干净。

2)现场检测步骤

步骤一 钻取芯样。

按《公路路基路面现场测试规程》(JTG 3450—2019)中"路面钻孔及切割取样方法"钻取路面芯样(图 4-37、图 4-38),芯样直径不宜小于 100mm。当一次钻孔取得的芯样包含有不同层位的沥青混合料时,应根据结构组合情况用切割机将芯样沿各层结合面锯开分层进行测定。

图 4-37 现场钻芯

图 4-38 现场测量芯样

钻取芯样应在路面完全冷却后进行,普通沥青路面通常在第二天取样,改性沥青及 SMA 路面宜在第三天以后取样。

步骤二 测定试件密度。

(1)将钻取的试件在水中用毛刷轻轻刷净黏附的粉尘。如试件边角有浮松颗粒,应仔细清除。

(2)将试件晾干或用电风扇吹干不少于 24h,直至恒重。

(3)按《公路工程沥青及沥青混合料试验规程》(JTG E20—2011)和沥青混合料试件密度试验方法测定试件的视密度或毛体积密度 ρ_s,通常情况下采用表干法测试试件的毛体积相对密度;对吸水率大于 2% 的试件,宜采用蜡封法测试试件的毛体积相对密度;对吸水率小于 0.5% 的特别致密的沥青混合料,在施工质量检验时,允许采用水中重法测试表观相对密度。测试标准温度为 25℃ ± 0.5℃。

步骤三 确定标准密度。

根据《公路沥青路面施工技术规范》(JTG F40—2004)的规定,确定计算压实度下的沥青混合料标准密度。

施工及验收过程中的压实度检验不得采用配合比设计时的标准密度,应按如下方法逐日检测确定:

(1)以试验室密度作为标准密度,即沥青拌和厂每天取样 1~2 次实测的马歇尔试件密度,取平均值作为该批混合料铺筑路段压实度的标准密度。其试件成型温度与路面复压温度一致。

(2)以每天实测的最大理论密度作为标准密度。对普通沥青混合料,沥青拌和厂在取样进行马歇尔试验的同时以真空法实测最大理论密度,平行试验的试样数不少于 2 个,以平均值作为该批混合料铺筑路段压实度的标准密度;但对改性沥青混合料、沥青玛琋脂碎石混合料(SMA)以每天总量检验的结果及油石比平均值计算的最大理论密度为准,也可采用抽提筛分的结果及油石比计算最大理论密度。

(3)以试验路段密度作为标准密度。用核子密度仪定点检查密度至不再变化为止,然后取不少于 15 个的钻孔试件的平均密度作为计算压实度的标准密度。

可根据需要选用试验室标准密度、最大理论密度、试验路段密度中的 1~2 种作为钻孔法检验评定的标准密度。

3)检测数据计算与处理

(1)体积计算。

①吸水率小于 0.5% 的密实沥青混合料试件,采用水中重法测定。

$$V = \frac{m_a - m_w}{\rho_w} \tag{4-23}$$

②吸水率不大于 2% 的表面粗糙但较密实的沥青混凝土或沥青玛琋脂碎石混合料(SMA)和沥青稳定碎石混合料试件,采用表干法测定。

$$V = \frac{m_f - m_w}{\rho_w} \tag{4-24}$$

③吸水率大于 2% 的沥青混凝土或沥青碎石混合料试件,以及不能用水中重法或表干法测密度的试件,用蜡封法测定。

④不能用表干法、蜡封法测定的空隙较大的沥青碎石混合料及大空隙透水性开级配沥青混合料(OGFC)试件,用体积法测定。

圆柱体试件的毛体积:

$$V = \frac{\pi d^2}{4} h \tag{4-25}$$

棱柱体试件的毛体积:

$$V = Lbh \tag{4-26}$$

⑤试件的视密度或毛体积密度:

$$\rho_s = \frac{m_a}{V} \tag{4-27}$$

式中:ρ_s——试件的视密度或毛体积密度(g/cm^3);

m_a——试件在空气中的质量(g);

m_f——试件的表干质量,指试件从水中取出,用洁净柔软的拧干湿毛巾轻轻擦去试件表面水后称取的质量(g);

m_w——试件的水中质量,指试件于网篮中浸水 3~5min 后称取的水中质量(g);

ρ_w——25℃时水的密度(g/cm^3),取 0.997 1g/cm^3;

d——表示圆柱体试件的直径(cm);

h——试件的高度(cm);

L——试件的长度(cm);

b——试件的宽度(cm)。

(2)压实度计算。

①当计算压实度时,沥青混合料的标准密度采用的是试验室实测的马歇尔击实试验密度或试验路段钻孔取样密度时,沥青面层的压实度按下式计算:

$$K = \frac{\rho_s}{\rho_0} \times 100 \qquad (4\text{-}28)$$

式中:K——沥青面层的压实度(%);

ρ_s——沥青混合料芯样试件的实测密度(g/cm³);

ρ_0——沥青混合料的标准密度(g/cm³)。

②当计算压实度时,沥青混合料的标准密度采用的是最大理论密度,沥青面层的压实度按下式计算:

$$K = \frac{\rho_s}{\rho_t} \times 100 \qquad (4\text{-}29)$$

式中:ρ_t——沥青混合料的最大理论密度(g/cm³)。

(3)计算一个测试路段的压实度的平均值、标准差、变异系数,并计算压实度代表值。

6. 方法6:无核密度仪法

核子密度仪在实现无损检测的同时会带来由放射性元素产生的环保和健康问题,而无核密度仪不会产生放射性元素,不产生任何辐射,可真正实现对路面压实度进行既安全、环保,又快速、高效的无损检测。

无核密度仪(图4-39)利用电磁法原理测量沥青路面的均匀性和相对密度,该仪器采用先进的专利技术,能可靠、快速地测试沥青路面各层沥青混合料的密度,并计算施工压实度。但由于测试结果受影响因素较多,因而应用无核密度仪时,必须严格标定,通过对比试验确认其可靠性,其测试结果不宜用于评定验收或仲裁,一般用于施工过程控制。

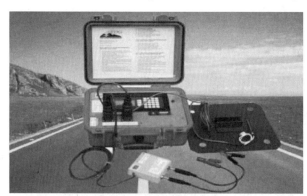

图4-39 无核密度仪实物照

无核密度仪测试
压实度(文本、视频)

检测方法与数据收集处理详见《公路路基路面现场测试规程》(JTG 3450—2019)中 T 0925—2008 中的要求。

(三) 检测结果评定

路基、路面压实度以 1~3km 长的路段为检验评定单元,按要求的检测频率(表 4-12)及方法进行现场压实度抽样检查,求算每一测点的压实度 K_i。

压实度评定要求　　　　　　　　　　　表 4-12

工程项目类型				规定值或允许偏差			检查方法和频率
				高速公路一级公路	其他公路		
					二级公路	三、四级公路	
土方路基①	上路床		0~0.3m	≥96	≥95	≥94	按有关方法检查密度,每200m每压实层测2处
	下路床	轻、中及重交通荷载等级	0.3~0.8m	≥96	≥95	≥94	
		特重、极重交通荷载等级	0.3~1.2m	≥96	≥95	—	
	上路堤	轻、中及重交通荷载等级	0.8~1.5m	≥94	≥94	≥93	
		特重、极重交通荷载等级	1.2~1.9m	≥94	≥94	—	
	下路堤	轻、中及重交通荷载等级	>1.5m	≥93	≥92	≥90	
		特重、极重交通荷载等级	>1.9m				
级配碎(砾)石	基层		代表值	≥98	≥98		按有关方法检查密度,每200m测2处
			极值	≥94	≥94		
	底基层		代表值	≥96	≥96		
			极值	≥92	≥92		
稳定土	基层		代表值	—	≥95		按有关方法检查密度,每200m测2处
			极值	—	≥91		
	底基层		代表值	≥95	≥93		
			极值	≥91	≥89		
稳定粒料	基层		代表值	≥98	≥97		按有关方法检查密度,每200m测2处
			极值	≥94	≥93		
	底基层		代表值	≥96	≥95		
			极值	≥92	≥91		
水泥(或石灰、粉煤灰)稳定粒料	基层		代表值	≥98	≥97		按有关方法检查密度,每200m测2处
			极值	≥94	≥93		
	底基层		代表值	≥96	≥95		
			极值	≥92	≥91		
沥青混凝土面层或沥青碎(砾)石面层②				≥试验室标准密度的96%(*98%) ≥理论最大密度的92%(*94%) ≥试验段密度的98%(*99%)			每200m测1点。核子(无核)密度仪每200m测1处,每处5点

注:①土方路基压实度以重型击实试验为准,极值为表列值减 5%。
②表内压实度,高速公路、一级公路应选用 2 个标准评定,以合格率低的作为评定结果;其他公路选用 1 个标准进行评定;带 * 者是针对 SMA 路面。

压实度评定的要点:①控制平均压实度的置信下限,以保证总体水平。②规定单点极限值不得超出给定值,防止局部隐患。③规定合格界限以区分质量优劣。

检验评定段的压实度代表值 K(算术平均值的置信下限)为

$$K = \overline{K} - S\frac{t_\alpha}{\sqrt{n}} \geq K_0 \tag{4-30}$$

式中:$\overline{K}$——检验评定段内各测点压实度的平均值(%);

t_α——t 分布表中随测点数和保证率(或置信度 α)而变的系数(t_α 查附表2);高速公路、一级公路:基层、底基层为 99%,路基、路面面层为 95%;其他公路:基层、底基层为 95%,路基、路面面层为 90%;

S——检测值的标准差(%);

n——检测点数;

K_0——压实度标准值(%)。

1. 路基、基层和底基层

当 $K \geq K_0$,且单点压实度 K_i 全部大于等于规定值减 2 个百分点时,评定路段的压实度合格率为 100%;当 $K \geq K_0$,且单点压实度全部大于或等于规定极值时,按测定值不低于规定值减 2 个百分点的测点数计算合格率;当 $K < K_0$ 或某一单点压实度 K_i 小于规定极值时,该评定路段压实度为不合格,相应分项工程为不合格。

路堤施工段落短时,分层压实度要全部符合要求,且实际样本数不小于 6 个。

2. 沥青面层

当 $K \geq K_0$,且全部测点大于等于规定值减 1 个百分点时,评定路段的压实度合格率为 100%;当 $K \geq K_0$,按测定值低于规定值减 1 个百分点的测点数计算合格率。当 $K < K_0$ 时,该评定路段的压实度为不合格,相应分项工程为不合格。

【例4-4】 某新建二级公路石灰土路基施工中,对其中的一段压实质量进行检查,压实度检测结果见表4-13,压实度标准值 $K_0 = 95\%$,规定极值为 91%。请按保证率 95% 计算该路段的压实度代表值及合格率,并进行压实质量评定。

压实度检测结果　　　　　表4-13

序号	1	2	3	4	5	6	7	8	9	10
压实度(%)	96.4	95.4	93.5	97.3	96.3	95.8	95.9	96.7	95.3	95.6
序号	11	12	13	14	15	16	17	18	19	20
压实度(%)	97.6	95.8	96.8	95.7	96.1	96.3	95.1	95.5	97.0	95.3

解:经计算:$\overline{K} = 95.97\%$,$S = 0.91$,$t_\alpha/\sqrt{n}$ 查附表2得0.387。

压实度代表值 K 为算术平均值的置信下限,即

$$K = \overline{K} - S \times \frac{t_\alpha}{\sqrt{n}} = 95.97 - 0.91 \times 0.387 = 95.62(\%)$$

由于压实度代表值 $K > K_0 = 95\%$。

> 单点压实度 $K_{imax} = 97.6\%$,$K_{imin} = 93.5\%$,$K_i > K_0 - 2\% = 95\% - 2\% = 93\%$,全部单点压实度检验都符合要求。
> 且单点压实度全部大于规定极值,$K_i > K_极 = 91\%$。
> 合格点数 $m = 20$,检测点数 $n = 20$,合格率 $P = m/n \times 100 = 20/20 \times 100 = 100(\%)$
> 所以该路段的压实质量是合格的。

二、石方路基和土石混填路基的压实度检测

(一)理论知识

长期以来,石方路基或土石混填路基压实质量评价一直是个难题,主要原因是现场压实度难以测量,用压实度指标评价操作性不强,测试效率低下。工程上有的采用沉降差法控制压实质量,还有的采用碾压遍数来控制等。这些方法虽然评价结果较为可靠,但方法本身严密性不够,且缺乏统一的定量指标,更多地靠施工经验判断。随着我国社会和交通运输事业的发展,大型机械设备和测量设备装备水平不断提高,越来越多的建设项目倾向于使用沉降差法控制大量石方路基或土石混填路基压实质量,但是沉降差法在使用过程中存在测试方法、控制标准、评定标准不统一的问题,影响了路基压实质量的提高。

为了提高石方路基或土石混填路基压实质量控制方法的规范性、准确性、针对性,同时减少对施工的影响,提高工效,现在使用的沉降差法是与工艺参数相结合的双控测试方法,通过监测沉降变形的稳定来表征压实程度,因此在使用过程中,既要考虑工艺参数的匹配和持续恒定,也要考虑整体变形均匀,以保证路基长期稳定。

(二)检测方法与数据处理

沉降差法适用于通过测量土石路堤或填石路堤碾压过程中的沉降变化量,结合施工工艺参数,测试土石路堤或填石路堤的压实程度。

1)检测前的准备

沉降差法检测压实程度前首先要做好充分的准备,准备工作包括仪器与材料准备、测试位置的准备。

步骤一 仪器与材料准备。

主要有振动压路机、水准仪。压路机要满足自重 20t 以上,水准仪精度达到 DS_3。

步骤二 测试位置的准备。

(1)在路基碾压施工前,选取测试路段。

(2)沿道路纵向每隔 20m 作为一个观测断面,每个观测断面沿横断面方向每隔 5~10m 均匀布设沉降观测点,每个沉降观测点位上埋放一固定物(一般为钢球),确保施工和测试过程中水平方向位置不变。

(3)按照既定的碾压机械组合和工艺参数进行施工,碾压遍数以往返一次计为一遍。碾压至测试路段无明显碾压轮迹。

2)现场检测步骤

(1)路基碾压施工完成后,将振动压路机停放在测试路段前 20m 处,启动振动压路机,并调至强振挡位。

(2)振动压路机以不大于 4km/h 的速度对测试路段进行碾压,往返一次计为一遍。

(3)碾压结束后用水准仪逐点测量固定物顶面高程 h_{i1}、h_{i2}、$\cdots$、h_{ij},准确至 0.1mm。

(4)重复步骤(2)~(3),测得固定物顶面高程 $h_{(i+1)1}$、$h_{(i+1)2}$、$\cdots$、$h_{(i+1)j}$、$\cdots$、$h_{(i+n)1}$、$h_{(i+n)2}$、$\cdots$、$h_{(i+n)j}$,准确至 0.1mm。

(5)随机选取有代表性的区域,按照《公路土工试验规程》(JTG 3430—2020)灌水法测试材料干密度,按照《公路工程集料试验规程》(JTG 3432—2024)测试表干密度(视密度)。回收固定物,记录新的工艺参数,用于测试段相同材料回填并进行终压。

3)检测数据计算与处理

(1)按式(4-31)计算第 i 遍和第 $i+1$ 遍的沉降差 $\Delta h_{i(i+1)-j}$:

$$\Delta h_{i(i+1)-j} = h_{(i+1)-j} - h_{i-j} \qquad (4\text{-}31)$$

式中:$\Delta h_{i(i+1)-j}$——第 j 个固定物在第 i 遍和第 $i+1$ 遍的沉降差(0.1mm);

$h_{(i+1)-j}$——第 j 个固定物在第 $i+1$ 遍碾压结束后的顶面高程(0.1mm);

h_{i-j}——第 j 个固定物在第 i 遍碾压结束后的顶面高程(0.1mm);

i——碾压遍数;

j——固定物编号:1、2、3、$\cdots$、n。

(2)按式(4-32)计算第 i 遍和第 $i+1$ 遍的沉降差的平均值 $\Delta \bar{h}_{i(i+1)}$:

$$\Delta \bar{h}_{i(i+1)} = \frac{\sum_{j=1}^{n} \Delta h_{i(i+1)-j}}{n} \qquad (4\text{-}32)$$

式中:$\Delta \bar{h}_{i(i+1)}$——第 i 遍和第 $i+1$ 遍的沉降差的平均值(0.1mm)。

(3)按式(4-33)计算第 i 遍和第 $i+1$ 遍的沉降差的标准差 $S_{i(i+1)}$:

$$S_{i(i+1)} = \sqrt{\frac{\sum_{j=1}^{n} [\Delta h_{i(i+1)-j} - \Delta \bar{h}_{i(i+1)}]^2}{n-1}} \qquad (4\text{-}33)$$

式中:$S_{i(i+1)}$——第 i 遍和第 $i+1$ 遍的沉降差的标准差(0.1mm)。

(4)计算空隙率。

(5)计算一个测试路段沉降差的平均值、标准差,并计算沉降差的代表值。

(三)检测结果评定

大规模施工时,在确定填料无明显变化的情况下,可不进行空隙率测试。石方路基或土石混填路基压实沉降差的要求一般参照设计文件或相关规范。例如《公路工程质量检验评定标准 第一册 土建工程》(JTG F80/1—2017)填石路基实测项目中对压实质量的要求见表4-14。

填石路基实测项目 表4-14

检查项目	规定值或允许偏差		检测方法和频率
	高速公路、一级公路	其他公路	
压实	空隙率满足设计要求		密度法:每200m每压实层测1处
	沉降差≤试验路确定的沉降差		精密水准仪:每50m测1个断面,每个断面测5点

空隙率的要求可参照《公路路基设计规范》（JTG D30—2015）。例如《公路路基设计规范》（JTG D30—2015）中硬质石料压实质量控制标准见表4-15。

硬质石料压实质量控制标准 表4-15

路基部位	路面底面以下深度（m）	摊铺厚度（mm）	最大粒径（mm）	压实干密度（kg/m³）	孔隙率（%）
上路堤	0.80~1.50（1.20~1.90）	≤400	小于层厚2/3	有试验确定	≤23
下路堤	>1.50（>1.90）	≤600	小于层厚2/3	有试验确定	≤25

注:"路面底面以下深度"栏,括号中数值分别为特重、极重交通的上路堤、下路堤的深度范围。

对于土石混填路基,工程上也常采用《公路土工试验规程》（JTG 3430—2020）中表面振动压实仪法或振动台法测试最大密度,现场采用灌水法测试密度以评价路基压实度。

任务4-4 平整度的检测与评定

【任务描述】

路面平整度无论是在道路施工过程中,还是在质量验收和养护管理中都是一项必检的指标,它直接影响到行车的舒适性和安全性。路面平整度是评定路面使用质量、施工质量以及现有路面破坏程度的重要指标之一。路面的平整度与路面各结构层的平整状况有着一定的联系,即各结构层平整效果将累积反映到路面表面上,路面面层由于直接与车辆及大气接触,不平整的表面将会增大行车阻力,并在车辆上产生附加振动作用。这种振动作用会造成行车颠簸,影响行车的速度、安全,驾驶的平稳和乘客的舒适,同时,振动作用还会对路面施加冲击力,从而加剧路面、汽车机件损坏和轮胎的磨损,并增大油耗。而且,不平整的路面会积滞雨水,加速路面的破坏。因此,平整度的检测与评定是公路施工与养护的一个非常重要的环节,它直接关系到行车安全性、舒适性以及运营经济性,并影响着路面使用年限。

路面平整度是以规定的标准量规,间断地或连续地量测路表面的凹凸情况,即不平整度的指标。

【任务实施】

一、三米直尺法检测平整度

(一) 理论知识

平整度是指路面表面相对于理想平面的竖向偏差,通常以最大间隙、颠簸累积值、国际平整度指数表征,以 mm 或 m/km 计。

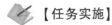

三米直尺法测试平整度(视频)

路面平整度的检测设备分为断面类与反应类两大类。断面类检测设备是测定路面表面凹凸情况的一种仪器,如最常用的三米直尺及连续式平整度仪,国际平整度指数便是以此为基准建立的,这是平整度最基本的指标。反应类检测设备是测定由于路面凹凸不平引起车辆颠簸的情况,这是驾驶员和乘客直接感受到的平整度指标,因此,它实际上是舒适性能指标,最常用的是车载式颠簸累积仪,现已有更新的自动测试设备,如纵断面分析仪、路面平整度数据采集系统测定车等。国际上通用国际平整度指数 IRI 衡量路面行驶舒适性或路面行驶质量,可通过标定试验得出 IRI 与标准差 σ 或单向累计值 VBI 之间的关系。

平整度常用的检测方法有:三米直尺法、连续式平整度仪法、颠簸累积仪法、手推式断面仪法、车载式激光平整度仪法。水泥混凝土路面和沥青路面平整度检测设备的比较见表 4-16。

平整度测试方法比较 表 4-16

方法	特点	技术指标
三米直尺法	设备简单,结果直观,间断测试,工作效率低,反映凸凹程度	最大间隙 h(mm)
连续式平整度仪法	设备较复杂,连续测试,工作效率高,反映凸凹程度	标准差 σ(mm)
颠簸累积仪法	设备复杂,工作效率高,连续测试,反映舒适性	单向累计值 VBI(cm/km)
手推式断面仪法	体积小,携带方便,操作简单,反映凸凹程度	国际平整度指数 IRI(m/km)
车载式激光平整度仪法	设备复杂,工作效率高,测试速度快,反映凸凹程度	国际平整度指数 IRI(m/km)

三米直尺测定法有单尺测定最大间隙和等距离(1.5m)连续测定两种,前者常用于施工时的质量控制和检查验收,单尺测定时要计算出测定段的合格率。等距离连续测定也同样适用于施工质量检查验收,但要算出标准差,用标准差来表示平整度程度。

三米直尺法是利用三米直尺测试路表面与三米直尺基准面的最大间隙 δ_m,以表征路面的平整度,以 mm 计。它既适用于测定压实成型的路面各层表面的平整度,以此评定路面的施工质量及使用质量;也适用于路基表面成型后的施工平整度检测。

(二)检测方法与数据处理

1)检测前的准备

三米直尺法检测平整度前首先要做好充分的准备,准备工作包括仪器的准备、测试位置的准备与处理。

步骤一 仪器的准备。

(1)三米直尺:测量基准面长度为3m,基准面应平直,用硬木或铝合金钢等材料制成,如图4-40所示。

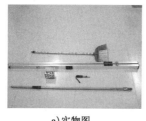 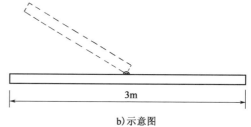

a)实物图　　　　　　　　　　　　b)示意图

图4-40　三米直尺

(2)最大间隙测量器具。

①楔形塞尺:硬木或金属制的三角形塞尺,有手柄。塞尺的长度与高度之比不小于10,宽度不大于15mm,边部有高度标记,分度值不大于0.5mm,如图4-41所示。

②深度尺:金属制的深度测量尺,有手柄。深度尺测量杆端头直径不小于10mm,分度值不大于0.5mm。

③其他:皮尺或钢尺等。

步骤二 测试位置的准备与处理。

(1)确定测试方式。当测试沥青路面的施工质量时,测试地点应选在接缝处,以单尺方式测试;其他情况一般以连续10尺方式测试。

(2)选择测试位置。除特殊需要外,应以行车道一侧车轮轮迹(距车道线0.8~1.0m)作为连续测试的位置,如图4-42所示。对既有道路已形成车辙的路面,应取车辙中间位置为测定位置。

图4-41　塞尺实物图　　　　　　图4-42　测点位置示意图

(3)清扫路面测定位置处的污物。

2)现场检测步骤

步骤一 将三米直尺沿道路纵向摆在测试位置的路面上。

步骤二 目测三米直尺底面与路表面之间的间隙情况,确定最大间隙的位置。

步骤三 将有高度标线的塞尺塞进间隙处,测试其最大间隙的高度(mm);或者用深度尺在最大间隙位置测试直尺上顶面距地面的深度,该深度减去尺高即为测试点的最大间隙的高度,准确到0.5mm,如图4-43所示。

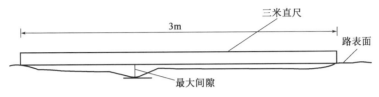

图4-43 三米直尺测平整度示意图

步骤四 施工结束后检测时,每1处连续检测5尺,按上述步骤一~步骤三测记5个最大间隙。

3)检测数据计算与处理

单尺测试路面的平整度计算,以三米直尺与路面的最大间隙 δ_m 为测试结果;连续测试10尺时,判断每尺最大间隙 δ_m 是否合格,根据要求计算合格率,并计算10个最大间隙的平均值。

$$合格率(\%) = \frac{合格尺数}{总测尺数} \times 100 \tag{4-34}$$

二、连续式平整度仪法检测平整度

(一)理论知识

连续式平整度仪通过测试路面纵向相对高程的标准差 σ 以表示路面的平整度,以mm计,其主要优点是可沿路面连续测量。它一般采用先进的计算机处理技术,可自动计算、自动打印、自动显示路面平整度的标准差和正负超差等各项技术指标,并绘出路面平整度偏差曲线。

连续式平整度仪适用于测定路表面的平整度,评定路面的施工质量和使用质量,但不适用于在已有较多坑槽、破损严重的路面上进行测定。

(二)检测方法与数据处理

1)检测前的准备

连续式平整度仪法检测平整度前首先要做好充分的准备,准备工作包括仪器的准备、测试位置的准备与处理。

步骤一 仪器的准备。

(1)连续式平整度仪:连续式平整度仪构造如图4-44、图4-45所示。除特殊情况外,其标准长度为3m,其质量应符合仪器标准的要求。中间为一个3m长的机架,机架可缩短或折叠,前后各有4个行走轮,前后两组轮的轴间距离为3m。地面高差测量传感器安装在机架中间,可以是能起落的测定轮或激光测距仪。机架上装有蓄电池电源及可拆卸的检测箱,检测箱可采用显示、记录、打印或绘图等方式输出测试结果。测定轮上装有位移传感器,距离传感器等检测器,自动采集位移数据时,测定间距为 10cm,每一计算区间的长度为 100m,100m 输出一次结果。连续式平整度仪可记录测试长度(m)、曲线振幅大于某一定值(如 3mm、5mm、8mm、10mm 等)的次数、曲线振幅的单向(凸起或凹下)累积值及以 3m 机架为基准的中点路面偏差曲线图,计算打印。机架头装有一牵引钩及手拉柄,可用人力或汽车牵引。

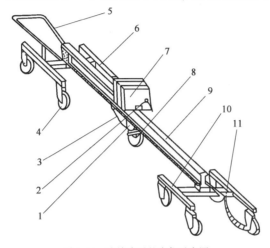

图 4-44　连续式平整度仪示意图
1-测量架;2-离合器;3-拉簧;4-脚轮;5-牵引架;6-前架;7-记录计;
8-测定轮;9-纵梁;10-后架;11-软轴

连续式平整度仪
测试平整度
(视频)

图 4-45　连续式平整度仪实物图

(2)牵引车:小面包车或其他小型牵引汽车。
(3)皮尺或测绳。

步骤二　测试位置的准备与处理。
(1)选择测试路段。
(2)当为施工过程中质量控制需要时,测试地点根据需要决定。当进行路面工程质量检查验收或路况评定时,通常以行车道一侧车轮轮迹带作为连续测试的标准位置。对已形成车辙的路面,取一侧车辙中间位置为测定位置。轮迹带距车道标线 80~100cm。

(3)清扫路面测定位置处的碎石、杂物等。

(4)检查仪器测试箱,测试箱各部分应完好、灵敏,测定轮胎压正常,并将各连接线接妥,安装记录设备。

2)现场检测步骤

步骤一 将连续式平整度测定仪置于测试路段路面起点轮迹带上,保证测定轮位置在轮迹带范围内。

步骤二 在牵引汽车的后部,将连续式平整度仪的挂钩与牵引汽车连接好,放下测定轮,启动检测器及记录仪。

步骤三 随即启动牵引汽车,沿道路纵向行驶,横向位置保持稳定。

步骤四 确认连续式平整度仪工作正常。

检查平整度检测仪表上测定数字显示、打印、记录的情况。牵引连续式平整度仪的速度应保持匀速且沿车道方向行驶,速度宜为5km/h,最大不得超过12km/h。在测试路段较短时,亦可用人力拖拉连续式平整度仪测试路面的平整度,但拖拉时应保持匀速前进。如遇检测设备中某项仪表发生故障,须停止检测。

3)检测数据计算与处理

(1)连续式平整度测定仪测定后,按每10cm间距采集的位移值 d_i 自动计算每100m计算区间的平整度标准差 σ_i(mm),还可以记录测试长度(m)。

(2)每一计算区间的路面平整度以该区间测定结果的标准差表示。

$$\sigma_i = \sqrt{\frac{\sum d_i^2 - \frac{(\sum d_i)^2}{N}}{N-1}} \tag{4-35}$$

式中:σ_i——各计算区间的平整度计算值(mm),保留1位小数;

d_i——以100m为一个计算区间,每隔一定距离(自动采集间距为10cm,人工采集间距为1.5m)采集的路面凹凸偏差位移值(mm);

N——计算区间用于计算标准差的测试数据个数。

(3)计算一个评定路段内各区间平整度标准差的平均值、标准差、变异系数以及合格率。

三、车载式激光平整度仪法检测平整度

车载式激光平整度测定仪是一种与路面无接触的测量仪器,测试速度快,精度高。它适合在无严重坑槽、车辙等病害及无积水、无冰雪、无泥浆的正常通车条件下的路面上,连续采集路段平整度数据,评定验收新建、改建路面工程质量。

激光平整度仪采集的数据是路面相对高程值,应以100m为计算区间长度,用IRI的标准计算程序计算IRI值,以m/km计。

车载式激光平整度仪的工作原理(图4-46)为:测试车以一定的速度在路面上行驶,

距离传感器对测试车行驶距离进行实时记录。与此同时,安装于测试车上的激光传感器根据测试激光束反射回读数器的偏角进行道路高程检测,加速度传感器同步记录测试车在前行过程中的颠簸情形,激光传感器与加速度传感器两者信号的误差修正后便可消除测试车在检测时由于车身的反复颠簸对路面高程差测试的影响,从而得到路面纵断面的真实信号。这些信号通过信号处理系统转变为数字信号并存储在数据采集卡上,最后由后处理系统对数据采集卡中的数字信号进行处理、计算及保存,实现路面平整度的快速检测及评价。

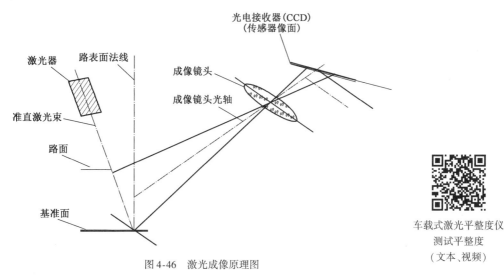

图 4-46　激光成像原理图

车载式激光平整度仪(图 4-47):由承载车、距离传感器、纵断面高程传感器和主控制系统组成。

图 4-47　车载式激光平整度仪实物图

检测方法与数据收集处理详见《公路路基路面现场测试规程》(JTG 3450—2019)中 T 0934—2008 中的要求。

四、手推式断面仪法检测平整度

手推式断面仪是用于连续采集和测量路面信息(包括距离、断面坡度和国际平整度指数 IRI)的一种高精度仪器,符合 ASTME950 一级产品要求,属于世界银行标准一级断面设备。手推式断面仪可用于道路或机场跑道路面施工质量验收,还可为响应式平整度检测仪及其他类平整度检测仪提供标定参照。手推式断面仪体积小,携带方便,操作简单,在科研和工程应用领域具有一定使用需求。

手推式断面仪适用于在无积水、无积雪、无泥浆的正常通车条件下测量路面国际平整度指数(IRI),以表征路面平整度。测试时,仪器的放置时间、行驶距离以及温度、湿度等都会影响其测试结果,因此该仪器使用前需要进行系统标定,并在测试过程中关注上述因素的变化情况。

手推式断面仪由传感器、数据采集与处理系统、测定梁、距离测定轮、测脚、车架系统等基本部分组成,如图 4-48 所示。

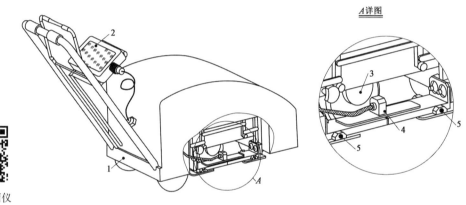

手推式断面仪
测试平整度
(文本)

图 4-48 手推式断面仪示意图
1-车架系统;2-数据采集与处理系统;3-距离测定轮;4-传感器;5-测脚;A-测定梁放大图

检测方法与数据收集处理详见《公路路基路面现场测试规程》(JTG 3450—2019)中 T 0935—2019 中的要求。

五、检测结果评定

在施工过程中或施工结束后,平整度按着选定的方法检测后,依据计算结果及相关要求进行评定。例如《公路工程质量检验评定标准 第一册 土建工程》(JTG F80/1—2017)中,对路基、路面面层、路面基层、路面底基层的平整度的要求见表 4-17。

路基、面层、基层、底基层的平整度要求　　　表 4-17

结构类型	规定值或允许偏差					检查方法与频率
	三米直尺:最大间隙(mm)			平整度仪:标准偏差 σ(mm) 国际平整度指数 IRI(m/km)		
	高速、一级公路		其他公路			
	基层	底基层	基层	底基层	高速公路 一级公路	其他公路
土方路基	≤15		≤20				三米直尺:200m 测 2 处 × 5 尺
填石路基	≤20		≤30				
水泥混凝土面层	3		5		1.32(2.2)	2.0(3.3)	
沥青混凝土面层	—		≤5		1.2(2.0)	2.5(4.2)	三米直尺:每 200m 测 2 处 ×5 尺(水泥混凝土面层 为半幅车道);平整度仪:全 线每车道连续按每 100m 计 算 σ 或 IRI
沥青碎石面层	—		≤5		1.2(2.0)	2.5(4.2)	
沥青贯入式面层	≤8				≤3.5(5.8)		
沥青表面处治面层	≤10				≤4.5(7.5)		
稳定土基层、底基层	—	≤12	≤12	≤15			
稳定粒料基层、底基层	≤8	≤12	≤12	≤15			
级配碎石基层、底基层	≤8	≤12	≤12	≤15			
填隙碎石(矿渣)基层、底基层	—	≤12	≤12	≤15			

注:括号中的数值为国际平整度指数 IRI(m/km)。

任务 4-5　承载能力的检测与评定

【任务描述】

道路结构在使用期间和在施工过程中要承受各种作用,施加在道路结构上的集中力或分布力称为荷载,而路基路面承担荷载的能力称为承载能力,当道路的承载能力不满足使用需求时,就会对道路产生较大的安全隐患。因此,为了保证道路在使用中的安全性,就必须保证其承载能力,避免在施工过程中出现任何可能影响道路承载能力的问题,从而延长道路的使用寿命,保证其使用的安全性。在不确定道路承载能力是否满足需求时,应对道路的承载力进行检测。

道路承载能力检测包括回弹弯沉值的检测、CBR 值的检测、回弹模量的检测。

【任务实施】

一、回弹弯沉值检测

(一)理论知识

路面弯沉不仅反映路面各结构层及土基的整体强度和刚度,而且与路面的使用状态存在一定的内在联系。国内外普遍采用回弹弯沉值来表示路基路面的承载能力,回弹弯沉值越大,承载能力越小;反之则越大。回弹弯沉值已在我国广泛使用且有很多试验和研究成果,它不仅用于路面结构的设计中、施工控制及施工验收中[竣(交)工验收弯沉值],同时还用在旧路补强设计中,它是公路工程的一个基本参数。

弯沉是指在规定的荷载作用下,路基或路面表面产生的总垂直变形值(总弯沉),或垂直回弹变形值(回弹弯沉),以 0.01mm 为单位。通常所说的回弹弯沉是指标准后轴载双轮组轮隙中心处的最大回弹弯沉值。路基路面在荷载作用下产生的垂直变形,卸载后能恢复的那一部分变形即回弹弯沉。在路表测试的回弹弯沉值可以反映路基、路面的综合承载能力。

竣(交)工验收弯沉值是检验路面是否达到设计要求的指标之一。当厚度计算以层底拉应力为控制指标时,应根据拉应力计算所得的结构厚度重新计算其路面弯沉值,该值即为竣(交)工验收弯沉值。

弯沉值的测试方法较多,目前用得最多的是贝克曼梁法,在我国已有成熟的经验,但由于受测试速度等因素的限制,各国都对快速连续或动态测定进行了研究,现在我国逐渐引进的有法国洛克鲁瓦式自动弯沉仪法,丹麦等国家发明并几经改进形成的落锤式弯沉仪法、激光式弯沉仪法,美国的振动弯沉仪法等。现将常用的几种弯沉测试方法进行简单的比较,见表 4-18。

几种弯沉测试方式比较 表 4-18

方法	特点
贝克曼梁法	传统方法,速度慢,静态测试,比较成熟,目前属于标准方法
自动弯沉仪法	利用贝克曼梁原理快速连续测试,属于静态测试范畴,但测定的是总弯沉,因此使用时应用贝克曼梁进行标定换算
落锤式弯沉仪法	利用重锤自由落下的瞬间产生的冲击荷载测定弯沉,属于动态弯沉,并能反算路面的回弹模量,快速,使用时根据需要可与贝克曼梁法建立相关关系进行换算
激光式弯沉仪法	利用激光多普勒效应来测试地面在荷载作用下的垂直下沉速度,计算出最大弯沉及弯沉盆数据,可以正常行车速度在高速公路上进行测试,测试效率高,不影响交通,是目前世界上最先进的弯沉测试方法,使用时应与落锤式弯沉仪法建立相关关系

每一双车道评定路段(不超过 1km),采用贝克曼梁或自动弯沉仪测量弯沉值不少于 80 个点,采用落锤式弯沉仪测量弯沉值不少于 40 个点,多车道公路必须按车道数与双车道之比,相应增加测点。

(二)检测方法与数据处理

1. 方法1:贝克曼梁法测试路基路面回弹弯沉

贝克曼梁法是利用杠杆原理制成杠杆式弯沉仪测定轮隙弯沉,适用于路基及沥青面层的回弹弯沉检测,用以评定其整体承载能力,但不适用于路基冻结后的回弹弯沉检测。沥青面层的弯沉以沥青面层平均温度20℃时为准,当沥青面层平均温度在20℃±2℃以内可不修正,在其他温度测试时,对厚度大于5cm的沥青面层,弯沉值应予温度修正。

1)检测前的准备

贝克曼梁法检测路基路面回弹弯沉前首先要做好充分的准备,准备工作包括仪器的准备、测试位置的准备与处理。

步骤一　仪器的准备。

(1)贝克曼梁:由合金铝制成,上有水准泡,其前臂(接触路面)与后臂(装百分表)长度比为2∶1。贝克曼梁按长度分为两种:一种长3.6m,前后臂分别为2.4m和1.2m;另一种加长的弯沉仪长5.4m,前后臂分别为3.6m和1.8m。其构造如图4-49、图4-50所示。长度为5.4m的贝克曼梁适用于各种类型的路面结构回弹弯沉的测试;长度为3.6m的贝克曼梁适用于柔性基层沥青路面回弹弯沉的测试。

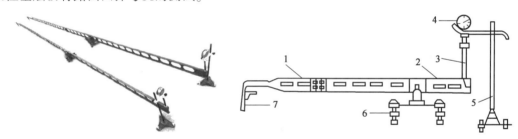

图4-49　路面弯沉仪实物图　　　　图4-50　路面弯沉仪的构造
1-前臂;2-后臂;3-立杆;4-百分表;5-表架;6-支座;7-测头

(2)加载车:单后轴、单侧双轮组的载重车(图4-51),其标准轴荷载、轮胎气压及轮胎间隙等主要参数应符合表4-19的要求。

图4-51　标准加载车

贝克曼梁法测试
路基路面回弹弯沉
试验(视频)

测定弯沉用的加载车的参数要求 表4-19

参数	要求
后轴标准轴载 P(kN)	100 ± 1
单侧双轮荷载(kN)	50 ± 0.5
轮胎充气压力(MPa)	0.70 ± 0.05
单轮传压面当量圆面积(mm^2)	$(3.56 \pm 0.20) \times 10^4$
双轮轮隙宽度	应能满足自由插入贝克曼梁测头的测试要求

检查并保持测定用加载车的车况及制动性能良好,轮胎符合规定充气压力。向加载车车槽中装载铁块等集料,并用地中衡称量后轴质量及单侧双轮荷载,均应符合要求。加载车行驶及测试过程中,轴重不应变化。若启用新加载车或加载车轮胎发生较大磨损时应测试轮胎传压面面积。

轮胎传压面面积测试方法如下:确保加载车双侧轮载及其轮胎气压满足表4-19的要求,在平整光滑的硬质路面上用千斤顶将汽车后轴顶起,在轮胎下方铺一张新的复写纸和一张方格纸,轻轻落下千斤顶,即在方格纸上印上轮胎印痕。用求积仪或数方格的方法测算单个轮胎印迹范围内的面积,均应符合表4-19中单轮传压面当量圆面积的要求,如图4-52、图4-53所示。

图4-52 测定轮胎充气气压和轮胎接地面积实物图

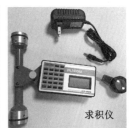

图4-53 测定轮胎接地面积实物图

(3)其他:百分表及表架、路表温度计(分度不大于1℃)、钢直尺等。检查百分表测量灵敏情况。

步骤二 测试位置的准备与处理。

(1)确定测试路段里的测试位置。

(2)当在沥青路面上测试时,用路表温度计测定试验时气温及路表温度(一天中气温不断变化,应随时测定),并通过气象台了解前5d的日平均气温(日最高气温与日最低气温的平均值)。

(3)记录沥青路面结构层材料类型、设计厚度等情况。

2)现场检测步骤

步骤一 将加载车停放在测试路段的测试位置,后轮应置于道路行车轮迹带上(图4-54)。将贝克曼梁插入加载车后轮轮隙处,与加载车行车方向一致,梁臂不得接触轮胎(图4-55)。贝克曼梁测头置于轮隙中心前方3~5cm处测点上。用路表温度计测量并记录测点附近的路表温度。可采用两台贝克曼梁对双侧轮迹同时进行回弹弯沉测试。

图4-54 加载车后轮位于道路行车轮迹带上

图4-55 弯沉仪插入汽车后轮之间的缝隙处

步骤二 将百分表安装在表架上,并将百分表的测头安放在贝克曼梁的测定杆顶面。用手指轻轻叩打百分表,检查百分表是否正常归位。如图4-56所示。

图4-56 百分表安装实物图

步骤三 指挥加载车缓缓前进,速度一般为5km/h左右,百分表表针随路面变形的增加而持续向前转动。当百分表表针示值最大时,迅速读取初读数L_1。加载车仍继续前进,百分表表针反向回转,示值开始反向变化,待加载车驶出弯沉影响范围(3m以上),百分表示值稳定后,读取终读数L_2。

步骤四 指挥加载车沿轮迹带前行,驶向下一测试位置,重复步骤一~三,完成测试路段的回弹弯沉测试。

步骤五 支点变形修正:当采用5.4m贝克曼梁测试弯沉时,一般可不进行支点变形修正。若有可能引起贝克曼梁支座处变形,在测试时应检验支点有无变形。如果有变形,此时应用另一台测试用贝克曼梁安装在测定用贝克曼梁的后方,其测点架于测定用贝克曼梁的支点旁。当加载车开出时,同时测定两台贝克曼梁的弯沉读数,如检验贝克曼梁百分表有读数,即应记录并进行支点变形修正。当在同一结构层上测定时,可在不同位置测定 5 次,求取平均值,以后每次测定时以此作为修正值。支点变形修正的原理如图 4-57 所示。

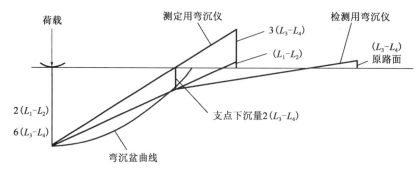

图 4-57　弯沉仪支点变形修正原理

3)检测数据计算与处理

(1)路面测点的回弹弯沉值按下式计算:

$$l_t = (L_1 - L_2) \times 2 \tag{4-36}$$

式中:l_t——在沥青面层平均温度 t 时的回弹弯沉值(0.01mm);

L_1——车轮中心临近贝克曼梁测头时百分表的最大读数(0.01mm);

L_2——加载车驶出弯沉影响半径后,待百分表稳定后的终读数(0.01mm)。

(2)当需要进行弯沉仪支点变形修正时,路面测点的回弹弯沉值按下式计算(适用于测定用贝克曼梁支座处有变形,但百分表架处路面已无变形的情况):

$$l_t = (L_1 - L_2) \times 2 + (L_3 - L_4) \times 6 \tag{4-37}$$

式中:L_1——车轮中心临近贝克曼梁测头时百分表的最大读数(0.01mm);

L_2——加载车驶出弯沉影响半径后,待百分表稳定后的终读数(0.01mm);

L_3——加载车车轮中心临近贝克曼梁测头时检测用贝克曼梁的最大读数(0.01mm);

L_4——加载车驶出弯沉影响半径后检测用贝克曼梁的终读数(0.01mm)。

(3)对于沥青面层厚度大于 5cm 的沥青路面,回弹弯沉值应根据沥青面层平均温度进行温度修正;当沥青面层厚度小于或等于 50mm,或沥青面层平均温度在 (20 ± 2)℃ 范围内时,可不进行温度修正。温度修正及回弹弯沉的计算宜按下列步骤进行:

①测定时的沥青面层平均温度按下式计算:

$$t = \frac{t_{25} + t_m + t_e}{3} \tag{4-38}$$

式中:t——测定时沥青面层平均温度(℃);

t_{25}——根据 t_0 由图 4-58 决定的路表下 25mm 处的温度(℃);

t_m——根据 t_0 由图 4-58 决定的沥青面层中间深度的温度(℃);

t_e——根据 t_0 由图 4-58 决定的沥青面层底面处的温度(℃)。

图 4-58 中 t_0 为测定时路表温度与测定前 5d 日平均气温的平均值之和(℃),日平均气温为日最高气温与日最低气温的平均值。

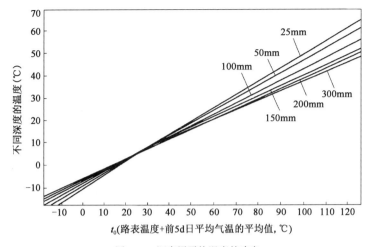

图 4-58 沥青层平均温度的确定

注:线上的数字为路表下的不同深度(mm)。

②当沥青面层平均温度在 20℃ ±2℃时,温度修正系数 $\kappa = 1$。当沥青面层平均温度为其他温度时,应根据沥青面层厚度,分别由图 4-59 及图 4-60 求取不同基层的沥青路面弯沉值的温度修正系数 κ。

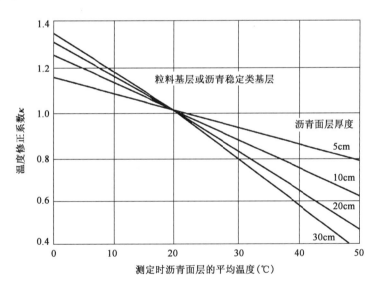

图 4-59 路面弯沉温度修正系数曲线

注:适用于粒料基层及沥青稳定基层。

③修正后的沥青路面回弹弯沉值按下式计算:

$$l_{20} = l_t \times \kappa \tag{4-39}$$

式中:κ——温度修正系数;

l_{20}——修正到20℃的沥青路面回弹弯沉值(0.01mm)。

④计算一个测试路段的回弹弯沉平均值、标准差及代表值。

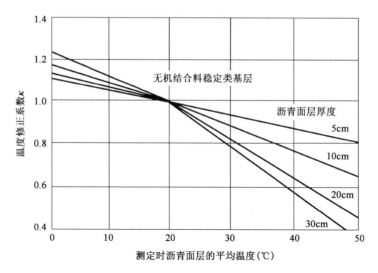

图 4-60　路面弯沉温度修正系数曲

注：适用于无机结合料稳定的半刚性基层。

2. 方法 2：自动弯沉仪测试路面弯沉

利用贝克曼梁测定路基路面回弹弯沉值操作简便，应用广泛，我国路面设计及检测的标准方法和基本参数都是建立在这种试验方法基础之上的。但是，这种试验方法整个测试过程全是人工操作，检测结果受人为因素的影响较大，而且测速慢。自动弯沉仪是测定路面弯沉值的高效自动化设备，可对路面进行高密集点的测量，适用于路面施工质量控制、验收及路面养护管理。用自动弯沉仪在标准条件下每隔一定距离连续测试路面的总弯沉值，并计算总弯沉值的平均值。以此作为尚无坑洞等严重破坏的道路验收检查及旧路面强度的评价指标，可为路面养护管理系统提供数据，经过与贝克曼梁测定值进行换算后，也可以进行路面结构设计。

自动弯沉仪的基本工作原理与贝克曼梁的原理是相同的，都是采用简单的杠杆原理。自动弯沉仪测定车在检测路段以一定速度行驶，将安装在测试车前后轴之间底盘下面的弯沉测定梁放到车辆底盘的前端并支于地面保持不动，当后轴双轮隙通过测头时，弯沉通过位移传感器等装置被自动记录下来。这时，测定梁被拖动，以 2 倍的汽车速度拖到下一测点，周而复始地向前连续测定。通过计算机可输出路段弯沉检测统计计算结果。

Lacroix 型自动弯沉仪由承载车、测量机架及控制系统，位移、温度和距离传感器，数据采集与处理系统等基本部分组成，如图 4-61 所示。

承载车辆应为单后轴、单侧双轮组的载重车，其标准条件参考贝克曼梁测定路基路面回弹弯沉试验方法中标准加载车的参数，要求见表 4-19。

检测方法与数据收集处理详见《公路路基路面现场测试规程》（JTG 3450—2019）中 T 0952—2008 中的要求。

图 4-61　自动弯沉仪的测量机构

自动弯沉仪测试路面弯沉（文本）

3. 方法 3：落锤式弯沉仪测试路基路面弯沉

利用贝克曼梁方法测出的回弹弯沉是静态弯沉。自动弯沉仪检测弯沉时，因为汽车行进速度很慢，所测得的弯沉也接近静态弯沉。而实际上，当汽车行驶在道路上时，路面产生的回弹弯沉是动态弯沉，所以静态弯沉并不能很好地模拟路面在动态荷载下的状态。为了模拟汽车快速行驶的实际情况，不少国家开发了动态弯沉的测试设备。

落锤式弯沉仪(Falling Weight Deflectometer，简称 FWD)是目前国际上比较先进的一种路面弯沉强度无损检测设备。其工作原理为：将测试车开到测试地点，通过计算机控制下的液压系统，启动落锤装置，使一定质量的落锤从一定高度自由落下，模拟行车荷载所产生的冲击作用。冲击力作用于承载板上并传递到路面，导致路面产生弯沉，分布于距测点不同距离的传感器检测结构层表面的变形，记录系统将信号输入计算机，得到路面测点弯沉及弯沉盆。

采用落锤式弯沉仪(FWD)测定路基路面的动态弯沉，并用来反算路基路面各结构层材料的回弹模量。所测结果也可用于评定路基路面承载能力、调查水泥混凝土路面接缝的传力效果和探查路面板下的空洞等，所以这种设备特别适用于高等级公路路面和机场的弯沉值测定和承载能力的评定。

1）检测前的准备

落锤式弯沉仪法检测弯沉前首先要做好充分的准备，准备工作包括仪器的准备和测试位置的准备。

步骤一　仪器的准备。

落锤式弯沉仪，由荷载发生装置、弯沉检测装置、控制系统与牵引车等组成。其结构示意如图 4-62 所示。

(1) 荷载发生装置：重锤的质量及落高根据使用目的与道路等级选择，荷载由传感器测定。如无特殊需要，重锤的质量为 (200 ± 10) kg，可采用产生 (50 ± 2.5) kN 的冲击荷载。承载板为十字形，对称分开成 4 部分，且底部固定有橡胶片。承载板的直径一般为 300mm，也可为 450mm。

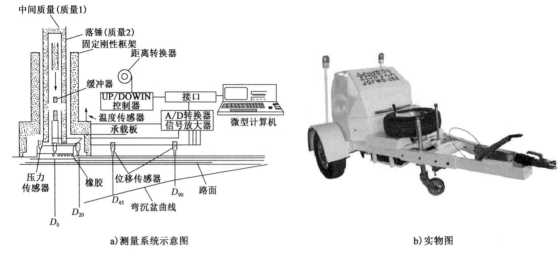

图 4-62 落锤式弯沉仪

（2）弯沉检测装置：由一个或多个高精度位移传感器组成，位移分辨力不大于 0.001mm，如图 4-63 所示，传感器可为差动变压器式位移计（LVDT）。自承载板中心开始，沿道路纵向隔开一定距离布设一组传感器，传感器呈线性布置。位移传感器总数应不少于 7 个，建议布置在距离承载板中心 0~250cm 的范围内，必须包括 0cm、30cm、60cm、90cm 四点。其他根据需要及设备性能决定。

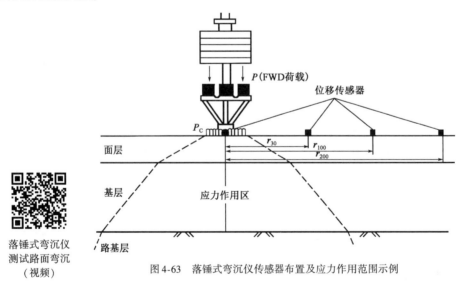

图 4-63 落锤式弯沉仪传感器布置及应力作用范围示例

（3）运算及控制装置：能在冲击荷载作用的瞬间，记录冲击荷载及各个传感器所在位置测点的动态变形。

（4）牵引装置：牵引 FWD 并安装有控制装置的车辆，如图 4-64 所示。

调整重锤的质量及落高，使重锤的质量及产生的冲击荷载符合测试要求。检查牵引车车况及使用性能，检查各项指标符合仪器规定要求，确保牵引车各项功能正常。开启 FWD，按仪器使用说明书对位移传感器进行标定（图 4-65），使之达到规定精度要求。

图 4-64 牵引装置

a) 标定前　　　　　b) 绝对标定以后　　　　c) 相对标定以后

图 4-65 FWD 标定示意图

步骤二　测试位置的准备。

在测试路段的路基或路面各层表面布置测点,其位置或距离随测试需要而定。当在路面表面测定时,测点宜布置在行车车道的轮迹带上。测试时,还可利用距离传感器定位。

2) 现场检测步骤

步骤一　将 FWD 牵引至测试路段起始位置处,牵引 FWD 行驶的速度不宜超过 50km/h。输入测试位置信息,设定好状态参数。

步骤二　将承载板中心位置对准测点,落下承载板,放下弯沉检查装置的各个传感器。

步骤三　启动荷载发生装置,落锤瞬间自由落下,冲击力作用于承载板上,又立即自动提升至原来位置固定。同时,各个传感器测量并记录结构层表面变形数据,记录系统将位移信号输入计算机,并得到弯沉值(即变形的峰值)和弯沉盆,如图 4-66 所示。每一个测点重复测定应不少于 3 次。

步骤四　提起传感器及承载板,牵引车向前移动至下一个测点,重复上述步骤二~步骤三,进行测定,直至完成整个测试路段的测试。

3) 相关性试验

如有需要时,可按以下相关性试验步骤得到落锤式弯沉仪与贝克曼梁弯沉仪两者的相关关系。

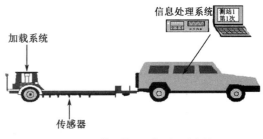

图 4-66 落锤装置工作原理示意图

步骤一 路段选择。

选择结构类型完全相同的路段,针对不同地区选择某种路面结构的代表性路段,进行两种测定方法的对比试验,以便将落锤式弯沉仪测定的动弯沉换算成贝克曼梁测定的回弹弯沉值。选择的对比路段长度为 300～500m,弯沉值应有一定的变化幅度。

步骤二 相关性试验步骤。

(1)采用与实际使用相同且符合要求的落锤式弯沉仪及贝克曼梁弯沉仪测试车。落锤式弯沉仪的冲击荷载应与贝克曼梁弯沉仪测试车的后轴双轮荷载相同。

(2)标记路段起点位置。

(3)布置测点位置,用贝克曼梁定点测定回弹弯沉,测试车开走后,用粉笔以测点为圆心,在周围画一个半径为 15cm 的圆,标明测点位置。

(4)将落锤式弯沉仪的承载板对准圆圈,位置偏差不超过 3cm,按前述方法进行测定。两种仪器对同一点弯沉测试的时间间隔不应超过 10min。

(5)逐点对应计算两者的相关关系。

通过对比试验,得出回归方程式

$$L_B = a + b \cdot L_{FWD} \tag{4-40}$$

式中:L_{FWD}——落锤式弯沉仪测试的弯沉值(0.01mm);

L_B——贝克曼梁测试的弯沉值(0.01mm)。

回归方程式相关系数应不小于 0.95。

由于路面结构和材料、路基状况、温度、水文条件、路面使用状况不同,相关性关系也有所不同,为了提高数据的准确性,需分各种情况做此项相关性试验。

4)检测数据计算与处理

(1)舍去承载板中心位移传感器的首次弯沉测试值,计算后几次弯沉测试值的平均值作为该点的弯沉值。

(2)按照《公路沥青路面设计规范》(JTG D50—2017)的规定,对弯沉值进行温度修正。

(3)按桩号记录各测点的弯沉及弯沉盆数据,计算一个评定路段的弯沉平均值、标准差及代表值。

4. 方法 4:激光式高速路面弯沉测定仪测试路面弯沉

当前我国路面弯沉测试的自动化设备主要有激光自动弯沉仪和落锤式自动弯沉仪两种,这两种设备虽然采用不同的原理对路面进行弯沉测试,但是测量速度一般都控制在 3.5km/h 以内,测试效率很低,由于行驶速度慢,此类设备在高速上测试时危险性较高,而激光式高速路面弯沉测定仪的测试速度可选为 30～90km/h,以正常行车速度在高速公路上进行测试,测试效率大大提高,此外,还具有不影响交通、安全性好等优点。

激光式高速路面弯沉测定仪是目前世界上最先进的弯沉测试装置,它在高速行驶过程中利用激光多普勒(Laser-Doppler)技术测试地面在荷载作用下的垂直下沉速度,再通过分析程序计算出最大弯沉及弯沉盆数据,用以评价路基路面承载能力,该类设备最早由丹麦 Green-Wood 公司研发。目前,我国科研机构已经研制了具有自主知识产权的激光式高速路面弯沉测定仪,并在国内推广使用。

激光式高速路面弯沉测定仪由承载车、检测控制系统、多普勒激光传感器、距离测量系统、温度控制系统等基本部分组成,如图4-67所示,承载车应不少于两轴,中后轴双侧四轮的载重车,其技术参数应符合表4-19的要求。

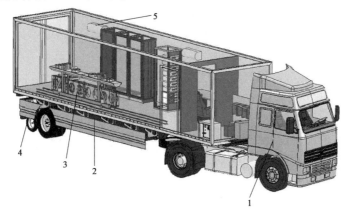

图4-67 激光式高速路面弯沉测定仪结构示意图
1-承载车;2-检测控制系统;3-多普勒激光传感器;4-距离测量系统;5-温度控制系统

检测方法与数据收集处理详见《公路路基路面现场测试规程》(JTG 3450—2019)中T 0957—2019中的要求。

(三)检测结果评定

(1)路基、沥青路面弯沉代表值为弯沉测量值的上波动界限,按下式计算:

$$l_r = (\bar{l} + \beta \cdot S)K_1K_3 \qquad (4-41)$$

式中:l_r——弯沉代表值(0.01mm);

$\bar{l}$——实测弯沉的平均值(0.01mm);

S——标准差(0.01mm);

β——目标可靠值,见表4-20;

K_1——湿度影响系数,根据当地经验确定;

K_3——温度影响系数,路基顶面弯沉测定时取1,路表弯沉测定时根据下式确定:

$$K_3 = e^{[9 \times 10^{-6}(\ln E_0 - 1)H_a + 4 \times 10^{-3}](20-T)}$$

T——弯沉测定时沥青结合料类材料层中点实测温度或预估温度(℃);

H_a——沥青结合料类材料层厚度(mm);

E_0——平衡湿度状态下路基顶面回弹模量(MPa)。

目标可靠指标 β 值 　　　　　　　表4-20

公路等级	高速公路	一级公路	二级公路	三级公路	四级公路
目标可靠度(%)	95	90	85	80	75
目标可靠指标 β	1.65	1.28	1.04	0.84	0.52

注:弯沉值已按试验检测规程进行20℃的沥青回弹路面弯沉值换算的,不重复考虑温度影响系数。

(2)粒料类基层和底基层顶面弯沉代表值应按下式计算:

$$l_r = \bar{l} + Z_\alpha S \qquad (4-42)$$

式中：l_r——弯沉代表值(0.01mm)；

$\bar{l}$——实测弯沉的平均值(0.01mm)；

S——标准差(0.01mm)；

Z_α——与要求保证率有关的系数，高速公路和一级公路取 $Z_\alpha = 2.0$，二级公路取 $Z_\alpha = 1.645$，二级以下公路取 $Z_\alpha = 1.5$。

(3)二级及二级以下公路，当路基和粒料类基层、底基层的弯沉代表值不符合要求时，可将超出"$\bar{l}+(2\sim3)S$"的弯沉特异值舍弃，对舍弃的弯沉值大于"$\bar{l}+(2\sim3)S$"的点，应找出周围界限，进行局部处理，并对弯沉进行复测后重新计算平均值和标准差。高速公路、一级公路不得舍弃特异值。

(4)当弯沉代表值大于设计弯沉值时，相应分项工程应为不合格。

例如《公路工程质量检验评定标准 第一册 土建工程》(JTG F80/1—2017)土方路基实测项目中对弯沉的要求见表4-21。

土方路基实测项目弯沉要求　　　　　　　　　　　　　　　　表4-21

检查项目	规定值或允许偏差			检测方法和频率
	高速公路、一级公路	其他公路		
		二级公路	三、四级公路	
弯沉(0.01mm)	≤设计验收弯沉值			按附录J检测

【例4-5】 某新建高速公路竣工后，测得某段路面的弯沉值见表4-22，路面设计弯沉值为40(0.01mm)，试判断该路段的弯沉值是否符合要求(不考虑温度和湿度修正)。

弯沉值检测结果(0.01mm)　　　　　　　　　　　　　　　　　表4-22

序号	1	2	3	4	5	6	7	8	9	10	11
l_i	30	29	31	28	27	26	33	32	30	30	31
序号	12	13	14	15	16	17	18	19	20	21	22
l_i	29	27	26	32	31	33	31	30	29	28	28

解：经计算：$\bar{L}=29.6(0.01\text{mm})$，$S=2.09(0.01\text{mm})$；

代表弯沉值为弯沉检测值的上波动界限，即

$$l_r = (\bar{l}+\beta \cdot S)K_1K_3 = (29.6+1.65\times2.09)\times1.0\times1.0 = 33.0(0.01\text{mm})$$

因为代表弯沉值 $l_r < l_d = 40(0.01\text{mm})$，所以该路段的弯沉值是满足要求的。

二、CBR值检测

(一)理论知识

CBR又称加州承载比，是California Bearing Ratio的缩写，由美国加利福尼亚州公路局首先提出，是在公路工程中广泛使用的一个性能指标。CBR试验是一种用来检验公路路基在不利状态下的承载能力的方法，它是评定土基及路面基层材料强度的主要依据，由于该方法简便、试验数据稳定，因而被许多国家采用。

CBR 值是指试件抵抗局部荷载压入贯入量达到 2.5mm 或 5mm 时的荷载强度与标准碎石压入相同贯入量时的标准压强(7MPa 或 10.5MPa)的比值,用百分比表示。标准压强是用高质量碎石材料大量试验求得的。

路基填料的 CBR 值是土体抗局部剪切力(潜在强度)的反映,评价路用性能的重要指标。为了合理选择路基填料,确保路基的强度和稳定性,《公路路基设计规范》(JTG D30—2015)、《公路路基施工技术规范》(JTG/T 3610—2019)和《公路沥青路面设计规范》(JTG D50—2017)中都规定了路基填料的最小强度(CBR 值)要求,见表4-23。在路基施工之前,必须对所用填料进行 CBR 试验。

路基填料最小强度(CBR)值和最大粒径要求　　　　表4-23

填料应用部位(路床顶面以下深度)(m)			填料最小强度(CBR)(%)			填料最大粒径(mm)
			高速公路、一级公路	二级公路	三级公路	
填方路基	上路床		0~0.30	8	6	5	100
	下路床	轻、中及重交通	0.30~0.80	5	4	3	100
		特重、极重交通	0.30~1.20				
	上路堤	轻、中及重交通	0.80~1.50	4	3	3	150
		特重、极重交通	1.20~1.90				
	下路堤	轻、中及重交通	>1.50	3	2	2	150
		特重、极重交通	>1.90				
零填及挖方路基	上路床		0~0.30	8	6	5	100
	下路床	轻、中及重交通	0.30~0.80	5	4	3	100
		特重、极重交通	0.30~1.20				

注:1. 表列强度按《公路土工试验规程》(JTG 3430—2020)中规定的浸水96h 的 CBR 试验方法测定。
　　2. 三、四级公路铺筑沥青混凝土和水泥混凝土路面时,应采用二级公路的规定。
　　3. 表中上、下路堤填料最大粒径150mm 的规定,不适用于填石路堤和土石路堤。

CBR 试验有室内试验和现场试验两种:

(1)CBR 室内试验时,按路基施工时的最佳含水率及压实度要求在试筒内制备试件;为了模拟材料在使用过程中的最不利状态,试件在加载前浸泡在水中饱水 4 昼夜;为了模拟路面结构层的自重压力,需在试件顶面施加荷载板;贯入试验中,材料的承载能力越高,对其压入一定深度所需施加的荷载越大。

(2)CBR 值现场试验方法与室内试验基本相同,但其压入试验直接在土基顶面或路面材料顶面进行。

(二)检测方法与数据处理

1. 方法 1:室内 CBR 试验

对于粒径在 20mm 以内(最大粒径不得超过 40mm,且粒径在 20~40mm 的颗粒含量不超过 5%)的各种土,在试验室内用规定的试筒制成标准试件,在路面材料强度仪上进行承载比试验,即可测定材料的 CBR 值。

1)检测前的准备

室内 CBR 试验前首先要做好仪器与材料的准备工作。

步骤一 仪器的准备。

(1)圆孔筛:孔径 40mm、20mm 及 5mm 筛各 1 个。

(2)试筒:内径 152mm、高 170mm 的金属圆筒;套环,高 50mm;筒内垫块,直径 151mm、高 50mm;夯击底板,同击实仪。试筒的形式和主要尺寸如图 4-68 所示,实物图如图 4-69 所示,或用《公路土工试验规程》(JTG 3430—2020)中 T 0131—2019 击实试验的大击实筒。

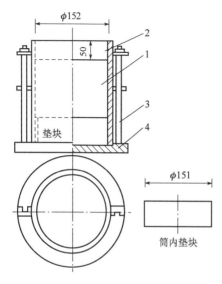

图 4-68 承载比试筒(尺寸单位:mm)
1-试筒;2-套环;3-拉杆;4-夯击底板

图 4-69 承载比试筒实物图

(3)夯锤和导管:夯锤的底面直径 50mm,总质量 4.5kg。夯锤在导管内的总行程为 450mm,夯锤的形式和尺寸与重型击实试验法所用的相同。

(4)贯入杆:端面直径 50mm、长约 100mm 的金属杆。

(5)路面材料强度仪或其他荷载装置:能调节贯入速度至每分钟贯入 1mm,可采用测力计式,如图 4-70 所示。

(6)百分表:3 个。

(7)试件顶面上的多孔板(测试件吸水时的膨胀量),如图 4-71 所示。

(8)多孔底板(试件放上后浸泡水中)。

(9)膨胀量测定装置,如图 4-72 所示。

(10)荷载板:直径 150mm,中心孔眼直径 52mm,每块质量 1.25kg,共 4 块,并沿直径分为两个半圆块,如图 4-73 所示。

(11)水槽:浸泡试件用,槽内水面高出试件顶面 25mm。

(12)其他:天平(称量 2 000g,感量 0.01g;称量 50kg,感量 5g);拌和盘;直尺;滤纸;脱模器等与击实试验相同。

图 4-70 手摇测力计式荷载装置示意图(左)与实物图(右)
1-框架;2-量力环;3-贯入杆;4-百分表;5-试件;6-升降台;7-蜗轮蜗杆箱;8-摇把

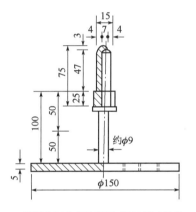

图 4-71 带调节杆的多孔板示意图(尺寸单位:mm)

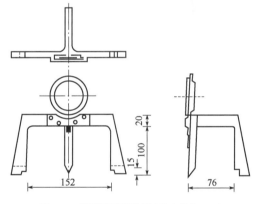

图 4-72 膨胀量测定装置(尺寸单位:mm)

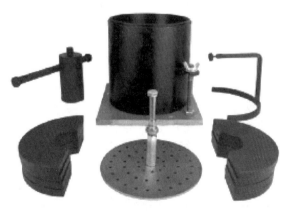

图 4-73 荷载板实物图

步骤二 材料的准备。

(1)将具代表性的风干试料(必要时可在50℃烘箱内烘干),用木碾捣碎,但应尽量注意不使土或粒料的单个颗粒破碎。土团均应捣碎到通过5mm的筛孔。

(2)取代表性的试料50kg,用40mm筛筛除大于40mm的颗粒,并记录超尺寸颗粒的百分数。将已过筛的试料按四分法取出约25kg,再用四分法将取出的试料分成4份,分好的试料每份质量6kg,供击实试验和制试件之用。

(3)取有代表性的试料,测定其风干含水率。测定含水率用的试样数量:细粒土不小于50g,砂类土、有机质土不小于100g,砾类土不小于1kg。

(4)将1份分好的试料分3层装,按《公路土工试验规程》(JTG 3430—2020)中T 0131—2019击实试验方法确定试料的最大干密度和最佳含水率。

(5)取另外3份分好的试料分别按最佳含水率掺水。将一份试料铺于金属盘内,按事先计算得到的该份试料应加的水量[式(4-43)]均匀地喷洒在试料上,用小铲将试料和水充分拌和到均匀状态,然后装入密闭容器或塑料口袋内浸润备用。浸润时间:黏性土不得小于24h,粉性土可缩短到12h,砂土可缩短到6h,天然砂砾可缩短到2h左右。

注:①需要时,可制备三种干密度试件,使试件的干密度控制在最大干密度的90%~100%。如每种干密度试件制3个,则共制9个试件,9个试件共需试样约55kg。②采用击实成型试件时,每层击数一般分别为30次、50次和98次。③采用静压成型制件时,根据确定的压实度计算所需的试样量,一次静压成型。

$$m_w = \frac{m_i}{1 + 0.01w_i} \times 0.01(w - w_i) \tag{4-43}$$

式中:m_w——所需加水量(g);

m_i——含水率w_i时土样的质量(g);

w_i——土样原有含水率(%);

w——要求达到的含水率(%)。

2)试验步骤

步骤一 制作标准试件。

(1)称试筒本身质量m_1,将试筒固定在底板上,将垫块放入筒内,并在垫块上放一张滤纸,安上套环。

(2)将备好的1份试料,分3次倒入筒内(每层需试样1 500~1 750g,其量应使击实后的试样高出1/3试件高1~2mm)。整平表面,并稍加压紧,然后按规定的击数进行第一层试样的击实,击实时锤应自由垂直落下,锤迹必须均匀分布于试样面上。第一层击实完后,将试样层面"拉毛",然后再装入套筒,重复上述方法进行其余每层试样的击实。大试筒击实后,试样不宜高出筒高10mm。

(3)卸下套环,用直刮刀沿试筒顶修平击实的试件,表面不平整处用细料修补。取出垫块,称试筒和试件的质量(m_2)。

步骤二 泡水测膨胀量。

(1)在试件制成后,取下试件顶面的破残滤纸,放一张好滤纸,并在其上安装附有调节杆的多孔板,在多孔板上加4块荷载板(图4-73)。荷载板应交错放置,上下板缝隙不应对齐。

(2)将试筒与多孔板一起放入槽内(先不放水),用拉杆将模具拉紧,安装百分表,并读取初读数,如图 4-74 所示。

(3)向水槽内放水,使水自由进到试件的顶部和底部,使水漫过试筒顶部,如图 4-75 所示。在泡水期间,槽内水面应保持在试件顶面以上约 25mm。通常试件要泡水 4 昼夜。

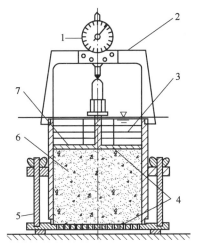

图 4-74　泡水测膨胀量试验结构示意图
1-百分表;2-表架;3-荷载板;4-滤纸;5-拉杆;6-被测材料;7-多空顶板

图 4-75　试件泡水实物图

(4)泡水终了时,读取试件上百分表的终读数,并用下式计算膨胀量(%):

$$\delta_e = \frac{H_1 - H_0}{H_0} \times 100 \tag{4-44}$$

式中:δ_e——试件泡水后的膨胀率(%),计算至 0.1%;

H_1——试件泡水终了的高度(mm);

H_0——试件初始高度(mm)。

(5)从水槽中取出试件,倒出试件顶面的水,静置 15min,让其排水,卸去附加荷载、多孔板、底板和滤纸,并称其质量 m_3,以计算试件的湿度和密度的变化。

步骤三　贯入试验。

(1)应选用合适吨位的测力环,贯入结束时测力环读数宜占其量程的 1/3 以上。

(2)将泡水试验终了的试件放到路面材料强度试验仪的升降台上,调整偏球座,使贯入杆与试件顶面全面接触,在贯入杆周围放置 4 块荷载板,如图 4-76 所示。

(3)先在贯入杆上施加少许荷载,以便试样与土样紧密接触,然后将测力和测变形的百分表指针都调整至整数,并记读初始读数。

(4)加荷使贯入杆以 1~1.25mm/min 的速度压入试件,同时测记三个百分表的读数。记录测力计内百分表某些整读数(如 20、40、60)时的贯入量,并注意使贯入量为 250×10^{-2} mm 时,能有 5 个以上的读数。因此,测力计内的第一个读数应是贯入量 30×10^{-2} mm 左右。

3)检测数据计算与处理

(1)以单位压力(p)为横坐标,贯入量(l)为纵坐标,绘制 p-l 关系曲线,如图 4-77 所示。

图上曲线 1 是合适的。曲线 2 开始段是凹曲线,需要进行修正。修正时在变曲率点引一切线,与纵坐标交于 O' 点,O' 即为修正后的原点。

图 4-76　在路面材料强度试验仪上安装试件和百分表

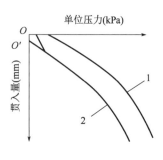

图 4-77　单位压力与贯入量的关系曲线

(2)一般采用贯入量为 2.5mm 时的压力与标准压力之比作为材料的承载比(CBR),即

$$\mathrm{CBR} = \frac{P}{7\ 000} \times 100 \tag{4-45}$$

式中:CBR——承载比(%),计算至 0.1%;
　　　P——单位压力(kPa)。

贯入量为 5mm 时的承载比:

$$\mathrm{CBR} = \frac{P}{10\ 500} \times 100 \tag{4-46}$$

取两者的较大值作为该材料的承载比(CBR)。

(3)试件的湿密度用下式计算:

$$\rho = \frac{m_2 - m_1}{2\ 177} \tag{4-47}$$

式中:ρ——试件的湿密度(g/cm³),计算至 0.01g/cm³;
　　　m_2——试筒和试件的合质量(g);
　　　m_1——试筒的质量(g);
　　　2 177——试筒的容积(cm³)。

(4)试件的干密度用下式计算:

$$\rho_d = \frac{\rho}{1 + 0.01w} \tag{4-48}$$

式中:ρ_d——试件的干密度(g/cm³),计算至 0.01g/cm³;
　　　w——试件的含水率(%)。

(5)泡水后试件的吸水量按下式计算:

$$w_a = m_3 - m_2 \tag{4-49}$$

式中:w_a——泡水后试件的吸水量(g);

m_3——泡水后试筒和试件的合质量(g)。

(6)精度要求。

当根据 3 个平行试验结果计算得到的承载比变异系数 C_v 大于 12% 时,则去掉一个偏离大的值,取其余 2 个结果的平均值。当 C_v 小于 12% 时,取 3 个结果的平均值。

(7)绘制承载比和干密度关系曲线。

在必要时(当承载比较小时)应当绘制含水率-干密度-承载比关系曲线图,如图 4-78 所示。含水率-干密度关系图为击实试验所得的图,而干密度-承载比关系图则是以干密度为纵坐标,以承载比为横坐标,分别将 30 次、50 次和 98 次击实的干密度平均值(每组 3 个试件)与所对应的承载比平均值一一点绘到坐标中,连成一折线;然后根据工地所要求的材料的干密度(最大干密度乘以要求的压实度),确定现场材料的实际承载比;最后以此承载比来判断路基填料是否合格。

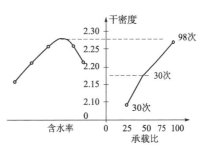

图 4-78 含水率-干密度-承载比关系曲线

2. 方法 2:土基现场 CBR 试验

土基现场 CBR 值是表征公路土基承载能力的一种指标,即在公路土基现场条件下,规定贯入量所施加的试验荷载压强与标准荷载压强的比值,以百分比计。

土基现场 CBR 试验适用于在现场测试各种填料粒径不超过 31.5mm 的土基材料的现场 CBR 值,也适合于基层、底基层砂性土、天然砂砾、级配碎石等材料现场 CBR 值的试验,用于评价材料的承载能力。

土基现场 CBR 试验的主要仪器如图 4-79 所示。

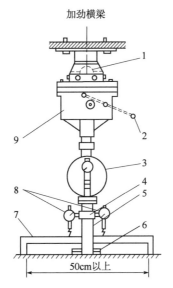

土基现场 CBR 试验(文本)

图 4-79 CBR 现场测试装置示意图
1-球座;2-手柄;3-测力计;4-百分表夹具;5-贯入杆;
6-承载板;7-刚性平台;8-百分表;9-千斤顶

其试验原理是将土基表面用细砂找平,用后轴重不小于 60kN 的载重汽车后加装的加劲横梁充当反力架,用千斤顶连续均匀地施加荷载,当相应贯入量为特定读数时,分别记录测力计读数,绘制单位压力-贯入量曲线,在曲线上读出贯入量为 2.5mm 和 5.0mm 时的单位压力值,代入公式计算 CBR 值。

检测方法与数据收集处理详见《公路路基路面现场测试规程》(JTG 3450—2019)中 T 0941—2008 中的要求。

(三)检测结果评定

CBR 试验后,将计算得到的 CBR 的实测值与相关规范规定的最小值进行比较,如实测 CBR 值大于填料最小强度值要求,则该材料承载能力满足要求。例如,《公路路基设计规范》(JTG D30—2015)中路床填料最小承载比要求见表 4-24。

路床填料最小承载比要求　　　　表 4-24

路基部分		路面底面以下深度(m)	填料最小承载比(CBR)(%)		
			高速公路、一级公路	二级公路	三、四级公路
上路床		0~0.3	8	6	5
下路床	轻、中等及重交通	0.3~0.8	5	4	3
	特重、极重交通	0.3~1.2	5	4	—

三、回弹模量的检测

(一)理论知识

回弹模量是指路基、路面及筑路材料在荷载作用下产生的应力与其相应的回弹应变的比值。填方路基工程所用的材料主要是岩土类材料,主要包括碎石、砂质土、黏质土以及水泥稳定土等材料,具有天然性、多样性、复杂性等特性。在填方工程中,岩土材料力学特性(包括刚性特性及强度特性)是其最为重要的力学指标。特别是近年来,随着高速铁路、高速公路的迅猛发展,对填方工程的质量要求日益严格。其中,材料的变形特性决定了其沉降特性,对于高速铁路和高速公路这样的长、大工程显得尤为重要。有研究就曾指出,"如果每层覆盖层的平均刚度的不均匀性只减少 25%,路面的寿命就会延长一倍"。可见,保证填筑材料变形特性的均匀性,对提高道路的耐久性有极其重要的意义。

土基回弹模量表示土基在弹性变形阶段内,在垂直荷载作用下,抵抗竖向变形的能力,如果垂直荷载为定值,土基回弹模量值越大则产生的垂直位移就越小;如果竖向位移是定值,回弹模量值越大,则土基承受外荷载作用的能力就越大。路面设计中采用回弹模量作为土基抗压强度的指标,因此对其检测极其重要。

现场实测方法宜采用承载板法,也可采用贝克曼梁弯沉仪法、落球式岩土材料力学特性测试仪法。若现场实测路基回弹模量代表值小于设计值,应采取翻晒补压、掺灰处理等加强路基或调整路面结构厚度的措施,以保证路基路面的强度和稳定性。

(二)检测方法与数据处理

1.方法1:承载板测试土基回弹模量方法

承载板测试土基回弹模量法属于静态回弹模量测试方法,它适用于在现场土基表面通过承载板对土基逐级加载、卸载的方法,测出每级荷载下相应的土基回弹变形值,经过计算求得土基回弹模量,作为路面设计参数使用。

1)检测前的准备

承载板测试土基回弹模量前首先要做好充分的准备,准备工作包括仪器的准备、测试位置的准备与处理。

步骤一 仪器的准备。

(1)反力装置:载重汽车后轴重不小于60kN,在汽车大梁的后轴之后设有一加劲横梁作反力架用。

(2)荷载装置,如图4-80所示。由千斤顶、测力计(测力环或压力表)及球座组成。

(3)刚性承载板一块,板厚20mm,直径为φ300mm,直径两端设有立柱和可以调整高度的支座,供安放贝克曼梁测头用,承载板安放在土基表面上。

(4)贝克曼梁、百分表及其支架2套,如图4-81所示。

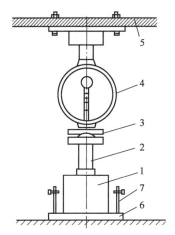

图4-80 承载板试验现场测试装置示意图
1-加载千斤顶;2-钢圆筒;3-钢板球座;4-测力计;
5-加劲横梁;6-承载板;7-立柱及支座

图4-81 两台路面弯沉仪检测土基回弹模量

(5)液压千斤顶一台(80~100kN),装有压力表或测力环,其量程不小于土基强度,测试精度不小于测力计量程的1%。

(6)其他:秒表、水平尺、细砂、毛刷、垂球、镐、铁锹、铲等。

步骤二 测试位置的准备与处理。

(1)根据需要选择有代表性的测点,测点应位于水平的路基上,土质均匀,不含杂物。

(2)平整土基表面,撒干燥洁净的细砂填平土基凹处,砂子不可覆盖全部土基表面,避免形成夹层。

(3)安置承载板,并用水平尺进行校正,使承载板处于水平状态。

(4)将试验车置于测点上,在加劲横梁中部悬挂垂球测试,使之恰好对准承载板中心,然后收起垂球。

(5)在承载板上安放千斤顶,上面衬垫钢圆筒、钢板,并将球座置于顶部与加劲横梁接触,如用测力环时,应将测力环置于千斤顶与横梁中间,千斤顶及衬垫物必须保持垂直,以免加压时千斤顶倾倒发生事故并影响测试数据的准确性。

(6)将两台贝克曼梁的测头分别置于承载板立柱的支座上,如图4-82所示。

2)现场检测步骤

步骤一 循环加载、卸载。

用千斤顶开始加载,直至测力环或压力表显示预压0.05MPa,稳压1min,使承载板与土基紧密接触,同时检查百分表的工作情况是否正常,然后放松千斤顶油门卸载,稳压1min后,将百分表调零或调至其他合适的初始位置上,记录初始读数,如图4-83所示。

图4-82 安放弯沉仪

图4-83 加载千斤顶

步骤二 测试土基的压力-变形曲线。

用千斤顶加载,采用逐级加载卸载法,用压力表或测力环控制加载量。当荷载小于0.1MPa时,每级增加0.02MPa,以后每级增加0.04MPa左右。为了使加载和计算方便,加载数值可适当调整为整数,每次加载至预定荷载 P 后,稳定1min,立即读记两台弯沉仪百分表数值,然后轻轻放开千斤顶油门卸载至0,待卸载稳定1min后,再次读数。每次卸载后百分表不再调零。当两台弯沉仪百分表读数之差小于平均值的30%时,取平均值,若超过30%,则应重测。当回弹变形值超过1mm时,即可停止加载。

步骤三 计算回弹变形和总变形。

各级荷载的回弹变形和总变形,按以下方法计算:

回弹变形=(加载后读数平均值-卸载后读数平均值)×贝克曼梁杠杆比

总变形=(加载后读数平均值-加载初始前读数平均值)×贝克曼梁杠杆比

步骤四 测定总影响量 α。

最后一次加载卸载循环结束后,取走千斤顶,重新读取百分表初读数,然后将汽车开出10m以外,读取终读数,按以下方法计算总影响量 α:

总影响量(α) = (百分表初读数平均值 – 百分表终读数平均值) × 贝克曼梁杠杆比

总影响量是汽车后轴荷载对施测点的回弹变形。

步骤五 测含水率。

在试验点下取样,测定材料含水率。最大粒径不大于 4.75mm 时,试样数量约 120g;最大粒径不大于 19.0mm 时,试样数量约 250g;最大粒径不大于 31.5mm 时,试样数量约 500g。

步骤六 测密度。

在紧靠试验点旁边的适当位置,用灌砂法或环刀法等方法测定土基的密度。

3) 检测数据计算与处理

(1) 各级压力下的影响量 α_i 按下式计算:

$$\alpha_i = \frac{(T_1 + T_2)\pi D^2 P_i}{4T_1 Q} \times \alpha \tag{4-50}$$

式中:α_i——第 i 级压力下的影响量(0.01mm);

T_1——载重汽车前后轴距(m);

T_2——加劲小梁距后轴距离(m);

D——承载板直径(m),记为 0.3m;

Q——载重汽车后轴重(N);

P_i——第 i 级承载板压力(Pa);

α——总影响量(0.01mm)。

(2) 回弹变形计算值(L_i) 为各级压力的回弹变形值加上该级的影响量。排除显著偏离的异常点,将各级回弹变形计算值点绘于标准计算纸上,绘出顺滑的 P-L 曲线,如曲线起始部分出现反弯,应按图 4-84 所示修正原点 O,O' 则是修正的原点。

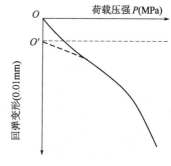

图 4-84 修正原点示意图

(3) 按下式计算相应于各级荷载下的土基回弹模量 E_i 值:

$$E_i = \frac{\pi D}{4} \times \frac{P_i}{L_i}(1 - \mu_0^2) \tag{4-51}$$

$$L_i = L_i' + \alpha_i \tag{4-52}$$

式中:E_i——相应于第 i 级荷载下的土基回弹模量(MPa);

μ_0——土的泊松比,根据路面设计规范规定取用,当无规定时,非黏性土取 0.30,高黏性土取 0.50,一般可取 0.35 或 0.40;

L_i——相对于荷载 P_i 时的第 i 级回弹变形计算值(cm);

L_i'——相对于荷载 P_i 时的第 i 级实测回弹变形值(cm)。

(4) 取结束试验前的各级回弹变形计算值,按线性回归方法由下式计算土基回弹模量 E_0 值:

$$E_0 = \frac{\pi D}{4} \times \frac{\sum P_i}{\sum L_i}(1 - \mu_0^2) \tag{4-53}$$

式中:E_0——土基回弹模量(MPa)。

2. 方法 2：贝克曼梁法测试路基路面回弹模量方法

用贝克曼梁测试各点的回弹弯沉值，通过计算求得该材料回弹模量值的试验，既适用于土基和厚度不小于 1m 的粒料整层表面，也适用于在既有道路表面测定路基路面的综合回弹模量。

贝克曼梁法测试路基路面回弹模量试验（文本）

贝克曼梁测试路基路面回弹模量方法所使用的仪器设备、测试步骤都与贝克曼梁测试路基路面回弹弯沉方法一样，就是利用贝克曼梁对路基路面的回弹弯沉进行测试，然后利用相应公式来计算材料的回弹模量。

检测方法与数据收集处理详见《公路路基路面现场测试规程》(JTG 3450—2019) 中 T 0944—1995 中的要求。

3. 方法 3：落球仪测试土质路基模量方法

落球式岩土材料力学特性测试仪（简称落球仪）属于便携式弯沉仪的一种，具有结构简单，测试效率高，自动化程度及测试精度高的特点，可以快速、高精度、有效地测试岩土材料的变形特性及土基的回弹模量，能够大面积、全断面进行填土的施工质量监理，有效杜绝偷工减料等不正当行为，保证施工质量，具有巨大的社会效益和经济效益。

测试原理：落球仪测试原理主要是基于赫兹（Hertz）接触理论，通过测量自由落下球体与路基、路床材料间的碰撞过程，根据接触时间等响应参数，进而推算材料的力学特性（回弹模量等），属于动态回弹模量测试方法。

落球仪法适用于快速测试黏土、粉土、砂石土、砾石土土质路基的压缩模量和回弹模量，但不适用于最大粒径超过 100mm 的土质路基模量测试。在大多数情况下，落球仪法测试得到的回弹模量与贝克曼梁弯沉推算得到的回弹模量，在均值、趋势等方面基本一致；但由于落球测试的深度范围要浅于贝克曼梁弯沉，因此落球仪法测试受材料表面影响较大。当表面湿润时，落球仪法测试的回弹模量结果明显偏小，而在有重车反复过往的路段时，落球仪法测试结果则明显偏大。

1）检测前的准备

落球仪测试土基回弹模量前首先要做好充分的准备，准备工作包括仪器的准备、测试位置的准备与处理。

步骤一 仪器的准备。

(1) 落球仪由碰撞装置、信号采集装置、限位支架、测试及解析软件等组成，其最大影响深度为 250mm，结构与形状如图 4-85 所示，主要技术要求如下：

①碰撞装置：由球冠、把手构成，材质采用不锈钢，退火硬度不大于 235HB，淬火回火硬度不小于 192HB。球冠曲率半径为 (120 ± 5) mm，当球冠表面有凹凸不平时，应更换，球冠质量为 (19.1 ± 0.2) kg，把手质量应小于 1.3kg。

②信号采集装置：由主机和传感器组成，采用加速度传感器，该加速度传感器安装在碰撞球冠中，可记录下落体与结构对象发生碰撞时的加速度变化过程。信号采集装置应满足：系统应具有预触发机能；要求：信号增益应可调，以适应不同强度的土体；A/D 卡的采样间隔不应长于 2μs，分辨率不应低于 16Bit。

③测试及解析软件：能够记录、保存测试数据，具备滤波功能并能够自动分析各测试参数。

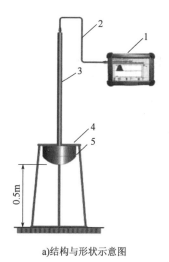

a) 结构与形状示意图　　　　　　b) 实际使用场景

图 4-85　落球仪

1—主机；2—电荷电缆；3—把手；4—限位支架；5—球冠

(2) 其他：卷尺、限位支架、安装工具。

步骤二　测试位置的准备与处理。

(1) 选择测试区域，在测试区域做好标记并编号，每车道可 10～20m 设一测区，测区还应满足：表面无明显积水或潮湿现象，无明显碎石等杂物，表面填筑材料较为均匀；土基面坡度小于 10°；附近无影响测试的施工作业、磁场、静电等。

(2) 每个测区至少包含 7 个测点，各测点间距应大于 500mm，并避开明显的大粒径填料。测点布置可参考图 4-86。

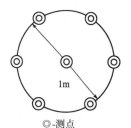

◎—测点

图 4-86　测点布置示意图

(3) 连接并调试好仪器设备。

(4) 设定测试参数：包括球冠的质量、曲率半径、模量、泊松比及其下落高度，并根据测试路段的材料种类，依据表 4-25 选取合适的泊松比（μ_s）和修正系数（κ）。

各材料泊松比及修正系数　　　　　　　　　　表 4-25

材料	砾石土	砂土	粉土	黏土
泊松比 μ_s	0.20	0.30	0.35	0.40
修正系数 κ	0.66	0.85	0.90	1.00

2) 现场检测步骤

步骤一　将落球仪放至测点区域，调节限位支架以保证球冠底部距测点表面的距离为 0.5m。若不采用限位支架，则应用直尺量测球冠底部距测点表面的高度，并保证其为 0.5m。

步骤二　手扶把手垂直提升至限定位置，松开把手，让球冠做自由落体，并与测试面碰撞，设备自动采集并输出该测点的压缩或回弹模量 E_i。

步骤三　有效测点的测试波形应近似为半个正弦波，如果波形噪声太大（如毛刺太多），可在测点铺一层报纸或塑料薄膜，以减少土体材料与球冠的摩擦静电。

步骤四　确认测点数据有效后，保存采集数据。每个测点只能测试 1 次，在同一位置不能重复测试。

3)检测数据计算与处理

(1)根据测试得到的接触时间 T_{cc},便可求得各测点土体的回弹模量 E_i。

$$E_i = \frac{(1-\mu_2^2) \cdot m_1 E_1}{0.0719 E_1 \cdot \sqrt{R_1 v_0} \cdot T_{cc}^{2.5} - m_1(1-\mu_1^2)} \quad (4\text{-}54)$$

式中:T_{cc}——接触时间(s);

E_1——球体的弹性模量(MPa);

m_1——落下球体的质量(kg);

R_1——落下球体的半径(m);

v_0——落下球体与半无限体材料碰撞时的速度(m/s);$v_0 = \sqrt{2gH}$,$g = 9.80 \text{m/s}^2$,H 为球体的下落高度(m);

μ_1——球体的泊松比;

μ_2——测试材料的泊松比,从表4-25中选用。

(2)按下式计算每个测区的模量

$$\tilde{E} = \frac{N}{\sum\limits_{i=1}^{N}(1/E_i)} \quad (4\text{-}55)$$

式中:$\tilde{E}$——测区的模量(MPa);

N——测点数;

E_i——各测点的模量(MPa)。

(三)检测结果评定

路基路面中回弹模量按选定的方法检测后,将计算得到的回弹模量值与相关规范规定值或设计值进行比较,以判断是否满足要求。例如,《公路沥青路面设计规范》(JTG D50—2017)规定,路基顶面回弹模量值,极重交通不小于70MPa,特重交通不小于60MPa,重交通不小于50MPa,中等、轻交通不小于40MPa。

任务4-6　抗滑性能的检测与评定

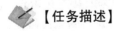【任务描述】

路面抗滑性能是指车辆轮胎受到制动时沿路面滑移所产生的力。通常,抗滑性能被看作是路面的表面特性,并用轮胎与路面间的摩阻系数来表示。表面特性包括路表面微观构造和宏观构造。影响抗滑性能的因素有路面表面特性、路面潮湿程度、温度、行车速度和轮胎特性等。

路表面微观构造是指集料表面的粗糙程度,它随车轮的反复磨耗而渐被磨光。通常,采用石料的磨光值(PSV)表征抗磨光的性能。微观构造在低速(30~50km/h或以下)时对路表抗滑性能起决定性作用,而在高速时主要起作用的是宏观构造。宏观构造是由路表外露集料间形成的构造,功能是使轮胎的路表水迅速排出,以避免形成水膜。宏观构造由构造深度(TD)表征。

【任务实施】

抗滑性能测试方法有:制动距离法、构造深度测试法(手工铺砂法、电动铺砂法、激光构造深度仪法)、摆式仪法和横向力系数测试法等。各种方法的特点和测试指标见表4-26。

路面抗滑性能测试方法比较　　　　　表4-26

测试方法	测试指标	原理	特点及适用范围
制动距离法	摩阻系数 f	以一定速度在潮湿路面上行驶的4轮小客车或轻货车,当4个车轮被制动时,测试出车辆减速滑移到停止的距离,运用动力学原理,算出摩阻系数	测试速度快,必须中断交通
手工铺砂法电动铺砂法	构造深度TD(mm)	将已知体积的砂摊铺在所要测试路表的测点上,量取摊平覆盖的面积。砂的体积与所覆盖平均面积的比值,即为构造深度	定点测量,原理简单,便于携带,结果直观。适用于测定沥青路面及水泥混凝土路面表面构造深度,用以评定路面表面的宏观粗糙度、排水性能及抗滑性能
激光构造深度仪法	构造深度TD(mm)	中子源发射的许多束光线,照射到路表面的不同深度处,用200多个二极管接收返回的光束,利用二极管被点亮的时间差算出所测路面的构造深度	测试速度快,适用于测定沥青路面干燥表面的构造深度,用以评价路面抗滑及排水能力,但不适用于许多坑槽、显著不平整或裂缝过多的路段
摆式仪法	摩阻摆值BPN	摆式仪的摆锤底面装一橡胶滑块,当摆锤从一定高度自由下摆时,滑块面同试验表面接触。由于两者间的摩擦而损耗部分能量,使摆锤只能回摆到一定高度。表面摩阻力越大,回摆高度越小(摆值越大)	定点测量,原理简单,不仅可以用于室内,而且可用于野外测试沥青路面及水泥混凝土路面的抗滑值
横向力系数测试法	横向力系数SFC	测试车安装有试验轮胎,它们对车辆行驶方向偏转一定的角度。汽车以一定速度在潮湿路面上行驶时,试验轮胎受到侧向摩阻力作用。此摩阻力除以试验轮上的载重,即为横向力系数	测试速度快,使用标准的摩阻系数测试车测定沥青或水泥混凝土路面的横向力系数,结果作为竣工验收或使用期评定路面抗滑性能的依据

一、构造深度测试法检测路面抗滑性能

(一)理论知识

路面表面的构造深度(TD)也称纹理深度,是表征路面粗糙度的。路面的宏观构造深度是指一定面积的路表面凹凸不平的开口孔隙平均深度,它是影响抗滑性能的重要因素之一。

(二)检测方法与数据处理

1. 方法 1:手工铺砂法

手工铺砂法适用于测定沥青路面及无刻槽水泥混凝土路面表面构造深度,用以评定路面的宏观粗糙度,路面表面的排水性能及抗滑性能。构造深度的检测频率为每 200m 测 1 处。

手工铺砂法的原理:利用控制粒径的细砂铺在路表面上,尽量摊铺成圆形,测量砂覆盖面积的直径,取平均值,以嵌入凹凸不平的表面空隙中砂的体积与覆盖面积之比求得平均深度,即构造深度 TD。

1)检测前的准备

手工铺砂法测试路面构造深度前首先要做好充分的准备,准备工作包括仪器与材料的准备、测试位置的准备与处理。

步骤一 仪器与材料的准备。

(1)手工铺砂仪:由量砂筒、推平板组成,如图 4-87 所示。

手工铺砂法试验
(视频)

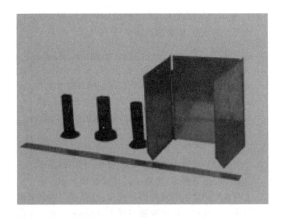

图 4-87 手工铺砂仪实物图

①量砂筒:形状尺寸如图 4-88 所示,一端是封闭的,容积为 (25 ± 0.15) mL,可通过称量砂筒中水的质量以确定其容积 V,并调整其高度,使其容积符合规定要求。附专用的刮尺,用于将筒口量砂刮平。

②推平板:推平板应为木制或铝制,直径 50mm,底面粘贴一层厚 1.5mm 的橡胶片,上面有一圆柱把手,如图 4-89 所示。

(2)量砂:足够数量的干燥洁净的匀质砂,粒径 0.15~0.30mm。量砂准备:取洁净的细砂,晾干、过筛,取 0.15~0.3mm 的砂置于适当的容器中备用。试验时,量砂只能使用一次,不得重复使用。

(3)量尺:钢板尺或专用构造深度尺。

(4)其他:装砂容器(桶)、小铲、扫帚或毛刷、挡风板等。

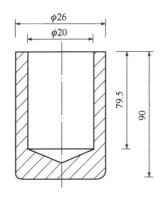
图4-88 量砂筒(尺寸单位:mm)

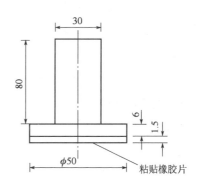
图4-89 推平板(尺寸单位:mm)

步骤二 测试位置的准备与处理。

(1)按公路路基路面现场随机测试选点方法,对测试路段随机取样选点,确定测点所在横断面位置。同时测点应选在行车道的轮迹带上,且距路面边缘不应小于1m。

(2)用扫帚或毛刷将测点附近的路面清扫干净,面积不小于30cm×30cm。

2)现场检测步骤

步骤一 用小铲向量砂筒中缓缓注入准备好的量砂至高出量砂筒成尖顶状,手提量砂筒上部,用钢尺轻轻叩打量砂筒中部3次,并用刮尺边沿筒口一次刮平。注意:不可将砂筒用作储砂容器,以免影响量砂密度的均匀性。

步骤二 将砂倒在路面上,用底面粘有橡胶片的推平板由里向外重复做摊铺运动。稍稍用力将砂向外均匀摊开,使砂填入凹凸不平的路表面的空隙中,尽可能将砂摊成圆形,并不得在表面上留有浮动的余砂。注意摊铺时不可用力过大或向外推挤,如图4-90所示。

步骤三 用钢板尺测量所构成圆的两个垂直方向的直径,取其平均值,准确至1mm。也可用专用尺直接测量构造深度。

步骤四 按以上方法,同一处平行测试不少于3次,3个测点均位于轮迹带上,测点间距3~5m。同一处测试应该由同一个试验员进行。该处的测试位置以中间测点的位置表示。

图4-90 推平板摊铺砂

3)检测数据计算与处理

(1)路面表面构造深度测定点结果按下式计算:

$$TD = \frac{1\,000V}{\pi D^2/4} = \frac{31\,831}{D^2} \qquad (4\text{-}56)$$

式中:TD——路面构造深度(mm);
　　　V——砂的体积(cm^3),取$25cm^3$;

D——摊平砂的平均直径(mm)。

(2)每一测试位置均取 3 次路面构造深度的测试结果的平均值作为试验结果,准确至 0.01mm。当平均值小于 0.2mm 时,试验结果以"<0.2mm"表示。

(3)计算每一个测试路段路面构造深度的平均值、标准差、变异系数等。

2. 方法 2:电动铺砂法

一般来说,手工铺砂法误差较大,影响其原因有很多。例如,装砂和叩打方法无量化标准,致使量筒中的砂紧密程度不一样,影响砂量;还有用摊平板铺砂时,每个人手法和力度均不同,故摊铺结果亦因人而异。为了克服手工铺砂法的缺点,可采用电动铺砂法和激光法。

电动铺砂法与手工铺砂法虽然基本原理类似,但测试方法有所差别。电动法是将固定体积量砂在路面上的摊铺长度与在玻璃板上的摊铺长度进行比较后,得到构造深度的。电动铺砂法适用于测定沥青路面及无刻槽水泥混凝土路面表面构造深度,用以评定路面表面抗滑性能。

1)检测前的准备

电动铺砂法测试路面构造深度前首先要做好充分的准备,准备工作包括仪器与材料的准备、测试位置的准备与处理、参数标定。

步骤一 仪器与材料的准备。

(1)电动铺砂仪。利用可充电的直流电源,将量砂通过沙漏铺设成宽度 5cm、厚度均匀一致的器具,如图 4-91、图 4-92 所示。

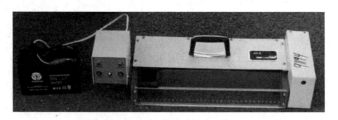

图 4-91 电动铺砂仪实物图

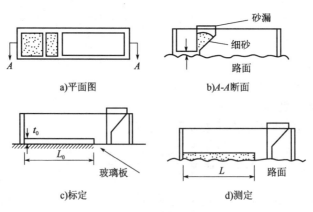

图 4-92 电动铺砂仪示意图

(2)量砂:足够数量的干燥洁净的匀质砂,粒径为 0.15~0.3mm。量砂准备:取洁净的细砂,晾干、过筛,取 0.15~0.3mm 的砂置于适当的容器中备用。试验时,量砂只能使用一次,不得重复使用。

(3)标准量筒:容积 50mL。

(4)玻璃板:面积大于铺砂仪,厚度不小于 5mm。

(5)其他:直尺、灌砂漏斗、扫帚、毛刷等。

步骤二 测试位置的准备与处理。

(1)按公路路基路面现场随机测试选点方法,对测试路段随机取样选点,确定测点所在横断面位置。同时测点应选在行车道的轮迹带上,且距路面边缘不应小于 1m。

(2)用毛刷将测试地点的路面清扫干净,面积大于铺砂仪。

步骤三 电动铺砂仪参数标定。

(1)将铺砂仪平放在玻璃板上,将沙漏移至铺砂仪起始端部。

(2)将灌砂漏斗口和量筒口大致齐平。通过漏斗向量筒中缓缓注入准备好的量砂至高出量筒成尖顶状,用直尺沿筒口一次刮平,其容积为 50mL。

(3)使漏斗口与铺砂仪沙漏上口大致齐平。将砂通过漏斗均匀倒入沙漏,倒入过程中漏斗前后移动,使砂的表面大致齐平,但不得用任何其他工具刮砂。

(4)启动开关,使沙漏向另一端缓缓运动,量砂沿沙漏底部铺成图 4-93 所示的宽 50mm 的带状,待砂全部漏完后停止。

图 4-93 电动铺砂仪在玻璃板上标定实物图

(5)按图 4-94 和式(4-57),由 L_1 及 L_2 的平均值确定量砂的摊铺长度 L_0,准确至 1mm。

(6)重复标定 3 次,取平均值决定 L_0,准确至 1mm。标定应在每次测试前进行,用同一种量砂,由同一测试人员进行。

2)现场检测步骤

步骤一 将铺砂仪沿道路纵向平稳地放在路面上,将沙漏移至端部。

步骤二 按电动铺砂仪标定步骤(2)~(5)在测试地点摊铺 50mL 量砂,按图 4-94 方法量取摊铺长度 L_1 及 L_2,计算 L,精确至 1mm。

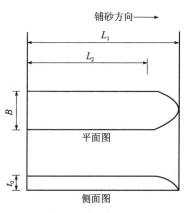

图 4-94 确定 L_0(或 L)的方法

步骤三 按以上方法,同一处平行测试不少于3次,3个测点均位于轮迹带上,测点间距为3~5m。该处的测试位置以中间测点的位置表示。

3)检测数据计算与处理

(1)在玻璃板上标定。

①量砂的摊铺长度 L_0,按下式计算:

$$L_0 = \frac{L_1 + L_2}{2} \tag{4-57}$$

式中:L_0——50mL量砂的标定摊铺长度(mm);

L_1、L_2——在玻璃板上摊铺时,不同部位砂的长度(mm),如图4-94所示。

②铺砂仪在玻璃板上摊铺的量砂厚度 t_0(mm)按下式计算:

$$t_0 = \frac{V}{B \cdot L_0} \times 1\,000 = \frac{1\,000}{L_0} \tag{4-58}$$

式中:t_0——铺砂仪在玻璃板上摊铺的量砂厚度(mm);

V——量砂体积(mL),50mL;

B——铺砂仪铺砂宽度(mm),50mm。

(2)在路面上测试。

①量砂的摊铺长度 L,按下式计算:

$$L = \frac{L_1 + L_2}{2} \tag{4-59}$$

式中:L——路面上50mL量砂摊铺的长度(mm);

L_1、L_2——在路面上摊铺时,不同部位砂的长度(mm),如图4-94所示。

②路面构造深度按下式计算:

$$TD = \frac{L_0 - L}{L} \times t_0 = \frac{L_0 - L}{L \times L_0} \times 1\,000 \tag{4-60}$$

式中:TD——路面的构造深度(mm)。

(3)每一处均取3次路面构造深度的测定结果平均值作为试验结果,准确至0.1mm。

(4)计算每一个测试路段路面构造深度的平均值、标准差、变异系数等。

3. 方法3:车载式激光构造深度仪法

目前激光构造深度仪一般都采用车载式,车载式激光构造深度仪是一种智能化的仪器,其测试效率高、测试结果稳定,并能够与平整度、车辙等其他断面指标同步采集测试数据,为大多数检测单位所使用。车载式激光构造深度仪适用于在新建、改建路面工程质量验收和无严重破损病害及没有积水、积雪、泥浆等正常行车条件下连续采集路面构造深度,但由于测试工作原理所限,该设备在具有槽状或坑状表面构造的水泥混凝土路面上使用受到限制,因此,其不适用于带有沟槽构造的水泥路面构造深度的测定。

车载式激光构造深度仪的测试系统由承载车、距离传感器、激光传感器和主控制单元组成

(图 4-95),配备的专用软件应对测试装置的操作实施自动控制,进行数据采集、传输、记录和数据处理。

车载式激光
构造深度仪
试验(文本、视频)

图 4-95 激光构造深度仪实物图

检测方法与数据收集处理详见《公路路基路面现场测试规程》(JTG 3450—2019)中 T 0966—2008 中的要求。

(三) 检测结果评定

在路面抗滑性能检测中,构造深度测试法按选择的方法检测后,将计算得到的 TD 值与相关规范规定值进行比较,以判断是否满足要求。例如《公路工程质量检验评定标准　第一册　土建工程》(JTG F80/1—2017)水泥混凝土面层实测项目中对构造深度的要求见表 4-27。

水泥混凝土面层实测项目节选　　　表 4-27

检查项目		规定值或允许偏差		检查方法和频率
		高速公路、一级公路	其他公路	
抗滑构造深度(mm)	一般路段	0.7~1.1	0.5~1.0	铺砂法:每200m测1处
	特殊路段	0.8~1.2	0.6~1.1	

注:特殊路段:高速公路、一级公路特殊路段包括立体交叉匝道、平面交叉口、弯道、变速车道、组合坡度不小于3%坡度段、桥面、隧道路面及收费站广场等处;其他公路特殊路段包括设超高路段、组合坡度大于或等于4%坡度段、交叉口路段、桥面及其上下坡段、隧道路面及集镇附近路段等处。

二、摩擦系数测试法检测路面抗滑性能

(一) 理论知识

路面的摩擦系数是路面使用性能的一项重要指标,摩擦系数的大小将直接影响车辆的行驶安全。摩擦系数的测试方法有很多,此处重点介绍摆式仪法和单轮式横向力系数测试法。

路面的抗滑摆值 F_B 是指用标准的手提式摆式摩擦系数测定仪(简称摆式仪)测试路面在潮湿条件下的摆式摩擦系数表征值,简称 BPN,为摩擦系数的 100 倍,无量纲。

摆式仪属于轻便型测量仪器,它具有结构简单、操作方便、数据稳定的优点。但它毕竟是一种比照试验法,其试验条件与路面实际行车条件没有直接关系,故有一定的局限性。摆式仪法适用于测试无刻槽水泥路面和沥青路面的摆式摩擦系数表征值 BPN,用以评定路面在潮湿状态下的抗滑能力。摆式仪分为指针式摆式仪和数字式摆式仪。

横向力系数是指用与行车方向呈 20°偏角的测定轮以一定速度行驶时,专用轮胎与潮湿路面之间的测试轮轴向摩擦阻力与垂直荷载的比值,简称 SFC,无量纲。目前我国已普遍使用横向力系数测试系统作为高等级公路抗滑能力的检测设备。

(二)检测方法与数据处理

1. 方法1:指针式摆式仪法

指针式摆式仪是由原英国道路和运输研究所(TRRL)发明的用于测试路面抗滑能力的一种装置。摆式摩擦系数表征值 BPN 是 British Pendulum Number 的缩写,代表指针式摆式仪的刻度值。多年来,此设备已被世界各国广泛采用作为抗滑性能测试法。

1)检测前的准备

用指针式摆式仪法测试路面的摆式摩擦系数值前首先要做好充分的准备,准备工作包括仪器与材料的准备、测试位置的准备与处理、仪器标定。

步骤一 仪器与材料的准备。

(1)指针式摆式仪:测试时,人工直接读取指针在度盘上的摆值,最小刻度为 2。如图 4-96、图 4-97 所示。检查指针式摆式仪的调零灵敏情况,并定期进行滑块压力的标定。

图 4-96 摆式仪实物图

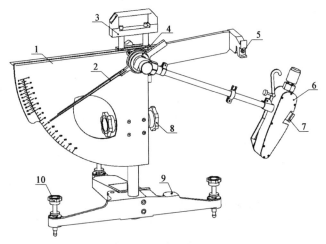
图 4-97 摆式仪的构造示意图
1-度盘;2-指针;3-紧固旋钮;4-松紧调节螺栓;5-释放开关;6-摆;7-滑溜块;8-升降旋钮;9-水准泡;10-调平螺栓

(2)橡胶片:尺寸为 6.35mm×25.4mm×76.2mm,如图 4-98 所示。橡胶质量应符合表 4-28 规定要求。当橡胶片使用后,端部在长度方向磨耗超过 1.6mm 或边缘在宽度方向上磨耗超过 3.2mm,或有油类污染时,即应更换新橡胶片。新橡胶片应先在干燥路面上试测 10 次后再用于正式测试,橡胶片的有效使用期自出厂日期起算为 12 个月。

(3)标准量尺:长126mm。
(4)其他:喷水壶、硬毛刷、路面温度计(分度不大于1℃)、皮尺或钢卷尺、扫帚、粉笔等。

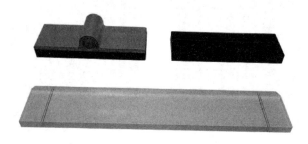

图4-98 摆式仪用橡胶片实物图

橡胶物理性能技术要求 表4-28

性能指标	温度(℃)				
	0	10	20	30	40
回弹值(%)	43~49	58~65	66~73	71~77	74~79
硬度(HD)	55±5				

步骤二 测试位置的准备与处理。

(1)对测试路段按公路路基路面现场测试随机选点方法选定测试位置。每个测试位置布设3个测点,测点间距离为3~5m,以中心测点的位置表示该测试位置。测试位置应选在车道横断面上轮迹处,且距路面边缘不应小于1m。

(2)清洁测试位置路面:用扫帚或其他工具将测试位置处路面上的浮尘或附着物打扫干净。

步骤三 仪器标定。

(1)仪器调平。

①将指针式摆式仪置于路面测点上,并使摆的摆动方向与行车方向一致。

②转动底座上的调平螺栓,使水准泡居中。

(2)指针调零。

①放松紧固旋钮,转动升降旋钮,使摆升高并能自由摆动,然后旋紧紧固旋钮,如图4-99所示。

②将摆向右运动,按下安装于悬臂上的释放开关,使摆上的卡环进入开关槽,放开释放开关,即摆固定在右侧悬臂上,并处于水平位置,如图4-100所示。然后把指针拨至右端与摆杆贴紧。

③右手按下释放开关,使摆向左带动指针摆动,当摆达到最高位置后刚开始下落时,用左手将摆杆接住,此时指针应指零。

④指针若不指零,可通过稍旋紧或放松摆的松紧调节螺栓进行调整后,重复①~③的步骤,直至指针指零,调零允许误差为±1。

图4-99 摆自由悬挂实物图

图4-100 摆固定在右侧悬臂实物图

(3) 校核滑动长度。

①让摆处于自然下垂状态,松开固定旋钮,转动升降旋钮使摆下降,并提起举升柄使摆向左侧移动,然后放下举升柄使橡胶片长边下缘轻轻触地,在边侧紧靠橡胶片摆放滑动长度量尺,使量尺左端对准橡胶片触地下缘;再提起举升柄使摆向右侧移动,然后放下举升柄使橡胶片下缘轻轻触地,检查橡胶片下缘是否与滑动长度量尺的右端齐平,如图4-101所示。若齐平,则说明橡胶片两次触地的距离(滑动长度)符合126mm±1mm的要求。左右两次橡胶片长边边缘应以刚刚接触路面为准,不可借摆的力量向前滑动,以免标定的滑动长度与实际不符。

图4-101 校核滑动长度

②橡胶片两次触地与量尺两端若不齐平,通过升高或降低摆或仪器底座的高度进行调整。微调时,也可用旋转仪器底座上的调平螺丝调整仪器底座高度的方法,但需注意保持水准泡居中。

③重复①、②的步骤,直至滑动长度符合126mm±1mm的要求。

2) 现场检测步骤

步骤一 将摆固定在右侧悬臂上,使摆处于水平位置,并把指针拨至右端靠紧摆杆。

步骤二 用喷水壶浇洒测点处路面,使路面处于湿润状态。

步骤三 按下下右侧悬臂上的释放开关,使摆在路面滑过。当摆杆回落时,用左手接住摆杆并读数,但不记录。

步骤四 按照步骤一到步骤三,重复操作5次,并读记每次测定的摆值。5个摆值中最大值与最小值的差值不得大于3。如差值大于3,应重复上述各项操作,直至符合规定为止。

步骤五 在测点处用路表温度计测记潮湿路表的温度,准确至1℃。

步骤六 按以上方法,同一处平行测定不少于3次。

3)检测数据计算与处理

(1)计算每个测点5个摆值的平均值作为该测点的摆值 BPN_T,取整数。

(2)当路面温度为 $T(℃)$ 时,测得的摆值为 BPN_T,必须按下式换算成标准温度20℃的摆值 BPN_{20},即

$$BPN_{20} = BPN_T + \Delta BPN \tag{4-61}$$

式中:BPN_{20}——换算成标准温度20℃时的摆值;

BPN_T——路面温度 T 时测得的摆值;

ΔBPN——温度修正值,按表4-29采用。

温度修正值 表4-29

温度 $T(℃)$	0	5	10	15	20	25	30	35	40
温度修正值 ΔBPN	-6	-4	-3	-1	0	+2	+3	+5	+7

(3)计算每个测试位置3个测点摆值的平均值作为该测试位置的摆值,取整数。

(4)计算一个测试路段摆值的平均值、标准差、变异系数。

2. 方法2:数字式摆式仪

指针式摆式仪的指针归零标定步骤非常重要,但长期以来,因我国多数生产厂家对指针式摆式仪的制造工艺和采用的材料所限,大部分指针式摆式仪指针控制效果不过关,造成测试结果准确性也不能满足要求。为改进指针读数方式的缺陷,近年来国内外已开发出数字式摆式仪,通过电测传感器进行测试摆值结果。数字摆式仪的电测方式既改进了指针结构带来的弊端,也避免了人工读值的误差,大大提高了测试结果的准确性。

数字式摆式仪试验(视频)

数字式摆式仪是在不改变原有指针式摆式仪基本结构和工作原理的基础上,利用计算机、电子、传感器技术,研发的一种集成了自动显示、自动存储、自动温度修正功能的数字化测量系统。数字式摆式仪的测量机构由高精度角度传感器、嵌入式摆值测量系统、温度传感器及算法软件等部分构成。

数字式摆式仪与指针式摆式仪的适用范围、准备工作、测试步骤及结果评定基本一致,不同点在于数字式摆式仪取消了指针和刻度盘,其零位标定和摆值读取均由角度传感器和控制程序自动完成,避免了指针式摆式仪结构零位标定和人工读值方式造成的不稳定性和数据误差,较好地提高了测试结果的稳定性和准确度。

数字式摆式仪的形状及结构如图4-102所示。数字式摆式仪主机可输入测点编号,自动测量、存储和显示摆值及温度修正后的结果。其他工具均与指针式摆式仪所用的工具相同。

检测方法与数据收集处理详见《公路路基路面现场测试规程》(JTG 3450—2019)中 T 0969—2019 中的要求。

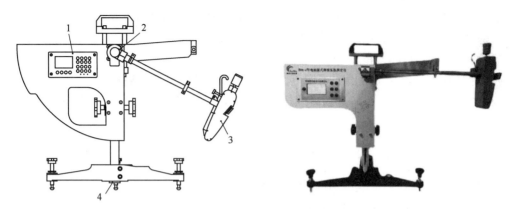

图 4-102　数字式摆式仪结构示意图(左)和实物图(右)
1-主机；2-角度传感器；3-摆；4-温度传感器

3. 方法 3：单轮式横向力系数测试系统

单轮式横向力系数测试系统测试路面摩擦系数方法适用于在新建、改建路面工程质量验收和无严重坑槽、车辙等病害的正常行车条件下连续采集路面的横向力系数。测试结果可作为竣工验收或使用期评定路面抗滑能力的依据。本方法的数据采集、传输、记录和处理分别由专门软件自动完成。

1) 检测前的准备

单轮式横向力系数测试系统测试路面摩擦系数值前首先要做好充分的准备，准备工作包括仪器的准备、测试位置的准备与处理。

步骤一　仪器的准备。

单轮式横向力系数测试系统由承载车(图 4-103、图 4-104)、距离测试装置、横向力测试装置、供水装置和主控制单元组成，如图 4-105 所示。主控制单元除实施对测试装置和供水装置的操作控制外，同时还控制数据的传输、记录与计算等环节。

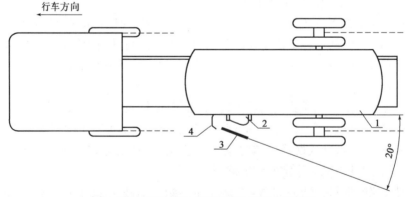

图 4-103　单轮式横向力系数测定系统结构示意图
1-水罐；2-横向力测试装置；3-测试轮；4-供水口

(1) 承载车：应为能够固定和安装测试、储供水、控制和记录等系统的载重车底盘，具有在水罐满载状态下最高车速大于 100km/h 的性能。试验准备：试验开始前需检查测试车轮胎气压，应达到车辆轮胎规定的标准气压。

(2)测试轮:轮胎类型为光面天然橡胶充气轮胎;测试轮胎规格为3.00-20-4PR;测试轮胎标准气压为350kPa±20kPa;测试轮偏置角为19.5°~21°;测试轮静态垂直标准荷载为2 000N±20N。试验准备:检查测试轮胎磨损情况,当其直径比新轮胎减小达6mm(也即胎面磨损3mm)以上或有明显磨损裂口时,必须立即更换新轮胎。更换的新轮胎在正式测试前应试测约2km。检测测试轮气压,应达到测试轮胎规定的标准气压的要求。检测测试轮固定螺栓必须拧紧。将测试轮放到正常测试时的位置,检查其应能够沿两侧滑柱上下自由升降。

(3)拉力传感器:拉力传感器非线性误差为<0.05%;拉力传感器有效量程为0~2 000N。

(4)距离标定误差:<2%。

图4-104 单轮式横向力系数测试车实物图

图4-105 单轮式横向力系数测试系统局部细节实物图

步骤二 测试位置的准备与处理。

(1)每个测试项目开始前或连续测试超过1 000km后,必须按照设备使用手册规定的方法进行测试系统的标定,记录标定数据并存档。

(2)根据测试里程向水罐加注足够用量的清洁测试用水。

(3)当出水控制为固定式开关时,需将开关设置在对应的测试速度位置,放下测试轮,并检查洒水口出水情况和洒水位置是否正常;洒水位置应在测试轮触地面中点沿行驶方向前方400mm±50mm处,洒水宽度应为中心线两侧各不小于75mm。

(4)将控制面板电源打开,检查各项控制功能键、指示灯和技术参数选择状态是否正常。

2)现场检测步骤

步骤一 正式开始测试前,首先应按设备操作手册规定的时间要求启动控制单元进行通电预热。

步骤二 进入测试路段前,测试人员设置所需的系统技术参数,并将测试轮胎降至路面上预跑至少 500 m。

步骤三 进入测试路段后,驾驶员应保持较为均匀的行车速度,并沿正常行车轨迹行驶。当为固定出水控制方式时,行驶最高速度不得超过出水开关事先设置所对应的速度。

步骤四 测试过程中,测试人员应及时准确地将测试路段需要标记的起终点和其他特殊点的位置输入测试数据记录中。

步骤五 承载车驶出测试路段后,测试人员停止测试程序,提升测量轮并恢复仪器各部分至初始状态。

步骤六 检查数据文件,内容应完整正常,否则需要重新测试。

步骤七 关闭测试系统电源,结束测试。

3)检测数据计算与处理

(1)SFC 值的速度修正。

以测试结果使用时所需的速度作为标准测试速度,其他测试速度条件下得到的 SFC 值应通过式(4-62)转换至标准速度下的等效 SFC 值。

$$\text{SFC}_{标} = \text{SFC}_{测} - 0.22(v_{标} - v_{测}) \tag{4-62}$$

式中:$\text{SFC}_{标}$——标准测试速度下的等效 SFC 值;

$\text{SFC}_{测}$——现场实际测试速度条件下的 SFC 测试值;

$v_{标}$——标准测试速度(km/h);

$v_{测}$——现场实际测试速度(km/h)。

(2)SFC 值的温度修正。

测试系统的标准现场测试地面温度范围为 20℃ ±5℃,其他地面温度条件下测试的 SFC 值必须通过表 4-30 转换至标准温度下的等效 SFC 值。系统测试要求地面温度控制为 8~60℃。

SFC 值温度修正   表 4-30

温度(℃)	10	15	20	25	30	35	40	45	50	55	60
修正	-3	-1	0	+1	+3	+4	+6	+7	+8	+9	+10

(3)计算一个测试路段 SFC 值的平均值、标准差、变异系数。

(三)检测结果评定

在路面抗滑性能检测中,摩擦系数测试法按选择的方法检测后,将计算得到的摆值与相关规范规定的设计值进行比较,以判断是否满足要求。例如《公路工程质量检验评定标准 第一册 土建工程》(JTG F80/1—2017)沥青混凝土面层实测项目中对摩擦系数的要求见表 4-31。

沥青混凝土面层实测项目节选　　　　　表 4-31

检查项目	规定值或允许偏差		检查方法和频率
	高速公路、一级公路	其他公路	
摩擦系数	满足设计要求	—	摆式仪：每 200m 测 1 处 横向力系数测定车：全线连续检测，按规范要求评定

在《公路沥青路面设计规范》(JTG D50—2017)中明确指出：高速公路、一级公路以及山岭重丘区二级和三级公路的路面在交工验收时，其抗滑技术指标应满足表 4-32 的技术要求。

沥青路面抗滑技术要求　　　　　表 4-32

年平均降雨量(mm)	交工检测指标值	
	横向力系数 SFC_{60} [a]	构造深度 TD [b] (mm)
>1 000	≥54	≥0.55
500～1 000	≥50	≥0.50
250～500	≥45	≥0.45

注：a 横向力系数 SFC_{60}——用横向力系数测试车，在 60km/h±1km/h 车速下测定。
　　b 构造深度 TD——用铺砂法测定。

任务 4-7　沥青路面渗水系数的检测与评定

【任务描述】

大气降水(雨、雪)通过路面孔隙或裂缝渗入沥青路面结构中，会导致基层软化、沥青面层开裂、松散等病害。在多雨地区，应特别重视路面结构层的水稳定性和面层的透水性问题。

沥青路面渗水性能是反映路面沥青混合料级配组成的一个间接指标，也是沥青路面水稳定性的一个重要指标。如果整个沥青面层均透水，则水势必进入基层或路基，使路面承载力降低。相反如果沥青面层中有一层不透水，而表层能很快透水，则不致形成水膜，对抗滑性能有很大好处。所以路面渗水系数已成为评价路面使用性能的一个重要指标。

【任务实施】

一、沥青路面渗水系数测试方法

(一)理论知识

渗水系数是指在规定的初始水头压力下，单位时间内渗入路面规定面积的水的体积，用 C_w 表示，单位为 mL/min。沥青路面渗水系数测试方法适用于在现场测试沥青路面的渗水系数。

沥青路面渗水系数测试试验(视频)

(二)检测方法与数据处理

1)检测前的准备

沥青路面渗水系数测试前首先要做好充分的准备,准备工作包括仪器与材料的准备、测试位置的准备与处理。

步骤一 仪器与材料的准备。

(1)路面渗水仪:如图 4-106、图 4-107 所示,由盛水量筒、立柱支架、底座、压重钢圈组成。上部盛水量筒为透明有机玻璃制成,容积 600mL,上有刻度,在 100mL 和 500mL 处有粗标线,下方通过 $\phi 10mm$ 的细管与底座相连,中间有一开关(阀)。量筒通过立柱支架联结,底座下方开口内径 $\phi 150mm$,外径 $\phi 220mm$。仪器附不锈钢圈压重 2 个,每个质量约 5kg,内径为 $\phi 160mm$。

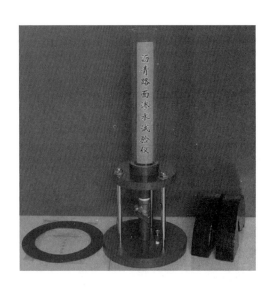

图 4-106 渗水仪实物图

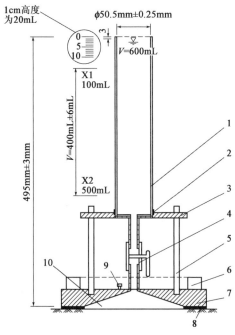

图 4-107 渗水仪结构图(尺寸单位:mm)
1-盛水量筒;2-螺纹连接;3-顶板;4-阀;5-立柱支架;
6-压重钢圈;7-底座;8-密封材料;9-排气孔;10-套环

(2)套环:金属圆环,宽度 5mm,内径 145mm,主要防止密封材料被挤压进入测试面而导致渗水面积不一致。

(3)密封材料:防水腻子、油灰或橡皮泥。

(4)其他:秒表、水、粉笔、塑料圈、刮刀、扫帚、水筒及大漏斗等。

步骤二 测试位置的准备与处理。

(1)按公路路基路面现场测试随机选点方法,随机选择 3 个测点,并用粉笔画上测试标记。

(2)试验前,先用扫帚清扫表面,并用刷子将路面表面的杂物刷去。

(3)新建沥青路面的渗水试验宜在沥青路面碾压成型后12h内完成。

2)现场检测步骤

步骤一 确定密封区域并密封。

(1)将塑料圈置于路面表面的测点上,用粉笔分别沿塑料圈的内侧和外侧画上圈,在外环和内环之间的部分就是需要用密封材料进行密封的区域,如图4-108所示。

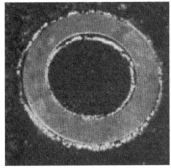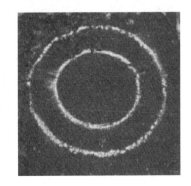

图4-108 用粉笔按塑料圈确定密封区域

(2)用密封材料对环状密封区域进行密封处理,注意不要使密封材料进入内圈,如果密封材料不小心进入内圈,必须用刮刀将其刮走。然后再将搓成拇指粗细的条状密封材料摞在环状密封区域的中央,并且摞成一圈,如图4-109所示。

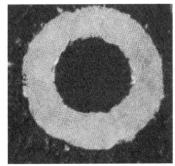

图4-109 用密封材料对密封区域进行密封

(3)将套环放在路面表面的测点上,注意使套环的中心尽量和圆环中心重合,然后略微使劲将套环压在条状密封材料表面;采用同样的方法将渗水仪放在套环上,对中,施加压力将渗水仪压在套环上,再将配重加上,以防压力水从底座与路面间流出。

步骤二 排除渗水仪底座与路面间的空气。

将开关及排气孔关闭,向盛水量筒中注水超过100mL刻度,然后打开开关和排气孔,使盛水量筒中的水下流排出渗水仪底部内的空气,当盛水量筒中水面下降速度变慢时,用双手轻压渗水仪使渗水仪底部的气泡全部排出,当水自排气孔顺畅排出时,关闭开关和排气孔,并再次向量筒中注水至0mL刻度。渗水系数现场测试如图4-110所示。

步骤三 渗水系数测试。

(1)将开关打开,待水面下降至100mL刻度时,立即开动秒表开始计时,计时3min后立即

图 4-110 渗水系数现场测试图

记录水量,结束试验;当计时不到 3min 水面已下降至 500mL 时,立即记录水面下降至 500mL 时的时间,结束试验。当开关打开后 3min 时间内水面无法下降至 500mL 刻度时,则开动秒表计时测试 3min 内渗水量即可结束试验。

(2)测试过程中,如水从底座与密封材料间渗出,则说明底座与路面间密封不好,此试验结果为无效。关闭开关,采用密封材料补充密封,重新按步骤二和步骤三测试。如果仍然有水渗出,应在同一纵向位置沿宽度方向就近选择位置,重新按照步骤一至步骤三测试。

(3)测试过程中,如水从外环圈以外路面中渗出,可以人工将密封材料在外环圈之外 5cm 宽度范围内再次进行密封处理,重新按步骤二和步骤三测试,只要密封范围内无水渗出,则认为试验结果为有效。

重复步骤一至步骤三,测试 3 个测点的渗水系数。

3)检测数据计算与处理

沥青路面的渗水系数按式(4-63)计算,准确至 0.1mL/min。

$$C_w = \frac{V_2 - V_1}{t_2 - t_1} \times 60 \tag{4-63}$$

式中:C_w——渗水系数(mL/min);
V_1——第一次计时时的水量(mL);
V_2——第二次计时时的水量(mL);
t_1——第一次计时的时间(s);
t_2——第二次计时的时间(s)。

二、沥青路面渗水系数评定

在沥青路面渗水系数检测中,按规范规定的步骤检测后,将计算得到的渗水系数 C_w 值与相关规范的规定值进行比较,以判断是否满足要求。例如《公路工程质量检验评定标准 第一册 土建工程》(JTG F80/1—2017)沥青混凝土面层实测项目中对渗水系数的要求见表 4-33。

沥青混凝土面层实测项目节选　　表 4-33

检查项目		规定值或允许偏差		检查方法和频率
		高速公路、一级公路	其他公路	
渗水系数(mL/min)	SMA 路面	≤120	—	渗水试验仪:每 200m 测 1 处
	其他沥青混凝土路面	≤200		

任务 4-8 路基路面损坏程度的检测与评定

【任务描述】

随着我国经济的迅速发展,运输车辆急剧增加,加之随着时间的不断推移,公路路面出现了不同程度的破损现象,降低了路面的质量,缩短了公路的使用寿命,降低了驾乘人员的驾乘舒适性,重者影响行车安全。对此,对于路基路面检测必须予以足够重视,平时应当加强养护管理,加强路面破损程度的检测和评定,为管理部门提供路况信息和养护决策依据。

目前自动化路面检测设备和手段日益丰富,运营期检测的关注度也不断加强。本任务仅简单介绍路面错台、沥青路面车辙、路面表观损坏、路面脱空等基本参数及相关检测与评定。通过学习,试验检测人员应了解相关参数的实操技能。

【任务实施】

一、路面错台的测试与评定

本方法适用于测试在构造物端部接头、水泥混凝土路面的错台高度,以评价路面行车舒适程度。

(一)检测方法与数据处理

根据实际情况可选择基准尺法、深度尺法和水准仪(全站仪)法等3种检测方法。

1)检测前的准备

准备工作包括设计图纸的获取、试验检测仪器的选用、检测段落和位置的选取等内容。

步骤一 试验检测仪器的选用。

(1)基准尺:三米直尺或两米直尺。

(2)量尺:

①深度尺:分辨率不大于0.5mm。

②钢直尺:量程不小于200mm。

③钢卷尺:量程不小于5m。

④塞尺:分度值不大于0.5mm。

(3)水准仪或全站仪:

①水准仪:精度 DS_3。

②全站仪:测角精度2″,测距精度 $\pm[2mm + 2 \times 10^{-6}s(s 为测距单位 mm)]$。

步骤二 检测段落和位置的选取。

路面错台的测试位置应选在接缝高差最大处,根据需要也可选择其他有代表性的位置。

2)现场检测步骤

步骤一 检测准备。

测试前,应对测试位置进行清理,保证无浮砂、污泥等影响测试结果的污染物。

步骤二 现场检测。

(1)基准尺法。将基准尺垂直跨越接缝并平放于高出的一侧,用塞尺或钢直尺量测接缝处基准尺下基准面与位置较低板块的高差,即为该处的错台高度 D,准确至 1mm。

(2)深度尺法。将深度尺垂直置于高出的一侧,将测头顶出至与沉降面接触为止,稳定后并读数,即为该处的错台高度 D,准确至 1mm。测点的选择应避开水泥混凝土板块崩边的位置。

(3)水准仪(全站仪)法。将水准仪(全站仪)架设于路面平顺处调平,沿接缝在选定测点的两侧分别量测相对高程,准确至 1mm。塔尺(棱镜)应放置在平整处,避开路面凸起和凹陷的位置。

步骤三 数据处理。

基准尺法和深度尺法的测试结果直接作为错台高度 D,准确至 1mm。

水准仪(全站仪)法需计算接缝间的相对高程、差值的绝对值作为错台高度 D,准确至 1mm。

(二)检测结果评定

路面的错台高度检测后,依据设计值及《检评标准》的相关要求计算合格率。

二、沥青路面车辙的检测与评定

沥青路面车辙检测可采用横断面尺测试方法、基准尺测试方法、激光车辙仪测试方法,本节仅介绍基准尺测试方法。

(一)检测方法与数据处理

当不需要测试横断面,仅需要测试最大车辙时,可采用本方法。

1)检测前的准备

准备工作包括设计图纸的获取、试验检测仪器的选用、检测段落和位置的选取等内容。

步骤一 试验检测仪器的选用。

(1)基准尺:金属制,长度不小于一个车道宽度,最大弯曲不超过 1mm,表面平直。

(2)量尺:

①钢直尺:量程不小于 300mm,分度值为 1mm。

②钢卷尺:量程不小于 3 000mm,分度值为 1mm。

③塞尺:分度值不大于 0.5mm。

(3)水准仪或全站仪。

步骤二 检测段落和位置的选取。

采用随机选点的方法确定检测的段落和位置,也可选择目测车辙最大处,根据需要也可选择其他有代表性的位置。

2）现场检测步骤

步骤一 现场检测。

（1）选择需测试车辙的断面，将基准尺置于该测试断面上，方向与道路中心线垂直。

（2）若车辙形状为图4-111中a）、b）、c）形式，则需分别量测左、右轮迹带的车辙深度，将基准尺分别置于左、右轮迹带辙槽两端最高位置，目测确定左、右轮迹带最大车辙位置，用量尺量取基准尺底面与路面之间的高差，准确至1mm，记录车辙深度R_{u1}和R_{u2}。

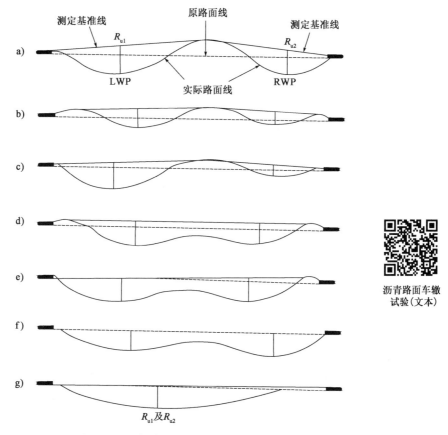

图4-111 不同形状、不同程度的路面车辙示意图

沥青路面车辙试验（文本）

（3）若车辙形状为其他形式，则直接将基准尺置于断面辙槽两端最高位置，目测确定断面最大车辙位置，用量尺量取基准尺底面与路面之间的高差，准确至1mm，记录车辙深度R_u。

（4）记录测试断面的桩号、位置及断面处车辙深度。

步骤二 数据处理。

确定车辙深度R_{u1}和R_{u2}，精确至1mm。以其中最大值作为断面的最大车辙深度R_u。计算测试路段各测试断面最大车辙深度的平均值作为该测试路段的平均车辙深度。

(二) 检测结果评定

路面的错台高度检测后，依据设计值及《检评标准》的相关要求计算合格率。

三、路面表观损坏检测与评定

本方法适用于人工法和视频法测试沥青路面和水泥路面裂缝、坑槽、断板等表观损坏,以评价路面技术状况,本节仅介绍人工法。

(一)检测方法与数据处理

1)检测前的准备

试验检测仪器的选用如下:

(1)量尺:

①钢卷尺:5m 量程和 50m 量程,分度值为 1mm。

②钢直尺:500mm,分度值为 1mm。

(2)其他:粉笔或油漆、安全标志等。

2)现场检测步骤

步骤一 现场检测。

(1)两个测试人员组成一个测试组,沿路肩徒步调查。

(2)量测或收集测试路段的路面长度及宽度。

(3)沿路面仔细观察、量测并在损坏记录表格上填写路面损坏的桩号、位置、类型及尺寸等信息。根据周围交通状况可目测或采用量尺量测各类损坏,沥青路面和水泥混凝土路面具体记录方式分别如下:

①沥青路面。

裂缝:包括纵向裂缝、横向裂缝和不规则裂缝等单根裂缝,主要采用钢卷尺或钢直尺量测其长度与宽度。缝宽按照该条裂缝宽度最大值计,宽度准确至 1mm;缝长按照沿裂缝走向累计长度计算,调查结果准确至 0.01m。

其他类损坏:包括龟裂、块状裂缝、坑槽、沉陷、波浪拥包、松散、泛油、修补等,主要量测其面积。按照矩形量测其横断面切向和垂直方向最外边的长度和宽度,矩形应覆盖该处损坏面积,调查结果准确至 0.000 1m^2。矩形边框如图 4-112 所示。

②水泥混凝土路面。

裂缝、边角剥落、接缝料损坏、唧泥及裂缝修补等:主要量测其长度。调查结果准确至 0.01m。

破碎板、板角断裂、拱起、坑洞、露骨及修补等:主要量测其面积。按照涉及的板块、板角或包络面积计算,调查结果准确至 0.000 1m^2。

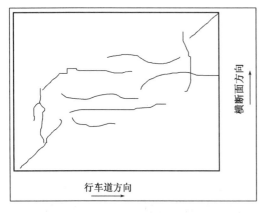

图 4-112 外侧矩形边框为测量边框

(4)必要时在损坏位置用粉笔或油漆做标记、拍摄照片或录像,并记录相应的桩号和照片编号。

步骤二 数据处理。

测试沥青路面损坏时,计算测试路段的裂缝总长度、其他路面损坏的总面积,根据需要可计算破损率、裂缝率等指标。

测试水泥混凝土路面损坏时,计算测试路段损坏长度或面积,根据需要可计算破损率、断板率等指标。

(二)检测结果评定

根据需要采用相关规范或标准进行评定。

四、水泥混凝土路面脱空的检测与评定

本方法适用于落锤式弯沉仪和贝克曼梁弯沉仪测试水泥混凝土路面的板底脱空,为水泥混凝土路面的养护处治提供依据。

(一)检测方法与数据处理

1)检测前的准备

准备工作包括设计图纸的获取(收集水泥路面材料、结构、厚度等路面资料信息)、试验检测仪器的选用、检测段落和位置的选取等内容。试验检测仪器的选用如下:

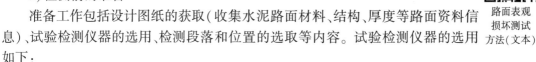

路面表观损坏测试方法(文本)

(1)落锤式弯沉仪:符合《公路路基路面现场测试规程》(JTG 3450—2019)T 0953 中的技术要求。

(2)贝克曼梁和加载车:采用 5.4m 贝克曼梁,并符合《公路路基路面现场测试规程》(JTG 3450—2019)T 0951 中的技术要求。

(3)百分表及表架。

(4)其他:钢卷尺等。

2)现场检测步骤

(1)方法 1:落锤式弯沉仪法。

步骤一 检测准备。

清扫水泥路面,使测试点位置无明显砂粒、积泥。脱空测试应避开晴天正午前后温度较高及显著负温度梯度(夜晚或清晨)时段,宜选择在早晚板块上下表面温差较小时段,或者凉爽多云、阴天温差变化不大的天气进行测试。

步骤二 现场检测。

确定测试桩号,并标识测点位置。当测试板角或板边位置时,承载板边缘应距纵、横缝不大于 200mm。当测试板中位置时,承载板中心与板中距离偏差应不大于 200mm,承载板位置摆放如图 4-113 所示。

按照《公路路基路面现场测试规程》(JTG 3450—2019)T 0953 的方法检测测试位置的弯沉。采用截距值判定板底脱空时,应测试板角弯沉,并对同一测点施加 3 级荷载进行测试。采用弯沉比值判定板底脱空时,应采用同一恒定荷载对板角、板中和板边进行

弯沉测试。

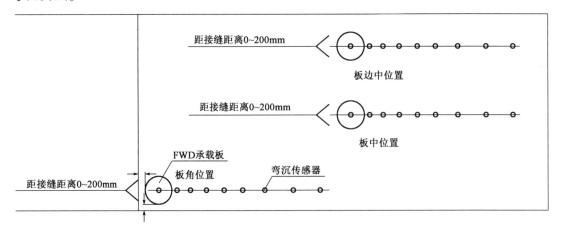

图 4-113 承载板位置摆放平面示意图

步骤三 数据处理。

当采用落锤式弯沉仪进行脱空测试时,可采用截距值法和弯沉比值两种测试方法之一进行脱空判定,具体计算方法如下:

①通过 FWD 测试出不同荷载等级的弯沉值,按照线性回归统计方法,计算得到下式中的回归系数 a、b。

$$W = aP + b \tag{4-64}$$

式中:W——弯沉值(0.001mm);
P——荷载值(kN);
a——回归曲线斜率;
b——回归曲线截距值。

当测点的线性回归截距值 b 大于 $50\mu m$ 时可判定为脱空。

②通过 FWD 测试出水泥混凝土板块不同位置的弯沉值,按下列公式计算弯沉比值 λ_1、λ_2。

$$\lambda_1 = W_{板角}/W_{板中} \tag{4-65}$$

$$\lambda_2 = W_{板边}/W_{板中} \tag{4-66}$$

式中:λ_1——板角弯沉/板中弯沉的比值;
λ_2——板边中点弯沉/板中弯沉的比值;
$W_{板角}$——水泥混凝土板角处弯沉值(0.001mm);
$W_{板边}$——水泥混凝土板边中处弯沉值(0.001mm);
$W_{板中}$——水泥混凝土板中处弯沉值(0.001mm)。

采用 FWD 分别测试同一板块板中、板边中点和板角位置的弯沉,当 $\lambda_1 > 3.0$ 且 $\lambda_2 > 2.0$ 时可判定为脱空。

(2)方法2:贝克曼梁弯沉法。

步骤一 检测准备。

清扫水泥路面,使测试点位置无明显砂粒、积泥。脱空测试应避开晴天正午前后温度较高及显著负温度梯度(夜晚或清晨)时段,宜选择在早晚板块上下表面温差较小时段,或者凉爽多云、阴天温差变化不大的天气进行测试。

步骤二 现场检测。

指挥测试车使其后轮摆放于要求测点处。当测试板角或板边位置时,后轴轮胎外侧边缘应距纵缝 100~200mm。

当只测试受荷板的板角弯沉时,可将贝克曼梁测头放置于距接缝 50~100mm 处,贝克曼梁的支座与测点不应在同一块板上。弯沉车车轮和贝克曼梁测头摆放如图4-114 所示。

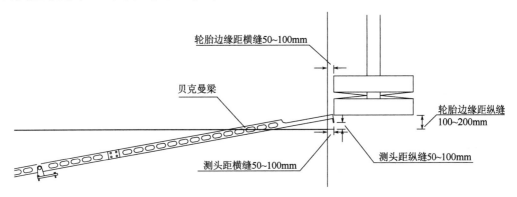

图4-114 弯沉车车轮和贝克曼梁测头摆放平面示意图

安放百分表于弯沉仪的测定杆上,用手指轻轻叩打弯沉仪,检查百分表能否稳定回位。百分表回位稳定后,记录初始读数 L_1,精确到 0.01mm。

测试者发令指挥汽车以 5km/h 左右的速度缓缓前进驶离测试混凝土板块,待表针回转稳定后,读取终读数 L_2,精确到 0.01mm。

承载车向前移动至下一个测点,重复上述步骤进行测试。

步骤三 数据处理。

路面测点的回弹弯沉值按下式计算:

$$L_t = (L_1 - L_2) \times 2 \qquad (4\text{-}67)$$

式中:L_t——路面回弹弯沉值(0.01mm);

L_1——百分表的初读数(0.01mm);

L_2——百分表的终读数(0.01mm)。

采用单点弯沉测值进行脱空判定时,当弯沉值大于 0.2mm 可判定为该处脱空。

(二)检测结果评定

根据需要采用相关规范或标准进行评定。

任务4-9　其他相关检测项目的检测与评定

【任务描述】

现行《公路沥青路面施工技术规范》(JTG F40)中,对半刚性基层和级配碎石等柔性基层上喷洒透层油的渗透深度;对沥青混合料的施工温度;对沥青黏层、透层以及同步碎石等封层的沥青洒布量、碎石的撒布量等要求进行了规定。这些检测项目直接关系沥青路面的施工质量,是施工质量管理的重点项目之一。通过本任务的学习,试验检测人员应了解相关参数的实操技能,以指导和控制施工质量。

【任务实施】

一、热拌沥青混合料施工温度测试方法

本方法适用于测试热拌、温拌沥青混合料的施工温度,包括拌和厂沥青混合料的出厂温度、施工现场摊铺、碾压时混合料的温度等。

(一)检测方法与数据处理

1)检测前的准备
试验检测仪器的选用如下:
(1)插入式温度计:量程300℃,分度值1℃,宜采用有数字式或度盘式的金属杆插入式热电偶温度计,测杆的长度不小于300mm,并有读数留置功能;也可以采用煤油等玻璃温度计。
(2)非插入式温度计:红外温度计或红外摄像仪,分辨力1℃。
(3)其他:棉丝、软布、螺丝刀等。
2)现场检测步骤
步骤一　现场检测。
(1)在运料车上测试。
①混合料出厂温度或运输至现场温度应在运料车上测试,每车测试一次。当运料车的侧面中部有专用的温度测试孔(距底板高约300mm)时,用插入式温度计直接插入测试孔内的混合料中测试;当运料车无专用的温度测试孔时,可在运料车的混合料堆上部侧面采用插入式温度计测试,在拌和厂测试的为混合料出厂温度,在运输至现场后测试的为现场温度。
②测试时,温度计插入深度不小于150mm,注视温度变化直至不再继续上升为止,读记温度,准确至1℃。
(2)在摊铺现场测试。
①混合料摊铺温度宜在摊铺机的一侧拨料器的前方混合料堆上测试。在测试位置插入温度计150mm以上,并跟着向前走,如料堆向前滚,拔出后重新插入,注视温度变化直至不再继续上升为止,读记温度,准确至1℃。

②在摊铺过程中,运输车向摊铺机卸料时,可以采用红外摄像仪测试整个料车中的温度场,采用温度场图片形式保存数据,同时记录最高温度、最低温度,并计算最大温差,准确至1℃。

③摊铺温度应每车测试一次。

(3)在沥青混合料碾压过程中测试压实温度:根据需要,随时选择初压开始、复压或终压成形等各个阶段的测点,测试碾压过程中的沥青混合料温度。

①插入式温度计法。将插入式温度计仔细插入路面混合料压实层一半深度处,轻轻压紧温度计旁被扰动的混合料,注视温度计变化至不再继续上升为止,读记温度,准确至1℃。当温度计完成读数之后,立即拔出并再次插入下一个测点处的混合料中。当温度计插入路面混合料较困难时,可用螺丝刀先插一孔后再插入温度计。当温度较低且混合料较硬时,不宜用玻璃温度计或玻璃触头的半导体点温计测试。

②非插入式温度计红外温度计法。采用非插入式温度计红外温度计测试单个表面温度,此时测试温度一般用作施工单位自检或施工过程控制。测温时,需要直接对准测量的沥青混合料表面连续测试3次以上,直至最后3次温度差值不大于1℃,读记最后一次测试温度,准确至1℃。

③红外摄像仪法。采用红外摄像仪测试一个区域内的表面温度,此时测试温度一般用作施工过程控制。测试时,采用红外摄像仪对准测试的区域,摄像保存,采用温度场图片形式保存数据,同时记录最高温度、最低温度,并计算最大温差,准确至1℃。

步骤二 数据处理。

压实温度一处测试不得少于3个测点,取平均值作为测试温度。对于红外摄像仪法则是一个区域测试一次。

(二)检测结果评定

检测后,根据现行《公路沥青路面施工技术规范》(JTG F40)的相关要求指导施工。

二、沥青喷洒法测试施工材料用量方法

本方法适用于测试沥青表面处治、封层、沥青贯入式、透层、黏层等采用喷洒法施工的沥青用量或撒布的碎石用量。

(一)检测方法与数据处理

1)检测前的准备

试验检测仪器的选用如下:

(1)天平,分度值不大于1g。

(2)受样盘:金属盘,面积不小于1 000cm^2,深度不小于10mm。

(3)钢卷尺或皮尺。

(4)地磅。

(5)纸、布等阻溅物,防止沥青材料飞溅出受样盘。

2)现场检测步骤

步骤一 现场检测。

(1)受样盘法：

①用钢卷尺测量受样盘开口面积,计算准确至 $0.1cm^2$。在受样盘表面放置纸或布等阻溅物,并称取其与受样盘的质量(m_1),准确至1g。

②根据预计洒布沥青(撒布碎石)路段长度,在距两端1/3长度处、沿宽度方向的任意位置上,放置受样盘,但应避开沥青洒布车(碎石撒布车)的车轮位置。

③沥青洒布车(碎石撒布车)按正常施工速度和洒布方法喷洒沥青。

④观察沥青材料(碎石材料)下落到受样盘时是否有飞溅出的现象,如果有,则采取措施重新试验。

⑤当沥青材料(碎石材料)没有飞溅损失时,将已接受有沥青(碎石)的受样盘仔细取走,称取总质量(m_2),准确至1g。

⑥受样盘取走后的空白处,应用适当方式补洒沥青(碎石)。

(2)地磅法：

①洒布车喷洒(撒布车撒布)前,用地磅准确称量洒布车(撒布车)及材料总质量(m_3)。

②根据预计洒布沥青(撒布碎石)路段长度,均匀洒布沥青(撒布碎石),由皮尺准确测量喷洒(撒布)的长度和宽度,计算喷洒(撒布)总面积,准确至 $1m^2$。

③洒布车喷洒(撒布车撒布)后,用地磅再次准确称量洒布车(撒布车)及材料总质量(m_4)。

步骤二 数据处理。

采用受样盘法时,洒布沥青用量(撒布碎石用量)按下式计算。

$$Q = \frac{m_2 - m_1}{1\ 000A_1} \tag{4-68}$$

式中:Q——洒布的沥青用量(撒布的碎石用量)(kg/m^2);

m_1——受样盘和阻溅物的质量(g);

m_2——受样盘、阻溅物及沥青(碎石)的合计质量(g);

A_1——受样盘的面积(m^2)。

采用地磅法时,洒布沥青用量(撒布碎石用量)按下式计算。

$$Q = \frac{m_3 - m_4}{1\ 000A_2} \tag{4-69}$$

式中:m_3——洒布车(撒布车)喷洒(撒布)前的总质量(kg);

m_4——洒布车(撒布车)喷洒(撒布)后的总质量(kg);

A_2——喷洒(撒布)总面积(m^2)。

平行测试两次,取两次测试值的算术平均值作为洒布沥青用量的试验结果。当两个测试值之差超过平均值的10%时,需要重新试验。

(二)检测结果评定

检测后,根据现行《公路沥青路面施工技术规范》(JTG F40)的相关要求指导施工。

三、透层油渗透深度测试方法

本方法适用于测试透层油的渗透深度,以评价透层油的渗透效果。

(一)检测方法与数据处理

对于有结合料材料:

在透层油渗透稳定后,在测试路段内随机选取芯样位置,按规定的方法钻取芯样。芯样直径为100mm或150mm,芯样高度宜不小于50mm。

对于无结合料材料:

在透层油渗透稳定后,在测试路段内随机选取一点,将基板放在基层表面上,沿基板中孔凿孔,深度不小于50mm。在凿孔过程中,随时将凿松的材料取出装入大金属盘中。

1)检测前的准备

试验检测仪器的选用如下:

(1)路面取芯机:手推式或车载式,配有淋水冷却装置。钻头直径为ϕ100mm或ϕ150mm。

(2)凿子、螺丝刀。

(3)基板:用薄铁板制作的金属方盘,盘的中心有一圆孔,其规格同《公路路基路面现场测试规程》(JTG 3450—2019)T 0921要求。

(4)钢板尺:量程不大于200mm,最小刻度为1mm。

(5)其他:毛刷、量角器、棉布、大金属盘等。

2)现场检测步骤

步骤一 现场检测。

(1)对于有结合料材料:

①用水和毛刷(或棉布等)轻轻地将芯样表面黏附的粉尘除净。

②将芯样晾干,使其能分辨出芯样侧立面透层油的下渗情况。

③用钢板尺或量角器将芯样顶面圆周平均分成8等分,分别量测圆周上各等分点处透层油渗透的深度,估读至0.5mm。

(2)对于无结合料材料:

①用手轻轻将凿孔内壁的碎石清除,用毛刷(或棉布等)轻轻清理。

②沿圆周按均匀间距8等分位置分别量测透层油渗透的深度,估读至0.5mm。

步骤二 数据处理。

去掉渗透深度测试值中3个最小值,计算其他5个渗透深度测试值的算术平均值,作为单个测点的渗透深度结果。

(二)检测结果评定

检测后,根据现行《公路沥青路面施工技术规范》(JTG F40)的相关要求指导施工。

模块4考核

一、填空题

1.路基路面在施工过程中、_____及_____中,都需要检测路基路面各部分的几何尺寸,保证其符合规范及其规定要求。

2. 对于基层或砂石路面的厚度可用_____测定,沥青面层与水泥混凝土面板的厚度应该用_____测定。

3. 土方路基压实度的检测方法有:_____、_____、_____。

4. 在随机法确定测定断面时,一般间距为_____m。

5. 《检评标准》规定,高速公路和一级公路沥青混凝土面层平整度应采用连续平整度仪方法检测,二级公路也可采用_____方法检测。

6. 用5.4m长的贝克曼梁测定弯沉时,百分表的最大读数为60,最小读数为40,则该测点回弹弯沉的大小为_____(0.01mm)。

7. 摆式仪法测试抗滑性能时,摆在路面上的滑动长度应为_____。

8. 手工铺砂法进行路面构造深度的测定时,同一处平行测_____个测点。

9. 热拌沥青混合料施工温度测试方法中:混合料出厂温度或运输至现场温度应在_____上测试,每车测试_____次。

10. 沥青路面车辙可采用的检测方法有:横断面尺测试方法、_____、_____。

二、选择题

1. 平整度测试仪分断面类和反应类两种,三米直尺和颠簸累积仪属于(　　)测试仪。
   A. 两者均是断面类　　　　　　B. 两者均是反应类
   C. 前者是断面类,后者是反应类　D. 前者是反应类、后者是断面类

2. 路基路面现场测试随机选点方法包括(　　)。
   A. 均匀法　　B. 随机法　　C. 定向法　　D. 连续法　　E. 综合法

3. 对于结构层厚度评定,下列说法中正确的是(　　)。
   A. 厚度代表值应大于等于设计厚度
   B. 厚度代表值应小于等于设计厚度
   C. 厚度代表值应大于等于设计厚度减代表值允许偏差
   D. 厚度代表值应小于等于设计厚度减代表值允许偏差

4. 压实度评定时,用(　　)来反映路段的总体压实质量。
   A. 代表值　　B. 标准偏差　　C. 平均值　　D. 合格率

5. 其他情况一致的条件下,路表构造深度越大,路面的抗滑能力(　　)。
   A. 越差　　B. 越强　　C. 不一定越强　　D. 强、弱无规律

6. 计算渗水系数时以水面从100mL下降到500mL所需时间为标准,若渗水时间过长,可以采用(　　)通过的水量计算。
   A. 2min　　B. 3min　　C. 4min　　D. 5min

7. 沥青路面渗水系数测试工作有:①水流出100mL;②将组合好的渗水仪底座压在密封材料上;③在路面上沿底座圆圈涂上一层密封材料;④关闭渗水仪开关,并向渗水仪上方量筒中加满水;⑤即将压环压在渗水仪底座上;⑥在测试路段上选点,清扫表面,并用粉笔画上测试标记;⑦打开渗水仪开关让量筒中的水自由流出;⑧水流出500mL时;⑨立即开动秒表,开始计时;⑩停止计时,试验结束。正确测试过程为(　　)。

A.⑥③②⑤⑦④①⑨⑧⑩ B.⑥③②⑦④⑤①⑨⑧⑩
C.⑥③②⑤④①⑦⑨⑧⑩ D.⑥③②⑤④⑦①⑨⑧⑩

8. 室内 CBR 试验中，贯入杆预压在 CBR 试件上的力是(　　)。
   A. 20N　　　　　　　　　　　　B. 30N
   C. 45N　　　　　　　　　　　　D. 60N

9. 测试透层油的渗透深度时，应沿圆周按均匀间距(　　)位置分别量测透层油渗透的深度。
   A. 2 等分　　　　B. 3 等分　　　　C. 4 等分　　　　D. 8 等分

10. 水泥混凝土路面脱空检测，宜选择(　　)时段进行。
    A. 凉爽多云、阴天温差变化不大的天气　　B. 清晨
    C. 晴天正午　　　　　　　　　　　　　　D. 夜晚

三、判断题

1. 平整度是重要的检测项目，故应采用数理统计的方法进行评定。　　　　　　　　　(　　)
2. 当基层厚度的代表值偏差满足要求但存在超过极值偏差的测点时，厚度这项指标评为 0 分。
　　　　　　　　　　　　　　　　　　　　　　　　　　　　　　　　　　　　(　　)
3. 路堤施工段落短时，分层压实度应点点符合要求，且实际样本数量不少于 6 个。　　(　　)
4. 路面的回弹弯沉越小，表示路面的整体承载能力越大。　　　　　　　　　　　　(　　)
5. 集料的磨光值越高，相应路面的抗滑性能越好。　　　　　　　　　　　　　　　(　　)
6. 沥青路面的渗水系数越大，说明沥青路面的质量越差。　　　　　　　　　　　　(　　)
7. 用摆式仪测定路面抗滑性能时，重复 5 次测定的差值应不大于 5BPN。　　　　　 (　　)
8. 室内 CBR 试验时，试件泡水 96h。　　　　　　　　　　　　　　　　　　　　　(　　)
9. 路面表观损坏检测时，裂缝检测对象包括纵向裂缝、横向裂缝、不规则裂缝和龟裂。(　　)
10. 沥青喷洒法测试施工材料用量方法(受样盘法)：根据预计洒布沥青(撒布碎石)路段长度，在距两端 1/3 长度处，沿宽度方向的任意位置上放置受样盘，但应避开沥青洒布车(碎石撒布车)的车轮位置。　　　　　　　　　　　　　　　　　　　　　　　　　　(　　)

四、案例题

某一级公路建设项目，位于河南省境内，项目路线全长 5 324.020m，路基宽度为 32m，双向 6 车道，设计车速为 80km/h。该一级公路水泥混凝土路面板设计厚度为 20cm，保证率为 95%，该评定路段的检测值为 21.2、22.3、19.0、18.8、20.1、21.0、21.4、20.0、19.8、22.0(单位：cm)。现按《检评标准》和《公路路基路面现场测试规程》(JTG 3450—2019)对该路面板的厚度进行检查，检查频率为每 200m 测 2 处。保证率为 95%。

请结合上述材料，基于标准差的统计分析和厚度代表值的计算，对上述 10 个测点的厚度进行评定(写明核心计算和评定的过程)。

五、技能训练题

完成任务工单 4-1～4-7，并规范完整填写试验检测记录表和评定表。任务工单通过扫描本模块"技能目标达成度测评"中二维码获取。

【模块学习效果评价】

1. 素质目标达成度测评					
序号	素质目标	素质目标测评点	配分比例	得分	备注
1	规范意识	查阅规范,实际操作中对规范的正确使用	2.5		对照本模块实际拟定的素质目标进行测评
1	规范意识	仪器的规范使用、存放和保养	2.5		
2	劳动精神	具备诚实守信的态度,认真记录、检查、核对	2.5		
2	劳动精神	具备吃苦耐劳的品质	2.5		
		分项总分	10		
2. 知识目标达成度测评					
序号		评分内容	配分比例	得分	备注
1		填空题	10		扫描获取[模块4考核]答案
2		选择题	10		
3		判断题	10		
4		案例题	20		
		分项总分	50		
3. 技能目标达成度测评					
序号	技能训练	任务工单号	配分比例	得分	备注
1	路面厚度检测与评定	4-1	5		扫描获取模块4任务工单
2	几何尺寸检测	4-2	5		
3	压实度检测与评定	4-3	10		
4	平整度检测与评定	4-4	5		
5	抗滑性能检测与评定	4-5	5		
6	承载能力检测与评定	4-6	5		
7	沥青路面渗水系数检测与评定	4-7	5		
		分项总分	40		

【模块学习总结与反思】

通过本模块的学习,你的主要收获有哪些?不足有哪些?下一步改进措施是什么?

模块5
MODULE FIVE
地基承载力检测

【模块内容简介】

任何建筑物都必须有地基,建筑物对地基的基本要求有两个,即强度要求和稳定性要求。其中建筑物对地基的强度要求尤为关键,只有满足了强度要求,才能进一步考虑稳定性要求。建筑物对地基的强度要求即地基承载力要满足建筑物作用力的要求,若地基承载力不足,将导致地基发生强度破坏,从而丧失稳定性,继而对建筑物产生破坏。因此,正确确定建筑物的地基承载力,是保证建筑物安全和正常使用的基础。

通过本模块的学习,学习者应掌握地基承载力地基承载力相关试验检测与结果评定的知识与技能。本模块主要学习2个任务,其知识结构如图5-1所示。

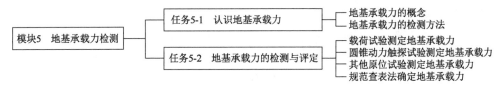

图5-1 本模块知识结构

【模块学习目标】

素质目标:通过对地基承载力的检测与评定,养成严格按规范操作的规范意识;树立实践出真知的劳动精神,形成实事求是、科学严谨的工作作风。

知识目标:理解地基承载力的概念,掌握载荷试验法、动力触探法、静力触探法测定地基承载力的原理、试验步骤及结果评定方法;了解标准贯入试验、规范查表法确定地基承载力的步骤及结果判定方法。

能力目标:能依据试验规程完成相关检测内容并能规范完整地填写试验检测记录表。

任务 5-1 认识地基承载力

【任务描述】

建筑物对地基的强度要求即为对地基承载力的要求,所以地基承载力是工程建筑物设计和施工的主要依据,正确认识地基承载力的含义及其测定方法,是确定地基承载力的基础,是保证建筑物安全和正常使用的关键。例如,加拿大特朗斯康谷仓就是因地基承载力不足而导致建筑物失稳的典型例子。

加拿大特朗斯康谷仓长 59.44m,宽 23.47m,高 31.00m,容积 36 368m³。谷仓由 5 排圆筒仓组成,每排 13 个圆筒仓,共 65 个圆筒仓。谷仓的基础为钢筋混凝土筏板基础,厚 2m,埋深 3.66m。谷仓于 1911 年动工,1913 年秋完成,自重 20 000t,相当于装满谷物后总质量的 42.5%。1913 年 9 月起往谷仓装谷物,10 月当谷仓装了 31 822m³ 时发现谷仓 1h 内竖向沉降达 30.5cm,并向西倾斜;24h 后倾倒,西侧下陷 7.32m,东侧抬高 1.52m,倾斜 27°。地基虽破坏,但钢筋混凝土谷仓却安然无恙,仅有少量裂缝。

图 5-2 加拿大特朗斯康谷仓失稳

事故的原因为设计时未对谷仓地基土层及地基承载力进行调查研究,不了解地基下埋藏有厚达 16m 的软黏土层,而采用了邻近建筑地基 352kPa 的承载力,建成后初次储藏谷物时基底平均压力达到 320kPa。1952 年的勘察试验与计算表明,该地基的实际承载力仅为 193.8~276.6kPa,远小于谷仓地基破坏时 329.4kPa 的地基压力。当采用的设计荷载超过地基土的抗剪强度时,地基因超载而发生强度破坏,如图 5-2 所示。

【任务实施】

一、地基承载力的概念

1. 地基承载力的概念

地基承载力有地基承载力特征值和地基承载力极限值之分。

地基承载力特征值是指地基正常使用的极限状态,即不产生剪切破坏且基础的沉降量不超过允许值时所选定的地基承载力,是考虑一定安全储备后的地基承载力。地基设计时应采用地基承载力特征值。

地基承载力极限值是指地基土在外荷载的作用下,不产生剪切破坏时,单位面积上所能承受的最大荷载。

2. 荷载作用下地基的变形过程

根据荷载作用下由开始加荷使地基变形到破坏的过程，可以把地基变形分为压密阶段、局部剪切阶段、破坏阶段三个阶段，如图 5-3 所示。结合荷载-沉降曲线（p-S 曲线）（图 5-4）分析如下：

(1) 压密阶段。该阶段 p-S 曲线接近于直线，沉降的主要原因是地基土被压缩。土中各点剪应力均小于土的抗剪强度，土体处于稳定的弹性平衡状态，见 p-S 曲线 oa 段。

(2) 局部剪切阶段。a 点后 p-S 曲线不再呈直线关系（ak 段），地基中已有局部区域（称为塑性变形区）的剪应力达到了土的抗剪强度，首先在基础边缘处出现。随着荷载的持续增加，地基土中塑性变形区的范围也逐步扩大，直到出现连续的滑动面，这一阶段基础沉降有较大的增加。

(3) 破坏阶段。超过 k 点后，塑性变形区已扩大到形成一个连续的剪裂面，促使地基土向基础四周挤出，地面隆起，基础急剧沉陷，以致完全丧失稳定性。

a) 压密阶段　　　b) 局部剪切阶段　　　c) 破坏阶段

图 5-3　荷载作用下地基变形的三阶段

由以上分析可知，a 点和 k 点是地基变形的两个特征分界点。与 a 点对应的荷载强度 p_a，称为临塑荷载（比例界限）；与 k 点相对应的荷载强度 p_k，称为极限荷载；与塑性区最大深度 Z_{max} 相应的荷载强度，称为临界荷载，如 $Z_{max} = b/4$（b 为基础宽度），临界荷载表示为 $p_{\frac{1}{4}}$。

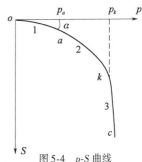

图 5-4　p-S 曲线

二、地基承载力的检测方法

《公路桥涵地基与基础设计规范》(JTG 3363—2019) 规定地基承载力特征值宜由载荷试验或其他原位测试方法实测取得，当受现场条件限制或开展载荷试验和其他原位测试确有困难时，也可按规范查表法确定。

原位试验法是在岩土体原来所处的位置，基本保持岩土体的结构、含水率和原位应力状态，直接或间接地测定岩土体工程特性的测试方法的总称，包括载荷试验、圆锥动力触探试验、静力触探试验、标准贯入试验、旁压试验等方法。原位测试不需要取样，避免或减轻了对土样的扰动，得到的数据能够比较真实地反映地基土层的工程性质。

任务 5-2　地基承载力的检测与评定

 【任务描述】

桥涵地基承载力的检测方法有原位试验法、地区经验法及规范查表法[查询《公路桥涵地基与基础设计规范》(JTG 3363—2019)中的相关经验表格]。

载荷试验
(文本、微课)

【任务实施】

一、载荷试验测定地基承载力

(一) 理论知识

载荷试验是指将一块刚性承压板(常用面积是 $0.25\sim0.50\mathrm{m}^2$ 的方板或圆板)置于欲测定的地基表面,在承压板上分级施加荷载,测定承压板变形稳定的沉降量,绘制荷载强度 p 与沉降量 S 的关系曲线,然后确定地基承载力的方法,如图5-5所示。

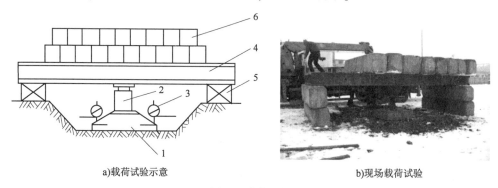

a)载荷试验示意　　　　　　　　　　　b)现场载荷试验

图5-5　载荷试验

1-承压板;2-千斤顶;3-百分表;4-反力梁;5-枕木垛;6-压重

载荷试验包括浅层平板载荷试验、深层平板载荷试验和岩基载荷试验。浅层平板载荷试验可用于确定浅部地基承压板下压力主要影响范围内土层的承载力;深层平板载荷试验可用于确定深部地基及大直径桩桩端在承压板压力主要影响范围内土层的承载力;岩基载荷试验可用于确定完整、较完整、较破碎岩基作为天然地基或桩基础持力层时的承载力。一般认为,载荷试验在各种原位测试的方法中是较为可靠的,并以此作为其他原位测试的对比依据。

(二) 检测方法与结果评定

1. 方法1:浅层平板载荷试验

1) 试验准备

步骤一　准备仪器设备。

平板载荷试验设备由承压板、加载设备设施和沉降测量装置组成。

(1) 承压板。

承压板应具有足够的刚度,宜采用圆形或方形,如图5-6所示,其面积应符合下列要求:在软弱地基土中试验时,承压板面积不得小于 $5\,000\mathrm{cm}^2$;在坚实地基土中试验时,承压板面积不得小于 $1\,000\mathrm{cm}^2$;在碎石土地基中试验时,承压板直径或边长应大于受压层最大颗粒粒径的10倍;在岩石地基中试验时,承压板面积不宜小于700cm²;复合地基不应小于一根桩加固的面积;强夯处理后的地基,不应小于2m²。

a)圆形承压板

b)方形承压板

图5-6 载荷试验承压板

(2)加载设备设施。

加载设备设施包括加载设备、反力装置及荷载测量设备。

①加载设备。

加载设备宜采用液压千斤顶,千斤顶的额定量程不应小于预计极限荷载的1.4倍。

②反力装置。

反力装置常用平台堆载或地锚。平台堆载反力装置由反力梁(分为主梁和次梁)、重物、支墩构成,如图5-7所示。重物应一次备齐,应不小于预计极限荷载的1.2倍,反力梁的刚度应与千斤顶量程相匹配。地锚反力装置的地锚反力总和应大于预计极限荷载的1.5倍,且每个地锚反力应基本相等。

③荷载测量装置。

荷载测量装置可采用并联于千斤顶油路的

图5-7 平台堆载反力装置
1-重物;2-次梁;3-主梁;4-支墩

压力表、压力传感器及力传感器或测量环,检测精度应达到荷载增量的2%。

(3)沉降测量装置。

沉降测量装置包括沉降测量仪表和固定支撑测量仪装置。沉降测量仪表可用百分表或位移传感器,全量程不宜小于50mm,检测误差不得大于0.01mm。固定支撑测量仪表装置包括基准桩和基准梁。沉降测量装置如图5-8所示。

步骤二 根据试验工况确定加载参数。

加载参数包括选择承压板的面积、加载量、堆载量。

根据地基类型选择承压板面积;根据设计的地基承载力特征值确定加载量(试验总加荷量不宜小于设计值的2倍);根据设计的承载力特征值确定堆载量(堆载重物应不小于预计极限荷载的1.2倍)。

a) 位移传感器

b) 基准梁及百分表

图 5-8　载荷试验沉降测量装置

步骤三　试坑开挖。

（1）在基础底面设计高程处试验时，试坑底面宽度应不小于承压板宽度 b 或直径 d 的 3 倍，并应保持试验土层的原状结构和天然湿度。

（2）试验点位于地下水位以下时，开挖试坑及安装设备前，应先将坑内地下水位降至试坑底面以下，并防止因地下水位降低而可能产生的土体破坏现象。设备安装完毕，应待水位恢复后再行试验。

（3）试验前宜在坑边，试验后宜在承压板下 $(0.5\sim1.0)b$ 处采取土样，详细描述岩土特征，进行有关试验。

2）现场试验步骤

步骤一　安装设备。

（1）安置承压板前，应整平板下的试坑面，铺厚约 2cm 的中粗砂垫层，轻轻拍实，并用水平尺找平，轻放承压板，避免测试土体受到扰动，并使承压板与试验面平整接触。

（2）依次安装传力柱、千斤顶、载荷台架及反力装置，载荷台架及反力装置的中心应与承压板中心一致，并应避免对承压板施加压力。

（3）安装沉降测量装置，其固定点应设在不受变形影响的位置，且沉降观测点应在承压板中心两侧对称设置。

步骤二　加载及沉降量的测读。

（1）试验荷载应分级施加，并保持静力条件及荷载对承压板中心的竖向传递。各级荷载增量可按下列方法确定：

①第一级施加的荷载（含设备自重）宜接近坑底以上土的有效自重压力；

②后续各级荷载增量可取预估极限荷载的 1/10~1/8；当极限荷载不易估计时，可按表 5-1 取值。

荷载增量表　　　　　　　　　　　　　　　　　　　　　　　表 5-1

试验土层及特征	荷载增量（kPa）
淤泥、流塑黏性土、松散砂土	<15
软塑黏性土、新近沉积黄土、稍密砂土、粉土	15~25
可塑~硬塑黏性土、新黄土、中密砂土	25~50
坚硬黏性土、密实砂土、老黄土	50~100
碎石土、软质岩、风化岩	100~200

(2)浅层平板载荷试验可根据工程需要选择沉降相对稳定法或沉降非稳定法。沉降相对稳定法适用于饱和软黏土及对变形有明确要求的建筑物；沉降非稳定法适用于可塑～坚硬状粉质黏土、粉土、砂土、碎石土和软质岩。

(3)施加荷载 p 后，应按时观测相应的沉降量 S'。每级荷载下的沉降观测时间 t 及其稳定标准和试验终止条件应符合下列规定：

①沉降相对稳定法：每施加一级荷载，开始应按 1min、2min、2min、5min、5min、10min、10min、15min、15min、15min 间隔，以后按 30min 间隔观测一次沉降，并记录量测沉降值，直至连续 2h 内每小时的沉降量小于 0.1mm 时，再施加下一级荷载。

②沉降非稳定法：每施加一级荷载后，应每隔 15min 观测一次沉降，累计观测达 2h 时，再施加下一级荷载。

③试验总加荷量不宜小于设计值的 2 倍。

步骤三 试验过程中，应及时记录观测数据，绘制 p-S'、S'-t 或 S'-lg$t$ 曲线草图。

步骤四 终止试验。出现下列情况之一时，可终止试验：

(1)承压板周围土层明显地侧向挤出、隆起或产生裂缝；

(2)荷载增加不大，沉降急骤增大，p-S' 曲线出现陡降段；

(3)在某级荷载下，24h 沉降速率不能达到稳定标准（<0.1mm/h）；

(4)相对沉降值 S'/b >0.06；

(5)总加荷量已达到设计要求值的 2 倍以上，或超过第一拐点至少三级荷载。

步骤五 观测卸荷回弹值。

观测卸荷回弹值时，每级卸荷量可取每级加荷增量的 2 倍，每级卸荷后宜每隔 10min 观测一次回弹量，历时 1h。荷载全部卸除后，宜继续观测 3h，观测时间间隔宜为 10min、20min、30min、1h、1h。

3)数据处理

步骤一 对原始数据进行检查、校对，剔除异常数据，整理荷载 p 与沉降值 S'、时间 t 与沉降值 S' 汇总表。

步骤二 绘制 p-S' 曲线。

步骤三 对 p-S' 曲线进行修正。

(1)沉降相对稳定法 p-S' 曲线的修正。

①当 p-S' 曲线的前段曲线呈直线且不过原点[图 5-9a)中所示的曲线 2]时，应先求该段直线的斜率 c 和截距 S_0，然后对比例界限（即第一拐点 A）以前各点的沉降值按 $S=cp$ 进行修正；对比例界限以后各点的沉降值按 $S=S'-S_0$ 进行修正。

②当 p-S' 曲线呈圆弧形，无明显拐点[图 5-9a)中所示的曲线 1 和 3]时，可采用双曲线法拟合，按式(5-1)、式(5-2)计算。

$$p = S/(a + b'S) \qquad (5\text{-}1)$$
$$S = S' - S_0 \qquad (5\text{-}2)$$

式中：a、b'——曲线拟合参数，亦即回归直线的截距、斜率，曲线拟合时，应试取 S_0 值达到最佳拟合为止。

③当 p-S' 曲线呈反弯形[图 5-9a)中所示的曲线 4]时，对反弯点 C 以后的实测数据，可按

上述双曲线法拟合,取两者中精度较高者按式(5-3)进行整理:

$$S_0 = 3S_1' - 3S_2' + S_3' \tag{5-3}$$

式中:S_1'、S_2'、S_3'——分别为反弯点 C 以后对应于荷载 p_1、p_2、p_3 的实测沉降。p_1、p_2、p_3 应符合 $p_3 - p_2 = p_2 - p_1$。

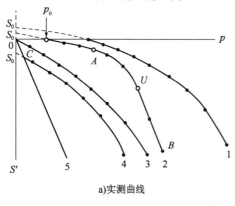
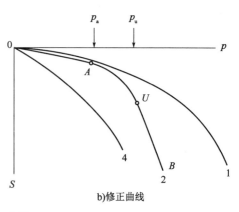

图 5-9　p-S 曲线

(2)沉降非稳定法 p-S' 曲线的修正。

①沉降非稳定法按外推法推算出各级荷载下沉降速率达到沉降相对稳定法相对稳定标准时所需要的时间和相应的沉降量。

②根据推算的沉降量按沉降相对稳定法修正。

步骤四　根据修正后的数据绘制 $p - S$ 曲线[图 5-9b)],必要时绘制 $\lg p - \lg S$、$p - \Delta S/\Delta p$ (p 为荷载增量,ΔS 为沉降增量)、S-$\sqrt{t}$ 或 S-$\lg t$ 曲线。

4)检测结果评定

地基承载力特征值 f_{a0} 和地基承载力极限值 p_u 确定时,同一土层参加统计的试验点数不应少于 3 个;试验点的 f_{a0} 或 p_u 值的极差不大于其平均值 30% 时,可取平均值作为 f_{a0} 或 p_u。当极差大于其平均值 30% 时,应查找、分析出现异常值的原因,并按粗差剔除准则补充试验和剔除异常值。

(1)地基承载力特征值 f_{a0} 可按下述方法确定:

①p-S 曲线存在拐点[图 5-9b)中所示的曲线 2]时,则第一拐点 A 对应荷载为比例界限压力 p_a,第二拐点 U 对应压力为极限承载力 p_u。当 $p_u \leq 1.5 p_a$ 时,取 $f_{a0} = p_u/2$;当 $p_u > 1.5 p_a$ 时,取 $f_{a0} = p_a$。

②p-S 曲线呈圆弧形[图 5-9b)中所示的曲线 1 和 4],无明显拐点时,可按下述方法确定:

a. 在绘制的 $\lg p$-$\lg S$ 或 p-$\Delta S/\Delta p$ 曲线上,取第一转折点所对应的荷载为 f_{a0}。

b. 取相对沉降值 S/b 所对应的荷载为 f_{a0},各类土的相对沉降值 S/b 可按表 5-2 取用。

各类土的相对沉降值 S/b　　　　表 5-2

土名	黏性土				粉土			砂土			
状态	流塑	软塑	硬塑	坚硬	稍密	中密	密实	松散	稍密	中密	密实
S/b	0.020	0.016	0.012	0.010	0.020	0.015	0.010	0.020	0.016	0.012	0.008

注:对于软~极软的软质岩、强风化~全风化的风化岩,应根据工程的重要性和地基的复杂程度取 $S/b = 0.001 \sim 0.006$ 所对应的压力为 f_{a0}。

(2)地基承载力极限值 p_u 可按下述方法确定：

①由双曲线拟合法确定地基极限承载力 p_u 值，取 $f_{a0} = p_u/F$（F 为安全系数），可视地基工程性质取 F 为 $2 \sim 3$（高压缩性土取低值，低压缩性土取高值）。

②用双曲线法拟合的 p-S 曲线，应按式(5-4)确定地基极限承载力 p_u：

$$p_u = R_f p_f \tag{5-4}$$

式中：p_f——破坏荷载(kPa)；$p_f = 1/b'$；

b'——由式(5-1)得到的曲线拟合参数；

R_f——破坏比，可按表 5-3 取值。

破坏比 R_f 表 5-3

土名	软土、松散砂土、稍密粉土	软~硬塑黏性土、中密粉土、稍密~中密砂土	坚硬黏性土、密实粉土、密实砂土	碎石土、软岩、风化岩
R_f	0.90~0.80	0.85~0.75	0.80~0.70	0.75~0.65

2. 方法 2：深层平板载荷试验

1）试验要点

(1)深层平板载荷试验的承压板采用直径为 0.8m 的刚性板，紧靠承压板周围外侧的土层高度不应小于 0.8m。

(2)加荷等级可按预估极限承载力的 1/15~1/10 分级施加。

(3)每级加载后，第一个小时内按间隔 10min、10min、10min、15min、15min 测读一次沉降量，以后为每隔 30min 测读一次沉降量。当在连续 2h 内，每小时沉降量小于 0.1mm 时，则认为已趋稳定，可加下一级荷载。

(4)当出现下列情况之一时，即可终止加载。

①沉降 S 急剧增大，荷载-沉降量(p-S)曲线上有可判断极限承载力的陡降坡，且沉降量超过 $0.04d$（d 为承压板直径）。

②在某一级荷载下，24h 内沉降速率不能达到稳定。

③本级沉降量大于前一级沉降量的 5 倍。

④当持力土层坚硬、沉降量很小时，最大加载量不小于设计要求的 2 倍。

2）检测结果评定

承载力基本容许值的确定应符合下列规定：

(1)当 p-S 曲线上有比例界限时，取该比例界限所对应的荷载值。

(2)满足终止加载条件之一时，其对应的前一级荷载定为极限荷载；当该值小于对应比例界限的荷载值的 2 倍时，取极限荷载值的一半。

(3)当不能按上述两款要求确定时，可取 $S/d = 0.01 \sim 0.015$ 所对应的荷载，但其值不应大于最大加载量的一半。

(4)同一土层参加统计的试验点不应少于 3 点。当试验实测值的极差不超过其平均值的 30% 时，取此平均值作为该土层的地基承载力基本容许值。

3. 方法 3：岩基载荷试验

1）试验要点

（1）应采用直径为 300mm 圆形刚性承压板。当岩石埋藏深度较大时，可采用钢筋混凝土桩，但桩周应采取措施以消除桩身与土之间的摩擦力。

（2）测量系统的初始稳定读数观测应在加压前，每隔 10min 读数一次，当连续三次读数不变时即可开始试验。

（3）应采用单循环加载，荷载逐级递增直到破坏，然后分级卸载。

（4）第一级加载值为预估设计荷载的 1/5，以后每级为 1/10。

（5）加载后立即读数，以后每 10min 读数一次。

（6）应将连续三次读数之差均不大于 0.01mm 作为稳定标准。

（7）当出现下列现象之一时，即可终止加载：

①沉降量读数不断变化，在 24h 内，沉降速率有增大的趋势。

②压力加不上或勉强加上而不能保持稳定。

注：若限于加载能力，荷载也应增加到不少于设计要求的 2 倍。

（8）应按下列要求进行卸载观测：

①每级卸载为加载时的两倍，如为奇数，第一级可为 3 倍。

②每级卸载后，隔 10min 测读一次，测读三次后可卸下一级荷载。

③全部卸载后，当测读到半小时回弹量小于 0.01mm 时，可认为稳定。

2）检测结果评定

岩石地基承载力的确定应符合下列规定：

（1）对应于 p-S 曲线上起始直线段的终点为比例界限。符合终止加载条件的前一级荷载为极限荷载。将极限荷载除以安全系数 3，所得值与对应于比例界限的荷载相比较，取小值。

（2）每个场地载荷试验的数量不应少于 3 个，取最小值作为岩石地基承载力特征值。

（3）岩石地基承载力不进行深度修正。

二、圆锥动力触探试验测定地基承载力

（一）理论知识

1. 圆锥动力触探试验概述

圆锥动力触探试验是用一定质量的穿心击锤，以一定的自由落距，将一定规格的圆锥形探头贯入土层一定深度，并测记贯入土层一定深度所需的锤击数的试验方法，如图 5-10 所示。圆锥动力触探试验适用于碎石土、砂土、黏性土，可用于评价地基土的密实度，测定地基土的变形模量和承载力。由于该试验具有设备简单、易于操作、成本低廉、工效较高等特点，在贯入过程中可连续测定土的性质，因而得到了工程勘察界的广泛应用和高度重视。我国水利水电、铁路、冶金、有色金属等部门，相继制定了技术标准，均将圆锥动力触探试验正式列入。

圆锥动力触探试验可分为轻型圆锥动力触探试验、重型圆锥动力触探试验和超重型圆锥动力触探试验三种。轻型圆锥动力触探试验可确定一般黏性土地基承载力,重型和超重型圆锥动力触探试验可确定中砂以上的砂类土、碎石土的地基承载力,测定圆砾土、卵石土的变形模量。

2. 圆锥动力触探试验设备

(1)设备规格。

圆锥动力触探试验设备由落锤、探头、锤垫、导向杆和触探杆组成,如图 5-11 所示。圆锥动力触探试验设备分为轻型、重型、超重型三种,前两者如图 5-12 所示。

图 5-10　圆锥动力触探试验现场

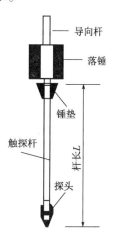

图 5-11　动力触探仪组成示意图

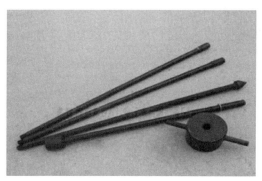

a)轻型

b)重型

图 5-12　圆锥动力触探仪

落锤、探头、锤垫、导向杆和触探杆均应采用耐腐蚀、耐磨损的钢材制作,其规格应符合表 5-4 的规定。

圆锥动力触探仪主要技术参数　　表 5-4

类型及代号	重锤质量(kg)	重锤落距(cm)	探头截面积(cm²)	探杆外径(mm)	指标
轻型	10 ± 0.1	50 ± 2	12.6	25 ± 0.5	贯入 30cm 读数 N_{10}
重型	63.5 ± 0.5	76 ± 2	43	42 ± 0.5	贯入 10cm 读数 $N_{63.5}$
超重型	120 ± 1.0	100 ± 2	43	50 ~ 60	贯入 10cm 读数 N_{120}

(2)探头尺寸及材质。

轻型圆锥动力触探仪探头的外形尺寸应符合图 5-13a)的规定,重型和超重型圆锥动力触探仪探头的外形尺寸应符合图 5-13b)的规定。探头表面淬火后的硬度应大于 HRC40。探头直径的最大磨损尺寸不应大于 2mm,锥尖高度最大磨损尺寸不应大于 5mm。

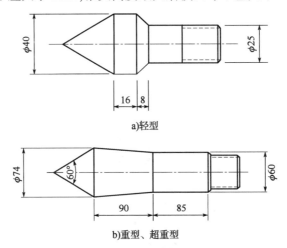

a)轻型

b)重型、超重型

图 5-13 圆锥动力触探仪探头外形尺寸(尺寸单位:mm)

(3)触探杆、锤垫、导向杆及落锤。

触探杆抗拉强度应大于 600MPa,触探杆应平直,所有部件连接处丝扣应完好,连接应牢固。锤垫直径应小于落锤直径的 1/2,并大于 100mm;导向杆长度应满足落距的要求,锤垫和导向杆总质量不应超过 30kg;锤垫、导向杆和触探杆的轴中心线应成直线。圆锥动力触探试验设备应有自动脱钩装置,保证落锤自由下落;落锤应定期进行校准;每次试验应检查落锤的落距。

(二)检测方法与数据整理

1. 试验准备

步骤一 收集工程地质资料。

开展原位测试工作之前,应充分收集和研究工作区既有的工程地质资料,根据勘察目的、场地岩土条件及测试方法的适用性等确定测试方案。

步骤二 检查仪器设备。

做圆锥动力触探试验前应对设备进行检查,确认各部件是否符合要求。部件磨损及变形超过规定者,应予以更换或修复。

2. 现场试验步骤

步骤一 将动力触探仪探头平稳放至测点位置。

步骤二 对测试土层连续向下贯入。贯入时应保持触探杆、导向杆连接后的垂直度,始终保持落锤沿导向杆铅直下落,防止锤击偏心、触探杆倾斜或侧向晃动,锤击频率应控制在 15~30 击/min。

(1)轻型圆锥动力触探作业时,进行连续贯入采用的穿心锤落距应为50cm,并使其自由下落,锤垫距孔口的高度不宜超过1.5m。以每贯入30cm的锤击数作为试验指标,以N_{10}表示;遇密实土层,当贯入30cm的锤击数大于90击或贯入15cm的锤击数超过45击时,可停止试验。

(2)重型、超重型圆锥动力触探试验应符合下列规定:

①重型圆锥动力触探试验的落距应为76cm,超重型圆锥动力触探试验的落距应为100cm,落锤应沿导向杆自由下落,锤垫距孔口的高度不宜超过1.5m。

②锤击应连续进行,重型圆锥动力触探和超重型圆锥动力触探均应以每贯入10cm的锤击数作为试验指标,分别以$N_{63.5}$和N_{120}表示。

③重型和超重型圆锥动力触探可根据地层强度的变化互换使用。重型圆锥动力触探试验实测击数大于50击/10cm时,宜改用超重型圆锥动力触探试验;重型圆锥动力触探试验实测击数小于5击/10cm时,不应采用超重型圆锥动力触探试验。

④试验可在钻孔中分段进行,每一试验段的试验宜连续进行,中间不应停顿。

3. 数据整理

圆锥动力触探试验的原始记录应在现场完成,字迹应清晰工整,应检查异常情况及分析原因,并对记录的锤击数、贯入尺寸进行校核和换算,检查项目是否齐全,有无遗漏,并确认无误。

(1)轻型圆锥动力触探应以每层实测锤击数的算术平均值作为该层击数的平均值,记作$\bar{N}_{10}$。

(2)重型圆锥动力触探实测击数$N_{63.5}$应按式(5-5)进行杆长击数修正。

$$N'_{63.5} = \alpha N_{63.5} \qquad (5-5)$$

式中:$N'_{63.5}$——重型圆锥动力触探修正后击数(击/10cm);

$N_{63.5}$——重型圆锥动力触探实测锤击数(击/10cm);

α——杆长击数修正系数,可按表5-5确定。

杆长击数修正系数 α 值 表5-5

杆长 L (m)	$N_{63.5}$(击/10cm)								
	5	10	15	20	25	30	35	40	≥50
≤2	1.00	1.00	1.00	1.00	1.00	1.00	1.00	1.00	—
4	0.96	0.95	0.93	0.92	0.90	0.89	0.87	0.86	0.84
6	0.93	0.90	0.88	0.85	0.83	0.81	0.79	0.78	0.75
8	0.90	0.86	0.83	0.80	0.77	0.75	0.73	0.71	0.67
10	0.88	0.83	0.79	0.75	0.72	0.69	0.67	0.64	0.61
12	0.85	0.79	0.75	0.70	0.67	0.64	0.61	0.59	0.55
14	0.82	0.76	0.71	0.66	0.62	0.58	0.56	0.53	0.50
16	0.79	0.73	0.67	0.62	0.57	0.54	0.51	0.48	0.45
18	0.77	0.70	0.63	0.57	0.53	0.49	0.46	0.43	0.40
20	0.75	0.67	0.59	0.53	0.48	0.44	0.41	0.39	0.36

注:本表可线性内插取值。

(3)特重型圆锥动力触探的实测锤击数 N_{120} 进行杆长修正时,应先按式(5-6)换算成相当于重型圆锥动力触探的实测击数 $N_{63.5}$ 后,再按式(5-5)进行修正。

$$N_{63.5} = 3N_{120} - 0.5 \tag{5-6}$$

(4)根据修正后的动力触探锤击数及其试验深度,绘制单孔圆锥动力触探试验锤击数 $N_{63.5}$(或 N_{120}、N_{10})与贯入深度 h 的关系曲线 $N_{63.5}$-h(或 N_{120}-h、N_{10}-h)。

(5)重型圆锥动力触探锤击数的平均值应取该层修正后的重型圆锥动力触探锤击数的算术平均值,记作 $\overline{N}_{63.5}$。

(三)检测结果评定

1. 黏性土的地基承载力特征值 f_{a0} 的确定

当贯入深度小于 4m 时,黏性土的地基承载力特征值 f_{a0} 可根据场地土层的 $\overline{N}_{10}$ 按表5-6确定。

黏性土地基承载力特征值 f_{a0}(单位:kPa)　　　　　表5-6

$\overline{N}_{10}$(击/30cm)	15	20	25	30
f_{a0}	100	140	180	220

注:表内数值可线性内插。

2. 冲、洪积成因的中砂、粗砂、砾砂和碎石土地基承载力特征值 f_{a0} 的确定

当贯入深度小于 20m 时,冲、洪积成因的中砂、粗砂、砾砂和碎石土地基承载力特征值 f_{a0} 可根据场地土层的 $\overline{N}_{63.5}$ 按表5-7和表5-8确定。

中砂、粗砂、砾砂地基承载力特征值 f_{a0}(单位:kPa)　　　　　表5-7

$\overline{N}_{63.5}$(击/10cm)	3	4	5	6	7	8	9	10
f_{a0}	120	150	180	220	260	300	340	380

碎石土地基承载力特征值 f_{a0}(单位:kPa)　　　　　表5-8

$\overline{N}_{63.5}$(击/10cm)	3	4	5	6	7	8	9	10	12	14
f_{a0}	140	170	200	240	280	320	360	400	480	540
$\overline{N}_{63.5}$(击/10cm)	16	18	20	22	24	26	28	30	35	40
f_{a0}	600	660	720	780	830	870	900	930	970	1 000

三、其他原位试验测定地基承载力

1. 方法1:静力触探试验

1)静力触探试验概述

静力触探试验是通过一定的机械装置将一定规格和形状的锥形探头按规定的速率匀速贯

入土层中,同时测记贯入过程中探头所受到的比贯入阻力或端阻、侧阻、孔隙水压力的试验方法。按其所受阻力的大小,可划分上层界面、为土类定名、测定地基承载力和预估单桩极限荷载、判定地基土液化可能性及测定地基土的物理力学参数等。静力触探适用于软土、黄土、黏性土、粉土、砂类土、素填土及含少量碎石的土层。

静力触探试验可利用不同的传感器,连续地获取地层强度和其他方面的信息,对不易在钻孔中采取原状土样的砂土、粉土、高灵敏度软土,以及土层竖向变化复杂、不可能通过密集取土或测试来查明土层变化情况的地层,具有独特的优越性。目前,静力触探试验作为一种重要的勘察手段已列入地质、冶金、工业与民用建筑、铁路等行业的技术标准。

2) 试验设备

静力触探试验设备由贯入系统、探测系统和辅机组成,并符合下列要求:

(1) 贯入系统包括触探主机、探杆和反力装置。触探主机是按恒定速率来推进触探仪探头,使之贯入土层的加荷装置,按传动方式分为液压式和机械式,如图 5-14 所示;探杆为高强度无缝钢管制造,探头连接端的探杆直径,在 8 倍探头直径长度范围内,应小于探头直径;反力装置为地锚、重物或地锚与重物联合使用。

a) 液压式静力触探主机　　　　b) 手摇链条式(机械式)静力触探主机

图 5-14　静力触探主机

(2) 探测系统应包括探头、电缆、量测仪器。探头是直接与土层接触,具有规定形状、尺寸、质量和硬度的金属锥形体,如图 5-15 所示,其规格可分单桥静力触探探头、双桥静力触探探头及孔压静力触探探头,如图 5-16 所示。单桥静力触探探头可测量比贯入阻力;双桥静力触探探头可测量锥头阻力和侧壁阻力;孔压静力触探探头可测量锥头阻力、侧壁阻力和孔隙水压力。量测仪器是在地面上进行间断测记或自动连续记录并存储贯入阻力等参数的测量记录装置。

(3) 辅机应包括探头标定设备、用于孔压静力触探试验的饱和器件等。

3) 试验要点

(1) 现场作业前应了解:工程类型、名称、孔位、孔深、测试目的及要求;工点地形条件和交通情况;场地地层概况及既有勘探孔的位置、孔深、孔径;地下电缆、管道、房屋基础、杂填物、人防工程等地下设施及位置;有无高压电线、强磁场源等可能干扰测试的因素;当使用外接电源工作时,应了解其供电情况。

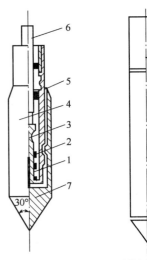

图 5-15　静力触探探头　　　　　　图 5-16　静力触探探头示意图

a)单桥静力触探探头
1-顶柱；2-应变片；3-变形柱；
4-探头筒；5-密封圈；6-电缆；
7-锤头

b)双桥静力触探探头
1-变形柱；2-应变片；
3-摩擦筒

（2）触探主机安装，连接探杆、探头。

（3）静力触探使用单桥或双桥探头时，应对探头进行归零检查。

（4）开孔贯入时，应仔细观察探头与地层接触情况，防止锥尖侧移、孔位偏斜；采用单桥、双桥探头测试时，贯入速率应为 1.2m/min ± 0.3m/min；采用孔压探头测试时，贯入速率应控制为 1.2m/min。

（5）使用数字式仪器时，每贯入 0.1m 应记录一次读数；使用自动记录仪时，单孔静力触探试验贯入完成后，应及时存储或打印记录数据，绘制触探曲线（p_s-h、f_s-h、R_f-h 等）及图表。

（6）贯入过程中，发现读数异常或零漂值过大时，应停止贯入，及时提升探杆，检查或调整仪器，故障排除后，方可重新贯入。

（7）遇下列情况之一时，应停止贯入：
① 孔深已达任务书要求；
② 反力失效或触探主机已超负荷；
③ 探杆出现明显弯曲；
④ 探头负荷达额定荷载；
⑤ 记录仪器显示异常。

4）检测结果评定

整理试验资料，计算并确定各静力触探参数。结合确定的比贯入阻力 p_s 和土层类别，根据表5-9、表5-10中经验公式计算地基承载力特征值 f_{a0} 和地基极限承载力 p_u。对于扩大基础 p_s 值应取基础底面以下 $2b$（b 为矩形基础短边长度或圆形基础直径）深度范围内比贯入阻力的平均值。

天然地基承载力特征值 f_{a0}   表 5-9

土层类别		f_{a0}(kPa)	p_s(kPa)	相关系数 r	标准差 s	变异系数 δ
老黏性土($Q_1 \sim Q_3$)		$f_{a0} = 0.1 p_s$	2 700 ~ 6 000	—	—	—
黏性土(Q_4)		$f_{a0} = 5.8\sqrt{p_s} - 46$	≤6 000	0.920	26	0.095
软土		$f_{a0} = 0.112 p_s + 5$	85 ~ 800	0.850	16.7	0.259
砂土、粉土		$f_{a0} = 0.89 p_s^{0.63} + 14.4$	≤24 000	0.945	31.6	0.154
新黄土 (Q_3、Q_4)	东南带	$f_{a0} = 0.05 p_s + 65$	500 ~ 5 000	0.878	33	0.204
	西北带	$f_{a0} = 0.05 p_s + 35$	650 ~ 5 500	0.930	23.4	0.148
	北部边缘带	$f_{a0} = 0.04 p_s + 40$	1 000 ~ 6 500	0.823	26.2	0.151

天然地基极限承载力值 p_u   表 5-10

土层名称		p_u(kPa)	p_s(kPa)	相关系数 r	标准差 s	变异系数 δ
黏性土($Q_1 \sim Q_2$)		$p_u = 0.14 p_s + 265$	2 700 ~ 6 000	0.810	153	0.203
黏性土(Q_4)		$p_u = 0.94 p_s^{0.8} + 8$	700 ~ 300	0.818	60.2	0.199
软土		$p_u = 0.196 p_s + 15$	<800	0.827	36.5	0.310
粉、细砂		$p_u = 3.89 p_s^{0.58} - 65$	1 500 ~ 24 000	0.874	137.6	0.256
中、粗砂		$p_u = 3.6 p_s^{0.6} + 80$	800 ~ 12 000	0.670	236.6	0.336
粉土		$p_u = 1.78 p_s^{0.63} + 29$	≤8 000	0.945	63.2	0.139
新黄土 (Q_4、Q_3)	东南带	$p_u = 0.1 p_s + 130$	500 ~ 4 500	0.878	66.0	0.204
	西北带	$p_u = 0.1 p_s + 70$	650 ~ 5 300	0.930	46.8	0.148
	北部边缘带	$p_u = 0.08 p_s + 80$	1 000 ~ 6 000	0.823	52.4	0.204

2. 方法2：标准贯入试验

1）标准贯入试验概述

标准贯入试验是使用质量为 63.5kg 的穿心锤，沿钻杆自由下落 76cm，将标准规格的贯入器放至孔底高程预先击入 15cm，然后测记连续击入 30cm 的锤击数的试验方法。标准贯入试验适用于砂土、粉土、一般黏性土和花岗岩残积土，可判断黏性土的状态和砂土密实度，评价地基承载力和变形参数，判定饱和砂土、粉土液化的可能性，采取扰动土样，划分土层剖面。

2）仪器设备

标准贯入仪，如图5-17所示，由标准贯入器、探杆、穿心锤和自动落锤装置等组成，仪器结构如图5-18所示。

图 5-17 标准贯入仪
1-标准贯入器；2-探杆；3-穿心锤

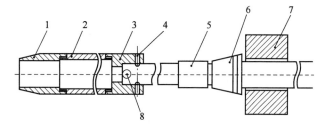

图 5-18 标准贯入仪仪器结构
1-贯入器靴；2-对开式圆筒贯入器身；3-贯入器头；4-排水孔；5-触探杆；6-锤垫；7-穿心锤；8-钢球阀

3) 试验要点

(1) 标准贯入试验孔应采用回转钻进,并保持孔内水位略高于地下水位。

(2) 试验必须采用自动落锤装置进行锤击,并保持钻杆垂直,避免锤击时的偏心和侧向晃动。

(3) 试验时,应将贯入器预先打入 15cm(包括贯入器在其自重下的初始贯入量),然后开始试验锤击。

(4) 将穿心锤提升至规定高度,使其自动脱钩,自由下落,反复击打,锤击速率应小于 30 击/min。记录每打入 10cm 的锤击数,将累计打入 30cm 的锤击数定为标准贯入试验实测锤击数 N。

(5) 当锤击数已达 50 击,而贯入深度未达 30cm 时,可记录 50 击的实际贯入深度,按式(5-7)换算成相当于贯入 30cm 的锤击数 N,并终止试验。

$$N = 30 \times \frac{50}{\Delta S} \tag{5-7}$$

式中:ΔS——50 击时的贯入深度(cm)。

4) 检测结果评定

整理试验资料,将标准贯入试验锤击数 N 与试验深度 h 的关系曲线 N-h 绘制于同一直角坐标图中;对标准贯入试验锤击数 N 进行分层统计;对标准贯入试验锤击数进行钻杆长度修正,确定标准贯入试验锤击数 N(击/30cm)。依据标准贯入试验锤击数 N(击/30cm)按表 5-11 ~ 表 5-14 确定砂土、粉土、黏性土及花岗岩残积土的地基承载力特征值 f_{a0}。

砂土地基承载力特征值 f_{a0}(单位:kPa)　　表 5-11

土名、水位情况		N(击/30cm)			
		$N \leq 10$	$10 < N \leq 15$	$15 < N \leq 30$	$N > 30$
砾砂、粗砂	与湿度无关	200	370	430	550
中砂	与湿度无关	150	330	370	450
细砂	水上	100	230	270	350
	水下	—	190	210	300
粉砂	水上	—	190	210	300
	水下	—	90	110	200

粉土地基承载力特征值 f_{a0}(单位:kPa)　　表 5-12

N(击/30cm)	4	6	8	10	12	15	18	20	22	25	28	30
f_{a0}	100	128	150	170	185	213	240	260	280	310	335	360

黏性土地基承载力特征值 f_{a0}(单位:kPa)　　表 5-13

N(击/30cm)	3	5	7	9	11	13	15	17	19	21	23
f_{a0}	105	145	190	235	280	325	370	430	515	600	680

花岗岩残积土地基承载力特征值 f_{a0}（单位：kPa）　　　　表5-14

土名	$\overline{N}$（击/30cm）			
	$4 < \overline{N} \leq 10$	$10 < \overline{N} \leq 15$	$15 < \overline{N} \leq 20$	$20 < \overline{N} \leq 30$
砾质黏性土	(100)~220	220~280	280~350	350~430
砂质黏性土	(80)~200	200~250	250~300	300~380
黏性土	130~180	180~240	240~280	280~330

3. 方法3：旁压试验

旁压试验可分为预钻式旁压试验和自钻式旁压试验两种，国内目前以预钻式为主。

预钻式旁压试验是在预先钻成的孔中放置旁压器，对测试段孔壁施加径向压力，同时测记其变形，根据孔壁变形与压力的关系，测定土体工程特性的试验方法。

预钻式旁压试验适用于黏性土、粉土、砂土、黄土、软质岩及风化岩，可确定地基的承载力和变形参数。

四、规范查表法确定地基承载力

(一) 理论知识

利用《公路桥涵地基与基础设计规范》(JTG 3363—2019)中规定的方法确定地基承载力，应先对地基岩土进行分类，确定土的状态及物理力学特性指标，然后再根据经验表格确定地基承载力。

(二) 检测方法数据处理

步骤一　对地基岩土进行分类，确定土的状态。公路桥涵地基岩土可分为岩石、碎石土、砂土、粉土、黏性土和特殊性岩土。

(1) 岩石分类方法。

①岩石的坚硬程度按表5-15划分。

岩石坚硬程度分级（单位：MPa）　　　　表5-15

坚硬程度类别	坚硬岩	较硬岩	较软岩	软岩	极软岩
饱和单轴抗压强度 f_{rk}	$f_{rk} > 60$	$60 \geq f_{rk} > 30$	$30 \geq f_{rk} > 15$	$15 \geq f_{rk} > 5$	$f_{rk} \leq 5$

②岩体节理发育程度按表5-16划分。

岩体节理发育的程度分类　　　　表5-16

程度	节理不发育	节理发育	节理很发育
节理间距(mm)	>400	(200,400]	≤200

(2)碎石土的分类方法。

碎石土为粒径大于 2mm 的颗粒含量超过总质量 50% 的土。

①碎石土可按表 5-17 分类。

碎石土的分类　　　　　　　　　　　　　　　　表 5-17

土的名称	颗粒形状	粒组含量
漂石	圆形及亚圆形为主	粒径大于 200mm 的颗粒含量超过总质量的 50%
块石	棱角形为主	
卵石	圆形及亚圆形为主	粒径大于 20mm 的颗粒含量超过总质量的 50%
碎石	棱角形为主	
圆砾	圆形及亚圆形为主	粒径大于 2mm 的颗粒含量超过总质量的 50%
角砾	棱角形为主	

注:碎石土分类时根据粒组含量从大到小以最先符合者确定。

②碎石土密实度可根据重型动力触探锤击数 $N_{63.5}$ 按表 5-18 进行分级。

碎石土密实度　　　　　　　　　　　　　　　　表 5-18

锤击数 $N_{63.5}$	密实度	锤击数 $N_{63.5}$	密实度
$N_{63.5} \leq 5$	松散	$10 < N_{63.5} \leq 20$	中密
$5 < N_{63.5} \leq 10$	稍密	$N_{63.5} > 20$	密实

注:1. 本表适用于平均粒径小于或等于 50mm 且最大粒径不超过 100mm 的卵石、碎石、圆砾、角砾;

2. 表内 $N_{63.5}$ 为经修正后锤击数的平均值。

(3)砂土的分类方法。

砂土为粒径大于 2mm 的颗粒含量不超过总质量 50% 且粒径大于 0.075mm 的颗粒超过总质量 50% 的土。

①砂土可按表 5-19 进行分类。

砂土分类　　　　　　　　　　　　　　　　　　表 5-19

土的名称	粒组含量
砾砂	粒径大于 2mm 的颗粒含量占总质量的 25% ~ 50%
粗砂	粒径大于 0.5mm 的颗粒含量超过总质量的 50%
中砂	粒径大于 0.25mm 的颗粒含量超过总质量的 50%
细砂	粒径大于 0.075mm 的颗粒含量超过总质量的 85%
粉砂	粒径大于 0.075mm 的颗粒含量超过总质量的 50%

注:砂土分类时,根据粒组含量从大到小以最先符合者确定。

②砂土的密实度可根据标准贯入锤击数按表 5-20 进行分级。标准贯入锤击数由标准贯入试验确定。

砂土密实度　　　　　　　　　　　　　　　　　表 5-20

标准贯入锤击数 N	密实度	标准贯入锤击数 N	密实度
$N \leq 10$	松散	$15 < N \leq 30$	中密
$10 < N \leq 15$	稍密	$N > 30$	密实

(4)粉土的分类方法。

粉土为塑性指数 $I_p \leqslant 10$ 且粒径大于 0.075mm 的颗粒含量不超过总质量 50% 的土。

(5)黏土的分类方法。

黏性土为塑性指数 $I_p > 10$ 且粒径大于 0.075mm 的颗粒含量不超过总质量 50% 的土。黏性土的沉积年代可按表 5-21 进行分类。

黏性土的沉积年代分类　　　　　表 5-21

沉积年代	土的分类
第四纪晚更新世(Q_3)及以前	老黏性土
第四纪全新世(Q_4)	一般黏性土
第四纪全新世(Q_4)以后	新近沉积黏性土

(6)软土的定义。

对滨海、湖沼、谷地、河滩等处天然含水率高、天然孔隙比大、抗剪强度低且符合表 5-22 规定的细粒土应定为软土,如淤泥、淤泥质土、泥炭、泥炭质土等。

软土基地鉴别指标　　　　　表 5-22

指标名称	天然含水率 w（%）	天然孔隙比 e	直剪内摩擦角 φ（°）	十字板剪切强度 C_u（kPa）	压缩系数 α_{1-2}（MPa^{-1}）
指标值	≥35 或液限	≥1.0	宜小于 5	<35	宜大于 0.5

步骤二　确定土的力学特性指标。

土的压缩模量、压缩系数、变形模量等压缩性指标可采用室内压缩试验、原位浅层或深层平板载荷试验、旁压试验等确定。

(三)检测结果评定

步骤一　根据岩土类别、状态、物理力学特性指标及工程经验查表确定地基承载力特征值 f_{a0}。

(1)岩石地基承载力特征值的确定。

一般岩石地基可根据强度等级、节理按表 5-23 确定其承载力特征值 f_{a0}。对复杂的岩层(如溶洞、断层、软弱夹层、易溶岩石、崩解性岩石、软化岩石等)应按各项因素综合确定。

岩石地基承载力特征值 f_{a0}（单位:kPa）　　　　　表 5-23

坚硬程度	节理发育程度		
	节理不发育	节理发育	节理很发育
坚硬岩、较硬岩	>3 000	2 000 ~ 3 000	1 500 ~ 2 000
较软岩	1 500 ~ 3 000	1 000 ~ 1 500	800 ~ 1 000
软岩	1 000 ~ 1 200	800 ~ 1 000	500 ~ 800
极软岩	400 ~ 500	300 ~ 400	200 ~ 300

(2)碎石土地基承载力特征值的确定。

碎石土地基可根据其类别和密实程度按表 5-24 确定其承载力特征值 f_{a0}。

碎石土地基承载力特征值 f_{a0}（单位：kPa） 表 5-24

土名	密实程度			
	密实	中密	稍密	松散
卵石	1 000 ~ 1 200	650 ~ 1 000	500 ~ 650	300 ~ 500
碎石	800 ~ 1 000	550 ~ 800	400 ~ 550	200 ~ 400
圆砾	600 ~ 800	400 ~ 600	300 ~ 400	200 ~ 300
角砾	500 ~ 700	400 ~ 500	300 ~ 400	200 ~ 300

注：1. 由硬质岩组成，填充砂土者取高值；由软质岩组成，填充黏性土者取低值。
2. 半胶结的碎石土按密实的同类土提高 10% ~ 30%。
3. 松散的碎石土在天然河床中很少遇见，需特别注意鉴定。
4. 漂石、块石参照卵石、碎石取值并适当提高。

(3) 砂土地基承载力特征值的确定。

砂土地基可根据土的密实度和水位情况按表 5-25 确定其承载力特征值 f_{a0}。

砂土地基承载力特征值 f_{a0}（单位：kPa） 表 5-25

土名、水位情况		密实程度			
		密实	中密	稍密	松散
砾砂、粗砂	与湿度无关	550	430	370	200
中砂	与湿度无关	450	370	330	150
细砂	水上	350	270	230	100
	水下	300	210	190	—
粉砂	水上	300	210	190	—
	水下	200	110	90	—

(4) 粉土地基承载力特征值的确定。

粉土地基可根据土的天然孔隙比 e 和天然含水率 $w(\%)$ 按表 5-26 确定其承载力特征值 f_{a0}。

粉土地基承载力特征值 f_{a0}（单位：kPa） 表 5-26

e	$w(\%)$					
	10	15	20	25	30	35
0.5	400	380	355	—	—	—
0.6	300	290	280	270	—	—
0.7	250	235	225	215	205	—
0.8	200	190	180	170	165	—
0.9	160	150	145	140	130	125

(5) 黏性土地基承载力特征值的确定。

一般黏性土可根据液性指数 I_L 和天然孔隙比 e 按表 5-27 确定其地基承载力特征值 f_{a0}；新近沉积黏性土地基可根据液性指数 I_L 和天然孔隙比 e 按表 5-28 确定其地基承载力特征值 f_{a0}；老黏性土地基可根据压缩模量 E_s 按表 5-29 确定地基承载力特征值 f_{a0}。

一般黏性土地基承载力特征值 f_{a0}（单位：kPa）　　　表5-27

e	I_L												
	0	0.1	0.2	0.3	0.4	0.5	0.6	0.7	0.8	0.9	1.0	1.1	1.2
0.5	450	440	430	420	400	380	350	310	270	240	220	—	—
0.6	420	410	400	380	360	340	310	280	250	220	200	180	—
0.7	400	370	350	330	310	290	270	240	220	190	170	160	150
0.8	380	330	300	280	260	240	230	210	180	160	150	140	130
0.9	320	280	260	240	220	210	190	180	160	140	130	120	100
1.0	250	230	220	210	190	170	160	150	140	120	110	—	—
1.1	—	—	160	150	140	130	120	110	100	90	—	—	—

注：1. 土中含有粒径大于2mm的颗粒质量超过总质量30%以上者，f_{a0}可适当提高。

2. 当 $e<0.5$ 时，取 $e=0.5$；当 $I_L<0$ 时，取 $I_L=0$。此外，超过表列范围的一般黏性土，$f_{a0}=57.22E_s^{0.57}$。

3. 一般黏性土地基承载力特征值 f_{a0} 取值大于300kPa时，应有原位测试数据作依据。

新近沉积的黏性土地基承载力特征值 f_{a0}（单位：kPa）　　　表5-28

e	I_L		
	≤0.25	0.75	1.25
≤0.8	140	120	100
0.9	130	110	90
1.0	120	100	80
1.1	110	90	—

老黏性土地基承载力特征值 f_{a0}　　　表5-29

E_s（MPa）	10	15	20	25	30	35	40
f_{a0}（kPa）	380	430	470	510	550	580	620

（6）软土地基承载力特征值的确定。

①根据原状土天然含水率 w，按表5-30确定软土地基承载力特征值 f_{a0}。

软土地基承载力特征值 f_{a0}　　　表5-30

天然含水率 w（%）	36	40	45	50	55	65	75
f_{a0}（kPa）	100	90	80	70	60	50	40

②经排水固结方法处理的软土地基，其地基承载力特征值 f_{a0} 应通过载荷试验或其他原位测试方法确定；经复合地基方法处理的软土地基，其承载力特征值应通过载荷试验确定。

步骤二　修正地基承载力。

《公路桥涵地基与基础设计规范》（JTG 3363—2019）规定，桥涵地基承载力的验算取修正后的地基承载力特征值 f_a。地基承载力不仅与地基土的性质和状态有关，而且与基础尺寸和埋置深度有关（有时还与地面水的深度有关）。因此，修正后的地基承载力特征值 f_a 应基于地基承载力特征值 f_{a0}，根据基础基底埋深、宽度及地基土的类别修正确定。

(1)一般岩土地基修正后的地基承载力特征值 f_a 的确定

当基底宽度 $b>2m$、埋置深度 $h>3m$ 且 $h/b\leqslant 4$ 时,修正后的地基承载力特征值 f_a 可按式(5-8)计算;当基础位于水中不透水地层上时,f_a 按平均常水位至一般冲刷线的水深每米再增大 10kPa。

$$f_a = f_{a0} + k_1\gamma_1(b-2) + k_2\gamma_2(h-3) \tag{5-8}$$

式中:f_a——修正后的地基承载力特征值(kPa);

b——基础底边的最小边宽(m);当 $b<2m$ 时,取 $b=2m$;当 $b>10m$ 时,取 $b=10m$;

h——基底埋置深度(m);自天然地面算起,有水流冲刷时,自一般冲刷线算起;当 $h<3m$ 时,取 $h=3m$;当 $h/b>4$ 时,取 $h=4b$;

k_1、k_2——基础宽度、深度修正系数,根据基底持力层土的类别按表5-31确定;

γ_1——基底持力层土的天然重度(kN/m^3);持力层在水以下且为透水土层者,应取浮重度;

γ_2——基底以上土层的加权平均重度(kN/m^3);换算时,若持力层在水面以下,且不透水,不论基底以上土的透水性质如何,一律取饱和重度;当透水,水中部分土层则应取浮重度。

地基土承载力宽度、深度修正系数 k_1、k_2 表5-31

系数	黏性土			粉土	砂土							碎石土			
	老黏性土	一般黏性土		新近沉积黏性土	—	粉砂		细砂		中砂		砾砂、粗砂	碎石、圆砾、角砾		卵石	
		$I_L \geqslant 0.5$	$I_L < 0.5$			中密	密实	中密	密实	中密	密实	中密	密实	中密	密实	中密	密实
k_1	0	0	0	0	0	1.0	1.2	1.5	2.0	2.0	3.0	3.0	4.0	3.0	4.0	3.0	4.0
k_2	2.5	1.5	2.5	1.0	1.5	2.0	2.5	3.0	4.0	4.0	5.5	5.0	6.0	5.0	6.0	6.0	10

注:1. 对于稍密和松散状态的砂、碎石土,k_1、k_2 值可采用表列中密值的 50%。
2. 对强风化和全风化的岩石,可参照所风化成的相应土类取值,对其他状态下的岩石不进行修正。

关于宽度和深度的修正问题,应该注意的是:从地基强度考虑,基础越宽,承载力越大;但从沉降方面考虑,在荷载强度相同的情况下,基础越宽,沉降越大,这在黏性土地基上尤其明显,故在表5-31中 k_1 为零,即不进行宽度修正。对其他土的宽度修正,也作了一定的限制,如规定当 $b>10m$ 时,按 $b=10m$ 计。对深度的修正,由于公式是按浅基础概念导出的,为了安全,相对埋深限制为 $h/b\leqslant 4$。

(2)软土地基修正后的地基承载力特征值 f_a 的计算

软土地基承载力特征值 f_a 可按下述两种方法确定:

①按式(5-9)计算修正后的软土地基承载力特征值 f_a。

$$f_a = f_{a0} + \gamma_2 h \tag{5-9}$$

式中,γ_2、h 的意义同式(5-8)。

②根据原状土强度指标按式(5-10)、式(5-11)确定修正后的软土地基承载力特征值 f_a。

$$f_a = \frac{5.14}{m} k_p C_u + \gamma_2 h \tag{5-10}$$

$$k = \left(1 + 0.2\frac{b}{l}\right)\left(1 - \frac{0.4H}{blC_u}\right) \tag{5-11}$$

式中：m——抗力修正系数，可视软土灵敏度及基础长宽比等因素选用 1.5~2.5；

C_u——地基土不排水抗剪强度标准值(kPa)；

k_p——系数；

H——由作用（标准值）引起的水平力(kN)；

b——基础宽度(m)；有偏心作用时，取 $b - 2e_b$；

l——垂直于 b 边的基础长度(m)；有偏心作用时取 $l - 2e_l$；

e_b、e_l——偏心作用在宽度和长度方向的偏心距；

γ_2、h——意义同式(5-8)。

经复合地基方法处理的软土地基，应通过载荷试验确定其承载力特征值后，按式(5-9)计算修正后的软土地基地基承载力特征值 f_a。

模块 5 考核

一、填空题

1. 根据《公路桥涵地基与基础设计规范》(JTG 3363—2019)，砂土的密实度按标准贯入试验可划分为_____、_____、_____、_____。

2. 在桥梁工程中，地基平板载荷试验用于确定地基承压板下应力主要影响范围内土层承载力和变形模量的原位测试方法，主要分为_____、_____、_____。

3. 按照《公路桥涵地基与基础设计规范》(JTG 3363—2019)的规定，公路桥涵地基的岩土可分为_____类。

4. 深层平板载荷试验的承压板采用直径为_____的刚性板，紧靠承压板周围外侧的土层高度不应小于_____。

5. 静力触探试验是通过一定的机械装置将一定规格和形状的锥形探头按规定的速率匀速贯入土层中，同时测记贯入过程中探头所受到的_____、_____、_____的试验方法。

二、选择题

1. 当深层平板载荷试验出现下列哪些情况时，即可终止加载。(　　)

　A. 承载板周围的土体有明显侧向挤出或发生裂纹

　B. 在某一级荷载下，12h 内沉降速率不能达到稳定标准

　C. 沉降量急剧增大，p-S 曲线出现陡降段，且沉降量与承压板直径之比大于 0.04

　D. 本级荷载的沉降量大于前级荷载沉降量的 5 倍

　E. 在某一级荷载下，6h 内沉降速率不能达到稳定标准

2. 在桥涵工程实际中，为测试极软岩的物理力学性质，可选择的圆锥动力触探试验类型为(　　)。

　A. 超轻型　　　　B. 轻型　　　　C. 中型　　　　D. 重型

　E. 超重型

3. 标准贯入试验可以检测的地基承载力所需指标有( )。
    A. 砂土密实度 B. 黏性土稠度
    C. 土层剖面 D. 砂土的振动液化
4. 对于重型和超重型圆锥动力触探试验要点的描述,正确的选项是( )。
    A. 贯入时,穿心锤应自动脱钩,自由落下
    B. 地面上触探杆的高度不宜超过 2m,以免倾斜和摆动过大
    C. 贯入过程应尽量连续贯入,锤击速率宜为每分钟 15~30 击
    D. 每贯入 10cm 记录其相应的锤击数
    E. 必须贯入 30cm 方可结束作业
5. 地基承载力通常可( )来确定。
    A. 由现场载荷试验或原位测试确定
    B. 由专家讨论确定
    C. 按地基承载力理论公式计算
    D. 按现行规范提供的经验公式计算
    E. 在土质基本相同的条件下,参照邻近结构物地基容许承载力
6. 对岩石进行饱和单轴抗压强度试验,实测标准值为 35.0MPa,则该岩石属于( )。
    A. 坚硬岩 B. 较硬岩 C. 较软岩 D. 软岩
7. 通过标准贯入试验确定砂土的密实度,实测锤击数为 20,则该砂土密实度等级为( )。
    A. 密实 B. 中密 C. 稍密 D. 松散
8. 浅层平板载荷试验适用于确定浅部地基土层承压板下压力主要影响范围内的承载力和变形模量,其测试深度小于( )。
    A. 1m B. 2m C. 3m D. 4m
9. 桥梁地基浅层平板载荷试验现场测试时,基坑宽度不应小于承压板宽度(或直径)的( );试验加荷分级不应少于( )。
    A. 3 倍,8 级 B. 2 倍,10 级 C. 3 倍,10 级 D. 2 倍,8 级
10. 浅层平板载荷试验中,需根据试验记录绘制( ),并利用该曲线确定地基承载力特征值。
    A. 荷载-沉降关系曲线 B. 荷载-应力关系曲线
    C. 沉降-应力关系曲线 D. 沉降-模量关系曲线
11. 工地平板载荷试验确定桥梁地基土承载力特征值时,当极限荷载值小于比例界限荷载值 2 倍时,取极限荷载值的( )。
    A. 0.50 倍 B. 0.75 倍 C. 0.85 倍 D. 0.90 倍
12. 标准贯入试验是使用质量为( )kg 的穿心锤,沿钻杆自由下落 76cm,将标准规格的贯入器放至孔底高程预先击入 15cm,然后测记连续击入( )cm 的锤击数的试验方法。
    A. 63.5,10 B. 10,30 C. 63.5,30 D. 10,10
13. 深层平板载荷试验出现下列哪种情况时,即可终止加载( )。
    A. 沉降量急剧增大,$p\text{-}S$ 曲线上有可判断极限承载力的陡降段,且沉降量超过 0.03 倍

承压板直径

B. 在某一级荷载下,24h 内沉降速率不能达到稳定

C. 本级沉降量大于前一级沉降量的 4 倍

D. 当持力层土层坚硬、沉降量很小,最大加载量达到设计要求的 1.5 倍时

14. 轻型圆锥动力触探试验一般用于贯入深度小于 4m 的( )。

　　A. 较密实的碎石土　　　　　　　B. 砂土

　　C. 中密以下的碎石土　　　　　　D. 黏性土

15. 地基在荷载作用下达到破坏状态的过程中,不包括( )。

　　A. 压密阶段　　　　　　　　　　B. 剪切阶段

　　C. 挤出阶段　　　　　　　　　　D. 破坏阶段

三、判断题

1. 地基和基础都是指建筑物等各种设施在地面以下的组成部分,两者概念相同。( )
2. 土工试验从试验环境和方法出发,可分为室内试验、原位试验和原型试验。( )
3. 岩石是公路桥梁地基岩土的一种常见类型,可按地质和工程两种方式进行分类。
( )
4. 岩体节理发育程度根据节理间距分类,当节理间距为 300mm 时,岩体节理很发育。
( )
5. 平板载荷试验与圆锥动力触探试验均为公路桥涵勘察中的原位测试方法,均可用于确定地基承载力和变形模量。( )
6. 浅层平板载荷试验中,地基在荷载作用下达到破坏状态的过程,可分为压密、蠕变和破坏三个阶段。( )
7. 桥梁地基浅层平板载荷试验,在荷载(p)-沉降(S)关系曲线中,土体压力与变形呈线性关系的阶段为剪切阶段。( )
8. 圆锥动力触探试验的类型可分为轻型、中型、重型和超重型四种。( )
9. 在进行重型和超重型圆锥动力触探试验时,地面上触探杆的高度不宜超过 1.5m,以免倾斜和摆动过大。( )
10. 地基承载力基本容许值应首先考虑由载荷试验或其他原位测试取得,其值不应大于地基极限承载力的 1/3。( )

四、案例题

1. 采用浅层平板载荷试验检测某桥梁工程地基承载力和变形模量。已知该工程地基土为淤泥质土,泊松比为 0.41,实测荷载(p)-沉降(S)关系曲线如图 5-19 所示。试完成下列有关浅层平板载荷试验的问题。

(1) 图 5-19 中,oa 段曲线表示的是( )。

　　A. 压密阶段　　　B. 剪切阶段　　　C. 初始阶段　　　D. 破坏阶段

(2) 对该工程进行平板载荷试验时,荷载板的尺寸大小可选( )。

　　A. 30cm×30cm　　　　　　　　　B. 50cm×50cm

　　C. 70.7cm×70.7cm　　　　　　　D. 80cm×80cm

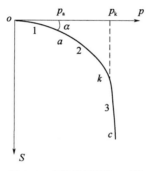

图 5-19　现场载荷试验 p-S 图

（3）现场试验时选用的荷载板尺寸为 70.7cm×70.7cm，根据现场实测结果计算得 oa 段斜率为 0.15，则该地基土的变形模量为（　　）。

　　A.0.037　　　　　　B.0.039　　　　　　C.0.041　　　　　　D.0.043

（4）关于现场实测荷载-沉降关系曲线（图 5-19），以下选项中正确的有（　　）。

　　A. oa 段，土中各点的剪应力均小于土的抗剪强度，土体处于弹性平衡状态

　　B. ab 段，土体荷载与变形呈线性关系，其沉降的增长率随荷载的增大而增大

　　C. a 点对应的荷载为极限荷载

　　D. b 点对应的荷载为极限荷载

（5）下列选项中，对本试验项目现场测试过程中的注意事项的说法正确的有（　　）。

　　A. 该试验基坑的宽度应介于承压板直径或边长的 2~3 倍之间

　　B. 该试验应采用分级加载，荷载分级不应少于 8 级，第一级荷载不包括设备重力

　　C. 承压板的沉降值可采用精度为 0.01mm 的电测位移计进行测量

　　D. 当某一级荷载的沉降量大于前一级荷载沉降量的 5 倍时，应终止加载

2. 采用圆锥动力触探试验确定某桥涵地基的承载力，已知该地基为碎石土，桥涵地基的最小边宽 b 为 5m，基底埋置深度 h 为 2m，基底持力层土的天然重度及基底以上土层的加权平均重度均为 18kN/m³，请根据以上内容，回答下列问题。

（1）根据题设条件，应选择动力触探仪的技术指标为（　　）。

　　A. 落锤质量 10kg，锤落距 50cm，探头直径 40mm，探杆直径 25mm

　　B. 落锤质量 63.5kg，锤落距 74cm，探头直径 76mm，探杆直径 42mm

　　C. 落锤质量 63.5kg，锤落距 76cm，探头直径 74mm，探杆直径 42mm

　　D. 落锤质量 120kg，锤落距 100cm，探头直径 76mm，探杆直径 50mm

（2）采用重型动力触探仪进行试验，探杆长度为 3cm，其中在某土层的有效厚度为 30cm，对应该土层每 10cm 贯入深度的锤击数为 12、11、15，则该 30cm 土层最小动贯入阻力为_____。

五、技能训练题

完成动力触探法测定地基承载力试验，见任务工单 5-1，并完整规范地填写试验检测记录表。

【模块学习效果评价】

1. 素质目标达成度测评				
序号	素质目标	素质目标测评点	配分比例	得分	备注
1	规范意识	查阅规范,实际操作中对规范的正确使用	2.5		对照本模块实际拟定的素质目标进行测评
		仪器的规范使用、存放和保养	2.5		
2	劳动精神	具备诚实守信的态度,认真记录、检查、核对	2.5		
		具备吃苦耐劳的品质	2.5		
		分项总分	10		
2. 知识目标达成度测评				
序号	评分内容	配分比例	得分	备注
1	填空题	10		扫描获取 [模块5考核] 答案
2	选择题	15		
3	判断题	15		
4	案例题	20		
	分项总分	60		
3. 技能目标达成度测评				
序号	技能训练	任务工单号	配分比例	得分	备注
1	动力触探法测定地基承载力试验	5-1	30		
	分项总分		30		扫描获取 模块5 任务工单

【模块学习总结与反思】

通过本模块的学习,你的主要收获有哪些? 不足有哪些? 下一步改进措施是什么?

模块6 钻(挖)孔灌注桩检测
MODULE SIX

【模块内容简介】

钻(挖)孔灌注桩是采用不同的钻孔(或挖孔)方法,在土中形成一定直径的井孔,达到设计高程后,将钢筋骨架吊入井孔中,灌注混凝土(或水下混凝土)成为桩基础的一种施工工艺。目前,虽有比较成熟的施工方法,但是由于地质条件复杂或其他原因,容易出现质量事故。因此,钻(挖)孔灌注桩施工前要进行原材料质量检测、混凝土配合比设计,施工过程中要进行泥浆性能指标、成孔质量检测,成桩后要对基桩完整性、承载力进行检测,确保工程质量。

通过本模块的学习,学习者应掌握钻(挖)孔灌注桩相关试验检测与结果评定的知识与技能。本模块主要学习3个任务,其知识结构如图6-1所示。

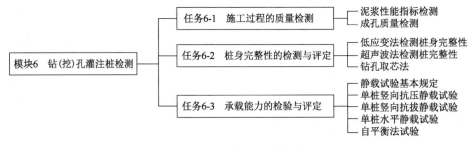

图6-1 本模块知识结构

【模块学习目标】

素质目标:通过对灌注桩泥浆性能指标、基桩成孔质量、基桩完整性及基桩承载力试验检测与评定,养成严格按规范操作的规范意识和团结协作的团队精神;通过对钻(挖)孔灌注桩的检测与评定过程中每个环节、每道工序不断追求更高的标准和质量,培养精益求精的工匠精神。

知识目标:理解泥浆性能指标、基桩成孔质量检测项目的试验原理及评定方法;理解低应变、超声波检测基桩完整性的试验原理及评定方法,了解声波采集检测设备的构成;理解基桩静载试验的原理及数据处理,了解基桩静载试验采集检测设备的构成。

能力目标:能够完成泥浆性能指标试验、基桩成孔质量检测及结果评定;能够采集、分析和判定基桩完整性检测数据;能够完成基桩承载力的检测。

任务 6-1 施工过程的质量检测

【任务描述】

钻孔、冲击成孔和冲抓成孔等地下湿作业施工的灌注桩,通常需用泥浆护壁,孔内充满泥浆。一方面,由于地下施工,加上复杂的地质条件或施工人员操作不当,泥浆原料膨润土的性能差,泥浆外加剂纯碱、氢氧化钠或膨润土粉末等掺入量不合适,调制出的泥浆性能指标不符合要求,从而导致钻孔过程中塌孔、扩径、缩颈、夹泥、孔底沉淀过厚等桩身缺陷。另一方面,桩径、桩长是保证基桩承载力的关键因素,因此,孔径、孔深不得小于设计要求。基桩垂直度的偏差程度是衡量基桩承载力能否有效发挥作用的关键因素。孔底沉淀厚度的大小,极大地影响桩端承载力的发挥。成孔质量的好坏,直接影响钻孔灌注桩混凝土浇筑后的成桩质量。因此,要在钻孔施工中对泥浆进行各种性能指标测定,以确保钻孔的顺利进行,在成孔后灌注混凝土前应进行成孔质量检测。

我国颁布的国家标准《建筑地基基础工程施工质量验收标准》(GB 50202—2018)、交通运输部标准《公路工程质量检验评定标准 第一册 土建工程》(JTG F80/1—2017)、《公路桥涵施工技术规范》(JTG/T 3650—2020)、《公路工程基桩检测技术规程》(JTG/T 3512—2020)及住房和城乡建设部标准《建筑桩基技术规范》(JGJ 94—2008)等,都对混凝土灌注桩成孔质量的检验内容、检验标准、检查方法等提出了具体的规定和要求。

【任务实施】

一、泥浆性能指标检测

(一) 理论知识

泥浆作为钻探的冲洗液,除起护壁作用外,还具有挟带岩土、冷却钻头、堵漏等功能,泥浆性能的好坏直接影响钻探效率和生产安全。

钻孔泥浆一般由水、黏土(或膨润土)和添加剂按适当配合比配制而成。对于大直径或超长钻孔灌注桩,泥浆的选择应根据钻孔的工程地质情况、孔位、钻机性能、泥浆材料等确定。在地质复杂、覆盖层较厚、护筒下沉不到岩层的情况下,宜使用聚丙烯酰胺(PHP)掺入泥浆。

1. 泥浆原料黏土的性能要求

泥浆原料宜尽可能使用膨润土,使用黏土时应符合下列要求:
(1)自然风干后,用手不易掰开、捏碎。
(2)干土破碎时,断面有坚硬的尖锐棱角。
(3)用力切开后,切面光滑、颜色较深。
(4)水浸湿后有黏滑感,加水和成泥膏后,容易搓成1mm的细长泥条,用手指揉捻,感觉砂粒不多,浸水后能大量膨胀。

(5) 胶体率不低于 95%。

(6) 含砂率不大于 4%。

(7) 制浆能力不低于 2.5L/kg。

一般可选用塑性指数大于 25、粒径小于 0.005mm、黏粒含量大于 50% 的黏土制浆。性能略差的黏土中可掺入 30% 的塑性指数大于 25 的黏土。若用亚黏土,其塑性指数不宜小于 15,粒径大于 0.1mm 的颗粒不宜超过 6%。应注意的是,所选黏土中不应含有石膏、石灰或钙盐类化合物。

当采用性能较差的黏土或亚黏土调剂泥浆,其性能指标不符合要求时,可在泥浆中掺入碳酸钠(Na_2CO_3,又称碱粉或纯碱)、氢氧化钠(NaOH)或膨润土粉末,以提高泥浆性能。掺入量与原泥浆情况有关,最好由试验确定。一般碳酸钠的掺入量为孔中泥浆的 0.1%~0.4%。

2. 泥浆原料膨润土的性能和用量

膨润土有钠质和钙质两种。钠质膨润土较钙质为优,大量用于炼钢、铸造中,钻孔泥浆中用量也很大。膨润土泥浆具有相对密度低、黏度好、含砂量大、失水量少、泥浆薄、稳定性强、固壁能力高、钻具回转阻力小、钻进率高、造浆能力大等优点。

膨润土作为泥浆原料的一般用量为水的 8%,即 8kg 膨润土可掺 100L 的水;对于黏土地层,可降低到 3%~5%;性能较差的膨润土用量为水的 12% 左右。

3. 泥浆外加剂及其掺量

泥浆外加剂及其掺量见表 6-1。

泥浆外加剂及其掺量　　　　　　　　　　　　表 6-1

序号	外加剂名称	作用	掺入量
1	CMC,全名羟甲基纤维素	具有使地基土表面形成薄膜而使之强化和降低失水量的作用	普遍在 0.1% 以下
2	FIC,又称铬铁木质素磺酸钠盐	系分散剂,可改善因混杂有土、粉砂、混凝土及盐分而变质的稳定液的性能,可使钻渣颗粒聚集而加速沉淀,使稳定液能够重复使用且仍具有高性能	0.1%~0.3%
3	硝基腐殖酸钠盐(煤碱剂的一种改性产品)	系由褐煤中提炼出来的腐殖酸,用硝酸和氢氧化钠处理后的产物。其作用与 FIC 相似,具有很强的吸附能力,在黏土颗粒表面形成结构性溶剂水化膜,阻止自由水渗透,使失水量降低,而黏度增加。若掺入量少,可使泥浆黏度不上升,而起到部分稀释作用	掺入量同上,序号 2、3 可任选一种
4	碳酸钠(Na_2CO_3,又称碱粉或纯碱)	可使 pH 值增大,使黏土颗粒分散,使黏粒表面负电荷增加,为黏土吸收外界的正离子颗粒提供条件,可增加水化膜厚度,提高泥浆的胶率和稳定性,降低失水量	掺入量为孔中泥浆的 0.1%~0.4%
5	PHP,(聚丙烯酰胺)絮凝剂	在泥浆循环中可清除劣质钻屑,保存造浆的膨润土粒,具有低固相、低相对密度、低失水、低矿化、泥浆触变性能强等特点	掺入量为孔中泥浆的 0.003%
6	重晶石细粉($BaSO_4$)	可将泥浆的相对密度增加到 2.0~2.2,提高泥浆护壁作用,为提高掺入重晶粉后泥浆的稳定性,降低其失水性,可同时掺入 0.1%~0.3% 的氢氧化钠和 0.2%~0.3% 的橡胶粉。掺入上述两种外加剂后,泥浆最适用于膨胀的黏质塑性土层和泥质页岩土层	掺量根据原泥浆相对密度和土质情况决定

上列各种外加剂用量,最好先做试配,检验其配合液各项性能指标是否符合要求。

各种外加剂宜先制成小剂量溶剂,按循环周期均匀加入,并及时测定泥浆指标,防止掺入外加剂过量。每循环周期相对密度差不宜超过 0.01。

(二)泥浆性能指标检测方法与评定标准

1. 检测方法

指标 1:相对密度测定

泥浆性能指标检测(微课)

泥浆的相对密度(ρ_x)是泥浆与 4℃时同体积水的质量之比。用泥浆相对密度计(图 6-2)测定。将要量测的泥浆装满泥浆杯,加盖,并洗净从小孔溢出的泥浆,然后置于支架上,移动游码,使杠杆呈水平状态(水平泡位于中央),读出游码左侧所示刻度,即为泥浆的相对密度。

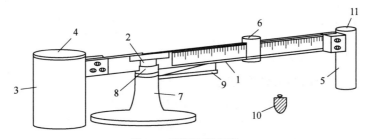

图 6-2 泥浆相对密度计

1-杠杆;2-主刀口;3-泥浆杯;4-杯盖;5-平衡圆柱;6-游码;7-底座;8-主刀垫;9-挡臂;10-平衡重锤;11-平衡圆柱盖

工地无泥浆相对密度计时,可用一口杯,先称其质量设为 m_1,再装清水称其质量为 m_2,倒去清水,装满泥浆并擦去杯周溢出的泥浆,称其质量为 m_3 则:

$$\rho_x = \frac{m_3 - m_1}{m_2 - m_1} \tag{6-1}$$

指标 2:黏度测定

黏度(η)是液体或混合液体运动时各分子或颗粒之间产生的内摩阻力。工地可采用标准漏斗黏度计测定。泥浆黏度计如图 6-3 所示。

用两端开口量杯分别量取 200mL 和 500mL 泥浆,通过滤网滤去大砂粒后,将 700mL 泥浆均注入漏斗,然后使泥浆从漏斗流出,流满 500mL 量杯所需时间(s),即为所测泥浆的黏度 η。

黏度计校正:漏斗中注入 700mL 清水,流出 500mL,所需时间应是 15s,如偏差超过 ±1s,则量测泥浆黏度时应校正。

指标 3:含砂率测定

含砂率是泥浆内所含的砂和黏土颗粒的体积百分比。工地可采用含砂率计测定。含砂率计如图 6-4 所示。

量测时,将调制好的泥浆 50mL 倒进含砂率计,然后再倒 450mL 清水,将仪器口塞紧,摇动 1min,使泥浆与水混合均匀,再将仪器竖直静放 3min,仪器下端沉淀物的体积(由仪器上刻度读出)乘 2 即为含砂率(%)。

另有一种大型含砂率计,容积为 1 000mL,从刻度读出的数不乘 2 即为含砂率。

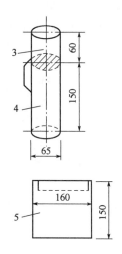 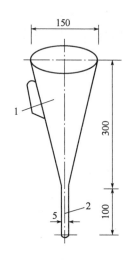 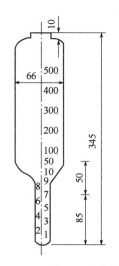 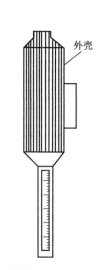

图6-3　泥浆黏度计(尺寸单位:mm)
1-漏斗;2-流出管;3-两端开口量杯(容量200mL);4-两端开口量杯(容量500mL);5-泥浆筒

图6-4　含砂率计(尺寸单位:mm)

指标4：胶体率测定

胶体率亦称稳定率,是泥浆静止后,呈悬浮状态的黏土颗粒与水分离的程度,以百分比表示,它反映了泥浆中土粒保持悬浮状态的性能。

测定方法：将100mL的泥浆放入干净量杯中,用玻璃板盖上,静置24h后,量杯上部的泥浆可能澄清为透明的水,量杯底部可能有沉淀物(图6-5)。以100 - (水 + 沉淀物)的体积即等于胶体率(%)。

指标5：失水量和泥皮厚测定

失水量是泥浆在钻孔内受内外水头压力差的作用在一定时间内渗入地层的水量,以mL/30min为单位。

图6-5　胶体率测定

将一张120mm×120mm的滤纸置于水平玻璃板上,中央画一直径30mm的圆圈,将2mL的泥浆滴于圆圈中心,30min后,量算湿润圆圈的平均半径减去泥浆坍平成为泥饼的平均半径(mm),算出的结果值(mm)代表失水量(mL/min)。

在滤纸上量出泥饼厚度即为泥皮厚(mm)。泥皮愈平坦、愈薄,则泥浆质量愈高,一般厚度不宜大于2~3mm。

指标6：静切力测定

静切力是泥浆在静止状态时,泥浆内部凝胶网状结构的强度,单位为Pa。工地可用浮筒静切力计(图6-6)测定。

测定时,先将约500mL泥浆搅匀后倒入浮筒静切力计中,将切力筒沿刻度尺垂直向下移至与泥浆接触时,轻轻放下,当其自由下降到静止不动时,读出浮筒上泥浆面所对的刻度 h_1,即为初切力。取出切力筒,清洗干净,搅拌筒内的泥浆,然后静止10min后,用上述方法读出浮筒上泥浆面所对的刻度 h_2,所得即为终切力。

图6-6　浮筒静切力计

计算静切力(θ):

$$\theta = \frac{G - \pi d \delta h \gamma}{2\pi dh + \pi d\delta} \tag{6-2}$$

式中:G——铝制浮筒质量(g);

d——浮筒的平均直径(cm);

h——浮筒的沉没深度(cm);

δ——浮筒的壁厚(cm);

γ——泥浆的密度(g/cm³)。

指标7:酸碱度(pH值)测定

酸碱度即酸和碱的强度简称,也可简称为酸碱值。pH值是常用的酸碱标度之一,等于溶液中氢离子浓度的负对数值。pH值等于7时为中性,大于7时为碱性,小于7时为酸性。

工地测量pH值方法,如图6-7a)所示,取一条pH试纸放在泥浆面上,0.5s后拿出来与标准颜色对比,即可读出pH值。也可用便携式pH酸碱计[图6-7b)],将其探针插入泥浆,直接读出pH值。

 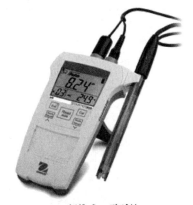

a)pH试纸　　　　　　　　　　　　　b)便携式pH酸碱计

图6-7　酸碱度(pH值)测定设备

2. 评定标准

《公路桥涵施工技术规范》(JTG/T 3650—2020)规定,泥浆的配合比和配制方法宜通过试验确定,其性能应与钻孔方法、土层情况相适应。当缺乏泥浆的性能指标参数时,可参照表6-2选用。钻孔过程中,应随时对孔内泥浆的性能进行检测,不符合要求时应及时调整。

钻孔泥浆性能指标　　　　　　　表6-2

钻孔方法	地层情况	泥浆性能指标							
		相对密度	黏度(Pa·s)	含砂率(%)	胶体率(%)	失水率(mL/30min)	泥皮厚(mm)	静切力(Pa)	酸碱度pH
正循环	一般地层	1.05~1.20	16~22	9~4	≥96	≤25	≤2	1.0~2.5	8~10
	易坍地层	1.20~1.45	19~28	9~4	≥96	≤15	≤2	3.0~5.0	8~10

续上表

钻孔方法	地层情况	泥浆性能指标							
		相对密度	黏度(Pa·s)	含砂率(%)	胶体率(%)	失水率(mL/30min)	泥皮厚(mm)	静切力(Pa)	酸碱度pH
反循环	一般地层	1.02~1.06	16~20	≤4	≥95	≤20	≤3	1.0~2.5	8~10
	易坍地层	1.06~1.10	18~28	≤4	≥95	≤20	≤3	1.0~2.5	8~10
	卵石土	1.1~1.15	20~35	≤4	≥95	≤20	≤3	1.0~2.5	8~10
旋挖	一般地层	1.02~1.10	18~22	≤4	≥95	≤20	≤3	1.0~2.5	8~11
冲击	易坍地层	1.20~1.40	22~30	≤4	≥95	≤20	≤3	3.0~5.0	8~11

注：1. 地下水位高或其流速大时，指标取高限，反之取低限。
  2. 地质状态较好，孔径或孔深较小的取低限，反之取高限。

大直径、超长灌注桩，钻孔宜采用高性能优质泥浆，泥浆的配合比应通过试验确定，配制时膨润土或聚丙烯酰胺(PHP)水解后宜静置24h。在钻孔过程中，泥浆宜采用泥水分离装置进行循环，保证泥浆的重复使用性能，以减少排放量。钻孔施工不同阶段的泥浆性能指标可参考表6-3。

钻孔施工不同阶段泥浆性能指标　　　　　表6-3

性能	基浆	鲜浆	钻进	回流	清孔	弃用
	膨润土+碱	基浆+PHP	鲜浆与钻屑混合	钻进净化+鲜浆	回流+鲜浆	回流沉淀中
相对密度	<1.05	<1.04	<1.2	<1.08	<1.06	>1.3
黏度(Pa·s)	20~22	26~35	25~28	24~26	22~24	>42
含砂率(%)	<0.3	<0.3	<4	0.5~1.0	<0.3	>10
胶体率(%)	>98	100	96	98	100	<90
失水率(mL/30min)	15	<10	<18	<15	<10	>25
泥皮厚(mm/30min)	1.5	≤1	2	1.5	≤1	>5
酸碱度(pH)	9~10	10~12	9~10	9~10	8~9	<7 >14
静切力(Pa)	2~4	4~6	3~5	3~5	3~5	<1
说明	可少量掺用CMC(羧甲基纤维素)改善性能	要用专门的制浆设备及储存设备，用泵运输	钻进中出口泥浆指标不宜在回流泥浆中调整	通过除砂器后在循环池中沉淀，再加鲜浆回流孔内	清孔后用正循环法在桩底注入5m高鲜浆作为隔离层	在循环池中清除固相沉淀

二、成孔质量检测

钻、挖孔在终孔后，应进行孔位、孔深、孔径、孔形、倾斜度进行检验；清孔后，应对孔底沉淀厚度等进行检验。

混凝土灌注桩的成孔施工分为干作业(如人工挖孔)和湿作业(如钻孔、冲孔等)。由于干作业施工的成孔桩成孔后,人可以接近孔壁、孔底,桩孔的孔深、孔径、倾斜度、沉淀厚度等可通过钢尺等简单方法测量。因此,本任务中主要介绍的是湿作业施工时灌注桩成孔质量检测。

(一)钻(挖)孔灌注桩施工要求

《公路工程质量检验评定标准 第一册 土建工程》(JTG F80/1—2017)对钻(挖)孔灌注桩施工要求如下。

1. 基本要求

钻孔灌注桩应符合下列基本要求:

(1)成孔后应清孔,测量孔径、孔深、孔位和沉淀厚度,确认满足设计和施工技术规范要求后,方可灌注水下混凝土。

(2)水下混凝土应连续灌注,灌注时钢筋笼不应上浮。

(3)嵌入承台的锚固钢筋长度不得小于设计要求的锚固长度。

挖孔桩应符合下列基本要求:

(1)挖孔达到设计深度后,应及时进行孔底处理,应无松渣、淤泥等扰动软土层,孔底地质状况满足设计要求。

(2)灌注混凝土时钢筋笼不应上浮。水下灌注时应连续灌注,干灌时应进行振捣。

(3)嵌入承台的锚固钢筋长度不得小于设计要求的锚固长度。

2. 实测项目

灌注桩实测项目有混凝土强度、桩位、孔深、孔径、钻孔倾斜度、沉淀厚度和桩身完整性。此外,《公路桥涵施工技术规范》(JTG/T 3650—2020)还要求施工过程检验筑岛、护筒、泥浆性能、灌注混凝土质量、钢筋笼与导管等项目。

3. 外观质量

钻孔灌注桩、挖孔桩外观质量应符合以下规定:

(1)凿除桩头预留混凝土后,桩顶应无残余的松散混凝土。

(2)外露混凝土表面不应存在缺陷。

本任务中将重点介绍泥浆性能指标检测、成孔质量检验评定。

(二)成孔质量检测方法与评定标准

1. 检测方法

项目1:桩位偏差检测

桩位偏差是指成桩后的位置与设计位置的差距。桩位应在基桩施工前按设计

成孔质量检测
(微课)

桩位平面图放样桩的中心位置,但由于施工中测量放线不准、护筒埋设有偏差、钻机对位不正、钻孔偏斜、钢筋笼下孔偏差等因素,成桩后导致桩位与设计位置偏离。如桩位偏离超过设计允许范围,桩的受力状况发生变化,将导致桩的承载力和可靠性降低、工程造价增加、工期延误等。因此,成桩后要对实际桩位进行复测,用全站仪等测量桩的中心位置(图6-8),检查它是否满足设计规定和相应标准的要求。

图 6-8 桩位偏差检查

项目 2：孔深、孔径和倾斜度检测

能否保证基桩承载能力有效地发挥作用，基桩的桩长、桩径、倾斜度是极为关键的因素。要保证基桩满足设计要求，必须检验桩的孔深、孔径不小于设计桩径、倾斜度满足允许偏差要求。

目前，检测的方法大致分为简易检孔器检测、接触式伞形孔径仪检测和超声波测量检测。检测设备多可同时检测孔深、孔径的垂直度，孔深检测还可用专用测量绳。《公路工程基桩检测技术规程》(JTG/T 3512—2020) 对检测设备要求如下：

孔深检测专用测量绳：宜采用金属材质，最大量程不宜小于测量孔深的 1.2 倍，最小刻度不应大于 10mm，端部垂球宜为平底圆锥体，质量不应小于 1kg。

接触式孔径仪：被测孔径小于 1.2m 时，孔径测量允许误差 ±15mm，被测孔径不小于 1.2m 时，孔径测量允许误差 ±25mm。孔深测量精度应不低于 0.3%。

专用测斜仪：顶角测量范围 0°~10°；顶角测量误差在 ±10′ 之间；分辨率优于 36″；孔深测量精度应不低于 0.3%。

超声波成孔质量检测仪：孔径测量精度应不低于 0.2%；孔深测量精度应不低于 0.3%。

(1) 专用测绳孔深检测

专用测量绳孔深测量应在成孔清孔完毕，孔中泥浆内气泡基本消散后进行。

测量绳距孔壁 100~200mm，垂球应缓慢沉入孔内，接触孔底时，轻轻拉起垂球并放下，判断孔底位置。

孔深测量每孔沿孔壁间隔布置不应少于 3 个测点，取其最小值为测量孔深。

(2) 简易检孔器孔径、垂直度检测

工程技术人员在多年的灌注桩施工、检测中，研究总结出了一些简易的孔径、垂直度的检测方法和手段。它们适用于在没有专用孔径、垂直度仪条件下的成孔质量检测。检测设备为制作简单的器具，如钢筋笼式、圆球式、六边木条铰链式、卡尺式等类型的检孔器。其中，钢筋笼式检孔器是简易法检测中使用较广泛的一种检孔器具，其设备制作简单，检测方法方便。

钢筋笼检孔器形似小型钢筋笼(图6-9),制作简单、检测方便、应用广泛。其尺寸根据检测桩的设计桩径大小设计,长度为3.0~5.0m。

成孔后将检孔器放入孔内,在护筒顶放样十字线,通过吊绳进行检孔器对中(图6-10)。对中后,上吊点位置必须固定且在整个检孔过程中不能变位。

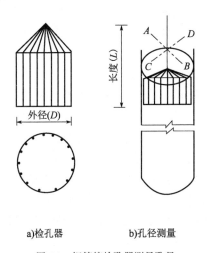
a)检孔器　　b)孔径测量

图6-9　钢筋笼检孔器测量孔径

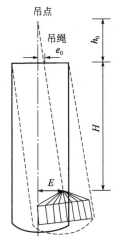

图6-10　钢筋笼检孔器测量垂直

检孔器在孔内下落时,靠自重下沉,不得借助其他外力,如果检孔器能在自重作用下顺利下至孔底,则表明孔径能满足设计桩径要求。如果检孔器在自重作用下不能下至孔底,则表明孔径小于设计桩径,应重新扫孔或重钻至设计孔径。

当检孔器在孔顶对中下落后,通过在护筒顶观测吊绳相对于放样中心点的偏移情况,计算成孔后桩孔的垂直度。

由图6-10的几何关系可得:

$$K = \frac{E}{H} \times 100 \tag{6-3}$$

$$\frac{e_0}{E} = \frac{h_0}{h_0 + H} \Rightarrow E = \frac{e_0(h_0 + H)}{h_0} \Rightarrow K = \frac{e_0(h_0 + H)}{h_0 \cdot H} \times 100 \tag{6-4}$$

式中:e_0——护筒放样中心点与吊绳偏差值(m);
　　h_0——吊点到护筒顶高度(m);
　　K——桩孔垂直度(%);
　　E——桩孔偏心距(m);
　　H——孔径器下落高度(m)。

由以上公式可方便地测得桩孔垂直度。为保证检测的精确性,可视情况对$H/2$、$H/4$等处进行检测,计算相应孔深垂直度。

类似钢筋笼式检孔器的另一种方法是圆球式检孔器检测,如图6-11所示。检孔器为钢筋弯制的圆球,直径比孔径略小。检测孔径时,若圆球可以顺利放入孔底,表明孔径正常。当检测桩孔有倾斜时,在孔口沿钻孔直径方向设标尺,标尺上零点与钻孔中心重合,并使滑轮、标尺零点和钻孔中心在同一铅垂线上,滑轮到标尺中点距离为H。穿过滑轮的测绳一端连接圆球,另一端通过转向滑轮用手拉住。将圆球慢慢放入钻孔中，并测读测绳在标尺上的偏距 e，则倾斜角 $\alpha = \arctan(e/H)$。该方法工具简单，操作方便。

(3)伞形孔径仪检测

伞形孔径仪也称井径仪，它是由孔径仪、孔斜仪、沉渣厚度测定仪三部分组成的一个测试系统(图6-12)，目前国内采用较多。

仪器由孔径测头、自动记录仪、电动绞车等组成。仪器通过放入桩孔中的专用测头测得孔径的大小，通过在测头上安装的电路将孔径值转化为电信号，由电缆将电信号传送到地面被仪器接收、记录，根据接收、记录的电信号值可计算或直接绘出孔径。

伞形孔径仪孔径四条测腿可在弹簧和外力的作用下自动张开、合拢，如图6-13所示。测头放入孔中后，弹簧力使测腿自然张开并以一定的压力与孔壁接触，孔径变大则测腿张开角也变大，孔径缩小则孔壁压迫测腿收拢，测腿

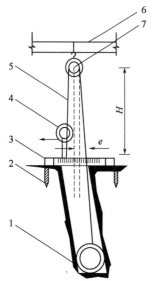

图 6-11　圆球检孔器测量孔径、倾斜度
1-圆球；2-定位桩；3-标尺；4-转向滑轮；5-钢丝绳；6-横梁；7-滑轮

的张开角变小，四条测腿成两组正交分别测量两个方向的孔径值，取平均值作为某测点的孔径。

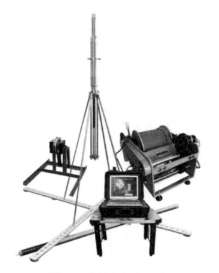

图 6-12　接触式伞形孔径仪

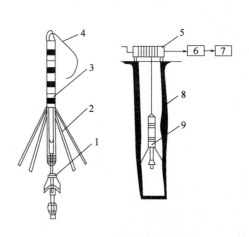

图 6-13　接触式伞形孔径仪检测原理
1-锁腿架；2-测腿；3-密封筒；4-电缆；5-电缆绞车；6-放大器；7-记录仪；8-桩孔；9-测头

电信号转换是在伞形孔径仪测头密封筒内安装有串联滑动电阻(测量电位器)，测腿随孔径的变化张开、合拢，电位器上的触点位置也发生相应滑动导致电阻值的改变。当供给滑动电阻以恒定的电流时，孔径的改变则转化为电压值的变化，用数字电压表读出测量系统的电压，就可求出供电电流。

测量孔径时,只要测得电压,利用式(6-5)就可计算出实际的孔径值。

$$\phi = \phi_0 + k\frac{\Delta V}{I} \tag{6-5}$$

式中：ϕ——被测孔径(m)；

ϕ_0——起始孔径(m)；

ΔV——电压变化(V)；

I——电流(A)；

k——率定系数(m/Ω)。

常用伞形孔径仪型号、技术指标如表 6-4 所示。

常用伞形孔径仪技术指标　　　　　　　表 6-4

项目	仪器型号	
	JJC-1A	JJY-5
孔径测量范围(mm)	500 ~ 1 200	800 ~ 2 200
孔径测量误差(mm)	±15	±20
电缆长度(m)	100	100
仪器耐压(MPa)	20	300
最大工作电流(mA)	5	10
工作电源(V)	220	220
总质量(孔径仪、记录仪、绞车、电缆、孔口滑轮)(kg)	77	80

①伞形孔径仪孔径测量检测方法：

测量之前,需对仪器进行全面的刻度校正。在工地现场一般使用"现场刻度器—接触式伞形孔径仪"进行校正。将"现场刻度器"套在孔径仪张开的四条测腿上,用尺量出刻度值,调整记录仪的记录笔到相应的刻度位置。

仪器校正后将测头的四条测腿合拢,套上锁腿架锁定。开动绞车将测头放入孔内钻进深度的起算面时停止。

测头到达孔底后电缆就会松弛,在孔口快速上提电缆,泥浆的反力将使锁腿架与测腿脱开,测腿随即自动弹开并贴住孔壁。

测量过程中,开动绞车上提电缆开始孔径测量。记录器随电缆走动记录孔径大小变化。当到达预定的每一个深度时,按动仪器的深度记号器,直到测头被提到孔口为止,这样带有深度标志的孔径曲线就会被自动记录下来。

测量时,如孔底泥浆密度过大,会阻碍测腿顺利弹到位,孔底测量值会偏小；如孔底冲刷时间过长,则孔径将偏大。测量时要结合桩孔施工情况对测量结果加以判断。

②伞形孔径仪倾斜度测量检测方法：

采用伞形孔径仪测试系统中的专用测斜仪,在孔内不同深度连续多点测量其顶角和方位角,根据所测得的顶角、方位角可计算孔的倾斜度(图6-14)。

测斜仪的顶角测量利用铅垂原理,测量系统由顶角电阻、顶角测量杆组成。

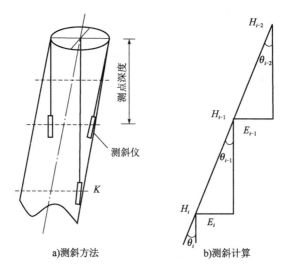

a) 测斜方法 b) 测斜计算

图 6-14　测斜仪测量倾斜度

顶角测量杆上装有一重块可自由摆动,并使重块始终垂直于水平面。当钻孔倾斜时,顶角电阻和测量杆间就有一角度,仪器内部机构使得测量杆和顶角电阻接触,使一部分电阻短路,剩下的电阻值就是被测点的顶角。

方位角测量依靠磁定向机构系统完成,系统中有定位电阻、接触片等,接触片始终保持指北状态,方位角变化时,接触片使一部分电阻短路,剩下的电阻值就是被测点的方位角。

桩孔垂直度主要取决于桩孔在垂直方向上的偏移量。在实际工程检测中,一般以测量桩孔的顶角参数值为主,通过顶角值计算得到桩孔的垂直度。

桩孔的垂直度计算方法如下:

$$K = \frac{E}{H} \times 100$$

$$E = \sum_{i=1}^{n} E_i = \sum_{i=1}^{n} (H_i - H_{i-1}) \sin\left(\frac{\theta_i + \theta_{i-1}}{2}\right) \quad (6\text{-}6)$$

式中:E——桩孔总偏移量(m);
　　　K——桩孔垂直度(%);
　　　H——桩孔深度(m);
　　　i——第 i 个测点;
　　　n——测点总数;
　　　H_i——测头在第 i 点的读尺深度(m);
　　　E_i——桩孔在读尺深度 H_{i-1} 至 H_i 的偏移量(m);
　　　θ_i——第 i 测点的顶角值(°)。

工程中桩孔的倾斜并非如图所示为一条平直的倾斜线,而常常是弯曲的曲线,因此采用以相邻测点 i 和 $i-1$ 的顶角值 θ_i 和 θ_{i-1} 的平均值推算偏移量 E_i。

测斜仪一般外加扶正器放入孔中。测量中,测斜仪测头可沿孔壁或孔的中心向下逐点测量,测点深度可等间距也可为任意间距。

假设测头是沿孔壁(或孔中心)向下测量,若测量至孔底顶角值均为 0°,则表示桩孔的偏移量小于孔的直径(或半径)。若测头沿孔壁向下测量,测斜仪一开始就发生非零的顶角读数,则表示孔已经偏移了某个距离。

③伞形孔径仪检测时注意事项:

a. 孔径仪安置于孔口上方,保持检测过程中仪器位置固定,探头对准成孔中心,偏差值不宜大于10mm。

b. 检查自动记录仪与探头的同步关系,确定桩孔深度起算面与记录起始位置关系。

c. 孔径检测自孔底向孔口连续进行,测点距不宜大于500mm,在孔径检测可疑测点周围,应加密测点进行复测,进一步确定桩径变化位置及范围。

d. 检测过程中探头应匀速提升,速度不应大于10m/min,孔径变化较大处,应降低探头提升速度。

e. 检测结束时,测量探头与成孔中心位置偏差大于起始偏差5mm时,应重新进行检测。

(4)超声波成孔检测仪检测

超声波成孔检测仪主要包含主机和绞车两个部分。如图6-15所示,现场检测时,利用绞车将探头放入孔内,依靠自重保持测试探头处于铅垂位置。

a)检测仪器

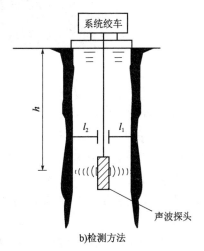
b)检测方法

图6-15 超声波成孔检测仪测量

h-桩孔深度位置;$l_1(l_2)$-声波探头距右(左)侧孔壁的距离

测试时,超声振荡器产生一定频率的电脉冲,经放大后由发射换能器转换为声波,通过泥浆向孔壁方向传播,由于泥浆与孔壁的声阻抗有较大差异,声波到达孔壁后绝大部分被反射回来,经接收换能器接收。

声波从发送到接收的时间,即为声波在孔内泥浆中的传播时间 Δt。由于超声波在泥浆介质中传播速度 V 是恒定的,假设超声波的探头至孔壁的距离为 L,实测声波发射至接收的时间差为 t,则按距离 $L = V \cdot \Delta t / 2$。

声波探头中的四组换能器一般呈十字交叉布置,故可以探测孔内某高程测点两个方向相反的探头与孔壁之间的距离,进行连续测试即可得到该钻孔两个方向孔壁的剖面变化图(图6-16)。如此改变测点高度,就可获得整个钻孔在该断面测点剖面变化图。当绞车在测试时始终保持吊点不变且钢丝绳垂直,即可通过钻孔孔壁剖面图得到钻孔的垂直度。

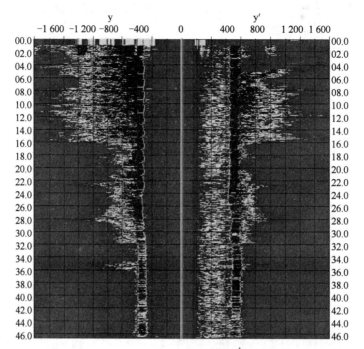

图 6-16 超声波成孔检测剖面结果

超声波成孔质量检测仪测量注意事项：

①测量应在清孔完成之后、安放钢筋笼之前。

②检测时，孔内泥浆性能应满足施工规范要求的指标。泥浆相对密度和含砂率过大会影响信号的强度和测试的准确性，应采取有效措施，保证超声波信号清晰有效。气泡过多也会影响测试效果，因此，宜在孔中泥浆内气泡基本消散后进行。

③检测仪安置于孔口上方，检测过程中应保持仪器位置固定，探头对准成孔中心，偏差值不宜大于 10mm。

④检测开始前设定仪器参数、检查自动记录仪与探头的同步关系。

⑤孔径检测连续进行，测点距不宜大于 500mm，在孔径检测可疑测点周围，应加密测点进行复测，进一步确定桩径变化的位置及范围。

⑥检测中探头应匀速下沉，速度应不大于 12m/min。

⑦检测结束时，提升探头至孔口，测量探头与成孔中心位置偏差大于起始偏差 5mm 时，应重新进行检测。

⑧超声波法孔径测量应正交二方向检测，并宜标明检测剖面与桥梁实际走向的方位关系。

项目3：桩底沉淀厚度检测

在钻孔灌注桩成孔过程中，采用循环泥浆液清洗孔底、护壁，将钻渣挟带回到地面。成孔后总有一部分钻渣未被带上地面而沉淀于孔底，成孔后至灌注混凝土的时间较长，可能产生的孔壁坍塌等，也会造成孔底沉淀。

孔底沉淀土厚度的大小将极大地影响桩端承载力的发挥。因此，在灌注混凝土之前必须对沉淀厚度进行检测。必要时须进行再次清孔，直到沉淀厚度满足要求。

根据《公路桥涵施工技术规范》(JTG/T 3650—2020)规定,孔底沉淀厚度应不大于设计的规定;设计未规定时,对桩径小于或等于1.5m的摩擦桩宜不大于200mm,对桩径大于1.5m或桩长大于40m以及土质较差的摩擦桩宜不大于300mm,对支承桩宜不大于50mm。

孔底沉淀厚度测定的方法目前还不够成熟,在工程中应用的方法一般有测锤法、电阻率法、电容法等。

(1)方法1:测锤法

测锤为锥形锤,锤底直径约为15cm,高度约为22cm,质量约为5kg。

测锤顶端系上测绳,把测锤慢慢沉入孔内,凭人的手感判断沉淀的顶面位置,读出测绳上的深度值 h,如图6-17所示。则桩孔的深度 H 与测锤测量深度 h 之差即为沉淀厚度值。

沉淀厚度测量不应少于2次,取几次平均值为最终检测结果。

测锤法因其设备简单、操作容易、成本低,在沉渣厚度检测中一直被广泛采用。但由于测锤法测量需要靠人的手感来判断沉渣的顶面位置,易产生人为误差。另外,沉渣位置深度值是通过测绳量取,而测绳的长短、松紧以及读数等都会产生误差。因此,使用测锤法检测的缺点是精确度较低,误差较大。

(2)方法2:电阻率法

电阻率测定仪(图6-18)由测头、放大器和指示器组成。根据不同介质的导电性差异(如水、泥浆和沉渣颗粒具有不同的导电性能),通过测量介质的电阻值变化判断沉淀厚度。电阻率法测量沉淀厚度有两种方法。

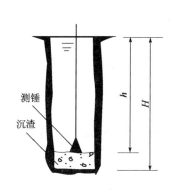

图6-17 测锤法测量桩底沉淀厚度
h-测绳深度;H-桩孔深度

图6-18 桩底沉淀厚度电阻率测定仪

①利用介质电阻率不同所产生的电压值的改变,通过直接观测电压值的变化来判断沉淀厚度。

测量时将测头放入孔中,在接近孔底位置处将测头慢慢下沉,观测电压值的变化。当出现突变时记录深度 h_1,然后继续下沉测头,当再次突变时记录深度 h_2,直到测头不能下沉为止,记录深度 h_3。

设施工深度为 H,则各沉淀层厚度为 $h_2 - h_1$、$h_3 - h_2$ 和 $H - h_3$。

②直接测量介质的电阻率,根据所测介质的电阻率变化曲线确定沉淀厚度。

测量时将测头放至孔底,通过绞盘将测头匀速慢慢地往上提,记录仪记录下孔底不同深度的介质电阻率值,并在记录纸上绘出电阻率变化曲线。

依据电阻率曲线(图6-19),找出曲线的拐点,它是两种介质的分界点,拐点以下部分为沉渣,其厚度可由记录纸上的深度坐标量得。

(3)方法3:电容法

电容法测定沉淀厚度是利用水、泥浆和沉渣等介质介电常数的差异,导致测头电容的改变,根据测头电容值的变化量测定沉淀厚度。

电容法测量沉渣厚度如图6-20所示,检测设备由测头、放大器等组成。测头极板接触到沉渣表面电容突然减小,沉淀厚度为施工孔深和电容突然减小时的孔深之差。

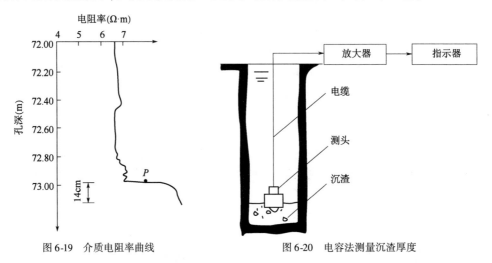

图6-19 介质电阻率曲线　　图6-20 电容法测量沉渣厚度

测头上装有小型电机,当依靠测头重力不能继续沉入沉渣深部时,可开启电机产生水平振动,把测头沉入更深部位。

2. 评定标准

依据《公路工程质量检验评定标准 第一册 土建工程》(JTG F80/1—2017),钻(挖)孔灌注桩实测项目应符合表6-5、表6-6的要求。

挖孔灌注桩实测项目　　　　　　　　表6-5

项次	检查项目		规定值或允许偏差		检查方法和频率
1△	混凝土强度(MPa)		在合格标准内		按规范检查
2	桩位(mm)	群桩	≤100		全站仪:每桩测中心坐标
		排架桩	允许	≤50	
			极值	≤100	
3△	孔深(m)		≥设计值		测绳:每桩测量
4	孔径或边长(mm)		≥设计值		井径仪:每桩测量
5	孔的倾斜度(mm)		≤0.5%S,且≤200		铅锤法:每桩检查
6△	桩身完整性		每桩均满足设计要求;设计有要求时,每桩不低于Ⅱ类		满足设计要求设计未要求时,采用低应变反射法或超声波法:每桩检测

注:△项目为关键项目,S为桩长,计算规定值或允许偏差时以 mm 计。

钻孔灌注桩实测项目　　　　　　　　　　　　　　　表 6-6

项次	检查项目		规定值或允许偏差		检查方法和频率
1△	混凝土强度(MPa)		在合格标准内		按规范检查
2	桩位(mm)	群桩	≤100		全站仪:每桩测中心坐标
		排架桩	允许	≤50	
			极值	≤100	
3△	孔深(m)		≥设计值		测绳:每桩测量
4	孔径(mm)		≥设计值		探孔器或超声波成孔检测仪:每桩测量
5	钻孔倾斜度(mm)		≤1%S,且≤500		或钻杆垂线法或超声波成孔检测仪:每桩测量
6	沉淀厚度(mm)		满足设计规定,设计未规定时按施工规范要求		沉淀盒或测渣仪:每桩测量
7△	桩身完整性		每桩均满足设计要求;设计未要求时,每桩不低于Ⅱ类		满足设计要求设计未要求时,采用低应变反射法或超声波法:每桩检测

注:△项目为关键项目,S 为桩长,计算规定值或允许偏差时以 mm 计。

任务6-2　桩身完整性的检测与评定

【任务描述】

桩身完整性是反映桩身长度和截面尺寸相对变化、桩身材料密实性和连续性综合状况的定性指标,是桩基础施工质量验收中的重要组成部分。《公路工程桩基检测技术规程》(JTG/T 3512—2020)将基桩桩身完整性类别的评判分为四类,见表 6-7。

桩身完整性类别　　　　　　　　　　　　　　　表 6-7

桩身完整性类别	分类标准
Ⅰ	桩身完整
Ⅱ	桩身基本完整,有轻度缺陷
Ⅲ	桩身有明显缺陷
Ⅳ	桩身有严重缺陷

《公路工程质量检验评定标准　第一册　土建工程》(JTG F80/1—2017)规定:桩身完整性检测要求每桩均满足设计要求,设计未要求时每桩不低于Ⅱ类。

桩身完整性检测一般采用低应变反射波法、超声波法和钻孔取芯法。低应变反射波法具有仪器轻便、操作简单、检测速度快、成本低等特点,可检测桩身缺陷及位置,判定桩身完整性类别,但检测深度有限,在桩基工程质量普查中应用较广。超声波法需在基桩混凝土浇筑前预埋声测管,测试操作相对复杂,但可检测灌注桩桩身缺陷及其位置,较可靠地判定桩身完整性类别。经上述两种方法检测后,对桩身缺陷仍存在疑虑时,可用钻芯法进行验证。钻芯法使用设备笨重、操作复杂、成本高,但检验成果直观可靠。它可以检测桩长、桩身混凝土强度、桩底沉渣厚度,鉴别桩底岩土性状、准确地判定桩身完整性类别。

桩身完整性检测方法应根据工程的需要和检测目的按表6-8来选定。当用一种检测方法对桩身完整性类别评判有疑问时,应选用其他不同的测试方法进行综合评判。《公路桥涵施工技术规范》(JTG/T 3650—2020)、《公路工程质量检验评定标准 第一册 土建工程》(JTG F80/1—2017)中规定:对桩身的完整性进行检验时,检测的数量和方法应符合设计或合同的规定,灌注桩一般选有代表性的桩用无破损法进行检测,重要工程或重要部位的桩宜逐根进行检测。设计有规定或对无破损法检测和桩的质量有疑问时,应采用钻孔取芯法对桩进行检测。

桩身完整性类别　　　　表6-8

检测方法		检测目的及内容
低应变反射波法		检测桩身缺陷及位置,评判桩身完整性类别
超声波法	透射法	检测灌注桩中声测管之间混凝土的均匀性和桩身缺陷及位置,评判桩身完整性类别
	折射法	检测灌注桩钻芯孔周围混凝土的均匀性和桩身缺陷及位置,辅助评判桩身完整性类别
钻孔取芯法		检测灌注桩桩长、桩身混凝土强度、桩底沉淀厚度、桩身缺陷及位置,评判桩身完整性类别;评判桩端持力层岩土性状

本学习任务主要介绍超声波透射法、低应变法和钻孔取芯法的测试原理、测试方法、数据分析与结果判定等内容。

【任务实施】

一、低应变法检测桩身完整性

(一)理论知识

低应变反射波法是目前国内外使用最广泛的一种基桩桩身完整性无损检测方法。如图6-21所示,低应变反射波法是建立在一维波动理论基础上,将桩假设为一维弹性均质杆,在桩身顶部进行竖向激振产生弹性波,弹性波沿着桩身向下传播,当桩身存在明显差异的界面(如桩底、断桩和严重离析等)或桩身截面积变化(如缩径或扩径)部位,波阻抗将发生变化,产生反射波。通过安装在桩项的传感器接收反射信号,对接收的反射信号进行放大、滤波和数据处理,可以识别来自桩身不同部位的反射信息。利用波在桩体内传播时纵波波速、桩长与反射时间之间的对应关系,对反射信息的分析计算,判断桩身混凝土的完整性及根据平均波速校核桩的实际长度,判定桩身缺陷程度及位置。

本方法在应用中尚需结合岩土工程地质和现场施工技术资料,通过综合分析来对桩身和桩端存在的缺陷及其类型和影响程度作出较科学的定性和半定量判定。

低应变法检测桩身完整性(微课)

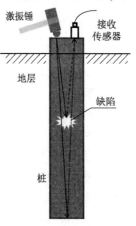
图6-21 低应变法

1. 广义波阻抗

把桩视为一维弹性均质杆件，设介质密度为 ρ，截面积为 A，纵波波速为 C，弹性模量为 E，则桩身材料的广义波阻抗 $Z = \rho A C = EA/C$。当桩顶受到激励力后，则压缩波以波速 C 沿桩身向下传播，当遇到桩身波阻抗变化的界面时，压缩入射波(I)在波阻抗界面将产生反射波(R)和透射波(T)，如图 6-22 所示。

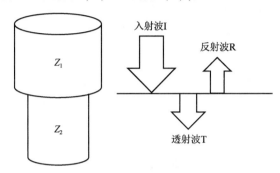

图 6-22 阻抗界面变化时的应力波

设桩身变截面上、下的波阻抗比值为 n，则有：

$$n = Z_1/Z_2 = \rho_1 A_1 C_1 / \rho_2 A_2 C_2 \tag{6-7}$$

根据桩身交界面的连续条件和牛顿第三定律，界面上两侧质点速度、内力均应相等，即：

$$\left. \begin{array}{l} v_1 = v_2 \quad v_I + v_R = v_T \\ N_1 = N_2 \quad A_1(\sigma_I + \sigma_R) = A_2 \sigma_T \end{array} \right\} \tag{6-8}$$

根据波阵面动量守恒条件可得：

$$\left. \begin{array}{l} \dfrac{\sigma_I}{\rho_1 C_1} - \dfrac{\sigma_R}{\rho_1 C_1} = \dfrac{\sigma_T}{\rho_2 C_2} \\ Z_1(v_I - v_R) = Z_2 \cdot v_T \end{array} \right\} \tag{6-9}$$

将式(6-7)、式(6-9)方程式联合求解可得：

$$\left. \begin{array}{l} \sigma_R = \sigma_I \left[\dfrac{(Z_2 - Z_1)}{(Z_2 + Z_1)} \right] = R\sigma_I \\ \sigma_T = \sigma_I \left[\dfrac{2Z_2}{(Z_2 + Z_1)} \right] = T\sigma_I \end{array} \right\} \tag{6-10}$$

$$\left. \begin{array}{l} v_R = -v_I \left[\dfrac{(Z_2 - Z_1)}{(Z_2 + Z_1)} \right] = -R v_I \\ v_T = v_I \left[\dfrac{2Z_1}{(Z_2 + Z_1)} \right] = T v_I \end{array} \right\} \tag{6-11}$$

其中，反射系数 R，透射系数 T：

$$\left. \begin{array}{l} R = \dfrac{1-n}{1+n} = \dfrac{Z_2 - Z_1}{Z_2 + Z_1} \\ T = \dfrac{2}{1+n} = \dfrac{2Z_2}{Z_2 + Z_1} \end{array} \right\} \tag{6-12}$$

2. 桩身阻抗变化的影响

式(6-10)~式(6-12)为反射波法检测桩身完整性的理论依据。依据以上公式,Z 和 n 总是正值,所以透射系数 T 也总为正值,即透射波和入射波相位总是相同的,反射系数 R 的正负与 n 的大小有关,结合桩身各种性状以及桩底不同的支承条件,可归纳成以下三种波阻抗变化类型。

(1)波阻抗近似不变:桩的质量和完整性都无变化,此时 $Z_1 \approx Z_2$,则 $n \approx 1, F \approx 0, T \approx 1$,即几乎无反射波,全部应力波几乎都透射过界面传至下段。

(2)波阻抗减小:桩身缩径、离析、断裂、夹泥、疏松、裂缝、裂纹等,下段的波阻抗变小,此时 $Z_1 > Z_2$,则 $n > 1, F < 0, T > 0$,反射波和入射波同相。

(3)波阻抗增大:桩身扩径,下段的波阻抗变大,此时 $Z_1 < Z_2$,则 $n < 1, F > 0, T > 0$,反射波与入射波反相。

根据以上三种反射波与入射波相位的关系,可判别某一波阻抗界面的性质,这是低应变反射波法判别桩底情况及桩身缺陷的理论依据。

表6-9是根据上述理论绘制出的与桩身阻抗变化相对应的反射波特征曲线示意图。

桩身阻抗变化的反射波特征曲线 表6-9

缺陷	典型曲线	曲线特征
完整		(1)短桩:桩底反射波 R 与入射波频率相近,振幅略小;(2)长桩:桩底反射波 R 振幅小,频率低;(3)摩擦桩的桩底反射波 R 与入射波 I 同相位,端承桩的桩底反射波 R 与入射波 I 反相位
扩径		(1)曲线不规则,可见桩间反射,扩径第一反射子波 R' 与入射波 I 反相位,后续反射子波 R' 与入射波 I 同相位,反射子波 R' 的振幅与扩径尺寸正相关;(2)可见桩底反射波 R
缩径		(1)曲线不规则,可见桩间反射,缩径第一反射子波 R' 与入射波 I 同相位,后续反射子波 R' 与入射波 I 反相位,反射子波 R' 的振幅大小与缩径尺寸正相关;(2)一般可见桩底反射波 R
离析		(1)曲线不规则,一般见不到桩底反射波 R;(2)离析的第一反射子波 R' 与入射波 I 同相位,幅值视离析程度呈正相关,但频率明显降低;(3)中、浅部严重离析,可见到多次反射子波 R'
断裂		(1)浅部断裂(<2m)由于受钢筋和下部桩影响,反映为锯齿状子波又叠加在低频背景上的脉冲子波,峰-峰为 Δf;(2)中、浅部断裂为一多次反射子波 R'(R⁻) 等距出现,振幅和频率逐次下降;(3)深部断裂似桩底反射曲线,但所计算的波速远大于正常波速;(4)一般见不到桩底反射波 R

续上表

缺陷	典型曲线	曲线特征
夹泥空洞微裂	(曲线图：I、R'、R)	(1)曲线不规则,一般可见桩底反射波R;(2)缺陷的第一反射子波R'与入射波I同相位,后续反射子波R'与入射波I反相位;(3)反射子波R'的幅值与缺陷的程度呈正相关
桩底沉渣	(曲线图：I、R)	桩底存在沉渣,桩底反射波R与入射波I同相位,其幅值大小与沉渣的厚度呈正相关

(二)仪器设备

仪器设备由激振设备、传感器、基桩动测仪(信号采集及处理器)和专用附件信号分析处理软件组成,如图6-23所示。

1.基桩动测仪

目前,国内外基桩动测仪都把采集、放大、存储各部件与计算分析软件融为一体。我国《基桩动测仪》(JG/T 518—2017)对基桩动测仪的主要技术性能指标作出规定,将动测仪器主要技术性能分为1、2、3三个等级,1级较低,3级较高。基桩动测仪在野外恶劣环境条件下使用,容易损坏。为了实现我国计量法规定的量值传递要求,保证有效使用范围,根据计量认证规定,要每年定期对基桩动测仪进行计量检定。

图6-23 低应变反射波法检测设备

《公路工程基桩检测技术规程》(JTG/T 3512—2020)对采集处理仪器要求如下:

(1)主要技术性能指标不应低于现行《基桩动测仪》(JG/T 518—2017)中规定的2级标准要求,具有连续采集快速自动存储、显示实测信号和处理分析信号的功能。

(2)检测仪器信号采集系统的采样间隔宜为$10 \sim 50 \mu s$,单通道采样点不少于1 024点,数据采集和处理器模/数(A/D)转换器的位数不低于16bit。放大器增益宜大于60dB,可调、线性度良好,其频响范围应满足$10Hz \sim 5kHz$。

2.传感器

测量桩顶响应的传感器有压电式加速度传感器和磁电式速度传感器两种,其性能主要指标要求有:

(1)频响曲线的有效范围应覆盖整个测试信号的频率范围。

(2)加速度传感器的电压灵敏度大于100mV/g,电荷灵敏度应大于20PC/g,上限频率不应小于5Hz,安装谐振频率不应小于6kHz,量程应大于100g。

(3)速度传感器的固有谐振频率不应大于30Hz,灵敏度应大于$200mV/(cm \cdot s^{-1})$,上限频率不应小于1.5kHz,安装谐振频率不应小于1.5kHz。

不同类型传感器的频率信号接收的效果不同。选择时宜选用量程范围宽,谐振频率较高,且阻尼特性好,频率相应范围宽,灵敏度较好的传感器。目前基桩检测所使用的传感器主要是压电式加速度传感器,它灵敏度高,频率范围宽,线性范围大,能够较为准确地判定出桩身的缺陷位置,无论从频响还是输出特性方面均有较大的优点,更适合于低应变反射波法测桩。而磁电式速度传感器由于生产工艺等方面的原因,其高频响应受到限制,检测时传感器的安装刚度会导致强烈的谐振,使传感器的可测范围变窄而影响检测效果。

3. 激振设备

激振设备应包括能激发窄脉冲和宽脉冲的力棒、力锤和锤垫。

为了满足不同的桩型和检测目的,应选择符合材质和质量要求的力锤或力棒,以获得所需的激振频率和能量。考虑到对基桩检测信号的影响,激振设备应从锤头材料、冲击能量、接触面积、脉冲宽度等方面进行考虑。

(1)锤头材料:材料过硬,将激发出高频脉冲波,高频波可提高缺陷处的分辨率,对探测桩身浅部缺陷有利,但高频波易衰减,不易获取长桩的桩底反射;材料过软,激发出的初始脉冲太宽,低频波有利于检测桩底反射,但会降低桩身上部缺陷的分辨率。

(2)冲击能量:锤重及落锤速度的大小决定了能量的大小。敲击时能量应适中,能量小,则应力波会很快衰减,从而看不见桩下部缺陷和桩底的反射。因此,检测大直径长桩时应选择较重的力锤并加大锤击速度,大幅度提高敲击力度,但锤过重又将造成微小缺陷被掩盖。锤重的选择应使得有明显的桩底反射为原则。

(3)接触面积:对于大直径灌注桩,除应选择重锤加大能量冲击外,相应地要加大锤的直径使得锤与桩头的接触面积增大。若使用小锤检测大直径灌注桩,需要多点激振、多点接收,以便了解桩身横向的不均匀性;而使用大锤,选择合适的接收点,可获得桩的整体响应,有利于判断桩身局部缺陷。

(4)脉冲宽度:脉冲宽度大,有利于长桩及深部缺陷检测,但相应的波长增大,由于波具有绕射能力,若入射波波长比桩身中缺陷的特征尺寸大得多时,波大部分可以绕射过去,反射波强度降低,识别桩内小缺陷的能力就差,也就是分辨率低。若脉冲宽度减小、波长减小,不能满足将桩视作一维弹性杆的要求,会出现速度及波形的畸变。因此应依据桩的特点,激发合适脉冲宽度的入射波。有时在同一根桩上,按照不同的检测目的,需要不同的脉冲宽度进行缺陷检测。

(三)检测方法与数据处理

1. 现场检测准备工作

(1)现场踏勘及资料收集

在接受检测任务后,检测人员应了解场地的地质条件、建筑物的类型、桩型、桩设计参数、成桩工艺、施工记录及相关的资料,然后根据检测委托书,编制检测纲要。

(2)桩头处理

桩顶条件和桩头处理好坏直接影响测试信号的质量,因此要进行桩头处理。桩头处理如图 6-24 所示,要凿掉桩顶浮浆或松散、破损部分,露出坚硬的混凝土表面,桩顶面应平整、密实并与桩轴线基本垂直,桩头的材质、强度应与桩身相同,桩头的截面尺寸不宜与桩身有明显差异,如有妨碍正常测试的桩顶外露主筋应割掉。

(3)测点布置

《公路工程基桩检测技术规程》(JTG/T 3512—2020)对测点布置(图6-25)的要求:

对混凝土灌注桩,激振点宜选择在桩中心,传感器宜安装在距桩中心2/3半径处,且距离桩的主筋不小于50mm;当桩径小于1 000mm时,不宜少于2个测点;当桩径大于或等于1 000mm时应设置3~4个测点;测点宜以桩心为中心对称布置。

对混凝土预制桩,当边长或桩径小于600mm时,不宜少于2个测点;当边长或桩径大于或等于600mm时,不宜少于3个测点。

对预应力混凝土管桩,激振点、检测点和桩中心连线形成的夹角宜为90°,且不应少于2个测点。

图6-24 桩头处理

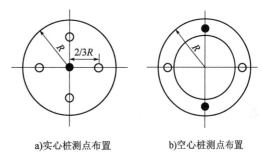

a)实心桩测点布置　　b)空心桩测点布置

图6-25 测点布置

●-激振锤击点;○-传感器安装点

(4)传感器的安装

传感器应安装在桩头平整面上,灌注桩应安装在新鲜混凝土面上,并应与桩顶面垂直。传感器的安装及与桩头的耦合十分关键,要确保传感器粘接稳固、耦合良好。常用的耦合剂有口香糖、黄油、橡皮泥、石膏等,必要时可采用冲击钻打孔安装方式。

2. 仪器参数设置

《公路工程基桩检测技术规程》(JTG/T 3512—2020)规定测试参数设置应符合下列要求:
①时域信号记录的时间段长度应不小于$2L/c$(桩底反射回来所需时间)时刻后延5ms;
②频域信号分析的频率范围上限应不小于2 000Hz;
③设定桩长应为被检桩顶至桩底的实际施工长度;
④采样间隔应根据桩长合理选择,采样点数不宜少于1 024点。

合理设置采样间隔、采样点数、指数放大、模拟滤波、触发方式是检测信号质量的保障,其中指数放大应结合冲击入射波能量以及锤击点与传感器安装点间的距离大小通过现场对比试验确定,采样间隔和采样点数应根据受检桩桩长和桩身波速来确定。

(1)采样频率

每通道的采样点数不应少于1 024点,采样频率应满足奈奎斯特采样定理。

$$f_s \geq 2f_m \tag{6-13}$$

式中：f_s——采样频率；
f_m——信号频率上限，在基桩检测中通常取 $f_s = 3f_m$。

在基桩测试中，通常在 0～2kHz 范围已能满足要求。对不同的测试要求，可改变频率范围，如要测 3～5m 内的浅部缺陷，可将频率调到(1～2)kHz；要测桩底反射信号，则可降低频率范围至 0～0.6kHz。

（2）采样点数

采样点数 N 满足下式的要求，一般每通道的采样点数不少于 1 024 点。

$$N \geq \frac{3L}{c\Delta t} \tag{6-14}$$

式中：L——桩长；
c——桩体内纵波波速。

采样时间 T，又称采样长度，是采样 N 个点数据所需的时间，可表示为 $T = N \cdot \Delta t$。

采样间隔 Δt 是对信号离散采样时，每采一点的间隔时间，可表示为 $\Delta t = 1/f_s$。

频率间隔 Δf（频域里两相邻数据的频率间隔）可表示为：

$$\Delta f = \frac{1}{T} = \frac{1}{N \cdot \Delta t} \tag{6-15}$$

由上可见，采样频率愈高，采样间隔愈小，时域分辨率愈高，而频域分辨率愈低，反之亦然。

（3）指数放大

随着传播距离的增加，反射波波幅按指数规律衰减，采样中将信号随时间按指数放大，可使深部缺陷及桩底信号显现出来。但如果指数放大倍数太大，会使信号曲线失真，夸张了深部的缺陷。因此，只有选取合适的指数放大倍数，方能兼顾深部缺陷和桩底反射信号的显示比例。

（4）数字滤波

数字滤波是信号处理的重要手段之一。可除掉测试信号中无用或次要的成分，使信号曲线更容易分析判读。低通滤波频率选择过低，容易掩盖浅层缺陷；低通滤波频率选择过高，起不到滤除杂波的作用。加速度计时截止频率一般情况下不小于 2 000Hz，使用速度计时截止频率不小于 1 000Hz。

（5）叠加与平均

随机干扰信号的频率、相位、幅值没有确定性，重复进行信号采样并叠加与平均，其算术平均值趋于零。叠加与平均是消除随机噪声、提高信噪比的有效手段，可降低仪器自身的电子噪声，降低自然环境引起的随机扰动，降低激振时由于桩面不规整而产生的杂波成分。

3. 信号采集

《公路工程基桩检测技术规程》(JTG/T 3512—2020)要求，被检桩混凝土强度不得低于设计强度的 70% 且不得小于 15MPa，龄期不应少于 7d。

测点记录的有效信号数不应少于 3 次，且检测波形应具有良好的一致性。当检测环境存在干扰时，宜采用信号叠加增强技术进行重复激振，提高信噪比；当时域信号一致性较差时，应分析原因，排除人为和检测仪器等干扰因素，重新检测或增加检测点数量。

4. 数据分析与判定

桩身完整性分析宜以时域曲线为主,辅以频域分析,并结合岩土工程勘察资料、桩型、施工记录和波形特征等因素进行综合分析评判。

(1)桩身波速平均值的确定

当桩长已知、桩底反射信号明确时,应在地基条件、桩型、成桩工艺相同的基桩中,选取不少于5根Ⅰ类桩的桩身波速值,按下列公式计算其平均值:

$$c_m = \frac{1}{n}\sum_{i=1}^{n} c_i \tag{6-16}$$

$$c_i = \frac{2L}{\Delta T} \times 1\,000 \tag{6-17}$$

$$c_i = 2L \cdot \Delta f \tag{6-18}$$

式中:c_m——桩身波速的平均值(m/s);

c_i——第i根受检桩的桩身波速值(m/s),且$|c_i - c_m|/c_m$不宜大于5%;

L——测点下桩长(m);

ΔT——速度波第一峰与桩底反射波峰间的时间差(ms);

Δf——幅频曲线上桩底相邻谐振峰间的频差(Hz);

n——参加波速平均值计算的基桩数量($n \geq 5$)。

当无法满足上述要求时,波速平均值可根据本地区相同桩型及成桩工艺的其他桩基工程的实测值,结合桩身混凝土的集料品种和强度等级综合确定。

表6-10为通过工程实践经验总结的一维纵波速与混凝土强度之间的关系,但仅供参考,使用时应慎重对待,以防误判。

一维纵波波速与混凝土强度之间的关系　　　　表6-10

混凝土强度等级	C15	C20	C25	C30	C40
平均波速(m/s)	2 900	3 200	3 500	3 800	4 100
波速范围(m/s)	2 700～3 100	3 000～3 400	3 300～3 700	3 600～4 000	3 900～4 300

(2)桩身缺陷位置的确定

桩身缺陷位置应按下列公式计算:

$$x = \frac{1}{2 \times 1\,000} \cdot \Delta t_x \cdot c \tag{6-19}$$

$$x = \frac{1}{2} \cdot \frac{c}{\Delta f'} \tag{6-20}$$

式中:x——桩身缺陷至传感器安装点的距离(m);

Δt_x——速度波第一峰与缺陷反射波峰间的时间差(ms);

c——受检桩的桩身波速(m/s),无法确定时可用桩身波速的平均值c_m值替代;

$\Delta f'$——幅频信号曲线上缺陷相邻谐振峰间的频差(Hz)。

5. 桩身完整性判定

《公路工程基桩检测技术规程》(JTG/T 3512—2020)规定:桩身完整性类别评判应结合时

域或频域曲线的完整性,并结合场地的岩土工程特征、成桩工艺、施工记录和设计桩型等因素,按表6-11综合分析评判。

桩身完整性判定 表6-11

类别	时域信号特征	幅频信号特征
Ⅰ	$2L/c$ 时刻前无缺陷反射波,有桩底反射信号	桩底谐振峰排列基本等间距,其相邻频差 $\Delta f \approx c/2L$
Ⅱ	$2L/c$ 时刻前出现轻微缺陷反射波,有桩底反射信号	桩底谐振峰排列基本等间距,其相邻频差 $\Delta f \approx c/2L$,局部轻微缺陷产生的谐振峰与桩底谐振峰之间的频差 $\Delta f'_x > c/2L$
Ⅲ	$2L/c$ 时刻前有明显缺陷反射波,桩底反射信号不明显,其他特征介于Ⅱ类和Ⅳ类之间	
Ⅳ	$2L/c$ 时刻前出现严重缺陷反射波,或因桩身严重缺陷使波形呈多次大振幅反射,无桩底反射信号	缺陷谐振峰排列基本等间距,相邻频差 $\Delta \Delta f'_x > c/2L$,无桩谐振峰;或因桩身浅部严重缺陷只出现单一谐振峰

《公路工程基桩检测技术规程》(JTG/T 3512—2020)建议,对以下情况的桩身完整性判定宜结合其他检测方法进行:

(1)超过有效检测长度的超长桩,其测试信号不能反映桩身下部和桩底情况;

(2)因地层和施工工艺原因引起的桩身截面渐变或多变,且变化幅度较大的混凝土灌注桩;

(3)当桩长的推算值明显与实际提供桩长不符,且缺乏相关资料加以解释或验证;

(4)实测曲线复杂,无规律或呈现低频大振幅衰减振动,无法对其进行准确的桩身完整性分析与评判;

(5)对于预制桩,时域曲线在接头处有明确的同相反射,无法对其判定断裂错位或接桩不良。

6.检测报告

检测报告除常规的检测信息以外,还应包括下列内容:

(1)桩身完整性实测的时域曲线;

(2)桩身波速取值;

(3)桩身完整性描述,缺陷的位置及完整性类别。

超声波法检测桩身完整性(微课)

二、超声波法检测桩身完整性

(一)理论知识

超声波法检测桩身完整性分为超声波透射法和超声波折射法两种,超声波透射法使用较为广泛,本节主要学习超声波透射法。

1.超声波透射法特点

超声波透射法适用于检测直径不小于800mm的混凝土灌注桩中的桩身完整性检测,评判桩身缺陷的位置、范围和程度缺陷的程度及其位置。它的特点是利用在混凝土中预埋声测管作为检测通道,检测全桩长的各个检测剖面,检测全面细致,信息量大,成果准确可靠,现场操作不受场地、桩长、长径比的限制,操作简便,工作进度快。声波透射法以其鲜明的特点,成为混凝土灌注桩(尤其是大直径桩)桩身完整性检测的一个重要手段,在道路、桥梁、工民建、水利和港口等工程建设领域中得到了广泛应用。

《公路工程基桩检测技术规程》(JTG/T 3512—2020)规定,采用超声波透射法检测时,被检桩混凝土强度不得低于设计强度的70%且不得小于15MPa,龄期不应少于7d。

2. 超声波透射法基本原理

如图6-26所示,超声波透射法是在灌注桩中预埋两根或两根以上的声测管作为检测通道,管中注满水作为耦合剂,将超声发射换能器和接收换能器置于声测管中,由超声仪激励发射换能器产生超声脉冲,向桩身混凝土辐射传播。声波在混凝土传播过程中,当桩身混凝土介质存在阻抗差异时,将发生反射、绕射、折射和声波能量的吸收、衰减,并经另一声测管中的接收换能器接收,经超声仪放大、显示、处理、存储,可在显示器上观察接收超声波波形,判读出超声波穿越混凝土后的首波声时、波幅及接收波主频等声学参数,通过桩身缺陷引起声学参数或波形变化来检验桩身混凝土是否存在缺陷。

目前,我国的超声仪都采用专用处理软件进行波速、声幅、PSD计算,并绘制这些参数随深度变化的曲线图,供检测人员分析、判断桩身存在的缺陷位置和范围,估算缺陷的尺寸等,并按规范规定对基桩进行完整性分类。

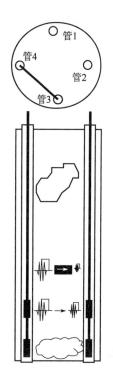

图6-26 超声透射法示意图

(二)检测仪器设备

基桩超声检测设备主要包含了超声检测仪、换能器和深度计数器三大部分,常见的基桩超声检测设备如图6-27所示。

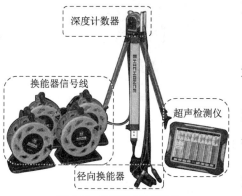

图6-27 基桩超声检测设备

1. 基桩超声检测仪性能要求

《公路工程基桩检测技术规程》(JTG/T 3512—2020)规定:

(1)检测仪应具有波形实时显示和声参量自动判读功能。当采用单孔声波折射法检测时,应具有一发双收功能。

(2)声波发射应采用高压脉冲激振,其波形为阶跃脉冲或矩形脉冲,脉冲电压宜为250~1 000V,且分档可调。

(3)接收放大器的频带宽度为(5~200)kHz,增益分辨率不低于0.1dB,噪声有效值不大于10μV;仪器动态范围不小于100dB,测量允许误差小于1dB。

(4)声时测量范围大于2 000μs,声时分辨率优于1μs,声时测量误差优于2%。

(5)采集器模-数转换不低于8bit,采样频率不小于10MHz,最大采样长度不小于8kB。

2. 径向换能器性能要求

(1) 径向水平面应无指向性。

(2) 谐振频率选用宜大于25kHz。

(3) 在1MPa水压下应能正常工作。

(4) 收、发换能器的导线均应有长度标注,其标注允许偏差不应大于10mm。

(5) 接收换能器宜带有前置放大器,频带宽度宜为(5~60)kHz。

(6) 单孔检测采用"一发双收"一体型换能器,其中发射换能器至接收换能器的最近距离不应小于300mm,两接收换能器的间距宜为200mm。

(三) 现场检测技术

1. 声测管的埋设规定

声测管是径向换能器的通道,埋设数量决定了检测剖面的个数,同时也决定了检测精度。声测管埋设数量多,则两两组合形成的检测剖面越多,声波对桩身混凝土的有效检测范围更大、更细致,但需消耗更多的人力、物力,增加成本。

《公路工程基桩检测技术规程》(JTG/T 3512—2020)规定:

(1) 如图6-28所示,当桩径小于1 000mm时,应埋设两根管;当桩径大于或等于1 000mm且小于或等于1 600mm时,应埋设三根管;当桩径大于1 600mm且小于2 500mm时,应埋设四根管;当桩径大于或等于2 500mm时,应增加声测管的数量。声测管应采用金属管,壁厚不应小于2mm,其内径应比换能器外径大不小于15mm,金属管宜采用螺纹连接或套管焊接等工艺,且不渗漏。

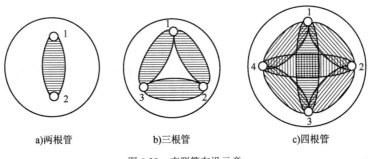

a) 两根管　　b) 三根管　　c) 四根管

图6-28　声测管布设示意

(2) 声测管应牢固焊接或绑扎在钢筋笼的内侧,均匀布置,且互相平行、定位准确,并埋设至桩底,管口宜高出混凝土顶高程100mm。

(3) 声测管管底应封闭,管口应加盖。管底、管口及各连接部位应密封。

2. 检测前的准备

(1) 标定超声波检测仪发射至接收的系统延迟时间 t_0。

(2) 声测管内灌满清水,且保证换能器应能在声测管中升降畅通。

(3) 应准确测量声测管的管径和壁厚,测量精度为±0.1mm;测量桩头处声测管外壁相互之间距离,测量精度为±1mm。

(4)取芯孔作为超声波法的检测通道时,其垂直度误差不应大于0.5%,检测前应进行孔内清洗。

(5)声测管的编号宜以路线前进方向的顶点为起始点,按顺时针旋转方向进行编号和分组,每二根编为一组。

3. 超声波透射法检测方法

步骤一 现场采集系统架设。

如图6-29所示,检测时选择干燥稳固位置放置仪器,选择稳固位置架设三脚架,保持安装深度计数器卡口水平。声测管管口宜安装管口滑轮,以防换能器电缆在快速提升过程中被管口毛刺损伤。逐一收紧各管换能器电缆,观察管口深度,保证换能器在同一深度。打开深度计数器盖将换能器电缆顺序放置进深度计数器线槽中,并向下压紧锁住深度计数器盖。将深度编码器接头连接仪器,延长接头放置在干燥处。

 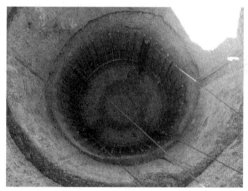

图6-29 超声透射法检测基桩完整性

步骤二 仪器相应通道接口连接。

确定管的编号并正确的与仪器相应通道接口连接。将探头放入相应的管中,再按管的编号将探头接在仪器对应的通道上,并一一对应,如图6-30所示。管1的探头接到仪器一通道上,以此类推。

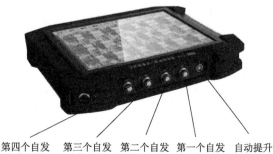

图6-30 通道接口连接示意图

步骤三 测线种类的确定。

根据两探头相对高度的变化,超声波透射法又可分为平测、斜测、扇形扫测等方式,如图 6-31 所示,在检测时视实际需要灵活掌握。

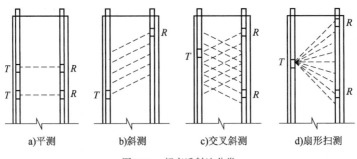

图 6-31 超声透射法分类

平测:以相同的高度同步升降,完成整桩检测。

斜测:将发射换能器和接受换能器置于不同高度上同步提升,分析两次测试的声学参数异常的测线,来进一步更精确的确定缺陷范围。发、收换能器中心连线与水平夹角一般取 30°~40°。

扇测:一只换能器固定在某高度不动,另一只换能器逐点移动,测线呈扇形分布。

一般现场的检测中,首先是采用平测法对全桩各个检测剖面进行普查,找出声学参数异常的测点。然后,对声学参数异常的测点采用加密平测测试、斜测或扇形扫测等细测方法检测,进一步确定异常部位的范围,为桩身完整性类别的判定提供可靠依据。

步骤四 仪器参数设置。

打开采集软件,如在设置中填入被测桩资料(如工程名称、桩号、测试长度、跨距等),设置延迟,增益等,如图 6-32 所示。

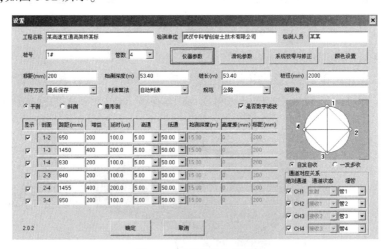

图 6-32 参数设置示意图

步骤五 采集信号的调试。

将发射和接收换能器分别置于声测管的底部,点击采样,观察下仪器设置是否合理,如感觉波形显示不佳,可重新调整延迟,增益,等来达到最佳效果,如图 6-33、图 6-34 所示。

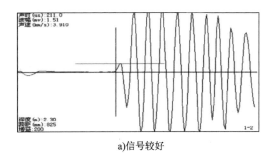 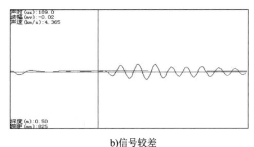

a)信号较好　　　　　　　　　　　b)信号较差

图 6-33　不同增益设置采集信号比较

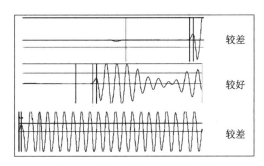

图 6-34　不同延时设置采集信号比较

延迟的调整准则也为跨距越大,延迟越大,以首波位置方便识别为优。也可通过简单的计算来确定,例如跨距 1m,按 4 000m/s 的波速来估算,首波到达时间为 250μs,那么延迟设置应为 150μs。以将首波放置在波形显示区约 1/3 或 2/3 处为优。

步骤六　信号采集。

确定调整到最佳效果并再次确认探头放在管底后;点击新存,选择保存文件名。提升过程中匀速拉动探头,不要过快,在仪器上有提升速度提示,当提示为红色时,应降低提升速度。现场保存完数据后,可点击打开查看测试的数据,如发现该数据中存在信号大面积异常,可将探头重新放回管底,注意各探头管口深度一致,再重新提升测试一次。

在桩身质量可疑的测点周围,可采用加密测点,或采用斜测、扇形扫测进行复测,进一步确定桩身缺陷的位置和范围。

4. 检测方法要求

桩深度方向的测点间距不应大于 250mm。发射与接收换能器应以相同高度同步升降,累计相对高差不应大于 20mm,并随时校正。

在对同一根桩的检测中,声波发射电压和仪器参数设置等应保持不变。

检测过程中应读取并存储各测点的声参量,同时应存储各测点包含首波的波形或波列。

对于声时值和波幅值出现明显异常的部位,应采用加密平测、双向斜测或扇形扫测进行局部细测,确定桩身混凝土缺陷的位置、大小和严重程度;上述细测的测点间距不应大于 100mm;局部斜测时两支换能器发射、接收部分的中心连线与水平面的夹角不应小于 30°。也可利用 CT 技术进行扫测和数据分析。

5. 检测数据分析与评判

灌注桩声波透射法检测分析和处理的参数主要有声时 t_c、声速 v、波幅 A_p 及主频 f，同时要观测和记录实测波形。目前使用的数字式声波仪都有数据处理和分析功能，可以直接绘制出声速-深度(v-z)曲线、波幅-深度(A_p-z)曲线和 PSD 判据图来分析桩身质量情况。

声时即超声脉冲穿过混凝土所需的时间。如果两声测管基本平行，当混凝土质量均匀，没有内部缺陷时，各横截面所测得的声时值则基本相同。当存在缺陷时，由于缺陷区的泥、水、空气等内含物的声速远小于完好混凝土的声速，所以使穿越时间明显增大，而且当缺陷中的物质与混凝土的声阻抗不同时，界面透过率很小，声波将绕过缺陷继续传播，波线呈折线状。由于绕行声程比直达声程长，因此声时值也相应增大，即换算的声速值相应减小。同样，因缺陷处界面透过率很小，使声波波幅发生明显衰减、波形畸变，同时声波频率发生改变，主频率变低。一般，我们将对内部缺陷的反应敏感的声时和振幅作为主要判断参数，将主频率变化和波形畸变作为辅助判断参数。

(1) 波速计算

① 计算声时修正值。

由于埋置声测管、管内耦合水影响声时值，应按式(6-21)计算声时修正值：

$$t' = \frac{D-d}{v_t} + \frac{d-d'}{v_w} \tag{6-21}$$

式中：t'——声时修正值(μs)；

D——声测管外径(mm)；

d——声测管内径(mm)；

d'——换能器外径(mm)；

v_t——声测管的声速值(km/s)；

v_w——水的声速值(km/s)。

对钢质声测管，声速一般取 6 000m/s；20℃时水的声速一般取 1 480m/s。

② 计算声时、声速值。

声时、声速和声速平均值应按下列公式计算，并绘制声速-深度曲线、波幅-深度曲线。

第 i 测点声时 t_{ci} 可由第 i 测点声时测量值 t_i 减去仪器系统延迟时间 t_0 和声测管与耦合水层声时修正值 t' 得到。根据每检测剖面两声测管的外壁间净距离 l'，求得第 i 测点声速 v_i。

$$t = t_i - t_0 - t' \tag{6-22}$$

$$v_i = l/t \tag{6-23}$$

式中：t——声时值(μs)；

t_i——超声波第 i 测点声时值(μs)；

t_0——声波检测系统延迟时间(μs)；

t'——声时修正值(μs)；

v_i——第 i 个测点声速值(km/s)；

l——两根检测管外壁间的距离(mm)。

(2)声速临界值计算

声速临界值按以下列步骤计算：

①将剖面各声测点的声速值 v_i 由大到小依次排序，即：

$$v_1 \geqslant v_2 \geqslant \cdots v_{k'} \geqslant \cdots v_{i-1} \geqslant v_i \geqslant v_{i+1} \geqslant \cdots v_{n-k} \geqslant \cdots v_{n-1} \geqslant v_n$$

式中：v_i——第 i 测点的声速(km/s)，$i = 1, 2, \cdots, n$；

n——剖面的测点总数；

k——拟去掉的低声速值的数据个数，$k = 0, 1, 2, \cdots$；

k'——拟去掉的高声速值的数据个数，$k' = 0, 1, 2, \cdots$。

②逐一去掉 $v_{i(j)}$ 中 k 个最小数值和 k' 个最大数值后的其余数据进行统计计算。

$$v_{01} = v_m - \lambda \cdot S \tag{6-24}$$

$$v_{02} = v_m + \lambda \cdot S \tag{6-25}$$

$$v_m = \frac{1}{n-k-k'} \sum_{i=k'+1}^{n-k} v_i \tag{6-26}$$

$$S = \sqrt{\frac{1}{n-k-k'-1} \sum_{i=k'+1}^{n-k} (v_i - v_m)^2} \tag{6-27}$$

$$C_v = \frac{S}{V_m} \tag{6-28}$$

式中：v_{01}——剖面的声速异常小值判断值(km/s)；

v_{02}——剖面的声速异常大值判断值(km/s)；

v_m——$(n-k-k')$ 个数据的平均值(km/s)；

S——$(n-k-k')$ 个数据的标准偏差(km/s)；

C_v——$(n-k-k')$ 个数据的变异系数；

λ——由表 6-12 查得的与 $(n-k-k')$ 相对应的系数。

统计数据个数 $(n-k-k')$ 相对应的系数 表 6-12

$n-k-k'$	10	11	12	13	14	15	16	17	18	19
λ	1.28	1.33	1.38	1.43	1.47	1.50	1.53	1.56	1.59	1.62
$n-k-k'$	20	22	24	26	28	30	32	34	36	38
λ	1.64	1.69	1.73	1.77	1.80	1.83	1.86	1.89	1.91	1.94
$n-k-k'$	40	42	44	46	48	50	52	54	56	58
λ	1.96	1.98	2.00	2.02	2.04	2.05	2.07	2.09	2.10	2.11
$n-k-k'$	60	62	64	66	68	70	72	74	76	78
λ	2.13	2.14	2.15	2.17	2.18	2.19	2.20	2.21	2.22	2.23
$n-k-k'$	80	82	84	86	88	90	92	94	96	98
λ	2.24	2.25	2.26	2.27	2.28	2.29	2.29	2.30	2.31	2.32
$n-k-k'$	100	105	110	115	120	125	130	135	140	145
λ	2.33	2.34	2.36	2.38	2.39	2.41	2.42	2.43	2.45	2.46
$n-k-k'$	150	160	170	180	190	200	220	240	260	280
λ	2.47	2.50	2.52	2.54	2.56	2.58	2.61	2.64	2.67	2.69

续上表

$n-k-k'$	300	320	340	360	380	400	420	440	470	500
λ	2.72	2.74	2.76	2.77	2.79	2.81	2.82	2.84	2.86	2.88
$n-k-k'$	550	600	650	700	750	800	850	900	950	1 000
λ	2.91	2.94	2.96	2.98	3.00	3.02	3.04	3.06	3.08	3.09
$n-k-k'$	1 100	1 200	1 300	1 400	1 500	1 600	1 700	1 800	1 900	2 000
λ	3.12	3.14	3.17	3.19	3.21	3.23	3.24	3.26	3.28	3.29

③按 $k=0$、$k'=0$、$k=1$、$k'=1$、$k=2$、$k'=2$……的顺序,将参加统计的数列最小数据 v_{n-k} 与异常判断值 v_{01} 进行比较,当 $v_{n-k} \leq v_{01}$ 时,则去掉最小数据;将最大数据 $v_{k'+1}$ 与 v_{02} 进行比较,当 $v_{k'+1} \geq v_{02}$ 时去掉最大数据,每次剔除一个数据,对剩余数据构成的数列重复计算步骤,直到下列两式成立:

$$v_{n-k} > v_{01} \tag{6-29}$$

$$v_{k'+1} < v_{02} \tag{6-30}$$

剖面各测点的声速异常判断概率统计值按下列方法确定:

$$v_0 = \begin{cases} v_m(1-0.015\lambda) & (C_v < 0.015) \\ v_{01} & (0.015 \leq C_v \leq 0.045) \\ v_m(1-0.045\lambda) & (C_v > 0.045) \end{cases} \tag{6-31}$$

式中:v_0——剖面各测点声速异常判断概率统计值。

④检测剖面的声速异常判断临界值 v_c,根据预留同条件混凝土试件或钻孔取芯法获取的芯样试件的抗压强度与声速对比试验,结合本地区经验,分别确定桩身混凝土声速的低限值 v_L 和平均值 v_P。

当 $v_L < v_0 < v_P$ 时,$v_c = v_0$。

当 $v_0 \leq v_L$ 或 $v_0 \geq v_P$ 时,应分析原因,v_c 的取值可参考同一桩的其他检测剖面的声速异常判断临界值,或同一工程相同桩型的混凝土质量较稳定的被检桩的声速异常判断临界值,进行综合确定。

当 $v_i \leq v_c$ 测点的声速可判定为异常,作为可疑缺陷区。

(3)波幅临界值计算

用波幅平均值减 6dB 作为波幅临界值。当实测波幅低于波幅临界值时,应将其作为可疑缺陷区。

$$A_D = A_m - 6 \tag{6-32}$$

$$A_m = \sum_{i=1}^{n} \frac{A_i}{n} \tag{6-33}$$

式中:A_D——波幅临界值(dB);

A_m——波幅平均值(dB);

A_i——第 i 个测点相对波幅值(dB);

n——测点数。

(4)PSD 判据

PSD 判据是以声参数-深度曲线相邻两点之间的斜率与声时差值之积作为判据。显然,当

i 点处相邻两点的声时值没有变化或变化很小时,PSD 等于或接近于零;当声时值有明显变化时,由于 PSD 和 $(t_i - t_{i-1})^2$ 成正比,PSD 将大幅度变化。

实践证明,PSD 判据对缺陷十分敏感,而对因声测管不平行,或因混凝土不均匀等非缺陷原因所引起的声时变化基本上反映不出来。这是因为非缺陷因素所引起的声时变化都是渐变过程,虽然总的声时变化量可能很大,但是相邻两测点间的声时差值却很小,因而 PSD 很小。所以,运用 PSD 判据基本上消除了声测管不平行或混凝土不均匀等因素所造成的声时变化对缺陷判断的影响。

采用斜率法作为辅助异常判据,当 PSD 值在某测点附近变化明显时,应将其作为可疑缺陷区。

PSD 值按式(6-34)计算:

$$\text{PSD} = \frac{(t_i - t_{i-1})^2}{z_i - z_{i-1}} \tag{6-34}$$

式中:t_i——第 i 个测点声时值(μs);
  t_{i-1}——第 $i-1$ 个测点声时值(μs);
  z_i——第 i 个测点深度(m);
  z_{i-1}——第 $i-1$ 个测点深度(m)。

(5)桩身缺陷判定

被测桩的桩身缺陷,根据各剖面的可疑缺陷区的分布、可疑缺陷区域测点的声参量偏离正常值的程度和接收波形变化情况,结合桩型、地质情况、成桩工艺等因素,按照表 6-13 的特征进行评判。

桩身缺陷判定表 表 6-13

缺陷类别	测点的声参量和波形特征
Ⅰ	所有测点声学参数正常,接收波形正常;个别测点的多个声参量轻微异常,但此类测点离散,接收波形基本正常或个别测点波形轻微畸变;多个测点的个别声参量轻微异常,其他声参量正常,但空间分布范围小,接收波形基本正常或个别测点波形轻微畸变
Ⅱ	一个或多个剖面上多个测点的多个声参量轻微异常,在深度和径向形成较小的区域,多个测点接收波形存在明显畸变;其中个别测点的声速低于低限值;一个或多个剖面上多个测点的个别声参量明显异常,其他声参量轻微异常,在深度和径向形成较小的区域,多个测点的接收波形存在明显畸变,其中个别测点的声速低于低限值
Ⅲ	某一深度范围内,一个或多个剖面上多个测点的多个声参量明显异常,在深度或径向形成较大的区域,多个测点接收波形存在严重畸变或个别测点无法检测到首波,其中多个测点的声速低于低限值;一个或多个剖面上多个测点的个别声参量异常严重,其他声参量明显异常,在深度或径向形成较大的区域,多个测点接收波形存在严重畸变或个别测点无法检测到首波,其中多个测点的声速低于低限值
Ⅳ	某一深度范围内,多个剖面上的多个测点的个别或多个声参量异常严重,在深度或径向形成很大区域,波形严重畸变或无法检测到首波,较多测点的声速低于低限值

(6)桩身缺陷检测报告

检测报告除常规的检测信息以外,还应包括下列内容。

①每根被检桩各剖面的声速-深度、波幅-深度和 PSD 值-深度等曲线,并标记各自的临界值,整桩波速、波幅的平均值。

②缺陷状况和严重程度的分析说明。

③对于Ⅲ、Ⅳ类桩的报告还应附其缺陷区域的双向斜测或扇形测试结果的声阴影图。

(7) 桩身完整性判定

《公路工程基桩检测技术规程》(JTG/T 3512—2020)规定:桩身完整性类别评判应结合时域或频域曲线的完整性,并结合场地的岩土工程特征、成桩工艺、施工记录和设计桩型等因素,按表6-14综合分析评判。

桩身完整性判定　　　　　　　　　　　　表6-14

类别	时域信号特征	幅频信号特征
Ⅰ	$2L/c$ 时刻前无缺陷反射波,有桩底反射信号	桩底谐振峰排列基本等间距,其相邻频差 $\Delta f \approx c/2L$
Ⅱ	$2L/c$ 时刻前出现轻微缺陷反射波,有桩底反射信号	桩底谐振峰排列基本等间距,其相邻频差 $\Delta f \approx c/2L$,局部轻微缺陷产生的谐振峰与桩底谐振峰之间的频差 $\Delta f'_x > c/2L$
Ⅲ	$2L/c$ 时刻前有明显缺陷反射波,桩底反射信号不明显,其他特征介于Ⅱ类和Ⅳ类之间	
Ⅳ	$2L/c$ 时刻前出现严重缺陷反射波,或因桩身严重缺陷使波形呈多次大振幅反射,无桩底反射信号	缺陷谐振峰排列基本等间距,相邻频差 $\Delta \Delta f'_x > c/2L$,无桩底谐振峰;或因桩身浅部严重缺陷只出现单一谐振峰

《公路工程基桩检测技术规程》(JTG/T 3512—2020)建议,对以下情况的桩身完整性判定宜结合其他检测方法进行:

①超过有效检测长度的超长桩,其测试信号不能反映桩身下部和桩底情况;

②因地层和施工工艺原因引起的桩身截面渐变或多变,且变化幅度较大的混凝土灌注桩;

③当桩长的推算值明显与实际提供桩长不符,且缺乏相关资料加以解释或验证;

④实测曲线复杂,无规律或呈现低频大振幅衰减振动,无法对其进行准确的桩身完整性分析与评判;

⑤对于预制桩,时域曲线在接头处有明确的同相反射,无法对其判定断裂错位或接桩不良。

(8) 桩身完整性检测报告

检测报告除常规的检测信息以外,还应包括下列内容:

①桩身完整性实测的时域曲线;

②桩身波速取值;

③桩身完整性描述,缺陷的位置及完整性类别。

三、钻孔取芯法

钻芯法检测桩身完整性(微课)

钻孔取芯法是种微破损或局部破损检测方法,具有科学、直观、实用等特点,可用于验证灌注桩施工记录的桩长是否真实、桩身混凝土强度是否满足设计要求、桩底沉淀厚度是否符合设计或规范的要求、桩身的缺陷长度及其位置、桩端持力层的岩土性状和厚度是否符合设计要求。但若被检桩长径比较大时,成桩垂直度和钻孔取芯的垂直度都很难控制,钻芯孔容易偏离桩身,故要求受检灌注桩桩径不宜小于800mm,长径比不宜大于40。

《公路工程基桩检测技术规程》(JTG/T 3512—2020)规定,对混凝土灌注桩进行钻孔取芯检测时,被检桩的混凝土龄期应达到28d或强度达到设计要求。

(一) 钻孔取芯设备

《公路工程基桩检测技术规程》(JTG/T 3512—2020)规定:钻孔取芯应采用岩芯钻探用的

液压钻机(图 6-35),并配有相应的钻塔和牢固的底座,不得使用立轴旷动过大的钻机。钻机设备参数应符合下列规定:

(1)额定最高转速不低于 790r/min;
(2)转速调节范围不少于 4 挡;
(3)额定配用压力不低于 1.5MPa;
(4)水泵的排水量应选用 50~160L/min,泵压应为 1.0~2.0MPa。

钻机:配备单动双管钻具及相应的孔口管、扩孔器、卡簧、扶正稳定器和可捞取松软渣样的钻具,钻杆应顺直,直径宜为 50mm。

钻头:根据混凝土设计强度等级选用合适粒度、浓度、胎体硬度的金刚石钻头,且外径不宜小于 100mm。当混凝土集料最大粒径小于 30mm 时,可选用外径为 91mm 的钻头;不检测混凝土抗压强度时,可选用外径为 76mm 的钻头。钻头胎体不得有肉眼可见的裂纹、缺边、少角、倾斜及喇叭口变形。

图 6-35　液压钻机

芯样试件:直径一般不小于混凝土集料表观最大粒径的 3 倍,在任何情况下不小于集料最大粒径的 2 倍。一般选用外径为 101mm 和 110mm 的钻头。

(二)检测方法

1. 被检桩的钻芯孔数

桩径小于 1 200mm 的桩不应少于 1 孔,桩径 1 200~1 600mm 的桩不应少于 2 孔,桩径大于 1 600mm 的桩不宜少于 3 孔;仅为确定桩身混凝土强度、桩长、桩端持力层、桩底沉淀时,可为 1 孔。

2. 钻孔位置

当钻孔取芯为 1 孔时,宜在距桩中心 100~150mm 的位置开孔;当钻孔取芯为 2 孔或 2 孔以上时,开孔位置宜在距桩中心 (0.15~0.25)d(d 为桩径)内均匀对称布置。

3. 钻入桩底深度

对桩端持力层评判的钻探深度应满足设计要求。设计未有明确规定时,1 孔进入桩端持力层深度不宜小于 3 倍桩径,其余钻孔应进入桩端持力层不小于 0.5m。

4. 钻机安装

钻机设备安装应平稳牢固,底座水平。钻机立轴中心、天轮中心(天车前沿切点)与孔口中心应在同一铅垂线上,钻机在钻芯过程中不得发生倾斜、移位,钻孔垂直度偏差不应大于 0.5%。当桩顶面混凝土与钻机底座的距离较大(>2m)时,应安装孔口管。孔口管应垂直且牢固,开孔一般采用合金钻头、开孔深度为 0.3~0.5m,后安装孔口管,孔口管安装时应严格测量垂直度,然后固定。钻机设备安装后,进行试运行,在确认钻进正常后方能开钻。

5. 钻芯技术要求

钻进过程中,钻孔内循环水流不得中断,应根据回水含砂量及颜色调整水泵水量和钻进速度。每回次进尺宜控制在1.5m内,钻至缺陷处(或下钻速度快的地方),为检测桩身缺陷位置及程度,采用减压、慢速钻进,及时测量钻杆深度,确定缺陷位置;若遇钻具突降,立即停钻,及时准确记录孔深及有关情况。钻至桩底时,应采取适宜的钻芯方法和工艺钻取沉淀、测定沉淀厚度,并对桩端持力层岩土性状进行鉴别。

钻至桩底时,当桩端持力层为强风化岩层或土层时,一般采用干钻等适宜的钻芯方法和工艺钻取沉淀并测量厚度;当桩端持力层为中、微风化岩石时,将桩底0.5m左右的混凝土芯样与0.5m左右的持力层以及沉淀纳入同一个回次。

对缺陷部位的验证取芯,一般取至缺陷位置下不少于1.0m。

提钻卸取芯样时,应确保芯样完整。芯样应按进尺深度由上而下按回次顺序放进芯样箱中,芯样侧面上应清晰标明回次数、块号、本回次总块数。钻孔取芯结束后,在截取芯样试件之前,对芯样进行唯一性标识,并拍照(图6-36)。

图6-36 芯样图

唯一性标识一般采用写成带分数的形式,具有较好的溯源性。如第2个回次,共有5块芯样,在第3块心样上标记为:$2\frac{3}{5}$。

6. 钻芯现场记录

钻芯过程中,参照表6-15、表6-16及时记录钻进情况和钻孔异常情况,对芯样质量做初步描述,对芯样、桩底沉淀及持力层做详细编录。

钻芯现场记录表-1　　　　　　　　　　　　表6-15

检测单位名称:　　　　　　　　　　　　　　　　　记录编号:

工程名称			委托/任务编号		样品名称	
桩号/钻芯孔号			试验依据		试验日期	
主要仪器设备及编号						
桩号			桩径(mm)		强度等级	
桩顶高程			孔号			
时间		钻进(m)		芯样编号	芯样长度(m)	芯样取芯率	芯样描述及异常情况
自	至	自	至	长度				

检测:　　　　　记录:　　　　　复核:　　　　　日期:

钻芯现场记录表-2 表6-16

检测单位名称：　　　　　　　　　　　　　　　　　记录编号：

工程名称			试验日期		
桩号/钻芯孔号		桩径(mm)		混凝土设计强度等级	
项目	分段(层)深度(m)	芯样描述		取样编号取样深度	备注
桩身混凝土		钻进深度，芯样连续性、完整性、胶结情况、表面光滑情况、断口吻合程度、芯样是否为柱状、集料大小分布情况，以及气孔、空洞、蜂窝麻面、沟槽、破碎、夹泥、松散的情况			
桩底沉淀		桩端混凝土与持力层接触情况、沉淀厚度			
持力层		持力层钻进深度、岩性、颜色、结构构造、裂隙发育程度、坚硬及风化程度；分层岩层应分层描述		（强风化岩层或土层时动力触探或标准贯入试验结果）	

检测：　　　　　　记录：　　　　　　复核：　　　　　　日期：

7. 芯样试件截取与加工

截取混凝土抗压芯样试件应符合下列规定：

(1) 桩长 <10m，每孔取 2 组芯样；10m≤桩长≤30m，每孔取 3 组芯样；桩长大 >30m，每孔不少于 4 组芯样。

(2) 上部芯样位置距桩顶设计高不宜大于 1 倍桩径或 2m，需接桩时，则距开孔高不宜大于 1 倍桩径或 2m；下部芯样位置距桩底不宜大于 1 倍桩径或 2m，中间芯样宜等间距截取。

(3) 缺陷位置取样时，每个缺陷位置应截取 1 组芯样进行混凝土抗压强度试验。当同一根基桩的钻芯孔数大于 1 孔，其中 1 孔在某深度存在缺陷时，应在其他孔的该深度处截取芯样进行抗压强度试验。

(4) 每组芯样应制作 3 个抗压强度试件。

(5) 当桩端持力层为中、微风化岩层且岩芯可制作成试件、设计文件要求验证持力层岩芯强度时，应在接近桩底部位截取 1 组岩石芯样。遇岩性分层时，宜分层取样。

(6) 锯切后的芯样，应在磨平机上磨平或用水泥砂浆（水泥净浆）、硫黄胶泥等材料在专用补平装置上补平。补平层应与芯样结合牢固，受压时补平层与芯样的结合面不得提前破坏。补平的厚度越薄，对强度影响越小。

进行抗压强度试验前，对芯样几何尺寸进行测量。

(1) 平均直径：游标卡尺测量芯样中部，在相互垂直的两个位置上，取其两次测量的算术平均值，精确至 0.5mm。

(2) 芯样高度：游标卡尺进行测量，精确至 0.5mm。

(3) 垂直度：游标量角器测量两个端面与母线的夹角，精确至 0.1°。

(4) 平整度：用钢板尺或角尺紧靠在芯样端面上，转动钢板尺，同时用塞尺测量与芯样端面间的缝隙。

芯样尺寸偏差及外观质量应符合下列规定：
(1)加工后的芯样,高度应为$(0.95 \sim 1.05)d$(d为芯样平均直径)。
(2)沿芯样高度任一直径与平均直径相差应小于2mm。
(3)芯样端面平整度的可允许偏差为±0.1mm。
(4)芯样端面与轴线垂直度的可允许偏差为±2.0°。
(5)试件不得有裂缝或其他较大缺陷,且不得含有纵向钢筋。
(6)芯样试件平均直径宜大于3倍表观混凝土粗集料最大粒径,最低不应小于2倍。

8. 抗压强度试验

芯样试件制作完毕后,宜在20℃±5℃的清水中浸泡40~48h,从水中取出芯样试件后,按现行《公路工程水泥及水泥混凝土试验规程》(JTG 3420)的有关规定及时进行抗压强度试验。

抗压强度试验后,当发现芯样试件平均直径小于2倍试件内混凝土粗集料最大粒径,该试件的强度值不得参与统计平均。

混凝土芯样试件抗压强度应按下列公式计算：

$$f_{cc} = 4 \times \frac{P}{\pi \times d^2} \tag{6-35}$$

式中：f_{cc}——混凝土芯样试件抗压强度(MPa),精确至0.1MPa；
P——芯样试件抗压试验测得的极限荷载(N)；
d——芯样试件的平均直径(mm)。

(三)检测数据分析与评判

1. 芯样抗压强度

被检桩混凝土芯样抗压强度代表值应按下列规定执行：
①取一组3块芯样试件抗压强度平均值为该组混凝土芯样试件抗压强度的代表值。
②同一根被检桩同一深度范围有2组或2组以上混凝土芯样试件抗压强度代表值时,取其平均值为该深度处混凝土芯样试件抗压强度代表值。
③被检桩不同深度位置的混凝土芯样试件抗压强度代表值中的最小值为该桩混凝土芯样试件抗压强度代表值。

2. 桩端岩土性状

根据芯样特征、岩芯单轴抗压强度试验值来综合评判。桩底岩芯取样及岩芯单轴抗压强度试验可按现行《公路桥涵地基与基础设计规范》(JTG 3363)、《公路工程岩石试验规程》(JTG 3431)的规定执行。

3. 桩身完整性类型评判

桩身完整性类别根据钻芯孔数、现场混凝土芯样特征、芯样试件抗压强度试验结果按表6-17进行评判。

钻孔取芯法桩身完整性类型 表 6-17

类别	特征		
	1 孔	2 孔	3 孔
Ⅰ	混凝土芯样连续、完整、胶结好、表面光滑、集料分布均匀、呈长柱状、断口吻合		
	芯样表面偶见少量气孔	局部芯样表面有蜂窝麻面、沟槽、少量气孔,但在 2 孔的同一深度部位的芯样中未同时出现,否则应判为Ⅱ类	局部芯样表面有蜂窝麻面、沟槽、少量气孔,但在 3 孔的同一深度部位的芯样中未同时出现,否则应判为Ⅱ类
Ⅱ	混凝土芯样连续、完整、胶结较好、呈长短柱状、断口基本吻合,有下列情况之一		
	①局部芯样侧面有蜂窝麻面、沟槽或较多气孔; ②局部芯样集料分布不均匀、芯样侧面蜂窝麻面严重或沟槽连续;但对应部位的混凝土芯样试件抗压强度代表值满足设计要求,否则应判为Ⅲ类	①芯样侧面有较多气孔,连续的蜂窝麻面、沟槽或局部混凝土芯样集料分布不均匀,但在 2 孔的同一深度部位的芯样中未同时出现; ②芯样侧面有较多气孔,连续的蜂窝麻面、沟槽或局部混凝土芯样集料分布不均匀,且在 2 孔的同一深度部位的芯样中同时出现,但该深度部位的混凝土芯样试件抗压强度代表值满足设计要求,否则应判为Ⅲ类; ③任 1 孔局部混凝土芯样破碎段长度不大于 100mm,破碎段处于桩身下部,且另 1 孔在同一深度部位的混凝土芯样完整性类别为Ⅰ类或Ⅱ类,否则应判为Ⅲ类或Ⅳ类	①芯样侧面有较多气孔,连续的蜂窝麻面、沟槽或局部混凝土芯样集料分布不均匀,但在 3 孔的同一深度部位的芯样中未同时出现; ②芯样侧面有较多气孔,连续的蜂窝麻面、沟槽或局部混凝土芯样集料分布不均匀,且在 3 孔的同一深度部位的芯样中同时出现,但该深度部位的混凝土芯样试件抗压强度代表值满足设计要求,否则应判为Ⅲ类; ③任 1 孔局部混凝土芯样破碎段长度不大于 100mm,破碎段处于桩身下部,且另 2 孔在同一深度部位的混凝土芯样完整性类别为Ⅰ类或Ⅱ类,否则应判为Ⅲ类或Ⅳ类
Ⅲ	大部分混凝土芯样胶结较好、芯样不连续完整、多呈短柱状或块状,无松散、夹泥。有下列情况之一		
	局部混凝土芯样破碎且破碎长度不大于 100mm	任 1 孔局部混凝土芯样破碎段长度大于 100mm 但不大于 200mm,且另 1 孔在同一深度部位的混凝土芯样芯样完整性类别为Ⅰ类或Ⅱ类,否则应判为Ⅳ类	①任 1 孔局部混凝土芯样破碎段长度大于 100mm 但不大于 300mm,且另 2 孔在同一深度部位的完整性类别为Ⅰ类或Ⅱ类,否则应判为Ⅳ类; ②任 1 孔局部混凝土芯样松散段长度不大于 100mm,且另外 2 孔的同一深度局部的混凝土芯样完整性类别为Ⅰ类或Ⅱ类,否则应判为Ⅳ类
Ⅳ	有下列情况之一		
	①因混凝土胶结质量差而难以钻进; ②混凝土芯样任一段松散或夹泥; ③局部混凝土芯样破碎长度大于 100mm	①任 1 孔因混凝土胶结质量差而难以钻进; ②混凝土芯样任一段松散或夹泥; ③任 1 孔局部混凝土芯样破碎长度大于 200mm; ④2 孔在同一深度局部的混凝土芯样破碎	①任 1 孔因混凝土胶结质量差而难以钻进; ②混凝土芯样任一段夹泥或松散段长度大于 100mm; ③任 1 孔局部混凝土芯样破碎长度大于 300mm; ④其中 2 孔在同一深度部位混凝土芯样破碎、夹泥或松散

注:如上一缺陷的底部位置高程与下一缺陷的顶部位置高程之差小于 30cm,则定为两缺陷处于同一深度部位。

4. 检测报告

检测报告除常规的检测信息以外,还应包括下列内容。

(1)钻芯设备情况;
(2)检测桩数、钻孔数量、混凝土芯样进尺、岩芯进尺、总进尺、混凝土芯样试件组数、岩石芯样试件组数等内容；

（3）取芯开孔的准确位置布置图，编制每孔的柱状图；

（4）芯样单轴抗压强度试验结果；

（5）芯样全长照片和缺陷部位的特写照片，并进行相应准确位置说明；

（6）异常情况说明；

（7）桩身完整性类别评判。

任务 6-3 承载能力的检验与评定

【任务描述】

基桩在公路桥梁工程中应用广泛，如何正确评价基桩的承载能力，选择合理的设计参数是关系桥梁工程是否安全、经济的重要问题。基桩极限承载力的确定方法有静载试验和桩的动力试验两大类。

静载试验是确定单桩承载力最基本的方法，也是最可靠的方法。近代发展起来的一些新的基桩承载力试桩方法，如自平衡测试法、高应变动力试桩法和静动法等，都是在与静载试验的成果对比基础上，建立相关关系，从而提高其成果的可靠性。因此，公路特大桥和地质条件复杂的大、中型桥梁，一般都采用静载试验确定桩的承载力，为基桩工程的设计提供依据。基桩静载试验通常可分为单桩竖向抗压静载试验、竖向抗拔静载试验和水平静载试验三种。

高应变动力试桩法检测成本低，抽样数量较静载试验大，也可用于预制桩的打桩过程监控和桩身完整性检查，但受测试人员水平和桩土相互作用模型等问题的影响，这种方法在某些方面仍有较大的局限性，尚不能完全代替静载试验而作为确定单桩竖向极限承载力的设计依据。

本任务主要学习单桩竖向抗压静载试验、单桩竖向抗拔静载试验、单桩水平静载试验的基本原理、仪器设备、现场检测流程和数据分析与结果判定。

【任务实施】

基桩静载试验的一般规定（微课）

一、静载试验基本规定

（一）检测方法与检测内容

基桩静载试验是指在基桩上逐级或者循环施加竖向压力、竖向上拔力或水平推力，观测基桩随时间产生的沉降、上拔位移或水平位移，以确定基桩的竖向抗压承载力、竖向抗拔承载力、水平承载力的试验方法，是目前获得基桩承载力最直观、最可靠的传统方法。

基桩静载试验方法根据检测目的及内容可按表 6-18 确定。

基桩静载试验方法一栏表　　　　　　　　表6-18

检测方法	检测内容
单桩竖向抗压静载试验	确定单桩竖向抗压极限承载力； 评判竖向抗压承载力是否满足设计要求； 通过桩身内力测试，测定桩侧及桩端阻力
单桩竖向抗拔静载试验	确定单桩竖向抗拔极限承载力； 评判竖向抗拔承载力是否满足设计要求； 通过桩身内力测试，测定抗拔桩的桩侧阻力
单桩水平静载试验	确定单桩水平临界荷载和极限承载力，推定土抗力参数； 评判水平承载力或水平位移是否满足设计要求； 通过桩身内力测试，测定桩身弯矩

(二) 试验桩与工程桩静载试验规定

1. 试验桩静载试验

试验桩静载试验是确定承载力设计值，为设计提供依据。《公路桥涵地基与基础设计规范》(JTG 3363—2019) 规定，对具有下列情况的大桥、特大桥，应通过静载试验确定单桩承载力，试验桩数量应满足设计要求，且不应少于3根。

(1) 桩的入土深度远超过常用桩；
(2) 地质情况复杂，难以确定桩的承载力；
(3) 新型桩基础或采用新工艺施工的桩基础；
(4) 有其他特殊要求的桥梁桩基础。

《建筑基桩检测技术规范》(JGJ 106—2014) 规定，当设计有要求或满足下列条件之一时，施工前应采用静载试验确定单桩竖极限承载力，且在同一条件下不应少于3根，当预计工程总桩数小于50根时，检测数量不应少于2根。

(1) 设计等级为甲级桩基；
(2) 无相关试桩资料可参考的设计等级为乙级的桩基；
(3) 地质条件复杂、基桩施工质量可靠性低；
(4) 本地区采用的新桩型或新工艺。

2. 工程桩静载试验

工程桩的验收载试验，是为检测工程桩承载力是否达到设计要求。《建筑基桩检测技术规范》(JGJ 106—2014) 规定，当符合下列条件之一时，应进行单桩竖向抗压承载力静载验收检测。工程桩验收试验检测数量不应少于同一条件下桩基分项工程总桩数的1%，且不应少于3根。当总桩数小于50根时，检测数量不应少于2根。

灌注桩的试桩，在成孔后混凝土灌注前，必须进行孔径、孔深、沉淀厚度及桩孔倾斜度检测。

3. 检测时机

对混凝土灌注桩进行承载力检测时，被检桩的混凝土龄期应达到28d或强度达到设计要求。

二、单桩竖向抗压静载试验

单桩竖向抗压静载试验(微课)

(一) 基本原理

如图 6-37 所示,基桩在竖向荷载作用下,桩顶荷载由桩侧阻力和桩端阻力承担。桩侧阻力的发挥与相对于桩侧土的桩身位移有关,桩端阻力的发挥与桩端沉降有关。在竖向受压荷载作用下,桩土体系荷载的传递过程如下:

(1)在初始受荷阶段,桩顶位移小,荷载由桩上侧表面的土阻力承担,以剪应力形式传递给桩周土体,桩身应力和应变随深度递减。

(2)随着荷载的增大,桩顶位移加大,桩侧摩阻力由上至下逐步发挥。

(3)桩侧摩阻力达到极限值后,继续增加的荷载则全部由桩端土阻力承担。随着桩端持力层的压缩和塑性挤出,桩顶位移增长速度加大,在桩端阻力达到极限值后,位移迅速增大而破坏,此时桩所承受的荷载就是桩的极限承载力。

单桩竖向抗压静载试验,指在桩基上逐级或者循环施加竖向压力,观测桩基顶部随时间产生的沉降,以确定相应的桩基竖向抗压承载力试验方法。在竖向荷载作用下到达破坏状态前或出现不适于继续承载的变形时所对应的最大荷载,为单桩竖向极限承载力,由桩本身的材料强度和地基土强度两个因素决定。

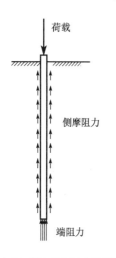

图 6-37 竖向抗压受力示意图

(二)仪器设备

单桩竖向抗压静载试验系统,主要由加载反力装置、加载装置、荷载测量装置、变形测量装置、仪器控制采集装置(静荷载测试仪)等组成。

1. 加载反力装置

根据现场条件选择锚桩横梁反力装置、压重平台反力装置、锚桩压重联合反力装置,见图 6-38 ~ 图 6-40。

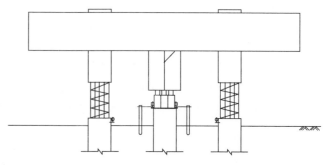

图 6-38 锚桩横梁反力装置

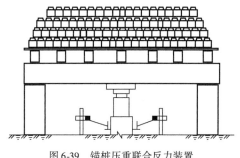
图 6-39 锚桩压重联合反力装置

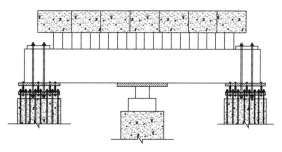
图 6-40 压重平台反力装置

加载反力装置的承载能力不应小于最大加载量的 1.3 倍,加载反力装置的全部构件应进行强度和变形验算,对锚桩抗拔力以及抗力(含地基土、抗拔钢筋、桩的接头等)应进行验算。采用工程桩做锚桩时,锚桩数量不宜少于 4 根,并应监测锚桩上拔量。在压重平台反力装置中,应确保消除压重平台对试验的影响,压重宜在检测前一次加足,并均匀稳固地放置于平台上。压重施加于地基的压应力不应大于地基承载力容许值的 1.5 倍,有条件时宜利用工程桩作为堆载支点。

2. 加载装置

静载试验一般采用油压千斤顶(图 6-41)与油泵相连的形式,由千斤顶施加荷载,千斤顶平放于试桩中心位置。当采用两个以上千斤顶加载时,采用的千斤顶型号、规格要相同,并联同步工作,千斤顶的合力中心与反力装置的中心、被检桩的横截面的形心重合,并保证合力方向垂直千斤顶的合力通过试桩中心。千斤顶选用时要注意千斤顶出力、行程及油泵最大工作压强、出油量等满足试验需求。

图 6-41 加载用千斤顶

3. 荷载测量装置

荷载测量可通过放置在千斤顶上的荷重传感器直接测定,也可用并联于千斤顶油路的压力表或压力传感器测定油压(图 6-42),根据千斤顶与配套的压力表率定曲线换算荷载。荷重传感器的测量误差不应大于 1%,压力表精度应优于或等于 0.4 级。试验用压力表、油泵、油管在加载时的压力不应超过额定工作压力的 80%,且不应小于额定工作压力的 20%。宜采用加卸荷与稳压自动化控制,不仅可减轻人员的工作强度,而且可提高测试的精确度。

a)荷重传感器

b)压力传感器

c)压力表

图 6-42 荷载测量装置

4. 沉降测量装置

基准梁和基准桩应打入地面以下一定深度确保在试验过程中不变形。基准梁应具有足够的刚度,宜采用工字钢,一端固定在基准桩上,另一端应简支于基准桩上,其高跨比不宜小于1/40,尤其是大吨位静载试验,要采用较长和刚度较大的基准梁,如图6-43所示。

图6-43 基准梁设置状况

检测设备及量测仪表应有遮挡设施,严禁日光直射基准梁,以减少温度气候等对沉降的影响。被检桩区域应不受冲击、振动等影响。

沉降测量宜采用位移传感器或大量程百分表,并应符合下列规定:
(1)精度:测量误差不应大于 $0.1\%FS$,分辨力应优于或等于 0.01mm;
(2)数量:直径或边宽大于 500mm 的桩,在其两个方向对称安装 4 个位移测试仪表,直径或边宽小于或等于 500mm 的桩,对称安置 2 个位移测试仪表;
(3)位置:离桩顶距离不宜小于 200mm,测点牢固固定于桩身。

对于基准桩中心与试桩、锚桩中心(或压重平台支承边)的距离,《公路工程基桩检测技术规程》(JTG/T 3512—2020)的要求如表6-19所示。

试桩、锚桩(或压重平台支墩边)和基准桩之间的中心距离　　　　　　　表6-19

试桩中心与锚桩中心 (或压重平台支墩边)	试桩中心与基准桩中心	基准桩中心与锚桩中心 (或压重平台支墩边)
$\geqslant 4(3)D$,且 $>2.0\text{m}$	$\geqslant 4(3)D$,且 $>2.0\text{m}$	$\geqslant 3D$,且 $>2.0\text{m}$
$\geqslant 4(3)D$,且 $>2.0\text{m}$	$\geqslant 4(3)D$,且 $>2.0\text{m}$	$\geqslant 3D$,且 $>2.0\text{m}$

注:1. D 为被检桩、锚桩的设计直径或边宽,取较大者。
　　2. 如被检桩或锚桩为扩底桩或多支盘桩时,被检桩与锚桩的中心距离不应小于 2 倍扩大端直径。
　　3. 括号内数值可用于工程桩抽样检测时多排桩设计桩中心距离小于 $4D$ 的情况。

5. 仪器控制采集装置

仪器控制采集系统一般由显示单元、数据读取单元和控制单元组成,配备位移传感器、压力传感器或荷重传感器使用。基桩加载检测,由于检测周期较长,现场测试环境较恶劣,测试的危险性较高,建议使用如图6-44所示的静载荷自动采集仪进行采集。

图6-44 静载荷自动采集仪例

(三)检测方法

1. 最大加载量及检测数量

设计提供依据试验桩:加载至桩侧与桩端的岩土阻力达到极限状态;当桩的承载力以桩身强度控制时,可按设计要求的加载量进行,试验桩数量应满足设计要求,且不应少于 3 根。

工程桩抽样检测和评价:最大加载量宜采用承载力特征值的 2 倍或达到设计要求;检测数量应满足设计要求,不宜少于 3 根。

2. 加卸载方式

《公路工程基桩检测技术规程》(JTG/T 3512—2020)规定采用慢速维持荷载法逐级加荷,《建筑基桩检测技术规范》(JGJ 106—2014)给出慢速维持荷载法和快速维持荷载法,以适用不同的试验要求。本节介绍《公路工程基桩检测技术规程》(JTG/T 3512—2020)的慢速维持荷载法的相关要求。

慢速维持荷载法试验要求:

(1)加卸载分级:采用分级逐级等量加载。分级荷载宜为最大加载量或预估极限承载力的 1/15~1/10,第一级可取分级荷载的 2 倍。卸载采用分级逐级等量卸载,每级卸载量取加载时分级荷载的 2 倍。加、卸载时应使荷载传递均匀、连续、无冲击,每级荷载在维持过程中的变化幅度不得超过分级荷载的 ±10%。

(2)沉降观测:每级荷载施加后按第 5min、15min、30min、45min、60min 测读,以后每隔 30min 测读一次。

(3)沉降相对稳定标准:每级荷载施加后按第 5min、15min、30min、45min、60min 测读桩顶沉降量,以后每隔 30min 测读一次。沉降相对稳定标准:每一小时内的桩顶沉降量不超过 0.1mm,并连续出现两次(从分级荷载施加后的第 30min 开始,按 1.5h 连续三次每 30min 的沉降观测值计算)。

(4)卸载:每级荷载应维持 1h,分别按第 15min、30min、60min 量测桩顶的回弹量,即可卸下一级荷载。卸载至零后,维持时间不得少于 3h。桩端为砂类土时,应在开始 30min 内每 15min 测读一次;桩端为黏质土时,应在开始 60min 内每 15min 测读一次,以后每隔 30min 测读一次桩顶残余沉降量。

3. 终止加载条件

出现下列情况之一时,可终止加载:

(1)被检桩在某级荷载作用下的沉降量大于前一级荷载沉降量的 5 倍,且桩顶总沉降量大于 40mm。

(2)被检桩在某级荷载作用下的沉降量大于前一级的 2 倍且经 24h 尚未稳定,同时桩顶总沉降量大于 40mm。

(3)荷载-沉降曲线呈缓变型时,可加载至桩顶总沉降量 60~80mm;当桩长超过 40m 或被检桩为钢桩时,宜考虑桩身压缩变形,可加载至桩顶总沉降量超过 80mm。

(4)工程桩验收时,荷载已达到承载力特征值的 2 倍或设计要求的最大加载量且沉降达到稳定。

(5)桩身出现明显破坏现象。

(6)当工程桩作锚桩时,锚桩上拔量已达到允许值。

(四)数据分析与结果判定

1. 检测数据的整理

(1)试验数据宜参考表 6-20 填写记录。

单桩竖向抗压承载力检测原始记录表　　　　　表 6-20

检测单位名称：　　　　　　　　　　　　　　　　　　　　　　　　　记录编号：

工程名称			委托/任务编号					样品名称		
桩号			试验依据					试验日期		
主要仪器设备及编号										
加载级	油压（MPa）	荷载（kN）	观测时间	位移计(百分数)读数(mm)				本级沉降（mm）	累计沉降（mm）	备注
				1号	2号	3号	4号	平均值			

检测：　　　　　　　　　记录：　　　　　　　　　复核：　　　　　　　　　日期：

(2)如图 6-45 绘制竖向荷载-沉降(Q-s)曲线、沉降-时间对数(s-$\lg t$)曲线。需要时,也可绘制其他辅助分析所需曲线。

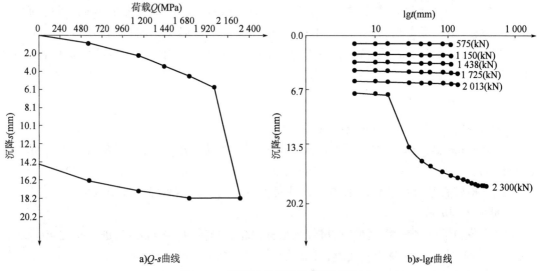

a) Q-s 曲线　　　　　　　　　　　b) s-$\lg t$ 曲线

图 6-45　单桩竖向抗压承载力试验曲线

(3)当进行桩身应力、应变和桩底反力测定时,应整理出有关数据的记录表,并按相应规范绘制桩身轴力分布图,计算不同土层的分层侧摩阻力和端阻力值。

2. 单桩竖向抗压极限承载力确定

单桩竖向抗压极限承载力是指单桩在竖向荷载作用下达到破坏状态前或出现不适于继续承载的变形所对应的最大荷载。它包含了桩身结构极限承载力和支承桩侧、桩端地基土的极限承载力两层含义。

单桩竖向抗压极限承载力的确定应符合下列规定:

(1)根据沉降随荷载变化的特征确定:对于荷载-沉降(Q-s)曲线呈陡降形时,取其发生明显陡降的起始点对应的荷载值。

(2)根据沉降随时间变化的特征确定:取曲线尾部出现明显向下弯曲的前一级荷载值。

(3)24h 未稳定,且大于上级沉降 2 倍,同时桩顶总沉降量大于 40mm,取前一级荷载值。

(4)工程桩验收时,荷载已达到承载力容许值的 2.0 倍或设计要求的最大加载量且沉降达到稳定,取本级荷载值。

(5)对于缓变型 Q-s 曲线可根据沉降量确定,宜取 $s=40$mm 对应的荷载;对于钢管桩和桩长大于 40m 的混凝土桩,宜考虑桩身弹性压缩量;对直径大于或等于 800mm 的灌注桩或闭口桩,可取 $s=0.05D$ 对应的荷载值(D 为桩端全断面直径)。

桩身压缩量宜按实际摩阻力分布计算,当缺乏相关资料,可按下式估算:

$$\text{桩身压缩量} \approx \frac{Pl}{2EA_p} \tag{6-36}$$

式中:P——桩顶荷载(kN);

l——桩长(mm);

E——桩身混凝土抗压弹性模量(kN/mm^2);

A_p——桩身截面面积(mm^2)。

3. 为设计提供依据的单桩竖向抗压极限承载力统计值

当极差不超过平均值的 30% 时,取平均值为单桩抗压极限承载力的统计值。当极差超过平均值的 30% 时,应分析极差过大的原因,结合工程具体情况综合确定,必要时可增加试桩数量。桩数为 3 根或 3 根以下独立承台的基桩,应取低值。单位工程同一条件的单桩竖向抗压容许承载力按单桩竖向抗压极限承载力统计值的一半取值。

4. 检测报告

检测报告除常规的检测信息以外,还应包括下列内容。

(1)被检桩桩位对应的地质钻孔柱状图。

(2)被检桩及锚桩的尺寸、材料强度、锚桩数量、配筋情况。

(3)加载反力装置种类。堆载法的堆载重量,锚桩法的反力梁布置平面图。

(4)加、卸载方法,荷载分级表。

(5)单桩竖向抗压承载力确定的依据。

(6)进行分层摩阻力测试时,传感器类型、安装的位置、轴力计算方法、各级荷载下桩身轴力变化曲线,各土层的桩侧摩阻力和桩端阻力等。

(7)被检桩为灌注桩时,宜提供被检桩成孔检测结果;为设计提供依据的试验桩,应提供成孔质量检测结果。

三、单桩竖向抗拔静载试验

单桩竖向抗拔静载试验(微课)

(一)基本原理

单桩竖向抗拔静载试验指在桩基上逐级或者循环施加竖向上拔力,观测桩基顶部随时间产生的上拔量以确定相应的桩基竖向抗拔承载力试验方法。

桩基在竖向上拔荷载作用下,初始阶段,上拔阻力主要由浅部土层提供,桩身的拉应力主要分布在桩的上部,随着桩身上拔位移量的增加,桩身应力逐渐向下扩展,桩的中、下部的上拔土阻力逐渐发挥。

桩的抗拔承载力主要由桩侧阻力、桩身重力组成,桩端真空吸引力一般不予考虑。桩周阻力的大小,受桩土界面的几何特征、土层的物理力学特性等较多因素的影响。黏性土中的抗拔桩在长期荷载作用下,随上拔量的增大,会出现应变软化的现象,即抗拔荷载达到峰值后会下降,而最终趋于定值。当桩端位移量超过某一数值(通常为6~10mm)时,就可以认为整个桩身的土层抗拔阻力达到极限,其后抗拔阻力就会下降。此时,如果继续增加上拔荷载,就会产生破坏。

一般桩基竖向抗拔承载力主要影响因素有以下几点:

(1)桩周围土体:桩周土的性质、抗剪强度、侧压力系数和土的应力历史。

(2)桩自身因素:桩侧表面的粗糙程度、桩截面形状、桩长、桩的刚度和桩材的泊松比。

(3)施工因素:施工过程中桩周土体的扰动、打入桩中的残余应力、桩身完整性、桩的倾斜角度。

(4)休止时间:从成桩到开始试验之间的休止时间长短。

(5)试验方法:桩顶的加载方式、荷载维持时间、加载卸载过程等对试验结果也有影响。

(二)仪器设备

单桩竖向抗拔静载试验检测系统,主要由加载反力装置、加载装置、荷载测量装置、变形测量装置、仪器控制采集装置等组成。

1. 加载反力装置

宜采用工程桩反力装置(图6-46),也可采用地基反力装置(图6-47)。

加载反力装置所能提供的承载能力应不小于最大抗拔加载量的1.3倍。采用反力桩(或工程桩)提供反力时,反力桩顶面应平整并具有足够的强度。采用天然地基提供反力时,两边支座处的地基强度应相近,且两边支座与地面的接触面积宜相同,施加于地基的压应力不应超过地基承载力容许值的1.5倍,反力梁的支点重心应与支座中心重合。

图 6-46　工程桩反力装置

图 6-47　地基反力装置

2. 加载装置

加载装置可采用油压千斤顶,千斤顶的安装有两种方式(图 6-48)。

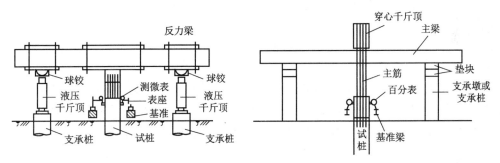

图 6-48　竖向抗拔试验千斤顶安装方式

(1)一种是千斤顶放在试桩的上方、主梁的上面;

(2)另一种是将两个千斤顶分别放在反力桩或支承墩的上面、主梁的下面,千斤顶顶升主梁。

3. 荷载测量装置

荷载测量与单桩抗压静载试验相同,可通过放置在千斤顶上的荷重传感器直接测定,也可用并联于千斤顶油路的压力表或压力传感器测定油压,根据千斤顶与配套的压力表率确定曲线换算荷载。荷重传感器的测量误差不应大于 1%,压力表精度应优于或等于 0.4 级。试验用压力表、油泵、油管在加载时的压力不应超过额定工作压力的 80%,且不应小于额定工作压力的 20%。宜采用加卸荷与稳压自动化控制,不仅可减轻人员的工作强度,而且可提高测试的精确度。

4. 桩顶上拔量测量装置

桩顶上拔量测量平面必须在桩顶或桩身位置,上拔量测量点宜设置在桩顶以下不小于 1 倍桩径的桩身上,不得设置在受拉钢筋上。对于大直径灌注桩,可设置在钢筋笼内侧的桩顶面混凝土上,避免因钢筋变形导致上拔量观测数据失实。

试桩、反力桩(或支墩)和基准桩之间的中心距离的规定(表6-21)与单桩抗压静载试验相同。基准桩需打入试坑地面以下一定深度,保证在试验过程中基准桩不变形(一般不小于1m)。

试桩、反力桩(或支墩)和基准桩之间的中心距离　　　　表6-21

试桩中心与反力桩中心(或支墩)	试桩中心与基准桩中心	基准桩中心与反力桩中心(或支墩)
≥4(3)D,且>2.0m	≥4(3)D,且>2.0m	≥3D,且>2.0m

测量仪器的技术要求与单桩竖向抗压静载荷试验相同,宜采用位移传感器或大量程百分表,并应符合下列规定。

(1)精度:测量误差不应大于0.1%FS,分辨力应优于或等于0.01mm;

(2)数量:直径或边宽大于500mm的桩,在其两个方向对称安装4个位移测试仪表,直径或边宽小于或等于500mm的桩,对称安置2个位移测试仪表。

(三)检测方法

1. 最大加载量及检测数量

为设计提供依据的试验桩:加载至桩侧土破坏或桩身结构破坏,试验桩数量应满足设计要求,且不应少于3根。

工程桩抽样检测和评价:按设计要求确定最大加载量,检测数量应满足设计要求,且不宜少于3根。

对混凝土灌注桩、有接头的预制桩,宜在拔桩试验前采用低应变反射波法或超声波法检测受检桩的桩身完整性。为设计提供依据的抗拔灌注桩,施工时应进行成孔质量检测,桩身中、下部位出现明显扩径的桩,不宜作为抗拔试验桩;对有接头的预制桩,应复核接头强度。

2. 试验方法

单桩竖向抗拔试验的加卸载分级、位移观测、稳定标准均与竖向静载试验一致。
出现所列四种情况之一时,可终止加载:

(1)被检桩在某级荷载作用下的上拔量大于前一级荷载上拔量的5倍。

(2)按桩顶上拔量控制时,累计桩顶上拔量超过100mm。

(3)按钢筋抗拉强度控制时,桩顶上拔荷载达到受拉钢筋抗拉强度设计值。

(4)抽样检测的工程桩,达到设计要求的最大上拔荷载或最大上拔位移。

但若在较小荷载下出现某级荷载的桩顶上拔量大于前一级荷载下的5倍时,需综合分析原因,再决定是否继续加载;若是为设计提供依据的试验桩,必要时可继续加载;因混凝土桩当桩身出现多条环向裂缝后,其桩顶位移可能会出现小的突变,此时并未达到桩侧土的极限抗拔力。

(四)数据分析与结果判定

1. 检测数据的整理

试验数据宜参考表6-22填写记录,检测数据整理应如图6-49所示,绘制上拔荷载-桩顶上拔量(U-δ)关系曲线和桩顶上拔量-时间对数(δ-$\lg t$)关系曲线,必要时可绘制其他辅助分析曲线。

单桩竖向抗压承载力检测原始记录表　　　　　　　　表6-22

检测单位名称：　　　　　　　　　　　　　　　　　　　记录编号：

工程名称			委托/任务编号					样品名称		
桩号			试验依据					试验日期		
主要仪器设备及编号										
加载级	油压（MPa）	荷载（kN）	观测时间	位移计(百分数)读数(mm)				本级上拔量（mm）	累计上拔量（mm）	备注
				1号	2号	3号	4号	平均值		

检测：　　　　　　　　记录：　　　　　　　　复核：　　　　　　　　日期：

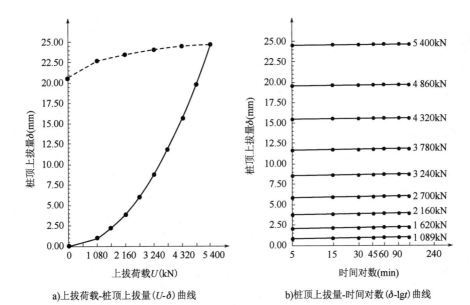

a)上拔荷载-桩顶上拔量(U-δ)曲线　　　　b)桩顶上拔量-时间对数(δ-lg$t$)曲线

图6-49　单桩竖向抗拔承载力试验曲线

2. 单桩竖向抗拔极限承载力

单桩竖向抗拔极限承载力应按下列方法综合分析确定：

（1）根据上拔量随荷载变化的特征确定：对陡升型 U-δ 曲线，取陡升起始点对应的荷载值。

（2）根据上拔量随时间变化的特征确定：取 δ-lg$t$ 曲线斜率明显变陡或曲线尾部明显向上弯曲的前一级荷载值。

（3）当在某级荷载下抗拔钢筋断裂时，取其前一级荷载值。

（4）对抽样检测的工程桩在最大加载量下，未出现以上三种情况，且桩顶上拔量达到相对稳定标准时，可取最大加载量。

3. 为设计提供依据的单桩竖向抗拔极限承载力统计值

单桩竖向抗拔极限承载力统计值的确定与抗压静载试验相同，单位工程同一条件下的单桩竖向抗拔承载力容许值应按单桩竖向抗拔极限承载力统计值的一半取值。

4. 检测报告

检测报告除常规的检测信息以外，还应包括下列内容：

（1）被检桩位对应的地质钻孔柱状图。

（2）被检桩的尺寸及配筋情况。

（3）加、卸载方法，荷载分级表。

（4）单桩竖向抗拔承载力确定的依据。

（5）进行分层摩阻力测试时，传感器类型、安装的位置、轴力计算方法、各级荷载下桩身轴力变化曲线，各土层的桩侧摩阻力等。

（6）被检桩为灌注桩时，宜提供被检桩成孔检测结果；为设计提供依据的试验桩，应提供成孔质量检测结果。

四、单桩水平静载试验

单桩水平静载试验（微课）

（一）基本原理

单桩水平静载试验指在桩基上逐级或者循环施加水平推力，观测桩基或地基基础顶部随时间产生的水平位移以确定相应的水平承载力试验方法，可应用于确定单桩水平临界荷载和极限荷载，推定桩侧地基土水平抗力系数，对工程桩的水平承载力进行检验和评价。且可在桩身埋设应变测量传感器，测量相应水平荷载作用下的桩身应力，计算桩身弯矩分布情况，为检验桩身强度、推求不同深度弹性地基系数提供依据。

基桩在水平受荷初期，由靠近地面的土提供抗力，土的变形处在弹性阶段；随着荷载增大，桩变形量增加，表层土出现塑性屈服，土抗力逐渐由深部土层提供；随着变形量的进一步加大，土体塑性区自上而下逐渐发展扩大，最大弯矩断面下移，当桩本身的截面抗力无法承担外部荷载产生的弯矩或桩侧土强度遭到破坏，使土失去稳定时，桩土体系便处于破坏状态，如图6-50所示。

基桩水平承载力影响因素有一般有：截面刚度、材料强度、桩侧土质条件、桩的入土深度、桩顶约束条件（桩顶自由状态或桩顶受垂直荷载作用）等。根据桩土相对刚度的不同，桩土体系的破坏机理及工作状态分为以下类型。

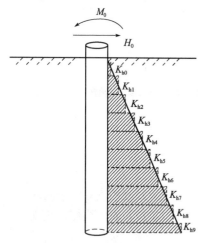

图6-50 水平抗推受力示意图
H_0-水平力；M_0-弯矩；$K_{h0 \sim h9}$-桩周地基土反力分布

刚性短桩：桩的抗弯刚度比地基土刚度大很多，在水平力作用下，桩身像刚体一样绕桩上某点转动或平移而破坏。此类桩的水平承载力由桩周土的强度控制。

弹性长桩：桩的抗弯刚度与土刚度相比较具柔性，在水平力作用下，桩身发生挠曲变形，桩下段嵌固于土中不能转动。此类桩的水平承载力由桩身材料的抗弯强度和桩周土的抗力控制。

钢筋混凝土弹性长桩:其抗拉强度低于轴心抗压强度,在水平荷载作用下,桩身的挠曲变形将导致桩身截面受拉侧开裂,然后渐趋破坏。设计采用这种桩作为水平承载桩时,除考虑上部结构对位移限值的要求外,还应根据结构构件的裂缝控制等级,考虑桩身截面开裂的问题。

钢筋混凝土预制桩和钢桩:其抗弯性能好的,可忍受较大的挠曲变形而不至于截面受拉开裂,设计时主要考虑上部结构水平位移允许值的问题。

(二) 仪器设备

单桩水平静载试验检测系统,主要由加载反力装置、加载装置、荷载测量装置、位移测量装置、仪器控制采集装置等组成。

1. 加载反力装置

如图 6-51 所示,加载反力装置可采用相邻桩,也可专门设置。

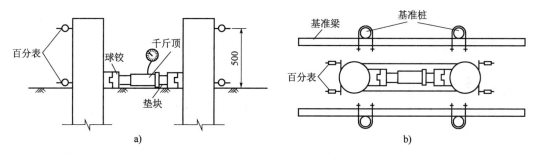

图 6-51 工程桩反力装置(尺寸单位:mm)

反力装置的承载能力及其刚度应大于被检桩的 1.3 倍。当采用顶推法施加荷载时,反力桩与被检桩之间的净距不应小于 5 倍桩径(或边长);当采用牵引法施加荷载时,反力桩与被检桩之间的净距不应小于 10 倍桩径(或边长),且不应小于 6m。

2. 加载装置

水平推力加载装置宜采用卧式千斤顶(图 6-52)。千斤顶与试桩接触处安装球形铰座,使水平作用力方向始终水平和通过桩身轴线,不随桩的倾斜和扭转而改变。为防止力作用点受局部挤压破坏,千斤顶与试桩的接触处宜适当补强。

荷载测量装置的要求与单桩竖向抗压静载荷试验相同。

图 6-52 水平推力加载装置安装示例

3. 水平位移测量装置

水平位移测量装置测量误差不应大于 0.1% FS,分辨力应优于或等于 0.01mm。

每根被检桩在水平力作用平面和该平面以上 500mm 处应各对称安装两只位移传感器或百分表,以量测相应测点位移及计算水平力作用面以上桩身的转角。

基准桩与被检桩和反力桩的净距不宜小于5倍桩径(或边长);当基准点设置在与加荷轴线垂直方向或被检桩位移相反方向时,间距可适当减小,但不应小于2m。

基准梁应具有足够的刚度,一端固定在基准桩上,另一端应简支于基准桩上。

检测设备及量测仪表应有遮挡设施,严禁日光直射基准梁;被检桩区域应不受冲击、振动等影响;基准桩应打入地面以下一定深度确保在试验过程中不变形。

4. 桩身应力、应变测量装置

如需测量桩身应变(应力)时,传感器的安装应符合下列要求:

当利用单桩水平静载试验测量相应水平荷载作用下桩身应变(应力)并推算桩身弯矩时,各测试断面的测量传感器应沿受力方向对称布置在远离中性轴的受拉和受压主筋或桩身表面;安装传感器的纵剖面与受力方向之间的夹角应小于10°。

基桩承台底面高下15倍桩径(或边长)范围内应加密测试断面,断面间距不应超过1倍桩直径(或边长),对桩径大于或等于800mm的桩,宜适当加密。超过此深度,测试断面间距可适当加大。

(三)现场检测

1. 最大加载量及检测数量

为设计提供依据时,应加载至桩侧土体破坏或桩身结构破坏,检测数量应满足设计要求,且不应少于3根。

对工程桩进行检测和评判时,应按设计要求的最大水平加载量或最大水平位移量控制,检测数量应满足设计要求,不宜少于3根。

2. 试验方法

(1)加卸载方式

荷载分级宜取预估被检桩水平极限承载力或要求最大试验荷载的1/12~1/10作为加载级差。

当设计有要求时,按设计要求进行;当设计无要求时,宜根据工程桩实际受力特性选用单向多循环加、卸载法或慢速维持荷载法。当需要测量桩身应变(应力)时,宜采用慢速维持荷载法进行试验。

慢速维持荷载法:加、卸载分级,试验方法及稳定标准与单桩竖向抗压静载试验规定相同。

单向多循环加、卸载法:每级荷载施加后,维持荷载4min后测读水平位移并卸载至零,停2min后测读残余水平位移,至此完成一个加、卸载循环,如此循环5次,完成一级荷载的试验观测,试验不得中间停歇。

(2)加载终止条件

出现下列情况之一时,可终止加载:

①桩身折断;

②水平位移超过30~40mm(软土取40mm);

③达到设计要求的最大加载量或水平位移允许值。

(四)数据分析与结果判定

1. 检测数据的整理

试验数据宜参考表 6-23 填写记录。

单桩水平推力承载力检测原始记录表　　　　表 6-23

检测单位名称：　　　　　　　　　　　　　　　　　　　记录编号：

工程名称							委托/任务编号						样品名称			
桩号							试验依据						试验日期			
上下表平均距离							主要仪器设备及编号									
油压 (MPa)	荷载 (kN)	观测 时间	循环 数	加载						卸载					水平位移 (mm)		加载上下表读数差	转角	备注
				上表 1	上表 2	上表 均值	下表 1	下表 2	下表 均值	上表 1	上表 2	上表 均值	下表 1	下表 2	下表 均值	加载	卸载			

检测：　　　　　　　记录：　　　　　　　复核：　　　　　　　日期：

采用单向多循环加、卸载法时,应绘制水平力-时间-力作用点位移 H_0-t-Y_0 曲线、水平力-力作用点位移梯度 H_0-$\Delta Y_0/\Delta H_0$ 曲线,如图 6-53 所示。

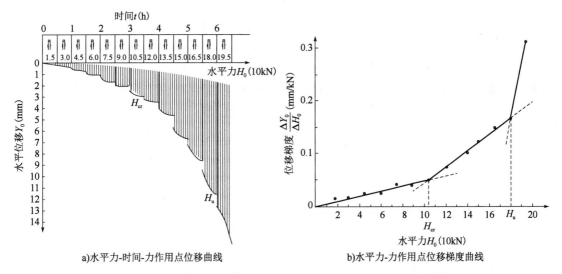

a) 水平力-时间-力作用点位移曲线　　　　b) 水平力-力作用点位移梯度曲线

图 6-53　单向多循环加、卸载法水平静载试验 H_0-t-Y_0 曲线及 H_0-$\Delta Y_0/\Delta H_0$ 曲线

采用慢速维持荷载法时,应绘制水平力-力作用点位移 H_0-Y_0 曲线、水平力-力作用点位移梯度 H_0-$\Delta Y_0/\Delta H_0$ 曲线、力作用点位移-时间对数 Y_0-$\lg t$ 曲线和水平力-力作用点位移双对数 $\lg H_0$-$\lg Y_0$ 曲线。

埋设有桩身应力(应变)传感器时:绘制各级水平力作用下的桩身弯矩分布图及水平力-

最大弯矩截面钢筋拉应力 H_0-δs 曲线,并列表给出相应数据。

2. 单桩水平极限承载力

单桩水平极限承载力试验破坏有以下两种情况：

①试验桩曲线出现明显陡降或拐点的情况,其相当于桩侧浅部土体破坏；

②桩身折断或桩身钢筋应力达到屈服。

当试验时桩身折断或钢筋屈服时的前一级水平荷载值。

采用单向多循环加、卸载法时,根据 H_0-t-Y_0 曲线产生明显陡降的前一级水平荷载值和 H_0-$\Delta Y_0/\Delta H_0$ 曲线上第二直线段的终点对应的水平荷载值综合确定。

采用慢速维持荷载法时,根据 H_0-Y_0 曲线产生明显陡降的起始点对应的水平荷载值、Y_0-lg$t$ 曲线尾部出现明显弯曲的前一级水平荷载值、H_0-$\Delta Y_0/\Delta H_0$ 曲线和 lgH_0-lgY_0 曲线上第二拐点对应的水平荷载值综合确定。

为设计提供依据的单桩水平极限承载力统计值的确定方法与竖向抗压静载试验相同。

3. 单桩临界水平荷载值

水平临界荷载为混凝土桩桩身出现裂缝前所对应的荷载。

采用单向多循环加、卸载法时,根据 H_0-t-Y_0 曲线出现拐点的前一级水平荷载值和 H_0-$\Delta Y_0/\Delta H_0$ 曲线上第一拐点对应的水平荷载值综合确定。

采用慢速维持荷载法时,根据 H_0-Y_0 曲线出现拐点的前一级水平荷载值、H_0-$\Delta Y_0/\Delta H_0$ 曲线和 lgH_0-lgY_0 曲线上第一拐点对应的水平荷载值综合确定。

埋设有桩身应力(应变)传感器时,取 H_0-δs 曲线上第一拐点对应的水平荷载值。

4. 单位工程同一条件下单桩水平承载力特征值的取值方法

当按桩身强度确定水平承载力时,取水平临界荷载统计值和单桩水平极限承载力统计值的一半的小值为单桩水平承载力特征值。

当桩受长期水平荷载作用且桩不允许开裂时,取水平临界荷载统计值的 0.75 倍和单桩水平极限承载力统计值的一半的小值为单桩水平承载力特征值。

当按设计要求的水平位移允许值确定水平承载力时,取设计要求的水平位移允许值对应的水平荷载统计值为单桩水平承载力特征值。

5. 检测报告

检测报告除常规的检测信息以外,还应包括下列内容：

(1)被检桩与对应地质钻孔柱状图的相对位置,并注明水平荷载施加位置；

(2)被检桩的截面尺寸及配筋情况；

(3)试验装置示意图；

(4)加、卸载方法,荷载分级表；

(5)单桩水平承载力确定的依据；

(6)当由钢筋应力或应变测试并推算桩身弯矩时,应有传感器类型、安装位置、内力计算方法和绘制各级水平力作用下的桩身弯矩分布图及水平力-最大弯矩截面钢筋拉应力 H_0-δs 曲线,并列表给出相应数据。

模块6考核

一、填空题

1. 泥浆的性能指标有_____、_____、_____、_____、_____、_____、_____等。
2. 钻、挖孔在终孔和清孔后,应进行_____、_____、_____、_____和_____等检查。
3. 桩身完整性是反应桩身截面_____和桩身材料_____、_____的综合定性指标。
4. 采用声波透射法检测混凝土灌注桩桩身质量时,可采用测试信号的_____、_____、_____和_____等指标判定桩身质量。
5. 单桩竖向极限承载力,由_____和_____两个因素决定。

二、选择题

1. 在对竖直桩进行钻孔倾斜度检测时,当检测结果不超过桩长的( )且不大于500mm时,满足使用要求。
   A.1.0%　　　B.2.0%　　　C.0.3%　　　D.0.5%
2. 在钻孔灌注桩施工过程中,泥浆的性能指标中"泥浆的流动性能"指的是( )。
   A.泥浆密度　　B.泥浆的含砂率　　C.泥浆黏度　　D.充盈系数
3. 低应变反射波法检测桩身完整性时,设截面上、下的波阻抗比为 n,反射系数为 F,透射系数为 T,则对三者之间的关系表述错误的是( )。
   A.$n=1$ 时,$F=0$,$T=1$　　　　B.$n>1$ 时,$F<0$,$T>0$
   C.$n<1$ 时,$F>0$,$T>0$　　　　D.$n>1$ 时,$F>0$,$T>0$
4. 超声波透射法检测桩身完整性时,某一声测剖面连续多个测点或某一深度桩截面处的声速、波幅值小于临界值,PSD值变大,波形畸变。此类桩为( )类桩。
   A.Ⅰ　　　　B.Ⅱ　　　　C.Ⅲ　　　　D.Ⅳ
5. 在某级荷载作用下,桩顶沉降量大于前一级荷载作用下沉降量的5倍,但是桩顶沉降能相对稳定且总沉降量为35mm,宜加载至桩顶总沉降量超过( )。
   A.0.05D(D为桩径)　B.40mm　　　C.50mm　　　D.100mm

三、判断题

1. 检验钻孔灌注桩成孔时泥浆的黏度,可用含砂率计测定。　　　　　　　　( )
2. 桩位偏差是指成桩后的位置与设计位置的差距,施工完毕进行桩位中心测量以确定偏差,检验其是否满足设计规定和容许误差的要求。　　　　　　　　　　　　( )
3. 基桩钻芯法检测应采用随机抽样的方法进行。　　　　　　　　　　　　( )
4. 在桥梁工程中采用低应变反射波法检测桩身完整性时,若要检查桩身微小的缺陷,应使锤击振源产生主频较低的激励信号。　　　　　　　　　　　　　　　　( )
5. 基桩静载荷试验通常可分为单桩竖向静载荷试验、抗拔试验和水平静推试验三种,在静

载荷试验的三种方法中我国惯用的是维持荷载法。 ( )

四、案例题

对某一桥梁工程采用超声波透射法检测其钻孔灌注桩的桩身完整性,已知受检桩的桩径为1.2m,桩长为8m。试完成下述相关试验操作和相关分析。

1. 利用超声波透射法检测钻孔灌注桩的桩身完整性,必须在基桩灌注施工前,在桩内埋设声测管,声测管的材质可选(   )。

  A. 钢管   B. PVC 管   C. 钢制波纹管   D. 橡胶软管

2. 基桩灌注后,试验前的准备工作包括(   )。

  A. 管疏通声测管,用清水灌满声测管   B. 在桩顶测量相应声测管外壁间净距

  C. 采用标定法确定仪器系统延迟时间   D. 必须待混凝土龄期满28d后检测

3. 根据实测信号对信号对桩身缺陷进行判定时,可采用(   )方法进行综合判定。

  A. 声速判据   B. 波幅判据   C. PSD 判据   D. 主频判据

4. 对灌注桩的检测结果如图6-54a)、b)所示,其中AC剖面的声时、声速数据列于表6-24,问根据第2、3测点计算得到的PSD值为(   )。

  A. 21   B. 335   C. 71 401   D. 19 704

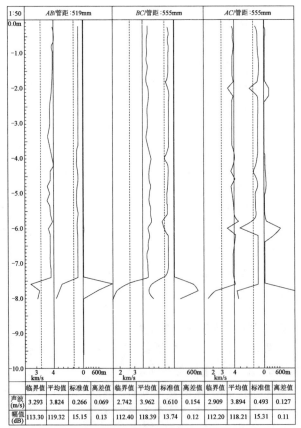

a) 实测桩深-声速、波幅及PSD曲线

图 6-54

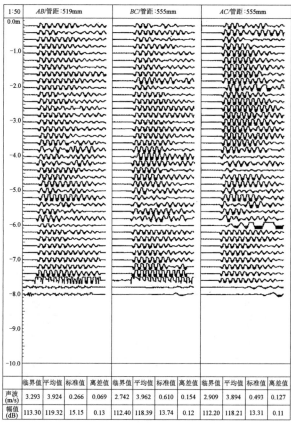

b)各测点实测波形图

图 6-54　实测数据

AC 剖面检测数据一栏表　　　　　　　　　　　　　　表 6-24

试桩编号:1号桩	测试剖面:AC	测距:555mm		声速排序
测点编号	深度(m)	声时 t_i(μs)	声速 v_i(km/s)	v_i(km/s)
1	-8.00	344.5	1.611	4.484
2	-7.80	250.2	2.218	4.248
3	-7.60	130.7	4.248	4.201
4	-7.40	136.2	4.076	4.199
5	-7.20	137.8	4.029	4.155
6	-7.00	137.3	4.043	4.147
7	-6.80	138.4	4.010	4.125
8	-6.60	135.0	4.110	4.122
9	-6.40	133.6	4.155	4.110
10	-6.20	132.2	4.199	4.076
11	-6.00	158.4	3.504	4.043
12	-5.80	123.8	4.484	4.034

续上表

试桩编号:1号桩		测试剖面:AC	测距:555mm	声速排序
测点编号	深度(m)	声时 t_i(μs)	声速 v_i(km/s)	v_i(km/s)
13	-5.60	134.6	4.122	4.031
14	-5.40	133.8	4.147	4.029
15	-5.20	138.3	4.014	4.014
16	-5.00	139.5	3.979	4.011
17	-4.80	145.4	3.818	4.010
18	-4.60	134.6	4.125	4.007
19	-4.40	144.7	3.836	4.000
20	-4.20	139.0	3.993	3.997
21	-4.00	132.1	4.201	3.993
22	-3.80	137.6	4.034	3.990
23	-3.60	141.7	3.917	3.979
24	-3.40	141.2	3.931	3.969
25	-3.20	141.7	3.917	3.947
26	-3.00	141.7	3.916	3.941
27	-2.80	139.8	3.969	3.932
28	-2.60	141.1	3.932	3.932
29	-2.40	141.4	3.926	3.931
30	-2.20	138.8	3.997	3.926
31	-2.00	157.4	3.526	3.917
32	-1.80	138.7	4.000	3.917
33	-1.60	140.6	3.947	3.916
34	-1.40	141.2	3.932	3.836
35	-1.20	140.8	3.941	3.834
36	-1.00	138.5	4.007	3.818
37	-0.80	137.7	4.031	3.526
38	-0.60	139.1	3.990	3.504
39	-0.40	138.4	4.011	2.218
40	-0.20	144.8	3.834	1.611

5. 根据上述检测结果,可判断该桩的完整性类别为(　　)。
　　A. Ⅰ类桩　　　　　B. Ⅱ类桩　　　　　C. Ⅲ类桩　　　　　D. Ⅳ类桩

五、技能训练题

完成任务工单6-1～6-5,并规范完整填写试验检测记录表和评定表。任务工单通过扫描本模块"技能目标达成度测评"中二维码获取。

【模块学习效果评价】

<table>
<tr><td colspan="6" align="center">1. 素质目标达成度测评</td></tr>
</table>

序号	素质目标	素质目标测评点	配分比例	得分	备注
1	规范意识	查阅规范,实际操作中对规范的正确使用	2.5		对照本模块实际拟定的素质目标
		仪器的规范使用、存放和保养	2.5		
2	劳动精神	具备诚实守信的态度,认真记录、检查、核对	2.5		
		具备吃苦耐劳的品质	2.5		
		分项总分	10		

<table><tr><td colspan="6" align="center">2. 知识目标达成度测评</td></tr></table>

序号	评分内容	配分比例	得分	备注
1	填空题	15		扫描获取[模块6考核]答案
2	选择题	5		
3	判断题	5		
4	案例题	15		
	分项总分	40		

<table><tr><td colspan="6" align="center">3. 技能目标达成度测评</td></tr></table>

序号	技能训练	任务工单号	配分比例	得分	备注
1	泥浆性能指标检测	6-1	10		扫描获取模块6任务工单
2	基桩成孔质量检测	6-2	10		
3	低应变法桩身完整性检测	6-3	10		
4	超声波透射法桩身完整性检测	6-4	10		
5	单桩竖向静载试验	6-5	10		
	分项总分		50		

【模块学习总结与反思】

通过本模块的学习,你的主要收获有哪些?不足有哪些?下一步改进措施是什么?

模块7
MODULE SEVEN
混凝土结构检测

【模块内容简介】

混凝土结构检测主要是采用无损检测的技术手段,对实体工程和构件进行质量诊断。根据检测的目的不同,混凝土结构检测分为工程质量检测和结构性能检测。

当遇到涉及结构工程质量的试块、试件及有关材料检验数量不足;对结构实体质量的抽测结果达不到设计要求或施工规范的要求;对结构实体质量有争议;发生质量事故,需要分析事故原因等情况时,应进行工程质量检测。当遇到混凝土结构改变用途、改造或扩建;混凝土结构达到设计使用年限要继续使用;混凝土结构使用环境改变或受到环境侵蚀;混凝土结构受偶然事件或其他灾害的影响;相关法规、标准规定的结构使用期间的鉴定等情况时,宜进行结构性能检测。

通过本模块的学习,学习者应掌握混凝土结构相关试验检测与结果评定的知识与技能。本模块主要学习4个任务,其知识结构如图7-1所示。

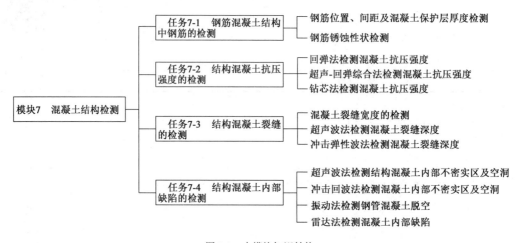

图7-1 本模块知识结构

【模块学习目标】

素质目标:通过对结构混凝土中钢筋、混凝土强度及裂缝、内部缺陷的检测与评定,养成严格按规范操作的规范意识;形成实事求是、科学严谨的工作作风;树立承担社会责任的质量意识。

知识目标：掌握电磁感应法检测钢筋位置、间距及钢筋的混凝土保护层厚度的原理、测定步骤及结果评定方法；掌握回弹法测定结构混凝土强度、超声波法及冲击弹性波法测定结构混凝土裂缝深度、内部缺陷的原理、测定步骤及结果评定方法；了解直接法和雷达法检测钢筋位置、钢筋间距、钢筋直径及钢筋的混凝土保护层厚度的原理及适用范围；了解半电池电位法检测钢筋锈蚀性状、超声-回弹综合法和钻芯法测定结构混凝土强度的原理、测定步骤及结果判定方法；了解振动法检测钢管混凝土脱空的原理、测定步骤及结果判定方法。

能力目标：能依据试验规程完成相关检测内容并能规范完整地填写试验检测记录表。

任务 7-1　钢筋混凝土结构中钢筋的检测

【任务描述】

钢筋混凝土因其成本低廉、坚固耐用、原材料来源广泛，同时充分发挥了混凝土抗压强度高、钢筋抗拉性能好的优点，故而被普遍应用于建筑工程中。再加上钢筋与混凝土之间具有很好的黏结力和相近的热膨胀系数，混凝土能对钢筋起到很好的保护作用，因此，钢筋混凝土具有良好的工作性能和耐久性能，成为现代建筑材料的重要组成部分。然而，不少钢筋混凝土结构由于病害导致实际使用寿命远少于其设计年限，其中又以保护层厚度偏差引起的病害最为常见。混凝土保护层厚度不足，外界有害物质容易穿透保护层到达钢筋表面，造成钢筋锈蚀膨胀，混凝土顺筋开裂甚至崩裂脱落，进而加速钢筋锈蚀破坏。因此，对混凝土中钢筋的状况进行检测是评定混凝土质量的一个重要依据。

混凝土中钢筋的状况检测，主要包括钢筋位置、间距及混凝土保护层厚度检测，钢筋锈蚀性状检测。

【任务实施】

一、钢筋位置、间距及混凝土保护层厚度检测

（一）理论知识

钢筋间距是指钢筋中心线之间的距离，钢筋净距是指钢筋最外边缘之间的距离，相同布置条件下，钢筋间距等于钢筋净距和钢筋直径之和。钢筋的混凝土保护层厚度是指从混凝土表面到最外层钢筋（包括纵向钢筋、箍筋和分布钢筋）公称直径外边缘之间的最小距离。梁纵向受拉钢筋净距和钢筋的混凝土保护层厚度如图 7-2 所示。

《混凝土中钢筋检测技术标准》（JGJ/T 152—2019）规定，钢筋的位置、钢筋间距及钢筋的混凝土保护层厚度检测方法有电磁感应法、直接法和雷达法。电磁感应法由于使用的仪器价格低廉，因此在工程中应用得最为广泛。

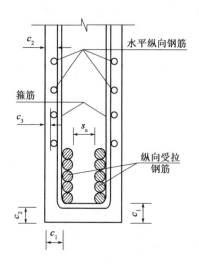

图 7-2 梁纵向受拉钢筋净距和混凝土保护层厚度
c_i-钢筋的混凝土保护层厚度；s_n-钢筋净距

钢筋保护层厚度检测
（微课）

（二）检测方法与数据处理

方法 1　电磁感应法

根据电磁场理论，传感器线圈是磁偶极子，当信号源供给交变电流时，它向外界辐射出电磁场；钢筋是一个电偶极子，它接收外界电场，从而产生大小沿钢筋分布的感应电流。钢筋的感应电流重新向外界辐射出电磁场（即二次磁场），使原激励线圈产生感生电势，从而使传感器线圈的输出电压产生变化。钢筋检测仪正是根据这一变化来确定钢筋所在的位置及钢筋的混凝土保护层厚度。当检测到钢筋的正上方时，线圈的输出电压受钢筋所产生的二次磁场的影响最大，根据这一原理，探头在移动的过程中可以自动锁定这个受影响最大的点，即信号值最大的点。电磁感应法检测钢筋的混凝土保护层厚度原理图如图 7-3 所示。根据保护层厚度和信号之间的对应关系，可得出钢筋的混凝土保护层厚度值。

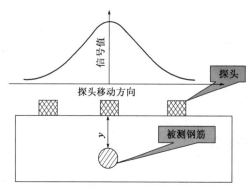

图 7-3　电磁感应法检测钢筋的混凝土保护层厚度原理图

1）检测前的准备

利用电磁感应法检测钢筋位置、间距及钢筋的混凝土保护层厚度前，首先要做好充分的准备工作，包括钢筋检测仪的校准、检测面的选取及处理等。

步骤一　钢筋检测仪的校准。

使用钢筋检测仪（图 7-4）检测前，应先检查仪器是否在校准有效期限内，如果不在，应采用校准试件进行校准。钢筋检测仪校准有效期一般为一年。校准是为了保证仪器的正常工作状态和检测精度。校准项目为钢筋间距、混凝土保护层厚度。

a) 主机　　　　　　　　　b) 探测传感器

图 7-4　钢筋检测仪

校准项目指标要求如下:当混凝土保护层厚度为 10~50mm 时,保护层厚度检测的允许偏差为 ±1mm,钢筋间距检测的允许偏差为 ±2mm;当混凝土保护层厚度大于 50mm 时,保护层厚度检测的允许偏差为 ±2mm。

步骤二　检测面的选取及处理。

应根据钢筋设计资料,确定检测区域内钢筋可能分布的状况,选择适当的检测面。检测面应清洁、平整,并应避开金属预埋件。对于具有饰面层的结构及构件,应清除饰面层后,再在混凝土面上进行检测。

2) 现场测试步骤及数据处理

电磁感应法现场检测时应先对钢筋检测仪进行预热、调零和预扫描,再进行检测。

步骤一　钢筋检测仪的预热和调零。

检测前应对钢筋检测仪进行预热和调零。预热可以使仪器达到稳定的工作状态。调零时,探头应远离金属物体。由于电子仪器在使用中难免受到各种干扰,导致读数漂移,为保证仪器读数的准确性,应适时检查仪器是否偏离调零时的状态。

步骤二　预扫描。

根据检测面钢筋的布置状况,确定垂直于所检钢筋轴线方向为探测方向,如图 7-5 所示。

检测前应进行预扫描,探头在检测面上沿探测方向移动,直到钢筋检测仪保护层厚度示值最小,此时探头中心线与钢筋轴线应重合,在相应位置做好标记,并初步了解钢筋埋设深度。按此步骤将相邻其他钢筋逐一标出。预扫描的目的是了解钢筋的大致位置,以便在细测时尽可能避开钢筋间的相互干扰。

步骤三　钢筋的混凝土保护层厚度检测及数据处理。

(1) 根据预扫描结果设定仪器的量程范

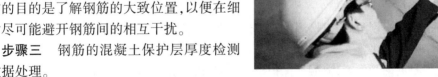

图 7-5　钢筋的混凝土保护层厚度检测

围,根据原位实测结果或设计资料设定仪器的钢筋直径参数。沿被测钢筋轴线选择相邻钢筋影响较小的位置,在预扫描的基础上进行扫描探测。为确定钢筋的准确位置,将探头放在与钢筋轴线重合的检测面上读取保护层厚度检测值。

(2) 应对同一根钢筋同一处检测 2 次,读取的 2 个混凝土保护层厚度检测值相差不大于

1mm 时,取 2 次检测数据的平均值作为保护层厚度值,精确至 1mm。相差大于 1mm 时,该组检测数据无效,应查明原因,在该处重新进行 2 次检测,如果数据仍不满足要求,应更换钢筋检测仪或采用直接法进行检测。

(3)当实际混凝土保护层厚度小于钢筋检测仪最小示值时,应采用在探头下附加垫块的方法进行检测。垫块对钢筋检测仪检测结果不应产生干扰、表面应光滑平整,其各方向厚度值偏差不应大于 0.1mm,所加垫块厚度在计算时应予扣除。

(4)钢筋的混凝土保护层厚度测点检测值按式(7-1)计算。

$$c_m^t = \frac{c_1^t + c_2^t + 2c_c - 2c_0}{2} \tag{7-1}$$

式中:c_m^t——混凝土保护层厚度检测值(mm),精确至 1mm;

c_1^t、c_2^t——第 1、2 次钢筋探测仪示值(mm),精确至 1mm;

c_c——混凝土保护层厚度修正量(mm),精确至 0.1mm;当没有进行钻孔剔凿验证时,取 0;

c_0——探头垫块厚度(mm),精确至 0.1mm;不加垫块时,取 0。

步骤四 钢筋间距的检测及数据处理。

(1)根据预扫描的结果,设定仪器的量程范围,在预扫描的基础上进行扫描,确定钢筋的准确位置。将检测范围内设计间距相同的连续相邻钢筋逐一标出,并逐个量测钢筋的间距。当同一构件检测钢筋数量较多时,应对钢筋进行连续量测,且不少于 6 个。

(2)检测钢筋间距时,可根据实际需要采用绘图方式给出相邻钢筋间距。当同一构件检测钢筋为连续 6 个间距(7 根钢筋)时,也可给出被测钢筋的最大间距、最小间距和平均间距。钢筋的平均间距按式(7-2)计算。

$$s_m = \frac{1}{n}\sum_{i=1}^{n} s_i \tag{7-2}$$

式中:s_m——钢筋平均间距(mm),精确至 1mm;

s_i——第 i 个钢筋间距(mm),精确至 1mm。

进行钢筋间距、混凝土保护层厚度检测时,当遇到下列情况之一,应采用直接法进行验证:认为相邻钢筋对检测结果有影响;钢筋公称直径未知或有异议;钢筋实际根数、位置与设计有较大偏差;钢筋以及混凝土材质与校准试件有显著差异。直接法验证时应选取不少于 30% 的已测钢筋,且不应少于 7 根;当实际检测数量少于 7 根时,应全部抽取。

方法 2 直接法

直接法是指混凝土剔凿后,直接测量钢筋的间距、公称直径、力学性能、锈蚀性状及钢筋的混凝土保护层厚度的方法。

采用直接法测定钢筋位置、混凝土保护层厚度时,应首先采用无损检测方法确定被测钢筋的位置,然后采用空心钻头钻孔或剔凿去除混凝土保护层,直至被测钢筋直径方向完全暴露,且沿钢筋长度方向不宜小于 2 倍钢筋直径,采用游标卡尺测量钢筋外轮廓至混凝土表面最小距离。

采用直接法测定钢筋间距时,应在垂直于被测钢筋长度方向上对混凝土进行连续剔凿,直至钢筋直径方向完全暴露,暴露的连续分布且设计间距相同钢筋不宜少于 6 根;当数量少于 6

根时,应全部剔凿。采用钢卷尺逐个量测钢筋的间距。

采用直接法测定混凝土中钢筋的直径时,剔除混凝土保护层露出钢筋后,应将钢筋表面残留的混凝土清除,环氧涂层钢筋应清除环氧涂层;用游标卡尺测量钢筋直径,对于光圆钢筋应测量不同方向的直径;对带肋钢筋宜测量钢筋内径;同一部位重复测量3次,将3次测量结果的算术平均值作为该测点钢筋直径检测值。

方法3 雷达法

雷达法是通过发射和接收到毫微秒级电磁波来检测混凝土中钢筋间距、混凝土保护层厚度的方法。雷达法的特点是一次扫描后能形成被测部位的断面图像,因此可以进行快速、大面积的扫描检测。雷达法是利用雷达波(电磁波的一种)在混凝土中的传播速度来推算其传播距离的。雷达波在混凝土中的传播速度与其介电常数有关,为达到检测所需的精度要求,应根据检测结构或构件所采用的混凝土的相对介电常数,对雷达仪的检测数据进行校正。

(三)检测结果评定

钢筋混凝土中钢筋的间距、混凝土保护层厚度按选择的方法检测后,依据设计值及相关要求计算合格率。例如,《公路工程质量检验评定标准 第一册 土建工程》(JGT F80/1—2017)规定,钢筋安装实测项目中对钢筋的间距、混凝土保护层厚度要求见表7-1。

钢筋的间距、混凝土保护层厚度要求 表7-1

检查项目		允许偏差
受力钢筋间距 (mm)	两排以上排距	±5
	同排 梁、板、拱肋及拱上建筑	±10(±5)
	同排 基础、锚碇、墩台身、墩柱	±20
箍筋、构造钢筋、螺旋筋间距(mm)		±10
混凝土保护层厚度(mm)	梁、板、拱肋及拱上建筑	±5
	基础、锚碇、墩台身、墩柱	±10

注:括号内的数字适用于钢混组合梁桥面板的预制。

二、钢筋锈蚀性状检测

(一)理论知识

钢筋混凝土中钢筋发生锈蚀主要是电化学反应的结果。混凝土浇筑后,水泥的水化反应产生强碱环境,钢筋会在该环境中发生氧化反应(又称钝化反应),从而在钢筋的外表面形成一层致密的氧化层,就是常说的钝化膜。完整的钝化膜能够将钢筋和外部环境隔离开来,阻止钢筋的锈蚀。当混凝土受外力破坏或化学侵蚀造成钝化膜局部消失时,失去保护的钢筋在具有氧气和水的环境中就会逐渐发生锈蚀。《混凝土中钢筋检测技术标准》(JGJ/T 152—2019)规定,使用半电池电位法来检测混凝土中钢筋的锈蚀性状,但带涂层的钢筋以及混凝土已饱水和接近饱水构件中钢筋的锈蚀性状不能用本方法检测。

位于离子环境中的钢筋可以视为一个电极,锈蚀反应发生后,钢筋电极的电势发生变化,电位大小直接反映钢筋锈蚀情况。众所周知,电池是由一个阴极和一个阳极构成,钢筋电极只具有电池的一半特征,所以被称为半电池。在混凝土表面放置一个电势恒定的参考电极(硫酸铜电极或氯化银电极)和钢筋电极构成一个电池体,就可以通过测定钢筋电极和参考电极之间的相对电势差得到钢筋电极的电位分布情况。总结电位分布和钢筋锈蚀间的统计规律,就可以通过电位测量结果判定钢筋锈蚀情况。

(二) 检测方法与数据处理

1. 现场测试步骤

半电池电位法现场检测钢筋的锈蚀性状时应先对测区进行布置,将设备正确连接后,进行半电池电位的测定。

步骤一　布置测区。

(1)在混凝土结构及构件上可布置若干测区,测区面积不宜大于 5m×5m,并应按确定的位置编号,每个测区应采用矩阵式(行、列)布置测点。依据被测结构及构件的尺寸,宜用 100mm×100mm~500mm×500mm 划分网格,网格的节点为电位测点。每个结构或构件半电池电位法测点数不应少于 30 个。

(2)当测区混凝土上有绝缘涂层介质隔离时,应清除绝缘涂层介质。测点处混凝土表面应平整、清洁,必要时应采用砂轮或钢丝刷打磨,并应将粉尘等杂物清除。

步骤二　连接导线与钢筋。

采用钢筋检测仪检测钢筋的分布情况,并在适当位置剔凿出 2 根钢筋。用万用表测量这 2 根钢筋是否连通,验证测区内钢筋是否与连接点钢筋形成通路,测区内的钢筋(钢筋网)必须与连接点的钢筋形成电通路。选择其中一根钢筋,导线一端接于电压仪的负输入端,另一端接于此钢筋上,对连接处的钢筋表面进行除锈或清除污物,保证导线与钢筋有效连接。

步骤三　连接导线与半电池。

连接前检查各种接口,保证接触良好;导线一端连接到半电池接线插头上,另一端连接到电压仪的正输入端。

步骤四　预先充分浸湿测区混凝土。

测区混凝土应预先充分浸湿。可在饮用水中加入适量(约2%)家用液态洗涤剂配制成导电溶液,在测区混凝土表面喷洒,半电池的连接垫与混凝土表面测点应有良好的耦合。

步骤五　检查半电池检测系统稳定性。

在同一测点,用相同半电池重复 2 次测得该点的电位差值应小于 10mV;在同一测点,用 2 只不同的半电池重复 2 次测得该点的电位差值应小于 20mV。

步骤六　检测半电池电位。

测量并记录环境温度;按测区编号,将半电池依次放在各电位测点上,检测并记录各测点的电位值;检测时,应及时清除电连接垫表面的吸附物,半电池多孔塞与混凝土表面形成电通路;在水平方向和垂直方向上检测时,应保证半电池刚性管中的饱和硫酸铜溶液同时与多孔塞和铜棒保持完全接触;检测时应避免外界各种因素产生的电流影响。

2. 现场数据处理

当检测环境温度在(22±5)℃之外时,应对测点的电位值进行温度修正。当 $T \geqslant 27$℃时,按式(7-3)修正;当 $T \leq 17℃$ 时,按式(7-4)修正。

$$V = k \times (T - 27.0) + V_R \tag{7-3}$$

$$V = k \times (T - 17.0) + V_R \tag{7-4}$$

式中:V——温度修正后电位值(mV),精确至 1mV;
V_R——温度修正前电位值(mV),精确至 1mV;
T——检测环境温度(℃),精确至 1℃;
k——系数(mV/℃)。

(三)检测结果评定

1. 电位等值线图表示法

半电池电位法检测结果可采用电位等值线图(图 7-6)表示,反映被测结构及构件中钢筋的锈蚀性状。按合适比例在结构及构件图上标出各测点的半电池电位值,通过数值相等的各点或内插等值的各点绘出电位等值线。电位等值线的最大间隔宜为 100mV。

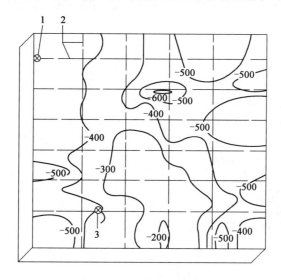

图 7-6 电位等值线示意图
1-半电池电位法钢筋锈蚀检测仪与钢筋连接点;2-钢筋;3-铜-硫酸铜半电池

2. 半电池电位值评估

采用半电池电位值评估钢筋锈蚀性状时,根据表 7-2 进行判断。

半电池电位值评估钢筋锈蚀性状的判据　　　表 7-2

电位水平(mV)	钢筋锈蚀性状
> -200	不发生锈蚀的概率大于 90%
$-200 \sim -350$	锈蚀性状不确定
< -350	发生锈蚀的概率大于 90%

任务 7-2　结构混凝土抗压强度的检测

【任务描述】

在正常情况下,工程质量评定时,混凝土抗压强度是指按照标准方法制作、养护边长为 150mm 的立方体试件,在规定的养护龄期,用标准试验方法测得的抗压强度。但是当遇到试件数量不足,不能代表构件质量,或试件强度不合格,或发生工程质量事故需要进行分析时,可采用无损检测(或局部破损)方法检测混凝土强度,此时混凝土抗压强度即在结构实体上用间接测量法推定的具有 95% 保证率的混凝土抗压强度值。常用的混凝土抗压强度检测方法有回弹法、超声-回弹综合法、钻芯法等。

【任务实施】

一、回弹法检测混凝土抗压强度[《回弹法检测混凝土抗压强度技术规程》(JGJ/T 23—2011)]

回弹仪构造与工作原理（微课）

(一)理论知识

回弹法检测结构混凝土抗压强度使用的主要仪器为回弹仪。回弹仪按照回弹冲击能量分为重型、中型和轻型。普通混凝土强度等级处于 C10~C60(不含 C60)时,通常采用中型回弹仪;混凝土强度等级大于等于 C60 时,采用重型回弹仪。轻型回弹仪主要用于轻质建筑材料,如对烧结普通砖强度等级的确定。回弹仪构造如图 7-7 所示。

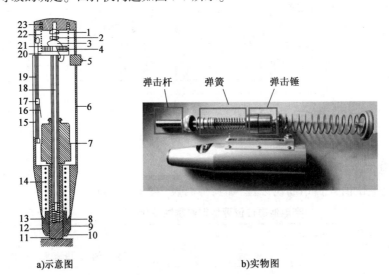

图 7-7　回弹仪构造图

1-紧固螺母;2-调零螺钉;3-挂钩;4-挂钩销子;5-按钮;6-机壳;7-弹击锤;8-拉簧座;9-卡环;10-密封毡圈;11-弹击杆;12-盖帽;13-缓冲压簧;14-弹击拉簧;15-刻度尺;16-指针片;17-指针块;18-中心导杆;19-指针轴;20-导向法兰;21-挂钩压簧;22-压簧;23-尾盖

工作时,随着对回弹仪的施压,弹击杆徐徐向机壳内推进,弹击拉簧被拉伸,使连接弹击拉簧的弹击锤获得恒定能量。挂钩与调零螺钉挤压,弹击锤脱钩,弹击锤释放出的能量借助弹击杆传递给混凝土构件,混凝土表面受到弹击后产生变形,弹性反映的能量又通过弹击杆传递给弹击锤,弹击锤获得能量后弹回。弹击锤回弹的距离与弹击前弹击锤距弹击杆后端平面的距离之比,称为回弹值。混凝土硬度高,弹击锤回弹的距离大,回弹值大。回弹值由仪器外壳上的刻度尺示出。

回弹法由于使用方便、仪器价格低廉等优点,从而成为测定结构混凝土强度最常用的方法。但由于其仅能测试混凝土的表层强度,因此对于大尺寸混凝土结构如桥墩、厚梁、隧道衬砌,其测试精度、代表性均有较大疑问时,需要采用钻芯法等其他方法加以对比和验证。

(二) 检测方法与数据处理

1. 试验准备

步骤一 检查回弹仪是否在检定有效期限内。

回弹仪使用前应先检查是否在检定有效期限内,回弹仪的检定周期为半年,如果不在有效期限内或者遇下列情况之一时,应由法定计量检定机构进行检定。

(1)新回弹仪启用前;
(2)经保养后,在钢砧上的率定值不合格;
(3)遭受严重撞击或其他损害;
(4)数字式回弹仪数字显示的回弹值与指针直读示值相差大于1。

步骤二 回弹仪的率定。

回弹仪在检测前后,均应在钢砧上做率定试验,并应符合下列规定:

(1)率定试验应在室温为5~35℃的条件下进行;
(2)钢砧表面应干燥、清洁,并应稳固地平放在刚度大的物体上;
(3)回弹值应取连续向下弹击3次的稳定回弹结果的平均值;
(4)率定试验应分四个方向进行,且每个方向弹击前,弹击杆应旋转90°,每个方向的回弹平均值都应为80±2;
(5)回弹仪率定试验所用的钢砧应每2年送授权计量检定机构检定或校准。

2. 现场测试步骤

步骤一 布置测区。

(1)确定检测构件数量。

对于混凝土生产工艺、强度等级相同,原材料、配合比、养护条件基本一致且龄期相近的一批同类构件的检测应采用批量检测。按批量进行检测时,应随机抽取构件,抽检数量不宜少于同批构件总数的30%且不宜少于10个。当检验批构件数量大于30个时,抽样构件数量可适当调整,并不得少于国家现行有关标准规定的最少抽样数量。

(2)确定测区位置。

对于一般构件,测区数不宜少于10个。当受检构件数量大于30个且不需提供单个构件推定强度或受检构件某一方向尺寸不大于4.5m且另一方向尺寸不大于0.3m时,每个构件的测区数量可适当减少,但不应少于5个。相邻两测区的间距不应大于2m,测区离构件端部或施工缝边缘的距离不宜大于0.5m,且不宜小于0.2m,如图7-8a)所示。

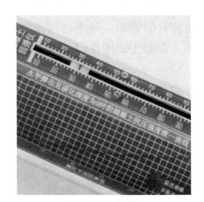

a)回弹值现场测定图　　b)回弹值读数图

图7-8　回弹值的测定图

(3)布置测区及测点。

检测区宜选在能使回弹仪处于水平方向的混凝土浇筑侧面。当不能满足这一要求时,也可选在使回弹仪处于非水平方向的混凝土浇筑表面或底面。检测泵送混凝土强度时,测区应选在混凝土浇筑侧面,检测区宜布置在构件的两个对称的可测面上,当不能布置在对称的可测面上时,也可布置在同一可测面上,且应均匀分布,如图7-9所示。在构件的重要部位及薄弱部位布置测区,并避开预埋件。测区的面积不宜大于$0.04m^2$。检测区应为混凝土原浆面,并应清洁、平整,不应有疏松层、浮浆、油垢、涂层以及蜂窝、麻面。对于弹击时产生颤动的薄壁、小型构件,应进行固定。

步骤二　测定检测区回弹值。

(1)每一测区应读取16个回弹值,每测点的回弹值读数应精确至1。

(2)测点宜在测区范围内均匀分布,相邻两测点的净距离不宜小于20mm;测点距外露钢筋、预埋件的距离不宜小于30mm;测点不应在气孔或外露石子上,如图7-9所示。

(3)回弹值测量时,回弹仪的轴线应始终垂直于混凝土检测面,并缓慢施压、准确读数、快速复位。同一测点应只弹击一次。

步骤三　测量构件碳化深度值。

(1)回弹值测量完毕后,在有代表性的测区上测量碳化深度值,测点数不少于构件测区数的30%,取其平均值作为该构件每个测区的碳化深度值。当碳化深度值极差大于2.0mm时,应在每一测区分别测量碳化深度值。

(2)采用工具在测区表面形成直径约15mm的孔洞,其深度应大于混凝土的碳化深度;清除孔洞中的粉末和碎屑,且不得用水擦洗;采用浓度为1%~2%的酚酞酒精溶液滴在孔洞内壁的边缘处,当已碳化与未碳化的界线清晰时,采用碳化深度测量仪测量已碳化与未碳化混凝土交界面到混凝土表面的垂直距离,测量3次,每次读数应精确至0.25mm;取3次测量的平均值作为检测结果,精确至0.5mm。碳化深度的测量如图7-10所示。

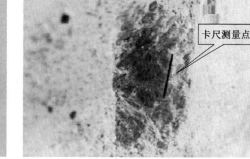

图7-9 测区布置示意图　　图7-10 碳化深度测量图

3. 检测数据处理（回弹值数据处理微课视频）

步骤一 计算各测区平均回弹值。

计算测区平均回弹值时,应从该测区的16个回弹值中剔除3个最大值和3个最小值,其余的10个回弹值按式(7-5)计算:

$$R_m = \frac{1}{10}\sum_{i=1}^{10} R_i \tag{7-5}$$

回弹法数据处理（微课）

式中:R_m——测区平均回弹值,精确至0.1;

R_i——第i个测点的回弹值。

步骤二 修正测区的平均回弹值。

(1)非水平方向检测混凝土浇筑侧面时,测区的平均回弹值应按式(7-6)修正:

$$R_m = R_{m\alpha} + R_{a\alpha} \tag{7-6}$$

式中:R_m——非水平方向检测时测区的平均回弹值,精确至0.1;

$R_{a\alpha}$——非水平方向检测时回弹值修正值,按本书附录1中附表1-1取值。

(2)水平方向检测混凝土浇筑表面或浇筑底面时,测区的平均回弹值应按式(7-7)、式(7-8)修正:

$$R_m = R_m^t + R_a^t \tag{7-7}$$

$$R_m = R_m^b + R_a^b \tag{7-8}$$

式中:R_m^t、R_m^b——水平方向检测混凝土浇筑表面、底面时,测区的平均回弹值,精确至0.1;

R_a^t、R_a^b——混凝土浇筑表面、底面回弹值的修正值,按本书附录1中附表1-2取值。

(3)当回弹仪为非水平方向且测试面为混凝土的非浇筑侧面时,应先对回弹值进行角度修正,并应对修正后的回弹值进行浇筑面修正。

(三)检测结果评定

根据检测得到的回弹值数据,对构件的混凝土强度进行推定,确定构件的现龄期混凝土强度推定值。

步骤一 换算各测区混凝土强度。

构件各测区混凝土强度换算值,可按求得的平均回弹值和平均碳化深度值由本书附录1中附表1-3或附表1-4计算得出。当有地区或专用测强曲线时,混凝土强度的换算值宜按地区测强曲线或专用测强曲线计算或查表得出。

步骤二 计算构件的混凝土强度平均值。

构件的测区混凝土强度平均值应根据各测区的混凝土强度换算值计算。当测区数为10个及以上时,还应计算强度标准差。平均值及标准差应按式(7-9)、式(7-10)计算:

$$m_{f_{cu}^c} = \frac{1}{n}\sum_{i=1}^{n} f_{cu,i}^c \tag{7-9}$$

$$S_{f_{cu}^c} = \sqrt{\frac{1}{n-1}\sum_{n-1}^{n}(f_{cu,i}^c)^2 - n(m_{f_{cu}^c})^2} \tag{7-10}$$

式中:$m_{f_{cu}^c}$——构件测区混凝土强度换算值的平均值(MPa),精确至0.1MPa;

n——对于单个检测的构件,取该构件的测区数;对批量检测的构件,取所有被抽检构件测区数之和;

$S_{f_{cu}^c}$——结构或构件测区混凝土强度换算值的标准差(MPa),精确至0.01MPa。

步骤三 确定构件的现龄期混凝土强度推定值。

(1)当构件测区数少于10个时,按式(7-11)计算:

$$f_{cu,e} = f_{cu,min}^c \tag{7-11}$$

式中:$f_{cu,e}$——构件现龄期混凝土强度推定值;

$f_{cu,min}^c$——构件中最小的测区混凝土强度换算值。

(2)当构件的测区强度值中出现小于10.0MPa时,应按式(7-12)确定:

$$f_{cu,e} < 10.0\text{MPa} \tag{7-12}$$

(3)当构件测区数不少于10个时,应按式(7-13)计算:

$$f_{cu,e} = m_{f_{cu}^c} - 1.645 S_{f_{cu}^c} \tag{7-13}$$

(4)当批量检测时,应按式(7-14)计算:

$$f_{cu,e} = m_{f_{cu}^c} - k S_{f_{cu}^c} \tag{7-14}$$

式中:k——推定系数,宜取1.645。当需要推定强度区间时,可按国家现行有关标准的规定取值。

注:构件的混凝土强度推定值是指相应于强度换算值总体分布中保证率不低于95%的构件中混凝土抗压强度值。

(5)对按批量检测的构件,当该批构件混凝土强度标准差出现下列情况之一时,该批构件应全部按单个构件检测:

①当该批构件混凝土强度平均值小于25MPa,$S_{f_{cu}^c}$大于4.5MPa时;

②当该批构件混凝土强度平均值不小于25MPa且不大于60MPa,$S_{f_{cu}^c}$大于5.5MPa时。

二、超声-回弹综合法检测混凝土抗压强度

(一)理论知识

综合法一般指采用两种或两种以上的测试方法同混凝土强度建立关系。超声-回弹综合法

是指根据实测混凝土中超声波声速值和回弹值综合推定混凝土强度的方法。由于混凝土超声波波速、混凝土回弹值与混凝土强度之间有较好的相关性,强度越高,波速越快,回弹值越高。当率定出关系曲线后,在同一测区分别测定声时(计算波速)和回弹值,然后用已建立的测强曲线,就可推算出测区混凝土强度。与单一测试方法(如回弹法)相比,超声-回弹综合法减少了龄期和含水率的影响,提高了测试精度。

(二) 检测方法与数据处理

1. 试验准备

步骤一 检查回弹仪、混凝土超声仪是否在检定有效期限内。

步骤二 进行回弹仪率定。

步骤三 收集技术资料,并将有关内容填写至试验检测原始记录表中。相应的技术资料主要包括以下内容:

(1)工程名称及建设、勘察、设计、施工、监理、委托单位名称;

(2)结构或构件名称、设计图纸;

(3)水泥的安定性、品种规格、强度等级和用量;砂石的品种、粒径;外加剂或掺合料的品种、掺量;混凝土配合比、拌合物坍落度和混凝土设计强度等级等;

(4)模板类型,混凝土浇筑情况、养护情况、浇筑日期和气象温湿度等;

(5)混凝土试件抗压强度测试资料及相关的施工技术资料;

(6)结构或构件存在的质量问题或检测原因。

2. 现场测试步骤

步骤一 布置测区。

(1)确定按批检测的抽样数量。

当满足混凝土设计强度等级相同,混凝土原材料、配合比、成型工艺、养护条件和龄期基本相同,构件种类相同,施工阶段所处状态基本相同等条件时可作为同批构件。当同批构件按批抽样检测时,检测批的计数检测宜按表 7-3 规定的数量进行一次或二次随机抽样。

随机抽样的最小样本容量 表 7-3

检测批的容量	检测类别和样本最小容量		
	A	B	C
3~8	2	2	3
9~15	2	3	5
16~25	3	5	8
26~50	5	8	13
51~90	5	13	20
91~150	8	20	32
151~280	13	32	50
281~500	20	50	80

续上表

检测批的容量	检测类别和样本最小容量		
	A	B	C
501~1 200	32	80	125
1 201~3 200	50	125	200
3 201~10 000	80	200	315
10 001~35 000	125	315	500
35 001~150 000	200	500	800
150 001~500 000	315	800	1 250

(2)布置单个构件的检测区。

①确定检测区数量。

每个构件测区数量不应少于10个。对某一方向尺寸不大于4.5m且另一方向尺寸不大于0.3m的构件,其测区数量可适当减少,但不应少于5个。

②确定检测区的位置及尺寸。

检测区宜优先布置在构件混凝土浇筑方向的侧面,可在构件的两个相对面、相邻面或同一面上布置;相邻两测区的间距不宜大于2m,应避开钢筋密集区和预埋件;测区尺寸宜为200mm×200mm,采用平测时宜为400mm×400mm;测试时可能产生颤动的薄壁、小型构件,应对其进行固定。

③检测区表面处理。

测试面应清洁、平整、干燥,不应有接缝、施工缝、饰面层、浮浆和油垢,并应避开蜂窝、麻面部位。必要时,可用砂轮片清除杂物和磨平不平整处,并擦净残留粉尘。

步骤二 测定检测区的回弹值并计算。

对结构或构件的每一测区,应先进行回弹测试,后进行超声测试。

(1)布置测点。

超声对测或角测时,回弹测试应在构件测区内超声波的发射面和接收面各测读5个回弹值。超声平测时,回弹测试应在超声的发射测点和接收测点之间测读10个回弹值。每一测点的回弹值,测读精确至1,且同一测点只允许弹击一次。

测点在测区范围内均匀布置,不得布置在气孔或外露石子上。相邻两测点的间距不宜小于20mm;测点距构件边缘或外露钢筋、铁件的距离不应小于30mm。

(2)回弹值的测定及计算。

回弹测试时,首先选择混凝土浇筑方向的侧面进行水平方向测试,如不具备浇筑方向侧面水平测试的条件,可采用非水平状态测试,或测试混凝土浇筑的表面或底面。

回弹代表值计算时,从该测区的10个回弹值中剔除1个最大值和1个最小值,用剩余8个有效回弹值的平均值作为该测区回弹代表值。

步骤三 超声测试及声速计算。

(1)布置测点。

①超声测点应布置在回弹测试的同一测区内,每一测区布置3个测点。超声测试宜优先

采用对测或角测,当被测构件不具备对测或角测条件时,可采用单面平测。超声波对测示意图如图 7-11 所示。

②当结构或构件被测部位只有两个相邻表面可供检测时,可采用角测方法测量混凝土中声速。每个测区布置 3 个测点,布置超声角测点时,换能器中心与构件边缘的距离 l_1、l_2 不宜小于 300mm。超声波角测示意图如图 7-12 所示。

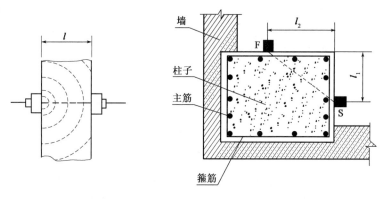

图 7-11　超声波对测示意图　　　　图 7-12　超声波角测示意图
　　　　　　　　　　　　　　　　　F-发射换能器;S-接收换能器

③当结构或构件被测部位只有一个表面可供检测时,可采用平测法测量混凝土中声速。布置超声平测点时,每个测区应布置一排超声测点,发射和接收换能器的连线与附近钢筋轴线成 40°～50°,以两个换能器内边距分别为 200mm、250mm、300mm、350mm、400mm、450mm、500mm 进行平测,逐点测读相应声时值 t。超声波平测示意图如图 7-13 所示。

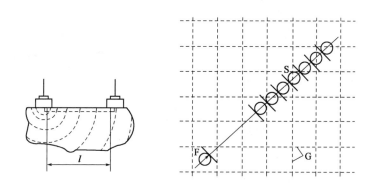

图 7-13　超声波平测示意图
F-发射换能器;S-接收换能器;G-钢筋轴线

(2)声时测量。

①超声测试时,换能器表面需涂抹耦合剂,并稍用力按压,使换能器辐射面与混凝土测试面尽量贴合。

②标定声时初读数,声时测量过程中如更换换能器或高频电缆线,应重新标定零声时。

③声时测量应精确至 $0.1\mu s$,超声测距测量应精确至 1.0mm,且测量误差不应超过 ±1%。

(3)计算声速。

①声速计算应精确至 0.01km/s。

②当在混凝土浇筑方向的侧面对测时,测区混凝土中声速代表值应根据该测区中3个测点的混凝土中声速值,按式(7-15)计算:

$$v = \frac{1}{3}\sum_{i=1}^{3}\frac{l_i}{t_i - t_0} \tag{7-15}$$

式中:v——测区混凝土中声速代表值(km/s);

l_i——第 i 个测点的超声测距(mm);

t_i——第 i 个测点的声时读数(μs);

t_0——声时初读数(μs)。

③当在混凝土浇筑的顶面或底面测试时,测区声速代表值应按式(7-16)修正。

$$v_a = \beta \cdot v \tag{7-16}$$

式中:v_a——修正后的测区混凝土中声速代表值(km/s);

β——超声测试面的声速修正系数,在混凝土浇筑的顶面和底面间对测或斜测时,β = 1.034;在混凝土浇筑的顶面或底面平测时,测区混凝土中声速代表值应按式(7-15)计算和修正。

④角测时超声测距应按式(7-17)计算,声速代表值按式(7-15)计算。

$$l_i = \sqrt{l_{1i}^2 + l_{2i}^2} \tag{7-17}$$

式中:l_i——角测第 i 个测点的超声测距(mm);

l_{1i}、l_{2i}——角测第 i 个测点换能器与构件边缘的距离(mm)。

⑤平测时,选取有代表性且具有对测条件的构件,把平测测区混凝土中声速代表值 v_p 修正为对测测区混凝土中声速代表值 v_d。在构件上采用对测法得到对测测区混凝土中声速代表值 v_d,并采用平测法得到平测时代表性构件混凝土中平测声速 v_{pp},按式(7-18)计算平测声速修正系数:

$$\lambda = \frac{v_d}{v_{pp}} \tag{7-18}$$

式中:v_d——对测测区混凝土中声速代表值(km/s);

v_{pp}——平测时代表性构件混凝土中平测声速(km/s);

λ——平测声速修正系数。

以测距 l = 200mm、250mm、300mm、350mm、400mm、450mm、500mm,逐点测读相应声时值 t,用回归分析方法求出直线方程 $l = a + bt$。以回归系数 b 为平测声速代表值 v_p,再根据修正系数 λ,对各平测声速进行修正。修正后的混凝土中声速代表值按式(7-19)计算。

$$v_a = \lambda v_p \tag{7-19}$$

式中:v_a——修正后的测区混凝土中声速代表值(km/s);

v_p——平测测区混凝土中声速代表值(km/s);

λ——平测声速修正系数。

(三)检测结果评定

结构混凝土强度的推定按下列步骤进行:
步骤一 确定各测区混凝土强度换算值。

结构或构件中各测区的混凝土抗压强度换算值,可按测区回弹代表值和声速代表值,优先采用专用测强曲线或地区测强曲线换算而得。非同一测区内的回弹值和声速值不得混用。

当无专用和地区测强曲线时,可采用全国统一测区混凝土抗压强度换算,按式(7-20)计算。

$$f_{cu,i}^c = 0.028\,6\, v_{ai}^{1.999} R_{ai}^{1.155} \tag{7-20}$$

式中:$f_{cu,i}^c$——第 i 个测区混凝土抗压强度换算值(MPa),精确至 0.1MPa;
v_{ai}——第 i 个测区修正后的测区声速代表值(km/s);
R_{ai}——第 i 个测区修正后的测区回弹代表值。

步骤二 推定结构混凝土强度。

(1)当结构或构件中的测区数不少于10个时,按式(7-21)和式(7-22)计算各测区混凝土抗压强度换算值的平均值和标准差:

$$m_{f_{cu}^c} = \frac{1}{n}\sum_{i=1}^{n} f_{cu,i}^c \tag{7-21}$$

$$S_{f_{cu}^c} = \sqrt{\frac{\sum_{n-1}^{n}(f_{cu,i}^c)^2 - n(m_{f_{cu}^c})^2}{n-1}} \tag{7-22}$$

式中:$f_{cu,i}^c$——结构或构件第 i 个测区的混凝土抗压强度换算值(MPa);
$m_{f_{cu}^c}$——结构或构件测区混凝土抗压强度换算值的平均值(MPa),精确至 0.1MPa;
$S_{f_{cu}^c}$——结构或构件测区混凝土抗压强度换算值的标准差(MPa),精确至 0.01MPa;
n——测区数,对单个检测的构件,取一个构件的测区数;对批量检测的构件,取被抽检构件测区数之总和。

(2)确定结构或构件混凝土抗压强度推定值 $f_{cu,e}$。

①当结构或构件的测区抗压强度换算值中出现小于 10.0MPa 的值时,该构件的混凝土抗压强度推定值 $f_{cu,e}$ 取小于 10MPa。

②当结构或构件中测区数少于10个,按式(7-23)确定。

$$f_{cu,e} = f_{cu,\min}^c \tag{7-23}$$

式中:$f_{cu,\min}^c$——结构或构件最小的测区混凝土抗压强度换算值(MPa),精确至 0.1MPa。

③当结构或构件中测区数不少于10个或按批量检测时,按式(7-24)确定。

$$f_{cu,e} = m_{f_{cu}^c} - 1.645\, S_{f_{cu}^c} \tag{7-24}$$

④对按批量检测的构件,当一批构件的测区混凝土抗压强度标准差出现下列情况之一时,该批构件应全部重新按单个构件进行检测:

一批构件的混凝土抗压强度平均值 $m_{f_{cu}^c} < 25\text{MPa}$,$S_{f_{cu}^c} > 4.50\text{MPa}$;

一批构件的混凝土抗压强度平均值 $m_{f_{cu}} = 25 \sim 50 \text{MPa}$,$S_{f_{cu}} > 5.50 \text{MPa}$;

一批构件的混凝土抗压强度平均值 $m_{f_{cu}} > 50.0 \text{MPa}$,$S_{f_{cu}} > 6.50 \text{MPa}$。

三、钻芯法检测混凝土抗压强度

(一) 理论知识

钻芯法是指利用钻机从结构混凝土中钻取芯样以推定混凝土强度或观察混凝土内部质量的方法。由于它会对结构混凝土造成局部损伤,因此,它是一个半破损的现场检测手段。

1. 钻芯法的优缺点

利用钻芯法检测混凝土抗压强度无须进行某种物理量与强度之间的换算,因此普遍认为它是一种直观、可靠和准确的方法。但由于在检测时总是对结构混凝土造成局部损伤,而且成本较高,大量取芯测试往往受到一定限制。近年来,国内外都主张把钻芯法与其他非破损检测方法综合使用,一方面非破损法可以大量测试而不损伤结构,另一方面钻芯法可提高非破损测强的精度,使二者相辅相成。

2. 检测设备

钻芯法检测混凝土强度所用到的主要检测设备有钻芯机、芯样切割机、芯样磨平机、压力试验机、钢筋检测仪等。

1) 钻芯机

常见的钻芯机,有轻便型取芯机,钻芯直径 $\phi 12 \sim 75 \text{mm}$;轻型钻机,钻芯直径 $\phi 12 \sim 200 \text{mm}$;重型钻机,钻芯直径 $\phi 200 \sim 450 \text{mm}$;超重型钻机,钻芯直径 $\phi 330 \sim 700 \text{mm}$。为满足钻孔和取芯工作的需要,不论哪种钻芯机,都应具备以下 5 个基本功能:

(1) 向钻芯头传递压力,推动钻头前进或后退。

(2) 驱动钻头旋转,并应具有一定范围的转速,以便保证所需要的线速度。

(3) 为了冷却钻头及冲洗钻孔过程中产生的磨削碎屑,应不断供给冷却水。

(4) 钻机应具有足够的刚性和稳定性。

(5) 钻机移动、安装和拆卸方便。

为满足上述 5 个条件,钻芯机一般应包括以下几个部分:

(1) 机架部分主要由底座、立柱所组成,底座上一般均安装四个调整水平用的螺钉和两个行走轮。

(2) 进给部分由滑块导轨、升降座、齿条、齿轮、进给手柄等组成。当把升降座上的紧固螺钉松开后,利用进给手柄可使升降座安全匀速地上下移动,以保证钻头在允许行程内的前进后退。

(3) 变速器由壳体、变速齿轮、变速手柄和旋转水封等组成。

(4) 在钻芯过程中,给水部分必须供应一定流量的冷却水,水经过水嘴后流入水套内,经过水套进入主轴中心孔,然后经过连接头,最后由钻头端部排出。

(5) 动力部分主要由电动机、起动机和开关等组成。

钻芯机及其构造示意图如图 7-14 所示。

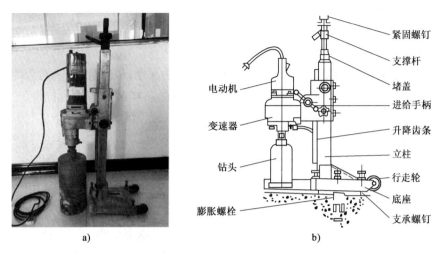

图 7-14 钻芯机及其构造示意图

2) 人造金刚石空心薄壁钻头

空心薄壁钻头主要由钢体和胎环部分组成。钢体一般由无缝钢管车制而成,钻头的胎环是由钢系、青铜系、钨系等冶金粉末和适量的人造金刚石浇铸成型的,在胎环上增加若干排水槽。钻头与钻孔机的连接方式主要由钻头的直径和钻机的构造决定。一般可分为直柄式、螺纹式和胀卡式 3 种,如图 7-15 所示。钻取芯样所使用的钻头,其胎体不得有裂缝、缺边、少角、切斜及喇叭口变形。

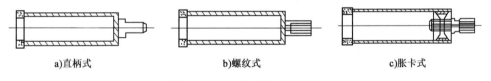

a) 直柄式　　　　b) 螺纹式　　　　c) 胀卡式

图 7-15 空心薄壁钻构造示意图

3) 芯样切割机

当检测混凝土强度时,应将芯样用切割机加工成具有一定尺寸的抗压试件。切割方式可分为两种类型:一种是圆锯片不移动,但工作台可以移动;另一种是锯片平行移动,但工作台不动。

(二) 检测方法与数据处理

1. 试验准备

步骤一　收集反映工程质量的技术资料。

相应的技术资料主要包括以下内容:

(1) 工程名称或代号,以及设计、施工、建设单位名称;

(2) 结构或构件种类、外形尺寸以及数量;

(3) 混凝土强度等级、混凝土的成型日期、所用的水泥品种、粗集料粒径、砂石产地以及配合比等;

(4) 混凝土试块的抗压强度;

(5)结构或构件的现场质量状况以及施工或使用中存在的质量问题;

(6)有关的结构设计图和施工图。

步骤二 准备钻芯机具及选择钻头直径。

钻芯机具准备及钻头直径选择的原则:

(1)一般根据被测构件的体积及钻取部位确定钻芯的深度以及选择合适的钻机及钻头。

(2)根据检测的目的选择适宜尺寸的钻头。当钻取的芯样是为了进行抗压强度试验时,宜使用100mm的芯样,其直径为粗集料最大粒径的3倍。在钢筋过密或因取芯位置不允许钻取较大芯样的特殊情况下,也可采用小直径芯样,但其直径不应小于70mm且不得小于粗集料最大粒径的2倍。

2. 现场测试步骤

步骤一 确定芯样数量。

取芯的数量应视检测的要求而定。进行强度检测时,一般可分为以下两种情况:

(1)对单个构件进行强度检测时,在构件上的取芯个数一般不少于3个;当构件的体积或截面积较小时,取芯过多会影响结构承载能力,这时可取2个。

(2)对构件某一指定局部区域的质量进行检测时,取芯数量应视这一区域的大小而定,如某一区域遭受冻害、火灾、化学腐蚀或可能存在质量问题等情况,这时检测结果仅代表取芯位置的质量,而不能据此对整个构件或结构物强度作出整体评价。至于检查内部缺陷的取芯试验,更应视具体情况而定。

步骤二 确定取芯位置。

取芯时会对结构混凝土造成局部损伤,因此在选择芯样位置时要特别慎重。其选择原则为:

(1)结构或构件受力较小的部位。对于受力较大的部位,或安全度不足的截面,不能取芯。

(2)混凝土强度具有代表性的部位。

(3)便于钻芯机安放与操作的部位。

(4)采用钢筋检测仪测试或局部剔凿的方法避开主筋、预埋件和管线。

(5)用于非破损法比较时,取芯部位要在非破损测试区或接近非破损测试区。

步骤三 钻取芯样。

混凝土芯样的钻取是钻芯测强过程的首要环节,是技术性很强的工作。芯样质量的好坏、钻头和钻机的使用寿命以及工作效率,都与操作者的熟练程度和经验有关。因此,掌握熟练的操作技术,合理调节各部位装置,将会获得较好的钻取效果。具体操作如下:

(1)钻芯机就位安放平稳后,将钻芯机固定,固定方法有配重法、真空吸附法、顶杆支撑法和膨胀螺栓法等。

(2)通电确认主轴的旋转方向为顺时针方向。

(3)安装好钻头,接通水源,起动电动机,然后操作加压手柄,使钻头慢慢接触混凝土表面。当混凝土表面不平时,下钻更应特别小心,待钻头入槽稳定后方可适当加压进钻。

在进钻过程中,应保持冷却水的畅通,水流量宜为3~5L/mim,出口水温不宜过高。

(4)移开钻机后,用带弧度的钢钎插入圆形槽并用锤敲击,此时由于弯矩的作用,使芯样在底部与结构断离,然后将芯样提出。取出的芯样应及时编号,并检查外观质量情况,做好记录后妥善保管,以备割成标准尺寸的芯样试件。

为了保证安全操作,取芯机操作人员必须穿戴绝缘鞋及其他防护用品,应遵守钻芯现场安全生产的规定。

(5)钻芯后留下的孔洞应及时进行修补。如无特殊要求,应采用比该构件的混凝土强度等级高一个等级的膨胀细石混凝土进行修补。

步骤四 芯样加工及测量。

从结构或构件中钻取的芯样应使用切割机、磨平机等机具加工成符合要求的试件。

(1)加工尺寸。

抗压芯样试件的高径比宜为1∶1。芯样试件内不宜含有钢筋,或可含有一根直径不大于10mm的钢筋,且钢筋应与芯样试件的轴线垂直并离开端面10mm以上。

(2)端面处理。

抗压强度试件的端面可采用磨平机上磨平端面的处理方法,也可采用硫黄胶泥或环氧胶泥补平的处理方法。补平层厚度不宜大于2mm。抗压强度低于30MPa的芯样试件,不宜采用磨平端面处理法;抗压强度高于60MPa的芯样试件,不宜采用硫黄胶泥或环氧胶泥补平的处理方法。

(3)测量芯样尺寸。

①测量芯样直径。

芯样的直径采用平均直径表示。这是由于在钻芯过程中,钻机受到振动、钻头偏摆等因素的影响,芯样的直径在各个方向并不是均匀一致的。

测量时,应用游标卡尺在芯样上部、中部和下部相互垂直的两个位置上共测量6次,取测量的算术平均值作为芯样直径,精确至0.5mm。当沿芯样高度任一直径与平均直径相差达1.5mm以上时,由于对抗压强度的影响难以估计,故这样的芯样不能作为抗压试件使用。

②测量芯样高度。

抗压芯样试件高度用钢卷尺或钢板尺进行测量,精确至1mm,如图7-16a)所示。当芯样试件的实际高径比小于要求高径比的0.95倍或大于要求高径比的1.05倍时,相应的试件作废。

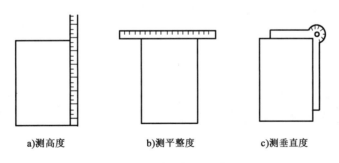

图7-16 芯样尺寸测量示意图

③测量端面平整度。

端面平整度可用钢板尺或角尺测量。测量时用钢板尺紧靠在芯样端面上,一面转动钢板尺,一面用塞尺测量与芯样之间的缝隙,如图7-16b)所示。芯样端面是进行抗压强度试验时的承压面,其平整度对抗压强度影响很大,端面不平时向上比向下引起的应力集中更为剧烈,所以端面平整度的要求为100mm长度范围内不超过0.1mm为合格。

④测量垂直度。

垂直度应用游标量角器测量芯样试件两个端面与母线的夹角,取最大值作为芯样试件的垂直度,精确至 0.1°,如图 7-16c)所示。芯样两个端面应互相平行且应垂直于轴线,芯样端面与轴线间垂直度偏差过大,抗压时会降低强度,要求芯样试件端面与轴线的不垂直度不应超过 1°。

步骤五 抗压强度检测。

芯样试件在自然干燥状态下进行抗压强度试验。芯样试件的含水率对强度有一定影响,含水率越高则强度越低。所以当结构工作条件比较潮湿,需要确定潮湿状态下混凝土抗压强度时,芯样试件应在(20±5)℃的清水中浸泡 40~48h。

(1)抗压强度试验步骤。

按照现行《混凝土物理力学性能试验方法标准》(GB/T 50081)规定的步骤完成抗压强度试验。

(2)计算芯样试件抗压强度

混凝土芯样试件抗压强度按式(7-25)计算。

$$f_{cu,cor} = \frac{\beta_c F_c}{A_c} \tag{7-25}$$

式中:$f_{cu,cor}$——芯样试件抗压强度(MPa),精确至 0.1MPa;

F_c——芯样试件抗压试验破坏荷载(N);

A_c——芯样试件抗压截面面积(mm^2);

β_c——芯样试件强度换算系数,取 1.0;当有可靠试验依据时,也可根据混凝土原材料和施工工艺情况通过试验确定。

(三)检测结果评定

单个构件抗压强度推定时,试件数量不应少于 3 个;当构件的体积或截面积较小时,取芯过多会影响结构承载能力,这时可取 2 个。抗压强度推定值不再进行数据的取舍,按芯样试件抗压强度最小值确定。

取 3 个芯样试件抗压强度的算数平均值作为构件的抗压强度代表值。构件的混凝土抗压强度代表值可用于既有结构的构件承载力评定,不用于混凝土强度的合格评定。

任务 7-3 结构混凝土裂缝的检测

【任务描述】

混凝土结构的破坏往往都与裂缝的发展有关,裂缝是混凝土工程中最常见的一种缺陷。裂缝的存在会影响结构的抗渗性能,导致水分等有害物质渗入,诱发钢筋锈蚀或加速混凝土的自然老化,从而损坏工程结构的承载能力,对安全性产生影响。所以对结构混凝土裂缝的检测是混凝土质量评估的一项重要内容。

结构混凝土裂缝的检测包括裂缝宽度的检测和裂缝深度的检测。

【任务实施】

一、混凝土裂缝宽度的检测

(一)理论知识

混凝土裂缝宽度可采用刻度放大镜、裂缝计、裂缝宽度测试仪等进行测量。当采用裂缝宽度测试仪测量裂缝宽度时,主机通过与摄像头连接,实时显示裂缝图像,依据显示屏上的刻度,可自动或手动得到裂缝宽度数据,即近景摄像法。裂缝宽度测试仪如图7-17所示。

(二)检测方法与数据处理

1. 试验准备

步骤一 检查裂缝宽度测试仪是否在检定有效期限内。

步骤二 用标准刻度板对仪器进行校准,标准刻度板如图7-18所示。

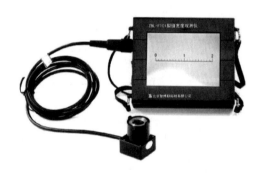

图7-17　裂缝宽度测试仪

图7-18　裂缝标准刻度板

2. 现场测试步骤

步骤一 将摄像头与仪器连接好,并将摄像头底部两个尖的"突起"卡在裂缝中以尽量使裂缝处于垂直。

步骤二 裂缝判读。

(1)自动判读。

点击拍照按钮,仪器开始实时捕获裂缝图像,在屏幕上显示动态影像,此时处于非实时判读状态,点击停止钮或按下摄像头左侧的按键,则停止实时捕获图像,点击自动按钮,然后点击拍照按钮则进入实时自动判读状态,在捕获图像时自动实时计算当前裂缝的宽度。

(2)手动判读。

调整摄像头使裂缝图像清晰后点击停止按钮则停止实时捕获图像,对裂缝进行拍照,获得裂缝的最后一帧图像,即静止影像。点击手动按钮,进入手动测量状态,在图像显示区用触摸笔点击判读的开始点与结束点,如此完成一次手动判读操作,图像显示区的左上角显示判读的裂缝宽度值。

(三) 检测结果评定

裂缝宽度的检测结果可用于桥梁等混凝土结构的技术状况评定,为提出科学合理的养护对策提供依据。例如《公路养护技术规范》(JTG H10—2009)规定,对于钢筋混凝土及预应力混凝土桥,构件裂缝宽度值在允许范围内时应进行封闭处理,当裂缝宽度大于限值时,应采用压力灌浆法灌注环氧树脂胶,裂缝宽度限值见表 7-4。

裂缝宽度限值　　　　　　　　　　　　　表 7-4

结构类型	裂缝种类		允许最大缝宽(mm)	其他要求
钢筋混凝土梁	主筋附近竖向裂缝		0.25	
	腹板斜向裂缝		0.30	
	组合梁结合面		0.50	不允许贯通结合面
	横隔板与梁体端部		0.30	
	支座垫石		0.50	
预应力混凝土梁	梁体竖向裂缝		不允许	
	梁体纵向裂缝		0.20	
砖、石、混凝土拱	拱圈横向		0.30	裂缝高度小于截面高度一半
	拱圈纵向		0.50	裂缝长度小于跨径的 1/8
	拱波与拱肋结合处		0.20	
墩台	墩台帽		0.30	
	墩台身	经常受侵蚀性水影响		
		有筋	0.20	不允许贯通墩身截面一半
		无筋	0.30	
		常年有水,但无侵蚀性水影响		
		有筋	0.25	
		无筋	0.35	
	干沟或季节性有水河流		0.40	
	有冻结作用部分		0.20	

注:表中所列除特指外适用于一般条件。对于潮湿环境和空气中含有较强腐蚀性气体条件下的缝宽限制,应比表列更严格。预应力混凝土梁指全预应力或部分预应力 A 类构件。

二、超声波法检测混凝土裂缝深度

(一) 理论知识

超声波法检测混凝土裂缝深度(微课)

超声波法测定裂缝深度,根据检测条件有单面平测法、双面斜测法、钻孔对测法等。

单面平测法适用于裂缝部位只有一个可测表面,裂缝深度在 500mm 以下的裂缝检测,测裂缝深度应用的是声波的衍射(绕射)现象原理。在单面平测法中,换能器分别置于裂缝表面两侧,发射换能器发出的声波以及经裂缝断面反射后的声波均不能到达接收换能器,接收换能器接收的只是绕过裂缝下缘产生的衍射波,声波因绕过裂缝末端使声时加长。

双面斜测法适用于裂缝部位有两个相互平行的测试表面的裂缝检测,可采用双面穿透斜测法检测。将发射与接收换能器置于两测试表面对应点,测量各测线的声时、波幅、主频等,比较跨缝和不跨缝的声参量有没有大的变化,若存在大的变化,则可判断裂缝深度及在所处位置是否贯通。

钻孔对测法适用于大体积混凝土预计深度在 500mm 以上的裂缝检测,被检测混凝土应允许在裂缝两侧钻测试孔。用径向换能器、水耦合测试,根据声参量的变化判断裂缝深度。

超声波法检测混凝土裂缝深度所用主要仪器有非金属超声仪,其由非金属超声仪主机、平面换能器、信号线等组成,如图 7-19 所示。

图 7-19 非金属超声仪

(二)检测方法与数据处理

1. 试验准备

步骤一 检查混凝土超声仪是否在检定有效期限内。

步骤二 收集技术资料。

检测前应收集的相关技术资料,主要包括以下内容:

(1)工程名称;

(2)检测目的与要求;

(3)混凝土原材料品种与规格;

(4)混凝土浇筑和养护情况;

(5)构件尺寸和配筋施工图或钢筋隐蔽图;

(6)构件外观质量及存在问题。

2. 现场测试步骤

步骤一 确定测试部位及测试方法。

依据检测要求和测试操作条件,确定测试部位及测试方法。测试部位的被测裂缝中不得有积水或泥浆等;混凝土表面应清洁、平整,必要时可用砂轮磨平或用高强度的快凝砂浆抹平。砂浆必须与混凝土黏结良好。

步骤二 测量超声波传播距离。

(1)当采用厚度振动式换能器对测时,宜用钢卷尺测量 T、R 换能器辐射面之间的距离。

(2)当采用厚度振动式换能器平测时,宜用钢卷尺测量 T、R 换能器内边缘之间的距离。

(3)当采用径向振动式换能器在钻孔或预埋管中检测时,宜用钢卷尺测量放置 T、R 换能器的钻孔或预埋管内边缘之间的距离。

注:测距的测量误差应不大于 ±1%。

步骤三 声时测量及裂缝深度判定。

(1)单面平测法测试步骤及裂缝深度判定。

①布置测点。

按跨缝和不跨缝布置测点,如图 7-20 所示;测点应避开钢筋的影响。

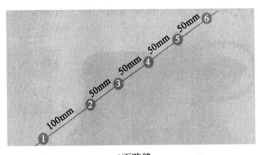 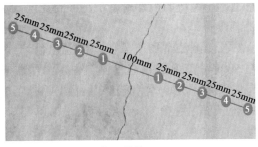

a)不跨缝　　　　　　　　　　　　b)跨缝

图7-20　单面平测法测点布置示意图

②测量不跨缝的声时。

将 T、R 换能器置于裂缝附近同一侧,以两个换能器内边缘间距等于 100mm、150mm、200mm、250mm……分别读取声时值 t_i,如图 7-21 所示。换能器应通过耦合剂与混凝土测试表面保持紧密结合,耦合层不得夹杂泥砂或空气,测试时避免超声传播路径与附近钢筋轴线平行,如果无法避免,应使两个换能器连线与该钢筋的最短距离不小于超声测距的 1/6。

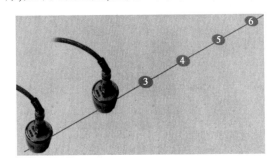 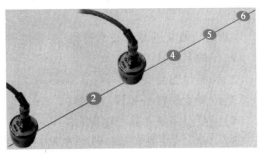

图7-21　测量不跨缝的声时示意图

绘制"时-距"坐标图(图 7-22)或用回归分析的方法求出声时与测距之间的回归直线方程式(7-26),按式(7-27)计算每测点超声波实际传播距离 l_i。

$$l_i = a + bt_i \tag{7-26}$$

$$l_i = l' + |a| \tag{7-27}$$

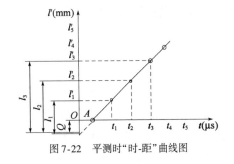

图7-22　平测时"时-距"曲线图

式中:l_i——第 i 点的超声波实际传播距离(mm);

l'——第 i 点的 T、R 换能器内边缘间距(mm);

a——"时-距"图中 l' 轴的截距或回归直线方程的常数项(mm);

b——回归系数。

③计算不跨缝平测的混凝土声速值。

不跨缝平测的混凝土声速值按式(7-28)计算。

$$v = \frac{l'_n - l'_1}{t_n - t_1} \tag{7-28}$$

式中:v——不跨缝平测的混凝土声速值(km/s);

l'_n、l'_1——第 n 点和第 1 点的测距(mm);

t_n、t_1——第 n 点和第 1 点读取的声时值(μs)。

④测量跨缝的声时。

如图 7-23 所示,将 T、R 换能器分别置于以裂缝对称的两侧,l' 取 100mm、150mm、200mm……分别读取声时值 t_1^0,同时观察首波相位的变化,如图 7-24 所示。

 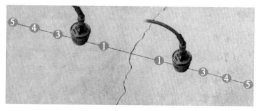

图 7-23 测量跨缝的声时示意图

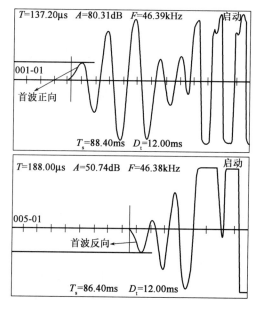

图 7-24 首波相位变化图

⑤按式(7-29)计算各点的裂缝深度值。

$$h_{ci} = \frac{l_i}{2}\sqrt{\left(\frac{t_i^0 v}{l_i}\right)^2 - 1} \quad (7-29)$$

式中:l_i——不跨缝平测时第 i 点的超声波实际传播距离(mm);

h_{ci}——第 i 点计算的裂缝深度值(mm);

t_i^0——第 i 点跨缝平测的声时值(μs)。

⑥确定裂缝深度。

首波反相法。跨缝测量中,当在某测距发现首波反相时,可用该测距及两个相邻测距的声时测量值按式(7-29)计算 h_{ci} 值,取此 3 点的平均值作为该裂缝的深度值 h_c。

剔除法。跨缝测量中如难于发现首波反相,则以不同测距按式(7-29)计算 h_{ci} 值,按式(7-30)计算其平均值 m_{hc}。将各测距 l'_i 与 m_{hc} 相比较,凡测距 l'_i 小于 m_{hc} 且大于 $3m_{hc}$ 的,应剔除该组数据,然后取余下 h_{ci} 的平均值,作为该裂缝的深度值 h_c。

$$m_{hc} = \frac{1}{n}\sum_{i=1}^{n} h_{ci} \tag{7-30}$$

式中:m_{hc}——计算各测点裂缝深度的平均值(mm);
　　　n——测点数。

(2)双面斜测法测试步骤及裂缝深度判定。

①布置测点。

双面斜测法测点布置如图 7-25 所示,图中 1~6、①~④代表测点位置。

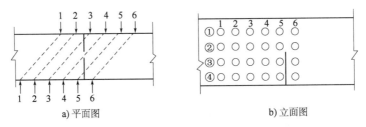

图 7-25　双面斜测法测点布置示意图

②测量声参量。

将 T、R 换能器分别置于两测试表面对应测点的位置读取相应声时值 t_i、波幅值 A_i 及主频率 f_i。测试时要求测试系统和测试参数不变,各测线等长、测线倾斜角度相同。

③判定裂缝深度。

当换能器的连线通过裂缝,根据波幅、声时和主频的突变,可以判定裂缝深度以及是否在所处断面内贯通。

(3)钻孔对测法测试步骤及裂缝深度判定。

①裂缝两旁钻测试孔。在检测裂缝两侧钻孔时,所钻测试孔应满足下列要求:

孔径应比所用换能器直径大 5~10mm;孔深应比裂缝预计深度深 700mm,经测试孔深若浅于裂缝深度,则应加深钻孔;对应的两个测试孔(A、B),必须始终位于裂缝两侧,其轴线应保持平行;两个对应测试孔的间距宜为 2 000mm,同一检测对象各对测孔间距应保持相同;孔中粉末碎屑应清理干净;如图 7-26a)所示,宜在裂缝一侧多钻一个孔距相同但较浅的孔 C,通过 B、C 两孔测试无裂缝混凝土的声学参数。

②裂缝深度检测。

裂缝深度检测应选用频率为 20~60kHz 的径向振动式换能器。测试前应先向测试孔中注满清水,将 T、R 换能器分别置于裂缝两侧的对应孔中,以相同高程等间距(100~400mm)由上往下同步移动,逐点读取声时、波幅和换能器所处的深度,如图 7-26b)所示。

③裂缝深度值判定。

以换能器所处深度 h 与对应的波幅值 A 绘制坐标图,如图 7-27 所示。

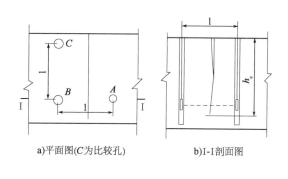
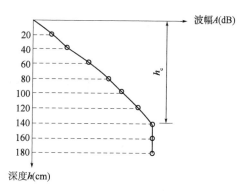

图 7-26 钻孔对测法测试裂缝深度示意图

图 7-27 h-A 坐标图

随着换能器位置的下移,波幅逐渐增大,当换能器下移至某一位置后,波幅达到最大并基本稳定,该位置所对应的深度即裂缝深度值 h_c。

(三)检测结果评定

检测结果可用于桥梁等混凝土结构的技术状况评定,为提出科学合理的养护对策提供依据。

三、冲击弹性波法检测混凝土裂缝深度

(一)理论知识

冲击弹性波法测定裂缝深度,有相位反转法、传播时间差法及面波法等方法。

相位反转法适用于深度小于 200mm 的裂缝深度测试。当激发的弹性波信号在混凝土内传播,穿过裂缝时,在裂缝端点处产生衍射,其衍射角与裂缝深度有一定的几何关系。相位反转法是基于该原理,将激振点与接收点沿裂缝对称配置,从近到远逐步移动,当激振点与裂缝的距离与裂缝的深度相近时,接收信号的初始相位会发生反转。

传播时间差法适用于深度小于 300mm 的裂缝深度测试,适合混凝土结构物中的开口裂缝的测定。其测试原理是激励产生的弹性波遇到裂缝时,波被直接隔断,并在裂缝端部衍射通过,通过测试波在有裂缝位置和没有裂缝健全部位传播的时间差来推定裂缝深度。裂缝深度越大,传播时间差也就越长。

面波法适用于检测性状规则、测试面较大的混凝土内部的深层裂缝测试。瑞利波(面波的一种)在传播过程中发生几何衰减和材料衰减,可通过系统补正保持其振幅不变。但是,瑞利波在遇到裂缝时,其传播在某种程度上被遮断,在通过裂缝以后能量和振幅会减少,如图 7-28 所示,因此根据裂缝前后的波的振幅变化(振幅比),可以推算裂缝深度。

冲击弹性波法测定裂缝深度所用主要仪器为冲击弹性波检测仪,其由冲击弹性波检测仪主机、加速度传感器、冲击锤、电缆线等组成,如图 7-29 所示。

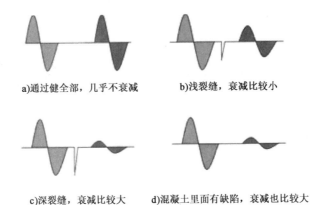

图 7-28　面波法测裂缝原理图

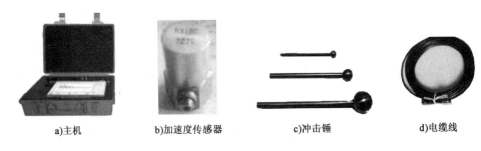

图 7-29　冲击弹性波检测仪

(二) 检测方法与数据处理

1. 试验准备

步骤一　检查混凝土超声仪是否在检定有效期限内。

步骤二　检测前应收集相关技术资料,主要包括以下内容:
(1) 工程名称;
(2) 检测目的与要求;
(3) 混凝土原材料品种与规格;
(4) 混凝土浇筑和养护情况;
(5) 构件尺寸和配筋施工图或钢筋隐蔽图;
(6) 构件外观质量及存在问题。

步骤三　调查裂缝状况。
检测前应先调查裂缝状况,包括以下内容:
(1) 裂缝周围混凝土质量、裂缝长度及走向;
(2) 裂缝内有无填充物和积水。

步骤四　依据检测要求和测试操作条件,确定缺陷测试部位及测试方法。

2. 现场测试步骤

1)方法1 相位反转法测试步骤及裂缝深度判定

步骤一 布置测线及测点。

测线与裂缝走向正交。激振点、接收点位于裂缝两侧。如图7-30所示,激振点、接收点与裂缝距离2cm。

步骤二 数据采集。

激振点、接收点与裂缝距离2cm后开始测试,每次测试后距离增加2cm,注意观察初始相位,直到初始相位反转时,如图7-31所示。

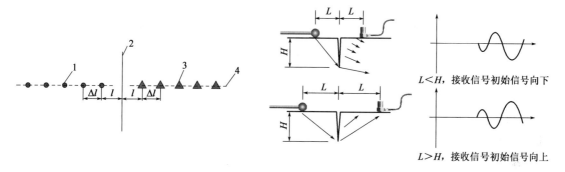

图7-30 相位反转法检测裂缝深度示意图
1-激振点;2-裂缝;3-接收点;4-测线

图7-31 首波相位反转变化示意图

步骤三 结构物裂缝深度确定。

裂缝的深度就是测试波形的初始相位变化前后传感器与裂缝距离的平均值。

2)方法2 传播时间差法测试步骤及裂缝深度判定

步骤一 布置测点。

激振点和接收点位于距离裂缝等距的位置,如图7-32所示。

步骤二 标定弹性波在混凝土中的传播波速 V_p。

步骤三 采集波的传播时间。

进行激振和接收,来取得信号在裂缝处的传播时间差 T_c。需要变换测试距离2次,即测试3个状态。

步骤四 按式(7-31)计算裂缝深度。

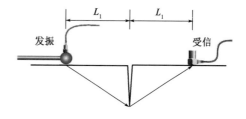

图7-32 传播时间差法测定裂缝深度示意图

$$H = \sqrt{\left(\frac{V_p T_c}{2}\right)^2 - L^2} \tag{7-31}$$

式中:H——裂缝深度(m);

V_p——弹性波在混凝土中的传播波速(km/s);

T_c——采集到的波的传播时间(s);

L——传感器到裂缝的距离(m)。

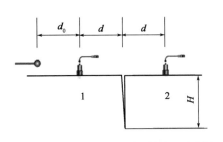

图 7-33 面波法测定裂缝深度测点布置示意图

3) 方法 3 面波法测试步骤及裂缝深度判定

步骤一 布置测线测点。

测线与裂缝走向正交;测点避开混凝土表面蜂窝、结构缝的位置,表面应平整。采用"一发双收"的测试方式,如图 7-33 所示,接收点跨缝等距布置,冲击点与一接收点置于裂缝同侧,各点处在同一测线上。冲击点与接收点间距 d_0、接收点与裂缝间距 d 应大于激发的面波波长,可取 1~2 倍的 λ,λ 值可按式(7-32)估算。

$$\lambda \approx 2 t_c \cdot c_R \tag{7-32}$$

式中:t_c——冲击持续时间(s),近似取为 0.004 3D,D 为冲击钢球的直径(m);
c_R——混凝土面波波速(m/s),估算时可取 2 000m/s。

步骤二 测试面凹凸位置用钢挫、打磨石等处理平滑。

步骤三 数据采集。

(1)传感器垂直于检测表面;
(2)激振时,对于深裂缝采用大的打击锤,对于浅裂缝采用小的打击锤;
(3)检测时宜采用双方向激振,如图 7-34 所示。改变发振方向时,不能移动传感器的位置。

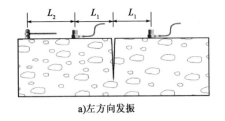
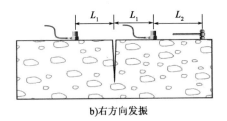

a)左方向发振　　　　　　　　b)右方向发振

图 7-34 双方向激振

步骤四 确定裂缝深度。

(1)按式(7-33)计算敲击产生的面波传递至另一侧传感器的振幅比 x。

$$x = \frac{A_2}{A_1}\sqrt{\frac{2d+d_0}{d_0}} \tag{7-33}$$

式中:A_1——传感器 1 测试得到的面波最大振幅;
A_2——传感器 2 测试得到的面波最大振幅。

(2)当裂缝面穿过钢筋时,振幅比按式(7-34)修正。

$$\hat{x} = x - n \tag{7-34}$$

式中:$\hat{x}$——修正后振幅比;
n——钢筋率。

(3)推算裂缝深度。

裂缝深度按式(7-35)进行推算。

$$h = -\zeta \cdot \lambda \ln \hat{x} \tag{7-35}$$

式中:h——裂缝深度(m);

ζ——常数,应通过标定得出,或取 0.742 9。

步骤五 校核检测结果。

(1)裂缝深度检测结果 h 不应大于1.3倍面波波长 λ,否则应更换激振钢球的大小重复测试。

(2)当 h 满足上述要求时,对面波波长 λ 进行校核。面波波长校核步骤如下:

①选取与裂缝测线相近的、完整的混凝土结构。

②按照与裂缝深度测试相同的布点方式选取同样的冲击器。

③冲击产生的面波波速按式(7-36)计算。

$$c_R = \frac{2d}{t_2 - t_1} \tag{7-36}$$

式中:t_1——面波到达传感器1的时间(s);

t_2——面波到达传感器2的时间(s)。

④面波波长按式(7-37)计算。

$$\lambda = \frac{c_R}{f_1} \tag{7-37}$$

式中:f_1——在裂缝测试时传感器1测试面波的卓越频率,可通过快速傅立叶变换(FFT)得到。

(3)按式(7-35)进行裂缝深度修正。

(三)检测结果评定

检测结果可用于桥梁等混凝土结构的技术状况评定,为提出科学合理的养护对策提供依据。

任务7-4　结构混凝土内部缺陷的检测

【任务描述】

在混凝土结构物的施工及使用过程中,往往会造成一些缺陷和损伤。例如由于施工中振捣不足、钢筋网过密而集料最大粒径选择不当、模板漏浆等原因造成的内部空洞、不密实区、蜂窝等;又或者长期在腐蚀介质或冻融作用下由表及里的层状疏松等,这些缺陷和损伤往往会严重影响结构物的承载能力和耐久性。因此,对混凝土内部缺陷的检测结论是事故处理、施工验收、已有建筑物安全鉴定及维修加固时重要的依据。

混凝土内部缺陷包括混凝土内部不密实区和空洞、混凝土结合面质量、混凝土损伤等内容。其常用的检测方法有超声波法、冲击弹性波法、振动法、雷达法等。

【任务实施】

一、超声波法检测结构混凝土内部不密实区及空洞

超声波法检测结构混凝土内部不密实区及空洞（微课）

(一) 理论知识

超声波在混凝土中遇到缺陷时产生绕射，传播时间增长；超声波在混凝土缺陷界面产生散射和反射，使到达接收换能器的声波能量显著减少；超声波中各频率成分在缺陷界面衰减不同，使得接收信号的频率明显降低；超声波通过缺陷时，部分声波会产生路径和相位变化，不同路径和相位的声波叠加后，造成接收信号波形畸变。可通过分析接收到信号的声参量的变化来判断缺陷情况。

应用超声波法测定结构混凝土内部不密实区及空洞时被测部位应具有一对（或两对）相互平行的测试面，测试面的测试范围除应大于有怀疑的区域外，还应与同条件的正常混凝土区域进行对比，且对比测点数不应少于 20。根据测试部位的条件可分为对测法、斜测法及钻孔或预埋声测管法。

(二) 检测方法与数据处理

1. 试验准备

步骤一 依据检测要求和测试操作条件，确定缺陷测试部位及测试方法。

(1) 当构件具有两对相互平行的测试面时，可采用对测法。

(2) 当构件只有一对相互平行的测试面时，可采用对测和斜测相结合的方法。

(3) 当测距较大时，可采用钻孔或预埋声测管法。

步骤二 处理测试面。

测试部位混凝土表面应清洁、平整，必要时可用砂轮磨平或用高强度的快凝砂浆抹平。砂浆必须与混凝土黏结良好。

2. 现场测试步骤

步骤一 布置测点。

(1) 对测法测点布置。对测法测点布置，如图 7-35 所示，在测试部位两对相互平行的测试面上，分别画出等间距的网格，网格间距对于工业与民用建筑为 100～300mm，对于其他大型结构物可适当放宽，并编号确定对应的测点位置。

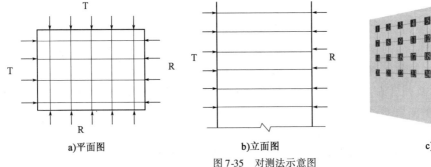

a) 平面图 b) 立面图 c) 立体图

图 7-35 对测法示意图

(2)斜测法测点布置。当构件只有一对相互平行的测试面时,可采用对测和斜测相结合的方法。斜测法测点布置如图7-36所示,在测位两个相互平行的测试面上分别画出网格线,可在对测的基础上进行交叉斜测。

(3)钻孔或预埋声测管法测点布置,如图7-37所示,在测位预埋声测管或钻出竖向测试孔,预埋管内径或钻孔直径宜比换能器直径大5~10mm,预埋管或钻孔间距宜为2~3mm,其深度可根据测试需要确定。检测时可用两个径向振动式换能器分别置于两测孔中进行测试,或用一个径向振动式与一个厚度振动式换能器分别置于测孔中和平行于测孔的侧面进行测试。

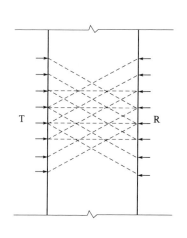

图 7-36 斜测法立面图

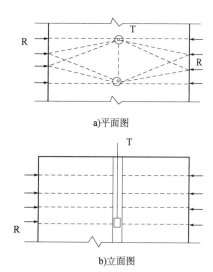

图 7-37 钻孔法示意图

步骤二 标定换能器声时初读数。当采用一个厚度振动式换能器和一个径向振动式换能器进行检测时,声时初读数可取该两个换能器初读数之和的一半。

步骤三 量测超声波传播距离(测距)。

(1)换能器应通过耦合剂与混凝土测试表面保持紧密结合,耦合层不得夹杂泥砂或空气。

(2)当采用厚度振动式换能器对测时,宜用钢卷尺测量T、R换能器辐射面之间的距离。

(3)当采用径向振动式换能器在钻孔或预埋管中检测时,宜用钢卷尺测量放置T、R换能器的钻孔或预埋管内边缘之间的距离。

(4)测距的测量误差应不大于±1%。

步骤四 测量声时、波幅、主频等声参量。

(1)检测时,应尽可能避免超声传播路径与附近钢筋轴线平行;如无法避免,应使两个换能器连线与该钢筋的最短距离不小于超声测距的1/6。

(2)测量声时、波幅、主频等声参量的同时,应注意观察接收信号的波形或包络线的形状,必要时进行描绘或拍照。

(3)检测中出现可疑数据时应及时查找原因,必要时进行复测校核或加密测点补测。

3. 数据处理

步骤一 计算平均值与标准差。

按式(7-38)计算测位混凝土声学参数的平均值 m_x，按式(7-39)计算标准差 S_x。

$$m_x = \frac{1}{n} \sum_{i=1}^{n} X_i \tag{7-38}$$

$$S_x = \sqrt{\frac{1}{n-1} \left[\sum_{i=n-1}^{n} (x_i)^2 - n(m_x)^2 \right]} \tag{7-39}$$

式中：X_i——第 i 点的声学参数值；

n——参与统计的测点数。

步骤二 判断异常数据。

(1) 将测位各测点的波幅、声速或主频值按由大到小的顺序分别排列，即 $X_1 \geq X_2 \geq \cdots \geq X_n \geq X_{n+1}$，将排在后面明显小的数据视为可疑，再将这些可疑数据中最大的一个(假定 X_n)连同其前面的数据按式(7-38)及式(7-39)计算出平均值 m_x 及标准差 S_x，并按式(7-40)计算异常情况的判断值 X_0，即：

$$X_0 = m_x - \lambda_1 S_x \tag{7-40}$$

式中：λ_1——常数，按表7-5取值。

统计数的个数 n 与对应的 λ_1、λ_2、λ_3 值　　　　表7-5

n	20	22	24	26	28	30	32	34	36	38
λ_1	1.65	1.69	1.73	1.77	1.80	1.83	1.86	1.89	1.92	1.94
λ_2	1.25	1.27	1.29	1.31	1.33	1.34	1.36	1.37	1.38	1.39
λ_3	1.05	1.07	1.09	1.11	1.12	1.14	1.16	1.17	1.18	1.19
n	40	42	44	46	48	50	52	54	56	58
λ_1	1.96	1.98	2.00	2.02	2.04	2.05	2.07	2.09	2.10	2.12
λ_2	1.41	1.42	1.43	1.44	1.45	1.46	1.47	1.48	1.49	1.49
λ_3	1.20	1.22	1.23	1.25	1.26	1.27	1.28	1.29	1.30	1.31
n	60	62	64	66	68	70	72	74	76	78
λ_1	2.13	2.14	2.15	2.17	2.18	2.19	2.20	2.21	2.22	2.23
λ_2	1.50	1.51	1.52	1.53	1.53	1.54	1.55	1.56	1.56	1.57
λ_3	1.31	1.32	1.33	1.34	1.35	1.36	1.36	1.37	1.38	1.39
n	80	82	84	86	88	90	92	94	96	98
λ_1	2.24	2.25	2.26	2.27	2.28	2.29	2.30	2.30	2.31	2.31
λ_2	1.58	1.58	1.59	1.60	1.61	1.61	1.62	1.62	1.63	1.63
λ_3	1.39	1.40	1.41	1.42	1.42	1.43	1.44	1.45	1.45	1.45
n	100	105	110	115	120	125	130	140	150	160
λ_1	2.32	2.35	2.36	2.38	2.40	2.41	2.43	2.45	2.48	2.50
λ_2	1.64	1.65	1.66	1.67	1.68	1.69	1.71	1.73	1.75	1.77
λ_3	1.46	1.47	1.48	1.49	1.51	1.53	1.54	1.56	1.58	1.59

(2)将判断值 X_0 与可疑数据的最大值 X_n 相比较,当 X_n 不大于 X_0 时,则 X_n 及排列于其后的各数据均为异常值,去掉 X_n,再用 $X_1 \sim X_{n-1}$ 进行计算和判别,直至判别不出异常值为止;当 X_n 大于 X_0 时,应再将 X_{n+1} 放进去重新进行计算和判别。

(3)当测位中判出异常测点时,可根据异常测点的分布情况,按式(7-41)进一步判别其相邻测点是否异常。

$$\begin{cases} X_0 = m_x - \lambda_2 S_x \\ X_0 = m_x - \lambda_3 S_x \end{cases} \tag{7-41}$$

式中:λ_2、λ_3——常数,按表 7-5 取值。当测点布置为网格状时取 λ_2,当单排布置测点时(如在声测孔中检测)取 λ_3。

(4)若保证不了耦合条件的一致性,则波幅值不能作为统计法的判据。

(三)检测结果评定

混凝土内部不密实区及空洞的位置及范围的判定:

(1)当测位中某些测点的声学参数被判为异常值时,可结合异常测点的分布及波形状况确定混凝土内部存在不密实区和空洞的位置及范围。

(2)当判定缺陷是空洞时,可按以下步骤估算空洞的当量尺寸。

①空洞的当量尺寸估算原理如图 7-38 所示。

设检测距离为 l,空洞中心(在另一对测试面上声时最长的测点位置)距一个测试面的垂直距离为 l_h,声波在空洞附近无缺陷混凝土中传播的时间平均值为 m_{ta},绕空洞传播的时间(空洞处的最大声时)为 t_h,空洞半径为 r,设: $X = \dfrac{t_h - m_{ta}}{m_{ta}} \times 100$,$Y = \dfrac{l_h}{l}$,$Z = \dfrac{r}{l}$。根据 X、Y 值,可由表 7-6 查得空洞半径 r 与测距的比值 Z,再计算空洞的大致半径 r。

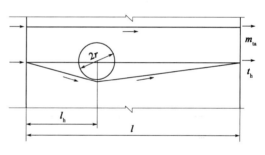

图 7-38 空洞尺寸估算原理图

X、Y 值对应的空洞半径 r 与测距 l 的比值 表 7-6

Y	X												
	0.05	0.08	0.10	0.12	0.14	0.16	0.18	0.20	0.22	0.24	0.26	0.28	0.30
0.1(0.90)	1.42	3.77	6.26										
0.15(0.85)	1.00	2.56	4.06	5.97	8.39								
0.20(0.80)	0.78	2.02	3.18	4.62	6.36	8.44	10.9	13.9					
0.25(0.75)	0.67	1.72	2.69	3.90	5.34	7.03	8.98	11.2	13.8	16.8			
0.30(0.70)	0.60	1.53	2.40	3.46	4.73	6.21	7.91	9.38	12.0	14.4	17.1	20.1	23.6
0.35(0.65)	0.55	1.41	2.21	3.19	4.35	5.70	7.25	9.00	10.9	13.1	15.5	18.1	21.0
0.40(0.60)	0.52	1.34	2.09	3.02	4.12	5.39	6.84	8.48	10.3	12.3	14.5	16.9	19.6
0.45(0.55)	0.50	1.30	2.03	2.92	3.99	5.22	6.62	8.20	9.95	11.9	14.0	16.3	18.8
0.50	0.50	1.28	2.00	2.89	3.94	5.16	6.55	8.11	9.84	11.8	13.3	16.1	18.6

②当被测部位只有一对可供测试的表面时,只能按空洞位于测距中心考虑,空洞尺寸可按式(7-42)计算。

$$r = \frac{l}{2}\sqrt{\left(\frac{t_h}{m_{ta}}\right)^2 - 1} \tag{7-42}$$

式中:r——空洞半径(mm);

l——T、R 换能器之间的距离(mm);

t_h——缺陷处最大声时值(μs);

m_{ta}——无缺陷区的平均声时值(μs)。

二、冲击回波法检测混凝土内部不密实区及空洞

(一)理论知识

冲击回波法检测混凝土厚度
(微课)

1. 冲击回波法概述

冲击弹性波是指通过机械冲击或人工锤击等物理方式使得物体产生弹性形变,在内部质点间弹性力的作用下质点振动传播的运动过程。

冲击回波法是指通过冲击方式产生瞬态冲击弹性波并接收冲击弹性波信号,通过分析冲击弹性波及其回波的波速、波形和主频频率等参数的变化,判断混凝土结构厚度或缺陷的测定方法。

2. 冲击回波法检测混凝土内部不密实区及空洞的原理

在混凝土表面利用一个短时的机械冲击激发低频冲击弹性波,冲击弹性波传播到结构内部,被缺陷表面反射回来。冲击弹性波在构件表面与内部缺陷表面边界之间来回反射产生瞬态共振,其共振频率能在振幅谱(通过快速傅立叶变换,从波形中得出的频率与对应振幅的关系图)中辨别出,用于确定内部缺陷的深度。检测原理如图 7-39 所示。

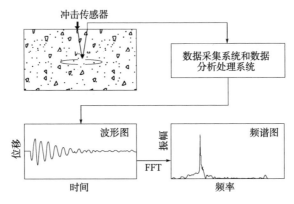

图 7-39 冲击回波法检测结构混凝土内部缺陷原理示意图

(二)检测方法与数据处理

1. 检测准备

步骤一 检查冲击回波仪是否在校准有效期限内。通常冲击回波仪校准周期为 1 年。

步骤二 收集相关技术资料，其主要包括以下内容：
(1) 工程名称及设计、施工、监理、建设和委托单位名称等。
(2) 被检测结构构件的名称、设计图纸、设计变更、施工记录、施工验收等。
(3) 混凝土原材料品种与规格、配合比、浇筑和养护情况、设计强度等级等。
(4) 检测目的与要求。
(5) 构件、结构所处环境条件及使用期间的加固情况。
(6) 委托方检测目的和具体要求。
(7) 结构构件外观质量及存在问题。

2. 现场测试步骤

步骤一 选择测区。测区要求如下：
(1) 受检构件测区外缘距构件的变截面或侧表面的最小距离应大于沿冲击方向的构件厚度。
(2) 测区表面应清洁、平整，不应有蜂窝、孔洞等外观质量缺陷；当表面不平时，应打磨平整。
(3) 测区范围应大于预估缺陷的区域，并应有进行对比的同条件正常混凝土部位。
(4) 测区应标明编号及位置。

步骤二 布置测点。
(1) 每个测区的测点，按等间距的网格状布置，不少于 20 个测点。
(2) 标明测点的位置和编号。

步骤三 标定波速。
(1) 当构件所测区域厚度不能量测时，可采用两个接收传感器进行表观波速测试，如图 7-40 所示。

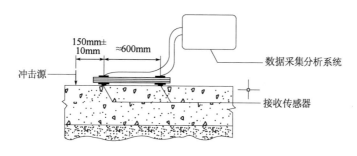

图 7-40 冲击回波法测试结构混凝土表观波速示意图

① 将冲击回波仪的两个接收传感器置于结构构件表面，在两个传感器连线的外侧激发冲击弹性波。

② 当从两个传感器获取的波形都有效时，可存储波形，进行分析；当纵波无法分辨时，应在同一点重复进行测试，或在传感器和混凝土接触良好的另一位置重新进行测试。

③ 从两个传感器分别接收到的两个时域波形应在同一时间坐标中显示。

④ 分别读取并记录第一个和第二个传感器接收信号在电压基准线数值开始变化点的时间数值 t_1 和 t_2；计算纵波到达的时间差 $\Delta t = t_2 - t_1$。

⑤混凝土构件纵波传播的表观波速值按式(7-43)计算。

$$v_p = \frac{L}{\Delta t} k \tag{7-43}$$

式中：v_p——混凝土表观波速(m/s)，精确至1m/s；

L——两个接收传感器间的直线距离(m)，精确至0.001m；

Δt——两个接收传感器所接收到信号的时间差(ms)；

k——截面形状系数，对于板状结构(混凝土板、墙等)可取0.96，对于其他截面几何形式可通过现场试验确定。

⑥通过改变采样时间间隔对同一测点重复进行两次测试，当该测点上两次测得的传播时间相同时，可进行其他测点的测试。当两次测试的信号时间差不同时，应进行第三次测试，取与前两次值相同的值作为传播时间的测试值；当3个数据都不同时，应检查原因，排除故障后再继续进行测试。

⑦混凝土表观波速测试不少于3个测点，测试结果与平均值的差不超过平均值的5%，取多次测试的表观波速平均值作为待测构件的混凝土表观波速值。

(2)能直接测量构件厚度值及采用钻孔取芯直接测量被测构件(区域)厚度值的情况下，可采用一个接收传感器进行表观波速测试。

①在平整混凝土表面进行检测，观察数据采集系统中时域图和振幅谱图的波形变动情况，当出现与厚度值H对应的一个有效波形的振幅谱只有单主峰时，读取频域曲线图中主频值f。

②混凝土表观波速按式(7-44)计算。

$$v_p = 2Hf \tag{7-44}$$

式中：v_p——混凝土表观波速(m/s)；

H——混凝土结构构件直接量测的实际厚度(m)；

f——振幅谱中构件厚度对应的频率值(Hz)。

③混凝土表观波速测试应不少于3个测点，测试结果与平均值的差不超过平均值的5%，取多次测试的表观波速平均值作为待测构件的混凝土表观波速值。

步骤四 数据采集。

(1)传感器和混凝土测试表面应处于良好的耦合状态。

(2)冲击点位置与传感器的间距应小于设计厚度的0.4倍。

(3)当检测面有沟槽或表面裂纹时，传感器和冲击器位于沟槽或表面裂纹的同侧。

(三) 检测结果评定

内部缺陷的判定按下列方法进行：

(1)根据对应的无缺陷构件厚度计算频域曲线主频f_c。

(2)根据实测的波形频谱图，找出主频f，与计算主频f_c进行比较。对于主频f之外的频率应结合检测结构构件形状、钢筋直径、保护层厚度、管线布设和埋件位置等情况进行综合分析，确定内部缺陷位置。

(3)当冲击回波仪具备三维图、厚度-距离图分析功能时，可根据下列情况进行缺陷分析：

①当振幅谱图中只有单峰形态且主频f与计算主频f_c差值不超过$2\Delta f$，厚度-距离图显示

构件厚度值随测试距离无明显变化时,可判定混凝土是密实的,如图 7-41 所示。

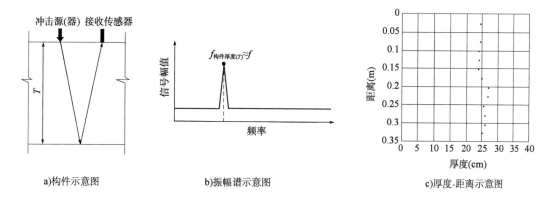

图 7-41　振幅谱图中只有单峰形态示意图

②当振幅谱图中主频 f 与计算主频 f_c 相差较大,振幅谱中频率呈多峰形态,且向低频漂移时,可判断混凝土内部有缺陷,如图 7-42、图 7-43 所示,图 7-44 为图 7-42 中厚度-距离等值线图。

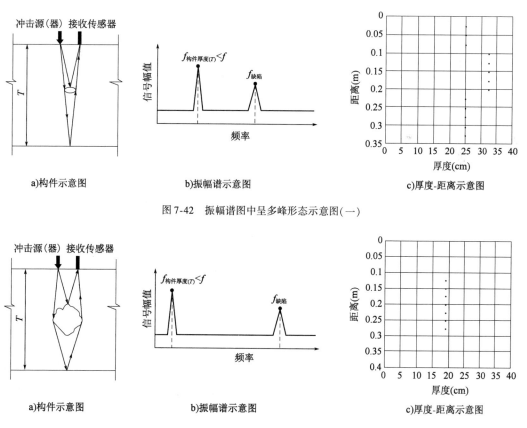

图 7-42　振幅谱图中呈多峰形态示意图(一)

图 7-43　振幅谱图中呈多峰形态示意图(二)

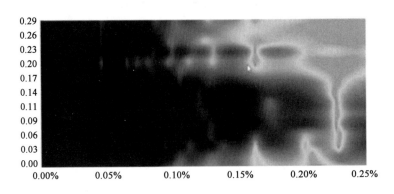

图 7-44　厚度-距离等值线图

③实测波形信号复杂、振幅衰减缓慢,无法准确分析与评价时,宜结合其他检测方法进行综合测试。对于判别困难的区域可采取钻芯核实。

④内部缺陷位置估算值可按式(7-45)计算。其中主频 f 值取振幅谱缺陷波峰对应的频率值。

$$T = \frac{v_p}{2f} \tag{7-45}$$

式中:T——缺陷位置厚度估算值(m);
　　v_p——混凝土表观波速(m/s);
　　f——振幅谱图中缺陷波峰对应的频率(Hz)。

三、振动法检测钢管混凝土脱空

(一)理论知识

1. 结构混凝土脱空的定义和分类

脱空,既是在结构中或者结构面间产生了空隙。由于空隙的产生,隔断了结构中应力的传递,削弱了结构的整体性,从而可能给结构带来严重的危害。

(1)根据脱空面所处的位置,大致可以将脱空分为以下几类:

①表层脱空。脱空的位置距测试表面在 0.02m 之内,如钢管混凝土、压力钢管等。

②浅层脱空。脱空的位置距测试表面在 0.02~0.1m 之内,钢筋混凝土的剥离以及隧道一、二衬之间的脱空大多属于此类。

③深层脱空。脱空的位置距测试表面在 0.1m 之上,高铁轨道板、混凝土面板以及部分隧道衬砌属于此类。

(2)根据脱空产生处材料的性质,又可以将脱空分为以下两类:

①同质材料内脱空。脱空产生在同种,或者机械阻抗相近的材料中。如混凝土衬砌内剥离、一、二衬之间的脱空等。此外,隧道周围是坚硬岩体时,由于岩石的阻抗与混凝土相近,因此也可以认为是同质材料内脱空。

②异质材料间脱空。脱空产生在机械阻抗差别较大的材料中。如混凝土衬砌与周围软弱岩体、地基之间的脱空,轨道板与沥青砂浆之间的脱空;混凝土面板与坝体之间的脱空;钢管与内部混凝土之间、有压引水钢管与衬砌产生的脱空(图7-45)等。

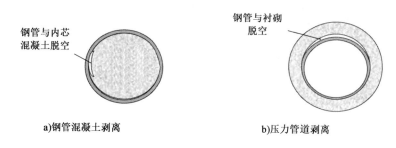

图7-45 钢管混凝土及压力管道剥离示意图

2. 脱空的检测技术

不同的脱空位置、类型,所采取的检测方法也有较大的不同。目前,关于脱空的检测技术大致可以分为以下几类:

(1)基于远红外线成像检测技术。主要检测材料导热性能的不连续性,通常利用日射产生的温度变化,通过对结构表面的温度成像来推断脱空的有无。该方法能检测的脱空深度一般在10cm之内,而且需要在上午和傍晚检测,因此一般用于结构物的外壁检测等。

(2)基于电磁波(混凝土雷达)检测技术。主要检测材料诱电性能的不连续性,利用发射的电磁波在不同介质面上的反射来推断脱空的有无。该方法受金属介质和水的影响很大,而且对空气不敏感,因此仅适合于空洞内有水的检测。对于微细的接触面脱空检测分辨力很低。

(3)基于超声波检测技术。主要检测材料力学特性的不连续性,利用发射的超声波在不同介质面上的反射来推断脱空的有无。严格来说,该方法也属于弹性波的一类,只是能量小、波长较短。该方法的分辨力较高,但测试时需要将探头与被测面耦合,测试效率低。此外,由于能量衰减快,受混凝土中骨料、钢筋影响较大,因此,其检测深度较浅,一般不超过10cm。

(4)基于弹性波检测技术。该方法与超声波法类似,利用激发的弹性波在不同介质面上的反射来推断脱空的有无。与超声波法相比,激发的能量大,波长较长。因此,该方法的测试范围较深,可达1m以上。但分辨力较低,受周围边界的影响大。

(5)基于振动检测技术。该方法利用锤击等方式诱发轨道板的自由振动,利用层间黏结条件(边界条件)的变化造成的自振模态的变化来推断脱空的有无。该方法的代表为"打声法",可以利用声波进行非接触式检测,测试效率高。但该方法的测试深度一般在10cm之内,对小范围的脱空不敏感。

钢管混凝土结合面质量检测宜采用振动法对脱空的有无及位置进行定性快速测试,再结合弹性波雷达扫描(EWR)对脱空区域进行详细检测,并对脱空的厚度进行检测。

3. 振动法快速检测钢管混凝土有无脱空的原理

振动法,即用激振锤击打钢管内表面,通过诱发振动的频率、持续时间以及振幅来定性地判断脱空的有无。当锤击混凝土结构表面时,在表面会诱发振动。该振动还会压缩(拉伸)空气形成声波。因此,可以用传感器直接拾取结构表面的振动信号(在此称为"振动法"),如图7-46 所示。

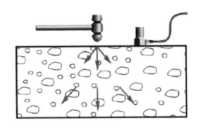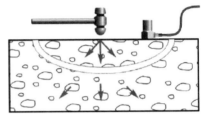

图7-46　振动法检测钢管混凝土脱空示意图

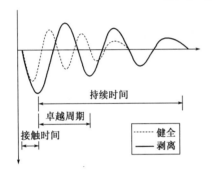

图7-47　剥离/脱空时振动参数的变化特点图

通常,在产生脱空的部位,振动特性会使得弯曲刚度显著降低,卓越周期增长;弹性波能量的逸散变缓,振动的持续时间变长,如图7-47 所示。

这两个特性对激振力的大小没有要求。另外,剥离会引起结构抵抗特性的变化,也就是说,剥离使得参与振动的质量减少,在同样的激振力下,产生的加速度会增加。因此,用冲击锤激振并用激振力归一化后,加速度幅值也是一个重要的指标。卓越周期、持续时间和最大加速度的比较如表7-7 所示。

剥离/脱空测试各参数的比较　　　　　表7-7

项目	持续时间	卓越周期	最大加速度
有剥离	变长	变长	变大
特征	对边界条件敏感	对厚度敏感	—
优点	激振力影响小		对表层剥离敏感
缺点	受材质、边界条件影响大		要求对激振力归一化
适用结构	周围剥离	大面积剥离	周围剥离

(二) 检测方法与数据处理

1. 检测准备

步骤一　选择适宜的传感器及激振锤。

(1)振动法检测钢管混凝土脱空宜采用带磁性座的加速度传感器。

(2)激振锤型号应根据钢管壁厚度及内部填充情况选择,激振锤采用直径 6~10mm 的钢质球。

步骤二 选择测区。

钢管混凝土脱空检测测区范围不应小于预估缺陷的区域,测点宜呈网格状布置,间距不宜大于 20cm。

2. 现场测试步骤

步骤一 采样参数设置。采样时间间隔宜为 4μs,采样点数宜为 8 192。

步骤二 数据采集。激振锤击打钢管内表面,击打间隔为钢管混凝土纵横向 0.2m 间距;每测点击打 1~2 次。检测过程中,若某点波形检测出现异常,应查明原因后复测。

3. 现场数据的处理

(1)对已知密实位置的检测数据进行分析,确定该测点位置的卓越周期 T_1 与持续时间 T_2。

(2)测点的脱空指数 S_i、期望值 $\bar{S}$ 及标准偏差 σ_s 应分别按式(7-46)~式(7-48)确定。

$$S_i = \frac{T_{1i}}{\bar{T}_1} \cdot \frac{T_{2i}}{\bar{T}_2} \tag{7-46}$$

$$\bar{S} = \frac{1}{N_2} \sum_{i=1}^{N_2} S_i \tag{7-47}$$

$$\sigma_s = \sqrt{\frac{1}{N_2} \sum_{i=1}^{N_2} (S_i - \bar{S})^2} \tag{7-48}$$

式中:N_2——测区内的测点数;

$\bar{T}_1$——测区平均卓越周期(ms);

$\bar{T}_2$——测区平均持续时间(ms);

T_{1i}——第 i 测点的卓越周期(ms);

T_{2i}——第 i 测点的持续时间,取值宜为信号衰减到振幅最大值的 0.05 对应的时间(ms)。

(3)按式(7-49)计算各测点 S_i 与期望值 $\bar{S}$ 的距离 L_i。

$$L_i = \frac{|S_i - \bar{S}|}{\sigma_s} \tag{7-49}$$

(三)检测结果评定

(1)根据各测点 L_i 进行脱空判断。L_i 大于 2.33 时为明显脱空;2.33~1.65 时为疑似脱空阈值;小于 1.65 时为无脱空。

(2)采用测试仪器,对振动法测试有脱空可能的区域利用 EWR 进行详细检测,并对脱空的厚度进行检测。

四、雷达法检测混凝土内部缺陷

1. 检测原理

地质雷达是利用一个发射天线向介质体发射高频宽频电磁波,另一个接收天线接收来自地下介质中反射回来的反射波(一般用于检测的天线都是将发射天线和接收天线内置到同一天线中)。进入介质的高频电磁波以宽频带短脉冲的形式向下传播,在传播过程中,其路径、电磁场强度与波形会根据通过介质的电性质及几何形态而发生变化,这些变化都将会在接收天线所接收的反射波反映出来,通过测得反射波的双程走时 t、幅度与波形资料,可推断介质的结构情况。其原理如图 7-48 所示。

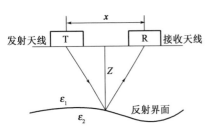

图 7-48 地质雷达测试原理图

(1)根据图 7-48 可知,脉冲波旅行时间 t 可由式(7-50)确定。

$$t = \frac{\sqrt{4Z^2 + x^2}}{v} \quad (7\text{-}50)$$

式中:x——收发距,在测量中是固定的(m);

Z——反射层深度(m);

v——波速(m/s)。

式中 x 远远小于 Z,可忽略不计,v 值可用宽角法测量,也可根据式(7-51)近似计算。

$$v = \frac{c_0}{\sqrt{\varepsilon_r}} \quad (7\text{-}51)$$

式中:c_0——电磁波在空气中传播的速度(m/s);

ε_r——地下介质的相对介电常数。

(2)当地下介质中的波速 v 为已知时,可根据精确测得的走时 t,由式(7-52)计算出目标体的深度 Z。

$$Z = \frac{tc_0}{2\sqrt{\varepsilon_r}} \quad (7\text{-}52)$$

(3)不同介质具有不同的物性,当电磁波穿过介质界面时,一部分被介质吸收,一部分发生反射,一部分发生透射。而对我们有用的主要是反射电磁波,这时其反射波的振幅、波形将发生变化。这种变化的明显程度取决于反射系数的大小,反射系数大小取决于界面两侧介质的介电常数的差异。反射界面两侧介质的介电常数差异越大,反射系数越大,反射界面产生的异常变化也越明显,所以当介质体内存在异常体时我们就可以发现。由于不同形式的异常体对电磁波反射信号表现形式不同,通过对反射波波形、振幅的分析,推断出缺陷的形式。

2. 仪器设备

地质雷达包括地质雷达主机和地质雷达天线两部分,如图 7-49 所示。

a)主机　　　　　　　　　b)天线　　　　　　　　c)监视器

图 7-49　地质雷达

地质雷达天线可采用不同频率的天线组合。地质雷达天线应具有屏蔽功能,地质雷达天线的中心频率的选择,既要满足分辨率的要求,又要满足检测深度的要求。

模块7考核

一、填空题

1. 回弹仪在检测前后,均应在钢砧上做率定试验,率定值应为_____。
2. 计算测区平均回弹值时,应从该测区的 16 个回弹值中剔除_____个最大值和_____个最小值,其余_____个回弹值求平均值。
3. 混凝土碳化后,表面生成_____;遇到酚酞溶液颜色_____。
4. 混凝土强度推定值相应于强度换算值总体分布中保证率不低于_____的构件中的混凝土强度值。
5. 传播时间差法检测裂缝深度时,至少需要测试_____种条件。
6. 面波法检测裂缝深度是根据激振信号的_____来计算裂缝深度。
7. 冲击弹性波法检测混凝土裂缝深度常用的方法:_____、_____、_____。
8. 振动法测脱空主要通过测试结构边界反映_____。
9. 对只有一个测试面的混凝土结构进行内部缺陷检测时,一般使用_____进行检测。
10. 对具备两个及以上自由面的混凝土结构进行内部缺陷检测时,一般使用_____进行检测。

二、选择题

1. 钢筋间最小净距离是指(　　)。
    A. 相邻平行钢筋外边缘之间的最短距离
    B. 相邻平行钢筋内边缘之间的最短距离

C. 平行钢筋外边缘之间的最短距离
D. 平行钢筋内边缘之间的最短距离

2. 钢筋间距和保护层厚度检测时,应根据钢筋设计资料,确定检测区域内钢筋可能分布的状况,选择适当的检测面。检测面应(　　),并应避开金属预埋件。
   A. 潮湿　　　　　B. 平整、清洁　　　C. 粗糙　　　　　D. 不作处理

3. 仪器长时间不使用时,应(　　)。
   A. 定期对仪器充电　B. 取出电池　　　C. 密封保存　　　D. 不用理会

4. 对于钢筋探测仪,其基本原理是根据钢筋对仪器探头所发出的(　　)来判定钢筋的大小和深度。
   A. 电磁波的信号强度　　　　　　　B. 电磁场的感应强度
   C. 冲击弹性波的反射　　　　　　　D. 超声波的信号强度

5. 使用钢筋探测仪检测钢筋间距和保护层厚度时,探头缓慢向钢筋正上方移动直到远离的过程,保护层厚度示值的变化为(　　)。
   A. 慢慢减小,到最小值后逐渐增大　　B. 慢慢增大,到最大值后逐渐减小
   C. 一直减小　　　　　　　　　　　D. 一直增大

6. 使用钢筋探测仪对混凝土中钢筋进行扫描时,其测线方向应和钢筋相(　　)。
   A. 平行　　　　　B. 交叉　　　　　C. 垂直　　　　　D. 不作要求

7. 下列选项不是裂缝深度的检测方法为(　　)。
   A. 传播时间差法　B. 相位反转法　　C. 传递函数法　　D. 表面波法

8. 以下测试方法受钢筋影响相对较小的是(　　)。
   A. 冲击弹性波法　B. 超声波法　　　C. 电磁波法　　　D. 雷达法

9. 现有的脱空检测技术不包含(　　)。
   A. 冲击回波法　　B. 超声波法　　　C. 电磁波法　　　D. 回弹法

10. 表层脱空是指(　　)。
    A. 脱空位置深度小于1cm　　　　　B. 脱空位置深度小于2cm
    C. 脱空位置深度位于2~10cm　　　D. 脱空位置深度大于10cm

三、判断题

1. 检测前应对钢筋扫描仪进行预热和调零,调零时应将探头与混凝土面接触进行。（　　）
2. 对于具有饰面层的结构和构件,可直接在饰面层上进行检测。（　　）
3. 用电磁反射法原理检测混凝土结构及其构件内的钢筋间距、混凝土保护层厚度及公称直径的方法称为电磁反射法。（　　）
4. 检测钢筋直径时,应首先确定钢筋位置。（　　）
5. 采用相位反转法检测裂缝深度时,裂缝面压力、钢筋、水分等充填物对裂缝测试无影响。（　　）
6. 混凝土的缺陷会影响结构的承载力和耐久性。（　　）
7. 相位反转法测试裂缝深度需要了解弹性波的波速。（　　）

8. 钢管混凝土脱空检测时既能检测出脱空位置,也能检测出脱空深度。（   ）
9. 脱空产生后,脱空面的刚性有很大的降低,但对检测媒介无明显的阻断和反射作用。（   ）
10. 激振锤的质量越大,产生的能量越大,频率越大。（   ）
11. 采用半电池电位法检测混凝土结构内部钢筋锈蚀状况,测区混凝土表面应该保持自然干燥。（   ）

四、案例题

某公路桥梁,位于山西省太原市境内,跨径组成为 $6 \times 30m$,桥梁全长为 $186.0m$。上部结构为装配式预应力混凝土连续箱梁。下部结构采用柱式墩,设计强度等级为 C30,由泵送混凝土制作,龄期约 60 天。试验室根据《回弹法检测混凝土抗压强度技术规程》（JGJ/T 23—2011）的相关要求,对该桥梁墩柱的混凝土强度进行批量抽样检测,按每个墩柱抽取 2 个测区,共抽取 5 个墩柱,10 个测区。混凝土强度回弹值见表 7-8,平均碳化深度值为 0.5mm。

桥梁墩柱混凝土强度回弹值　　　　　　　　表 7-8

墩柱编号	测区编号	回弹值															
		1	2	3	4	5	6	7	8	9	10	11	12	13	14	15	16
1	1	34	30	32	33	33	32	28	31	32	31	32	32	33	32	33	34
	2	32	32	35	30	32	32	32	33	35	30	29	33	31	32	34
2	3	30	32	32	32	31	33	33	29	34	29	26	35	31	31	35	31
	4	27	30	34	32	33	32	32	32	35	34	30	31	35	34	31	34
3	5	27	35	32	26	32	26	33	35	31	32	31	31	30	30	31	33
	6	29	31	30	33	30	27	27	26	29	31	30	27	27	30	26	32
4	7	35	26	33	30	30	30	30	31	32	32	26	28	33	31	34	30
	8	33	36	37	32	33	33	32	32	31	34	32	31	31	31	30	31
5	9	33	25	32	31	31	34	34	35	32	35	33	35	30	32	34
	10	31	35	31	33	35	33	34	35	32	35	73	32	32	31	29	33	33

试验环境:温度 20℃　　　天气情况:晴

请结合上述材料,基于标准差的统计分析和混凝土强度推定值的计算,对上述 10 个测区的桥梁墩柱实体混凝土强度进行整体评定(写明核心计算和评定的过程)。

五、技能训练题

完成任务工单 7-1~7-4,并规范完整填写试验检测记录表和评定表。任务工单通过扫描本模块"技能目标达成度测评"中二维码获取。

【模块学习效果评价】

<table>
<tr><td colspan="6" align="center">1. 素质目标达成度测评</td></tr>
</table>

序号	素质目标	素质目标测评点	配分比例	得分	备注
1	规范意识	查阅规范,实际操作中对规范的正确使用	2.5		对照本模块实际拟定的素质目标
1	规范意识	仪器的规范使用、存放和保养	2.5		
2	劳动精神	具备诚实守信的态度,认真记录、检查、核对	2.5		
2	劳动精神	具备吃苦耐劳的品质	2.5		
		分项总分	10		

<table><tr><td colspan="5" align="center">2. 知识目标达成度测评</td></tr></table>

序号	评分内容	配分比例	得分	备注
1	填空题	10		扫描获取[模块7考核]答案
2	选择题	10		
3	判断题	10		
4	案例题	20		
	分项总分	50		

<table><tr><td colspan="6" align="center">3. 技能目标达成度测评</td></tr></table>

序号	技能训练	任务工单号	配分比例	得分	备注
1	钢筋位置、间距及钢筋的混凝土保护层厚度试验	7-1	10		扫描获取模块7任务工单
2	回弹法测定结构混凝土抗压强度	7-2	10		
3	冲击弹性波法测定结构混凝土裂缝深度	7-3	10		
4	冲击回波法测定混凝土内部不密实区及空洞	7-4	10		
	分项总分		40		

【模块学习总结与反思】

通过本模块的学习,你的主要收获有哪些?不足有哪些?下一步改进措施是什么?

模块 8
MODULE EIGHT
有效预应力与预应力孔道压浆试验

【模块内容简介】

在结构承受外荷载之前,预先对其在外荷载作用下的受拉区施加压应力,以改善结构使用性能的结构形式被称为预应力结构。预应力结构必须利用高性能材料和先进的施工工艺进行建造,与非预应力结构相比,具有抗裂性能好、跨越能力大、受力性能好、使用性能优越、耐久性高、轻巧美观等优点。在桥梁、大跨度建筑结构、边坡加固、深基坑支护等结构中都可以利用预应力的思想来更好地满足受力要求。预应力体系主要包括预应力筋(杆或索)及其保护介质(灌浆料等)、锚固装置(锚头、锚垫板等),其中容易产生的质量问题为预应力本身不足及预应力筋保护介质的缺陷,这两大问题都会影响到结构的承载力和耐久性。所以对有效预应力及预应力管道压浆质量的试验检测是非常有必要的。

通过本模块的学习,学习者应掌握有效预应力与预应力孔道压浆相关试验检测与结果评定的知识与技能。本模块依据预应力体系容易出现的质量问题及工程现场工作情况,主要学习 2 个任务,其知识结构如图 8-1 所示。

图 8-1 本模块知识结构

【模块学习目标】

素质目标:通过对锚下有效预应力、孔道压浆浆液性能、孔道压浆密实性定性及定位检测与评定,养成严格按规范操作的规范意识;树立安全生产的意识及实践出真知的劳动精神。

知识目标：掌握反拉法检测锚下有效预应力、孔道压浆浆液性能检测、冲击弹性波法对孔道压浆密实性定性检测及冲击回波法对孔道压浆密实性定位检测的原理、测定步骤及结果评定方法，了解等效质量法检测锚下有效预应力的原理及方法。

能力目标：能依据试验规程完成相关试验的操作并能规范完整地填写现场测试内容记录表，并对所采集的数据进行分析判定。

任务 8-1　锚下有效预应力检测

【任务描述】

锚下有效预应力是指预应力筋张拉锚固后，工作锚具锚口下预应力筋留存的预应力。在预应力结构的制作中，可能存在多种因素导致实际锚下有效预应力与其标准值偏差过大，影响结构使用安全。钢绞线的有效预应力可认为是承载力的一部分，有效预应力不足造成的危害很大，严重时会导致桥梁的断裂。

为了进一步加强桥梁预应力施工管理，提高桥梁结构的施工质量，需要开展桥梁工程的锚下有效预应力检测工作。锚下有效预应力的检测根据灌浆前后可采用反拉法或等效质量法。

【任务实施】

一、反拉法检测锚下有效预应力

反拉法检测锚下有效预应力
（文本、视频）

（一）理论知识

反拉法适用于后张法预应力施工构件锚下有效预应力检测。

1. 基本原理

（1）反拉法的基本概念

反拉法的测试原理如图 8-2 所示，在外露单根钢绞线上安装智能限位装置，并在智能限位装置与千斤顶之间设置压力传感器，千斤顶启动后钢绞线被张拉，当反拉力小于原有预应力时，夹片对钢绞线有紧固力，内部钢绞线不会发生位移。当反拉力略大于原有预应力时，夹片与内部钢绞线一道发生微小位移，智能限位装置通过识别该平衡点并控制油泵停止工作，这时压力传感器得到并显示的值就是锚下有效预应力值。

从理论上讲，只要夹片产生相对于锚头的位移，即可判定张拉力已大于原有有效预应力。此外，夹片产生相对于锚头的位移与孔道内钢绞线的自由段长度有密切的关系。典型的单根张拉的力(位移)-时间关系曲线如图 8-3 所示。

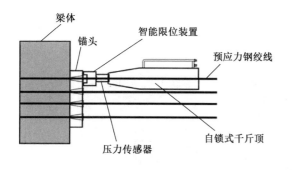

图 8-2　反拉法测试原理示意图

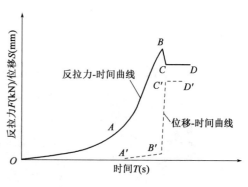

图 8-3　单根张拉的夹片力(位移)-时间关系曲线

(2)反拉法的检测过程

反拉法检测过程,基本可分为以下 4 个阶段:

第一阶段,反拉法检测开始时,反拉力慢慢增大,各个结构部件间空隙进一步被排除,此阶段反拉力增加较小,在力-时间预应力曲线上斜率较小,如图 8-3 中的 *OA* 段。

第二阶段,*OA* 段结束后,各个部件间空隙全部被压紧,此阶段随着反拉力增加,位移增量为工作段钢绞线的弹性变形,曲线的斜率趋于稳定,如图 8-3 中的 *AB* 段。

第三阶段,反拉力达到平衡锚下有效预应力与静摩擦力之和后,反拉力持续作用,完成克服摩擦力,此时,预应力体系将进行一个调整,如图 8-3 中的 *BC* 段,此阶段夹片与锚具之间的摩擦消失,夹片将随着钢绞线向外移动,直至被智能限位控制装置限制住。

第四阶段,当夹片松动后,此时系统进行保压状态,并使得张拉力持续稳定,此阶段反拉力为锚下有效预应力,如图 8-3 中的 *CD* 段。

因此,*C* 点以后的张拉可以认为已经克服了夹片摩阻,一般也可将 *C* 点作为锚下有效预应力的判据。

2. 适用条件

(1)采用反拉法检测的构件应满足张拉施工完成后 24h 内,未切割张拉预应力筋,孔道未压浆。

(2)测试方法宜符合下列规定:

①采用编束穿孔、整束张拉施工工艺的预应力筋,宜采用整束反拉检测。

②采用非编束穿孔、整束张拉施工工艺或单根张拉施工工艺的预应力筋,宜采用逐根反拉检测。

3. 测试设备

(1)反拉设备的要求。

反拉加载设备和量测仪器宜采用一体化智能检测设备,具有自动记录和保存测力值、位移量等功能。

①反拉加载设备公称张拉力不小于最大加载力值的 1.3 倍,且不大于最大加载力值;具备均匀加、卸载与稳压补偿等性能。

②测力仪器量程应为最大加载力值的 1.5~2.0 倍,示值精度 ±1% *FS*,稳定工作温度范围为 -10~+45℃;位移测量仪器示值精度不得大于 0.1% *FS*,分度值应优于或等于 0.01mm。

(2)反拉法用到的设备主要为反拉式有效预应力检测仪,如图 8-4 所示,设备主要包括液压油泵、主机、平板电脑、智能限位装置、液压油管、千斤顶等部件。

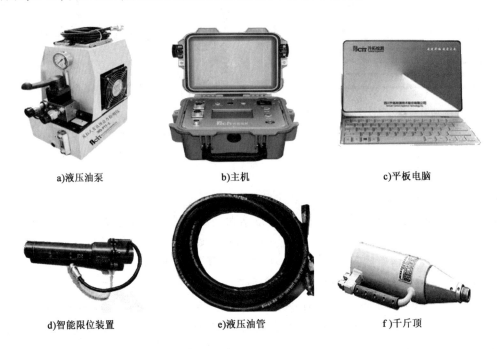

a)液压油泵　　b)主机　　c)平板电脑

d)智能限位装置　　e)液压油管　　f)千斤顶

图 8-4　反拉式有效预应力检测仪主要设备组成

(二)检测方法与数据处理

1. 试验准备

1)收集现场资料与信息

现场检测前,需要向相关单位确定以下主要信息:

(1)被检工程项目名称及建设、设计、施工、监理单位名称;

(2)梁体的施工工艺及施工过程中是否出现异常情况等;

(3)被检梁资料的相应信息(如梁号、梁长、梁类型、混凝土强度等级、龄期等);

(4)施工方钢绞线或锚索张拉完成时间和张拉设计系数;

(5)梁的张拉记录,是否超张,如果超张,超张系数是多少。

2)现场准备

现场准备主要包括现场检测条件准备和钢绞线清理。

(1)现场检测条件准备

①施工方张拉完成后 24h 内为宜,且未切割预应力筋,孔道未注浆;

②要求施工方待检梁体钢绞线预留的外露自由端长度不得少于 70cm;

③在有条件的情况下,在待测梁体两端装上防护板或明显的安全注意标识。

(2)钢绞线清理

①检查钢绞线工作夹片与锚具之间是否有外漏的细铁丝(工作夹片自带的铁丝圈在施工

方张拉结束后可能有一部分外漏),通过钳子将其清理掉,以免影响限位装置的安装。

②如果施工方在张拉的时候钢绞线有编束,张拉完成后钢绞线上会有很多残留胶带之类的东西,需要将其清理干净。

③清理钢绞线外露部位铁锈。

2. 现场操作步骤

步骤一 连接仪器设备。

(1)油泵、油管和千斤顶的连接。其连接遵循"千斤顶下进上出,油泵右进左出"(操作人员正对着油泵)的原则,千斤顶和油泵的进出油口要一一对应。设备各部件名称和具体位置如图8-5、图8-6所示。

图8-5 油泵、千斤顶进出油口位置和主机上各接头对应位置

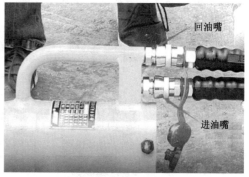

图8-6 油管与油泵和千斤顶对应位置

(2)传感器与主机、千斤顶的连接。将限位装置与信号线连接,将信号线的接口与主机上有传感器连接标识的接口相连,如图8-7所示。

图 8-7　限位装置与主机、千斤顶的连接

（3）主机上连接的电源线通过稳压器与 220V 电压源连接。仪器整体连接如图 8-8 所示。

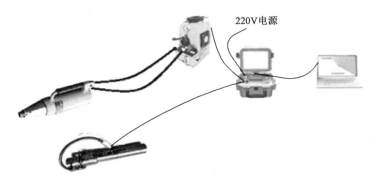

图 8-8　仪器整体连接示意图

步骤二　仪器设备安装后检查调试，确认正常后及时开展检测工作。

步骤三　设备操作及数据采集。

设备操作及数据采集流程如图 8-9 所示。

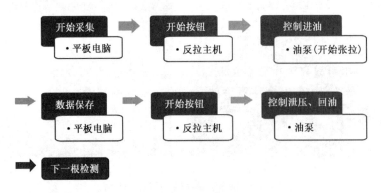

图 8-9　设备操作及数据采集流程图

（1）加、卸载。

①确定设计张拉控制应力 σ_{con}。

②确定加卸载速率。加载速率宜不大于 $0.2\sigma_{con}/min$，卸载速率宜不大于 $0.5\sigma_{con}/min$，稳压补偿精度宜控制在 $1\%\sigma_{con}$。

③加、卸载程序应为 0→初应力→反拉终止应力 σ_p→0，初应力为 $0.1\sigma_{con} \sim 0.2\sigma_{con}$，反拉终止应力不大于设计张拉控制应力 σ_{con}。反拉终止应力一般通过工作夹片退出工作、反拉力（或反拉应力）-时间曲线出现拐点突变及设计张拉控制应力 σ_{con} 确定。

④初应力稳定时间应不少于 1min，稳定时段内的位移变化量不大于 1mm 时，测量并记录初始应力值及初始位移量，否则应停止加载，找出原因并重新试验。

⑤当张拉达到反拉终止应力，且小于 σ_{con} 时，测量并记录反拉终止应力值及位移量。

⑥当张拉达到反拉终止应力，且等于 σ_{con} 时，应稳压不少于 1min；稳定时段内位移变化量不大于 1mm 时，应测量并记录反拉终止应力值及位移量，否则应继续稳压至位移变化率小于 0.1mm/min。

⑦稳压期内记录位移量应不少于 3 次。

⑧检测过程出现夹片破裂、锚具凹陷、预应力筋断丝或滑移、混凝土开裂、异常响声等异常现象时，应停止加载，查清原因，采取措施后再确定是否继续。

(2) 数据采集与记录。

①记录张拉过程中每一级荷载值、测点应变值、环境温度等。

②加、卸载期间应变采样频率宜为 1 次/$0.05\sigma_{con}$；持荷期间采样频率应不小于 1 次/min，且不少于 3 次。

(3) 安全作业注意事项。

①可能会引起安全事故的原因。

在采用二次反拉法进行有效预应力检测时，有可能出现二次超张拉的问题。该问题不仅影响检测后孔道（桥梁）的承载力，而且可能造成钢绞线断裂（拉崩）、飞出等事故。一般来说造成事故的主要原因：有夹片质量问题；摩阻过大，造成张拉夹片松动后拉力变动大；张拉夹片松动后未及时停止油泵和千斤顶；因采用油压控制，拉力精度可能不够。

因此，在采用二次反拉法进行锚下有效预应力检测过程中，为避免二次超张拉等对结构的影响，应注意对张拉过程中对夹片位移的侦测及张拉力值的精准量测，并及时停止油泵和千斤顶张拉。

②安全措施。

由于拉崩和飞出事故会严重影响检测、作业人员的人身安全，为保证人员安全及设备安全，需强调张拉检测过程中的安全注意事项。必须在检测两端设立张拉挡板（挡板宜为前面木板材料，背面钢板材料）；张拉端背后严禁站人；如存在人员围观，应给予足够的安全提醒；应强调人员距离梁端侧面不小于 2m；若张拉检测对象为边梁，应远离梁体倾覆半径 1m 以上，且要求施工方辅助增加边角支撑；检测工作应尽量避免雨天工作；若雨天检测，应务必做好设备防水及电源防水工作，避免遇水短路。

3. 数据处理及分析

1) 梁体锚下有效预应力的确定

锚下有效预应力可根据反拉力-曲线，由计算机自动判读得到。

2)锚口摩阻对反拉力(位移)-时间曲线的影响

油泵在智能限位装置的作用下自动停止后,梁体工作锚具和夹片之间的锚口摩阻的大小差异会造成电脑实时绘制的力值曲线有很大的不同。当锚口摩阻很大时(超过20kN)力值曲线会有一个断崖式下跌的过程,如图8-10所示。

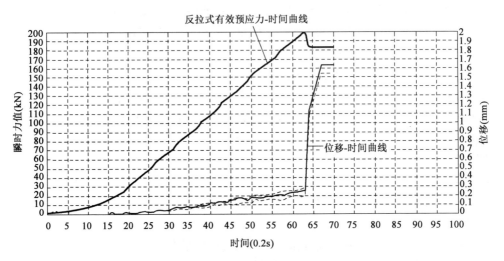

图8-10 力值曲线图(锚口摩阻较大时)

当梁体工作锚具与夹片之间的锚口摩阻很小或者其相对于反拉力和锚下有效预应力很小时,工作夹片会在千斤顶的反拉力作用下很平缓地出来,其力值曲线也很平缓,如图8-11所示。

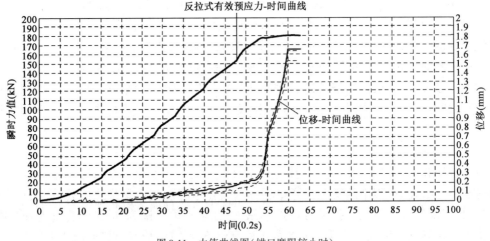

图8-11 力值曲线图(锚口摩阻较小时)

(三)检测结果评定

步骤一 确定锚下有效预应力标准值。

锚下有效预应力标准值宜采用标准试验检测得出试验值确定,当无可靠试验数据时,可通过理论计算得出计算值或基于经验值确定,各地方的经验值有所差异。例如重庆市地方标准

《桥梁预应力及索力张拉施工质量检测验收规程》(CQJTG/T F81—2009)针对抗拉强度标准值=1860MPa、公称直径为15.2mm、长度为20~30m,设计张拉控制应力 σ_{con} 为0.7或0.75的钢绞线预应力筋,给出了锚下有效预应力标准值的经验值,见表8-1。

锚下有效预应力标准值的经验值　　　　　　表8-1

设计张拉控制应力 σ_{con}（MPa）	锚下有效预应力标准值（kN）
0.7	168
0.75	178

步骤二　锚下有效预应力质量评定。

(1)评定指标。

锚下有效预应力质量评定指标包括锚下有效预应力偏差、锚下有效预应力同束不均匀度、锚下有效预应力同断面不均匀度。

锚下有效预应力偏差按式(8-1)计算,锚下有效预应力同束不均匀度按式(8-2)计算,锚下有效预应力同断面不均匀度按式(8-3)计算。

$$\tau = \frac{F_e - F_s}{F_s} \times 100 \qquad (8\text{-}1)$$

式中:τ——锚下有效预应力偏差(%);

F_e——锚下有效预应力(kN);

F_s——锚下有效预应力标准值(kN)。

$$\vartheta = \frac{F_{emax} - F_{emin}}{F_{emax} + F_{emin}} \times 100 \qquad (8\text{-}2)$$

式中:ϑ——锚下有效预应力同束不均匀度(%);

F_{emax}——同束中单根预应力筋锚下有效预应力最大检测值(kN);

F_{emin}——同束中单根预应力筋锚下有效预应力最小检测值(kN)。

$$\gamma = \frac{F'_{emax} - F'_{emin}}{F'_{emax} + F'_{emin}} \times 100 \qquad (8\text{-}3)$$

式中:γ——锚下有效预应力同断面不均匀度(%);

F'_{emax}——同断面中各束锚下有效预应力最大检测值(kN);

F'_{emin}——同断面中各束锚下有效预应力最小检测值(kN)。

(2)评定标准。

锚下有效预应力偏差、锚下有效预应力同束不均匀度、锚下有效预应力同断面不均匀度应满足表8-2的要求。不满足者评定为不合格。当锚下有效预应力检测评定为不合格时,应采取有效措施予以处治。

锚下有效预应力检测项目相关指标判定标准　　　　　　表8-2

检测指标	允许偏差(%)
锚下有效预应力偏差	5
锚下有效预应力同束不均匀度	5
锚下有效预应力同断面不均匀度	2

二、等效质量法检测锚下有效预应力

等效质量法是一种新型的锚下有效预应力检测技术。当埋入式锚索整体灌浆,不存在自由段时,可采用等效质量法进行测试。将锚头与垫板、垫板与后面的混凝土或岩体的接触面模型简化成如下的弹簧支撑体系,如图8-12所示。

该弹簧体系的刚性K与张力(有效预应力)有关,当然张力越大,K也越大。另一方面,在锚头激振诱发的系统基础自振频率f可以简化表示为式(8-4)。

$$f = \frac{1}{2\pi}\sqrt{\frac{K}{M}} \tag{8-4}$$

在式(8-4)中,如果M为一常值,那么根据测试的基频f即可较容易地测出张力。然而,通过试验发现,埋入式锚索在锚头激振时,其诱发的振动体系并非固定不变,而是会随着锚固力的变化而变化。锚固力越大,参与自由振动的质量也就越大。因此,如果能测出M和f,再利用刚性K与张力的关系,即可推算有效预应力。等效质量法测试模型如图8-13所示。

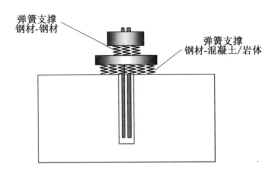

图8-12 弹簧支撑体系示意图　　　　图8-13 等效质量法测试模型示意图

任务8-2　预应力孔道压浆试验检测

【任务描述】

后张法预应力孔道压浆的目的主要是防止预应力筋锈蚀;通过凝结后的浆体使预应力筋束与混凝土黏结成整体,并将预应力传递至混凝土结构中,减少预应力的损失;提高结构或构件的整体抗弯刚度。所以要求后张预应力孔道采用专用压浆料或专用压浆剂配制的浆液进行压浆,浆液的性能必须满足施工工艺、耐久性及强度的要求;压入孔道内的水泥浆在凝结后必须有可靠的密实性,应充满整个孔道,不应有空洞现象产生。

为保证后张法预应力工程施工质量,开展预应力孔道压浆的试验检测是必要的。预应力孔道压浆试验检测包括孔道压浆浆液性能检测及孔道压浆密实性定性、定位检测。

【任务实施】

一、孔道压浆浆液性能检测

(一)理论知识

1. 孔道压浆所用原材料要求

后张预应力孔道应采用专用压浆料或专用压浆剂配制的浆液进行压浆。"专用"是指专门用于后张预应力孔道的压浆,且均由工厂化制造生产。"专用压浆料"是指由水泥、高效减水剂或高性能减水剂、膨胀剂和矿物掺合料等多种材料干拌而成的混合料,在施工现场按一定比例加水并搅拌均匀后,用于充填后张预应力孔道的压浆材料。"专用压浆剂"是指由高效减水剂或高性能减水剂、膨胀剂和矿物掺合料等多种材料干拌而成的混合剂,在施工现场按一定比例与水泥、水混合并搅拌均匀后,用于充填后张预应力孔道的压浆材料。

采用专用压浆材料的目的在于,其能更好地保证后张孔道压浆的质量、可靠性和耐久性。专用压浆材料所用原材料应符合下列规定:

(1)水泥应采用性能稳定、强度等级不低于42.5的低碱硅酸盐水泥或低碱普通硅酸盐水泥。

(2)外加剂应与水泥具有良好的相容性,且不得含有氯盐、亚硝酸盐或其他对预应力筋有腐蚀作用的成分。减水剂应采用高效减水剂或高性能减水剂,且应满足现行《混凝土外加剂》(GB 8076)中高效减水剂一等品的要求,其减水率应不小于20%。

(3)矿物掺合料的品种宜为Ⅰ级粉煤灰、粒化高炉矿渣粉或硅灰。

(4)水不应含有对预应力筋或水泥有害的成分,每升水中不得含有350mg以上的氯化物离子或任何一种其他有机物,宜采用符合国家卫生标准的清洁饮用水。

(5)膨胀剂宜采用钙矾石系或复合型膨胀剂,不得采用以铝粉为膨胀源的膨胀剂或总碱量0.75%以上的高碱膨胀剂。

(6)压浆材料中的氯离子含量应不超过胶凝材料总量的0.06%,比表面积应大于350m²/kg,三氧化硫含量应不超过6.0%。

2. 孔道压浆浆液性能要求

为保证后张预应力孔道压浆的质量和耐久性,所用压浆浆液的性能应具有高流动度、不泌水、不离析、无沉降、适宜的凝结时间、在塑性阶段具有良好的补偿收缩能力且硬化后产生微膨胀及具有一定的强度等性能,其性能要求见表8-3。

后张预应力孔道压浆浆液性能指标　　表8-3

项目		性能指标	检验试验方法标准
水胶比		0.26~0.28	现行《水泥标准稠度用水量、凝结时间、安定性检验方法》(GB/T 1346)
凝结时间(h)	初凝	5	
	终凝	24	

续上表

项目		性能指标	检验试验方法标准
流动度(25℃)(s)	初始流动度	10~17	现行《公路工程水泥及水泥混凝土试验规程》(JTG E30)
	30min 流动度	10~20	
	60min 流动度	10~25	
泌水率(%)	24h 自由泌水率	0	
	3h 钢丝间泌水率	0	
压力泌水率(%)	0.22MPa(孔道垂直高度≤1.8m时)	≤2.0	
	0.36MPa(孔道垂直高度>1.8m时)		
自由膨胀率(%)	3h	0~2	
	24h	0~3	
充盈度		合格	
抗压强度(MPa)	3d	20	现行《水泥胶砂强度检验方法(ISO法)》(GB/T 17671)
	7d	40	
	28d	50	
抗折强度(MPa)	3d	5	
	7d	6	
	28d	10	

注:1. 有抗冻性要求时,宜在压浆材料中掺用适量引气剂,且含气量宜为1%~3%。
　　2. 有抗渗性要求时,抗氯离子渗透的28d电通量指标宜小于或等于1 500C。

(二)检测方法与结果评定

1. 水泥浆体流动度检测

1)试验准备

步骤一　准备仪器设备。水泥浆体流动度试验所用的仪器有水泥净浆低速搅拌机(水泥净浆高速搅拌机)、倒锥、容器、支架、秒表等。

(1)水泥净浆低速搅拌机:应符合现行《水泥净浆搅拌机》(JC/T 729)的规定。

(2)水泥净浆高速搅拌机:由搅拌锅、搅拌叶片、传动机构和控制系统组成。搅拌叶片宜带有垂直齿的涡轮叶片;搅拌锅的材质为防锈金属材料或带有耐蚀电镀层的金属材料制成,容积不应小于5L;转速可调节,至少设有高速、低速两挡,最大线速度不应低于15m/s,线速度范围2.5~20.0m/s,其中2.5~5.0m/s为低速挡,15.0~20.0m/s为高速挡。

(3)倒锥:由玻璃、不锈钢、铝或其他金属制造,如图8-14所示。

(4)容器:容积不小于2 000mL。

(5)支架:由金属材料制成,用于支撑倒锥。

(6)秒表:分度值为0.1s。

步骤二　检查倒锥是否稳定。
用水准仪检查倒锥是否垂直,确保其稳定。

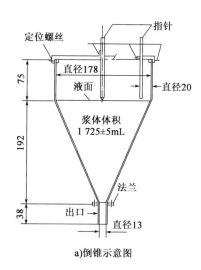

a)倒锥示意图　　　　b)倒锥实物图

图8-14　流动度试验用倒锥(尺寸单位:mm)

步骤三　检查水从倒锥流出的时间。

往倒锥中加入水,调整指示器的位置,确保体积为1725mL±5mL。在室温20℃±2℃下,开启活门,同时按下秒表,当倒锥中水排空透光时,再次按下秒表,若流出时间为8.0s±0.2s,则倒锥符合要求,可以使用。

步骤四　检查环境条件。

试验温度应保持在20℃±2℃,相对湿度不小于50%。

步骤五　制备水泥浆体。

水泥浆体可根据检测要求或用途,选择低速搅拌机或高速搅拌机制备。

(1)采用低速搅拌机制备:先将搅拌锅和搅拌叶片用布湿润,拌和水倒入搅拌锅中,将称好的500g水泥加入水中,防止水和水泥溅出;拌和时,先将锅放在搅拌机的锅座上,升至搅拌位置,启动搅拌机,低速挡位搅拌120s,停15s,同时将叶片和锅壁上的水泥浆刮入锅中间,继续高速挡位搅拌120s停机。

(2)采用高速搅拌机制备:拌和之前先用湿布擦拭搅拌锅和搅拌叶,但搅拌锅内不能留存有明水。将1/2水倒入搅拌锅中,再依次加入水泥或其他胶凝材料及外加剂。先用不低于2.5~5.0m/s的线速度搅拌30s后加入剩余的水;再采用15.0~20.0m/s的线速度高速搅拌5min后停止。

2)试验步骤

步骤一　试验前1min,用水润湿倒锥;用手指或其他塞子堵住出口。

步骤二　测试水泥浆自由流出时间。

将浆体缓缓加入倒锥中,在接近指针时要减慢速度,直到体积为1725mL±5mL。开启活门,使水泥浆自由流出,记录水泥浆全部流出时间,即从流锥上端往下观察透光的瞬间,此刻为砂浆流出时间(s)。同一种材料至少进行两次试验,且浆体不得重复使用。初始流动度应在搅拌结束1min内完成。

步骤三　试验完成后应将倒锥洗干净。

3)结果评定

以两次平行试验测值的算术平均值作为试验结果,平均值修约至0.1s。每次试验的结果应在平均值±1.8s以内,否则重新试验。

以表8-3为标准,评判其流动度是否合格。

2. 自由泌水率与自由膨胀率的检测

1)试验准备

步骤一 准备仪器设备。自由泌水率与自由膨胀率试验所用的仪器有量筒、水泥标准养护箱、水平尺、游标卡尺等。

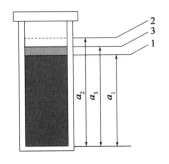

图8-15 自由泌水率与自由膨胀率试验用量筒示意图

1-最初灌满的水泥浆面;2-膨胀后的水泥浆面;3-水面

(1)量筒:容量1 000mL,分度值1mL,并配密封盖,如图8-15所示。

(2)水泥标准养护箱:温度20℃±1℃,相对湿度大于90%。

(3)水平尺:长度大于500mm。

(4)游标卡尺:最大量程不小于150mm,分度值为0.02mm。

步骤二 检查环境条件。

试验温度应保持在20℃±2℃,相对湿度不小于50%。

步骤三 制备水泥浆体。

2)试验步骤

步骤一 将量筒放置在水平的操作台上,用水准尺调平操作台。

步骤二 润湿量筒。在使用前润湿量筒,但不允许有水珠(明水)存在。

步骤三 注入浆体,测记不同时间的浆体高度。

缓慢匀速地向量筒注入浆体800mL±10mL,盖上密封塞,静置1min后测量并记录初始高度a_1,放置3h、24h后分别测其泌水面高度a_2和水泥浆膨胀面高度a_3,读数精确至0.1mm。

3)结果评定

自由泌水率按式(8-5)计算,自由膨胀率按式(8-6)计算,计算结果精确至0.1%。取两个平行试验数据的算术平均值作为测试结果,以表8-3为标准,评判其自由泌水率及膨胀率是否合格。

$$B_{f,i} = \frac{a_2 - a_3}{a_1} \times 100 \tag{8-5}$$

$$\varepsilon_{f,i} = \frac{a_2 - a_3}{a_1} \times 100 \tag{8-6}$$

式中:$B_{f,i}$——i小时自由泌水率(%);

$\varepsilon_{f,i}$——i小时自由膨胀率(%);

a_1——初始水泥浆高度(mm);

a_2——泌水面高度(mm);

a_3——膨胀面高度(mm)。

3. 钢丝间泌水率检测

1) 试验准备

步骤一 准备仪器设备。钢丝间泌水率试验所用仪器有钢丝间泌水筒、预应力钢绞线、水泥标准养护箱、量筒、电子天平、电子秤等。

(1) 钢丝间泌水筒：内径为100mm、高为160mm，最小刻度值为10mL，如图8-16所示。

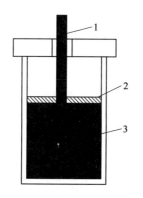 

　　a) 钢丝间泌水筒示意图　　　　b) 钢丝间泌水筒实物图

图8-16　钢丝间泌水筒
1-预应力钢绞线；2-静置一段时间后的泌水；3-水泥浆

(2) 预应力钢绞线：应符合现行《预应力混凝土用钢绞线》(GB/T 5224)要求的预应力凝土用钢绞线，"1×7"中公称直径为12.7mm的标准型钢绞线，长度2 000~2 200mm。

(3) 水泥标准养护箱：箱内温度20℃±1℃，相对湿度大于90%。

(4) 量筒：容积不应小于10mL，分度值为0.2mL。

(5) 电子天平：最大量程不小于1 000g，感量不大于0.01g。

(6) 电子秤：最大量程不小于20kg，感量不大于1g。

步骤二 检查环境条件。

试验温度应保持在20℃±2℃，相对湿度不小于50%。

步骤三 制备水泥浆体。

2) 试验步骤

步骤一 钢绞线表面应进行除油除锈处理。

步骤二 将制备的水泥浆静置10min，待水泥浆中因搅拌引入的大气泡消失后缓慢注入钢丝间泌水筒中，注入水泥浆体积约为800mL，并记录其准确体积V_0，精确至0.2mL。

步骤三 在正中心位置插入一根预应力钢绞线至钢丝间泌水筒底部。

步骤四 静置3h后用吸管吸出水泥浆表面泌出的水，移入10mL的量筒内，测量泌水量V_1，精确至0.2mL。

3) 结果评定

钢丝间泌水率按式(8-7)计算，计算结果精确至0.1%。取两个平行试验数据的算术平均值作为测试结果，以表8-3为标准，评判其钢丝间泌水率是否合格。

$$M_{\mathrm{sj}} = \frac{V_1}{V_0} \times 100 \tag{8-7}$$

式中:M_{sj}——钢丝间泌水率(%);
　　　V_1——水泥浆上部泌水的体积(mL);
　　　V_0——测试前水泥浆的体积(mL)。

4. 压力泌水率检测

1)试验准备

步骤一　准备仪器设备。压力泌水率试验所用仪器有压力泌水容器、集水量筒、压缩空气供给系统等。

(1)压力泌水容器:内径为 50mm、内容积约为 400mL 的钢制圆筒,两端配以分别带有压缩空气接管和泌水出水接管的端盖,端盖与筒体丝扣连接。下端盖嵌入有网状出水孔的衬板,衬板之上平铺阻止水泥浆渗过但能透水的滤网(滤网的有效面积应不小于新滤网的 90%)及滤布,滤布与筒体端口镶嵌聚四氟乙烯密封垫圈,其工作示意图如图 8-17 所示。

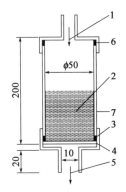

a)压力泌水容器工作示意图　　b)压力泌水试验仪实物图

图 8-17　压力泌水试验仪(尺寸单位:mm)
1-压缩空气;2-浆体试样;3-橡胶密封圈;4-0.08mm 铜网三层;5-泌水口;6-端盖;7-钢制圆筒

(2)集水量筒:容积不小于 10mL,分度值为 0.2mL。

(3)压缩空气供给系统:由空气压缩机(含储气瓶)、气压控制阀、气压表、气管连线组成。能提供最大压力不低于 0.80MPa 的压缩空气,气压表的最大读数不小于 1.0MPa,最小刻度值为 0.02MPa。

步骤二　制备水泥浆体。

2)试验步骤

步骤一　按图 8-17 装配压力泌水容器内密封层,并垂直放置在支架上,在下端盖泌水口处放置集水量筒。将 200mL 拌和均匀的水泥浆注入压力泌水容器内,并记录其体积 V_0,精确至 0.2mL。

步骤二　安装并旋紧上端盖,静置 10min。上端连接压缩空气,开启压缩空气阀,迅速加压至试验压力(孔道垂直高度≤1.8m 时试验压力为 0.22MPa、孔道垂直高度>1.8m 时试验压力为0.36MPa)。

步骤三 保持试验压力5min后,关闭压缩空气阀卸压,并稍微倾斜压滤容器,使泌水全部流入积水量筒中,记录泌水体积V_1,精确至0.2mL。

3)结果评定

压力泌水率按式(8-8)计算,计算结果精确至0.1%。取两个平行试验数据的算术平均值作为测试结果,以表8-3为标准,评判其压力泌水率是否合格。

$$M_{yl} = \frac{V_1}{V_0} \times 100 \tag{8-8}$$

式中:M_{yl}——压力泌水率(%);

V_1——集水量筒收集的泌水体积(mL);

V_0——测试前水泥浆的体积(mL)。

5. 充盈度检测

1)试验准备

步骤一 准备仪器设备。充盈度试验所用仪器有充盈度测试仪、游标卡尺等。

(1)充盈度测试仪:如图8-18所示,由V形管和支架组成。V形管为内径40mm的透明有机玻璃管,夹角为120°,直管长度为500mm;支架应能固定V形管。

(2)游标卡尺:最大量程不小于100mm,分度值为0.02mm。

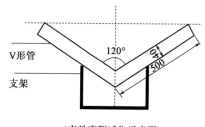
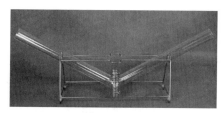

a)充盈度测试仪示意图　　　　b)充盈度测试仪实物图

图8-18　充盈度测试仪(尺寸单位:mm)

步骤二 检查环境条件。

试验温度应保持在20℃±2℃,相对湿度不小于50%。

步骤三 清洗V形管。

宜用饮用水清洁V形管,管内壁不允许有油污等杂物,晾干并固定在支架上。

步骤四 制备水泥浆体。水泥浆体保持在温度20℃±2℃、相对湿度大于50%的环境条件下静置5min。

2)试验步骤

步骤一 将浆体从V形管的一侧灌入充盈度测试仪中,灌入浆体的体积为0.90~1.10,立即用塑料薄膜密封V形管两端的开口,并静置1h。

步骤二 观察V形管内部浆体是否存在气泡、是否有泌水,用游标卡尺测量是否有直径大于3mm的气泡,精确至0.1mm;观察端头浆体是否有泡沫层,用游标卡尺测量泡沫层厚度,精确至0.1mm。

3)结果评定

水泥浆体的充盈度指标以两组平行试验结果评定。两组平行试验中,如有一根V形管内浆体存在厚度超过1mm的泡沫层,或存在直径大于3mm的气泡,或存在体积大于1mL的泌水,则充盈度指标不合格,应重新试验。

6. 孔道压浆浆液抗压强度的评定

(1)孔道压浆浆液抗压强度评定以标准养护28d的试件为准,试件为40mm×40mm×160mm的棱柱体,每组3个试件。制取组数规定为:

①不同强度等级及不同配合比的水泥浆体应随机取样,分别制取试件。

②每一工作班制取1组;如用量超过10m³,应按每10m³制取1组。

③对预应力管道压浆,每次或每25根应至少制取1组。

(2)试验及计算方法应符合现行《水泥胶砂强度检验方法(ISO法)》(GB/T 17671)的规定,测定每组6个抗压强度值。

(3)强度的合格标准应符合下列规定:

①同强度等级试件的平均强度不低于设计强度等级。

②任意一组的强度不低于设计强度等级的85%。

(4)检查项目中浆体强度评为不合格时,相应分项工程为不合格。

二、孔道压浆密实性定性检测

(一)理论知识

1. 检测方法原理

孔道压浆密实性定性检测可用冲击弹性波定性检测法。冲击弹性波定性检测法是利用外露的预应力钢束两端分别进行激振和接收信号,通过分析信号传播过程中能量、波速及频率等参数的变化,定性判定预应力孔道整体注浆密实性的方法,如图8-19所示。

冲击弹性波定性检测法包括全长衰减法(分析信号传播过程中能量变化)、全长波速法(分析信号传播过程中波速变化)与传递函数法(分析信号传播过程中频率变化)。

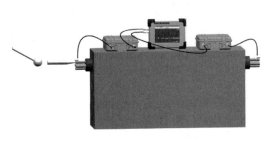

图8-19 冲击弹性波定性检测孔道压浆密实性示意图

(1)全长衰减法

根据冲击弹性波在传播过程中的能量衰减来判定预应力孔道整体的注浆密实性。若孔道整体注浆密实性好,则能量在传播过程中逸散多、衰减大、振幅比小;相反,若孔道整体注浆密实性较差,则能量在传播过程中逸散少、衰减小、振幅比大。检测结果以全长衰减法分项注浆指数 I_{EA} 来量化表达。

(2)全长波速法

根据冲击弹性波在传播过程中的波速大小来判定预应力孔道整体的注浆密实性。若孔道整体注浆密实性好,则波速在传播过程中接近混凝土波速;相反,若孔道整体注浆密实性较差,则波速在传播过程中接近钢绞线波速。检测结果以全长波速法分项注浆指数 I_{PV} 来量化表达。

(3) 传递函数法

根据冲击弹性波在传播过程中的频率变化来判定预应力孔道端部的注浆密实性。若接收端频率大于激振端频率,则接收端孔道注浆密实性较差;若激振端频率明显偏高或偏低,则激振端孔道注浆密实性也较差。检测结果以传递函数法分项注浆指数 I_{TF} 来量化表达。

2. 检测结果表示

冲击弹性波定性检测结果以综合注浆指数 I_f 来表达。

(二) 检测方法与数据处理

1. 试验准备

步骤一 仪器检查。

检查冲击弹性波检测仪是否在校准有效期限内。冲击弹性波检测仪校准周期为 1 年。

步骤二 收集技术资料。技术资料主要包括以下内容:

(1) 工程名称及设计、施工、监理、建设和委托单位名称等;
(2) 被检测结构构件的名称、设计图纸、设计变更、施工记录、施工验收等;
(3) 混凝土原材料品种与规格、配合比、浇筑和养护情况、设计强度等级等;
(4) 制孔工艺、注浆资料;
(5) 预应力孔道位置走向、注浆工艺及注浆过程中出现的异常情况;
(6) 结构构件外观质量及存在问题。

步骤三 抽样。检测时间应在注浆材料强度达到设计强度的 80% 后进行。

(1) 对于预制的预应力混凝土梁(板)桥,应随机抽取预制梁(板),对于现浇的预应力混凝土梁(板)桥,随机抽取预应力孔道。

(2) 当预制梁(板)或预应力孔道有下列情况之一时,应优先抽检:
①注浆过程中注浆机出现故障或注浆材料发生初凝;
②注浆过程中发生堵塞;
③曲率半径较小;
④其他认为有必要检测的情况。

(3) 抽检数量。
①装配式预应力混凝土梁(板)桥,抽检梁(板)数不应少于预制梁(板)总数的 10%,且每座桥梁不应少于 3 片。每片受检梁(板)的所有预应力孔道均应检测。
②现浇预应力混凝土梁(板)桥,预应力孔道抽检数不应少于孔道总数的 5%,且不少于 5 束。
③当以综合注浆指数 I_f 判定注浆不密实等级 Ⅲ、Ⅳ 类占抽检总数 50% 及以上时,应采用定性法双倍抽检。若仍出现上述情况时,则应全检。
④如工程建设相关单位有检测方法选用和抽检频率规定时,依其规定执行。

步骤四 检查待测孔道的预应力锚具和出露的预应力钢束。

检测在预应力孔道两端预应力锚具和钢束端部裸露状态下进行,预应力锚具和出露的预应力钢束端部应清洁、干净。

2. 现场测试步骤

步骤一 连接仪器设备。将激振端信号接入 Ch0 端,接收端信号接入 Ch1 端,并正确设置系统 DVC 文件。

步骤二 安装传感器。

传感器轴线与预应力钢束走向平行。通过强力磁座与预应力钢束相耦合。

步骤三 激振及数据采集。

(1)采用激振锥进行激振检测,激振方向与预应力钢束走向平行,激振导向锥应当与测试面紧贴且垂直,如图 8-20 所示。激振力度应该适中以不引起较高频振动信号为宜。

(2)在预应力钢束两端分别激振,即交替原激振端与接收端,使原接收端成为新的激振端并接入 CH0 端,原激振端成为新的接收端并接入 CH1 端。

(3)每次保存数据前,应对测试信号进行判断,当波形起振明显、无毛刺时方可保存。

图 8-20 激振场景

3. 数据处理

利用冲击弹性波仪器解析软件进行数据处理。

(三)检测结果评定

1. 孔道注浆密实性判定

(1)若综合注浆指数 $I_f \geqslant 0.98$,则预应力孔道注浆密实或基本密实。

(2)若综合注浆指数 $0.90 \leqslant I_f < 0.98$,则预应力孔道注浆存在缺陷。

(3)若综合注浆指数 $0.85 \leqslant I_f < 0.90$,则预应力孔道注浆存在明显缺陷。

(4)若综合注浆指数 $I_f < 0.85$,则预应力孔道注浆存在严重缺陷。

2. 孔道注浆密实性等级分类及判定

(1)桥梁预应力孔道注浆密实性等级分类见表 8-4。

桥梁预应力孔道注浆密实性等级分类表　　表 8-4

密实性等级	特征
Ⅰ类	孔道注浆密实或基本密实,可正常使用,不需处理
Ⅱ类	孔道注浆存在缺陷,宜进行局部处治
Ⅲ类	孔道注浆存在明显缺陷,应进行局部处治
Ⅳ类	孔道注浆存在严重缺陷,进行整体处治

(2)密实性等级判定。

桥梁预应力孔道注浆密实性采用综合注浆指数 I_f、最长注浆缺陷长度 L_{max}、注浆不密实度 β 三项指标综合判断,按最不利状况取用,见表 8-5。注浆不密实度 β 按式(8-9)计算。

桥梁预应力孔道注浆密实性等级判定表　　　　表 8-5

密实性等级	综合注浆指数 I_f	最长注浆缺陷长度 L_{max}	注浆不密实度 β
Ⅰ类	$I_f \geq 0.98$	—	—
Ⅱ类	$0.90 \leq I_f < 0.98$	$0.3 \text{m} \leq L_{max} < 1.5 \text{m}$	$2\% \leq \beta < 7\%$
Ⅲ类	$0.85 \leq I_f < 0.90$	$1.5 \text{m} \leq L_{max} < 3.0 \text{m}$	$7\% \leq \beta < 12\%$
Ⅳ类	$I_f < 0.85$	$L_{max} \geq 3.0 \text{m}$	$\beta \geq 12\%$

$$\beta = \frac{L_{sum}}{L} \times 100 \qquad (8-9)$$

式中:β——注浆不密实度(%);
　　L——预应力孔道总长(m);
　　L_{sum}——累计注浆缺陷长度(m)。

三、孔道压浆密实性定位检测

孔道压浆密实度检测
(微课)

(一)理论知识

1. 冲击回波定位检测法

孔道压浆密实性定位检测采用冲击回波法。冲击回波定位检测法是在被测构件表面沿与应力孔道方向等间距布置测点,利用冲击回波法逐个在测点上进行激振和接收信号,并对接收信号成像分析,根据成像判定与应力孔道密实性的方法。

2. 检测原理

(1)冲击产生的弹性波沿板的厚度方向传播,在无预应力孔道部分,遇到对面界面立即返回。

(2)当冲击弹性波经过灌浆密实且固化后的孔道时,冲过孔道达到底板,被底板反射后再到达测试面,冲击回波响应对应的振幅谱图中有一个主要的波峰,冲击弹性波传播的路程和所需的时间与无预应力孔道的板基本相同。

(3)冲击弹性波经过未灌浆或存在灌浆不密实的孔道时,冲击回波响应对应的振幅谱图中,有两个主要的波峰,一个是冲击弹性波到达波纹管或者灌浆缺陷处反射回测试面所对应的频率波峰,另一个是冲击弹性波绕行空孔道到达底板,被底板反射后再绕行相同路程后到达测试面所对应的频率波峰,总路程显然大于两倍构件厚度,时间延长,即所得到的构件厚度频率也就会向低频发生漂移。

检测原理如图 8-21 所示。

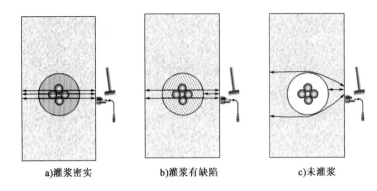

a) 灌浆密实　　　　b) 灌浆有缺陷　　　　c) 未灌浆

图 8-21　冲击回波定位检测法测试预应力孔道灌浆密实性原理图

(二) 检测方法与数据处理

1. 试验准备

步骤一　检查仪器。

检查冲击弹性波检测仪是否在校准有效期限内。冲击弹性波检测仪校准周期为 1 年。

步骤二　收集技术资料。技术资料主要包括以下内容：

(1) 工程名称及设计、施工、监理、建设和委托单位名称等；

(2) 被检测结构构件的名称、设计图纸、设计变更、施工记录、施工验收等；

(3) 混凝土原材料品种与规格、配合比、浇筑和养护情况、设计强度等级等；

(4) 制孔工艺、注浆资料；

(5) 预应力孔道位置走向、注浆工艺及注浆过程中出现的异常情况；

(6) 结构构件外观质量及存在问题。

步骤三　确认压浆料龄期。

检测时间夏季应在灌浆 7d 后进行，灌浆料强度不低于设计强度的 70%。

步骤四　处理测试构件表面。

测区表面应清洁、平整、干燥，不应有接缝、饰面层、粉刷层、浮浆、油垢等以及蜂窝、麻面，必要时可用砂轮清除表面的杂物和不平整处，磨光的表面不应有残留的粉末或碎屑；测区位置表层有脱空现象时，需要将脱空区域铲除。

2. 现场测试步骤

步骤一　正确连接仪器设备，注意传感器、电荷电缆线、电压电缆线、主机之间的正确连接顺序。

步骤二　波速标定。

标定梁(板)混凝土表观波速。

步骤三　布置测线及测点，如图 8-22 所示。

(1) 找出预应力孔道坐标，标出孔道位置，即测线。

(2) 布置标定测线。标定测线位置为测试管道上部或下部，走向与孔道相同。利用标定测线的数据作为孔道密实度测试的判定基准。

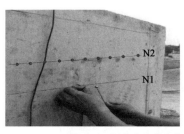 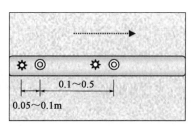

图 8-22　压浆密实性定位检测测线及测点布置示意图

(3) 当有双层孔道时,宜从两个侧面进行检测。
(4) 测线上各点的间距应小于 0.5 倍的孔道直径。

步骤四　激振及数据采集。

(1) 选择合适的激振设备。激振设备的选择参见表 8-6。

激振设备选择参考表　　　　　　　　　表 8-6

测试对象厚度(m)	<0.1	0.1~0.2	0.2~0.4	0.4~0.8	>0.8
首选	D6	D10	D17	D30	D50
备选	D10	D17	D30	D50	激振锤

(2) 冲击点和接收器的间距宜小于测点间距。
(3) 传感器与构件表面密切接触,激振时按压稳定不能晃动,按压力度不宜过大。
(4) 激振方向与构件表面垂直。
(5) 每次保存数据前,应对测试信号进行判断,当波形起振明显、无毛刺时方可保存。

3. 数据处理

利用冲击弹性波仪器解析软件进行数据处理,得出构件厚度频率峰值。

(三) 检测结果评定

1. 频率峰值 f 判定孔道注浆密实性

(1) 当测得的构件厚度频率峰值 f 与无预应力孔道部分的构件厚度频率峰值 f 基本相同,或向低频轻微漂移并出现另一个高频峰值 f_s,可判断孔道内灌浆密实。
(2) 当测得的构件厚度频率峰值 f 明显小于无预应力孔道部分的构件厚度频率峰值,或向低频明显漂移并出现另一个高频峰值 f_v,f_v 约为 2 倍 f_s,可判断孔道内灌浆不密实。

2. 等值图判定

步骤一　以测定构件厚度为横坐标,测点位置为纵坐标,绘制底部反射图,如图 8-23 所示。蓝色线条为标定的梁板底部,图中红色部分为检测所反映出来的梁板底部。

图 8-23~图 8-26 彩图(图片)

步骤二　判定灌浆密实性。

与构件标定结果图对比,若红色部分延后明显,则说明存在灌浆缺陷。图 8-23 为标定结果图,即蓝线与高亮反射红色区域一致。构件检测结果如图 8-24 所示,底部反射良好,无灌浆缺陷;如图 8-25 所示,底部反射完整,但是整体延迟较大,可能存在不密实或疏松情况;如图 8-26 所示,在 0.8~1.9m 延迟大,疑似大范围脱空。

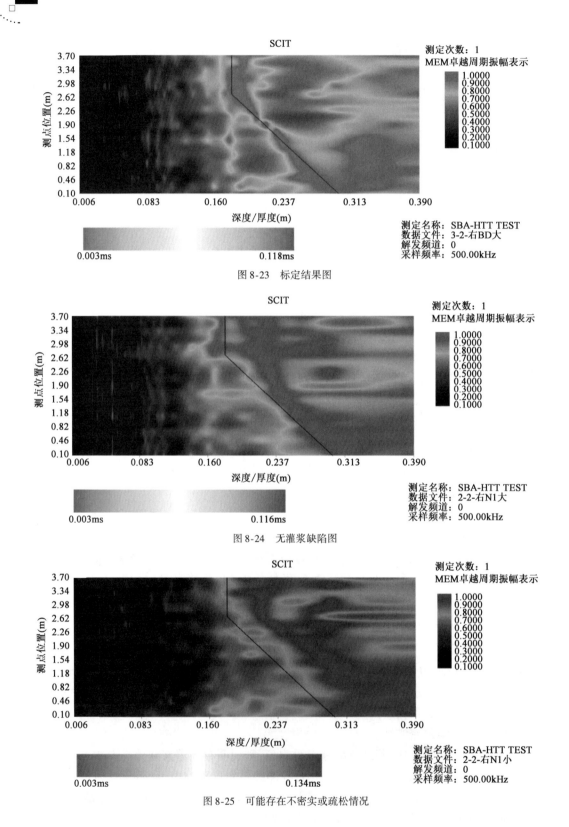

图 8-23　标定结果图

图 8-24　无灌浆缺陷图

图 8-25　可能存在不密实或疏松情况

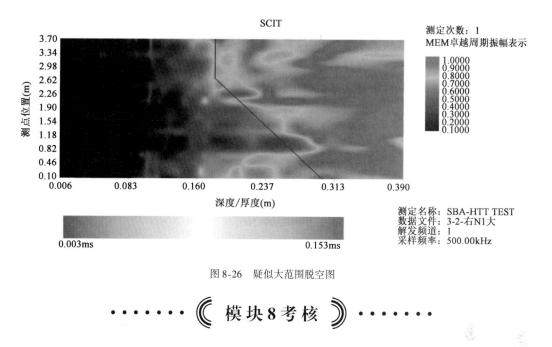

图 8-26 疑似大范围脱空图

模块 8 考核

一、填空题

1. 采用等效质量法检测锚下有效预应力时,应布置_____个传感器。
2. 采用反拉法检测的构件在张拉完成切断自由段后,外露的预应力筋不应小于_____。
3. 采用反拉法检测的构件应满足张拉施工完成后_____内,未切割张拉预应力筋,孔道未压浆。
4. 二次张拉法(反拉)属于_____(有损或无损)检测方法。
5. 在等效质量法检测中,其公式中 f 参数的意义为_____。
6. 孔道专用压浆材料所用水泥应采用性能稳定、强度等级不低于_____的低碱硅酸盐或低碱普通硅酸盐水泥,矿物掺合料的品种宜为Ⅰ级粉煤灰、_____或_____。
7. 定位检测(冲击回波等效波速法 IEEV):测点位置的结构厚度_____60cm。
8. 钢绞线端头清理包括长度及其清洁度的清理,钢绞线端头长度应控制在_____cm。
9. 对于定性检测,当梁体长度超过_____后,检测精度有一定的影响。
10. 冲击弹性波定性检测孔道压浆密实度法包括_____、_____与_____。

二、选择题

1. 根据预应力在施工过程中张拉力筋的方式不同,分为(   )和后张法。
   A. 前张法　　　B. 先张法　　　C. 无张法　　　D. 分级张法
2. 预应力结构锚下有效预应力的检测方法中,灌浆前后都适用的检测方法是(   )。
   A. 波动法　　　B. 二次张拉法　　　C. 等效质量法　　　D. 传递函数法

3. 埋入式锚索在张拉完成切割前,可采用(　　)进行测试,保证测试结果精度最高。
   A. 等效质量法　　B. 二次张拉法　　C. 频率法　　D. 振动法
4. 等效质量法检测过程中,接收端的传感器一般是安装在(　　)。
   A. 锚具正下方　　B. 钢绞线端头　　C. 激振锤上　　D. 混凝土上
5. 二次张拉法中,整束张拉的曲线应力值和(　　)曲线。
   A. 时间　　　　　B. 位移　　　　　C. 伸长量　　D. 回缩量
6. 孔道压浆浆液性能主要包括(　　)。
   A. 水泥浆体流动度　　　　　　　B. 自由泌水率与自由膨胀率
   C. 钢丝间泌水率　　　　　　　　D. 压力泌水率
   E. 充盈度　　　　　　　　　　　F. 孔道压浆浆液抗压强度
7. 冲击回波等效波速法定位检测一般要求梁、板的厚度不超过(　　)。
   A. 0.6m　　　　　B. 0.2m　　　　C. 0.5m　　　D. 0.4m
8. 冲击回波等效波速法定位检测一般测点间距以(　　)为宜,也可根据具体情况进行调整。
   A. 40cm　　　　　B. 30cm　　　　C. 20cm　　　D. 10cm
9. 激振时传感器应该按压稳定不能晃动,按压力度不宜过大,激振点距离传感器的距离约为被检对象厚度的(　　)倍。
   A. 0.25　　　　　B. 0.3　　　　　C. 0.2　　　　D. 0.1
10. 混凝土波速的标定位置为(　　)位置,采用定点标定或沿线的方式进行。
    A. 端头等厚　　B. 跨中等厚　　C. 端头渐变　　D. 跨中渐变

三、判断题

1. 对于外露段钢绞线切掉的情况二次张拉法(反拉)也能检测。　　　　　　　　(　　)
2. 预应力结构主要特点是受力性能好、耐久性高和轻巧美观。　　　　　　　　(　　)
3. 二次张拉法可以测试未灌浆且有合适预留长度锚索的预应力。　　　　　　　(　　)
4. 等效质量法基本原理:在施加一个振动信号时,根据锚固力的大小与振动体系参与振动质量的关系检测预应力。　　　　　　　　　　　　　　　　　　　　　　　　(　　)
5. 二次张拉法测试时油泵、油管和千斤顶的连接:其连接遵循"千斤顶下进上出,油泵右进左出"(操作人员正对着油泵)的原则,千斤顶和油泵的进出油口要一一对应。(　　)
6. 采用专用压浆材料的目的在于,其更能保证后张孔道压浆的质量、可靠性和耐久性。
   　　　　　　　　　　　　　　　　　　　　　　　　　　　　　　　　　　(　　)
7. 灌浆料夏季灌浆龄期应大于7d,冬季灌浆龄期应大于14d。　　　　　　　　(　　)
8. 冲击弹性波定性检测孔道压浆密实度法包括全长衰减法(分析信号传播过程中能量变化)、全长波速法(分析信号传播过程中波速变化)与传递函数法(分析信号传播过程中频率变化)。　　　　　　　　　　　　　　　　　　　　　　　　　　　　　　　(　　)
9. 钢绞线端头清理包括长度及其清洁度的清理,钢绞线端头长度应控制在3~5cm。
   　　　　　　　　　　　　　　　　　　　　　　　　　　　　　　　　　　(　　)

10. 定性检测(双端)传感器安装时,孔道两端的传感器应位于同一方位(以最上一根钢绞线为宜)并对称。( )

四、案例题

1. 广西某高速预制梁锚下有效预应力检测,对指定梁体的两孔预应力束进行了反拉法检测。现场检测场景请参考图8-27,检测结果请参考图8-28及表8-7。

图8-27 现场检测场景

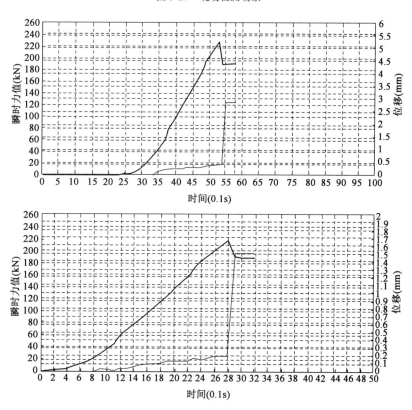

图8-28 现场检测曲线图

锚下预应力检测结果一览表　　　　　表 8-7

孔道编号	钢绞线编号	有效预应力检测值(kN)	预应力标准值(kN)	差值(kN)	测试偏差(%)
L3	L3-1	171.2	178		
	L3-2	177.7	178		
	L3-3	179.5	178		
	L3-4	181.0	178		
	L3-5	176.2	178		
	L3-6	171.9	178		
L2	L2-1	175.3	178		
	L2-2	175.7	178		
	L2-3	182.0	178		
	L2-4	184.1	178		
	L2-5	170.6	178		

（1）请将表 8-7 补充完整，并判断本次检测预应力结果是否合格。

（2）描述反拉法检测锚下有效预应力的安全注意事项。

（3）描述反拉法检测锚下有效预应力的基本原理及检测步骤。

2. 对一片 30m 长 T 梁某孔道进行灌浆密实度定性检测，测试结果表明，CH0 端 $I_f = 0.83$，CH1 端 $I_f = 0.95$。若其余指数：$I_{EA} = 0.9$，$I_{PV} = 0.97$。

（1）计算两端 I_{TF} 值。

（2）在孔道压浆密实性定性检测中，如何根据检测结果对孔道注浆的密实性进行定性判定？

（3）描述孔道压浆密实性定位检测的概念及原理。

五、技能训练题

完成冲击弹性波法定位测试预应力孔道灌浆密实性试验，见任务工单 8-1，并规范完整填写试验检测记录表。

【模块学习效果评价】

1. 素质目标达成度测评					
序号	素质目标	素质目标测评点	配分比例	得分	备注
1	规范意识	查阅规范,实际操作中对规范的正确使用	2.5		对照本模块实际拟定的素质目标进行测评
		仪器的规范使用、存放和保养	2.5		
2	劳动精神	具备诚实守信的态度,认真记录、检查、核对	2.5		
		具备吃苦耐劳的品质	2.5		
3	安全意识	安全作业注意事项的掌握情况	5		
		分项总分	15		
2. 知识目标达成度测评					
序号		评分内容	配分比例	得分	备注
1		填空题	10		扫描获取[模块8考核]答案
2		选择题	10		
3		判断题	10		
4		案例题	30		
		分项总分	60		
3. 技能目标达成度测评					
序号	技能训练	任务工单号	配分比例	得分	备注
1	冲击弹性波法定位测试预应力孔道灌浆密实性试验	8-1	25		扫描获取模块8任务工单
	分项总分		25		

【模块学习总结与反思】

通过本模块的学习,你的主要收获有哪些?不足有哪些?下一步改进措施是什么?

模块9
MODULE NINE
桥梁荷载试验

【模块内容简介】

桥梁荷载试验是通过施加荷载的方式对桥梁结构或构件的静、动力特性进行的现场试验测试。对于一些新建的大中型桥梁或具有特殊设计的桥梁,为保证桥梁建设质量,交竣工时一般要求进行实桥荷载试验,并把试验结果作为评定桥梁工程质量优劣的主要技术资料和依据;另一方面通过荷载试验可以验证桥梁结构的设计理论和设计方法。对于在用桥梁,通过荷载试验可以直接评定其承载能力,试验数据也是改建、加固设计的重要依据。桥梁工程中的新结构、新材料和新工艺的应用实践,需要荷载试验数据来验证,并且大量的荷载试验数据有助于相关理论问题的进一步研究。

本模块根据桥梁荷载试验的分类,主要学习3个任务,其知识结构如图9-1所示。通过本模块的学习,应掌握相关试验检测与结果评定的知识与技能。

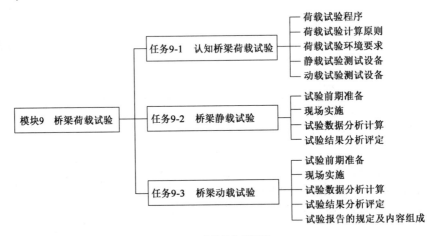

图9-1　本模块知识结构

【模块学习目标】

素质目标: 通过对桥梁静载、动载试验的检测与评定,养成严格按规范操作及安全生产的意识,树立实践出真知的劳动精神。

知识目标: 掌握桥梁荷载试验的程序、动静载试验的仪器设备种类及技术要求、动静载试验的前期准备内容、试验过程及试验报告的组成。了解荷载试验的计算原则、试验结果的数据分析计算方法、试验结果的评定内容及方法。

能力目标：能依据试验方案完成测试系统的连接、设备安放及设备操作，并能规范完整的填写现场测试内容记录表。

任务9-1 认知桥梁荷载试验

【任务描述】

荷载试验包括静力荷载试验和动力荷载试验。静力荷载试验是指通过在桥梁结构上施加与设计荷载或使用荷载基本相当的静态外加荷载，利用检测仪器测试桥梁结构控制部位与控制截面的力学效应，从而评定桥梁承载能力。动力荷载试验是测试桥梁结构或构件在动荷载激振和环境荷载作用下的受迫振动特性和自振特性的现场试验，以分析判断结构的动力特性。为了获得桥梁结构作用与响应的各种参数，需要使用各种专业仪器设备，并按照试验程序完成各阶段的工作内容。

【任务实施】

一、荷载试验程序

荷载试验按照试验准备、现场实施及试验结果分析三个阶段进行。

1. 试验准备阶段的工作内容

（1）资料准备。资料准备工作一般通过走访建设单位、管理单位及设计单位等，收集与桥梁荷载试验相关的技术资料，包括：

①设计资料：设计图纸、变更设计图纸和作为设计依据的其他原始资料。

②施工和监理资料：材料性能试验报告、各分项或分部工程验收报告等。

③施工监控资料：施工监控报告、成桥线形、内力（应力）、索力（杆力）等。

④竣工资料：竣工图纸、工程验收报告等。

（2）现场调查。主要调查桥梁结构的总体尺寸，主要构件截面尺寸，主要部位的高程，桥面平整度，支座工作状况，材料的物理力学性能，结构物的裂缝、缺陷、损伤和钢筋锈蚀状况等。

（3）测试孔选择。对拟试验桥联（座）进行现场踏勘和外观检查，选择代表性桥孔作为测试孔，同时宜考虑便于支架搭设或检测车操作，加载方便，仪器设备连接容易实现等因素。试验桥孔通常能代表试验桥联（座）受力性能，即结构受力最不利、技术状况较差、损伤缺陷突出等。

（4）方案编制。根据试验控制荷载作用下的结构内力、变位及结构基频等的理论计算结果，结合测试内容，按等效原则拟定试验荷载大小、试验工况、加载位置及方法，制订试验加载、测点布设及测试方案等。

2. 现场实施阶段的工作内容

(1)现场准备。包括试验测点放样、布置,荷载组织,现场交通组织及试验测试系统安装调试等。

(2)预加载试验。在正式实施加载试验前,应先进行预加载试验,检验整个试验测试系统工作状况,并进行调试。

(3)正式加载试验。按照预定的荷载试验方案进行加载试验,并记录各测点测值和相关信息。

(4)过程监控。监测主要控制截面最大效应实测值,并与相应的理论计算值进行分析比较,关注结构薄弱部位的力学指标变化、既有病害的发展变化情况,判断桥梁结构受力是否正常,再加载是否安全,确定可否进行下一级加载。

3. 试验结果分析阶段的工作内容

(1)理论计算。按照实际施加荷载情况对桥梁结构内力、应力(应变)和变形进行理论计算。必要时尚应对裂缝宽度、动力响应等进行分析。

(2)数据分析。对原始测试记录进行分析处理,提取有价值的信息。原始测试记录包括大量的观测数据、文字记载和图片等材料,由于试验中影响因素较多,通常需对其进行科学的分析比较,从中提取有价值的信息。对于一些数据或信号,必要时按照数理统计的方法进行分析、取舍,或依靠专门的分析仪器和分析软件进行分析处理,或按照相关规程的方法进行计算。

(3)报告编制。根据理论计算和测试数据的对比分析,对试验结果做出判断与评价,形成荷载试验报告。

二、荷载试验计算原则

(1)进行桥梁的交(竣)工验收荷载试验时,应依据竣工图文件建立计算模型,并根据试验对象的设计荷载等级确定试验控制荷载,按照现行规范规定对结构的动力参数、控制截面内力、应力(应变)、变位等效应进行计算。对加固或改建后桥梁的交(竣)工验收荷载试验,计算时应考虑新旧结构的相互作用及二次受力的影响。

(2)对在用桥梁,以目标荷载为控制荷载进行荷载试验时,应依据桥梁几何尺寸、材料特性及结构实际状况等实测参数建立计算模型,根据控制荷载进行分级,由低级向高一级荷载加载试验,按相应的设计规范规定对结构的动力参数、控制截面内力、应力(应变)、变形等效应进行检算。当缺乏设计、施工等技术资料时,可参考同年代同类型桥梁设计(竣工)文件,由低一级向高一级荷载等级加载验算。

(3)对异型桥梁进行计算分析时,宜考虑其空间力学效应。

(4)分析桥梁结构动力特性时,宜采用空间模型进行计算。加固或改建后桥梁的动力分析宜考虑新旧材料、结构等的力学性能差异。

(5)按等效效应拟定等效试验荷载时,可按最不利截面在目标荷载作用下的内力、应力(应变)、位移、裂缝等与拟试验荷载相应值的比较确定,但不应使其他截面的相关结构反应超出范围。

三、荷载试验环境要求

(1)荷载试验应在封闭交通状态下实施。

(2)荷载试验不宜在强风下进行。悬索桥、斜拉桥、大跨径桁架拱桥及特高墩桥梁等,宜在3级及3级风以下实施。对处于风力较大地区的特大跨径桥梁,荷载试验时宜对风环境进行检测,不能满足试验要求时应暂停试验。

(3)为了减少温度变化对试验结果造成的影响。荷载试验应在气温平稳的时段进行。气温低于5℃或高于35℃时,不宜进行荷载试验。当气温较低或较高时,应根据仪器设备正常工作的温度范围,确定是否进行荷载试验。

(4)大、中雨及大雾天气不宜进行荷载试验。小雨天气进行桥梁荷载试验时,应做好仪器设备及传输线路的防雨措施。

(5)在冲击、振动、强磁场等干扰测试效果的时段内不宜进行荷载试验。

(6)荷载试验宜避开大浪、高湿度等恶劣环境。

四、静载试验测试设备

试验测试的桥梁静力参数包括应变(应力)、变位、裂缝、倾角和索(杆)力。所使用的相应测试设备的技术性能应符合相关标准的规定,并应按照规定进行检定、校准。

(一)应变(应力)测试设备

应变(应力)是桥梁结构构件强度指标,是桥梁荷载试验最重要的实测参数之一。桥梁测试技术中很大一部分都与应变测试技术有关。桥梁静载试验中应测试拉、压应变和主应力。

应变(应力)测试通常采用机械式、电阻式、振弦式或光纤光栅式应变计。测试用传感器元件包括引伸计、电阻应变计、振弦式应变计或光纤光栅式应变计。常用的应变(应力)测试设备有千分表引伸计和静态电阻应变仪(静态应变测试分析系统)。

1. 千分表引伸计

利用千分表 0.001 mm 的读数精度,可将其装配成测大型结构构件应变的千分表引伸计,如图9-2所示。当被测物受拉或受压时,标距 L 会发生 $\pm \Delta L$ 的变化,应变 $\varepsilon = \pm \Delta L/L$,可知被测应变的精度与引伸计的标距有关,如当 L 等于 100 mm 和 200 mm 时,对应引伸计的测量分辨力度分别为 $10\mu\varepsilon$ 和 $5\mu\varepsilon$,量程分别可达到 $\pm 5\,000\mu\varepsilon$ 和 $\pm 2\,500\mu\varepsilon$。

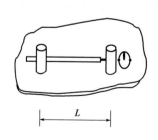
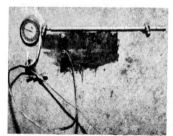

图9-2 千分表引伸计

千分表引伸计因为使用方便在实桥测试中有较多的应用,标距 L 任意可调(长度最大可达 500mm,测量精度可达 $2\mu\varepsilon$,量程 $\pm 1\,000\mu\varepsilon$)。所以在精度能满足要求的情况下,千分表引伸计对测量实际(如混凝土)构件表面应变有独到之处。

2. 静态电阻应变仪(静态应变测试分析系统)

电阻应变测量技术是桥梁应变(应力)测试中应用最广的技术之一,是用电阻应变片测定构件的应变,再根据应力、应变的关系,确定构件应力状态的一种试验分析方法。

专门对电阻应变片阻值相对变化 $\Delta R/R$ 的信号进行鉴别和量测的仪器,称为电阻应变仪。用电阻应变测量技术测试桥梁结构应变时需用电阻应变片和电阻应变仪(应变测试分析系统)配合使用,如图 9-3、图 9-4 所示。

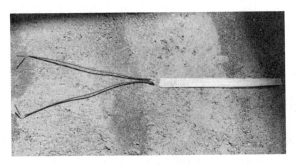

图 9-3 电阻应变片

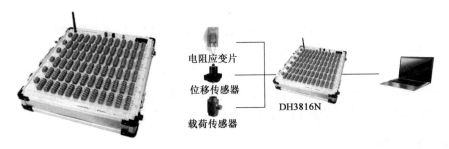

图 9-4 应变测试分析系统

(1)电阻应变片

①电阻应变片的特性。

电阻应变片又称电阻应变计,简称应变片或电阻片。它是非电量的电测量中最重要的变换器。大量的试验表明电阻丝电阻值的增量与其长度的增量之间存在正比例的关系,见式(9-1):

$$\frac{\Delta R}{R}=\frac{K\Delta L}{L}=K\cdot\varepsilon \tag{9-1}$$

式中:R——电阻丝的初始电阻值(Ω);

ΔR——电阻丝的电阻增量(Ω);

L——电阻丝的初始长度(mm);

ΔL——电阻丝长度的增量(mm);

K——比例系数,称为电阻丝的灵敏系数;

ε——应变值。

电阻丝的灵敏系数 K 对大多数电阻丝来说是个常数,也就是说式(9-1)所表达的电阻丝电阻变化率与应变变化率呈线性关系,这便是通过电阻应变片将非电量转换成电量的理论基础。当电阻应变片用胶黏剂粘贴在构件上时,应变片则与构件的变形完全同步,这时电阻丝的应变值就代表了构件的应变值,于是将构件的应变量测转换成电量的量测。

②应变片电测法的优缺点。

应变片电测法与其他测试方法比较,有如下优点:

a. 灵敏度高。由于利用电阻片将非电量转换为电量,再经电子仪器进行放大、显示和记录,所以能获得很高的放大倍数,从而达到很高的灵敏度。电阻应变仪可以精确地分辨出 1×10^{-6} 的应变,这个应变的量级对于钢材来说相当于 0.2MPa 的应力。

b. 电阻片尺寸小且粘贴牢固。对一些工程结构(如船体、桥梁、飞机、桁架等)进行全面的应力分析时,往往要测量数十点甚至数百点的应力,电阻片很容易大量粘贴使用。对于结构十分紧凑以至其他测量仪表(如杠杆引伸仪)根本无法安装的情况,电测法则能发挥很大的作用。尺寸小的另一个重要意义在于可以用来测量局部应力。目前,电阻片的标距甚至可以小于 1mm,这对于应力集中区的测量比较合适。

c. 电阻片质量小。它使得电测量不仅可以作静态应力的测量,而且可以在动态应力分析方面发挥独特作用,对一系列重要的动力学参数(如加速度、振幅、频率、冲击力及爆炸压力等)能够比较精确地进行试验研究,同时应变片的基长可以制作得很短,并且有很高的频率响应能力。因此,在应变梯度较大的构件上测量时仍能获得一定的准确度,在高频动应变测量中具有很好的动态响应。

d. 可以在高温(800~100℃)、低温(-100~-70℃)、高压(上万个大气压)、高速旋转(几千转/min~几万转/min)、核辐射等特殊条件下成功地使用。

e. 应变片输出的是电信号,易于实现测量数字化和自动化。

与其他测试方法比较,有如下缺点:

应变片电测法在用于对结构物表面应变测量时的主要缺点是粘贴工作量大、重复使用困难等;粘贴操作工艺复杂,要有专门的技能;不适合作长期观察。

③电阻应变片的分类。

应变片的种类很多,至今各种规格的应变片已有两万多种,见图 9-5。电阻应变片可以根据敏感元件类型、基底材料类型、工作温度等来分类,本任务主要介绍根据敏感元件分类的电阻应变片。

a. 绕丝式应变片。用电阻丝盘绕起来的电阻片称为绕丝式电阻应变片,又称为圆角线栅式,如图 9-6 所示。它的制造设备和技术都较简单,但横向灵敏度较箔式应变片高(横向灵敏度会给测量带来一定的误差)。绕丝式应变片常用的金属材料是康酮、镍铬合金和铂铱金等。

b. 箔式应变片。箔式应变片是由照相、光刻技术腐蚀成丝。它在性能上的优点是粘贴牢固,散热条件好,逸散功率大,可以允许较大电流,耐蠕变和漂移的能力强,易做成任意形状,但它工艺较复杂。箔片的材料主要为康酮、镍铬合金等,其形式如图9-7所示。

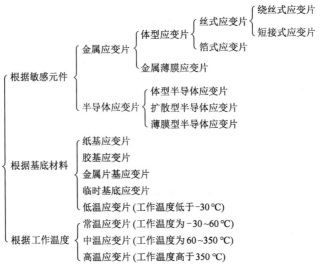

图9-5　电阻应变片的分类

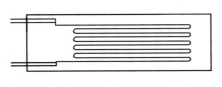

图9-6　金属丝式应变片

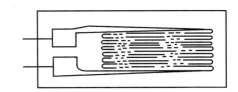

图9-7　金属箔式应变片

在两向应力状态时,需要测出一点的两个或三个方向的应变,才可求出此测点主应力的大小和方向,这就要使用粘贴在一个公共基底上、按一定方向布置的2~4个敏感栅组成的电阻应变片,这种应变片称为电阻应变花,如图9-8所示。

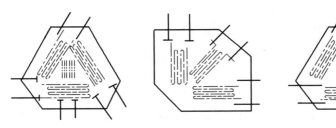

图9-8　电阻应变花

对于箔式应变片组成的应变花,因其横向效应系数极小,故不考虑修正问题。对于由半圆头绕丝式应变片组成的应变花,如果对测试结构要求不很严格的话,也不必考虑修正。

c. 半导体应变片。其外形如图9-9所示。它的优点是灵敏度高、频率响应好、可以做成小型和超小型应变片。半导体应变片的出现为应变电测量技术的发展开创了新的途径。它的缺点是温度系数大、稳定性不及金属应变片等。

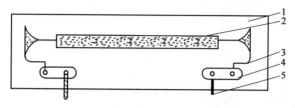

图 9-9 半导体应变片
1-胶膜衬底；2-P-SI 片；3-内引线；4-接板；5-外引线

此外，按敏感栅的长度分，有大标距应变片和小标距应变片；按敏感栅形状分，有单轴应变片和应变花。还有各种特殊用途的应变片，如防磁应变片、防水应变片、埋入式应变片、层式应变片、可拆式应变片、疲劳寿命片、测压片、无基底式应变片、大应变片、裂缝探测片、温度自补偿应变片等。

④电阻应变片的构造。

绕线式应变片是常用的电阻应变片类型，绕线式应变片主要由敏感元件、基底覆盖层和引出线等几部分组成，如图 9-10 所示。

a. 敏感丝栅是应变片的主要元件，一般由康酮、镍铬合金制成。

b. 基底和覆盖层既起定位和保护应变片几何形状的作用，也起到与被测试试件之间电绝缘作用。纸基常用厚 0.015 ~ 0.02mm 的机械强度高、绝缘性能好的纸张制作。胶基则使用性能稳定、绝缘度高、耐腐蚀的聚合胶制成。其他有特殊要求的应变片，可采用不同的材料做成基底。

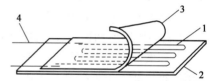

图 9-10 电阻应变片的构造示意图
1-敏感丝栅；2-基底；3-覆盖层；4-引出线

c. 引出线是用以连接导线的过渡部分，一般用直径为 0.15 ~ 0.30mm 的金属丝。

d. 黏结剂把丝栅基底和覆盖层牢固地结成一个整体。

⑤电阻应变片的选用。

选用应变片时，应根据应变片的初始参数及试件的受力状态、应变梯度、应变性质、工作条件、测试精度要求等综合考虑。

对于一般的结构试验，采用 120Ω 纸基金属丝应变片即可满足试验要求。其标距可结合试件的材料来选定，如钢材常用 5 ~ 20mm，混凝土则用 40 ~ 120mm，石材用 20 ~ 40mm。

对于有特殊要求的结构试验，可选择特种应变片，如低温应变片、高温应变片、疲劳寿命片、裂纹探测片、应力片以及高压、核辐射、强磁场等条件下使用的应变片。

⑥电阻应变片的粘贴。

应变片的粘贴是应变电测技术中一个很关键的环节，粘贴质量的好坏直接影响测量的结果。有时可能因某些主要测点的应变片失效，导致测量工作失败。因此，必须掌握粘贴技术，保证测量结果的准确性和可靠性。

a. 贴片工具。

贴片所需的工具主要有：平头镊子、接头镊子、斜口钳、剪刀、尖嘴钳、脱脂棉、丙酮或工业酒精、烙铁 30 ~ 50W、砂纸、黏结剂等，如图 9-11 所示。

b. 黏结剂的选择。

用于应力分析并测试周期较短的一般可选用 502 快速固化胶,因其干燥相对快速和易操作,免去了加热加温和加压的操作过程,但在气温≤10℃和湿度太高的情况下,尽量暂停操作。

c. 试件贴片表面的打磨及贴片部位清洗。

对一般匀质试件,如钢和铝等金属材料,可选用 120~320 目砂轮打磨,使贴片表面平整光洁,为使应变计与试件表面粘贴牢固,要使 320 目细砂纸磨痕与应变计工作栅呈 45°交叉形;对于铸铁和混凝土表面可用砂轮打磨,对混凝土表面则需涂上防潮剂(环氧树脂或聚氯乙烯甲苯溶液胶),并待完全固化后,用细铁砂纸或各向磨光机抛光,注意砂磨方向应与贴片方向斜交。

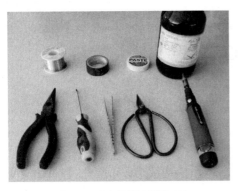

图 9-11 应变片粘贴所用工具

贴片部位清洗可用棉球或脱脂医用纱布,蘸少许丙酮或无水乙醇,以单方向多次擦拭油污、灰尘,擦洗到所用的棉球洁净为止。

d. 画贴片定位标记线及贴片。

可用 4H 铅笔和钢尺,画出贴片定位线,注意定位线不可通过应变计工作栅区域。

贴片最好在干燥的环境下进行。镊子夹脱脂棉球蘸酒精将贴片位置清洗干净,擦净后严禁用手指接触。用手握住应变片引出线,在其背面均匀涂抹一层胶水后放在测点上,调整应变片的位置,使其准确定位。在应变片上覆盖小片玻璃纸,用手指轻轻滚压,挤出多余胶水和气泡(注意:不要使应变片位置移动)。用手指轻按 1~2min,待胶水初步固化后,即可松手。粘贴质量较好的应变片,胶层均匀,位置准确。

e. 固化处理及贴片外观质量检查。

对于干燥才能固化,气温较高,相对湿度较低的短期试验,可用自然干燥,时间一般为 1~2d。人工干燥方法是待自然干燥 12h 后,用红外线灯烘烤,温度不应高于 50℃,还要避免骤热,烘干到绝缘电阻符合要求为止。

检查应变计的粘贴质量。用肉眼和量角器检查贴片位置的偏离、应变计是否有变形、胶质是否有杂质与气泡等外观质量;检查试件与应变计引出线之间的绝缘度,绝缘度需大于 100MΩ。

f. 引出线焊接。

为可靠地把粘贴好的应变计的两个短线引出,经过事先粘贴好的专用接线端子,用 20W 内热式电烙铁,用焊锡与引出长导线牢固连接妥当,如图 9-12 所示。为了满足小信号、低飘移和抗干扰性的要求,对连接电阻应变测试的导线应选用 2 芯或 4 芯金属屏蔽外加护套的 PVC 电缆线,如图 9-13 所示。

g. 应变片防潮密封保护技术措施。

对短期用于室内进行应力分析的应变计,可用普通凡士林或 703 硅橡胶密封,如需长期用于室外或混凝土内部的应变计则必须要进行严格的防潮密封处理,一般采用环氧树脂胶。

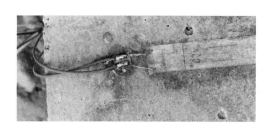
图9-12 应变片引出线的焊接

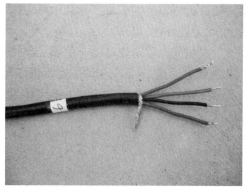
图9-13 4芯屏蔽电缆线

(2)电阻应变仪(应变测试分析系统)

电阻应变仪是一种专用应变测量放大器,属模拟电子仪器。按测量对象的不同,应变仪分为静态电阻应变仪和动态电阻应变仪。无论采用何种仪器设备,都要通过惠斯顿电桥转换得到电信号。

①惠斯顿电桥。

惠斯顿电桥是一种常用的电阻-电压转换装置,它能把应变计电阻的微小变化转换为适合放大和处理的电压。图9-14是标准惠斯顿电桥,图中,R_1、R_2、R_3 和 R_4 分别为电阻器或应变计,其输出电压 $\Delta U = 0$ 或者 ΔU 表示电桥输出平衡或不平衡。

可以证明,该电桥的输出电压与应变近似呈线性,且关系式为 $U_{out} = U_{in}/4n(\varepsilon_1 - \varepsilon_2 + \varepsilon_3 - \varepsilon_4)$,$n$ 为桥臂特性系数。实际应用时,可以将电桥输出的平衡理解为应变计桥路的初始(调零)状态;而不平衡可理解为需要调整或测试(读数)的状态。

可以利用电桥的桥臂特性,把不同数量的应变计接入电桥构成半桥或全桥等桥路连接形式,如图9-15所示。实桥测试时,半桥连接形式多用于静态应变测试,全桥连接形式则用于动态应变测试和应变传感器桥路组合(即桥路不同连接形式)。

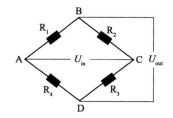
图9-14 惠斯顿电桥示意图

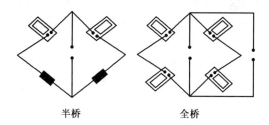
图9-15 惠斯顿电桥桥路连接形式

A、B、C、D-电桥端点;R_1、R_2、R_3、R_4-电桥电阻;U_{in}-供桥电压;U_{out}-输出电压

②电阻应变测量的温度补偿。

在应变测量中会遇到一个问题,那就是温度对应变的影响。因为被测定物都有自己的热膨胀系数,所以会随着温度的变化伸长或缩短。如果温度发生变化,即使不施加外力贴在被测定物上的应变片也会测到应变。桥路组合(即桥路不同连接形式)的最实际应用是实现温度补偿。电阻应变计的电阻值随温度而发生变化,这一变化会引起电桥输出电压,一般每升温

1℃，应变放大器输出的变量可达几十微应变。这是非受力应变，需要排除，这种排除温度影响的措施，叫温度补偿。

接入电桥的电阻应变计除了能感受结构受力后的变形外，同样也能感受环境温度变化，这称为温度效应，使得电阻应变计的电阻值随温度而发生变化。

温度变化从两方面使应变片的电阻值发生变化。第一是电阻丝温度改变 Δt，其电阻将会随之而改变 ΔR_β。第二是因为材料与应变片电阻丝的线膨胀系数不相等，但二者又黏合在一起，这样温度改变 Δt，应变片会产生温度应变，引起一附加的电阻变化 ΔR_α。总的温度效应 R_t 为两者之和，见式(9-2)。

$$R_t = \Delta R_\alpha + \Delta R_\beta = (\alpha_j - \alpha)\Delta t + \frac{\beta_1 \Delta t}{K} \quad (9\text{-}2)$$

式中：α_j——结构材料的线膨胀系数；

α——电阻丝的线膨胀系数；

Δt——温度改变值；

K——电阻丝的灵敏系数；

β_1——电阻丝的电阻温度系数。

利用电桥桥路的不同组合，半桥和全桥接法均可有效实现温度补偿。如图9-16所示，用一片和工作片 R_1（贴在被测件上的应变计）完全相同的应变计 R_2，贴在一块与被测件材料相同而不受力的试件上，并使它们处于同一温度场，使用半桥连接（使工作片和补偿片处在相邻桥臂中），这样温度变化就不会造成电桥的输出电压。因为工作应变计 R_1 的应变变化包括由力 F 和温度 T 引起的两部分，即 $\varepsilon_1 = \varepsilon_F + \varepsilon_T$，补偿应变计 R_2 不受力，它的应变变化只是由温度 T 引起，$\varepsilon_2 = \varepsilon_T$。则电桥的输出为 $U_{out} = n(\varepsilon_F + \varepsilon_T - \varepsilon_T)U_{in} = K\varepsilon_F U_{in}$（$n$ 为桥臂特性系数）。

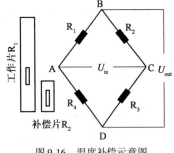

图9-16 温度补偿示意图

在实际试验中，为保证补偿效果，对应变片的设置应考虑的因素为补偿片与工作片应该是同批产品，具有相同电阻值、灵敏系数和几何尺寸；贴补偿片的试块材料应与试验结构的材料一致，如果是混凝土材料，应该是同样的配合比，按相同的制作方法并在相同条件下养护的；补偿片的贴片干燥、防潮处理等工艺必须与工作片相同；连接补偿片的导线应与连接工作片的导线是同一规格同一长度，并且相互平列靠近布置图或捆扎成束；补偿片与工作片的位置应尽量接近，使二者处于同样温度场条件下，以防不均匀热源的影响；补偿片的数量，由试验材料特性、测点位置、试验条件等因素决定，一般情况下，钢结构可用一个补偿片同时补偿10个工作片，对混凝土可用一个补偿片补偿5~10个工作片，如果要求严格或者是某个测点所处条件特殊时，应单独补偿，以尽量减少由于工作片与补偿片工作时间不同而产生的温差影响。

③应变测试分析系统的功能。

电阻应变仪一般具有三个功能：装有几个电桥补充电阻（以适用于半桥测量）并提供电桥电源；能把微弱的电信号放大；把放大后的信号变换显示出来或传输给后续设备。

静、动态电阻应变仪的主要区别在于：静态应变仪本质上是一台电桥平衡指示器，按电阻变化→桥路不平衡→调节平衡装置→电桥重新平衡→产生重新平衡→产生读数差→被测应变值,多点测量只需通过多点转换箱(也称平衡箱)切换而不增加加大单元。而动态应变仪测量的信息与时间有关,应变仪本身无法读值,多点测量一般需一对一配置放大单元,需要有后续记录仪器。

静态数据采集处理系统由多点扫描箱用 USB 接口接入计算机,用计算机程序进行如桥路平衡、灵敏度修正等系列操作,并完成静态应变采集和分析。一台笔记本可以控制数百个测点的测量和计算。目前市售静态数据采集处理系统都可连接多个接口扫描箱,量程一般为 $\pm 20\,000 \sim 30\,000\mu\varepsilon$。

多通道动态应变测试分析系统其实也是由一台笔记本连接多台多通道数据采集箱组成。其与静态数据采集的差别是通道之间的 A/D 转换要求,以及采样频率等都不一样。

(二)变形(变位)测试设备

桥梁静载试验应测试竖向变位(挠度)和水平变位,水平变位应测试纵向变位和横向变位。变形测试可采用机械式或基于电(声、光)原理的测试仪器,也可采用卫星定位系统进行变位测试。机械式测试设备是指各种用于非电量测试的仪表、器具或设备,这类设备需人工读取测值,包括千分表、百分表、连通管和挠度计;电(声、光)测试可自动记录测值,其精度高、更新快、量程也比较大,包括电测变形计、水准仪、经纬仪、全站仪、测距仪和机电百(千)分表。当桥梁跨度超过 50m 时,通常采用连通管测量变形。利用卫星定位系统进行变形测量时,为了提高测量精度,通常采取以载波相位观测值为根据的实时差分技术。

1. 张线式位移量测系统

张线式位移量测系统由百分表与张线钢丝等组成,如图 9-17 所示。张线钢丝直径为 0.3~0.5mm,一端接在桥梁结构的测点上,另一端悬吊重物,位移计(百分表)通过夹具和钢丝相连,结构受载产生位移引起钢丝移动,钢丝可带动位移计移动,随指针转动位移计可测出位移变化量。

2. 高精度全站仪

全站仪是集电子经纬仪、光电测距仪和数据记录装置于一体的测量仪器,所谓全站仪是指在测站上观测,能一站测得至被测对象的斜距、竖角、水平角。

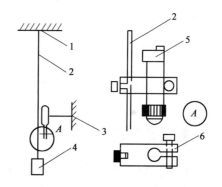

图 9-17 张线式位移量测系统
1-结构上测点;2-张线钢丝;3-不动点;4-重物;
5-位移计测杆;6-夹具

测量桥梁变形,特别是静力荷载作用下的变形,要求用高精度全站仪。这里的高精度是指测距精度达到毫米级,测角精度小于或等于 0.5″类的全站仪(现在用在桥梁施工测量上测角精度 1″~2″的全站仪一般不能用来测量桥梁荷载试验的变形响应)。选用全站仪前除应该全面了解所选用全站仪的功能及适用性外,还应确定其实际功能是否能满足待测桥梁变形 5% 相对精度要求。

全站仪使用时一般都需要在目标点安装棱镜,但也有不用棱镜的"免棱镜"测量全站仪。免棱镜全站仪比较适合测量(悬索桥主缆、钢管混凝土拱肋坐标等)无法安装棱镜的场合。

高精度全站仪被应用在一些大桥成桥状态坐标或变形测量方面,桥梁跨径越大(变形绝对值越大)其优势越明显(相对精度越高)。另一方面,一些智能型全站仪的预学习、360°旋转自寻目标、自动测读记录数据等功能,对大桥挠度测量无论是保证数据质量或是提高现场测量效率、减轻劳作强度等方面都非常有用。

3. 精密水准仪

精密水准仪与一般水准仪比较,其特点是能够精密地整平视线和精确地读数。

数字电子水准仪是结合计算机电子与精密水准仪光学技术的新型精密水准仪。现在普遍采用的电子水准仪的分辨率为0.01mm,测量精度0.3mm,测距150m。这类电子水准仪要求有一根能与其配套使用的钢条形编码尺。电子水准仪中的行阵传感器,识别标尺上的条形编码后,经处理器转变为相应的数字,再通过信号转换和数据化,在显示屏上直接显示中丝读数和视距。

电子水准仪的主要优点是操作简捷,自动观测和记录,既能即时显示测量结果,也可将观测结果输入计算机进行后处理。在快速测量高程、高差和一等、二等水准的精密水准测量领域,其外业使用便捷、高效和内业处理计算机化的特点,使测量效率大大提高。桥梁荷载试验中,一些中小跨(桥跨下不宜安装仪表支架)桥梁的挠度测量,可以采用数字电子水准仪。

(三)裂缝测试设备

裂缝测试时,应针对结构承受拉力较大部位及原有裂缝较长、较宽部位进行。宜测试荷载试验前结构上的既有裂缝和试验中出现的新裂缝。裂缝长度、分布和走向可直接观测得到。裂缝宽度可采用刻度放大镜、裂缝计及裂缝宽度探测仪进行测量,也可在被测裂缝处安装固定装置进行观测。必要时,也可采用取芯法或其他无损方法测量裂缝的深度。

(四)倾角测试设备

倾角测试应测试水平倾角和竖向倾角。倾角测试可采用水准式倾角仪、光纤光栅式倾角计、数显倾角仪或双轴倾角仪等各种类型的倾角仪。

五、动载试验测试设备

试验测试的桥梁动力参数包括自振特性参数和动力响应值,同时在试验过程中观察结构的反应现象。自振特性参数包括结构的自振频率(自振周期)、阻尼比和振型;桥梁动力响应一般指桥梁在特定动荷载作用下的动应力、动挠度、加速度、动力放大系数、冲击系数。所使用的相应测试设备的技术性能应符合相关标准的规定,并应按照规定进行检定、校准。

(一)自振特性参数测试设备

测试自振特性参数的测试设备应包括测振传感器(拾振器)、放大器及记录仪等。

1. 测振传感器

测振传感器具有把振动物理量(位移、加速度等)转化成电量的功能,工程上将能够把振动位移和加速度转化为电参量的测振传感器分别称为位移计和加速度计。它的性能好坏,直接关系到是否能真实反映原振动参数,所以在整个测试系统中测振传感器的作用非常重要。桥梁结构测振的传感器有磁电式、压电式、伺服式等类型。

(1)磁电式测振传感器

磁电式测振传感器基本测量原理为:测量时,将传感器与被测物体刚性连接,传感器与被测物体一起振动。传感器振动时,带动内部的摆体运动,摆体处在磁场中,摆体运动时,绕在摆体上的线圈(称为动圈)切割磁力线产生感应电动势,通过合理控制可以使该电动势与被测振动形成确定的函数关系,这样就能检测出桥梁振动。图9-18为磁电式测振传感器及其工作原理图。

 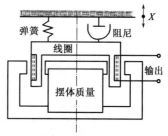

a)磁电式传感器　　　　　　　　b)磁电式传感器的工作原理

图9-18　磁电式测振传感器及工作原理

磁电式测振传感器具有较好的低频特性,输出灵敏度比较高,频率范围一般在0.5~100Hz之间。磁电式测振传感器为速度型位移计,它适用于测量一般桥梁的振动。

(2)压电式测振传感器

压电式测振传感器是一种加速度计。它的原理是利用某些晶体(如石英)的压电效应,将机械能转换成电能,如图9-19所示。当被测物的频率远低于测振传感器的固有频率时,惯性质量块相对于基座的振幅,近似地与被测物的振动加速度峰值成正比。此时压电材料受到压力作用,致使加速度计产生与被测物加速度成正比的电荷。

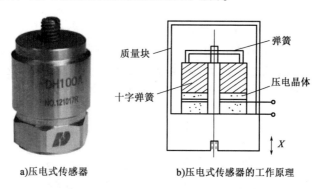

a)压电式传感器　　　　　　　　b)压电式传感器的工作原理

图9-19　压电式测振传感器及工作原理

压电加速度计可以做得很小(几克),也可以做得较大(几百克),它的突出优点是构造简单,频响范围宽。缺点是因阻抗太高、噪声偏大,使其超低频特性不好。

适用于实桥的则是改进型的大质量压电式加速度计,该类传感器质量比普通压电式加速度计大(一般为400~500g),在传感器内部设置阻抗变换电路,把压电产生的电荷直接先转换成电压。这一转换降低了传感器电荷输出、放大过程的噪声,提高了加速度计的信噪比。由于传感器质量加大,其压电效应增加,提高了传感器灵敏度并降低了频率响应下限。

大质量压电式加速度计以其较好的超低频特性和高灵敏度以及现场使用的便捷性等优点而成为大跨度桥梁振动测试传感器的首选。

(3) 伺服式测振传感器

伺服式测振传感器是一种高灵敏度的加速度计。它的基本原理是一个受感振质量激励的机电反馈系统,如图9-20所示。当加速度计受到沿灵敏轴方向输入的加速度时,感振质量就有运动趋势,定位探测器把它转换成电信号,由此引起伺服放大器的输出电流变化,由电流反馈到位于永久磁场中的恢复线圈,使线圈产生与感振质量经受的初始惯性力大小相等、方向相反的恢复力,故此伺服式测振传感器又叫力平衡式加速度计。

图9-20 伺服式测振传感器及工作原理

伺服式测振传感器的优点是超低频响应性能好(几乎从零开始,比前述大质量压电式加速度计更好),特别适用于长周期、低加速度的特大跨度桥梁的振动测试。另外,因伺服传感器的输出能够精确地反映传感器灵敏轴与重力加速度方向的夹角,它还可用于倾角的精确测量。它的缺点是需提供一个直流电源,在大跨度桥上多点长导线使用时不很方便,另外其价格也偏高。

2. 动态应变仪(动态信号采集分析系统)

动态应变仪是以快速傅立叶变换为核心,对振动信号进行采集、分析的设备。随着计算机软硬件技术的发展,目前便携式动态信号采集分析系统的使用已十分普及,能方便地将振动信号采集、显示、记录及处理分析功能集合在一起,使用和携带都十分方便。如图9-21所示。

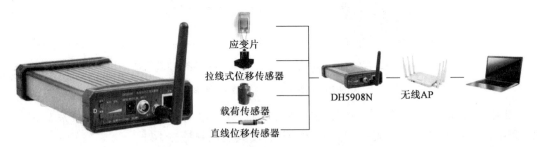

图9-21 便携式动态信号采集分析系统

(二) 动力响应测试设备

动力响应测试应测试动位移、动应变、动力放大系数和冲击系数。动力响应的测点应布置在变位和应变较大的部位。数据采集时,应保证所采集的信息波形不失真。动位移可采用位移传感器和测量放大器,或光电变形测量仪等进行测试;动应变可采用电阻应变计、动态应变仪或光纤光栅式应变计和调制解调器等进行测试;动力放大系数和冲击系数应由分析计算得出。

测试时,设备安装完毕后,应进行系统调试,并进行不少于 15min 的稳定观测,测试设备安装完毕通常先进行检查,利用过往车辆或进行预加载来观察测试设备工作是否正常。一般在加载试验之前对各测点进行一段时间的稳定观测。观测结果用于衡量外界气候条件对测试结果的误差影响,或用于测点的温度影响修正。采取必要的措施对试验现场的测试设备进行安全保护。测试设备容易受到碰撞扰动的部位,通常设置保护设备、系保险绳或设置醒目的标志。野外条件下,温度、湿度影响比较大,采取防潮措施才能保证仪表正常工作。试验过程中应对测试数据进行实时分析,发现异常现象应查明原因并采取措施。试验结果可采用人工或计算机自动采集记录。采用人工读表时,测读应及时、准确,减小人为误差,并记录在专门的表格上。采用计算机自动采集系统读数记录时,应对控制点的测值进行监控。

任务 9-2　桥梁静载试验

【任务描述】

桥梁静载试验主要测试桥梁控制截面的应变、挠度和裂缝开展情况。将静力计算结果与荷载试验结果进行对比,并结合原施工控制时所获得的成桥状态恒载应力以确定桥梁结构的实际工作状态(如结构的强度、刚度)与设计期望值是否相符,判定结构的施工质量、运营安全度,并评估桥梁结构的承载能力。

桥梁静载试验程序包括试验准备、现场实施及试验结果分析三个阶段的内容。

【任务实施】

一、试验前期准备

步骤一　收集资料。

步骤二　选择试验孔。

对拟试验桥联(座)进行现场踏勘和外观检查,选择代表性桥孔作为测试孔,同时宜考虑便于支架搭设或检测车操作,加载方便,仪器设备连接容易实现等。

步骤三　编制桥梁静载试验方案。

桥梁静载试验方案应在桥梁调查和检算的基础上制订。静载试验方案应包括确定测试截面、试验工况、测试内容、试验荷载、测点布置、试验过程控制和试验数据分析等内容。

(1)确定测试截面及试验工况

桥梁静载试验应按照桥梁结构的最不利受力原则确定测试截面及试验工况。

测试截面选择时,应按照桥梁结构的内力包络图,按照最不利受力原则选定截面,然后拟定相应的试验工况。简单结构应选 1~2 个测试截面,复杂结构应适当增加测试截面,但不宜过多。

常见桥梁静载试验工况及测试截面宜按现行《公路桥梁荷载试验规程》(JTG/T J21-01)确定。其中,主要工况应为必做工况,附加工况可视具体情况由试验检测者确定是否进行。测试最大正弯矩产生的应变时,宜同时测试该截面的位移。表 9-1 为梁桥和拱桥的常见试验工况及测试截面。

常见梁桥、拱桥静载试验工况及测试截面　　　　表 9-1

桥型		试验工况	测试截面
简支梁桥	主要工况	跨中截面主梁最大正弯矩工况	跨中截面
	附加工况	①$L/4$ 截面主梁最大正弯矩工况; ②支点附近主梁最大剪力工况	①$L/4$ 截面; ②梁底距支点 $h/2$ 截面内侧向上 45°斜线与截面形心线相交位置
连续梁桥	主要工况	①主跨支点位置最大负弯矩工况; ②主跨跨中截面最大正弯矩工况; ③边跨主梁最大正弯矩工况	①主跨(中)支点斜截面; ②主跨最大弯矩截面; ③边跨最大弯矩截面
	附加工况	主跨(中)支点附近主梁最大剪力工况	计算确定具体截面位置
悬臂梁桥	主要工况	①墩顶支点截面最大负弯矩工况; ②锚固孔跨中最大正弯矩工况	①墩顶支点截面; ②锚固孔最大正弯矩截面
	附加工况	①墩顶支点截面最大剪力工况; ②挂孔跨中最大正弯矩工况; ③挂孔支点截面最大剪力工况; ④悬臂端最大挠度工况	①计算确定具体截面位置; ②挂孔跨中截面; ③挂孔梁底距支点 $h/2$ 截面向上 45°斜线与挂孔截面形心线相交位置; ④悬臂端截面
三铰拱桥	主要工况	①拱顶最大剪力工况; ②拱脚最大水平推力工况	①拱顶两侧 1/2 梁高截面; ②拱脚截面
	附加工况	①$L/4$ 截面最大正弯矩和最大负弯矩工况; ②$L/4$ 截面正负挠度绝对值之和最大工况	①主拱 $L/4$ 截面; ②主拱 $L/4$ 截面及 $3L/4$ 截面
两铰拱桥	主要工况	①拱顶最大正弯矩工况; ②拱脚最大水平推力工况	①拱顶截面; ②拱脚截面
	附加工况	①$L/4$ 截面最大正弯矩和最大负弯矩工况; ②$L/4$ 截面正负挠度绝对值之和最大工况	①主拱 $L/4$ 截面; ②主拱 $L/4$ 截面及 $3L/4$ 截面
无铰拱桥	主要工况	①拱顶最大正弯矩及挠度工况; ②拱脚最大负弯矩工况; ③系杆拱桥跨中附近吊杆(索)最大拉力工况	①拱顶截面; ②拱脚截面; ③典型吊杆(索)
	附加工况	①拱脚最大水平推力工况; ②$L/4$ 截面最大正弯矩和最大负弯矩工况; ③$L/4$ 截面正负挠度绝对值之和最大工况	①拱脚截面; ②主拱 $L/4$ 截面; ③主拱 $L/4$ 截面及 $3L/4$ 截面

在进行各荷载工况布置时,可参照截面内力(或变形)影响线进行。

一般设两三个主要荷载工况,同时可根据试验桥梁结构体系的具体情况再设若干个附加荷载工况。静载试验工况应包括中载试验工况和偏载试验工况。对横向支撑不对称的直桥、斜弯桥、异型桥等,应通过计算确定试验工况的加载位置及偏载的方向。

(2)确定测试内容

静载试验的测试内容应反映桥梁结构内力、应力(应变)、位移及裂缝最不利控制截面的力学特征,试验过程应关注可能出现的异常现象。应力(应变)观测主要是针对测试截面的受拉和受压区。通常沿截面高度或横向位置分布测点,以测试结构的应力分布特征。位移测试包括主梁控制截面的挠度、纵向或横向位移、主塔三维坐标等的测试,反映桥梁结构整体或局部的刚度特性。

常见桥梁静载试验测试内容宜依据现行《公路桥梁荷载试验规程》(JTG/T J21-01)确定。表 9-2 为梁桥和拱桥的常见测试内容。

常见梁桥、拱桥静载试验测试内容 表 9-2

桥型		测试内容
简支梁桥	主要内容	挠度和应力(应变);支点沉降;混凝土梁体裂缝
	附加内容	$L/4$ 截面斜截面应力(应变)
连续梁桥	主要内容	主跨支点斜截面应力(应变);主跨最大正弯矩截面应力(应变)及挠度;边跨最大正弯矩截面应力(应变)及挠度;支点沉降;混凝土梁体裂缝
	附加内容	主跨(中)支点附近斜截面应力(应变)
悬臂梁桥	主要内容	墩顶支点截面应力(应变);锚固孔最大正弯矩截面应力(应变)及挠度;墩顶沉降;混凝土梁体裂缝
	附加内容	墩顶附近斜截面应力(应变);挂孔跨中截面应力(应变)及挠度;挂孔支点附近斜截面应力(应变);悬臂跨最大挠度;牛腿部分局部应力(应变)
三铰拱桥	主要内容	$L/4$ 截面挠度和应力(应变);拱顶两侧 1/2 梁高处斜截面应力(应变);墩台顶的水平位移;混凝土梁体裂缝
	附加内容	$L/4$ 截面挠度和应力(应变);拱上建筑控制截面的位移和应力
两铰拱桥	主要内容	拱顶截面应力(应变)和挠度;$L/4$ 截面挠度和应力(应变);墩台顶水平位移;混凝土梁体裂缝
	附加内容	$L/4$ 截面挠度和应力(应变);拱上建筑控制截面的位移和应力
无铰拱桥	主要内容	拱顶截面挠度和应力(应变);拱脚截面应力(应变);混凝土梁体裂缝
	附加内容	$L/4$ 截面挠度和应力(应变);墩台顶的水平位移;拱上建筑控制截面的位移和应力(应变)

(3)确定试验荷载

①试验控制荷载的确定。

静载试验应根据试验目的确定试验控制荷载。交(竣)工验收荷载试验,应以设计荷载作为控制荷载;否则,应以目标荷载作为控制荷载。

②静载试验荷载效率。

静载试验荷载效率应按式(9-3)计算,对交(竣)工验收荷载试验,宜介于 0.85~1.05;否则,宜介于 0.95～1.05。

$$\eta_q = \frac{S_s}{S(1+\mu)} \quad (9\text{-}3)$$

式中：η_q——静载试验荷载效率；

S_s——静力试验荷载作用下,某一加载试验项目对应的加载控制截面内力或变形的最大计算效应值；

S——控制荷载产生的同一加载控制截面内力或变形的最不利效应计算值；

μ——按《公路桥涵设计通用规范》(JTG D60—2015)取用的冲击系数值。

③加载方式。

静载试验可采用车辆加载或加载物直接加载。加载物加载准备工作量大,加卸载周期较长,交通中断时间亦较长。因此,通常采用车辆加载。采用车辆加载时,宜采用三轴载重车辆,装载的重物稳妥置放,以避免车辆行驶时因晃动而改变重物的位置,引起轴(轮)重的改变。试验方案中需要列出车辆种类、吨位、数量及要求车辆的轴重、总重等。三轴车辆及重车模拟示意图如图 9-22、图 9-23 所示,根据调研结果,图中字母取值分布范围见表 9-3。

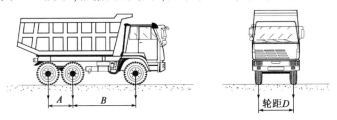

图 9-22　三轴车的平面、立面示意图

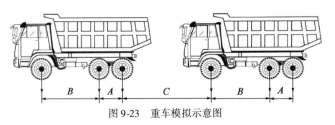

图 9-23　重车模拟示意图

三轴车轴距、轴重统计表　　　　　表 9-3

前轴 P_1 (kN)	后 1 轴 P_2 (kN)	后 2 轴 P_3 (kN)	轴距 A (cm)	轴距 B (cm)	车距 C (cm)	轮距 D (cm)
60～80	90～130	90～130	130～145	330～430	300～500	180

选用加载物加载时,一般按照控制荷载的着地轮迹先搭设承载架,再在承载架上堆放重物或设置水箱进行加载。当仅为满足控制截面内力要求时,也可直接在桥面上堆放重物或设置水箱进行加载。

(4)测点布置

①应变测点的布置。

a. 应变测点应根据测试截面及测试内容合理布置,并应能反映桥梁结构的受力特征。

b. 单向应变测点布置应体现左右对称、上下兼顾、重点突出的原则,并应能充分反映截面高度方向的应变分布特征。单向应变测点的布置不宜少于两组。测点布置完毕,应准确测量其位置。例如分离式箱梁单向应变测点布置如图9-24所示(每片梁底测点不少于2个;2侧面测点不少于2个)。

图9-24　分离式箱梁单向应变测点布置示意图

c. 弯桥、斜桥及异型桥应根据控制荷载作用下结构的内力(应力)特征及结构特征确定应变测点。

d. 钢筋混凝土结构的受拉区应变测点宜布置在受拉区主钢筋上。

e. 主应变(应力)应采用应变花进行测试。

f. 应变测试应设置补偿片,补偿片位置应处于与结构相同材质、相同环境的非受力部位。

②位移测点的布置。

a. 位移测点的测值应能反映结构的最大变位及其变化规律。

b. 主梁竖向位移的纵桥向测点宜布置在各工况荷载作用下挠度曲线的峰值位置。

c. 竖向位移测点的横向布置应充分反映桥梁横向挠度分布特征,整体式截面不宜少于3个,多梁式(分离式)截面宜逐片梁布置。例如分离式箱梁主梁竖向位移测点布置如图9-25所示(每片梁底位置1~2个)。

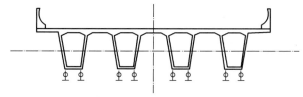

图9-25　分离式箱梁主梁竖向位移测点布置示意图

d. 主梁水平位移测点应根据计算布置在相应的最大位移处。

e. 墩塔的水平位移测点应布置在顶部,并根据需要设置纵、横向测点。

f. 支点沉降的测点宜靠近支座处布置。

③裂缝测点应布置在开裂明显、宽度较大的部位。

④倾角测点宜根据需要布置在转动明显、角度较大的部位。

(5)测试仪器的选择

测试仪器应满足测试精度的要求,根据测试条件、环境条件等因素选择适宜的测试仪器,种类精简,尽可能使用同一类型的仪器。

二、现场实施

1. 现场实施准备工作

步骤一　准备测试支架。

测试支架是指专供机械式桥梁变形测试仪表安装,并提供基准点的支撑物。测试支架必须牢固可靠,并具有足够的刚度,在测试期间不容许发生影响测试精度的变形。初读数至加载卸载读数期间,严禁机械和人员碰触测试支架。如果现场风速较大,测试支架发生可能影响测试精度的变形,应停止该条件下的试验加载与测试。

步骤二 准备操作平台。

操作平台是指供人员进行仪表或元件现场安装、测试读数或者行走的工作平台。操作平台应与测试支架分开设置,受力应完全独立。操作平台必须牢固可靠,能承受相应的荷载并满足其功能需要。操作平台可采用路灯车、桥检车和脚手架等。

步骤三 测点放样与布设。

(1)现场测点布设应事先准备详细的测点布置方案,如需局部调整布置方案,应做好详细记录。

(2)如采用有线传输多点应变信号时,应采用电阻值相同的数据线,测点布设前应对测点及数据线进行编号;测点布设时应保证应变片(传感器)与结构黏结良好,不松动、无气泡;应变片(传感器)与数据线如采用焊接连接,应保证焊接良好,无夹渣,如在潮湿环境下测试,应对测点进行必要的防潮保护。

(3)采用百分表(千分表)进行变形测量时,测试仪表基座应与结构完全脱离,并使仪表行程满足结构的变形要求。如采用全站仪等在桥面上进行变形测量,应在试验前对测点进行编号标记。

步骤四 仪器安放。

现场仪器设备安置时,应确保数据采集人员的安全工作范围并应确保数据采集人员通信通畅。应做好仪器设备的防雷、防雨(水)和防风措施。

步骤五 加载位置标记。

(1)试验前,应对所有加载工况及位置进行标记,并派专人进行校核。

(2)标记内容应包括工况编号及其荷载位置等关键信息。

(3)必要时标记点应具有防雨(水)、雪的功能。如在夜晚实施加载,还应准备必要的照明设施或采用具有一定反光功能的标记材料。

步骤六 车辆称重与轴距测量或堆载称重与位置标记。

使用车辆加载时,对加载车辆均应进行编号,以便对加载车辆进行重量、轴距的记录和车辆的调度管理;加载车辆均应进行称重,并应尽可能得出各轴的重量,称重可用地磅进行,称重后的加载车辆要防止重量的变化;加载车辆均应进行轴距测量,测量可用皮尺或者钢卷尺进行。

使用加载物加载时,堆载的材料应分包进行配置与称重,并进行标记。每包重量应便于人工搬运;并在现场标记各级堆载位置。

步骤七 人员组织与车辆调度安排。

应根据试验方案和现场情况,对试验各重要环节的人员分工进行仔细规划,确定试验所需要人员,并配1~2名作为机动(以备应急之需)。试验分工应让每一位参与者知晓,使其各就其位。车辆调度者应合理地进行车辆组织,规划好车辆的进出场顺序、停靠位置等,尽可能减少车辆调度就位的时间。在未进行桥梁试验的桥联上停放加载车辆时,应注意保持车辆间距,以确保临时停放车辆桥联结构的安全。

步骤八 强调安全措施。

(1) 桥梁荷载试验应设专职安全员,检查和督促试验前后与过程中的人员、设备、仪表的安全状况,防止意外事故的发生。

(2) 应通过结构验算保证结构安全、支架安全。在分级加载试验过程中,应通过观察结构或支架是否有异常反应、通过分析测试数据是否正常变化等进行判断。

(3) 设备安全主要是检查接电、接地、防水、防尘、防雷等是否正确、完备;所有设备都应轻拿轻放、安置稳固;运输过程中要按设备本身的防振、防尘要求进行包装防护。

(4) 新桥的荷载试验应尽可能安排在桥梁开放交通之前进行。开放交通后的桥梁或者既有桥进行荷载试验时,必须进行交通管制。荷载试验期间社会及运营车辆须绕道行驶。荷载试验时应尽可能缩短交通管制的时间。

2. 加载

步骤一 预加载。

正式加载之前应进行预加载,一般采用分级加载的第一级荷载或单辆试验车作为预加载。进一步检查应变片、机电百分表及精密水准仪等仪器仪表处于正常工作状态,一切无误后,方可按试验工况进行荷载试验。

步骤二 正式加载。

(1) 试验荷载应分级施加,加载级数应根据试验荷载总量和荷载分级增量确定,可分 3~5 级。当桥梁的技术资料不全时,应增加分级。重点测试桥梁在荷载作用下的响应规律时,可加密加载分级。当采用加载车辆作为试验荷载时,可采用逐列或逐排增加试验荷载的方法。

(2) 加卸载过程中,应保证非控制截面内力或位移不超过控制荷载作用下的最不利值。当试验条件限制时,附加工况的控制截面可只进行最不利加载。

(3) 加载时间间隔应满足结构反应稳定的时间要求。应在前一级荷载阶段内结构反应相对稳定、进行了有效测试及记录后方可进行下一级荷载试验。当进行主要控制截面最大内力(变形)加载试验时,分级加载的稳定时间不应少于 5min;对尚未投入运营的新桥,首个工况的分级加载稳定时间不宜少于 15min。

加卸载稳定时间取决于结构变形达到稳定所需的时间。同一级荷载内,结构最大变形测点在最后 5min 内的变形增量小于第一个 5min 变形增量的 15%,或小于测量仪器的最小分辨值时,通常认为结构变形达到相对稳定。

(4) 应根据各工况的加载分级,对各加卸载过程结构控制点的应变(或变形)、薄弱部位的破损情况等进行观测与分析,并与理论计算值进行对比。当试验过程中发生下列情况之一时,应停止加载,查清原因,采取措施后再确定是否进行试验:

①控制测点应变值已达到或超过计算值。

②控制测点变形(或挠度)超过计算值。

③结构裂缝的长度、宽度或数量明显增加。

④实测变形分布规律异常。

⑤桥体发出异常响声或发生其他异常情况。

⑥斜拉索或吊索(杆)索力增量实测值超过计算值。

(5)试验加载过程中,应设专门人员统一现场指挥加载的实施。应严格按照试验方案中拟定的加载程序实施加载,并随时做好停止加载和及时卸载的准备。

(6)加载过程中应对结构控制点的应变(或变形)、薄弱部位的破损情况等进行监控,并将结果随时汇报给现场指挥人员作为控制加载的依据。

步骤三 观测记录。

(1)加载试验之前应对测试系统进行不少于15min的测试数据稳定性观测。

(2)应做好测试时间、环境气温、工况等记录。宜采用自动记录系统并对关键点进行实时监控。当采用人工读数记录时,读数应及时、准确,并记录在专用表格上。

(3)试验前应对既有裂缝的长度、宽度、分布及走向进行观测、记录,并将其标注在结构上;试验时应观测新裂缝的长度、宽度及既有裂缝发展状况,并描绘出结构表面裂缝分布及走向,并专门记录。

三、试验数据分析计算

步骤一 试验测试数据的修正。

试验数据分析时,应根据温度变化、支点沉降以及仪表标定结果的影响对测试数据进行修正。当影响小于1%时,可不修正。

(1)温度影响修正。

温度对测试结果的影响比较复杂,结构构件各部位不同的温度变化,结构的受力特性,测试仪表或元件的温度变化,电测元件的温度敏感性、自补性等均对测试精度造成一定的影响。逐项分析这些影响很困难。一般可采用综合分析的方法进行温度影响修正,即利用加载试验前进行的温度稳定观测数据,建立温度变化(测点处构件表面温度或空气温度)和测点测值(应变和挠度)变化的线性关系,然后按式(9-4)进行温度修正计算:

$$\Delta S_t = \Delta S - \Delta t \cdot K_t \tag{9-4}$$

式中:ΔS_t——温度修正后的测点加载测值变化量;

ΔS——温度修正前的测点加载测值变化量;

Δt——相应于观测时间段内的温度变化(℃);

K_t——空载时温度上升1℃时测点测值变化量,如测值变化与温度变化关系较明显时,可采用多次观测的平均值,即 $K_t = \Delta S_1/\Delta t_1$($\Delta S_1$ 为空载时某一时间区段内测点测值变化量、Δt_1 为相应于 ΔS_1 同一时间区段内温度变化量)。

被测构件表面温度与内部温度的差异、贴片位置与非贴片位置的温差、局部贴片与整体贴片间的温差、贴片与补偿片间的温差等,构成了温度影响的复杂性。通常采取缩短加载时间,选择温度变化较稳定的时间段进行试验等办法,尽量减小温度对测试精度的影响。必要时,可利用加载试验前进行的温度稳定性观测数据,建立温度变化和测点测值变化的关系曲线进行温度修正。

(2)支点沉降影响的修正。

支点沉降是指支座的压缩量与墩台的竖向位移值之和。当支点沉降量较大时,应修正其对挠度值的影响,修正量 c 可按式(9-5)计算。

$$c = \frac{l-x}{l} \cdot a + \frac{x}{l} \cdot b \tag{9-5}$$

式中：c——测点的支点沉降修正量；
l——A 支点到 B 支点的距离；
x——挠度测点到 A 支点的距离；
a——A 支点沉降量；
b——B 支点沉降量。

步骤二 各测点变位（挠度、位移、沉降）与应变的计算。

根据量测数据对总位移（或总应变）、弹性位移（或弹性应变）、残余位移（或残余应变）按式(9-6)、式(9-7)、式(9-8)进行计算。

$$S_t = S_1 - S_i \tag{9-6}$$

$$S_e = S_1 - S_u \tag{9-7}$$

$$S_p = S_t - S_e = S_u - S_i \tag{9-8}$$

式中：S_t——试验荷载作用下测量的结构总位移（或总应变）值；
S_e——试验荷载作用下测量的结构弹性位移（或应变）值；
S_p——试验荷载作用下测量的结构残余位移（或应变）值；
S_i——加载前的测值；
S_1——加载达到稳定时的测值；
S_u——卸载后达到稳定时的测值。

步骤三 相对残余位移（或应变）的计算。

引入相对残余位移（或应变）的概念描述结构整体或局部进入塑性工作状态的程度。相对残余位移（或应变）按式(9-9)计算。

$$\Delta S_p = \frac{S_p}{S_t} \times 100 \tag{9-9}$$

式中：ΔS_p——相对残余位移（或应变）（%）；
S_p、S_t——意义同前。

步骤四 应力计算。

根据测量到的测点应变，当结构处于线弹性工作状态时，可以利用应力应变关系计算测点的应力。单向应力状态时，按式(9-10)计算；平面应力状态时，当主应力方向已知时，按式(9-11)、式(9-12)计算，主应力方向未知时，需用应变花测量其应变，从而计算主应力。

$$\sigma = E\varepsilon \tag{9-10}$$

$$\sigma_1 = \frac{E}{1-\nu^2}(\varepsilon_1 + \nu\varepsilon_2) \tag{9-11}$$

$$\sigma_2 = \frac{E}{1-\nu^2}(\varepsilon_2 + \nu\varepsilon_1) \tag{9-12}$$

式中：E——构件材料弹性模量；

ν——构件材料泊松比；

ε_1、ε_2——方向相互垂直的主应变；

σ_1、σ_2——方向相互垂直的主应力。

步骤五 结构校验系数的计算。

为了评定结构整体受力性能，需对桥梁荷载试验结果与理论分析值进行比较，以检验新建桥是否达到设计要求的荷载标准或者判断旧桥的承载能力。为了量化以及描述试验值与理论分析值比较的结果，引入结构校验系数，若检验系数 η 小于1，则说明桥梁结构实际强度或刚度有安全储备，校验系数 η 大于1，则表明强度或刚度不足。结构校验系数按式（9-13）计算。S_e 与 S_s 的比较可用实测的横截面平均值与计算值进行比较，也可考虑荷载横向不均匀分布而选用实测最大值与考虑横向增大系数 ξ 的计算值进行比较，横向增大系数 ξ 按式（9-14）计算。主要测点在控制荷载工况下的横向增大系数反映了桥梁结构荷载不均匀分布程度，值越小，说明荷载横向分布越均匀，横向联系构造越可靠；值越大，说明荷载横向分布越不均匀，横向联系构造越薄弱。

$$\eta = \frac{S_e}{S_s} \tag{9-13}$$

式中：η——结构校验系数；

S_e——试验荷载作用下量测的弹性位移（或应变）值；

S_s——试验荷载作用下的理论计算位移（或应变）值。

$$\xi = \frac{S_{emax}}{S_e} \tag{9-14}$$

式中：ξ——横向增大系数；

S_{emax}——试验荷载作用下量测的位移（或应变）最大值。

步骤六 绘制试验曲线。

列出各加载工况下主要测点实测变形（或应变）与相应的理论计算值的对照表，并绘制出其关系曲线。试验曲线能直观地反映试验结果。一般通过试验曲线来表示实测应变和理论计算值的比较情况、主要控制点的变形（应变）与荷载的历程曲线、挠度及应变分布情况。通过这些曲线能够对试验结果进行评价，判断异常点、结构工作状态、应变（变形）分布是否符合一般规律等。

(1)绘制各加载工况下主要控制点的位移（或应变等）与荷载的关系曲线。

(2)绘制各加载工况下控制截面位移（或应变）分布图、沿纵桥向挠度分布图、截面应变沿高度分布图等。

四、试验结果分析评定

经过荷载试验的桥梁，应根据整理的试验资料分析结构的工作状况，进一步评定桥梁承载能力，为新建桥验收作出鉴定结论，或作为旧桥承载力鉴定检算的依据，并纳入桥梁承载能力鉴定报告和桥梁承载能力鉴定表。一般进行下列分析评定工作。

1. 校验系数分析评定

校验系数应包括应变(或应力)校验系数及挠度校验系数,校验系数按式(9-13)计算。常见桥梁结构试验的应变(或应力)、挠度校验系数应符合表 9-4 所示的范围。

常见桥梁结构试验校验系数常值表　　　　　表 9-4

桥梁类型	应变(或应力)校验系数	挠度校验系数	桥梁类型	应变(或应力)校验系数	挠度校验系数
钢筋混凝土板桥	0.20~0.40	0.20~0.50	预应力混凝土桥	0.60~0.90	0.70~1.00
钢筋混凝土梁桥	0.40~0.80	0.50~0.90	圬工拱桥	0.70~1.00	0.80~1.00
钢筋混凝土拱桥	0.50~0.90	0.50~1.00	钢桥	0.75~1.00	0.75~1.00

2. 实测值与理论值的关系曲线分析评定

处于线弹性工作状况的结构,测点实测位移(或应变)与其理论值应呈线性关系。其关系曲线接近于直线,说明结构处于良好的弹性工作状况。

3. 截面应变分布状况分析评定

对于常规结构,实测的结构或构件主要控制截面应变沿高度分布应符合平截面假定。

4. 残余变形分析评定

主要控制测点的相对残余变形(或应变)ΔS_p 越小,说明结构越接近弹性工作状况。ΔS_p 不宜大于 20%;当 ΔS_p 大于 20% 时,表明桥梁结构的弹性状态不佳,应分析原因,必要时再次进行荷载试验加以确定。

5. 混凝土桥梁裂缝及其扩展情况分析评定

试验荷载作用下新桥裂缝宽度不应超过《公路钢筋混凝土及预应力混凝土桥涵设计规范》(JTG 3362—2018)的容许值(表 9-5),卸载后其扩展宽度应闭合到容许值的 1/3;在用桥梁的裂缝宽度不宜超过《公路桥梁承载能力检测评定规程》(JTG/T J21—2011)的规定。超过规定时,应结合校验系数的计算结果,分析原因,采取措施。

裂缝限值表　　　　　表 9-5

结构类型	裂缝种类	允许最大缝宽(mm)	其他要求
钢筋混凝土梁	主筋附近竖向裂缝	0.25	
	腹板斜向裂缝	0.30	
	组合梁结合面	0.50	不允许贯通结合面
	横隔板与梁体端部	0.30	
	支座垫石	0.50	
预应力混凝土梁	梁体竖向裂缝	不允许	
	梁体纵向裂缝	0.20	

续上表

结构类型	裂缝种类		允许最大缝宽（mm）	其他要求
砖、石、混凝土拱	拱圈横向		0.30	裂缝高度小于截面高度一半
	拱圈纵向		0.50	裂缝长度小于跨径的1/8
	拱波与拱肋结合处		0.20	
墩台	墩台帽		0.30	不允许贯通墩身截面一半
	墩台身	经常受侵蚀性水影响	有筋	0.20	
			无筋	0.30	
		常年有水,但无侵蚀性水影响	有筋	0.25	
			无筋	0.35	
	干沟或季节性有水河流		0.40	
	有冻结作用部分		0.20	

注：表中所列除特指外适用于一般条件，对于潮湿和空气中含有较多腐蚀性气体等条件下的缝宽限制应要求严格一些。

任务9-3　桥梁动载试验

【任务描述】

桥梁结构是承受恒载、车辆荷载、人群荷载等主要荷载的结构物。当车辆以一定速度在桥上通过时，由于发动机的抖动、桥面的不平顺等原因会导致桥梁结构产生振动。此外，人群荷载、风动力、地震力的作用也会引起桥梁振动。因此，车辆荷载或其他动力荷载对桥梁结构的冲击和振动影响，已成为桥梁结构设计、计算、施工、运营、维修养护过程中的重要问题之一。桥梁结构的动载试验是利用某种激振方法激起桥梁结构的振动，测定桥梁结构的固有频率、阻尼比、振型、动力冲击系数、动力响应(加速度、动挠度)等参量的试验项目，从而宏观判断桥梁结构的整体刚度、运营性能。动载试验步骤基本上与静载试验相同，包括准备、试验和分析总结三个阶段。

【任务实施】

一、试验前期准备

步骤一　认知桥梁动载试验的一般规定。
(1)桥梁动载试验的一般规定
《公路桥梁荷载试验规程》(JTG/T J21-01—2015)规定桥梁动载试验应测试桥跨结构的

自振频率和冲击系数。当存在单跨跨径超过 80m 的梁桥、T 形刚构桥、连续刚构桥和单跨跨径超过 60m 的拱桥、斜拉桥、悬索桥及其他组合结构桥梁，或存在异常振动的桥梁，以及仅依据静载试验不能系统评价结构性能时，动载试验应增加测试桥跨结构的振型和阻尼比。必要时，尚应测试桥梁结构的动挠度和动应变，并掌握车辆振源特性。

(2) 桥梁动力特性参数

桥梁是承受动荷载作用的结构物，针对日常运营过程中各种各样的桥梁动态问题，我们不仅要研究桥梁结构本身的动力特性，还要研究由车辆移动荷载引起的车致振动以及其他动力响应等。桥梁动载试验是实现上述研究的一个重要手段。桥梁动载试验涉及的问题和所有工程振动试验研究的问题相似。基本可以归为三个方面，桥梁外部振源、结构动力特性和动力反应。

①桥梁外部振源是引起桥梁振动的外作用（包括移动车辆振动的激励或风、地震等）。

②结构动力特性是桥梁的固有特性。结构动力特性参数，也称结构自振特性参数或振动模态参数，包括结构的自振频率（自振周期）、振型和阻尼比三个主要参数。它们都是由结构形式、建筑材料性能等结构所固有的特性所决定的，与外荷载无关，是桥梁动态试验中最基本的内容。

a. 自振频率和自振周期。

自振频率是动力特性参数中最重要的概念，物理意义上自振频率是指单位时间内完成振动的次数，通常用 f 来表示，单位为 Hz。自振周期是指物体振动波形重复出现的最小时间，用符号 T 表示，单位为秒(s)，自振频率与自振周期的关系互为倒数，即 $f=1/T$。

结构的自振频率只与结构的刚度和质量有关，并与刚度成正比，与质量成反比。对多自由度情况，以上关系同样存在，一般每个自由度都对应有一个自振频率，通常把多个频率按数值大小排列成 1 阶（也称基本频率）、2 阶、…、n 阶频率。

b. 阻尼。

阻尼是存在于结构中的消耗结构振动能量的一种物理作用，它对结构抵抗振动有利。结构工程上以阻尼比 D 来表示阻尼的大小，阻尼比 D 定义为阻尼系数 C 与临界阻尼的比值。即阻尼比的大小决定了自由振动衰减的快慢程度。

c. 振型。

振型是结构上各点振幅值的连线。结构动力学认为，对应每一个固有频率，结构都有并只有 1 个主振型。具体对某一根梁来说，它的振型曲线是由沿梁长度方向的多点振动幅值的相对值决定的。

③动力反应表示桥梁在特定动荷载作用下的动态"输出"，桥梁结构动力响应主要参数为动应力、动挠度、加速度等。

步骤二 收集资料。

步骤三 选择试验孔。

多联(孔)桥梁，同时开展静、动载试验时，动载试验桥联(孔)应选择与静载试验相同的桥联(孔)；其他情况下应根据结构评价需要，选择具有代表性的桥联(孔)，即选择的联(孔)在结构形式上体现代表性原则，在结构技术状况和结构受力上体现最不利原则。

步骤四 编制桥梁动载试验方案。

(1) 确定动力自振特性参数测试试验工况

桥梁动载试验工况应根据具体的测试参数和采用的激振方法确定。激振方法可根据结构特点、测试的精度要求、方便性及现场实际情况确定,宜采用环境随机激振法、行车激振法和跳车激振法,也可采用起振机激振法或其他激振方法。

①环境随机激振法(脉动法),是指在桥面无任何交通荷载以及桥址附近无规则振源的情况下,通过测定桥梁由风荷载、地脉动、水流等随机激励引起的微幅振动来识别结构自振特性参数的方法。该方法需对采集的长样本信号进行能量平均,以便消除随机因素的影响。对悬索桥、斜拉桥等自振频率较低的桥型,为保证频率分辨率和提高信噪比,采集时间一般不小于30min。对于小跨径桥梁,采集时间可以酌情减少。环境激振法更适合大跨柔性桥梁。

②行车激振法,是利用车辆驶离桥面后引起的桥梁结构余振信号来识别结构自振特性参数,对小阻尼桥梁效果较好。为提高信噪比,获取尽可能大的余振信号,可采用不同的车速进行多次试验,或在桥跨特征截面设置弓形障碍物进行激振(有障碍行车激振)。通常结合行车动力响应试验统筹考虑获取余振信号。

③跳车激振法,是通过让单辆载重汽车的后轮在指定位置从三角形垫块上突然下落对桥梁产生冲击作用,激起桥梁的振动。该方法更适用于其他方法不易激振的、刚度较大的桥梁,如石拱桥、小跨径梁式桥等。图 9-26 为跳车三角形垫木结构示意图。梁式桥采用跳车激振法时,一般进行车辆自重附加质量影响的修正。研究表明,对跨径小于 20m 的简支梁桥,车辆自重的影响是不可忽略的。

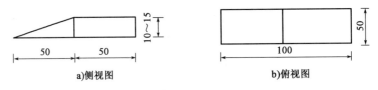

图 9-26 跳车三角形垫木结构示意图(尺寸单位:cm)

④起振机激振法,是指利用起振机采用可控的定点正弦激励或正弦扫描激励使结构产生稳态振动。该方法测试精度高,但需要较为庞大的起振机设备,运输不方便,同时安装起振机对桥面将产生一定的损伤。在需要高精度识别桥梁结构动力特性时,可以采用此方法。

(2) 确定动力响应试验工况

动力响应试验工况包括无障碍行车试验、有障碍行车试验和制动试验。应首选无障碍行车试验,有障碍行车试验和制动试验可根据实际情况选择。

①无障碍行车试验:宜在 5～80km/h 范围内取多个大致均匀分布的车速进行行车试验。车速在桥联(孔)上宜保持恒定,每个车速工况应进行 2～3 次重复试验。根据测试需要,加载车辆可以是单辆,也可以是两辆或多辆车。两辆或多辆车加载时,通常要注意车辆间的配合。

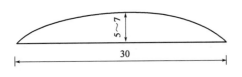

图 9-27 弓形障碍物横断面示意图(尺寸单位:cm)

②有障碍行车试验:可设置如图 9-27 所示的

弓形障碍物模拟桥面坑洼进行行车试验，车速宜取 5~20km/h，障碍物宜布置在结构冲击效应显著部位。

③制动试验：车速宜取 30~50km/h，制动部位应为动态效应较大的位置。对漂浮体系桥梁，应测试主梁纵向位移等项目。

（3）选择测试截面及布置测点

①桥梁动载试验的测试截面应根据桥梁结构振型特征和行车动力响应最大的原则确定。一般可根据桥梁结构规模按跨径 8 等分或 16 等分简化布置。桥塔或高墩，宜按高度分 3~4 个节段分段布置。

②对于常见的简支梁桥及连续梁桥，根据具体情况可参照表 9-6~表 9-8 选择测试截面。

简支梁桥前 5 阶模态的传感器布置方案　　　　　　　　　　　　　　　　　　　　表 9-6

模态阶数	至少需要传感器数	测点布设位置
1	1	$L/2$
2	2	$L/4;3L/4$
3	3	$L/6;L/2;5L/6$
4	4	$L/8;3L/8;5L/8;7L/8$
5	5	$L/10;3L/10;L/2;7L/10;9L/10$

注：L 为简支梁桥的计算跨径。

两等跨连续梁前 4 阶模态的传感器布置方案　　　　　　　　　　　　　　　　　　　表 9-7

模态阶数	至少需要传感器数	测点布设位置
1	2	$L/4;3L/4$
2	4	$L/8;3L/8;5L/8;7L/8$
3	6	$L/12;L/4;5L/12;7L/12;3L/4;11L/12$
4	8	$L/16;3L/16;5L/16;7L/16;9L/16;11L/16;13L/16;15L/16$

注：L 为桥梁跨径总长。

三等跨连续梁前 3 阶模态的传感器布置方案　　　　　　　　　　　　　　　　　　　表 9-8

模态阶数	至少需要传感器数	测点布设位置
1	3	$L/6;L/2;5L/6$
2	6	$L/12;L/4;5L/12;7L/12;3L/4;11L/12$
3	9	$L/18;L/6;5L/18;7L/18;L/2;11L/18;13L/18;5L/6;17L/18$

注：L 为桥梁跨径总长。

③大型桥梁振型测试可将结构分成几个单元分别测试，整个试验布置一固定参考点(应避开振型节点)，每次测试都应包含固定参考点。将几个单元的测试数据通过参考点关联，拟合得到全桥结构振型图。

将测振传感器(拾振器)布设在被测结构理论振型的峰(谷)点、选择的固定参考点和各分界点上,用放大特性相同的多路放大器和记录特性相同的多路记录仪同时测记各测点的振动响应信号。桥梁振型测量时,通常先分析理论振型,测点数目要足以连接成曲线,且测点尽可能布在控制断面上。拾振器数量有限时,通常将一个拾振器放在参考点上始终不动,分批搬动其他拾振器得到所有测点。振型测量前要把测振仪器系统放在参考点上标定,从而对标定以后的测振仪器系统(拾振器、导线、记录通道)进行变更。利用各通道的系统灵敏度,换算得到实测的幅值关系并归一化后,得到最大坐标值是1时的振型曲线。

④在测试桥梁结构行车响应时,应选择桥梁结构振动响应幅值最大部位为测试截面。简单结构宜选择跨中1个测试截面,复杂结构应增加测试截面。

⑤用于冲击效应分析的动挠度测点每个截面应至少1个。采用动应变评价冲击效应时,每个截面在结构最大活载效应部位的测点数不宜少于2个。

(4)确定测试内容

①桥梁自振特性试验应包括竖平面内弯曲、横向弯曲自振特性以及扭转自振特性的测试。应根据试验目的和需要确定测试纵桥向竖平面内弯曲自振特性。桥梁的测试阶次应不少于表9-9的规定。

桥梁的测试阶次表 表9-9

桥型	简支梁桥	非简支梁桥、拱桥	斜拉桥、悬索桥
测试阶次	1阶	3阶	9阶

②动力响应测试应包括动挠度、动应变、振动加速度、速度及冲击系数。桥梁动挠度测试难度较大时,一般仅测试动应变以获得应变冲击系数。

(5)确定试验荷载

①无障碍行车试验可采用与静载试验的加载车辆相同的载重车辆,车辆轴重产生的局部效应不应超过车辆荷载效应,避免对横系梁、桥面板等局部构件造成损伤。无障碍行车试验荷载效率可按式(9-15)计算,宜取高值,但不应超过1。

$$\eta_d = \frac{S_d}{S_{1max}} \tag{9-15}$$

式中:η_d——动载试验荷载效率;

S_d——动载试验荷载作用下控制截面的最大内力或变形;

S_{1max}——控制荷载作用下控制截面的最大内力或变形(不计冲击)。

②单辆车的动载试验响应偏低时,无障碍行车试验宜每个车道布置一辆试验车,横向并列一排同步行驶,在行驶过程中宜保持车辆的横向间距不变。

③障碍行车试验和制动试验可采用与无障碍行车试验相同的单辆或多辆载重车。

(6)测试仪器的选择

进行测试仪器选择时,首先要符合可测幅值范围、可测频率范围等要求,同时注意仪器设备对环境条件的适应能力。

二、现场实施

步骤一 测点布设、仪器安装。

步骤二 预加载。正式试验前应进行预加载试验,对测试系统进行调试,并进行不少于 15min 的稳定性检查。桥梁空载状态下,动应变、动挠度信号在预定采集时间内的零点漂移不宜超过预计最大值的 5%。

步骤三 试验及记录。

(1)根据预加载试验具体情况对试验方案或测试设备参数设置做调整。按照调整确定的试验方案与试验程序进行加载试验,观测并记录各测试参数,并采取措施避免电磁场以及对讲机、手机等对测试结果的影响。

(2)合理设置采样参数。采样频率宜取 10 倍以上的最高有用信号频率。信号采集时间宜保证频谱分析时谱平均次数不小于 20 次。

(3)试验过程中,根据观测和测试结果,实时判断结构状态是否正常,测试数据是否异常,是否需要终止试验确保试验安全。各工况试验完成后,应对测试数据进行检查和确认。如发现幅值异常或突变、零点严重偏离、异常电磁干扰、噪声过大等,应在排除故障后重新进行试验。

(4)保证记录的试验荷载参数,传感器规格、灵敏度、编号、连接通道号、适配器、采集器采样频率、滤波频率、换算系数等信息的完整性。

步骤四 全部试验完成后,应在现场对主要的测试数据进行检查和初步分析,确保测试数据的准确性和完整性。

(1)用于冲击系数计算分析的动挠度、动应变信号的幅值分辨率不应大于最大实测幅值的 1%。

(2)进行数据频谱分析时,应合理设置分析参数,频率分辨率不宜大于实测自振频率的 1%。

三、试验数据分析计算

步骤一 各参数分析计算。

试验数据分析计算时,首先应对测试信号进行检查和评判,并进行剔除异常数据、去除趋势项、数字滤波等必要的预处理。

(1)结构自振频率数据分析计算

结构自振频率可采用频谱分析法、波形分析法或模态分析法得到。自振频率宜取用多次试验、不同分析方法的结果相互验证。单次试验的实测值与均值的偏差不应超过 ±3%。

①波形分析法适用于单一频率自振信号。取若干周期自振波形,通过时间坐标计算自振频率均值。当测试信号包含多阶自振信号叠加时,通常利用带通滤波进行信号分离,得到单一频率的自振信号,再进行频率计算,如图 9-28 所示。

②频谱分析法通常用于确定自振信号的各阶频率。用于分析的数据块中不包含强迫振动成分。

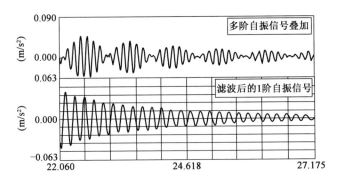

图 9-28 某连续梁桥多阶叠加自振信号的分离

③采用跳车激振法时,对跨径小于 20m 的桥梁,通常按式(9-16)对实测结构自振频率进行修正。

$$f_0 = f\sqrt{\frac{M_0 + M}{M_0}} \tag{9-16}$$

式中:f_0——结构的自振频率;

f——有附加质量影响的实测自振频率;

M_0——结构在激振处的换算质量(通常用两个不同质量的突加荷载依次激振,分别测定自振频率 f_1 和 f_2,其附加质量为 M_1 和 M_2,求得换算质量 M_0);

M——附加质量。

④采用行车激振法激励时,通常要确定车辆驶离桥梁的准确时刻,以免将强迫振动当作自由振动进行处理,导致自振频率误判。一般根据同时采集的动挠度、动应变实测信号中静态分量的起始位置判定余振起点,再利用分析仪中的数据截断功能将强迫振动响应舍弃。截断后的数据块长度通常要满足频率分辨率的要求。

(2)阻尼的数据分析计算

桥梁结构阻尼可采用波形分析法、半功率带宽法或模态分析法得到。结构阻尼参数宜取用多次试验所得结果的均值,单次试验的实测结果与均值的偏差不应超过 ±20%。

①波形分析法。

多阶自振信号叠加的波形通常首先分离为单一频率的自振信号,如图 9-29 所示,再按式(9-17)计算阻尼参数。

$$D = \frac{1}{2\pi n}\ln\frac{A_i - A'_i}{A_{i+n} - A'_{i+n}} \tag{9-17}$$

式中:D——阻尼比;

n——参与计算的波的个数,不小于 3;

A_i——参与计算的首波峰值;

A'_i——参与计算的首波波谷值;

A_{i+n}——参与计算的尾波峰值;

A'_{i+n}——参与计算的尾波波谷值。

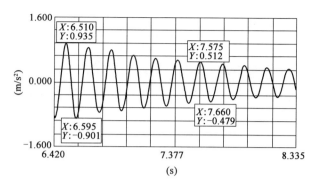

图 9-29　波形法阻尼计算图例

②半功率带宽法是在自振频谱图上对每一阶自振频率采用半功率点带宽求取阻尼参数的方法。采用此方法时频率分辨率一般不大于1%的自振频率值,以保证插值计算的精度,计算方法见图9-30和式(9-18)。

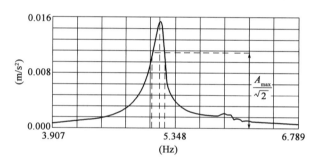

图 9-30　半功率点法阻尼识别

$$D = \frac{n}{\omega_0} = \frac{\omega_1 - \omega_2}{2\omega_0} = \frac{f_2 - f_1}{2f_0} \tag{9-18}$$

式中:f_0——自振频率;

　　f_1、f_2——半功率点频率,即0.707倍功率谱峰值所对应的频率。

(3)振型参数数据分析

振型参数宜采用环境激振等方法进行模态参数识别。宜采用专用软件进行分析,可同时得到振型、固有频率及阻尼比等参数。振型参数识别可采用的计算方法较多,也较复杂。研究表明,当采用环境激振法进行模态参数识别时,随机子空间法精度和效果较好,所以优先采用。

(4)冲击系数数据分析计算

计算冲击系数时应优先采用桥面无障碍行车下的动挠度时程曲线计算。对于小跨径桥梁的高速行车试验,当判断直接求取法误差较大时,应根据实际情况采用数字低通滤波法求取最大静挠度或应变。对于特大跨径桥梁,受现场条件限制无法测定动挠度时,可采用动应变时程曲线计算冲击系数,参照图9-31按式(9-19)计算。冲击系数宜取同截面(或部位)多个测点的均值,进行多次试验时可取该车速下的最大值。

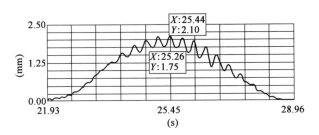

图 9-31 冲击系数计算图例

$$\mu = \frac{f_{\text{dmax}}}{f_{\text{jmax}}} - 1 = \frac{f_{\text{dmax}}}{\frac{f_{\text{dmax}} + f_{\text{dmin}}}{2}} - 1 = \frac{f_{\text{dmax}}}{f_{\text{dmax}} - \frac{f_{\text{p-p}}}{2}} \quad (9\text{-}19)$$

式中：f_{dmax}——最大动挠度幅值；

f_{jmax}——取波形振幅中心轨迹的顶点值，或通过低通滤波求取；

f_{dmin}——与f_{dmax}对应的动挠度波谷值；

$f_{\text{p-p}}$——挠度动态分量的峰-峰值。

步骤二 试验数据分析计算和资料整理。

试验数据分析计算和资料整理应包括下列内容：

(1) 动载试验荷载效率。

(2) 各试验工况下动挠度、动应变、加速度等的时域统计特性，包括最大值、最小值、均值和方差等。

(3) 典型工况下主要测点的实测时程曲线。

(4) 典型的自振频谱图。

(5) 实测自振频率与计算频率列表比较。

(6) 冲击系数-车速相关曲线图或列表。

(7) 其他必要的图表、曲线、照片等数据或资料。

四、试验结果分析评定

(1) 比较实测自振频率与计算频率，实测频率大于计算频率时，可认为结构实际刚度大于理论刚度，反之则实际刚度偏小。

自振频率与结构刚度有着明确的关系。自振频率容易精确测量，利用自振频率评价桥梁的刚度也具有较高的可靠性。结构部件出现缺损时，一般自振频率会降低，振型出现变异。

(2) 比较自振频率、振型及阻尼比的实测值与计算数据或历史数据，可根据其变化规律初步判断桥梁技术状况是否发生变化。

桥梁结构存在或出现缺损时，一般会造成振型的变异。一般来讲，变异区段即为缺损所在区段。阻尼比参数，可以通过和同一座桥的历史数据对比，或同类桥梁历史经验数据对比，粗略判断桥梁结构的技术状况是否出现劣化，如阻尼比明显偏大，则桥梁结构技术状况可能存在缺损或出现劣化。

(3) 比较实测冲击系数与设计所用的冲击系数，实测值大于设计值时应分析原因。

五、试验报告的规定及内容组成

1. 一般规定

(1)试验报告应包括试验单位资质、试验人员名单、桥梁试验评定简表、报告正文四个部分内容。

(2)试验报告封面应包含:项目名称、报告编号、认证或资质标识、日期等。

(3)试验报告应由项目负责人、技术负责人、报告编写人、审核批准人及主要参加人员签字。

(4)试验检测报告正文应包含:工程概况、试验目的及依据、试验内容、试验仪器设备、试验结论、技术建议和附录等。

2. 工程概况应包含的内容

(1)试验桥梁所属工程、名称、建设或服役龄期、起止点或中心桩号、结构形式、跨径组合、桥跨结构横断面形式、下部结构形式、控制荷载、运营车道数等主要技术指标。

(2)给出至少一张结构整体外貌照片,以及包含主要尺寸的试验桥联(孔)结构的立面图、平面图及横断面图。

3. 试验目的及依据应包含的内容

(1)应按桥梁结构类型和控制荷载的性质说明试验的目的。

(2)应列出试验所依据的标准规范、规程、设计图纸、竣工图纸及其他相关资料。

4. 试验内容

应按静载试验、动载试验分别说明。

5. 试验仪器设备

应包括试验仪器设备的名称(型号)、设备编号、主要技术参数等,可列表给出。

6. 静载试验部分应包括的内容

(1)静载试验报告内容应包括支座、墩台、防护工程、桥面结构和行车条件检查及评述,结构内力分析结果,测试截面选择,应变及挠度等测点布置,试验加载车辆或加载物选择,试验工况及加载位置说明,试验测试过程,试验结果及分析和静载试验结论。

(2)应简要说明桥梁结构内力分析选用的程序、材料主要参数、内力分析主要结果,并给出有关计算图式。

(3)应依据计算结果选定测试截面,说明荷载试验截面的测试项目。

(4)应按测试截面说明应变、挠度等测点数量、布置,并给出图示。

(5)应说明试验加载车辆的型号、轴重分配,若采用加载物加载则需说明加载物的密度、体积,给出试验荷载效率。

(6)应依据测试截面次序分工况依次列出纵、横桥向加载位置,并辅以图示说明。

(7)应简要说明试验准备、预加载、试验加载、卸载等主要试验过程。

(8)应以列表形式给出各工况下应变、挠度等测试截面实测值、平均值、残余值、理论计算值及校验系数。应将具有代表性测点的实测值与理论值绘制成图,便于观测试验荷载下的分布状况或结构响应。

(9)应给出包括试验测试截面几何、力学参数,并依据实测数据判断结构工作状态是否满足设计要求或达到控制荷载要求等的静载试验结论。

7. 动载试验部分应包括的内容

(1)动载试验报告内容应包括:结构动力分析、测试截面的选择及传感器测点布置、试验荷载选择、试验工况、试验结果及分析、动载试验结论。

(2)结构动力分析应包括结构自振频率理论计算值及振型描述。

(3)应图示说明测试截面位置及传感器在纵、横断面上的布置状况。

(4)应说明车辆数、车重等试验荷载信息。

(5)应分工况依次说明试验车辆荷载无障碍行车速度及跳车等状况。

(6)试验结果及分析应包括动力信号处理方法、结构自振频率、阻尼比、冲击系数测试结果及图示,并与理论计算值进行对比。

(7)动载试验结论应包括结构动力测试关键参数,及对结构状况的评价。

8. 试验结论应包括下列内容:

(1)试验结论应包括静载试验结论、动载试验结论、试验过程裂缝状况等现象。

(2)静载试验结论应根据中载及偏载试验的结果对静载试验进行分析,给出试验测试截面的几何、力学参数,应变、挠度等的校验系数,依据实测数据判断结构工作状态是否满足设计要求或目标荷载的要求。

(3)动载试验应以主要的动力测试参数说明结构的动力性能和结构响应,在理论值与实测值对比的基础上对结构做出评价。

(4)试验过程裂缝状况等现象应说明结构在加载期间有无可视裂缝产生、裂缝变化或其他情况出现,给出主要裂缝照片图示,分析裂缝对结构的影响。

9. 技术建议

应根据荷载试验的结论对结构提出有针对性建议,如限速、限载、封闭交通、养护、维修加固或改扩建等。

10. 附件应包括的内容

(1)典型的原始测试数据和工作照片。

(2)必要的加载试验照片。

(3)正文中需要辅助说明的其他相关支持资料。

模块9考核

一、填空题

1. 桥梁荷载试验包括_____试验和_____试验。

2. 桥梁荷载试验程序分为_____、_____、_____三个阶段。

3. 荷载试验应在气温平稳的时段进行,气温低于_____℃或高于_____℃时,不宜进行荷载试验。

4. 静载试验测试的桥梁静力参数包括_____、_____、_____、_____等。

5. 动载试验测试的自振特性参数包括结构的_____、_____和_____。桥梁动力响应参数包括_____、_____、_____、_____等。

二、单项选择题

1. 桥梁荷载试验可以划分为( )和加载试验及试验数据处理三个阶段。
   A. 试验组织和准备　　　　　　B. 试验设计
   C. 试验设计和计算　　　　　　D. 现场准备

2. 以下选项中,不属于桥梁现场荷载试验的内容的是( )。
   A. 静应变、静挠度、裂缝测试
   B. 试验荷载作用下,桥梁结构异常现象观测
   C. 桥梁结构抗疲劳性能测试
   D. 结构动力(自振)特性和行车动力反应测试

3. 利用分辨率为 0.001mm 的千分表制作成标距为 200mm 的引伸计测量构件应变,其对应的测量分辨率为( )。
   A. 1×10^{-6}　　B. 2×10^{-6}　　C. 5×10^{-6}　　D. 10×10^{-6}

4. 用电阻应变片测量混凝土桥梁结构的表面应变,应采用标距为( )的应变片。
   A. 5~10mm　　　　　　　　　B. 20~40mm
   C. 80~100mm　　　　　　　　D. 200~240mm

5. 30m跨径预应力梁式桥现场静载试验,需配置的测试仪器为( )。
   ①应变片和静态应变仪;②电测位移计或精密光学水准仪;③磁电式传感器;④裂缝宽度观测仪和卷尺;⑤频谱分析仪
   A. ①②　　　B. ①②④　　　C. ①②③④　　　D. ①②④⑤

6. 可用于混凝土结构浅裂缝深度(深度不超过500mm)测试的设备是( )。
   A. 数显式裂缝测宽仪　　　　　B. 非金属超声检测仪
   C. 电测位移计或引伸计　　　　D. 混凝土回弹仪

7. 桥梁静载试验关于加载过程数据测读的表述,不正确的是( )。
   A. 需测读加载前的初始值
   B. 为提高效率并保证安全,荷载施加到位后应迅速测读,并及时进行下一阶段加载
   C. 荷载卸除后,稳定一定时间或在确定结构变形稳定后测读卸载值
   D. 应对关键测点的数据进行监测和分析

8. 某跨径为10m的新建普通钢筋混凝土简支梁桥静载试验,以下做法正确的是( )。
   A. 桥下净空高,实施难度大,因此可不测量结构挠度
   B. 为使结构进入正常工作状态,应进行充分的预载
   C. 试验桥梁跨径较小,试验荷载可一次性施加
   D. 跨中截面附近出现新裂缝,需终止加载试验

9. 桥梁静载试验中,某挠度测点的初始值为0.02mm,试验控制荷载作用下的加载测值为4.22mm,卸载后测值为0.22mm,计算挠度为5.00mm,则挠度校验系数为( )。
   A. 0.800　　　　B. 0.840　　　　C. 0.844　　　　D. 1.25
10. 桥梁静载试验,关于结构校验系数的表述,正确的选项是( )。
    A. 该指标是实测残余值与计算值的比值
    B. 该指标是实测总值与计算值的比值
    C. 该指标是实测弹性值与计算值的比值
    D. 当结构校验系数大于1时,可认为结构的安全储备大于设计要求
    E. 结构校验系数为0.05,表明桥梁安全储备很大

三、多项选择题

1. 桥梁荷载试验的试验组织准备阶段包含( )等工作内容。
   A. 资料收集　　　B. 试验方案制订　　　C. 试验计算　　　D. 荷载准备
   E. 测点、测站布置
2. 电阻应变仪是一种专用应变测量放大器,下列选项中对其功能描述正确的有( )。
   A. 为测量电桥提供电源
   B. 装有几个电桥补充电阻,以适用半桥测量
   C. 能把微弱的电信号放大
   D. 把放大后的信号变换显示出来或输送给后续设备采集
   E. 只能用于静应变测试
3. 某跨径为20m的混凝土简支T梁桥,桥下净空较低且地势平坦,可用该桥跨中挠度检测的有( )。
   A. 量程为30mm的机械式百分表　　　B. 量程为1mm的机械式千分表
   C. 测试精度为±1mm的连通管　　　　D. 精密电子水准仪
   E. 电阻应变式电测位移计
4. 下列仪器中可用于裂缝宽度测量的包括( )。
   A. 分辨力为1mm的钢直尺　　　　B. 读数显微镜
   C. 裂缝读数尺　　　　　　　　　D. 数显式裂缝观测仪　　E. 钢卷尺
5. 下列仪器设备中,可用于桥梁振动测量的包括( )。
   A. 磁电式测振传感器　　　　B. 压电式测振传感器
   C. 机械式百分表　　　　　　D. 伺服式测振传感器
6. 一套完整的振动测试系统应包括( )等设备或部件。
   A. 测振传感器　　　　　　　B. 振弦式应变计
   C. 放大器　　　　　　　　　D. 记录和分析设备
7. 简支梁桥静载试验的主要加载工况包括( )。
   A. 跨中截面最大负弯矩　　　B. 跨中截面最大正弯矩
   C. 跨中截面最大剪力　　　　D. 支点(附近)截面最大剪力
8. 桥梁静载试验,电阻应变片电测的操作内容包括( )等。

A. 采用合适的桥路组合方式连接应变片,通常采用半桥

B. 应变仪灵敏系数设定

C. 进行恰当的温度补偿

D. 应变仪应尽量远离电磁干扰源

E. 正式加载之前,应对应变数据的稳定性进行观测

9. 桥梁静载试验当出现下述(　　)情形时,应暂时停止试验,待查明原因且能保证安全时,方能进行下一阶段的加载。

A. 控制测点应力超过计算值

B. 控制测点变位(挠度)超过规范限值

C. 发现存在少量超宽裂缝

D. 试验荷载作用下,桥梁基础出现不稳定沉降变形

E. 试验加载过程中出现不明原因的异响和振动

10. 某普通钢筋混凝土简支梁桥静载试验,当出现下述(　　)情形时,可判定桥梁承载力不满足要求。

A. 主要测点结构校验系数大于1

B. 主要测点的相对残余变位大于25%

C. 试验荷载作用下,跨中下缘出现新增竖向裂缝

D. 试验荷载作用下,桥梁基础出现不稳定沉降变形

四、判断题

1. 桥梁荷载试验是在现场进行,通过对实体桥进行加载、量测和分析评定,检验桥梁结构工作状态和实际承载力的一种试验方法。(　　)

2. 桥梁荷载试验中,目前应用的测试设备大多属于机械式仪器。(　　)

3. 千分表的分辨率为 0.001mm,因此该仪器的测试精度为 ±0.001mm。(　　)

4. 仪器灵敏度是指单位输入信号所引起的仪器输出的变化,它与分辨率互为倒数。(　　)

5. 普通钢筋混凝土简支梁桥静载试验,可将应变片布置在跨中下缘混凝土表面上进行测量。(　　)

6. 桥梁荷载试验加载阶段的工作内容包括试验计算、试验加载及试验控制等工作。(　　)

7. 为保证安全和便于观测,桥梁荷载试验一般选天气晴朗的气候条件进行加载试验。(　　)

8. 重物堆载是桥梁静载试验的常见加载方式。(　　)

9. 桥梁静载试验的荷载等效计算中,只需保证控制截面的荷载效率满足规定即可,而车辆位置可以任意布置。(　　)

10. 桥梁加载试验期间如出现不明原因的异常振动和持续异响,则应暂时停止试验,待查明原因且能保证安全的情况下,方可继续进行加载。(　　)

五、技能训练题

完成电阻应变片的粘贴技能训练学习任务单 9-1,并规范完整填写试验检测记录表。

【模块学习效果评价】

<table>
<tr><td colspan="6" align="center">1. 素质目标达成度测评</td></tr>
</table>

序号	素质目标	素质目标测评点	配分比例	得分	备注
1	规范意识	查阅规范，实际操作中对规范的正确使用	2.5		对照本模块实际拟定的素质目标进行测评
1	规范意识	仪器的规范使用、存放和保养	2.5		
2	劳动精神	具备诚实守信的态度、认真记录、检查、核对	2.5		
2	劳动精神	具备吃苦耐劳的品质	2.5		
3	安全意识	安全作业注意事项的掌握情况	5		
		分项总分	15		

<table><tr><td colspan="5" align="center">2. 知识目标达成度测评</td></tr></table>

序号	评分内容	配分比例	得分	备注
1	填空题	10		扫描获取[模块9考核]答案
2	单项选择题	20		
3	多项选择题	20		
4	判断题	10		
	分项总分	60		

<table><tr><td colspan="5" align="center">3. 技能目标达成度测评</td></tr></table>

序号	技能训练	任务工单号	配分比例	得分	备注
1	电阻应变片的粘贴	9-1	25		扫描获取模块9任务工单
	分项总分		25		

【模块学习总结与反思】

通过本模块的学习，你的主要收获有哪些？不足有哪些？下一步改进措施是什么？

模块10
MODULE TEN
隧道工程常规试验检测

 【模块内容简介】

  隧道通常是指修建于地层内的工程建筑物。修建隧道的目的是为了克服山体、河流、建筑物及市政设施等障碍，以缩短行车里程，提高交通便捷；利用地下空间、节省建设用地、减少植被破坏、保护自然环境等。随着公路建设的发展，公路隧道的建设也逐渐增多。由于隧道自身的特点及其他方面的原因，公路隧道易出现质量问题，其中最常见的有隧道渗漏、衬砌开裂、限界受侵、通风与照明不良等。为保证公路隧道的质量，开展公路隧道的检测工作便尤为重要。

  公路隧道检测技术涉及面广，分类方法多，除了运营环境的检测方法对各类隧道都通用外，由于施工方法的不同，山岭隧道、水下沉埋隧道和软土盾构隧道在检测内容与方法上差别很大。考虑到我国目前修建的公路隧道绝大多数为山岭隧道，本模块着重介绍山岭隧道的检测技术。根据隧道从修建到使用的过程，检测内容可分为材料检测、施工过程检测及环境检测。

  通过本模块的学习，学习者应掌握隧道工程常规试验检测与结果评定的知识与技能。本模块主要学习6个任务，其知识结构如图10-1所示。

 【模块学习目标】

  素质目标：通过对隧道开挖质量、初期支护支护质量、防水层施工质量、混凝土衬砌质量、隧道变形的检测与评定，养成严格按规范操作的规范意识、安全生产意识及树立实践出真知的劳动精神。

  知识目标：掌握激光断面仪法测定超欠挖量、喷射混凝土强度检测、冲击弹性波法检测锚杆锚固长度及注浆密实度、锚杆的拉拔力检测、充气法检测防水板焊接密实性、地质雷达法和冲击弹性波法检测混凝土衬砌厚度及背后回填密实度、防水混凝土抗渗等级检测及围岩周边位移量测、拱顶下沉量测、地表下沉量测的原理、测定步骤及结果评定方法；了解隧道超前地质预报的方法、原理、测定步骤及结果判定方法。

  能力目标：能依据试验规程完成相关试验操作并能规范完整地填写试验检测记录表。

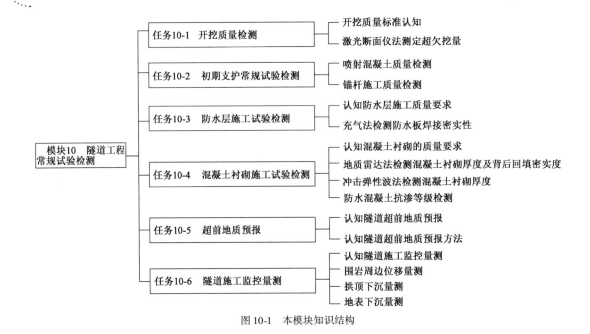

图 10-1　本模块知识结构

任务 10-1　开挖质量检测

【任务描述】

开挖是控制隧道施工工期和造价的关键工序,开挖的常见质量问题有超挖及欠挖。超挖过多会因出渣量和衬砌量增多而提高工程造价,并且由于局部超挖会产生应力集中问题,影响围岩稳定性;而欠挖则直接影响衬砌厚度,对工程质量和安全产生隐患,处理起来费时、费力、费物。所以必须保证开挖质量,为围岩的稳定和安全支护创造良好条件。

隧道开挖质量的评定包含两项内容:一是开挖断面的规整度,二是超欠挖量控制。对于规整度,一般采用目测的方法进行评定。对于超欠挖量,则需通过对大量实测开挖断面数据的计算分析,才能做出正确的评价。隧道超欠挖量的评定其实质就是要准确地测出隧道开挖的实际轮廓线,并将它与设计轮廓线纳入同一坐标体系中比较,从而十分清楚地从数量上获悉超挖和欠挖的大小和部位,及时指导下一步的施工。

【任务实施】

一、开挖质量标准认知

1. 洞身开挖质量标准

《公路工程质量检验评定标准》(JTG F80/1—2017)规定洞身开挖应符合的基本要求是:

当围岩自稳能力差时,开挖前应做好预加固、预支护;当隧道地质出现变化或接近围岩分界线时,应采用地质雷达、超前小导坑、超前探孔等方法探明工程地质和水文地质状况,方可进行开挖;开挖轮廓应预留变形量,并根据测量反馈信息及时调整;应采用控制爆破减少开挖对围岩的扰动;应严格控制欠挖,拱脚、墙脚以上 1m 内严禁欠挖;当石质坚硬完整且岩石抗压强度大于 30MPa,并确认不影响衬砌结构稳定和强度时,岩石个别凸出部分(每 $1m^2$ 内不大于 $0.1m^2$)可凸入衬砌断面,锚喷支护时凸入不大于 30mm,衬砌时欠挖值不得大于 50mm;洞身开挖在清除浮石后应及时进行初喷支护。

隧道开挖断面检测(微课)

隧道洞身开挖实测项目的要求见表 10-1。

洞身开挖实测项目　　　　　　　　　　表 10-1

项次	检测项目		规定值或允许偏差	检查方法和频率
1△	拱部超挖(mm)	Ⅰ级围岩(硬岩)	平均100,最大200	全站仪:每20m检查1个断面,每个断面自拱顶起每2m测1点
		Ⅱ、Ⅲ、Ⅳ级围岩(中硬岩、软岩)	平均150,最大250	
		Ⅳ、Ⅴ级围岩(破碎岩、土)	平均100,最大150	
2	边墙超挖(mm)	每侧	+100,0	
		全宽	+200,0	
3	仰拱、隧底超挖(mm)		平均100,最大250	水准仪:每20m检查3处

2. 超欠挖量测定方法

超欠挖量测定方法主要有直接测量法、直角坐标法、三维近景摄影法、极坐标法(激光断面仪法)等。施工中应根据现场条件采用切实可行的超欠挖量测定方法,也可参照表 10-2 选取。

超欠挖量测定方法　　　　　　　　　　表 10-2

测定方法及采用的测定仪			测定法概要
测量断面的方法	直接测量开挖断面积的方法	以内模为参照物的直接测量法	以内模为参照物,用直尺直接测量超欠挖量
		使用激光束的方法	利用激光射线在开挖面上定出基点,并由该点实测开挖断面面积
		使用投影机的方法	利用投影机将基点或隧道基本形状投影在开挖面上,然后据此实测开挖断面面积
	非接触观测法	三维近景摄影法	在隧道内设置摄影站,采用三维近景摄影方法获取立体像对,在室内利用立体测图仪进行定向和测绘,得出实际开挖轮廓线
		直角坐标法	利用激光打点仪照准开挖壁面各变化点,用经纬仪测出各点的水平角和竖直角,利用立体几何的原理,计算出各测点距坐标原点的纵横坐标,按比例画出断面图形
		极坐标法(断面仪法)	以某物理方向(如水平方向)为起算方向,按一定间距(角度或距离)依次一一测定仪器旋转中心与实际开挖轮廓线的交点之间的矢径(距离)及该矢径与水平方向的夹角,将这些矢径端点依次相连即可获得实际开挖的轮廓线

二、激光断面仪法测定超欠挖量

(一)理论知识

激光断面仪的测量原理为极坐标法。如图 10-2a)所示,以某物理方向(如水平方向)为起算方向,按一定间距(角度或距离)依次测定仪器旋转中心与实际开挖轮廓线交点之间的矢径(距离)及该矢径与水平方向的夹角,将这些矢径端点依次相连即可获得实际开挖的轮廓线。通过洞内的施工控制导线可以获得断面仪的定点定向数据,在计算软件的帮助下,自动完成实际开挖轮廓线与设计开挖轮廓线的空间三维匹配,最后形成如图 10-2b)所示的输出图形,并可输出各测点与相应设计开挖轮廓线之间的超欠挖值(距离、面积)。如果沿隧道轴向按一定间隔测量多个检测断面,还可得出实际开挖方量、超挖方量、欠挖方量。用断面仪测量实际开挖轮廓线的优点在于不需要合作目标(反射棱镜)。

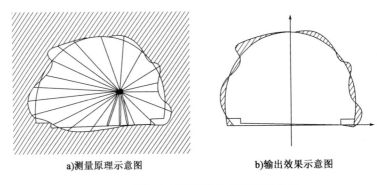

a)测量原理示意图　　　b)输出效果示意图

图 10-2　激光断面仪测量隧道开挖断面示意图

用断面仪测量开挖轮廓线,断面仪可以放置在隧道内的任意位置,扫描断面的过程(测量记录)可以自动完成。所测的每点均由断面仪发出的一束十分醒目的单色可见红色激光指示,而且可以由人工随时加以干预。如果在断面仪自动扫描断面的测量过程中,发现轮廓线上的某特征点漏测了,还可以随时用断面仪配置的手持式控制器发出一个停止命令(按一个键),然后用控制键操纵断面仪测距头返回欲测的特征点,完成该点的测量后继续扫描下去。除此以外,在自动测量过程中,测点的间距还可以根据断面轮廓线的实际凸凹形状,随时动态地加以修正。如果事先在控制器中输入了设计断面形状、隧道轴线、平面、纵面设计参数(可以在室内输入)以及断面仪实测时的定向参数(实测时输入),则在完成某一开挖断面的实际测量后,可以立即在控制器的屏幕上显示如图 10-2b)所示的图形。在控制器上操纵断面仪测距头旋转,指向激光所指示的断面轮廓线上的某点,就对应于控制器上图形显示的光标点,并可实时显示该点的超欠挖数值。

如果想获取最后的输出成果,则将断面仪控制器中的数据传输到普通计算机中,运行断面仪配套的后处理软件,则可从打印机、绘图机上自动获得成果。

目前在隧道施工中,激光断面仪不仅可应用于开挖断面检测,也在初期支护(喷射混凝土衬砌)、二次衬砌断面轮廓检测中广泛应用。

(二)检测方法与数据处理

1. 试验准备

步骤一 准备仪器设备。

隧道激光断面仪主要由三大部分组成:检测主机、掌上电脑、数据处理软件。主要技术参数如下:

(1)检测半径:1~45m。
(2)检测点数:自动检测,一般为35个点/断面。
(3)测距精度:优于±1mm。
(4)测角精度:优于0.01°。
(5)方位角范围:30°~330°(仪器侧头垂直向下为0°),连续测量60°~300°。
(6)手动测头转动方位角范围:0°~350°。
(7)定位测量方式:具有垂直向下激光定心标志、测距功能。

步骤二 测量方式选择。

隧道断面仪需全站仪配合,其测量方式有以下几种:

(1)手动检测方法:由操作者控制移动检测指示光标随意进行量测和记录。
(2)定点检测法:可设置起止角度及测量点数等参数,仪器将按照所定参数自动测量并记录。
(3)自动量测法:仪器依照内部设定的间隔,自动检测并记录。

2. 现场测试步骤

步骤一 采用隧道激光断面仪对隧道断面检测前,先采用全站仪按一定间距(根据检测频率要求,一般开挖断面检测为20m,初期支护断面检测为10m,二次衬砌断面检测为20m)放出隧道中线点,并用水准仪测量该点的地面高程 H_1,同时在隧道边墙上放出对应的横断面点。

步骤二 隧道激光断面仪检测隧道断面。

(1)将隧道激光断面仪设置在所需检测断面的隧道中线点上,安装并调整好仪器使仪器对中。
(2)在仪器安装好并对中归零后,测量仪器高度 Z_1 并记录(仪器高为相对地面的高度)。
(3)在掌上电脑的软件主界面中选择"测量断面"。
(4)再选择"新测",输入所检测断面的桩号,并设置好所检测断面的起始和终止测量角度及所需检测的点数等参数。
(5)最后选择"测量",隧道激光断面仪测头自动完成断面的检测,并将角度及斜距等参数保存在文件中,在现场可以看到所检测断面的轮廓线。
(6)提示栏中显示检测完成的信息后即可退出,数据自动保存在掌上电脑中,然后进行下一个断面检测。检测断面数据可带回室内进行处理,以减少对施工的影响。

步骤三 现场检测完成后,将掌上电脑的检测数据传输到计算机上,采用专用数据处理软件处理检测数据。

3. 数据处理

步骤一 确定 Z 值。

首先在计算机上编辑隧道设计轮廓线(标准断面曲线),并将检测断面曲线导入计算机中。其次编辑导入的检测断面曲线,检测时仪器架设在隧道中线点上,所以 X 坐标值为零,Z 值为相对于路面设计高程的仪器高度,其值应按式(10-1)计算:

$$Z = Z_1 - (H_2 - H_1) \tag{10-1}$$

式中:Z_1——现场所测量到的仪器高(m);

H_2——隧道该点的中线设计高程(m);

H_1——隧道现场检测时的地面高程(m)。

步骤二 输入 Z 值,然后输入量测的一些相关信息(如检测时间、检测单位和检测人员等),即完成当前检测断面的编辑,计算机可自动生成相关图表。

(三)检测结果评定

根据图表中的标准断面曲线和检测断面曲线,判断隧道开挖断面是否存在超欠挖及超欠挖的部位以及超欠挖最大值和面积;进而可以判断隧道断面是否侵入支护(衬砌)界限,在哪些部位存在侵界,同时给出检测断面侵界最大值、侵界面积等信息。

任务 10-2 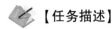 初期支护常规试验检测

【任务描述】

采取新奥法原理设计、施工的隧道,支护施工是整个隧道施工最为重要的环节之一,新奥法的内涵就是保护围岩,充分调动和发挥围岩的自承能力。初期支护是指隧道开挖后,用于控制围岩变形及防止坍塌及时施作的支护。其类型有锚杆支护、喷射混凝土支护、喷射混凝土与钢筋网联合支护、喷射混凝土与锚杆及钢筋网联合支护、喷钢纤维混凝土支护、喷钢纤维混凝土锚杆联合支护以及上述几种类型架设钢架而成的联合支护等。为了减少乃至杜绝隧道在施工和使用过程中发生安全质量事故,使人民的生命安全和国家的财产得到有效保障,开展必要的试验检测是控制初期支护施工质量的重要手段。

初期支护常规试验检测主要包括喷射混凝土质量检测和锚杆施工质量检测。

【任务实施】

一、喷射混凝土质量检测

(一)理论知识

喷射混凝土是利用压缩空气或其他动力将按一定配比拌制的混凝土拌合物沿管路输送至

喷头处以较高速度垂直喷射于受喷面,依赖喷射过程中水泥与骨料的连续撞击压密而形成的一种混凝土。喷射混凝土能密贴围岩,对围岩形成径向的压力和环向的剪力,能提高表面围岩的环向压力,阻止表面块体的脱落;射入围岩表面张开裂隙的混凝土,可以增强裂隙滑动的阻力;喷射混凝土还可以填平表面凹穴,缓和表面的应力集中,恢复表层岩块之间的接触咬合关系,有利于表层围岩环向应力的传递;喷射混凝土还可以堵住地下水的通道,防止裂隙充填物的流失,保护裂隙的原始强度;喷射混凝土增强了围岩表层块体之间的挤压力,提高了围岩表层强度。

喷射混凝土强度检测(微课)

1. 喷射混凝土的原材料要求

喷射混凝土的原材料包括水泥、粗集料、细集料、速凝剂和拌和用水等。水泥应采用硅酸盐水泥或普通硅酸盐水泥,必要时可采用特种水泥。喷射混凝土用细集料应采用中砂或粗砂,细度模数应大于2.5;粗集料粒径不宜大于12mm。为加快喷射混凝土的凝结硬化、提高其早期强度,减少喷射混凝土施工因回弹和重力而引起的混凝土脱落,增大一次喷射混凝土厚度和缩短分层喷射的间隔时间,需要在喷射混凝土中加入速凝剂,速凝剂对于不同品种的水泥,其作用效果也不相同,所以速凝剂进场应按批对其匀质性、凝结时间、抗压强度比及其与水泥适应性和速凝效果等进行检验,其性能指标应符合表10-3的规定。

掺速凝剂净浆及硬化砂浆的性能要求　　　　　表10-3

净浆凝结时间(min)		1d 抗压强度 (MPa)	28d 抗压强度比 (%)
初凝	终凝		
≤5	≤10	≥7	≥75

2. 喷射混凝土的配合比

喷射混凝土的配合比设计时除应按设计要求的质量指标进行试验外,同时还应满足胶凝材料用量不小于400kg/m³;干法喷射时,水泥与砂、石之重量比宜为1.0∶4.0~1.0∶4.5,水灰比宜为0.40~0.45;湿法喷射时,水泥与砂、石之重量比宜为1.0∶3.5~1.0∶4.0,水灰比宜为0.42~0.50,砂率宜为50%~60%;速凝剂或其他外加剂的掺量应通过试验确定,且不超过10%;外掺料的添加量应符合有关技术标准的要求并通过试验确定。

喷射混凝土应根据工程特点、施工工艺及环境因素,在综合考虑喷射混凝土配制强度、拌合物性能、力学性能和耐久性能要求的基础上,计算初始配合比,经试验室试配、试喷、调整得出满足喷射性能、强度和耐久性要求的配合比。

(1)初始配合比的计算

①试配强度的确定。

喷射混凝土应先进行性试配,并根据试配结果进行混凝土试喷,试喷强度应满足其配置强度的要求。喷射混凝土的试配强度按式(10-2)计算。

$$f_{cu,0} \geq f_{cu,k} + 1.645\sigma \tag{10-2}$$

式中:$f_{cu,0}$——混凝土配制强度值(MPa);

$f_{cu,k}$——混凝土立方体抗压强度标准值,这里取喷射混凝土的设计强度等级值(MPa);

σ——混凝土强度标准差(MPa),按现行行业标准《普通混凝土配合比设计规程》

(JGJ 55)确定。

②计算水胶比。

喷射混凝土试配的水胶比用考虑喷射工艺、速凝剂对强度的影响。在无配制经验时,喷射混凝土试配的水胶比宜按式(10-3)计算。

$$W/B = \frac{\alpha_a f_b}{f_{cu,0} k_1 k_2 + \alpha_a \alpha_b f_b} \tag{10-3}$$

式中:W/B——混凝土水胶比;

α_a、α_b——回归系数,按现行行业标准《普通混凝土配合比设计规程》(JGJ 55)确定;

k_1——混凝土密实度系数;

k_2——速凝剂强度影响系数;

f_b——胶凝材料28d胶砂抗压强度(MPa),可实测,试验方法应按现行国家标准《水泥胶砂强度检验方法(ISO 法)》(GB/T 17671)执行,也可按现行行业标准《普通混凝土配合比设计规程》(JGJ 55)确定。

喷射混凝土密实度系数 k_1 可按表10-4进行取值。

喷射混凝土密实度系数 k_1 取值 表10-4

喷射工艺	湿拌法工艺	干拌法工艺
喷射混凝土密实度系数	1.05~1.25	1.20~1.45

喷射混凝土速凝剂强度影响系数 k_2 宜按表10-5进行取值。

速凝剂强度影响系数 k_2 取值 表10-5

速凝剂	不掺速凝剂	无碱速凝剂	低碱速凝剂	碱性速凝剂
速凝剂强度影响系数	1.00	1.00~1.10	1.05~1.25	1.25~1.40

③确定单位用水量。

喷射混凝土设计可选择适宜的减水剂,用水量宜为180~220kg/m³。湿喷法喷射混凝土拌合物坍落度应为80~200mm。

④确定砂石材料用量。

可用质量法确定砂石材料的用量。干拌法喷射混凝土的表观密度可取2 200~2 300kg/m³,湿拌法喷射混凝土表观密度不应低于2 300kg/m³。砂率宜为45%~60%。

(2)配合比试配、试喷、调整与确定

①喷射混凝土试配应采用强制式搅拌机进行搅拌,搅拌方法宜与施工采用的方法相同。

②在计算配合比的基础上应进行试拌,试拌的最小搅拌量每盘不应小于20L。计算水胶比宜保持不变,并应通过调整配合比其他参数使混凝土拌合物性能符合设计及施工要求,然后修正计算配合比,提出试配配合比。

③应采用三个不同的配合比,其中一个为计算配合比,另外两个配合比的水胶比宜较试配配合比分别增加和减少0.05,用水量应与试配配合比相同,砂率可分别增加和减少1%,三个配合比均应满足喷射混凝土施工要求。

④用确定的三个配合比进行试喷,不能满足喷射施工要求的配合比应进行配合比优化,其水胶比应保持不变。喷射混凝土试喷的最小搅拌量每盘不应小于100L。

⑤对试喷满足喷射施工要求的三个配合比应进行大板喷射取样和试件加工。

⑥在配合比试喷的基础上,喷射混凝土配合比应按现行行业标准《普通混凝土配合比设计规程》(JGJ 55)的规定进行混凝土配合比调整和校正。

⑦校正后的喷射混凝土配合比,应在满足混凝土施工要求和混凝土试喷强度的基础上,对耐久性有设计要求的混凝土进行相关耐久性试验验证,符合要求的,可确定为设计配合比。

⑧喷射混凝土设计配合比确定后,应进行生产适应性验证。

3. 喷射混凝土的质量要求

喷射混凝土的材料必须满足规范和设计要求。喷射前要检查开挖断面的质量,处理好超欠挖。喷射前岩面必须清洁。喷射混凝土支护应与围岩紧密黏结,结合牢固;喷层厚度应符合要求,不能有空洞;喷层内不允许添加片石和木板等杂物,必要时应进行黏结力测试。喷射混凝土严禁挂模喷射,受喷面必须是原岩面。支护前应做好排水措施,对渗漏水孔洞、缝隙应采取引排、堵水措施,保证喷射混凝土质量。喷射混凝土的实测项目要求见表10-6。

喷射混凝土实测项目 表10-6

项次	检查项目	规定值或允许偏差	检查方法和频率
1△	喷射混凝土强度(MPa)	在合格标准内	喷大板切割法:单洞两车道或三车道隧道每10延米,应至少在拱部和边墙各取1组(3个)试件。其他工程,每喷射50~100m³混合料或小于50m³混合料的独立工程,不得少于1组。材料或配合比变更时应制取新试件
2	喷层厚度(mm)	平均厚度≥设计厚度;60%的检查点的厚度≥设计厚度;最小厚度≥0.6设计厚度	凿孔法:每10m检查1断面,每个断面从拱顶中线起每3m测一点; 地质雷达法检查:沿隧道纵向分别在拱顶、两侧拱腰、两侧边墙连续测试共5条测线,每10m检查1个断面,每个断面测5点
3△	喷层与围岩接触状况	无空洞,无杂物	

(二)检测方法

1. 喷射混凝土抗压强度的检测

喷射混凝土抗压强度的检测采用喷大板切割法。在喷射混凝土板件上,切割制取100mm×100mm×100mm的立方体试件,在标准条件下养护全28d,用标准试验方法测得的极限抗压强度,乘以0.95的系数(精确到0.1MP)。

(1)试验准备

步骤一 准备仪器设备。

①模具:尺寸为450mm×350mm×120mm(可制成6块)或450mm×200mm×120mm(可制成3块),长侧边为敞开状;钢模具的厚度不宜小于4mm,如图10-3所示;胶合板模具厚度不宜小于18mm。

图10-3 喷大板切割法模具

②其他:搅拌机、喷射设备、电子秤、铲子(抹刀、橡胶手套)等辅助工具。

步骤二 喷大板切割法制作喷射混凝土试件。

喷射混凝土性能试验的试件,除用于抗渗试验的混凝土试件可以直接喷模成型外,其余试验的混凝土试件应从施工现场喷射的喷射混凝土大板切割或钻芯法制取。制作步骤如下:

①将模具长侧边敞开一侧朝下,以与水平约80°夹角置于墙角或固定于墙面,先在模具外的边墙上进行喷射,待喷射稳定后,将喷头移至模具位置,由下至上逐层将模具喷满混凝土。

②将喷满混凝土的模具移至安全地方,用三角抹刀刮平混凝土表面。

③喷射混凝土18h内不得移动,并进行洒水养护或覆盖养护。

④采用贯入法进行早期强度测试时,应在喷射混凝土终凝前用抹刀刮平混凝土表面;进行1d混凝土强度测试时,试件宜在龄期前2h加工;28d抗压强度测试时,养护1d后脱模,将喷射混凝土大板移至试验室,标准养护7d后,根据需要的试件尺寸进行切割或钻芯,喷射混凝土大板周边120mm范围内的混凝土不得制作试件。

(2)试验步骤

步骤一 切割或钻芯制取试件。

①喷射混凝土抗压强度的同组试件应在同一大板上切割或钻芯制取。切割法制备的试件应为边长100mm的立方体,钻芯法制备的试件应为直径和高度均为100mm的圆柱体,试件端面应在磨平机上磨平,有缺陷的试件应舍弃。

②立方体试件尺寸的允许偏差值为边长不应大于±1mm,垂直度:不应大于2°。圆柱体试件允许偏差值为端面不平整度:每100mm长度不应大于0.05mm,垂直度:不应大于2°。

步骤二 试件在标准条件下养护至28d。

步骤三 抗压强度试验。

试验方法应按现行国家标准《普通混凝土力学性能试验方法标准》(GB/T 50081)中抗压强度试验执行,加载方向应与大板喷射成型方向垂直,测得值即为喷射混凝土试件的抗压强度。

(3)结果评定

喷射混凝土强度的合格标准判定:

①当同批试件组数$n \geq 10$时,试件抗压强度平均值不低于设计值,任一组试件抗压强度不低于0.85倍的设计值。

②当同批试件组组数$n < 10$时,试件抗压强度平均值不低于1.05倍的设计值,任一组试件抗压强度不低于0.9倍的设计值。

2. 喷层厚度及喷层与围岩接触状况的检测

喷射混凝土厚度指混凝土喷层至隧道围岩接触界面间的距离。施工中保证喷射混凝土的厚度是保证喷射混凝土质量的前提。所以,厚度也是喷射混凝土质量检验的一个重要指标。

喷层厚度及喷层与围岩接触状况可以用凿孔法或地质雷达法检查。

凿孔检查时,宜在混凝土喷后8h以内,用短钎将孔凿出,发现厚度不够时可及时补喷加厚。采用凿岩机钻眼,若因喷射混凝土与围岩黏结紧密,颜色接近较难辨认喷层厚度时,可用酚酞试液涂抹孔壁,碱性混凝土即呈现红色。

二、锚杆施工质量检测

(一) 理论知识

锚杆支护是预先在围岩钻好的锚孔内插入一定长度的锚杆体(通常多用钢筋),并采用机械方法或锚固剂黏结的方法将锚杆体与围岩锚固在一起,形成锚杆支护结构。锚杆支护是利用锚杆的悬吊作用、组合拱作用、挤压作用将围岩中被节理、裂隙切割的岩块串为一体,填补缝隙,起到改善围岩的力学性能,约束围岩内部和周边变形,调整围岩的受力状态,实现加固围岩、维护围岩稳定的作用。

锚杆质量无损检测(微课)

锚杆施工的基本要求:锚杆材质、类型、质量、规格、数量和性能必须符合设计和规范的要求;锚杆长度应不小于设计长度,锚杆插入孔内的长度不得短于设计长度的95%。砂浆和注浆锚杆的灌浆强度应不小于设计和规范要求,锚杆孔内灌浆密实饱满;锁脚锚杆(管)的数量、长度、打入角度应满足设计要求。锚杆实测项目见表10-7。

锚杆实测项目 表10-7

项次	检查项目	规定值或允许偏差	检查方法和频率
1△	数量(根)	不少于设计值	目测:现场逐根清点
2△	抗拔力(kN)	28d抗拔力平均值≥设计值,最小抗拔力≥0.9设计值	拉拔仪:抽查1%,且不少于3根
3	孔位(mm)	±150	尺量:抽查10%
4	孔深(mm)	±50	尺量:抽查10%
5	孔径(mm)	≥锚杆杆体直径+15	尺量:抽查10%

(二) 检测方法与结果评定

1. 冲击弹性波法检测锚杆锚固长度及注浆密实度

保证锚杆对围岩的支护作用的前提是将锚杆体与围岩锚固在一起,与围岩连成整体,对永久性锚杆要保证锚杆孔内全长注浆饱满,确保锚杆有效锚固深度符合要求,避免锚杆松弛和锈蚀。锚杆的锚固长度和注浆密实度可采用冲击弹性波法检测。

冲击弹性波法检测锚杆锚固长度及密实度使用的仪器为锚杆无损检测仪,其原理与低应变测桩相同,即声波反射法原理。在锚杆体外端发射一个声波脉冲,沿杆体钢筋传播,到达钢筋底端后反射,安装于锚杆顶部的传感器可采集到来自锚杆不同部位的反射信号。通过分析和读取反射信号的双程时间,可求出锚杆长度和缺陷位置,如图10-4所示。

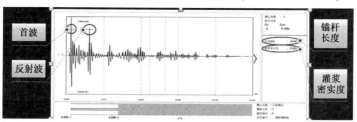

图10-4 锚杆长度检测波形图

(1)试验准备

步骤一 收集技术资料。

检测前应收集的相关技术资料,主要包括工程项目用途、规模结构、地质条件,项目锚杆的设计类别及功能、设计数量、设计长度等,工程项目的锚杆设计布置图、施工工艺、施工记录、监理记录等。

步骤二 抽取试样。

抽样方法为随机抽样,重点检测的部位有工程的重要部位、局部地质条件较差的部位、锚杆施工较困难的部位、施工质量有疑问的锚杆。

抽样率不应低于锚杆总数量的10%,且每批不应少于20根。当不合格率大于10%时,应对未检测的锚杆进行加倍抽检。

步骤三 检查检测环境。

现场检测应在锚固7d后进行。锚杆外露断面应平整,现场检测应具备高处作业、照明、通风等条件及必要的安全防护措施;检测现场周边不得有机械振动、电焊作业等对检测数据有明显干扰的施工作业。

步骤四 处理测试锚杆端头。检测前首先清除外露端周边浮浆,分离待检测锚杆外露端与喷护体的连接;对测试锚杆进行编号,且与锚杆图纸编号一致。

(2)现场测试步骤

步骤一 测量记录锚杆外露自由段长度和孔口段锚固情况。

步骤二 安装传感器。激振与接收传感器宜采用端发端收或端发侧收方式;接收传感器采用强磁或其他方式固定,传感器轴心与锚杆杆轴线平行;安装有托板的锚杆,传感器不能直接安装在托板上。

步骤三 设置采样参数。同一工程相同规格的锚杆,检测时宜采用相同的仪器参数。采样频率应根据杆长、杆系波速及频率分辨率合理设置。当测试锚杆长度时,时域信号记录长度宜不小于杆底3次反射所需的时程;当测试密实度缺陷时,时域信号记录长度宜为杆底反射时程的1.5倍。

步骤四 激振。采用瞬态激振方式,激振器激振点与锚杆杆头要充分紧密接触,通过现场试验选择合适的冲击力;激振时应避免触及传感器;实心锚杆的激振点宜选择在杆头靠近中心位置,保持激振器的轴线与锚杆轴线基本重合;激振点不宜在托板上。

步骤五 采集有效波形。单根锚杆检测的有效波形记录不应少于3个,且一致性好。

(3)数据处理

步骤一 杆体波速与杆系波速平均值的确定。

杆体波速平均值确定时,以现场锚杆检测同样的方法,在自由状态下检测工程所用各种材质和规格的锚杆杆体波速值,杆体波速按式(10-4)、式(10-5)或式(10-6)计算平均值。

$$C_b = \frac{1}{n}\sum_{i=1}^{n} C_{bi} \tag{10-4}$$

$$C_{bi} = \frac{2L}{\Delta t_e} \tag{10-5}$$

$$C_{bi} = 2L \cdot \Delta f \tag{10-6}$$

式中：C_b——相同材质和规格的锚杆杆体波速平均值(m/s)；

C_{bi}——相同材质和规格的第 i 根锚杆的杆体波速值(m/s)，且 $\left|\dfrac{C_{bi}-C_b}{C_b}\right|\leqslant 5\%$；

L——杆体长度(m)；

Δt_e——杆底反射波旅行时间(s)；

Δf——幅频曲线上杆底相邻谐振峰间的频差(Hz)；

n——参加波速平均值计算的相同材质和规格的锚杆数量。

杆系波速平均值确定时，在现场锚杆试验中选取不少于5根相同材质和规格的同类型锚杆的杆系波速值，按式(10-7)、式(10-8)或式(10-9)计算平均值。

$$C_t = \frac{1}{n}\sum_{i=1}^{n}C_{ti} \tag{10-7}$$

$$C_{ti} = \frac{2L}{\Delta t_e} \tag{10-8}$$

$$C_{ti} = 2L \cdot \Delta f \tag{10-9}$$

式中：C_t——锚杆杆系波速平均值(m/s)；

C_{ti}——第 i 根试验杆的杆系波速值(m/s)，且 $\left|\dfrac{C_{ti}-C_t}{C_t}\right|\leqslant 5\%$；

L——杆体长度(m)；

Δt_e——杆底反射波旅行时间(s)；

Δf——幅频曲线上杆底相邻谐振峰间的频差(Hz)；

n——参加波速平均值计算的试验锚杆的锚杆数量($n\geqslant 5$)。

步骤二 锚杆杆体长度计算。

锚杆杆底反射信号识别可采用时域反射波法、幅频域频差法。

时域反射波法计算锚杆杆体长度时，杆底反射波与杆端入射首波波峰间的时间差即为杆底反射时差，若有多次杆底反射信号，则应取各次时差的平均值。时间域杆体长度按式(10-10)计算。

$$L = \frac{1}{2}C_m \times \Delta t_e \tag{10-10}$$

式中：L——杆体长度(m)；

C_m——同类锚杆的波速平均值，若无锚杆试验资料，按下列原则取值：当锚固密实度小于30%时，取杆体波速 C_b 平均值，当锚固密实度大于或等于30%时，取杆系波速 C_t 平均值(m/s)；

Δt_e——时域杆底反射波旅行时间(s)。

幅频域频差法计算锚杆杆体长度时，频率域杆体长度按式(10-11)计算。

$$L = \frac{C_m}{2\Delta f} \tag{10-11}$$

式中：Δf——幅频曲线上杆底相邻谐振峰间的频差(Hz)。

步骤三 锚固密实度的评判。

①缺陷判断。

锚杆缺陷反射信号识别可采用时域反射波法、幅频域频差法。

时间域缺陷反射波信号达到时间小于杆底反射时间。若缺陷反射波信号的相位与杆端入射波信号相反,二次反射信号的相位与入射波信号相同,依次交替出现,则缺陷界面的波阻抗差值为正;若各次缺陷反射波信号均与杆端入射波信号同向,则缺陷界面的波阻抗差值为负。

频率域缺陷频差值大于杆底频差值。

②缺陷位置计算。

缺陷反射信号与杆端入射首波信号的时间差即为缺陷反射时差,若同一缺陷有多次反射信号,则应取各次缺陷反射时间差的平均值。缺陷位置按式(10-12)或式(10-13)计算。

$$x = \frac{1}{2} \cdot \Delta t_x \cdot C_m \tag{10-12}$$

$$x = \frac{1}{2} \cdot \frac{C_m}{\Delta f_x} \tag{10-13}$$

式中:x——锚杆杆端至缺陷界面的距离(m);

Δt_x——缺陷反射波旅行时间(t);

Δf_x——频率曲线上缺陷相邻谐振峰间的频差(Hz)。

③锚固密实度判定。

锚固密实度宜根据表10-8综合判定。

锚固密实度评判标准　　　　表10-8

质量等级	波型特征	时域信号特征	频域信号特征	密实度 D
A	波形规则,呈指数快速衰减,持续时间短	$2L/C_m$ 时刻前无缺陷反射,杆底反射波信号微弱或没有	呈单峰形态,或可见微弱的杆底谐振峰,其相邻频差 $\Delta f \approx C_m/2L$	≥90%
B	波形较规则,呈较快速衰减,持续时间短	$2L/C_m$ 时刻前有较弱的缺陷反射波,或可见较清晰的杆底反射	呈单峰或不对称的双峰形态,或可见较微弱的谐振峰,其相邻频差 $\Delta f \geq C_m/2L$	90%~80%
C	波形欠规则,呈逐步衰减或间歇衰减形态,持续时间较长	$2L/C_m$ 时刻前可见明显的缺陷反射波或清晰的杆底反射波,但无杆底多次反射波	呈不对称多峰形态,可见谐振峰,其相邻频差 $\Delta f \geq C_m/2L$	80%~75%
D	波形不规则,呈慢速衰减或间歇增强后衰减形态,持续时间长	$2L/C_m$ 时刻前可见明显的缺陷反射波或多次反射波,或清晰的、多次杆底反射波信号	呈多峰形态,杆底谐振峰明显、连续,或相邻频差 $\Delta f > C_m/2L$	<75%

锚固密实度可根据式(10-14)按长度比例估算。

$$D = \frac{L_r - L_x}{L_r} \times 100\% \tag{10-14}$$

式中：D——锚固密实度；
L_r——锚杆入岩深度(m)；
L_x——锚固不密实段长度(m)。

除孔口段末端部分外，锚固密实度可根据反射波能量法按式(10-15)~式(10-17)估算。

$$D = (1 - \beta\eta) \times 100\% \tag{10-15}$$

$$\eta = \frac{E_r}{E_0} \tag{10-16}$$

$$E_r = E_s - E_0 \tag{10-17}$$

式中：D——锚固密实度；
η——锚杆杆系能量反射系数；
β——杆系能量修正系数，可通过锚杆模拟试验修正或根据同类锚杆经验系数取值，若无锚杆模拟试验数据或同类锚杆经验值，可取 $\beta = 1$；
E_0——锚杆入射波总能量，自入射波波动开始至入射波持续波动结束时间段内(t_0)的波动总能量；
E_s——锚杆波动总能量，自入射波波动开始至杆底反射波波动持续结束时刻($2L/C_m + t_0$)的波动总能量；
E_r——($2L/C_m + t_0$)时间段内反射波波动总能量。

(4)结果评定

①锚固质量进行评定的内容。

检测结束后，应对每根被检测锚杆的锚固质量进行评定。全长黏结锚杆锚固质量评定包括杆体长度和锚固密实度两项内容。

②锚杆锚固质量评定标准。

对于杆体长度不小于设计长度的95%，且不足长度不超过0.5m的锚杆，可评定锚杆长度合格。锚杆锚固密实度按表10-7进行评定的同时，还应符合的规定是：当锚杆空浆部位集中在底部或浅部时，应降低一个等级；当锚固密实度达到C级及以上，且符合工程设计要求时，评定锚固密实度合格。

单根锚杆锚固质量无损检测分级评判按表10-9进行。单元或单项工程锚杆锚固质量全部达到Ⅲ级及以上的应评定为合格，否则评定为不合格。

单根锚杆锚固质量无损检测分级评价表 表10-9

锚固质量等级	评价标准	锚固质量等级	评价标准
Ⅰ	密实度为A级，且长度合格	Ⅲ	密实度为C级，且长度合格
Ⅱ	密实度为B级，且长度合格	Ⅳ	密实度为D级，或长度不合格

2. 锚杆的抗拔力检测

锚杆抗拔力是指锚杆锚固后能够承受的抗拔能力。它是锚杆材料、加工及锚固质量的综合反映,是锚杆质量检测的一项基本内容,通过拉拔试验来测定。砂浆锚杆的拉拔试验应在锚固砂浆强度达到100%后进行。

(1) 试验准备

步骤一 准备仪器设备。

锚杆的拉拔试验所用的仪器为锚杆拉拔计,如图10-5所示,由手动泵、空心千斤顶、高压油管、传力板、压力表组成。在隧道内,由于锚杆与岩面不完全垂直,还需配备楔形调节垫块。

步骤二 处理锚杆端头。

现场随机抽测的锚杆,由于锚杆外露端长度不够,需对受检锚杆端头做加长处理,以便安装千斤顶。端头加长可采用连接套筒接长,连接抗拉强度应能承受100%杆体极限抗拉力。

(2) 现场测试步骤

步骤一 取下锚杆垫板。

步骤二 安装拉拔设备。调整千斤顶作用方向。用砂浆将试验锚杆口部抹平,或用楔形调节垫块调整,使千斤顶作用方向与锚杆方向一致。避免偏心受拉。

步骤三 固定千斤顶与传力板。套上空心千斤顶,加上传力板,通过锚杆尾端丝口用螺母将千斤顶和传力板固定在一起。如图10-6所示。千斤顶应固定牢靠,并有必要的安全保护措施。应特别注意的是,试验时操作人员要避开锚杆的轴线延长线方向,应在被测锚杆的侧边,并尽可能远离。

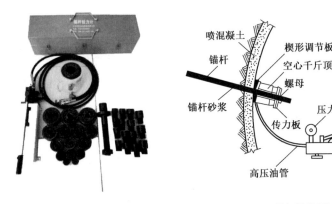

图10-5 锚杆拉拔计　　　　图10-6 锚杆拉拔测试示意图

步骤三 加载读数。通过手动油泵加压,从压力表读数,根据活塞面积换算锚杆承受的拉拔力。锚杆抗拔力试验应逐级加载,每级应均速加载,速率一般不大于10kN/min,稍做停顿,并观测记录其变形数值和破坏情况(注意读取读数时,应停止加压)。拉拔力到设计要求的抗拉值即可停止加载,一般不做破坏性试验。如有特殊需要,先测取锚杆的最大抗拉力,再进行破坏性试验。

（3）结果评定

锚杆抗拔力检测数量为锚杆数的1%且每次不少于3根。同组28d锚杆抗拔力的平均值应不小于设计值，且单根锚杆的抗拔力不得低于设计值的90%视为合格。

任务10-3　防水层施工试验检测

【任务描述】

隧道开挖改变了地下水径流途径，隧道可能成为地下水新的排泄通道。地下水渗入隧道，将增大隧道的施工难度，影响施工质量。另一方面隧道渗漏水的长期作用，将极大地降低隧道内各种设施的使用寿命和功能，恶化隧道的运营环境。所以施工中采取设置防水层等措施，能够使隧道衬砌结构具有一定的自防水能力，以防止地下水渗入。

防水层施工试验检测主要包括防水材料的质量检测及防水板焊接质量检测。

【任务实施】

一、认知防水层施工质量要求

1. 防水层功能及组成

防水层是隧道防水的核心，是保证隧道防水功能的重要措施。它的作用是将地层渗水拒于二次衬砌之外。隧道防水层为不透水、表面光滑的高分子卷材。隧道的防水效果与防水材料的质量是密切相关的。

防水层常由缓冲垫层与防水板两部分组成，铺设前先铺设缓冲层，缓冲层为土工合成材料，土工合成材料有土工膜、土工网、土工格栅、土工格室等。在隧道中用的最多的土工合成材料为土工布，土工布兼有缓冲、滤水和排水的功能，土工布作为缓冲层设在喷射混凝土和防水板之间，可以较好地整平喷射混凝土基面，防止防水板在长期使用过程中被刺破；同时，还能较好地滤除渗水中的泥砂、防止泥砂堵塞排水系统；另外，土工布与防水板在夹层中共同组成一个排水通道，使地下渗水能自由地向环向盲管、衬砌底部的纵向盲管汇聚外排。

2. 防水层材料

（1）土工布

土工布是以聚合物纤维为原料制成的具有透水性的土工合成材料。

①土工布的分类。

土工布按制造方法可分为无纺土工布、有纺土工布和复合土工布等。无纺土工布是由短纤维或长丝按随机或定向排列制成的薄絮垫，经机械结合、热粘合或化学粘合而成的土工布，可分为聚酯短纤无纺土工布、聚丙烯短纤无纺土工布、聚酯长丝无纺土工布、聚丙烯长丝无纺土工布等；有纺土工布是由纤维纱或长丝按一定方向排列编制的土工布，可分为聚酯长丝有纺土工布、聚丙烯长丝有纺土工布等；复合土工布是指将有纺土工布和无纺土工布经针刺等工艺复合而成的土工布，可分为长丝有纺土工布与短纤无纺类复合土工布、扁丝有纺土工布与短纤无纺类复合土工布等。

土工布按使用功能可分为排水反滤型土工布、包裹型土工布和隔离型土工布等。排水反滤型土工布是指土工布在使用液体、气体垂直通过的同时，保持受渗透力作用的土骨架颗粒不流失，部分土工布兼作横向排水通道；包裹型土工布是指土工布作为松散的土、砂、石料的包裹物或作为混凝土、砂浆的载体，形成一定体积和形状的块体，用于边坡防护、冲刷防护等工程；隔离型土工布是指铺设于不同介质之间，防止相邻的不同介质混合。

②土工布的性能指标。

土工布的性能指标有物理性能指标、力学性能指标及水力性能指标等。

a. 物理性能指标。

土工布的物理性能指标有单位面积质量、厚度、宽度等。

单位面积质量 $1m^2$ 土工织物在标准大气压下的质量，单位为 g/m^2。它是土工织物的一个重要指标。对于任何一种系列产品来说，土工织物的单价与单位面积质量大致成正比，其力学强度随质量增大而提高。因此在选用产品时，单位面积质量是必须考虑的技术经济指标。

厚度指土工织物、复合土工织物在 2kPa 法向压力下，正反两面之间的距离，单位为 mm。土工织物厚度随所作用的法向压力而变，通常会规定一个标准压力下的厚度作为参考，这个标准压力通常是 2kPa，2kPa 压力下的厚度表示土工织物在自然状态无压条件下的厚度。不同类型土工织物的压缩量差别很大，其中针刺非织造土工织物的压缩量最大。

试验采用厚度测量仪测量，每组试样数量不少于 10 个，测量后计算平均厚度及厚度极限偏差。

土工合成材料整幅样品经调湿、除去张力后，与长度方向垂直的整幅宽度为幅宽，单位为 mm。

b. 力学性能指标。

针对土工织物在设计和施工中所受荷载性质的不同，其力学强度指标分为抗拉强度、撕破强力、CBR 顶破强力等，抗拉强度需分别测定纵向和横向强度。众多力学指标中，最基本的是抗拉强度，抗拉强度有标称强度和抗拉断裂强度。

标称强度是指相应型号产品要求的最小抗拉断裂强度值。

抗拉断裂强度和断裂延伸率是指试样拉伸至断裂时的强度和延伸率。抗拉断裂强度也称为条带法抗拉强度，为单向拉伸。纵向和横向抗拉强度表示土工织物在纵向和横向单位宽度范围能承受的外部拉力，单位为 kN/m。对应抗拉强度的应变为土工织物的延伸率，用百分数（%）表示。抗拉强度是力学性能中的重要指标，在各种功能的应用中，对抗拉强度都有一定要求。当用于加筋和隔离功能时，抗拉强度是主要的设计指标；而在排水和反滤功能的工程中，抗拉强度虽不是主要指标，但由于铺设过程中会受到扯拉、顶压、撕破等各种施工荷载，运用过程中也可能因建筑物变形而受拉，所以对强度也有一定要求。

撕裂强力表示沿土工织物某一裂口将裂口逐步扩大过程中的最大拉力，单位为 kN。

CBR 顶破强力是指直径 50mm 的平端顶压杆垂直顶压试样直到穿透的过程中测得的最大力。

c. 水力性能指标。

水力性能指标主要为等效孔径和渗透系数,是土工织物两个很重要的特性指标。由于土工织物是与土共同工作的,对织物的基本要求是既能保土又能排水,这就要求土工织物的孔径很小(能挡住土)而排水又很通畅,两者看来是有矛盾的,而土的多变性更增大了问题的复杂性。某一土工织物对这种土是合适的,而对另一种土未必也是合适的。目前常用保土准则和透水准则来选择土工织物的等效孔径和渗透系数,即将土工织物的等效孔径和土的特征粒径建立关系式,同时将织物的渗透系数与土的渗透系数建立关系式,以求达到既保土又排水的目的。保土准则和透水准则由试验得到。由于试验时控制的条件不同,得到的准则也有差异,可按具体情况选择准则,有条件进行模拟试验则更好。鉴于目前仍以保土和透水作用作为选择土工织物反滤层的准则,因此等效孔径和渗透系数两个水力特性指标是反滤和排水功能中的重要指标。

等效孔径是以土工合成材料为筛布对标准颗粒料进行筛析,当一种颗粒过筛率(通过土工合成材料的质量与颗粒料总质量之比)为 5% 时,则该颗粒粒径尺寸定为土工合成材料的等效孔径(O_{95})。用同样的步骤,则相应得到 O_{85}、O_{50} 和 O_{15} 的孔径值。土工织物的孔径分布曲线形状与土的颗粒分布曲线相似。

垂直渗透系数是水力梯度等于 1 时,水流垂直通过土工织物的渗透速率,单位为 cm/s。透水率是水位差等于 1 时的渗透速率,单位为 1/s。

(2)防水板

①防水板分类、标记及规格要求。

铁路隧道用防水板分为乙烯-醋酸乙烯共聚物改性聚乙烯防水板(代号 EVA)和乙烯-醋酸乙烯-沥青共聚物改性聚乙烯(代号 ECB)防水板和聚乙烯防水板(代号 PE)三类。

防水板产品本体上应有永久性标记,标记内容包含制造厂标志-分类代号;产品独立包装应有产品标记,标记内容包含标准号-分类代号-规格(长度×宽度×厚度)。

例如长度 30m、宽度 2.0m、厚度 1.5mm 的乙烯-醋酸乙烯共聚物改性聚乙烯防水板标记为 TB/T 3360.1-EVA-30m×2.0m×1.5mm。

防水板生产用原材料不得使用再生料,防水板的规格尺寸及偏差要求见表 10-10。防水板在规格确定的长度内不应有接头,表面应平整、边缘整齐,无裂纹、边缘损伤、折痕、孔洞、气泡等影响使用的缺陷。厚度均匀,在不影响使用的条件下,防水板表面凹痕不应超过厚度的 5%。

防水板的规格尺寸及极限偏差   表 10-10

项目	厚度	宽度	长度
规格	1.5mm、2.0mm、2.5mm、3.0mm	2.0m、3.0m、4.0m	20m 以上
极限偏差	-5%	-20mm	-20mm

②防水版的性能指标要求。

防水版的性能指标要求见表 10-11。

防水板的性能指标要求 表10-11

序号	检验项目		技术要求		
			EVA	ECB	PE
1	断裂拉伸强度(MPa)		≥18	≥17	≥18
2	扯断伸长率(%)		≥650	≥600	≥600
3	撕裂强度(kN/m)		≥100	≥95	≥95
4	不透水性(0.3MPa/24h)		无渗漏	无渗漏	无渗漏
5	低温弯折性(℃)		≤-35	≤-35	≤-35
6	加热伸缩量(mm)	延伸	≤2	≤2	≤2
		收缩	≤6	≤6	≤6
7	热空气老化(80℃×168h)	断裂拉伸强度(MPa)	≥16	≥14	≥15
		扯断伸长率(%)	≥600	≥550	≥550
8	耐碱性[Ca(OH)$_2$]饱和溶液×168h	断裂拉伸强度(MPa)	≥17	≥16	≥16
		扯断伸长率(%)	≥600	≥600	≥550
9	人工候化	断裂拉伸强度保持率(%)	≥80	≥80	≥80
		扯断延长保持率(%)	≥70	≥70	≥70
10	刺破强度(N)	防水板厚度(mm) 1.5	300	300	300
		2.0	400	400	400
		2.5	500	500	500
		3.0	600	600	600

3. 防水层施工质量要求

(1)防水层的施工质量检测

防水材料的质量、规格、性能等必须符合设计和规范要求。防水卷材铺设前要对喷射混凝土基面认真检查,不得有钢筋、突出的管件等尖锐突出物,割除尖锐突出物后,割除部位用砂浆抹平顺。隧道断面变化处或转弯处的阴角应抹成半径不小于50mm的圆弧。防水层施工时,基面不得有明水。防水层表面应平顺,无折皱、气泡、破损等现象,与洞壁密贴,松弛适度,无紧绷现象。接缝、补眼粘贴密实饱满,不得有气泡、空隙。防水层实测项目见表10-12。

防水层实测项目 表10-12

项次	检查项目		规定值或允许偏差	检查方法和频率
1△	搭接长度(mm)		≥100	尺量:每5环搭接抽查3处
2△	缝宽(mm)	焊接	焊缝宽≥10	尺量:每5环搭接抽查3处
		粘接	粘缝宽≥50	
3	固定点间距(m)		满足设计要求	尺量:每20m检查3处
4	焊缝密实性		满足设计要求	肉眼或充气法:每20检查1处焊缝

（2）明洞防水层施工质量要求

防水卷材的质量、规格必须符合有关规范的要求。防水层施工前，明洞混凝土外部应平整，不得有钢筋头露出。防水卷材应无破损、无折皱。焊接应无脱焊、漏焊、假焊、焊焦、焊穿，粘接应无脱粘、漏粘。明洞防水层实测项目见表10-13。

明洞防水层实测项目　　　　　　表10-13

项次	检查项目		规定值或允许偏差	检查方法和频率
1△	搭接长度(mm)		≥100	尺量：每环搭接测3点
2	卷材向隧道暗洞延伸长度(mm)		≥500	尺量：每环搭接测3点
3	卷材向基底的横向延伸长度(mm)		≥500	尺量：每环搭接测3点
4△	缝宽(mm)	焊接	≥10	尺量：每衬砌台车抽查1环，每环搭接测5点
		粘接	≥50	
5△	焊缝密实性		满足设计要求	肉眼或充气法：每10m检查1处焊缝

二、充气法检测防水板焊接密实性

（一）理论知识

防水板之间一般采用粘接或焊接，采用专门的小型机具进行焊接，施工方便且质量可靠。防水板焊接的工作原理是电机通过减速箱、链条带动上下压轮转动，滑动支架带动热楔插入两母材，同时由压壁对压轮加压，将上下两热熔后的母材压和，如图10-7所示。焊接时应着重注意焊接温度的控制，具体温度可根据防水板的厚度确定，温度低易导致焊接不牢固，温度高容易烫坏防水板，如有烤焦、焊穿处，应用同材质防水板进行覆盖。

防水板焊接质量可采用肉眼检查和充气法检查。肉眼检查时，当两层焊接在一起的防水板呈透明状、无气泡，表明焊接牢固严密。充气法是将焊缝两端封闭，在两焊缝间穿空心针，通过空心针充气加压，根据气压稳定变化情况来检查两条焊缝之间的密封情况。充气法检查如图10-8所示。

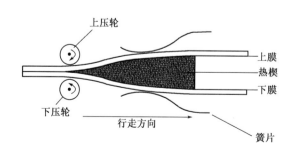

图10-7　防水板焊接原理示意图

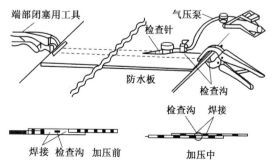

图10-8　充气法检查焊缝质量示意图

(二)检测方法

1. 试验准备

步骤一 准备仪器设备。主要仪器设备包括其气压泵、压力表等。
步骤二 对防水板的焊缝进行目测检查,排除明显的假焊、漏焊等现象。
步骤三 尺量焊缝的宽度和固定点间距,判断是否符合设计要求。
步骤四 根据要求确定进行充气试验的数量及焊缝位置。

2. 现场测试步骤

步骤一 连接气压泵和压力表。
步骤二 对焊缝间的封闭空腔进行充气,压力表达到规定压力值(一般为0.25MPa)时停止充气。
步骤三 保持15min,观察压力表的变化。

(三)检测结果评定

(1)压力下降在10%以内,焊缝质量合格。
(2)如压力下降,证明有未焊好之处,用肥皂水涂在焊缝上,产生气泡的地方为焊接欠佳处。
(3)若压力表读数不降或因材料继续变形压力有所下降,但下降幅度在20%以内,且保证2min不漏气,则说明焊接良好,反之,应进行检查和补修。

任务10-4 混凝土衬砌施工试验检测

【任务描述】

混凝土衬砌是在初期支护完成后,施作的模筑或预制混凝土结构,一般在变形趋于稳定后施作。隧道混凝土衬砌是重要的支护措施,是隧道防水工程的最后一道防线,也是隧道外观美观的直接体现者。隧道混凝土衬砌质量的好坏对隧道长期稳定、使用功能的正常发挥以及外观美观均有很大的影响。所以混凝土衬砌质量检测不仅是控制施工质量的重要手段,也是评价运营隧道衬砌现状所必要依据。

混凝土衬砌质量的检测主要包括衬砌厚度、衬砌背部密实状况及防水混凝土的抗渗等级检测等内容。衬砌厚度、衬砌背部密实状况的检测可采用地质雷达法、冲击弹性波法等方法。

【任务实施】

一、认知混凝土衬砌的质量要求

混凝土衬砌常见的质量问题有混凝土开裂和内部存在缺陷、混凝土强度不足、衬砌厚度不足、钢筋锈蚀及背后存在空洞、衬砌侵入建筑限界等。所以要求混凝土衬砌施工前初期支护背部存在空洞、断面严重侵限时应及时处理;衬砌背后的空隙应回填注浆;混凝土外观蜂窝麻面面积不得超过该面总面积的 0.5%,深度不得超过 10mm;衬砌钢筋混凝土结构裂缝宽度不得超过 0.2mm,混凝土裂缝宽度不得超过 0.4mm。混凝土衬砌实测项目见表 10-14。

混凝土衬砌实测项目　　　　　　　　表 10-14

项次	检查项目	规定值或允许偏差	检查方法和频率
1△	混凝土强度(MPa)	在合格标准内	按《检评标准》附录 D 检查
2	衬砌厚度(mm)	90%的检查点的厚度≥设计厚度,且最小厚度≥0.5设计厚度	尺量:每20m检查1个断面,每个断面测5点。地质雷达法检测:沿隧道纵向分别在拱顶、两侧拱腰、两侧边墙连续测试共5条测线,每20m检查1个断面,每个断面测5点
3	墙面平整度(mm)	施工缝、变形缝处≤20 其他部位≤5	2m直尺:每20m每侧连续检查5尺,每尺测最大间隙
4△	衬砌背部密实状况	无空洞、无杂物	地质雷达法检测:沿隧道纵向分别在拱顶、两侧拱腰、两侧边墙连续测试共5条测线

衬砌采用防水混凝土时,防水混凝土配合比和集料级配应经试验确定,抗渗要求高的衬砌,设计有明确规定时按设计要求办理。

二、地质雷达法检测混凝土衬砌厚度及背后回填密实度

(一) 理论知识

支护(衬砌)背部与围岩之间存在空洞时,会导致围岩松弛,使支护结构产生弯曲应力而损伤支护结构的功能,降低其承载能力,极大地影响隧道的安全使用。因此,目前对隧道支护(衬砌)背部空洞的探测引起了人们更多的关注。支护(衬砌)的内部和背后状态是隐蔽的,从表面看不出来。为此,人们开发出许多具有实用价值的检测方法,其中最常用的方法是地质雷达法,该方法已广泛应用于检测支护(衬砌)厚度、背部的回填密实度、内部钢架、钢筋等分布情况。

地质雷达利用一个发射天线向介质体发射高频宽频电磁波,另一个接收天线接收来自地下介质中反射回来的反射波(一般用于检测的天线都是将发射天线和接收天线内置到同一天线中)。进入介质的高频电磁波以宽频带短脉冲的形式向下传播,在传播过程中,其路径、电磁场强度与波形会根据通过介质的电性质及几何形态而发生变化,这些变化都将会在接收天线所接收的反射波反映出来,通过测得反射波的双程走时 t、幅度与波形资料,可推断介质的结构情况。时间剖面图像是地质雷达成果的基本图件,其横坐标为测点位置,纵坐标为雷达波反射走时,可以用黑白波形图像(波形图变面积黑白显示)。如图 10-9 所示为地质雷达法测定混凝土衬砌厚度波形图。

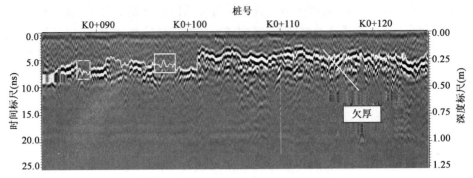

图 10-9 雷达波法测试混凝土厚度波形图

(二)检测方法与数据处理

1. 试验准备

步骤一 准备仪器设备。

地质雷达分为地质雷达主机和地质雷达天线。

(1)地质雷达主机技术指标包括:

①系统增益不低于 150dB。

②信噪比不低于 60dB。

③模/数转换不低于 16 位。

④采样间隔一般不大于 0.2ns。

⑤信号叠加次数可选择或自动叠加。

⑥数据的触发和采集模式为距离/时间/手动。

⑦具有点测与连续测量功能。

⑧具有手动或自动位置标记功能。

⑨具有现场数据处理功能。

(2)地质雷达天线要求:

①地质雷达天线应具有屏蔽功能。

②垂直分辨率应高于 2cm。垂直分辨率,一般指垂直方向在空间上(或时间上)可以分辨的两个界面的最小距离(或时间),这里是指衬砌背后的最小间距。

③地质雷达最大探测深度应大于 2m。地质雷达天线中心频率的选择,既要满足分辨率的要求,又要满足检测深度的要求。应根据检测的厚度和现场具体条件,选择相应频率天线,不同频率天线参考测深见表 10-15。用于探测隧道支护(衬砌)背后回填密实度时,宜选用 500MHz 天线。

不同频率天线参考测深　　　　　　　　表 10-15

天线中心频率(MHz)	500	1 200	1 600	2 000
可达深度(m)	1~4.5	0.3~1	0.2~0.7	0.1~0.5
参考测深(m)	2	0.8	0.6	0.4

步骤二 加工检测平台(平台要加在性能良好的汽车上)。检测平台要安全稳固,用于配合检测的汽车要性能良好,应保证起动行进平稳匀速。地质雷达检测平台如图10-10所示。

步骤三 准备安全防护用品。

(1)准备安全帽。进入隧道检测的所有工作人员一律戴好安全帽,同时要遵守隧道内施工的各项安全措施。

(2)在没有电源的隧道内检测要保证有足够数量的强光手电进行照明,以确保检测过程中人员、天线以及仪器的安全和检测质量可控。

步骤四 检测前首先标注里程,清理隧道内检测路段的障碍物。

图10-10 地质雷达检测平台

2. 现场测试作步骤

步骤一 布置测线。

(1)隧道施工过程中质量检测应以纵向布线为主,横向布线为辅。纵向测线应在隧道拱顶、左右拱腰、左右边墙和隧底各布1条,如图10-11所示。

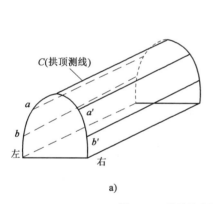
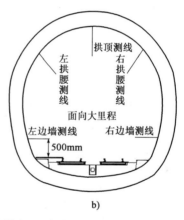

图10-11 地质雷达测试纵向测线布置示意图

(2)横向测线可按检测内容和要求布设线距,一般情况线距8~12m;采用点测时每断面不少于6个点,检测中发现不合格的地段应加密测线或测点。

(3)隧道竣工验收时质量检测应纵向布线,必要时可横向布线。纵向测线应在隧道拱顶、左右拱腰、左右边墙各布1条;横向测线线距8~12m,采用点测时,每断面不少于5个点,需确定回填空洞规模和范围时,应加密测线和测点。

(4)三线隧道应在隧道拱顶部位增加2条测线。

(5)测线5~10m应有1处里程标记。

步骤二 标定介质参数。

检测前应对衬砌混凝土的介电常数及电磁波速做现场标定,且每座隧道应不少于1处,每处实测不少于3次,取平均值作为该隧道的介电常数或电磁波速。当隧道长度大于3m、衬砌材料或含水率变化较大时,应适当增加标定点数。

（1）标定方法。标定方法可采用在已知厚度部位或材料与隧道相同的其他预制件上测量、在洞口或洞内避车洞处使用双天线直达波法测量或者钻孔实测。

（2）标定要求。标定目标体的厚度一般不小于15cm，且厚度已知，标定的记录中界面反射信号应清晰、准确。

（3）标定结果计算。标定结果按式（10-18）、式（10-19）计算。

$$\varepsilon_r = \left(\frac{0.3t}{2d}\right)^2 \quad (10-18)$$

$$v = \frac{2d}{t} \times 10^9 \quad (10-19)$$

式中：ε_r——相对介电常数；
v——电磁波速（m/s）；
t——双程旅行时间（nm）；
d——标定目标体厚度或距离（m）。

步骤三 设置检测参数。检测时，地质雷达测试系统设置的主要参数有时窗深度、扫描样点数。

（1）确定测量时窗深度。测量时窗按式（10-20）计算。

$$\Delta T = \frac{2d\sqrt{\varepsilon_r}}{0.3} \cdot \alpha \quad (10-20)$$

式中：ΔT——时窗长度（nm）；
α——时窗调整系数，一般取1.5~2.0。

（2）扫描样点数的确定。扫描样点数按式（10-21）计算。

$$S = 2\Delta T \times f \times K \times 10^{-3} \quad (10-21)$$

式中：S——扫描样点数；
f——天线中心频率（MHz）；
K——系数，一般取6~10。

步骤四 现场测量。

（1）测量前应先检查主机、天线以及运行设备，确保其处于正常状态。纵向布线应采用连续测量方式，扫描速度不得小于40道（线）/s，特殊地段或条件不允许时可采用点测方式，测量点距不得大于20cm。

（2）测量时准确标记测量位置，确保天线与衬砌表面密贴（空气耦合天线除外），如图10-12所示。如未贴合好，会导致空气直达波与反射波分开，图像上会有凸起，影响探测效果。未贴紧混凝土表面波形图如图10-13所示。

图10-12 地质雷达现场检测图

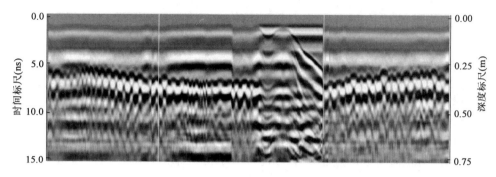

图 10-13 天线未贴紧混凝土表面波形图

天线移动速度宜为 3～5km/h,移动应平稳,速度均匀。当需要分段测量时,相邻测量段接头重复长度不应小于 1m。测量记录应包括测线号、方向、标记间隔以及天线类型等,同时应随时记录可能对测量产生电磁影响的物体(如渗水、电缆、铁架等)及其位置。

(3)检测过程中在检测工作队伍前后 20～30m 要各设 1 名安全员,以便提前协调过往的施工车辆和行人。

3. 数据处理

(1)原始数据处理前应回放检验,数据记录应完整、信号清晰。里程标记准确,不合格的原始数据不得进行处理。

(2)数据处理时,确保位置标记准确、无误,确保信号不失真,有利于提高信噪比。

(3)数据处理时应掌握测区内物性参数和衬砌结构的基础上,按由已知到未知、定性指导定量的原则;应根据现场记录,分析可能存在的干扰物体位置与雷达记录中异常的关系,准确区分有效异常与干扰异常;应准确读取双程旅行时间的数据;结果和成果图件应符合衬砌质量检测要求。

(4)数据的软件应使用正式认证的软件或经鉴定合格的软件。

(5)衬砌厚度 d 按式(10-22)或式(10-23)确定。

$$d = 0.3t/(2\sqrt{\varepsilon_r}) \tag{10-22}$$

$$d = vt/(2 \times 10^{-9}) \tag{10-23}$$

(三)检测结果评定

(1)90% 的检查点的厚度 ≥ 设计厚度,且最小厚度 ≥ 0.5mm 设计厚度时,混凝土衬砌厚度判定为合格。

(2)按下列主要特征判定衬砌背后回填密实度:

密实:信号幅度较弱,甚至没有界面反射信号。

不密实:衬砌界面的强反射信号同向轴呈绕射弧形,且不连续,较分散。

空洞:衬砌界面反射信号强,三振相明显,在其下部仍有强反射界面信号,两组信号时程差较大。

三、冲击弹性波法检测混凝土衬砌厚度

(一)理论知识

冲击弹性波法测试混凝土结构厚度的原理是在表面激发冲击弹性波,通过测试其在结构底部反射的时间(单位 μs)和材料的冲击弹性波速(单位 km/s),可测得结构的厚度 H(单位 mm),即 $H = V_c T/2$。根据测试厚度,可采用单一反射法(适合于厚度大于 1m 的结构)和重复反射法(适用于厚度小于 1m,且大于 8cm 的结构)。

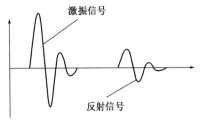

图 10-14 单一反射法的测试原理

1. 单一反射法

当测试对象较厚,激振信号与反射信号能够分离时,可以直接得到反射时间。单一反射法的测试原理如图 10-14 所示。

2. 重复反射法(冲击回波法)

当测试对象较薄,激振信号与反射信号不能很好得分离时,通过频谱分析的方法可以算出一次反射的时间(即周期),据此可测出对象的厚度。该方法也称 IE 法(冲击回波法)。冲击回波法是指通过冲击方式产生瞬态冲击弹性波并接收冲击弹性波信号,通过分析冲击弹性波及其回波的波速、波形和主频频率等参数的变化,判断混凝土结构厚度或缺陷的方法。主频是指在接收的回波各频率成分的振幅分布中,振幅最大处对应的频率值。在混凝土表面利用一个短时的机械冲击激发低频冲击弹性波,冲击弹性波传播到结构内部,被底部表面回来反射。冲击弹性波在构件表面、底部表面边界之间来回反射产生瞬态共振,其共振频率能在振幅谱(通过快速傅立叶变换,从波形中得出的频率与对应振幅的关系图)中辨别出,用于确定构件厚度。冲击回波法测试原理如图 10-15 所示。

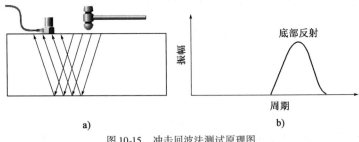

图 10-15 冲击回波法测试原理图

(二)检测方法与数据处理

1. 试验准备

步骤一 收集技术资料。及相关技术资料包括结构的浇筑日期、养护方式、混凝土等级、厚度范围等信息。

步骤二 准备仪器设备。

测试设备包括主机、传感器及激振锤。

(1)应采用高频域压电加速度传感器。

(2)主机参数要求:应有 2 个或以上的通道可同时采集,采样频率应在 250kHz 以上,即采样间隔不应大于 4μs;采用的 AD 转换设备分辨率不应小于 16Bit;采集系统须具有预触发功能,触发信号到达前应能采集不少于 100 个数据记录。

(3)应根据测试对象的厚度选用不同直径的激振锤。对象厚度越厚,采用的激振锤越大。

步骤三 选择及处理测区。

受检构件测区外缘距构件的变截面或侧表面的最小距离,应大于沿冲击方向的构件厚度。测区表面应清洁、平整,不应有蜂窝、孔洞等外观质量缺陷,当表面不平时,应使用钢锉打磨平整。测区应有进行对比的同条件正常混凝土部位。测区应标明编号及位置。

步骤四 布置测点。

每个测区的测点,按规范要求的检测频率进行布点,同时应标明测点的位置和编号。

2. 现场操作步骤

步骤一 标定波速。按照模块 7"冲击回波法检测混凝土板内部不密实区及空洞"中的方法标定波速。

步骤二 安装传感器。

(1)数据采集时传感器和混凝土测试表面应处于良好的耦合状态,冲击点位置与传感器的间距应小于设计厚度的 0.4 倍。检测面有沟槽或表面裂纹时,传感器和冲击器位于沟槽或表面裂纹的同侧。

(2)传感器的固定方法可以采用按压法、粘接法等,但无论采用哪种方法,都要求传感器紧密地固定到被测结构表面。当然,结构表面要求干净、平整。传感器的安装不良会造成测试误差增大,甚至完全错误。

步骤三 数据采集。

每测点应取 3 个有效波形。并分析各有效的主频(f)。主频(f)与平均值的差值不应超过 $2\Delta f$,测点的振幅谱图中构件厚度对应的主频(f)应为 3 个有效主频的算数平均值。

3. 数据处理

结构构件厚度按式(10-24)计算。

$$T = \frac{v_p}{2f} \tag{10-24}$$

式中:T——结构构件的厚度计算值(m);

v_p——混凝土表观波速(m/s);

f——振幅谱图中构件厚度对应的频率(Hz)。

(三)检测结果评定

90% 的检查点的厚度≥设计厚度,且最小厚度≥0.5mm 设计厚度时,混凝土衬砌厚度判定为合格。

四、防水混凝土抗渗等级检测

(一)理论知识

防水混凝土又叫抗渗混凝土,即抗渗等级不低于 P6 的混凝土。配制抗渗混凝土的水泥宜采用普通硅酸盐水泥,粗集料采用连续级配,细集料宜采用中砂。抗渗混凝土宜掺外加剂和掺合料,粉煤灰等级宜为Ⅰ级或Ⅱ级。配制抗渗混凝土要求的抗渗水压值应比设计值提高 0.2MPa。

抗渗等级的检测可通过抗水渗透试验逐级加压法确定。

(二)检测方法

1. 试验准备

步骤一 准备仪器设备。

混凝土抗水渗透试验所用的仪器主要有混凝土抗渗仪、试模、密封材料、加压设备等。

(1)混凝土抗渗仪:符合现行行业标准《混凝土抗渗仪》(JG/T 249)的规定,并应能使水压按规定的制度稳定地作用在试件上。抗渗仪施加水压力范围应为 0.1~2.0MPa。抗渗仪如图 10-16 所示。

(2)试模:试模应采用上口内部直径为 175mm、下口内部直径为 185mm 和高度为 150mm 的圆台体,当混凝土强度等级不低于 C60 时,应采用铸铁或铸钢试模,如图 10-17 所示。

图 10-16 混凝土抗渗仪

图 10-17 混凝土抗渗试模

图 10-18 螺旋加压器

(3)密封材料:密封材料宜用石蜡加松香或水泥加黄油等材料,也可采用橡胶套等其他有效密封材料。

(4)安装试件的加压设备可为螺旋加压或其他加压形式,其压力应能保证将试件压入试件套内。螺旋加压器如图 10-18 所示。

步骤二 试件成型。

(1)抗渗性试验应以 6 个试件为 1 组。混凝土取样与试样制备应符合现行国家标准《普通混凝土拌合物性能试验方法标准》(GB/T 50080)的有关规定。

(2)试件成型前,应检查试模的尺寸,将试模擦拭干净,在其内壁上均匀地涂刷一薄层矿物油或其他不与混凝土发生反应的隔离剂,试模内壁隔离剂应均匀分布,不应有明显沉积。

(3)混凝土拌合物在入模前应保证其均匀性。根据混凝土拌合物的稠度确定适宜的成型方法。

步骤三 试件养护。试件拆模后,应用钢丝刷刷去两端面的水泥浆膜,立即将试件送入标准养护室进行养护。

2. 试验步骤

步骤一 试件密封。

(1)抗渗试验的龄期为28d。应在到达试验龄期的前一天,从养护室取出试件,并擦拭干净。试件表面晾干后,进行密封。

(2)用石蜡密封时,在试件侧面裹涂一层熔化的内加少量松香的石蜡,然后用螺旋加压器将试件压入经过烘箱或电路预热过的试模中,使试件与试模底齐平,并在试模变冷后解除压力。试模的预热温度应以石蜡接触试模即缓慢融化但不流淌为准。

(3)用水泥加黄油密封,其质量比应为(2.5~3):1。应用三角刀将密封材料均匀地刮涂在试件侧面上,厚度为(1~2)mm,套上试模将试件压入,试件与试模底齐平。

步骤二 安装试件。

试件准备好之后,启动抗渗仪,并开通6个试位下的阀门,使水从6个孔中渗出,水应充满试坑位,在关闭6个试位下的阀门后将封好的试件安装在抗渗仪上。

步骤三 加压。

(1)试验时,水压应从0.1MPa开始,以后每隔8h增加0.1MPa水压,并随时观察试件端面渗水情况。当6个试件中有3个试件表面出现渗水时,或加至规定压力(设计抗渗等级),在8h内6个试件中表面渗水试件少于3个时,可停止试验,并记下此时的水压力。

(2)在试验过程中,当发现水从试件周边渗出时,应重新进行密封。

(三)检测结果评定

混凝土的抗渗等级应以每组6个试件中有4个试件未出现渗水时的最大水压力乘以10来确定。混凝土抗渗等级按式(10-25)计算。

$$P = 10H - 1 \tag{10-25}$$

式中:P——混凝土的抗渗等级;

H——6个试件中出现3个试件渗水时的水压力(MPa)。

任务10-5 超前地质预报

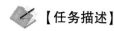
【任务描述】

隧道超前地质预报是在分析既有地质资料的基础上,采用地质调查、物探、地质超前钻探、超前导坑等手段,对隧道开挖工作面前方的工程地质与水文地质条件及不良地质体的工程性质、位置、产状、规模等进行探测、分析、判释及预报,并提出技术措施建议。通过超前地质预报工作,可以及时掌握和反馈隧道地质条件信息,调整和优化隧道设计参数、防护措施,为优化隧道施工组织、制订施工安全应急预案、控制工程变更设计提供依据。做好隧道超前地质预报工作,可以为各类突发地质灾害发生提供预警,以便采取积极措施,降低地质灾害发生概率,实现隧道工程安全、质量、工期、环境和投资控制目标,将直接或间接地创造巨大的经济效益和社会效益。隧道超前地质预报应以地质分析为基础,运用地质调查与物探相结合、长短探测相结合、洞内与洞外相结合、物探与钻探相结合、超前导洞与主洞探测相结合、地质构造探测与水文探测相结合的综合预报方法,并相互验证,提高预报准确性。

【任务实施】

一、认知隧道超前地质预报

1. 超前地质预报的目的

隧道超前地质预报能进一步查清隧道开挖工作面前方的工程地质和水文地质条件,指导工程施工顺利进行;能降低地质灾害发生的概率和危害程度;为优化工程设计提供地质依据;为编制竣工文件提供地质资料。

2. 超前地质预报的内容

超前地质预报包括以下主要内容:

(1)地质岩性预测预报,特别是对软弱夹层、破碎地层、煤层及特殊岩土的预测预报。

(2)地质构造预测预报,特别是对断层、节理密集带、褶皱轴等影响岩体完整性的构造发育情况的预测预报。

(3)不良地质预测预报,特别是对岩溶、人为坑洞、瓦斯等发育情况的预测预报。

(4)地下水预测预报,特别是对岩溶管道水及富水断层、富水褶皱轴、富水地层中的裂隙水等发育情况的预测预报。

3. 超前地质预报的工作程序

隧道超前地质预报可按图 10-19 所示的工作程序进行。

4. 超前地质预报方法

超前地质预报方法有地质调查法、物探法、地质揭示法等。实际工程中应根据隧道地质条件、施工工法、地质环境与特点,选择适宜的预报方法,超前地质预报方法见表 10-16。

超前地质预报方法　　　　　　　　　表 10-16

预报方法分类		常用预报方法
地质调查法		隧道内地质素描、隧道地表地质调查
物探法	弹性波反射法	地震波反射法、水平声波剖面法、陆地声呐法等
	电磁法	电磁波反射法(地质雷达法)、瞬变电磁法等
	直流电法	高分辨率直流电法、激发极化法等
	其他	岩体温度法等

续上表

预报方法分类		常用预报方法
地质揭示法	加深炮孔探测	加深炮孔探测
	超前钻探法	超前地质钻探
	超前导洞法	平行超前导洞、主洞超前导洞

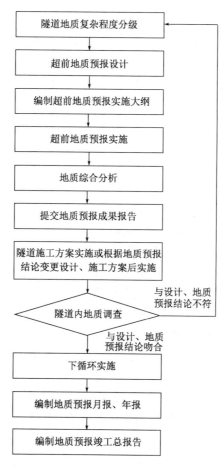

图 10-19　隧道超前地质预报工作程序

5. 超前地质预报按预报距离的分类

隧道超前地质预报按预报距离可分为短距离预报、中距离预报和长距离预报,预报距离的划分及其预报方法的选取见表 10-17。

超前地质预报按预报距离分类　　　　　　　　　　　　表 10-17

按预报长度分类	预报长度 $L(m)$	说明
短距离预报	$L < 30$	可采用地质调查法、地质雷达法及超前钻探法等
中距离预报	$30 \leqslant L < 100$	可采用地质调查法、弹性波反射法及超前钻探法等
长距离预报	$L \geqslant 100$	可采用地质调查法、弹性波反射法及超前钻探法等

二、认知隧道超前地质预报方法

1. 方法1　地质调查法

地质调查法是根据隧道已有勘察资料、地表补充地质调查资料和隧道内地质素描,通过地层层序对比、地层分界线及构造线地下和地表相关性分析、断层要素与隧道几何参数的相关性分析、临近隧道内不良地质体的可能前兆分析等,利用常规地质理论、地质作图和趋势分析等,推测开挖工作面前方可能揭示的地质情况的一种超前地质预报方法。

地质调查法适用于各种地质条件下隧道的超前地质预报,是传统的、实用的和基本的施工地质预报方法,是其他预报方法的基础,各种施工地质预报方法都应与地质调绘相结合,综合分析。它不仅是一种地质预报手段,而且可以补充和完善隧道勘察地质资料,也便于施工与设计资料进行对比,积累经验,同时也是竣工资料的一部分,更为隧道运营阶段隧道病害整治提供完整的隧道地质资料。

1) 地质调查法包括内容

地质调查法包括隧道地表补充地质调查和隧道内地质素描等。

(1) 隧道地表补充地质调查

隧道地表补充地质调查包括下列主要内容:

①对已有地质勘察成果的熟悉、核查和确认。

②地层、岩性在隧道地表的出露及接触关系,特别是对标志层的熟悉和确认。

③断层、褶皱、节理密集带等地质构造在隧道地表的出露位置、规模、性质及其产状变化情况。

④地表岩溶发育位置、规模及分布规律。

⑤煤层、石膏、膨胀岩、含石油天然气、含放射性物质等特殊地层在地表的出露位置、宽度及其产状变化情况。

⑥人为坑洞位置、走向、高程等,分析其与隧道的空间关系。

⑦根据隧道地表补充地质调查结果,结合设计文件、资料和图纸,核实和修正超前地质预报重点区段。

(2) 隧道内地质素描

隧道内地质素描是将隧道所揭露的地层岩性、地质构造、结构面产状、地下水出露点位置及出水状态、出水量、煤层、溶洞等准确记录下来并绘制成图表,是地质调查法工作的一部分,包括开挖工作面地质素描和洞身地质素描。隧道内地质素描包括下列主要内容:

①工程地质。包括有:

断层岩性:描述地层时代、岩性、层间结合程度、风化程度等。

地质构造:描述褶皱、断层、节理裂隙特征、岩层产状等;断层的位置、产状、性质、破碎带的宽度、物质成分、含水情况以及与隧道的关系;节理裂隙的组数、产状、间距、充填物、延伸长度、张开度及节理面特征、力学性质,分析组合特征、判断岩体完整程度。

岩溶:描述岩溶规模、形态、位置、所属地层和构造部位,充填物成分、状态,以及岩溶展布的空间关系。

特殊地层:煤层、沥青层、含膏盐层、膨胀岩和含黄铁矿层等应单独描述。

人为坑洞:影响范围内的各种坑道和洞穴的分布位置及其与隧道的空间关系。

地应力:包括高地应力显示性标志及其发生部位,如岩爆、软弱夹层挤出、探孔饼状岩芯等现象。

塌方:应记录塌方部位、方式与规模及其随时间的变化特征,并分析产生塌方的地质原因及其对继续掘进的影响。

②水文地质。包括有地下水的分布、出露形态及围岩的透水性、水量、水压、水温、颜色、泥砂含量测定,以及地下水活动对围岩稳定的影响,必要时进行长期观测(地下水的出露形态分为:渗水、滴水、滴水成线、股水/涌水、暗河);水质分析,判定地下水对结构材料的腐蚀性;出水点和地层岩性、地质构造、岩溶、暗河等的关系分析;必要时进行地表相关气象、水文观测,判断洞内涌水与地表径流、降雨的关系;必要时应建立涌突水点地质档案。

③围岩稳定性特征及支护情况。包括记录不同工程地质、水文地质条件下隧道围岩稳定性、支护方式以及初期支护后的变形情况;发生围岩失稳或变形较大的地段,详细分析、描述围岩失稳或变形发生的原因、过程、结果等。

④进行隧道施工围岩分级。

⑤影像。对隧道内重要的和具代表性的地质现象应进行摄像或录像。

2)地质调查法工作要求

(1)隧道地表补充地质调查应在实施洞内超前地质预报前进行,并在洞内超前地质预报实施过程中根据需要随时补充,现场做好记录,并于当天及时整理。

(2)地质素描图应采用现场绘制草图、室内及时誊清的方式完成,记录必须在现场根据实际情况记录,不得采取回忆编制或室内制作。地质素描原始记录、图、表应于当天整理。

(3)隧道地质补充调查和洞内地质素描资料应及时反映在隧道工程地质平面图和纵断面图上,并分段完善、总结。

(4)标本应按要求采集,并及时整理。

3)地质调查法资料编制内容

地质调查法隧道超前地质预报应编制下列资料:

(1)地质调查法预报报告。

(2)开挖工作面地质素描图,比例尺根据需要确定。

(3)隧道洞身地质展视图,比例为1:100~1:500。

(4)地层分界线及构造线隧道内和地表相关性分析预报图(必要时作),比例尺根据需要确定。

(5)地质复杂地段纵、横断面图,比例为1:100~1:500。

(6)地质监测与测试资料。

(7)有关影像资料。

2. 方法2　超前地质钻探法

超前地质钻探是利用钻机在隧道开挖工作面进行钻探并获取地质信息的一种超前地质预报方法。

超前地质钻探法适用于各种地质条件下的隧道超前地质预报,富水软弱断层破碎带、富水岩溶发育区、煤层瓦斯发育区、重大物探异常区等地质条件复杂地段必须采用。

超前地质钻探可采用冲击钻和回转取芯钻,并应按下列要求将二者合理搭配使用,提高预报准确率和钻探速度,减少占用开挖工作面的时间。一般地段采用冲击钻,冲击钻不能取芯,但可通过冲击器的响声、钻速及其变化、岩粉、卡钻情况、钻杆震动情况、冲洗液的颜色及流量变化等粗略探明岩性、岩石强度、岩体完整程度、溶洞、暗河及地下水发育情况等;复杂地质地段采用回转取芯钻。回转取芯钻岩芯鉴定准确可靠,地层变化里程可准确确定,一般只在特殊地层、特殊目的地段,需要精确判定的情况下使用,比如煤层取芯及试验、溶洞及断层破碎带物质成分的鉴定、岩土强度试验取芯等。

1)超前地质钻探的技术要求

(1)孔数。

①断层、节理密集带或其他破碎富水地层每循环可只钻1孔。

②富水岩溶发育区每循环宜钻3~5个孔。揭示岩溶时,应适当增加,以满足安全施工和溶洞处理所需要资料为原则。

③煤层瓦斯预报超前钻探应在距煤层15~20m(垂距)处的开挖工作面钻1个超前钻孔,初探煤层位置。在距初探煤层10m(垂距)处的开挖工作面上钻3个超前钻孔,分别探测开挖工作面前方上部及左右部位煤层位置,并采取煤样和气样进行物理化学分析和煤层瓦斯参数测定,在现场进行瓦斯及天然气含量、涌出量、压力等测试工作。

(2)孔深。

①不同地段不同目的的钻孔应采用不同的钻孔深度。

②钻探过程中应进行动态控制和管理,根据钻孔情况可适时调整钻孔深度,以达到预报目的为原则,煤层瓦斯超前钻孔深度的要求为每个钻孔均应穿透煤层并进入顶(底)板不小于0.5m;正式探测孔应取完整的岩(煤)芯,进入煤层后宜用干钻取样。

③在需连续钻探时,一般每循环可钻30~50m,必要时也可钻100m以上的深孔。

④连续预报时前后两循环钻孔应重叠5~8m。

(3)孔径。

①钻孔直径应满足钻探取芯、取样和孔内测试的要求。

②煤层瓦斯超前钻探孔径不宜小于76mm,钻孔过程中应观察孔内排出的浆液、煤屑变化情况,并做好记录。

③富水岩溶发育区超前钻探应终孔于隧道开挖轮廓线以外5~8m。

2)超前地质钻探的工作要求

(1)实施超前地质钻探的人员应经技术培训和考核,经考核合格后方可上岗。

(2)钻探前地质技术人员应进行技术、质量交底。

(3)超前钻探过程中应在现场做好钻探记录,包括钻孔位置、开孔时间、终孔时间、孔深、钻进压力、钻进速度随钻孔深度变化情况、冲洗液颜色和流量变化、涌砂、空洞、振动、卡钻位置、突进里程、冲击器声音的变化等。

(4)超前钻探过程中应及时鉴定岩芯、岩粉,判定岩石名称,对于断层带、溶洞填充物、煤层、代表性岩土等应拍摄照片备查,并选择代表性岩芯整理保存,超前地质钻探过程中监理应进行旁站。

（5）在富水地段进行超前钻探时必须采取防突措施；测钻孔内水压时，需安装孔口管，接上高压球阀、连接件和压力表，压力表读数稳定一段时间后即可测得水压。

（6）应加强钻进设备的维修与保养，使钻机处于良好状态；强化协调和管理，各方应积极配合，减少和缩短施钻时间。

3）钻孔质量控制措施

（1）采用系统的钻探程序，程序如下：

①测量布孔。施钻前按孔位设计图设计的位置用经纬仪准确测量放线，将开孔孔位用红油漆标注在开挖工作面上。

②设备就位。孔位布好后，设备就位，接通各动力电源和供风、供水管路。安装电路要由专业电工操作，确保安全，供风管路要连接紧密，无漏气现象。

③对正孔位，固定钻机。将钻具前端对准开挖工作面上的孔位，调整钻机方位，将钻机固定牢固。

④开孔、安装孔口管。孔口管必须安设牢固。

⑤成孔验收。施钻满足设计要求，经现场技术人员确认签收后方可停钻终孔。

（2）控制钻进方向。

①钻机定位完毕后，对钻机进行机座加固，使钻机在钻进过程中位置不偏移，做到钻孔完毕钻机位置不变。在钻进过程中应定期检查机器的松动情况，及时调整固定。

②对钻具的导向装置尽可能加长，并且选用刚度较强的钻杆，从而提高钻具的刚度，减少钻具的下沉量，达到技术的要求。不得使用弯曲钻具。

③当岩层由软变硬时应采用慢速、轻压钻进一定深度后，改用硬岩层的钻进参数。钻进中应减少换径次数。

④本循环钻孔完毕后，根据测量结果总结出钻具的下沉量，下一循环钻探时，通过调整孔深、仰俯角等措施控制下沉量在设计要求的范围内，达到技术要求的精度。

（3）准确鉴定岩性及其分布位置。

（4）超前钻探钻进中应防止地下水突出，并应采取下列措施，保障工作人员和机械设备的安全。

①在富水区实施超前地质预报钻孔作业，必须先安设孔口管，并将孔口管固定牢固，装上控制闸阀，进行耐压试验，达到设计承受的水压后，方准继续钻进。特别危险的地区，应有躲避场所，并规定避灾路线。当地下水压力大于一定数值时，应在孔口管上焊接法兰盘，并用锚杆将法兰盘固定在岩壁上。

②富水区隧道地质超前钻探时，发现岩壁松软、片帮或钻孔中的水压、水量突然增大，以及有顶钻等异状时，必须停止钻进，立即上报有关部门，并派人监测水情。如发现情况危急时，必须立即撤出所有受水威胁地区的人员，然后采取措施，进行处理。

③孔口管锚固可采用环氧树脂、锚固剂，亦可采用快凝高强度微膨胀的浆液锚固，锚固长度宜为 $1.5 \sim 2.0 m$，孔口管外端应露出工作面 $0.2 \sim 0.3 m$，用以安装高压球阀。

4）地质超前钻探法报告内容

地质超前钻探法应编制探测报告，内容包括工程概况、钻孔探测结果、钻孔柱状图，必要时应附以钻孔布置图、代表性岩芯照片等。

3. 方法3　地震波反射法

地震波反射法属于物理勘探法中弹性波反射法的一种。物理勘探法是指利用物理学的原理、方法和专门的仪器，观测并综合分析天然或人工地球物理场的分布特征，探测地质体或地质构造形态的勘探方法，简称"物探法"。弹性波反射法是利用人工激发的地震波、声波在不均匀地质体中所产生的反射波特性来预报隧道开挖工作面前方地质情况的一种物探方法，它包括地震波反射法、水平声波剖面法、负视速度法和极小偏移距高频反射连续剖面法等。

1）地震波反射法的适用范围

地震波反射法适用于划分地层界线、查找地质构造、探测不良地质体的厚度和范围，并应符合下列要求：

(1) 探测对象与相邻介质应存在较明显的波阻抗差异并具有可被探测的规模。

(2) 断层或岩性界面的倾角应大于35°，构造走向与隧道轴线的夹角应大于45°。

2）地震记录的规定

(1) 干扰背景不应影响初至时间的读取和波形的对比。

(2) 反射波同相轴必须清晰。

(3) 不工作道[①]应小于20%，且不连续出现。

(4) 弹性波反射法质量检查记录与原观测记录的同相轴应有较好的重复性和波形相似性。

(5) 数据采集时应尽可能减少隧道内其他震源震动产生的地震波、声波的干扰，并应采取压制地震波、声波干扰的措施。

3）地震波反射法的预报距离

地震波反射法连续预报时前后两次应重叠10m以上，预报距离应符合下列要求：

(1) 在软弱破碎地层或岩溶发育区，一般每次预报距离应为100m左右，不宜超过150m。

(2) 在岩体完整的硬质岩地层每次可预报120~180m，但不宜超过200m。

4）地震波反射法超前地质预报的要求

(1) 观测系统设计的内容。

①收集隧道相关地质勘察和设计资料。

②根据隧道施工情况及地质条件，确定接收器（检波器）和炮点在隧道左右边墙的位置。接收器（检波器）孔和炮孔的设计参数见表10-18；观测系统设计示意图见图10-20。

接收器（检波器）孔和炮孔的设计参数　　表10-18

项目	接收器（检波器）孔	炮孔
数量	2个，位于隧道左右边墙（各1个），位置对称	24个，位于构造走向与隧道轴向交角为锐角的一侧边墙
直径	φ45mm	φ38~45mm
深度	2.0m	1.5m

[①] 不工作道指的是由于各种原因（如仪器故障、接收装置损坏、信号干扰等）导致无法正常工作或接收到数据质量极差的地震道。

续上表

项目	接收器(检波器)孔	炮孔
定向	垂直隧道轴向,上倾5°~10°	垂直隧道轴向下倾10°~20°(便于用水充填炮孔)
高度	距地面(隧底)高1m	距地面(隧底)高1m
位置	距开挖工作面约55m	第一个炮孔距同侧接收器孔20m,炮孔间距1.5m

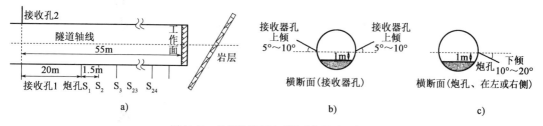

图10-20 地震波反射法观测系统设计示意图

③接收器和炮点位置应在同一平面和高度上。

④隧道情况特殊或需要探测复杂地质隐患时,观测系统设计不受赏识规定的限制,灵活运用,但应根据相关理论来设计观测系统。

(2)现场数据采集的规定。

①确定接收点和炮点的位置。

在隧道现场,根据设计的观测系统,确定所有接收点和炮点的位置,并做出相应的标识。

②钻孔。应按设计的要求(位置、深度、孔径、倾角等)钻孔;一般情况下,钻孔位置不应偏离设定的位置;特殊情况下,以设定的位置为圆心,可在半径0.2m的范围内移位;孔身应平直顺畅,能确保耦合剂、套管或炸药放置到位;在不稳定的岩层中钻炮孔时,可采用外径与孔径相匹配的薄壁塑料管或PVC管插入钻孔,防止坍孔。

③安装套管。根据仪器设备的耦合要求,用合适的材料(如环氧树脂、锚固剂或加特殊成分的不收缩水泥砂浆等)作为耦合剂,安装接收器套管;测量(可用电子倾角测量仪)接收器孔的几何参数,并做好记录。

④装填炸药。装填炸药前,应测定炮孔的倾角和深度,并做好记录;炸药量的大小应通过试验确定;用装药杆将炸药卷装入炮孔的最底部。在激发前,炮孔应用水或其他介质充填,封住炮口,确保激发能量绝大部分在地层中传播。

⑤仪器安装与测试。用清洁杆清洗套管内部;将接收单元插入套管,并应确保接收器的方向正确;采集信号前应对接收器和记录单元的噪声进行测试。

⑥数据采集。

a. 设置采集参数。采集参数主要包括采样间隔、采样数、传感器分量(应用X、Y、Z三分量接收)以及接收器。

b. 噪声检查。数据采集前,应对仪器本身及环境的噪声进行检测。仪器工作正常,噪声振幅峰值小于-78dB时,方可引爆雷管炸药接收记录。

c. 数据记录。放炮时,准确填写隧道内记录,在放炮过程中应采用炮序号递增或递减的方式进行,确保炮点号正确。

⑦质量控制。通过检查显示地震道的特征进行数据质量控制;在每一炮数据记录后,应显示所记录的地震道,据此对记录的质量进行控制;用直达波的传播时间来检查放炮点的位置是否正确,以及使用的雷管是否合适;根据信号能量,检查信号是否过强或过弱,若直达波信号过强或过弱,应将炸药量适当减少或增加;根据初至波信号特性,对信号波形进行质量控制,若初至后出现鸣振,表明接收器单元没有与围岩耦合好或可能是由于套管内污染严重造成,应清洁套管后重新插入接收器单元,直至信号改善为止;根据每一炮记录特征,了解存在的噪声干扰,必要时应切断干扰源,同时也可检查封堵炮孔的效果;对记录质量不合格的炮,应重新装炸药补炮,接收和记录合格的地震道。

(3)采集信号的评价。

①单炮记录质量评价。单炮记录质量评价分为合格、不合格两种。凡有下列缺陷之一的记录,应为不合格记录:X、Y、Z 三分量接收器接收时,存在某一分量不工作或工作不正常;初至波时间不准或无法分辨;信噪比低,干扰波严重影响到预报范围的反射波;记录序号(放炮序号)与炮孔号对应关系错误;除上述规定的不合格记录外的记录为合格记录。

②总体质量评价。总体质量评价依据所有的单炮记录,按偏移距大小重排显示(地震显示)进行。总体质量评价可分为合格、不合格两种。

当符合下列要求时,为总体合格:观测系统(炮点、接收点等设计)正确,采集方法正确;记录信噪比高,初至波清晰;单炮记录合格率大于 80%。

当有下列缺陷之一时,为总体不合格:隧道内记录填写混乱,记录序号(放炮序号)与炮孔号对应关系不清;采用非瞬发电雷管激发,或者初至波时间出现无规律波动(延迟);连续 2 炮以上(含 2 炮)记录不合格或空炮,或者存在相邻的不合格记录和空炮;空炮率大于 15%。

(4)资料分析与判释。

①采用仪器配套的处理软件进行分析。

②总体质量不合格的资料不得用于成果分析。

③准确输入野外采集参数,包括隧道、接收器和炮点的几何参数等。

④剔除不合格的地震道,只有合格的才能参与处理。

⑤应根据预报长度选择合适的用于处理的时间长度;带通滤波参数合理,避免波形发生畸变;提取的反射波,应确保波至能量足够;速度分析时,建立与预报距离相适应的模型;反射层提取时,根据地质情况和分辨率选择提取的反射层数目。

⑥资料判释应结合隧道地质勘察资料、设计资料、施工地质资料、反射波分析成果显示图及岩体物理力学参数等进行。综合上述成果资料,推断隧道开挖工作面前方围岩的工程地质与水文地质条件,如软弱夹层、断层破碎带、节理密集带等地质体的性质、规模和位置等。结合岩体物理力学参数、围岩软硬、含水情况、构造影响程度、节理裂隙发育情况等资料,可参照有关规范对围岩级别进行初步评估。

5)地震波反射法超前地质预报的探测报告的内容

地震波反射法超前地质预报的探测报告的内容主要包括:

(1)概况:隧道工程概况、地质概况、探测工作概况等。

(2)方法原理及仪器设备:方法原理及采用的仪器型号等。

(3)野外数据采集:观测系统、采集方法、数据质量等。

(4)数据处理:采用的软件及处理流程、参数选择说明、处理成果及质量等。

(5)资料分析与判释:应附反射波分析成果显示图、物探成果地质解释剖面或平面图,必要时可附上分析处理波形图、频谱图、深度偏移剖面图及岩体物理力学参数表,以及地质判释、推断的地球物理准则。

6)结论及建议

提出隧道开挖工作面前方的工程地质与水文地质条件,特别是影响施工方案调整、具有安全隐患的地质条件,以及施工过程中应采取的措施等结论和进一步开展地质预报工作的建议。

4. 方法4　电磁波反射法(地质雷达法)

电磁波反射法超前地质预报主要采用地质雷达探测。地质雷达法(Ground Penetrating Radar,简称GPR)是利用电磁波在隧道开挖工作面前方岩体中的传播及反射,根据传播速度和反射脉冲波走时进行超前地质预报的一种物探方法。

地质雷达法主要用于岩溶探测,亦可用于断层破碎带、软弱夹层等不均匀地质体的探测。

1)地质雷达法探测要求

(1)探测体与周边介质之间应存在明显介电常数差异,电磁波反射信号明显。

(2)探测体具有足以被探测的规模,探测体的厚度大于探测天线有效波长的1/4,探测体的宽度或相邻被探测体可以分辨的最小间距大于探测天线有效波第一菲涅尔带[①]半径。

(3)避开高电导屏蔽层或大范围的金属构件。

2)地质雷达探测仪器的技术指标要求

(1)系统增益大于150dB。

(2)信噪比大于60dB。

(3)采样间隔小于0.5ns,A/D模数转换大于16位。

(4)计时误差小于1ns。

(5)连续测量时,扫描速率大于64次/s。

(6)具有可选的信号叠加、实时滤波、时窗、增益、点测与连续测量、手段与自动位置标记等功能。

(7)实时监测与显示功能,具有多种可选方式和现场数据处理功能。

3)现场数据采集要求

(1)通过试验选择雷达天线的工作频率、确定介电常数。当探测对象情况复杂时,宜选择两种及以上不同频率的天线。当多个频率的天线均能符合探测深度要求时,宜选择频率相对较高的天线,一般宜采用100MHz屏蔽天线。

(2)测网密度、天线间距和天线移动速度应适应探测对象的异常反映;掌子面上宜布置两条测线,必要时可布置成"井"字形或其他网格形式。

(3)选择合适的时间窗口和采样间隔,并根据数据采集过程中的干扰变化和图像效果及时调整工作参数。

(4)宜采用连续测量的方式,不能连续测量的地段可采用点测。连续测量时天线应匀速移动,并与仪器的扫描率相匹配;点测时应在天线静止状态采样,测点距离天线0.3m。

---

① 第一菲涅尔带是无线电通信中,围绕发送和接收天线之间连线的一个未被障碍物阻挡的区域。

(5)隧址区内不应有较强的电磁干扰;现场测试时应清除或避开测线附近的金属物等电磁干扰物;当不能清除或避开时应在记录中注明,并标出位置。

(6)支撑天线的器材应选用绝缘材料,天线操作人员应与工作天线保持相对固定的位置。

(7)测线上天线经过的表面应相对平整,无障碍,且天线易于移动;测试过程中,应保持工作天线的平面与探测面基本平行,距离相对一致。

(8)现场记录应注明观测到的不良地质体与地下水体的位置与规模等。

(9)重点异常区应重复观测,重复性较差时宜进行多次观测并查明原因。

(10)地质雷达探测质量检查的记录与原探测记录应具有良好的重复性,波形一致,没有明显的异常位移。

4)地质雷达法的预报距离

地质雷达在完整灰岩地段预报距离宜在30m以内,在岩溶发育地段的有效探测长度则应根据雷达波形判定。连续预报时前后两次重叠长度应不小于5m。

5)地质雷达探测资料的处理

(1)无相同倾角的有效层状反射波时,可采用 f-k 倾角滤波。

(2)异常的连续性或独立性较差时,可采用空间滤波的有效道叠加或道间差方法加强。

(3)可采用点平均法消除高频干扰,采用的点数宜为奇数,其最大值宜小于采样率与低通频率之比。

6)地质雷达探测资料的解释

(1)参与解释的雷达剖面应清晰。

(2)通过反射波形、能量强度、初始相位等特征确定异常体性质。

(3)通过对异常同相轴的追踪或利用异常的宽度及反射时间,计算异常体的平面范围和深度。

(4)结合地质条件、介质电性特征、被探测物探的性质和几何特征、已知干扰进行综合分析,必要时应制作雷达探测的正演和反演模型。

(5)在提交的时间剖面中应标出地层的反射波位置或探测对象的反射波组。

7)地质雷达法预报的报告编制

地质雷达法预报应编制探测报告,其内容包括:探测工作概况、采集及解释参数、地质解译结果、测线布置图(表)、探测时间剖面图等,其中,在时间剖面图中应标出地层的反射波位置或探测对象的反射波组。

5. 方法5 超前导坑预报法

超前导坑预报法是以超前导坑中揭示的地质情况,通过地质理论和作图法预报正洞地质条件的方法。超前导坑法可分为平行超前导坑法和正洞超前导坑法。线间距较小的两座隧道可互为平行导坑,以先行开挖的隧道预报后开挖的隧道地质条件。

1)超前导坑预报法的预报内容

根据超前导坑与隧道位置关系按一定比例作超前导坑预报隧道地质平面简图,由超前导坑地质情况推测未开挖地段隧道地质条件时,预报内容应包括下列内容:

(1)地层岩性、地质构造的分布位置、范围等。

(2)岩溶的发育分布位置、规模、形态、充填情况及其展布情况。

(3)在采及废弃矿巷与隧道的空间关系。
(4)有害气体及放射性危害源分布层位。
(5)涌泥、突水及高地应力现象出现的隧道里程段。
(6)其他可以预报的内容。
2)超前导坑预报法的预报资料编制内容
(1)地质调查法预测报告。
(2)物探法探测报告。
(3)超前钻探法探测报告。
(4)导坑地质展示图,比例为1∶100～1∶500。
(5)导坑预测正洞预测报告,包括导坑预报正洞平面简图,比例为1∶100～1∶500。
(6)导坑竣工工程地质纵断面图。包括地层岩性、褶曲、断裂的分布与产状;破碎带及坍塌和变形地段的位置、性质及规模,地下水出露的位置、水质、水量,分段围岩分级等,横向比例为1∶500～1∶5 000,竖向比例为1∶200～1∶5 000。

任务10-6 隧道施工监控量测

【任务描述】

在隧道施工过程中使用专用的仪器、设备对围岩和支护结构的受力、变形进行观测并对其稳定性、安全性进行评价统称为监控量测。通过监控量测掌握围岩和支护结构的工作状态,判断围岩稳定性、支护结构的合理性和隧道的整体安全性。它是保证工程质量的重要措施,也是判断围岩和衬砌是否稳定,保证施工安全,指导施工顺序,进行施工管理,提出设计信息的主要手段。为使监控量测充分发挥其作用,因此应根据设计规定,结合隧道的工程地质和水文地质条件、支护类型和参数、施工方法以及所确定的量测目的等编制切实可行的量测计划,并在施工中认真组织实施。

隧道监控量测项目有周边位移、拱顶下沉、地表下沉、拱脚下沉等。

【任务实施】

一、认知隧道施工监控量测

1. 隧道施工监控量测的任务

施工监控量测的主要任务有:确保施工安全;预测和确认隧道围岩最终稳定时间,以指导施工顺序和做二次衬砌的时间;根据隧道开挖后所获得的量测信息,进行综合分析,检验和修正施工预设计;积累资料,作为其他工程设计与施工的参考资料。

2. 隧道施工监控量测项目

现场量测项目分为必测项目和选测项目两大类。必测项目是为了在施工中保证安全,通过量测信息判断围岩稳定性来指导设计、施工的经常性量测,对监视围岩稳定、指导设计施工有着巨大的作用。在复合式衬砌和喷锚衬砌隧道施工时,必须进行必测项目的量测。隧道现场监控量测必测项目见表10-19。同时,应根据设计要求、隧道横断面形状和断面大小、埋深、围岩条件、周边环境条件、支护类型和参数、施工方法等综合选择选测项目。选测项目是对一些有特殊意义和具有代表性意义的区段以及试验区段进行补充量测,以求更深入地掌握围岩的稳定状态与喷锚支护效果,具有指导未开挖区的设计与施工的作用。这类量测项目量测较为麻烦,量测项目较多,根据需要选择其中部分或全部量测项目。隧道现场监控量测选测项目见表10-20。

隧道现场监控量测必测项目　　　　　　　　　　　　表10-19

序号	项目名称	方法及工具	测点布置	测试精度	量测间隔时间			
					1~15d	16d~1个月	1~3个月	大于3个月
1	洞内、洞外观察	现场观测,地质罗盘等	开挖及初期支护后进行	—	—	—	—	—
2	周边位移	各种类型收敛计、全站仪或其他非接触量测仪器	每5~100m一个断面,每断面2~3对测点	0.5mm(预留变形量不大于30mm时);1mm(预留变形量大于30mm时);	1~2次/d	1次/2d	1~2次/周	1~3次/月
3	拱顶下沉	水准测量的方法;水准尺、钢尺等,全站仪或其他非接触量测仪器	每5~100m一个断面		1~2次/d	1次/2d	1~2次/周	1~3次/月
4	地表下沉	水准测量的方法;水准尺、钢尺等,全站仪	洞口段、浅埋段($h_0 \leq 2.5B$),布置不少于2个断面,每断面不少于3个测点	0.5mm	开挖面距量测断面前后<2.5B时,1~2次/d;开挖面距量测断面前后<5B时,1次/(2~3)d;开挖面距量测断面前后>5B时,1次/(3~7)d			
5	拱脚下沉	水准尺、钢尺等,全站仪	富水软弱破碎围岩、流沙、流沙、软岩大变形、含水黄土、膨胀岩土等不良地质和特殊性岩土段	0.5mm	仰拱施工前,1~2次/d			

注:h_0-隧道埋深;B-隧道开挖宽度。

隧道现场监控量测选测项目　　　　　　　　　　　　表10-20

序号	项目名称	方法及工具	测点布置	测试精度	量测间隔时间			
					1~15d	16d~1个月	1~3个月	大于3个月
1	钢架内力及外力	支柱压力计或其他测力计	每代表性地段1~2个断面,每断面钢支撑内力3~7个测点,或外力1对测力计	0.1MPa	1~2次/d	1次/2d	1~2次/周	1~3次/月

续上表

序号	项目名称	方法及工具	测点布置	测试精度	量测间隔时间			
					1~15d	16d~1个月	1~3个月	大于3个月
2	围岩体内位移（洞内设点）	洞内钻孔中安设单点、多点杆式或钢丝式位移计	每代表性地段1~2个断面，每断面3~7个钻孔	0.1mm	1~2次/d	1次/2d	1~2次/周	1~3次/月
3	围岩体内位移（地表设点）	地表钻孔中安设各类位移计	每代表性地段一个断面，每断面3~5个钻孔	0.1mm	同地表下沉要求			
4	围岩压力	各种类型岩土压力盒	每代表性地段1~2个断面，每断面3~7个测点	0.01MPa	1~2次/d	1次/2d	1~2次/周	1~3次/月
5	两层支护间压力	压力盒	每代表性地段1~2个断面，每断面3~7个测点	0.01MPa	1~2次/d	1次/2d	1~2次/周	1~3次/月
6	锚杆轴力	钢筋计、锚杆测力计	每代表性地段1~2个断面，每断面3~7锚杆（索），每根锚杆2~4个测点	0.01MPa	1~2次/d	1次/2d	1~2次/周	1~3次/月
7	支护、衬砌内应力	各类混凝土内应变计及表面应力解除法	每代表性地段1~2个断面，每断面3~7个测点	0.01MPa	1~2次/d	1次/2d	1~2次/周	1~3次/月
8	围岩弹性波测试	各种声波仪及配套探头	在有代表性地段设置	—				
9	爆破震动	测震及配套传感器	临近建（构）筑物	—	随爆破进行			
10	渗水压力水流量	渗压计、流量计	—	0.01MPa	—			
11	地表下沉	水准测量的方法，水准尺、钢钢尺等	有特殊要求段落	0.5mm	开挖面距量测断面前后小于2.5B时，1~2次/d；开挖面距量测断面前后小于5B时，1次/2d；开挖面距量测断面前后大于5B时，1次/3~7d			
12	地表水平位移	经纬仪、全站仪	有可能发生滑移的洞口段高边坡	0.5mm	—			

3. 量测要求

（1）监控量测工作应结合开挖、支护作业的进程，按量测方案布点和监测，根据现场量测情况及时调整补充。量测数据应及时分析、处理和反馈。

(2)现场量测仪器,应根据量测项目及测试精度选用。宜选择简单适用、稳定可靠、操作方便、量程合理、便于进行结果处理和分析的测试仪器,并经过有效检校。

(3)监控量测数据应真实、有效、规范并经过复核,有可追溯性,及时填报反馈报表。

(4)洞内必测项目,各测点宜在靠近掌子面、不受爆破影响范围内尽快安设,初读数应在每次开挖后12h内、下一循环开挖前取得,最迟不得超过24h。选测项目测点埋设时间宜根据实际需要确定。

(5)测点应牢固、可靠、易于识别,能真实反映围岩、支护的动态变化信息。洞内必测项目各测点应埋入围岩中,深度不应小于0.2m,不应焊接在钢架上,外露部分应有保护装置。

(6)各项量测作业均应持续到量测断面开挖支护全部结束,临时支护拆除完成,且变形基本稳定后15~20d。

二、围岩周边位移量测

(一)理论知识

1. 周边位移量测的含义

隧道开挖后,围岩向坑道方向的位移是围岩动态的显著表现,最能反映出围岩或围岩与支护的稳定性。围岩周边各点趋向隧道中心的变形称为"收敛"。所谓围岩周边收敛位移量测主要是指对隧道内壁面两点间连线方向的位移的量测,此项量测称为"收敛"量测。收敛值为两次量测的距离之差,即坑道净空的相对位移。目前隧道净空变化量测可采用接触量测和非接触量测两种方法,其中接触量测主要用收敛计进行,非接触量测则主要是用全站仪进行。

2. 收敛计的测试原理

常用的收敛计为机械式收敛计,由测量部分、张拉力设施与支架组成。测量部分包括百分表、带孔钢尺,用百分表对净空变化量进行精读数;张拉力设施一般采用重锤或弹簧或应力环,观测时由它对测尺进行定量施加拉力,使每次施测时测尺本身长度处于同一状态;支架是组合测表或测尺、张拉力设施等的综合结构。

不同的收敛计有不同的使用方法,图10-21是QJ-81型球铰连接弹簧式收敛计组成示意图,图10-22是jss30型数显收敛计。

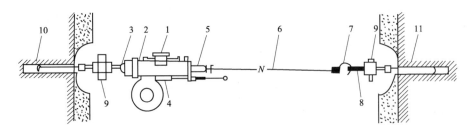

图10-21 球铰连接弹簧式收敛计组成示意图

1-百分表;2-百分表支架;3-球铰;4-弹簧秤;5-滑管;6-钢尺;7-挂钩;8-连接环;9-连接销;10-砂浆;11-预埋件

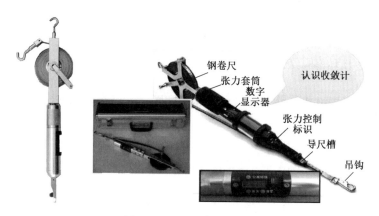

图 10-22　jss30 型数显收敛计

(1) QJ-81 型球铰连接弹簧式收敛计测试原理

仪器安装后,利用弹簧秤、钢丝绳、滑管给钢尺施加固定的水平张力(弹簧秤拉力90N),同时,钢丝绳带动内滑管沿固定方向移动,内滑管上的触头压缩百分表读得初始数值 X_0;间隔时间 t 后,用同样的方法可读得 t 时刻的值 X_t,则 t 时刻的周边收敛值 U_t 为百分表的两次读数差,按式(10-26)~式(10-29)计算。

$$U_t = L_0 - L_t + X_{t1} - X_{t0} \tag{10-26}$$

$$X_{t1} = X_t + \varepsilon_t \tag{10-27}$$

$$X_{t0} = X_0 + \varepsilon_{t0} \tag{10-28}$$

$$\varepsilon_t \text{、} \varepsilon_{t0} = \alpha(T_0 - T)L \tag{10-29}$$

式中:L_0——初读数时所用尺孔刻度值(mm);

L_t——t 时刻时所用尺孔刻度值(mm);

X_{t1}——t 时刻时经温度修正后的百分表读数值(mm);

X_{t0}——初读数时经温度修正后的百分表读数值(mm);

X_0——初始时刻百分表读数值(mm);

ε_t、ε_{t0}——分别为 t 时刻与初始读数时对应的温度修正值;

α——钢尺线膨胀系数;

T_0——鉴定钢尺的标准温度,为 20℃;

T——每次量测时的平均气温(℃);

L——钢尺长度(mm)。

(2) 数显收敛计的测试原理

数显收敛计是利用机械传递位移的方法,将两个基准点间的相对位移转变为数显位移计的两次读数差。当用挂钩连接两基准点预埋件时,通过调整调节螺母,改变收敛计机体长度可产生对钢尺的恒定张力,机体长度的改变量,由数显电路测出。当两基准点间随时间发生相对位移时,在不同时间内所测读数的不同,其差值就是两点间的相对位移值。

(二)检测方法与数据处理

1. 方法 1　数显收敛计法量测围岩周边位移

1)检测准备

步骤一　检查仪器设备。检查钢尺尺孔是否圆顺;检查旋转螺母转动是否顺畅;检查数显窗口显示是否正常。

步骤二　确定量测断面间距。

周边位移量测断面布置间距应根据围岩级别确定,见表 10-21。与拱顶下沉、地表下沉布置在相同里程断面。

周边位移和拱顶下沉量测断面布置间距　　表 10-21

围岩级别	断面间距(m)	围岩级别	断面间距(m)
Ⅴ~Ⅵ	5~10	Ⅲ	20~50
Ⅳ	10~20	Ⅰ~Ⅱ	50~100

步骤三　确定测点位置及数量。

周边位测点布置应符合下列规定,布置示意图如图 10-23~图 10-26 所示。

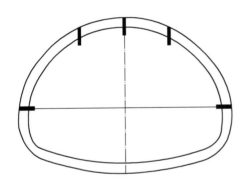

图 10-23　全断面法测点布置图

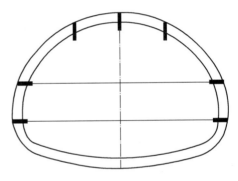

图 10-24　台阶法测点布置图

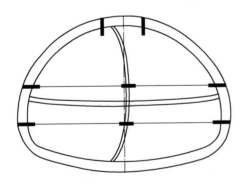

图 10-25　中隔壁法/交叉中隔壁法测点布置图

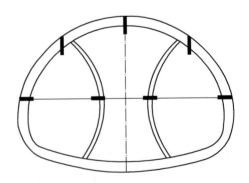

图 10-26　双侧壁导洞法测点布置图

(1)全断面法宜设置 1 条水平测线。

(2)台阶法每个台阶宜设置 1 条水平测线。

(3)中隔壁法或交叉中隔壁法等分部开挖法,每开挖分部宜设置1条水平测线。
(4)双侧壁导洞法,每开挖分部宜设置1条水平测线。
(5)偏压隧道或者小净距隧道可加设斜向测线。
(6)同一断面测点宜对称布置。
(7)不同断面测点应布置在相同部位。

2)现场测试步骤

步骤一 钻孔预埋测点。测点埋设在测线两端,由埋入围岩壁面30~50cm的埋杆与测头组成。测头有多种形式,一般为销孔测头(销接)与圆球(球铰接)测头。

步骤二 悬挂仪表,调整张力。

量测前先估计出两点间大致距离,将钢带尺固定在所需的长度上(拉出钢带尺,将定位孔固定在钢尺定位销内),并将螺旋测微器旋到最大读数位置上。将收敛计两端的微轴承连接器分别套在待测的两个圆柱形测点内,一只手托住收敛计,另一只手旋进测微器,使钢带尺渐渐处于张紧状态。此时测力弹簧被压缩,测力弹簧导杆逐渐被拉出。当测力弹簧导杆上拉力刻度线与导套上窗口处刻度线重合时,两手离开收敛计,并使收敛计轻轻上下振动,振动停止时观察刻度线是否重合。若不重合,重复上述调整,直至仪器处于悬垂状态下两条刻度线重合时为止。收敛计悬挂如图10-27所示。

步骤三 量测读数,如图10-28所示。读取3次,然后取其平均值。

图10-27 收敛计悬挂图

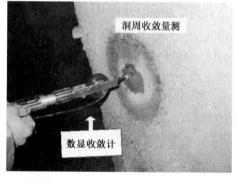

图10-28 收敛计量测

量测频率按表10-22取值。从不同测线得到的位移速度不同,量测频率应按速度高的取值。若根据位移速度和与工作面距离两项指标分别选取的频率不同,则从中取高值。

周边位移和拱顶下沉量测频率 表10-22

位移速度(mm/日)	频率	距工作面距离	频率
≥5	2~3次/d	(0~1)B	2次/d
1~5	1次/d	(1~2)B	1次/d
0.5~1	1次/(2~3)d	(2~5)B	1次/(2~3)d
0.2~0.5	1次/3d	>5B	1次/(3~7)d
<0.2	1次/(3~7)d		

注:B—隧道开挖宽度。

3）数据处理

（1）监控量测应及时进行数据整理和分析，并绘制监控量测数据时态曲线。包括：总收敛值-时态曲线、平均收敛速率-时态曲线、收敛速率变化-时态曲线。

（2）对初期的时态曲线进行回归分析，预测可能出现的最大值和变化速率，掌握位置变化规律。回归分析时，可选用对数函数、指数函数或双曲函数。

（3）数据异常时，应及时分析原因，提出对策建议，并及时反馈给有关单位。位移时间的正常曲线与反常曲线如图10-29所示。

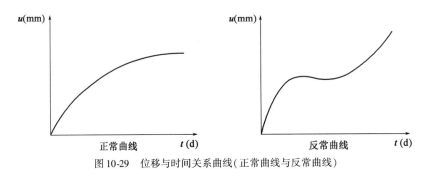

图10-29 位移与时间关系曲线（正常曲线与反常曲线）

2. 方法2 全站仪量测围岩周边位移

采用全站仪时，测点应采用膜片式回复反射器作为测点靶标，靶标粘贴在预埋件上。量测方法包括自由设站和固定设站两种。

与传统的接触量测的主要区别在于，非接触量测的测点采用一种膜片式回复反射器作为测点靶标，以取代价格昂贵的圆棱镜反射器。具有回复反射性能的膜片形如塑料胶片，其正面由均匀分布的微型棱镜和透明塑料薄膜构成，反面涂有压敏不干胶，它可以牢固地粘贴在构件表面上。这种反射膜片，大小可以任意剪裁，价格低廉。反射膜片贴在隧道测点处的预埋件上，在开挖面附近的反射膜片，应采取一定的措施对其进行保护，以免施工时反射膜片表面被覆盖或污染，并保证预埋件不被碰歪和碰掉。

三维位移变化量（相对于某一初始状态）。在三维位移矢量监控量测时，必须保证后视基准点位置固定不动，并定期校核，以保证测量精度。

与传统接触式监控量测方法相比，该方法能够获取测点更全面的三维位移数据，有利于结合现行的数值计算方法进行监控量测信息的反馈，同时具有快速、省力、数据处理自动化程度高等特点。

（三）检测结果评定

（1）实测周边位移量测结果应不大于隧道的极限位移，并按照表10-23位移管理等级管理。一般情况下，将隧道设计的预留变形量作为极限位移，设计变形量应根据检测结果不断修正。

位移管理等级　　　　　　　　　　　　　　　　表10-23

管理等级	管理位移（mm）	施工状态
Ⅲ	$U < U_0/3$	可正常施工
Ⅱ	$U_0/3 \leq U \leq 2U_0/3$	应加强支护
Ⅰ	$U > 2U_0/3$	应采取特殊措施

注：U-实测位移值；U_0-设计极限位移值。

(2)根据位移速率判断:速率大于1.0mm/d时,围岩处于急剧变形状态,应加强初期支护;速率变化在0.2~1.0mm/d时,应加强观测,做好加固的准备;速率小于0.2mm/d时,围岩达到基本稳定。在高地应力软岩、膨胀岩土、流变蠕变岩土和挤压地层等不良地质和特殊性岩土中,应根据具体情况制定判别标准。

(3)根据位移速率变化趋势判断:当围岩位移速率不断下降时,围岩处于稳定状态;当围岩位移速率保持不变时,围岩尚不稳定,应加强支护;当围岩位移速率上升时,围岩处于危险状态,必须立即停止掘进,采取应急措施。

三、拱顶下沉量测

(一)理论知识

1. 拱顶下沉量测的必要性

拱顶是坑道周边上的一个特殊点,挠度最大,位移情况(绝大多数下沉,极少数抬高)具有较强的代表性。拱顶内壁的绝对下沉量称为拱顶下沉值,其量测也属位移量测。单位时间内拱顶下沉值称为拱顶下沉速率。拱顶下沉值主要用于确认围岩的稳定性,尤其是事先预报拱顶崩塌。对于埋深较浅、固结程度低的地层、水平成层的场合,该量测比收敛量测更为重要,其量测数据是判断支护效果、指导施工工序、保证施工质量和安全的最基本的资料。

2. 量测方法

拱顶下沉可采用挠度计、精密水准仪、全站仪进行量测。

(1)对于浅埋隧道,可由地面钻孔,使用挠度计或其他仪表测定拱顶相对地面不动点的位移值。

(2)对于深埋隧道,可在拱顶布设固定测点,将钢尺或收敛计挂在拱顶测点上,读钢尺读数,后视点可设在稳定衬砌上,读标尺读数,用精密水准仪进行观测。图10-30为拱顶下沉观测示意图,图中给出了A、B、C三者之间的几何关系。图中实线为前次观测的情形,虚线为后次观测的情形。

P为前次观测时钢尺的前视点,P'为后次观测时P点在垂直方向上移到的位置。

第一次读数后视点读数为A_1,前视读数为B_1;第二次后视点读数为A_2,前视读数为B_2。拱顶变位计算方法如下:

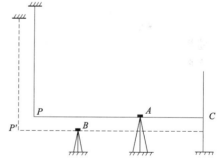

图10-30 水准仪观测拱顶下沉

①差值计算法:钢尺和标尺均正立(读数上小下大)。

后视读数差 $A = A_2 - A_1$;

前视读数差 $B = B_2 - B_1$;

拱顶变位值 $C = B - A$,若$C > 0$时,拱顶上移;若$C < 0$时,拱顶下沉。

②水准计算法:通过计算前后两次拱顶测点的高程差来求拱顶的变位值。钢尺读数上小下大,标尺读数下小上大,标尺基准点高程假定为K_0。

第一次拱顶高程 $Kd_1 = K_0 + A_1 + B_1$;

第二次拱顶高程 $Kd_2 = K_0 + A_2 + B_2$;

拱顶变位值 $C = Kd_2 - Kd_1 = A_2 - A_1 + B_2 - B_1$;若 $C > 0$ 时,拱顶上移;若 $C < 0$ 时,拱顶下沉。

(3)拱顶下沉量测也可以用全站仪进行非接触量测,特别对于断面高度比较高的隧道,非接触量测更方便,其具体量测方法与三维位移量测方法类似。

(二)检测方法与数据处理

1. 检测准备

步骤一 准备设备。采用水准仪观测时,拱顶下沉所用仪器为精密水准仪、铟钢直尺;测试精度为 0.5mm。

步骤二 确定量测断面间距。拱顶下沉量测断面布置间距应根据围岩级别确定,见表10-19,与周边位移、地表下沉布置在相同里程断面。

步骤三 确定测点位置及数量。

(1)双车道及双车道以下隧道每个量测断面应布置 1~2 个测点,三车道及三车道以上隧道每个量测断面应布置 2~3 个测点。测点在拱顶中心或其附近。

(2)采用分不开挖时,每开挖分部拱顶应至少布置 1 个测点。

2. 现场测试步骤

步骤一 钻孔预埋测点。在隧道拱顶轴线附近通过钻孔预埋测点。可用钢筋弯成三角形钩,用砂浆固定在围岩或混凝土表层。测点的大小要适中,过小则测量时不易找到,过大则爆破易被破坏。支护结构施工时要注意保护测点,一旦发现测点被埋掉,要尽快重新设置,以保证数据不中断。

步骤二 吊挂铟钢直尺。

步骤三 用精密水准仪量测隧道拱顶绝对下沉量。即通过测点不同时刻相对高程,求出两次量测的差值 Δh,即为该点的下沉值。读数时应该读 3 次,然后取其平均值。精密水准仪量测拱顶下沉示意图见图10-31。量测频率按表10-22取值。

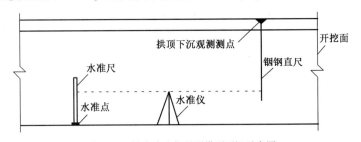

图 10-31 精密水准仪量测拱顶下沉示意图

3. 数据处理

(1)及时进行数据整理和分析,并绘制监控量测数据时态曲线。包括:总下沉量-时态曲线、平均下沉量速率-时态曲线、下沉量速率变化-时态曲线。一般而言,总下沉量-时态曲线和平均下沉量速率-时态曲线两者随时间变化规律是一样的(崩塌或浅埋除外)。

(2)对初期的时态曲线进行回归分析。

(3)数据异常时,应及时分析原因,提出对策建议,并及时反馈有关单位。

(三)检测结果评定

拱顶下沉结果评定及使用参照周边位移量测结果评定。

四、地表下沉量测

(一)理论知识

浅埋隧道开挖时可能会引起地层沉陷而波及地,因此,对浅埋隧道的施工进行地表下沉量测是十分重要的。量测目的在于了解地表下沉范围、量值;地表及地中下沉随工作面推进的规律;地表及地中下沉稳定的时间。浅埋隧道地表下沉量测的重要性,随隧道埋深变浅而增大。

地表下沉量测一般用精密水准仪进行测量,量测结果能反映浅埋隧道开挖过程中地表变形的全过程。

(二)检测方法与数据处理

1. 检测准备

步骤一 准备仪器设备。仪器为精密水准仪、铟钢尺,量测精度为 0.5mm。

步骤二 确定量测断面间距。地表下沉量测断面纵向间距应根据隧道埋深确定,见表10-24,与周边位移、拱顶下沉布置在相同里程断面。

地表下沉量测断面纵向间距　　　表10-24

隧道埋深	纵向测点间距(m)	隧道埋深	纵向测点间距(m)
$h > 2.5b$	视情况布设量测断面	$H < b$	5~10
$b < h \leqslant 2.5b$	10~20		

注:b-隧道开挖宽度;h-隧道埋深。

步骤三 确定测点位置及数量。确定原则为地表下沉测点横向距离宜为 2~5m;量测范围应大于隧道开挖影响范围;在隧道中线附近适当加密;建筑物对地表下沉有特殊要求时,测点应适当加密,范围适当加宽。基准点必须设置在工程施工影响范围以外,以确保基准点不下沉,并在工程开挖前对每一个测点读取初始值。地表下沉横断面测点布置如图 10-32 所示。

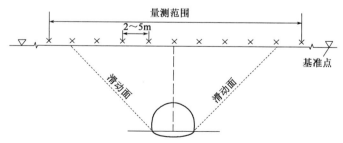

图 10-32　地表下沉横断面测点布置图

2. 现场测试步骤

步骤一 预埋测点。测点构造如图 10-33 所示。

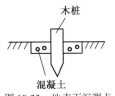

图 10-33 地表下沉测点构造示意图

步骤二 用精密水准仪量测。即通过测点不同时刻相对高程求出两次量测的差值 Δh，即为该点的下沉值。读数时应该读 3 次，然后取其平均值。量测频率应根据量测区间段的位置确定，当开挖面距量测断面前后距离 $d \leqslant 2.5b$ 时，每天 1~2 次；$2.5b < d \leqslant 5b$ 时，每 2 天量测一次；当 $d > 5b$ 时，每周量测一次。当有工序转换或出现异常情况时，适当增大量测频率。

3. 数据处理

(1) 计算当次地表下沉变形值和变形速率。
(2) 绘制地表下沉量与时间关系曲线、地表横向下沉量与时间关系曲线。
(3) 回归分析测量结果，预测该点可能出现的最大地表下沉变形值。

(三) 检测结果评定

地表下沉结果评定及使用参照周边位移量测结果评定。

模块 10 考核

一、填空题

1. 隧道开挖质量的评定包含两项内容，即检测开挖断面的_____和_____。
2. 喷射混凝土具有支撑作用、_____、黏结作用和_____等。
3. 目前围岩周边位移量测的主要方法_____、_____。
4. 隧道混凝土衬砌常见的质量问题有局部裂缝、_____、_____和厚度不足，蜂窝麻面。
5. 锚杆长度应不小于设计长度，锚杆插入孔内的长度不得短于设计长度的_____。
6. 隧道施工中锚杆由于具有_____，组合梁作用和_____等而使围岩得到加固。
7. 目前国内隧道防水层材料主要有两种，即_____和_____。
8. 锚杆锚固质量无损检测内容应包括_____和_____。
9. 喷射混凝土抗压强度的常用试验方法是：_____切割法。
10. 目前为了加强隧道防水，隧道衬砌间一般设有_____。

二、选择题

1. 隧道开挖要严格控制欠挖，锚喷支护时凸入不大于(　　)。
   A. 5cm   B. 3cm   C. 1cm   D. 10cm
2. 测量开挖断面的方法，下列属于非接触观测法的是(　　)。
   A. 使用投影机的方法   B. 三维近景摄影法
   C. 使用激光束的方法   D. 直角坐标法
   E. 极坐标法
3. 隧道施工监控量测的必测项目有以下(　　)。

A. 地表下沉　　　　B. 围岩弹性波　　　　C. 拱顶下沉
4. 在检查锚杆安装尺寸时,钻孔直径大于杆体直径(　　)时,可认为孔径符合要求。
   A. 10mm　　　　　B. 15mm　　　　　C. 20mm　　　　　D. 25mm
5. 锚杆拉拔力试验时同组单根锚杆的锚固力或拉拔力,不得低于(　　)。
   A. 设计值　　　　　　　　　　　　B. 设计值的80%
   C. 设计值的90%　　　　　　　　　D. 设计值的70%
6. 喷大板切割法制作喷射混凝土试件尺寸为(　　)。
   A. 15cm×15cm×15cm　　　　　　B. 10cm×10cm×10cm
   C. 45cm×20cm×10cm　　　　　　D. 45cm×35cm×12cm
7. 当同批试件组数 $n \geq 10$ 时,喷射混凝土强度满足以下(　　)条件者为合格,否则为不合格。
   A. 同批试块强度平均值,不低于设计强度
   B. 任意一组试块强度平均值不得低于设计强度的80%
   C. 任意一组试块强度平均值不得低于设计强度的85%
8. 喷射混凝土施工质量评判的指标(　　)。
   A. 喷层与围岩接触状况　　　　　　B. 喷层厚度
   C. 回弹率　　　　　　　　　　　　D. 抗压强度
   E. 抗渗强度等级
9. 隧道衬砌混凝土实测项目有(　　)。
   A. 混凝土强度　　B. 衬砌厚度　　C. 墙面平整度　　D. 衬砌背部密实状况
10. 隧道施工监控量测中,(　　)的主要目的之一是确定二次衬砌时间。
    A. 地质和支护状况观察　　　　　　B. 拱顶下沉量测
    C. 地表下沉量测　　　　　　　　　D. 围岩内部

三、简答题

1. 简述用断面仪测量开挖断面的原理。
2. 隧道施工监控量测的必测项目有哪些?
3. 衬砌混凝土施工检查的内容有哪些?
4. 喷射混凝土施工质量的评判项目有哪些?
5. 隧道施工量测中,位移的量测有哪些项目?

四、案例题

1. 某隧道拱顶下沉用水平仪量测,水平仪的前视标尺为吊挂在拱顶测点上的钢尺,后视标尺为固定在衬砌上的标杆。初次观测读数:前视1 120mm,后视1 080mm;二次观测读数:前视1 100mm,后视1 070mm。试确定拱顶测量点的位移量和方向。
2. 如图10-34所示,围岩位移量测所得变形曲线形态大致有四种,试对其进行分析。
3. 某隧道采用新奥法施工,采用光面爆破及湿喷技术,要求对支护体系的稳定性进行监测、分析,掌握围岩和支护的动态信息并及时反馈,以指导施工作业。测点布置如图10-35所示。请参考拱顶下沉数据采集、数据计算与整理、绘图分析的方法,根据周边收敛的数据资料完成相关计算、绘图与分析。

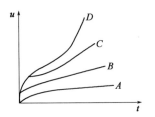 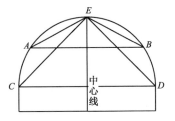

图 10-34　围岩位移量测变形曲线形态图　　图 10-35　周边位移、拱顶下沉量测测点布置图

（1）监控量测断面与频率

拱顶下沉、周边位移量测测线布置见图 10-35，监控量测频率见表 10-25。同时，监控量测频率将根据工程地质条件、施工情况、隧道变形速率等予以调整。

净空位移和拱顶下沉量测频率表　　表 10-25

位移速度（mm/日）	频率	距工作面距离	频率
≥5	（2~3）次/d	（0~1）B	2 次/d
1~5	1 次/d	（1~2）B	1 次/d
0.5~1	1 次/2d	（2~5）B	1 次/（2~3）d
0.2~0.5	1 次/3d	>5B	1 次/（3~7）d
<1	1 次/（3~7）d	—	—

注：B—隧道开挖宽度。

（2）拱顶下沉

①数据采集。以某桩号断面为例，按照规定的测量频率采集拱顶 E 点下沉的监测数据。拱顶下沉监测数据见表 10-26。

拱顶下沉监测数据表　　表 10-26

观测日期	拱顶测点高程（m）		
	1	2	3
2 月 28 日	461.652 7	461.652 4	461.652 5
3 月 1 日	461.651 0	461.650 6	461.650 8
3 月 2 日	461.649 6	461.649 2	461.649 4
3 月 3 日	461.648 8	461.648 5	461.648 6
3 月 6 日	461.648 0	461.647 6	461.647 8
3 月 9 日	461.647 4	461.647 0	461.647 2
3 月 12 日	461.647 0	461.646 5	461.646 8

续上表

观测日期	拱顶测点高程(m)		
	1	2	3
3月19日	461.646 4	461.646 2	461.646 2
3月26日	461.646 1	461.645 6	461.645 9

②计算、整理数据并填入表10-27。

拱顶下沉监测数据计算表   表10-27

观测日期	拱顶测点高程平均值（m）	量测间隔时间（d）	量测累计时间（d）	差值（mm）	当日平均下沉速率（mm/d）	总下沉量（mm）	平均下沉速率（mm/d）
2月28日							
3月1日							
3月2日							
3月3日							
3月6日							
3月9日							
3月12日							
3月19日							
3月26日							

③绘制拱顶下沉量、拱顶下沉速率-时态曲线图。
④分析曲线包含的意义,从中获取围岩稳定情况。
(3)周边位移
①数据采集。以CD边为例,按照规定的测量频率采集水平收敛的监测数据,并列于表10-28。

水平收敛监测数据表   表10-28

观测日期	钢尺孔位读数（mm）	测微计读数(mm)		
		1	2	3
2月28日	6 050	19.27	20.75	20.91
3月1日	6 050	18.24	18.99	19.09

续上表

观测日期	钢尺孔位读数 (mm)	测微计读数(mm)		
		1	2	3
3月2日	6 050	16.68	17.26	17.62
3月3日	6 050	15.37	15.92	16.51
3月6日	6 050	14.35	14.59	14.98
3月9日	6 050	13.10	13.28	13.72
3月12日	6 050	12.12	12.59	12.85
3月19日	6 050	10.85	11.45	11.29
3月26日	6 050	9.63	10.79	9.80

②计算、整理数据并填写表10-29。

水平收敛监测数据计算表　　　　表10-29

观测日期	测微计读数平均值(mm)	量测间隔时间(d)	量测累计时间(d)	差值(mm)	当日平均收敛速率(mm/d)	总收敛值(mm)	平均收敛速率(mm/d)
2月28日							
3月1日							
3月2日							
3月3日	15.93	1	3	1.26	1.26	4.39	1.46
3月6日							
3月9日							
3月12日							
3月19日							
3月26日							

③绘制水平收敛值、水平收敛速率-时态曲线图。

注意:二次衬砌的施工应在满足下列要求时进行:各测试项目的位移速率明显收敛,围岩基本稳定;已产生的各项位移已达预计总位移量的80%~90%;周边位移速率小于0.1~0.2mm/d,或拱顶下沉速率小于0.07~0.15mm/d(位移速率和拱顶下沉速率,从安全考虑,是指7d的平均值,总位移值可由回归分析计算取得)。

五、技能训练题

完成冲击回波法检测结构混凝土厚度试验,见任务工单10-1,并规范完整填写试验检测记录表。

【模块学习效果评价】

1. 素质目标达成度测评					
序号	素质目标	素质目标测评点	配分比例	得分	备注
1	规范意识	查阅规范,实际操作中对规范的正确使用	2.5		对照本模块实际拟定的素质目标进行测评
1	规范意识	仪器的规范使用、存放和保养	2.5		
2	劳动精神	具备诚实守信的态度,认真记录、检查、核对	2.5		
2	劳动精神	具备吃苦耐劳的品质	2.5		
3	安全意识	安全作业注意事项的掌握情况	5		
		分项总分	15		
2. 知识目标达成度测评					
序号		评分内容	配分比例	得分	备注
1		填空题	10		
2		选择题	10		扫描获取[模块10考核]答案
3		简答题	10		
4		案例题	40		
		分项总分	70		
3. 技能目标达成度测评					
序号	技能目标	任务工单号	配分比例	得分	备注
1	冲击回波法检测结构混凝土厚度试验	10-1	15		扫描获取模块10任务工单
		分项总分	15		

【模块学习总结与反思】

通过本模块的学习,你的主要收获有哪些?不足有哪些?下一步改进措施是什么?

模块 11
MODULE ELEVEN
交通安全设施工程检测

【模块内容简介】

公路交通安全设施是公路工程的重要组成部分,对保障公路交通安全、提高公路运营效率、促进路网互联互通非常重要。公路交通安全设施的材料、施工过程及质量控制直接影响到交通安全设施的施工质量和功能发挥。因交通安全设施的产品和材料种类繁多,对产品和材料质量的试验检测在其他教材中另行介绍,本教材重点介绍交通安全设施的现场质量检测。

通过本模块的学习,学习者应掌握交通安全设施现场质量检测的知识。本模块主要学习2个任务,其知识结构如图11-1所示。

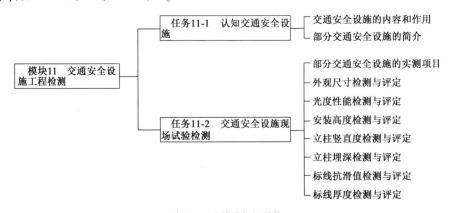

图 11-1　本模块知识结构

【模块学习目标】

素质目标: 通过对交通安全设施的现场检测,养成严格按规范操作的规范意识。

知识目标: 认知交通安全设施,了解交通安全设施在外观尺寸、光度性能、安装高度、立柱竖直度、立柱埋深、标线抗滑值、标线厚度等安装质量要求方面的知识点。

能力目标: 熟悉交通安全设施在外观尺寸、光度性能、安装高度、立柱竖直度、立柱埋深、标线抗滑值、标线厚度等安装质量方面的检测方法,具备实际操作能力。

任务 11-1　认知交通安全设施

【任务描述】

现代交通的发达虽然给人们带来了无尽的便利,但同时也增加了许多安全隐患。交通安全设施和道路、桥梁、隧道一起构成了整个交通环境。当前,交通事故已成为我国第一大非正常死亡原因,设置合理的交通安全设施,在设施上对交通事故进行充分防控,具有重要的社会意义与经济价值。交通安全设施的产品和材料种类繁多,认识其组成和类别;了解交通安全设施在现代交通的作用和意义。

【任务实施】

一、交通安全设施的内容和作用

交通安全设施是指为保障行车和行人的安全,充分发挥道路的作用,在道路沿线所设置的人行地道、人行天桥、照明设备、护栏、立柱、标志标线等设施的总称。

交通安全设施包括:交通标志、交通标线(含突起路标)、防撞设施、视线诱导设施、隔离栅、防落网、防眩设施、避险车道和其他交通安全设施(含防风栅、防雪栅、积雪标杆、限高架、减速丘和凸面镜)等。

交通安全设施属于道路的基础设施,它对减轻事故的严重度,排除各种纵、横向干扰,提供路侧保护和视线诱导,防止眩光对驾驶人视觉性能的伤害,改善道路景观等起着重要的作用。

二、部分交通安全设施的简介

1. 交通标志

交通标志:是用图形符号、颜色和文字向交通参与者传递特定信息,用于管理交通的设施,主要起到提示、诱导、指示等作用。它主要包括警告标志、禁令标志、指示标志、指路标志、旅游区标志、道路施工安全标志等主标志以及附设在主标志下的辅助标志。标志的支撑结构主要包括柱式(单柱、双柱)、悬臂式(单悬臂、双悬臂)、门架式和悬挂式几种。

交通标志的分类、颜色、形状、线条、字符、图形、尺寸和设置等,应符合现行《道路交通标志和标线》(GB 5678)的规定。

交通标志所提供的信息应全部与交通安全、服务和管理需求有关,交通标志版面及支撑结构不应附带商业广告和其他无关的信息。

交通标志的设计应从便于驾驶人清晰辨识、正确理解、快速反应的角度出发,综合考虑公路功能、技术等级、路网布局、交通条件、环境条件、公路使用者及交通管理需求等因素,合理选择设置参数,科学确定设置方案。部分交通标志示例如图 11-2 所示。

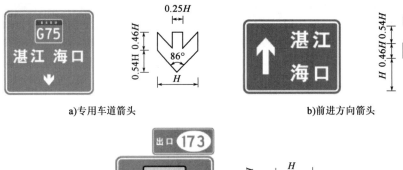

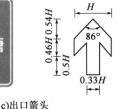

图 11-2　部分交通标志示例

2. 交通标线

交通标线:其主要作用是管制和引导交通。

它是由施划于路面上的各种线条、箭头、文字、立面标记、突起路标等构成的。用于施划路面标线的涂料分为溶剂型、热熔型、双组分、水性四种,如果路面标线有反光要求,则在施工时,还应在涂料中掺入或在施工时面撒玻璃珠。

突起路标根据其是否具备逆反射性能分为 A、B 两类:具备逆反射性能的为 A 类突起路标;不具备逆反射性能的为 B 类突起路标。

交通标线的分类、颜色、形状、字符、图形、尺寸,应符合现行《道路交通标志和标线》(GB 5768)和《公路交通标志和标线设置规范》(JTG D82)的规定。部分交通标线示例如图 11-3 所示。

图 11-3　部分交通标线示例

3. 防撞设施

防撞设施:主要包括护栏、防撞筒等。

护栏的主要作用是防止失控车辆越过中央分隔带或在路侧比较危险的路段冲出路基,不致发生二次事故。同时,还具有吸收能量,减轻事故车辆及人员的损伤程度,以及诱导视线的作用。

护栏设计应体现宽容设计、适度防护的理念。驶出路外车辆碰撞护栏的后果比不设置护栏的后果轻时,应考虑设置护栏。

设置护栏的主要目的是阻挡碰撞能量小于或等于设计防护能量的碰撞车辆并导正其行驶方向。

护栏的形式按刚度的不同可分为柔性护栏、半刚性护栏和刚性护栏,按结构可分为缆索护栏、波形梁护栏(图 11-4)、混凝土护栏、梁柱式钢护栏、组合式护栏等,其中,波形梁护栏又分为双波和三波两种。

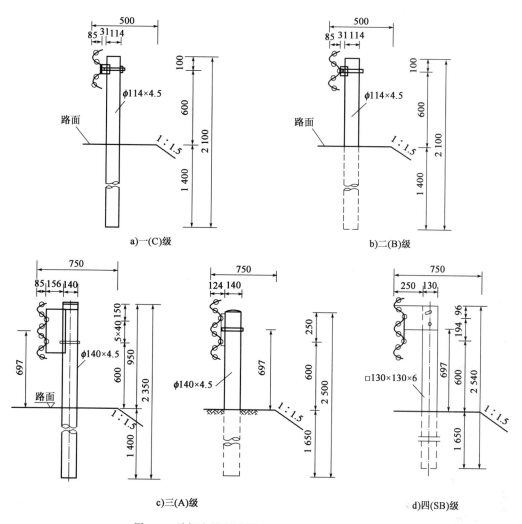

图 11-4 路侧波形梁护栏横断面布置图(尺寸单位:mm)

防撞筒的主要作用是吸收能量,减轻事故车辆及人员的损伤程度,同时也有诱导视线的作用。

4. 视线诱导设施

视线诱导设施:主要包括分合流标志、线形诱导标、轮廓标等。

主要通过轮廓标、合流提示类标志、线形诱导标、隧道轮廓带、示警桩、示警墩、道口标柱等设施,对公路沿线的路线走向、构造物、行车隐患路段、小型平面交叉等的分布进行主动告知;在夜间通过对车灯光的反射,使驾驶员能够了解前方道路的线形及走向,使其提前做好准备。

分合流标志、线形诱导标的结构与交通标志相同,轮廓标主要包括附着式、柱式等形式。用于轮廓标上的逆反射材料主要包括反射器和反光膜,其中,反射器有微棱镜型和玻璃珠型两种形式。轮廓标形式示例如图 11-5 所示。

视线诱导设施应充分考虑降雨、降雪等特殊天气条件下的视线诱导功能。

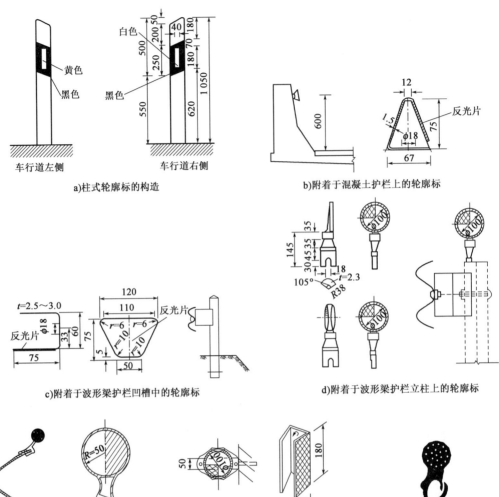
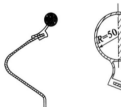

图 11-5 轮廓标形式示例

5. 隔离栅

隔离栅:主要包括编织网、钢板网、焊接网、刺铁丝、隔离墙以及常青绿篱等形式。主要作用是将公路用地隔离出来,对需要控制出入的公路有效阻止行人、动物误入,保证公路的正常运营。

隔离栅应保证风荷载下自身的强度和刚度,不承担防撞的功能。地形起伏较大的路段隔离栅的设置示例如图 11-6 所示。

6. 防眩设施

防眩设施主要分为人造防眩设施和绿化防眩设施。人造防眩设施主要包括防眩板、防眩网等结构形式,其主要作用是避免对向车灯造成的眩光,保证夜间行车安全。

防眩设施既要有效地遮挡对向车辆前照灯的眩光,也要满足横向通视好、能看到斜前方,并对驾驶人心理影响小的要求。防眩设施示例如图 11-7 所示。

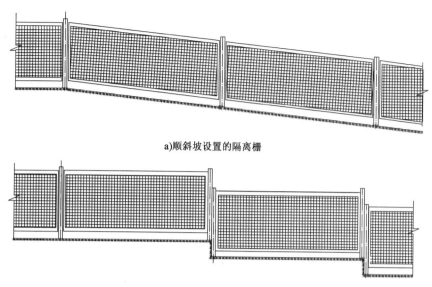

a) 顺斜坡设置的隔离栅

b) 阶梯状设置的隔离栅

图 11-6　地形起伏较大的路段隔离栅的设置示例

图 11-7　防眩设施示例

任务 11-2　交通安全设施现场试验检测

【任务描述】

与公路土建工程相比,长期以来交通安全设施的施工存在规模偏小、技术门槛较低、专业化程度不高、质量保障有缺陷等问题,使得公路交通安全设施的主动引导和被动防护功能难以充分发挥。同时,也导致交通安全设施的试验检测工作重视度不足,除标线厚度、光度性能等少数参数有明确的试验方法外,无系统的、有实操指导意义的规范标准。交通安全设施的专用试验检测设备也较为简陋,检测数据的规范性稍差。随着对交通安全的日益重视,交通安全设施设计、施工、检测、设备等相关专业也得到一定的发展。

交通安全设施的产品和材料种类繁多,但针对同类检测参数的现场检测方法大致相同,故仅列举其中一类或几类交通安全设施的试验检测方法、过程。通过学习,试验检测人员应掌握交通安全设施现场检测中外观尺寸、光度性能、安装高度、立柱竖直度、立柱埋深、标线抗滑值、标线厚度等常用参数的实操能力。

【任务实施】

一、部分交通安全设施的实测项目

部分交通安全设施的实测项目见表 11-1 ~ 表 11-9。

交通标志实测项目　　　　　　　　　　　　　　　　　　表 11-1

项次	检查项目	规定值或允许偏差	检查频率
1△	标志面反光膜逆反射系数($cd \cdot m^{-2} \cdot lx^{-1}$)	满足设计要求	每块板每种颜色测 3 点
2	标志板下缘至路面净空高度(mm)	+100,0	每块板测 2 点
3	柱式标志板、悬臂式和门架式标志立柱的内边缘距土路肩边缘线距离(mm)	满足设计要求	每处测 1 点
4	立柱竖直度(mm/m)	3	每根柱测 2 点
5	基础顶面平整度(mm)	4	每个基础测 2 点
6	标志基础尺寸(mm)	+100,-50	每个基础长度、宽度各测 2 点

注:带"△"标识的检查项目为关键项目,下同。

交通标线实测项目　　　　　　　　　　　　　　　　　　表 11-2

项次	检查项目	规定值或允许偏差		检查频率
1	标线线段长度(mm)	6 000	±30	每 1km 测 3 处,每处测 3 个线段
		4 000	±20	
		3 000	±15	
		2 000	±10	
		1 000	±10	
2	标线宽度(mm)		+5,0	每 1km 测 3 处,每处测 3 点
3△	标线厚度(干膜,mm)	溶剂型	不小于设计值	每 1km 测 3 处,每处测 6 点
		热熔型	+0.50,-0.10	
		水性	不小于设计值	
		双组分	不小于设计值	
		预成型标线带	不小于设计值	
		突起型　突起高度	不小于设计值	
		基线厚度	不小于设计值	

续上表

项次	检查项目			规定值或允许偏差	检查频率
4	标线横向偏位(mm)			±30	每1km测3处,每处测3点
5	标线纵向间距（mm）	9 000		±45	每1km测3处,每处测3个线段
		6 000		±30	
		4 000		±20	
		3 000		±15	
6△	逆反射亮度系数 R_L（mcd·m^{-2}·lx^{-1}）	非雨夜反光标线	Ⅰ级 白色	≥150	每1km测3处,每处测9点
			Ⅰ级 黄色	≥100	
			Ⅱ级 白色	≥250	
			Ⅱ级 黄色	≥125	
			Ⅲ级 白色	≥350	
			Ⅲ级 黄色	≥150	
			Ⅳ级 白色	≥450	
			Ⅳ级 黄色	≥175	
		雨夜反光标线	干燥 白色	≥350	
			干燥 黄色	≥200	
			潮湿 白色	≥175	
			潮湿 黄色	≥100	
			连续降雨 白色	≥75	
			连续降雨 黄色	≥75	
		立面反光标记	干燥 白色	≥400	
			干燥 黄色	≥350	
			潮湿 白色	≥200	
			潮湿 黄色	≥175	
			连续降雨 白色	≥100	
			连续降雨 黄色	≥100	
7	抗滑值（BPN）	抗滑标线		≥45	每1km测3处
		彩色防滑标线		满足设计要求	

注：抗滑标线、彩色防滑标线测量抗滑值。

波形梁钢护栏实测项目

表11-3

项次	检查项目	规定值或允许偏差	检查频率
1△	波形梁板基底金属厚度（mm）	符合现行《波形梁钢护栏》（GB/T 31439）标准规定	抽查板块数的5%,且不少于10块
2△	立柱基底金属壁厚（mm）	符合现行《波形梁钢护栏》（GB/T 31439）标准规定	抽查2%,且不少于10根

续上表

项次	检查项目	规定值或允许偏差	检查频率
3△	横梁中心高度(mm)	±20	每1km每侧各测5处
4	立柱中距(mm)	±20	
5	立柱竖直度(mm/m)	±10	
6	立柱外边缘距土路肩边线距离(mm)	≥250 或不小于设计要求	
7	立柱埋置深度(mm)	不小于设计要求	
8	螺栓终拧扭矩	±10%	

混凝土护栏实测项目 表11-4

项次	检查项目		规定值或允许偏差	检查频率
1	护栏断面尺寸(mm)	高度	±10	每1km每侧各测5处
		顶宽	±5	
		底宽	±5	
2	钢筋骨架尺寸(mm)		满足设计要求	
3	横向偏位(mm)		±20 或满足设计要求	
4	基础厚度(mm)		±10%H	
5△	护栏混凝土强度(MPa)		满足设计要求	按《检评标准》附录D规定频率
6	混凝土护栏块件之间的错位(mm)		≤5	每1km每侧各测5处

注:H-基础的设计厚度。

缆索护栏实测项目 表11-5

项次	检查项目	规定值或允许偏差	检查频率
1△	初张力	±5%	逐根检测
2	最下一根缆索的高度(mm)	±20	每1km每侧各测5处
3	立柱中距(mm)	±20	
4	立柱竖直度(mm/m)	±10	
5	立柱埋置深度(mm)	不小于设计要求	
6	混凝土基础尺寸	满足设计要求	每个基础长度、宽度各测2点

突起路标实测项目 表11-6

项次	检查项目	规定值或允许偏差	检查频率
1	安装角度(°)	±5	抽查10%
2	纵向间距(mm)	±50	
3	横向偏位(mm)	±30	

轮廓标实测项目 表11-7

项次	检查项目	规定值或允许偏差	检查频率
1	安装角度(°)	0~5	抽查5%
2	反射器中心高度(mm)	±20	
3	柱式轮廓标竖直度	±10	

防眩设施实测项目 表11-8

项次	检查项目	规定值或允许偏差	检查方法和频率
1△	安装高度(mm)	±10	每1km测10处
2	防眩板设置间距(mm)	±10	
3	竖直度(mm/m)	±5	每1km测5处
4	防眩网网孔尺寸	满足设计要求	每1km测5处,每处测3孔

隔离栅和防落物网实测项目 表11-9

项次	检查项目		规定值或允许偏差	检查频率
1	高度(mm)		±15	每1km测5处
2	刺钢丝的中心垂度(mm)		≤15	
3	立柱中距(mm)	焊接网	±30	
		钢板网	±30	
		刺钢丝网	±60	
		编织网	±60	
4	立柱竖直度(mm/m)		±10	
5	立柱埋置深度		不小于设计要求	抽查2%

二、外观尺寸检测与评定

各类交通安全设施均涉及外观尺寸技术指标,现仅以"混凝土护栏"的断面尺寸为例。

(一)检测方法与数据处理

"外观尺寸"检测参数为几何尺寸测量,使用钢卷尺、钢直尺、水平尺等设备,采用"尺量法"进行试验检测,记录测量数据。

1. 检测前的准备

准备工作包括设计图纸的获取、试验检测仪器的选用、检测段落和位置的选取等内容。

步骤一 试验检测仪器的选用。

(1)钢直尺:分辨力0.5mm,测量范围不少于30cm。
(2)钢卷尺:分辨力0.5mm,测量范围不少于5m。
(3)水平尺。

步骤二 检测段落和位置的选取。

采用随机选点的方法确定检测的段落和位置。

2. 现场检测步骤

步骤一 混凝土护栏高度检测。

首先依据设计资料,确定护栏高度测量基点(桥面测量基点应为桥面铺装以上)。

水平尺一端放置在护栏顶端,另一端悬空于测量基点方向,用钢卷尺测量基点到直尺底部的垂直高度,精确至1mm。

选取3个不同部位分别测量1次,取平均值作为测量结果。

步骤二 混凝土护栏顶宽检测。

在测量位置,用直尺垂直紧贴护栏倒角边缘,用钢卷尺测量护栏顶宽,精确至1mm。

选取3个不同部位分别测量1次,取平均值作为测量结果。

步骤三 混凝土护栏底宽检测。

在测量位置,沿混凝土护栏横截面方向用钢卷尺测量护栏底部宽度,精确至1mm。

选取3个不同部位分别测量1次,取平均值作为测量结果。

(二)检测结果评定

混凝土护栏的断面尺寸(高度、顶宽、底宽)检测后,依据设计值及《检评标准》的相关要求(见本任务中表11-4)计算合格率。

三、光度性能检测与评定

光度性能(逆反射亮度系数)试验检测参数在交通安全设施现场检测中的对象物为交通标志(反光膜)、交通标线(含突起路标),现以路面标线中的"纵向实线"为例。

(一)检测方法与数据处理

新施工、未开放交通的路面标线按《新划路面标线初始逆反射亮度系数及测试方法》(GB/T 21383—2008)进行检测,检查频率结合《检评标准》的相关要求(每1km测3处,每处测9点)进行。

正常使用期间的路面标线按《道路交通标线质量要求和检测方法》(GB/T 16311—2009)进行检测,检查频率结合《检评标准》的相关要求(每1km测3处,每处测9点)进行。

1. 检测前的准备

准备工作包括设计要求的获取、试验检测仪器的选用、检测段落和位置的选取等内容。

步骤一 试验检测仪器的选用。

逆反射标线测量仪:测量范围不少于0.1~1999mcd·m^{-2}·lx^{-1},分辨率不大于1mcd·m^{-2}·lx^{-1},观测角1.05°,入射角88.76°,符合现行《逆反射测量仪》(GB/T 26377)的要求。

步骤二 检测段落和位置的选取。

采用随机选点的方法确定检测的段落和位置,每1km测3处,每处测9点。

2. 现场检测步骤

1) 类型1:非雨夜反光标线

现场检测时应先对逆反射标线测量仪进行预热、调零和校核,再进行检测。

步骤一 现场环境的确认。

所测试的路面标线应干燥、清洁,测试温度应在10~40℃范围内,湿度应不大于85%。

步骤二 逆反射标线测量仪预热和调零。

打开逆反射标线测量仪开关,预热10min;用仪器自带黑板进行调零。

步骤三 逆反射标线测量仪校核。

用仪器自带校准板进行使用前的校核。

步骤四 逆反射亮度系数的检测。

将逆反射标线测量仪沿行车方向平放在选取的测试点进行测试,读取数值,精确至 $1\mathrm{mcd} \cdot \mathrm{m}^{-2} \cdot \mathrm{lx}^{-1}$。

每1km标线逆反射亮度系数的检测结果以所有测点的算数平均值表示,精确至 $1\mathrm{mcd} \cdot \mathrm{m}^{-2} \cdot \mathrm{lx}^{-1}$。

2) 类型2:雨夜反光标线

干燥条件下:检测方法同上。

潮湿条件下:

步骤一 逆反射标线测量仪预热和调零。

打开逆反射标线测量仪开关,预热10min;用仪器自带黑板进行调零。

步骤二 逆反射标线测量仪校核。

用仪器自带校准板进行使用前的校核。

步骤三 模拟环境。

用洁净的水均匀泼洒在路面标线涂层表面,待观察测试区域和测试区域的周边区域已经完全润湿后,停止喷水或者洒水并开始计时,45s±5s后用逆反射标线测定仪进行测试。

步骤四 逆反射亮度系数的检测。

将逆反射标线测量仪沿行车方向平放在选取的测试点进行测试,读取数值,精确至 $1\mathrm{mcd} \cdot \mathrm{m}^{-2} \cdot \mathrm{lx}^{-1}$。

每1km标线逆反射亮度系数的检测结果以所有测点的算数平均值表示,精确至 $1\mathrm{mcd} \cdot \mathrm{m}^{-2} \cdot \mathrm{lx}^{-1}$。

连续降雨条件下:

步骤一 逆反射标线测量仪预热和调零。

打开逆反射标线测量仪开关,预热10min;用仪器自带黑板进行调零。

步骤二 逆反射标线测量仪校核。

用仪器自带校准板进行使用前的校核。

步骤三 模拟环境。

采用人工连续降雨模拟喷淋装置测量逆反射亮度系数,水源为洁净的水,喷水量为(0.8 ± 0.2)L/min,喷水嘴的位置在测试区域上方(0.45 ± 0.15)m,喷洒面积为直径(0.50 ± 0.05)m

的圆形测试区域,喷淋装置的水压应该保持恒定。待观察测试区域和测试区域的周边区域已经完全润湿后开始计时,30s 后用逆反射标线测定仪进行测试,测试期间应保持喷水量和喷水嘴位置稳定。

步骤四 逆反射亮度系数的检测。

将逆反射标线测量仪沿行车方向平放在选取的测试点进行测试,读取数值,精确至 $1\text{mcd} \cdot \text{m}^{-2} \cdot \text{lx}^{-1}$。

每 1km 标线逆反射亮度系数的检测结果以所有测点的算数平均值表示,精确至 $1\text{mcd} \cdot \text{m}^{-2} \cdot \text{lx}^{-1}$。

(二)检测结果评定

路面标线的光度性能(逆反射亮度系数)检测后,依据设计值及《检评标准》的相关要求(见本任务中表11-2),以每 1km 为一个样本作为分子,全部检测路段为总体作为分母,计算合格率。

四、安装高度检测与评定

交通安全设施现场检测的安装高度一般包括波形梁钢护栏的"横梁中心高度"、标志板下缘至路面净空高度、轮廓标的"反射器中心高度"、防眩设施安装高度、隔离栅高度等,现以波形梁钢护栏的"横梁中心高度"为例。

(一)检测方法与数据处理

"安装高度"检测参数为几何尺寸测量,使用钢卷尺、钢直尺等设备,采用"尺量法"进行试验检测,记录测量数据。检查频率按《检评标准》的相关要求(每 1km 每侧各测 5 处)进行。

1. 检测前的准备

准备工作包括设计图纸的获取、试验检测仪器的选用、检测段落和位置的选取等内容。

步骤一 试验检测仪器的选用。

(1)钢直尺:分辨力 0.5mm,测量范围不少于 30cm。

(2)钢卷尺:分辨力 0.5mm,测量范围不少于 5m。

(3)水平尺。

步骤二 检测段落和位置的选取。

采用随机选点的方法确定检测的段落和位置。

2. 现场检测步骤

步骤一 确定测量基准点。

首先依据设计资料,确定波形梁钢护栏高度测量基准点。

步骤二 横梁中心高度检测。

(1)方法一。

一块波形梁作为一处,在波形梁板左右两端不小于 10cm 处,选取 2 个顶面为测点。

在波形梁钢护栏顶面放置水平尺并保持水平,用钢卷尺测量基准点到水平尺底面的距离 L_b,精确至 1mm。

用钢卷尺测量该测点位置处波形梁板的宽度 H_b,精确至 1mm。

结果计算:横梁中心高度 S 按下式计算,精确至 1mm:

$$S = L_b - \frac{H_b}{2} \tag{11-1}$$

两个测点的检测结果应单独列出。

(2)方法二。

一块波形梁作为一处,在波形梁板左右两端不小于 10cm 处,选取 2 个顶面为测点。

在波形梁钢护栏顶面放置水平尺并保持水平,用钢卷尺测量基准点到水平尺底面的距离 L_b,精确至 1mm。

在波形梁钢护栏底面放置水平尺并保持水平,用钢卷尺测量基准点到水平尺底面的距离 L_c,精确至 1mm。

结果计算:横梁中心高度 S 按下式计算,精确至 1mm:

$$S = L_b - \frac{(L_b - L_c)}{2} \tag{11-2}$$

两个测点的检测结果应单独列出。

(二)检测结果评定

波形梁钢护栏的横梁中心高度检测后,依据设计值及《检评标准》的相关要求(见本任务中表 11-3)计算合格率(一处按 2 个测点计)。

五、立柱竖直度检测与评定

交通安全设施现场检测的立柱竖直度一般包括交通标志的立柱、波形梁钢护栏和缆索护栏的立柱、柱式轮廓标、防眩设施、隔离栅的立柱等,现以交通标志的立柱为例。

(一)检测方法与数据处理

"立柱竖直度"检测参数为几何尺寸测量,使用钢卷尺、钢直尺等设备,采用"尺量法"进行试验检测,记录测量数据。检查频率按《检评标准》的相关要求(每根柱测 2 点)进行。

1. 检测前的准备

准备工作包括设计图纸的获取、试验检测仪器的选用、检测段落和位置的选取等内容。

步骤一 试验检测仪器的选用。

(1)钢直尺:分辨力 0.5mm,测量范围不少于 30cm。
(2)钢卷尺:分辨力 0.5mm,测量范围不少于 5m。
(3)水平尺、线锤。

步骤二 检测段落和位置的选取。

采用随机选点的方法确定检测的段落和位置。

2. 现场检测步骤

步骤一 现场环境的确认。

应选择在风力不影响检测结果准确性的条件下进行检测。

步骤二 立柱竖直度检测。

在立柱上选取距地面高度不小于500mm的测试部位作为测试位置。

在测试位置根据路线走向标记出与之垂直的测点1(横向测点),与路线走向平行的测点2(纵向测点)。测点1、2相互垂直。

从测点1(上测点),吊下不小于500mm线锤。待线锤稳定后,用量尺测量下测点到垂线的水平距离 a,精确至1mm。用量尺量取上下测点之间垂线的垂直高度 H,精确至1mm。

横向立柱竖直度 B(精确至1mm/m)为:

$$B = \frac{1\,000a}{H} \tag{11-3}$$

从测点2(上测点),吊下不小于500mm线锤。待线锤稳定后,用量尺测量下测点到垂线的水平距离 a,精确至1mm。用量尺量取上下测点之间垂线的垂直高度 H,精确至1mm。

纵向立柱竖直度 B(精确至1mm/m)为:

$$B = \frac{1\,000a}{H} \tag{11-4}$$

纵、横向立柱竖直度两个测点的检测结果应单独列出。

(二)检测结果评定

交通标志的立柱竖直度检测后,依据设计值及《检评标准》的相关要求(见本任务中表11-3)计算合格率。

六、立柱埋深检测与评定

立柱埋深一般主要检测护栏钢质立柱的埋置深度,主要采用钢质护栏立柱埋深冲击弹性波检测仪进行无损检测或现场尺量法检测。现以冲击弹性波检测仪无损检测为例。

(一)理论知识

基于冲击弹性波的立柱埋深测试的基本原理与基桩的健全性测试相同,即利用弹性波的反射特性,根据标定所得的弹性波波速,并通过立柱底部的反射时刻进而推算立柱的长度及埋深。在实际的测试中,可以利用1个频道的重复反射法测试,适合短立柱的测试;也可以利用2个频道的单一反射法测试,适合长立柱的测试(图11-8)。

利用自动激振装置在柱头截面上发出一个脉冲信号,该脉冲信号在立柱的端面发生反射。通过对发射信号及反射信号的抽出,可以计算立柱长度及埋深。

(二)检测方法与数据处理

冲击弹性波法的基本原理与超声波法相同,所不同的是采用电磁激振的方式诱发冲击弹性波。由于其具有激振能量较大、波长较长(衰减相对较小)、基本参数(波速)稳定等优点,使得其测试深度较深,不仅适合于新设立柱,也适合于埋设时间较长的既设立柱。

冲击弹性波检测仪测试立柱埋深示意如图11-9所示。发射信号及反射信号如图11-10所示。

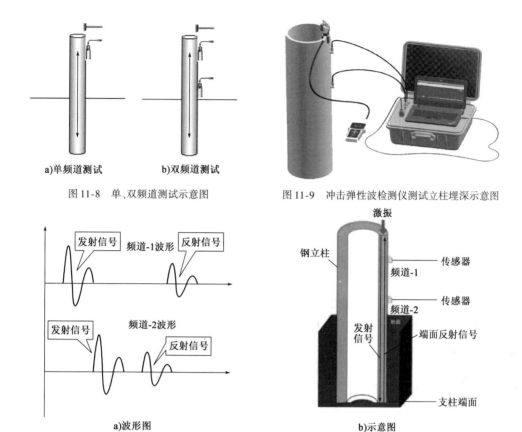

图 11-8 单、双频道测试示意图

图 11-9 冲击弹性波检测仪测试立柱埋深示意图

图 11-10 发射信号及反射信号

1) 检测前的准备

利用冲击弹性波法检测立柱埋深前首先要做好充分的准备,准备工作包括钢质护栏立柱埋深冲击弹性波检测仪的校准、测点的选取等内容。

步骤一 仪器的校准。

钢质护栏立柱埋深冲击弹性波检测仪(图 11-11)检测前应先检查是否在校准有效期限内,钢质护栏立柱埋深冲击弹性波检测仪校准有效期可为一年。

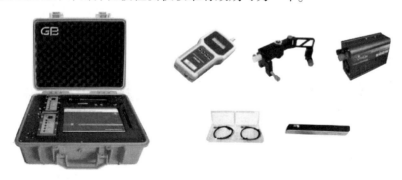

图 11-11 钢质护栏立柱埋深冲击弹性波检测仪

步骤二 测点的选取。

采用随机选点的方法确定检测的段落和位置,检查频率按《检评标准》的相关要求(每

1km 每侧各测 5 处)进行。

2)现场检测步骤

冲击弹性波法现场检测时应先对钢质护栏立柱埋深冲击弹性波检测仪进行预热和标称波速的确定,再进行检测。

步骤一 现场条件的确认。

被检立柱应保持外露端管内无水及其他杂物。

被检立柱处于高压线等强电设施前后 100m 范围时,不宜采用冲击弹性波法。

步骤二 钢质护栏立柱埋深冲击弹性波检测仪的预热。

检测前应对钢质护栏立柱埋深冲击弹性波检测仪进行预热,调零时探头应远离金属物体。预热可以使仪器达到稳定的工作状态。对于电子仪器,使用中难免受到各种干扰,导致读数漂移,为保证仪器读数的准确性,应适时检查仪器是否偏离调零时的状态。

步骤三 标称波速的确定。

检测之前,根据立柱的材质、规格和工程环境确定立柱的标称波速。

标称波速可通过未埋置立柱实测长度与反射回波传播时间计算得到。当不具备实测条件时,对于冲击回波法可直接选用 5 180m/s。

步骤四 立柱埋深检测。

安装激发与接收装置:冲击弹性波法宜采用端发侧收方式,端面安装时,应拆除柱帽,除去端面焊渣、锈渍、镀层等浮渣,打磨平整。激发与接收装置应与加载点保持在同一测线上,同时避开立柱的螺孔和焊缝的轴向位置,加载点与检测面应充分、紧密接触。

设置检测参数:根据立柱现场实际情况,合理设置激励载荷、激励频率、采样时长、增益等参数。

操纵信号激发装置产生激励信号,利用接收传感器对反射回波进行拾取。

采用钢卷尺量取接收传感器到立柱底端长度、立柱顶端到地表面长度、接收传感器至立柱顶端长度,单位为米(m)。

接收传感器到立柱底端长度 L_1 按式(11-5)计算。冲击弹性波法的典型测试波形示意图见图 11-12,超声导波法的典型测试波形示意图见图 11-13。

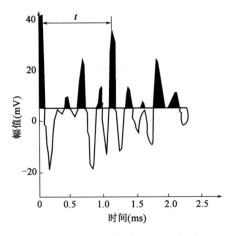

图 11-12 冲击弹性波法波形示意图

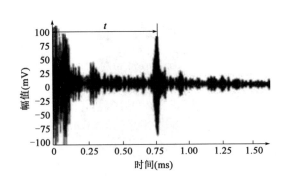

图 11-13 超声导波法波形示意图

$$L_1 = t \times C \qquad (11\text{-}5)$$

式中：L_1——接收传感器到立柱底端长度(m)；
C——立柱标称波速(m/s)；
t——反射波与入射首波波峰间的时间差(s)。

立柱埋置深度计算见图 11-14。立柱埋置深度 L_0 按式(11-6)计算。立柱顶端到地表面长度 L_2 及接收传感器至立柱顶端长度 L_3 通过钢卷尺测量得出，准确至 0.01m。

$$L_0 = L_1 - L_2 + L_3 \qquad (11\text{-}6)$$

式中：L_0——立柱埋置深度(m)；
L_1——接收传感器到立柱底端长度(m)；
L_2——立柱顶端到地表面长度(m)；
L_3——接收传感器至立柱顶端长度(m)。

单根立柱长度数据中大于 2 倍标准差的单个检测值应予以舍弃，其余检测值的平均值作为检测结果，准确至 0.01m。

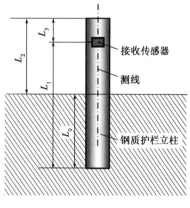

图 11-14 立柱埋置深度计算示意图

(三) 检测结果评定

立柱埋深检测后，依据设计值及《检评标准》的相关要求(见本任务中表 11-3)计算合格率。

七、标线抗滑值检测与评定

(一) 检测方法与数据处理

"标线抗滑值"按《道路预成形标线带》(GB/T 24717—2009)进行试验检测，记录测量数据，检查频率按《检评标准》的相关要求(每 1km 测 3 处)进行。

1. 检测前的准备

准备工作包括试验检测仪器的选用、检测段落和位置的选取等内容。

步骤一 试验检测仪器的选用。
(1)指针式摆式仪：测试时由人工通过指针在度盘上直接读值，摆值最小刻度为 2。
(2)喷水壶、滑动长度量尺。

步骤二 检测段落和位置的选取。
采用随机选点的方法确定检测的段落和位置。

2. 现场检测步骤

用扫帚或其他工具将测点处路面上的浮尘或附着物打扫干净。

步骤一 仪器调平。
将指针式摆式仪置于路面测点上，并使摆的摆动方向与行车方向一致。
转动底座上的调平螺栓，使水准泡居中。

步骤二 指针调零。

(1)放松紧固旋钮,转动升降旋钮,使摆升高并能自由摆动,然后旋紧紧固旋钮。

(2)将摆固定在右侧悬臂上,使摆处于水平位置,并把指针拨至右端与摆杆贴紧。

(3)右手按下释放开关,使摆向左带动指针摆动,当摆达到最高位置后刚开始下落时,用左手将摆杆接住,此时指针应指零。

(4)指针若不指零,通过转动松紧调节螺母进行调整后,重复(1)~(3)的步骤,直至指针指零,调零允许误差为±1。

步骤三 校核滑动长度。

(1)让摆处于自然下垂状态,放松紧固旋钮,转动升降旋钮使摆下降,并提起举升柄使摆向左侧移动,然后放下举升柄使橡胶片长边下缘轻轻触地,在边侧紧靠橡胶片摆放滑动长度量尺,使量尺左端对准橡胶片触地下缘;再提起举升柄使摆向右侧移动,然后放下举升柄使橡胶片下缘轻轻触地,检查橡胶片下缘是否与滑动长度量尺的右端齐平。若齐平,则说明橡胶片两次触地的距离(滑动长度)符合126mm±1mm的要求。左右两次橡胶片长边边缘应以刚刚接触路面为准,不可借摆的力量向前滑动,以免标定的滑动长度与实际不符。

(2)橡胶片两次触地与量尺两端若不齐平,通过升高或降低摆或仪器底座的高度进行调整。微调时,也可用旋转仪器底座上的调平螺栓调整仪器底座高度的方法,但需注意保持水准泡居中。

(3)重复(1)~(2)的步骤,直至滑动长度符合126mm±1mm的要求。

步骤四 标线抗滑值检测。

(1)将摆固定在右侧悬臂上,使摆处于水平位置,并把指针拨至右端靠紧摆杆。

(2)用喷水壶浇洒测点处路面,使之处于湿润状态。

(3)按下右侧悬臂上的释放开关,使摆在路面滑过,当摆杆回落时,用手接住摆杆并读数,但不做记录。

(4)立即再进行四次摆动,读记每次测试的摆值。每次测试重新浇湿测试面,并检查滑动长度。

(5)计算每个测点 4 个摆值的平均值作为该测点的摆值 BPN_T,取整数。

(6)计算每个测试位置 3 个测点摆值的平均值作为该测试位置的摆值,取整数。

(二)检测结果评定

标线抗滑值检测后,依据设计值及《检评标准》的相关要求(见本任务中表11-2)计算合格率。

八、标线厚度检测与评定

(一)检测方法与数据处理

"标线厚度"按《道路交通标线质量要求和检测方法》(GB/T 16311—2009)进行试验检测,记录测量数据,检查频率按《检评标准》的相关要求(每1km测3处,每处测6点)进行。

1.检测前的准备

准备工作包括设计图纸的获取、试验检测仪器的选用、检测段落和位置的选取等内容。

步骤一 试验检测仪器的选用。

标线厚度测定仪或卡尺。

步骤二 检测段落和位置的选取。

采用随机选点的方法确定检测的段落和位置。

2. 现场检测步骤

使用标线厚度测定仪或卡尺进行量测,也可用标线厚度测量块量测。标线厚度测量块测试方法如下:将标线厚度测量块紧靠在标线侧边,用塞尺测量标线厚度量测块槽口与标线之间的间隙,则标线的厚度 $T = (3 - B)$ mm。测量突起振动标线的突起高度时,按图 11-15 中括号内的数据。测量块的厚度为 15mm,测量块的槽口深度为 9mm,标线突起高度 $H = (9 - B)$ mm。

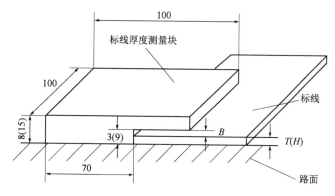

图 11-15 标线厚度测量示意图(尺寸单位:mm)

(二) 检测结果评定

标线厚度检测后,依据设计值及《检评标准》的相关要求(见本任务中表 11-2)计算合格率。

模块 11 考核

一、填空题

1. 交通安全设施是指为保障_____和行人的安全,充分发挥道路的作用,在道路沿线所设置的人行地道、人行天桥、照明设备、护栏、立柱、标志标线等设施的总称。

2. 交通标志的设计应从便于驾驶人清晰辨识、正确理解、快速反应的角度出发,综合考虑公路功能、_____、路网布局、_____、_____、公路使用者及交通管理需求等因素,合理选择设置参数,科学确定设置方案。

3. 隔离栅的主要作用是_____,对需要控制出入的公路有效阻止行人、动物误入,保证公路的正常运营。

4. 路面标线使用的逆反射标线测量仪:测量范围不少于 $0.1 \sim 1\,999$ mcd·m^{-2}·lx^{-1},分辨率不大于 1mcd·m^{-2}·lx^{-1},观测角_____,入射角_____。

5. 标线抗滑值检测前,指针式摆式仪进行校核,校核滑动长度应符合_____的要求。

6. 轮廓标的安装高度是检测_____到路面的高度。

7. 护栏的形式按刚度的不同可分为_____、半刚性护栏和刚性护栏,按结构可分为缆索护栏、波形梁护栏、混凝土护栏、梁柱式钢护栏、组合式护栏等。

二、选择题

1. 护栏立柱的结构形式是典型的(　　)杆件。
   A. 一维　　　　B. 二维　　　　C. 三维　　　　D. 多维
2. 护栏的主要作用是(　　)。
   A. 防止失控车辆冲出路基
   B. 吸收碰撞能量,减轻事故车辆及人员的损伤程度
   C. 诱导视线
   D. 将公路用地隔离出来,防止非法侵占公路用地
   E. 警示和缓冲
3. 护栏立柱埋深检测中,特制的激振装置的主要作用不包括(　　)。
   A. 抑制柱内共鸣　　　　　　　　B. 防止损坏立柱
   C. 减少激振信号的持续时间　　　D. 提高波形质量以提高检测精度
4. 标称波速可通过未埋置立柱实测长度与反射回波传播时间计算得到。当不具备实测条件时,对于冲击回波法可直接选用(　　)。
   A. 4 580m/s　　B. 4 800m/s　　C. 5 180m/s　　D. 5 600m/s
5. 用于施划路面标线的涂料可分为(　　)。
   A. 溶剂型　　B. 热熔型　　C. 双组分　　D. 油性　　E. 水性

三、判断题

1. 标线抗滑值检测与沥青路面抗滑值检测的检测方法一致,均使用《公路路基路面现场测试规程》(JTG 3450—2019)。　　　　　　　　　　　　　　　　　　　　(　　)
2. 驶出路外车辆碰撞护栏的后果比不设置护栏的后果重时,可以不设置护栏。(　　)
3. 基于冲击弹性波的钢质护栏立柱埋深测试技术利用的是弹性波的反射原理,根据标定所得的弹性波波速,并通过立柱底部的折射时刻进而推算立柱的长度及埋深。(　　)
4. 立柱埋置深度的允许偏差是:+100mm、-50mm。(　　)
5. "标线厚度"的检查频率按《检评标准》的相关要求为:每1km测3处,每处测6点。
   (　　)

四、案例题

某高速公路护栏立柱长度及埋深检测项目,立柱设计长度为2.15m,立柱顶端到地表面长度为0.85m,接收传感器至立柱顶端长度为0.1m。经过现场标定,立柱波速为5.18km/s,反射时间为0.828s,请计算该立柱长度及埋深。

五、技能训练题

完成任务工单11-1~11-7,并规范完整填写试验检测记录表和评定表。任务工单通过扫描本模块"技能目标达成度测评"中二维码获取。

【模块学习效果评价】

1.素质目标达成度测评					
序号	素质目标	素质目标测评点	配分比例	得分	备注
1	规范意识	查阅规范,实际操作中对规范的正确使用	2.5		对照本模块实际拟定的素质目标进行测评
		仪器的规范使用、存放和保养	2.5		
2	劳动精神	具备诚实守信的态度,认真记录、检查、核对	2.5		
		具备吃苦耐劳的品质	2.5		
		分项总分	10		
2.知识目标达成度测评					
序号		评分内容	配分比例	得分	备注
1		填空题	10		扫描获取[模块11考核]答案
2		选择题	10		
3		判断题	10		
4		案例题	10		
		分项总分	40		
3.技能目标达成度测评					
序号	技能训练	任务工单号	配分比例	得分	备注
1	混凝土护栏断面尺寸检测	11-1	7		扫描获取模块11任务工单
2	路面标线逆反射性能检测	11-2	7		
3	波形梁钢护栏横梁中心高度检测	11-3	7		
4	立柱竖直度检测	11-4	7		
5	立柱埋深检测(冲击弹性波检测仪)	11-5	8		
6	标线抗滑值检测	11-6	7		
7	标线厚度检测	11-7	7		
	分项总分		50		

【模块学习总结与反思】

通过本模块的学习,你的主要收获有哪些?不足有哪些?下一步改进措施是什么?

附录 APPENDIX

附录1　回弹法测定结构混凝土强度相关数据

非水平方向检测时的回弹值修正值　　　　附表1-1

$R_{m\alpha}$	检测角度							
	向上				向下			
	90°	60°	45°	30°	-30°	-45°	-60°	-90°
20	-6.0	-5.0	-4.0	-3.0	+2.5	+3.0	+3.5	+4.0
21	-5.9	-4.9	-4.0	-3.0	+2.5	+3.0	+3.5	+4.0
22	-5.8	-4.8	-3.9	-2.9	+2.4	+2.9	+3.4	+3.9
23	-5.7	-4.7	-3.9	-2.9	+2.4	+2.9	+3.4	+3.9
24	-5.6	-4.6	-3.8	-2.8	+2.3	+2.8	+3.3	+3.8
25	-5.5	-4.5	-3.8	-2.8	+2.3	+2.8	+3.3	+3.8
26	-5.4	-4.4	-3.7	-2.7	+2.2	+2.7	+3.2	+3.7
27	-5.3	-4.3	-3.7	-2.7	+2.2	+2.7	+3.2	+3.7
28	-5.2	-4.2	-3.6	-2.6	+2.1	+2.6	+3.1	+3.6
29	-5.1	-4.1	-3.6	-2.6	+2.1	+2.6	+3.1	+3.6
30	-5.0	-4.0	-3.5	-2.5	+2.0	+2.5	+3.0	+3.5
31	-4.9	-4.0	-3.5	-2.5	+2.0	+2.5	+3.0	+3.5
32	-4.8	-3.9	-3.4	-2.4	+1.9	+2.4	+2.9	+3.4
33	-4.7	-3.9	-3.4	-2.4	+1.9	+2.4	+2.9	+3.4
34	-4.6	-3.8	-3.3	-2.3	+1.8	+2.3	+2.8	+3.3
35	-4.5	-3.8	-3.3	-2.3	+1.8	+2.3	+2.8	+3.3
36	-4.4	-3.7	-3.2	-2.2	+1.7	+2.2	+2.7	+3.2
37	-4.3	-3.7	-3.2	-2.2	+1.7	+2.2	+2.7	+3.2
38	-4.2	-3.6	-3.1	-2.1	+1.6	+2.1	+2.6	+3.1
39	-4.1	-3.6	-3.1	-2.1	+1.6	+2.1	+2.6	+3.1

续上表

$R_{m\alpha}$	检测角度							
	向上				向下			
	90°	60°	45°	30°	-30°	-45°	-60°	-90°
40	-4.0	-3.5	-3.0	-2.0	+1.5	+2.0	+2.5	+3.0
41	-4.0	-3.5	-3.0	-2.0	+1.5	+2.0	+2.5	+3.0
42	-3.9	-3.4	-2.9	-1.9	+1.4	+1.9	+2.4	+2.9
43	-3.9	-3.4	-2.9	-1.9	+1.4	+1.9	+2.4	+2.9
44	-3.8	-3.3	-2.8	-1.8	+1.3	+1.8	+2.3	+2.8
45	-3.8	-3.3	-2.8	-1.8	+1.3	+1.8	+2.3	+2.8
46	-3.7	-3.2	-2.7	-1.7	+1.2	+1.7	+2.2	+2.7
47	-3.7	-3.2	-2.7	-1.7	+1.2	+1.7	+2.2	+2.7
48	-3.6	-3.1	-2.6	-1.6	+1.1	+1.6	+2.1	+2.6
49	-3.6	-3.1	-2.6	-1.6	+1.1	+1.6	+2.1	+2.6
50	-3.5	-3.0	-2.5	-1.5	+1.0	+1.5	+2.0	+2.5

注：1. $R_{m\alpha}$ 小于 20 或大于 50 时，分别按 20 或 50 查表。
2. 表中未列入的相应于 $R_{m\alpha}$ 的修正值 $R_{m\alpha}$，可用内插法求得，精确至 0.1。

不同浇筑面的回弹值修正值　　　　　　　　　　　　　附表 1-2

R_m^t 或 R_m^b	表面修正值 (R_a^t)	底面修正值 (R_a^b)	R_m^t 或 R_m^b	表面修正值 (R_a^t)	底面修正值 (R_a^b)
20	+2.5	-3.0	36	+0.9	-1.4
21	+2.4	-2.9	37	+0.8	-1.3
22	+2.3	-2.8	38	+0.7	-1.2
23	+2.2	-2.7	39	+0.6	-1.1
24	+2.1	-2.6	40	+0.5	-1.0
25	+2.0	-2.5	41	+0.4	-0.9
26	+1.9	-2.4	42	+0.3	-0.8
27	+1.8	-2.3	43	+0.2	-0.7
28	+1.7	-2.2	44	+0.1	-0.6
29	+1.6	-2.1	45	0	-0.5
30	+1.5	-2.0	46	0	-0.4
31	+1.4	-1.9	47	0	-0.3
32	+1.3	-1.8	48	0	-0.2
33	+1.2	-1.7	49	0	-0.1
34	+1.1	-1.6	50	0	0
35	+1.0	-1.5			

注：1. R_m^t 或 R_m^b 小于 20 或大于 50 时，分别按 20 或 50 查表。
2. 表中有关混凝土浇筑表面的修正系数，是指一般原浆抹面的修正值。
3. 表中有关混凝土浇筑底面的修正系数，是指构件底面与侧面采用同一类模板在正常浇筑情况下的修正值。
4. 表中未列入相应于 R_m^t 或 R_m^b 的 R_a^t 和 R_a^b，可用内插法求得，精确至 0.1。

测区混凝土强度换算表

附表 1-3

平均回弹值 R_m	测区混凝土强度换算值 $f_{cu,i}^c$ (MPa) 平均碳化深度值 d_m (mm)												
	0	0.5	1.0	1.5	2.0	2.5	3.0	3.5	4.0	4.5	5.0	5.5	≥6
20.0	10.3	10.1	—	—	—	—	—	—	—	—	—	—	—
20.2	10.5	10.3	10.0	—	—	—	—	—	—	—	—	—	—
20.4	10.7	10.5	10.2	—	—	—	—	—	—	—	—	—	—
20.6	11.0	10.8	10.4	10.1	—	—	—	—	—	—	—	—	—
20.8	11.2	11.0	10.6	10.3	—	—	—	—	—	—	—	—	—
21.0	11.4	11.2	10.8	10.5	10.0	—	—	—	—	—	—	—	—
21.2	11.6	11.4	11.0	10.7	10.2	—	—	—	—	—	—	—	—
21.4	11.8	11.6	11.2	10.9	10.4	10.0	—	—	—	—	—	—	—
21.6	12.0	11.8	11.4	11.0	10.6	10.2	—	—	—	—	—	—	—
21.8	12.3	12.1	11.7	11.3	10.8	10.5	10.1	—	—	—	—	—	—
22.0	12.5	12.2	11.9	11.5	11.0	10.6	10.2	—	—	—	—	—	—
22.2	12.7	12.4	12.1	11.7	11.2	10.8	10.4	10.0	—	—	—	—	—
22.4	13.0	12.7	12.4	12.0	11.4	11.0	10.7	10.3	10.0	—	—	—	—
22.6	13.2	12.9	12.5	12.1	11.6	11.2	10.8	10.4	10.2	—	—	—	—
22.8	13.4	13.1	12.7	12.3	11.8	11.4	11.0	10.6	10.3	—	—	—	—
23.0	13.7	13.4	13.0	12.6	12.1	11.6	11.2	10.8	10.5	10.1	—	—	—
23.2	13.9	13.6	13.2	12.8	12.2	11.8	11.4	11.0	10.7	10.3	10.0	—	—
23.4	14.1	13.8	13.4	13.0	12.4	12.0	11.6	11.2	10.9	10.4	10.2	—	—
23.6	14.4	14.1	13.7	13.2	12.7	12.2	11.8	11.4	11.1	10.7	10.4	10.1	—
23.8	14.6	14.3	13.9	13.4	12.8	12.4	12.0	11.5	11.2	10.8	10.5	10.2	—
24.0	14.9	14.6	14.2	13.7	13.1	12.7	12.2	11.8	11.5	11.0	10.7	10.4	10.1
24.2	15.1	14.8	14.3	13.9	13.3	12.8	12.4	11.9	11.6	11.2	10.9	10.6	10.3
24.4	15.4	15.1	14.6	14.2	13.6	13.1	12.6	12.2	11.9	11.4	11.1	10.8	10.4
24.6	15.6	15.3	14.8	14.4	13.7	13.3	12.8	12.3	12.0	11.5	11.2	10.9	10.6
24.8	15.9	15.6	15.1	14.6	14.0	13.5	13.0	12.6	12.2	11.8	11.4	11.1	10.7
25.0	16.2	15.9	15.4	14.9	14.3	13.8	13.3	12.8	12.5	12.0	11.7	11.3	10.9
25.2	16.4	16.1	15.6	15.1	14.4	13.9	13.4	13.0	12.6	12.1	11.8	11.5	11.0
25.4	16.7	16.4	15.9	15.4	14.7	14.2	13.7	13.2	12.8	12.4	12.0	11.7	11.2
25.6	16.9	16.6	16.1	15.7	14.9	14.4	13.9	13.4	13.0	12.5	12.2	11.8	11.3
25.8	17.2	16.9	16.3	15.8	15.1	14.6	14.1	13.6	13.2	12.7	12.4	12.0	11.5
26.0	17.5	17.2	16.6	16.1	15.4	14.9	14.4	13.8	13.5	13.0	12.6	12.2	11.6
26.2	17.8	17.4	16.9	16.4	15.7	15.1	14.6	14.0	13.7	13.2	12.8	12.4	11.8
26.4	18.0	17.6	17.1	16.6	15.8	15.3	14.8	14.2	13.9	13.3	13.0	12.6	12.0

续上表

平均回弹值 R_m	测区混凝土强度换算值 $f_{cu,i}^c$ (MPa) 平均碳化深度值 d_m (mm)												
	0	0.5	1.0	1.5	2.0	2.5	3.0	3.5	4.0	4.5	5.0	5.5	≥6
26.6	18.3	17.9	17.4	16.8	16.1	15.6	15.0	14.4	14.1	13.5	13.2	12.8	12.1
26.8	18.6	18.2	17.7	17.1	16.4	15.8	15.3	14.6	14.3	13.8	13.4	12.9	12.3
27.0	18.9	18.5	18.0	17.4	16.6	16.1	15.5	14.8	14.6	14.0	13.6	13.1	12.4
27.2	19.1	18.7	18.1	17.6	16.8	16.2	15.7	15.0	14.7	14.1	13.8	13.3	12.6
27.4	19.4	19.0	18.4	17.8	17.0	16.4	15.9	15.2	14.9	14.3	14.0	13.4	12.7
27.6	19.7	19.3	18.7	18.0	17.2	16.6	16.1	15.4	15.1	14.5	14.1	13.6	12.9
27.8	20.0	19.6	19.0	18.2	17.4	16.8	16.3	15.6	15.3	14.7	14.2	13.7	13.0
28.0	20.3	19.7	19.2	18.4	17.6	17.0	16.5	15.8	15.4	14.8	14.4	13.9	13.2
28.2	20.6	20.0	19.5	18.6	17.8	17.2	16.7	16.0	15.6	15.0	14.6	14.0	13.3
28.4	20.9	20.3	19.7	18.8	18.0	17.4	16.9	16.2	15.8	15.2	14.8	14.2	13.5
28.6	21.2	20.6	20.0	19.1	18.2	17.6	17.1	16.4	16.0	15.4	15.0	14.3	13.6
28.8	21.5	20.9	20.0	19.4	18.5	17.8	17.3	16.6	16.2	15.6	14.5	13.8
29.0	21.8	21.1	20.5	19.6	18.7	18.1	17.5	16.8	16.4	15.8	15.4	14.6	13.9
29.2	22.1	21.4	20.8	19.9	19.0	18.3	17.7	17.0	16.6	16.0	15.6	14.8	14.1
29.4	22.4	21.7	21.1	20.2	19.3	18.6	17.9	17.2	16.8	16.2	15.8	15.0	14.2
29.6	22.7	22.0	21.3	20.4	19.5	18.8	18.2	17.5	17.0	16.4	16.0	15.1	14.4
29.8	23.0	22.3	21.6	20.7	19.8	19.1	18.4	17.7	17.2	16.6	16.2	15.3	14.5
30.0	23.3	22.6	21.9	21.0	20.0	19.3	18.6	17.9	17.4	16.8	16.4	15.4	14.7
30.2	23.6	22.9	22.2	21.2	20.3	19.6	18.9	18.2	17.6	17.0	16.6	15.6	14.9
30.4	23.9	23.2	22.5	21.5	20.6	19.8	19.1	18.4	17.8	17.2	16.8	15.8	15.1
30.6	24.3	23.6	22.8	21.9	20.9	20.2	19.4	18.7	18.0	17.5	17.0	16.0	15.2
30.8	24.6	23.9	23.1	22.1	21.2	20.4	19.7	18.9	18.2	17.7	17.2	16.2	15.4
31.0	24.9	24.2	23.4	22.4	21.4	20.7	19.9	19.2	18.4	17.9	17.4	16.4	15.5
31.2	25.2	24.4	23.7	22.7	21.7	20.9	20.2	19.4	18.6	16.1	17.6	16.6	15.7
31.4	25.6	24.8	24.1	23.0	22.0	21.2	20.5	19.7	18.9	18.4	17.8	16.9	15.8
31.6	25.9	25.1	24.3	23.3	22.3	21.5	20.7	19.9	19.2	18.6	18.0	17.1	16.0
31.8	26.2	25.4	24.6	23.6	22.5	21.7	21.0	20.2	19.4	18.9	18.2	17.3	16.2
32.0	26.5	25.7	24.9	23.9	22.8	22.0	21.2	20.4	19.6	19.1	18.4	17.5	16.4
32.2	26.9	26.1	25.3	24.2	23.1	22.3	21.5	20.7	19.9	19.4	18.6	17.7	16.6
32.4	27.2	26.4	25.6	24.5	23.4	22.6	21.8	20.9	20.1	19.6	18.8	17.9	16.8
32.6	27.6	26.8	25.9	24.8	23.7	22.9	22.1	21.3	20.4	19.9	19.0	18.1	17.0
32.8	27.9	27.1	26.2	25.1	24.0	23.2	22.3	21.5	20.6	20.1	19.2	18.3	17.2
33.0	28.2	27.4	26.5	25.4	24.3	23.4	22.6	21.7	20.9	20.3	19.4	18.5	17.4

续上表

| 平均回弹值 R_m | 测区混凝土强度换算值 $f_{cu,i}^c$ (MPa) |||||||||||||
| | 平均碳化深度值 d_m (mm) |||||||||||||
	0	0.5	1.0	1.5	2.0	2.5	3.0	3.5	4.0	4.5	5.0	5.5	≥6
33.2	28.6	27.7	26.8	25.7	24.6	23.7	22.9	22.0	21.2	20.5	19.6	18.7	17.6
33.4	28.9	28.0	27.1	26.0	24.9	24.0	23.1	22.3	21.4	20.7	19.8	18.9	17.8
33.6	29.3	28.4	27.4	26.4	25.2	24.2	23.3	22.6	21.7	20.9	20.0	19.1	18.0
33.8	29.6	28.7	27.7	26.6	25.4	24.4	23.5	22.8	21.9	21.1	20.2	19.3	18.2
34.0	30.0	29.1	28.0	26.8	25.6	24.6	23.7	23.0	22.1	21.3	20.4	19.5	18.3
34.2	30.3	29.4	28.3	27.0	25.8	24.8	23.9	23.2	22.3	21.5	20.6	19.7	18.4
34.4	30.7	29.8	28.6	27.2	26.0	25.0	24.1	23.4	22.5	21.7	20.8	19.8	18.6
34.6	31.1	30.2	28.9	27.4	26.2	25.2	24.3	23.6	22.7	21.9	21.0	20.0	18.8
34.8	31.4	30.5	29.2	27.6	26.4	25.4	24.5	23.8	22.9	22.1	21.2	20.2	19.0
35.0	31.8	30.8	29.6	28.0	26.7	25.8	24.8	24.0	23.2	22.3	21.4	20.4	19.2
35.2	32.1	31.1	29.9	28.2	27.0	26.0	25.0	24.2	23.4	22.5	21.6	20.6	19.4
35.4	32.5	31.5	30.2	28.6	27.3	26.3	25.4	24.4	23.7	22.8	21.8	20.8	19.6
35.6	32.9	31.9	30.6	29.0	27.6	26.6	25.7	24.7	24.0	23.0	22.0	21.0	19.8
35.8	33.3	32.3	31.0	29.3	28.0	27.0	26.0	25.0	24.3	23.3	22.2	21.2	20.0
36.0	33.6	32.6	31.2	29.6	28.2	27.2	26.2	25.2	24.5	23.5	22.4	21.4	20.2
36.2	34.0	33.0	31.6	29.9	28.6	27.6	26.5	25.5	24.8	23.8	22.6	21.6	20.4
36.4	34.4	33.4	32.0	30.3	28.9	27.9	26.8	25.8	25.1	24.1	22.8	21.8	20.6
36.6	34.8	33.8	32.4	30.6	29.2	28.2	27.1	26.1	25.4	24.4	23.0	22.0	20.9
36.8	35.2	34.1	32.7	31.0	29.6	28.5	27.5	26.4	25.7	24.6	23.2	22.2	21.1
37.0	35.5	34.4	33.0	31.2	29.8	28.8	27.7	26.6	25.9	24.8	23.4	22.4	21.3
37.2	35.9	34.8	33.4	31.6	30.2	29.1	28.0	26.9	26.2	25.1	23.7	22.6	21.5
37.4	36.3	35.2	33.8	31.9	30.5	29.4	28.3	27.2	26.6	25.4	24.0	22.9	21.8
37.6	36.7	35.6	34.1	32.3	30.8	29.7	28.6	27.5	26.8	25.7	24.2	23.1	22.0
37.8	37.1	36.0	34.5	32.6	31.2	30.0	28.9	27.8	27.1	26.0	24.5	23.4	22.3
38.0	37.5	36.4	34.9	33.0	31.5	30.3	29.2	28.1	27.4	26.2	24.8	23.6	22.5
38.2	37.9	36.8	35.2	33.4	31.8	30.6	29.5	28.4	27.7	26.5	25.0	23.9	22.7
38.4	38.3	37.2	35.6	33.7	32.1	30.9	29.8	28.7	28.0	29.8	25.3	24.1	23.0
38.6	38.7	37.5	36.0	34.1	32.4	31.2	30.1	29.0	28.3	27.0	25.5	24.4	23.2
38.8	39.1	37.9	36.4	34.4	32.7	31.5	30.4	29.3	28.5	27.2	25.8	24.6	23.5
39.0	39.5	38.2	36.7	34.7	33.0	31.8	30.6	29.6	28.8	27.4	26.0	24.8	23.7
39.2	39.9	38.5	37.0	35.0	33.3	32.1	30.8	29.8	29.0	27.6	26.2	25.0	25.0
39.4	40.3	38.8	37.3	35.3	33.6	32.4	31.0	30.0	29.2	27.8	26.4	25.2	24.2
39.6	40.7	39.1	37.6	35.6	33.9	32.7	31.2	30.2	29.4	28.0	26.6	25.4	24.4

续上表

平均回弹值 R_m	测区混凝土强度换算值 $f^c_{cu,i}$ (MPa)											
	平均碳化深度值 d_m (mm)											
	0	0.5	1.0	1.5	2.0	2.5	3.0	3.5	4.0	4.5	5.0	5.5	≥6
39.8	41.2	39.6	38.0	35.9	34.2	33.0	31.4	30.5	29.7	28.2	26.8	25.6	24.7
40.0	41.6	39.9	38.3	36.2	34.5	33.3	31.7	30.8	30.0	28.4	27.0	25.8	25.0
40.2	42.0	40.3	38.6	36.5	34.8	33.6	32.0	31.1	30.2	28.6	27.3	26.0	25.2
40.4	42.4	40.7	39.0	36.9	35.1	33.9	32.3	31.4	30.5	28.8	27.6	26.2	25.4
40.6	42.8	41.1	39.4	37.2	35.4	34.2	32.6	31.7	30.8	29.1	27.8	26.5	25.7
40.8	43.3	41.6	39.8	37.7	35.7	34.5	32.9	32.0	31.2	29.4	28.1	26.8	26.0
41.0	43.7	42.0	40.2	38.0	36.0	34.8	33.2	32.3	31.5	29.7	28.4	27.1	26.2
41.2	44.1	42.3	40.6	38.4	36.3	35.1	33.5	32.6	31.8	30.0	28.7	27.3	26.5
41.4	44.5	42.7	40.9	38.7	36.6	35.4	33.8	32.9	32.0	30.3	28.9	27.6	26.7
41.6	45.0	43.2	41.4	39.2	36.9	35.7	34.2	33.3	32.4	30.6	29.2	27.9	27.0
41.8	45.4	43.6	41.8	39.5	37.2	36.0	34.5	33.6	32.7	30.9	29.5	28.1	27.2
42.0	45.9	44.1	42.2	39.9	37.6	36.3	34.9	34.0	33.0	31.2	29.8	28.5	27.5
42.2	46.3	44.4	42.6	40.3	38.0	36.6	35.2	34.3	33.3	31.5	30.1	28.7	27.8
42.4	46.7	44.8	43.0	40.6	38.3	36.9	35.5	34.6	33.6	31.8	30.4	29.0	28.0
42.6	47.2	45.3	43.4	41.1	38.7	37.3	35.9	34.9	34.0	32.1	30.7	29.3	28.3
42.8	47.6	45.7	43.8	41.4	39.0	37.6	36.2	35.2	34.3	32.4	30.9	29.5	28.6
43.0	48.1	46.2	44.2	41.8	39.4	38.0	36.6	35.6	34.6	32.7	31.3	29.8	28.9
43.2	48.5	46.6	44.6	42.2	39.8	38.3	36.9	35.9	34.9	33.0	31.5	30.1	29.1
43.4	49.0	47.0	45.1	42.6	40.2	38.7	37.2	36.3	35.3	33.3	31.8	30.4	29.4
43.6	49.4	47.4	45.4	43.0	40.5	39.0	37.5	36.6	35.6	33.6	32.1	30.6	29.6
43.8	49.9	47.9	45.9	43.4	40.9	39.4	37.9	36.9	35.9	33.9	32.4	30.9	29.9
44.0	50.4	48.4	46.4	43.8	41.3	39.8	38.3	37.3	36.3	34.3	32.8	31.2	30.2
44.2	50.8	48.8	46.7	44.2	41.7	40.1	38.6	37.6	36.6	34.5	33.0	31.5	30.5
44.4	51.3	49.2	47.2	44.6	42.1	40.5	39.0	38.0	36.9	34.9	33.3	31.8	30.8
44.6	51.7	49.6	47.6	45.0	42.4	40.9	39.3	38.3	37.2	35.2	33.6	32.1	31.0
44.8	52.2	50.1	48.0	45.4	42.8	41.2	39.7	38.6	37.6	35.5	33.9	32.4	31.3
45.0	52.7	50.6	48.5	45.8	43.2	41.6	40.1	39.0	37.9	35.8	34.3	32.7	31.6
45.2	53.2	51.1	48.9	46.3	43.6	42.0	40.4	39.4	38.3	36.2	34.6	33.0	31.9
45.4	53.6	51.5	49.4	46.6	44.0	42.3	40.7	39.7	38.6	36.4	34.8	33.2	32.2
45.6	54.1	51.9	49.8	47.1	44.4	42.7	41.1	40.0	39.0	36.8	35.2	33.5	32.5
45.8	54.6	52.4	50.2	47.5	44.8	43.1	41.5	40.4	39.3	37.1	35.5	33.9	32.8
46.0	55.0	52.8	50.6	47.9	45.2	43.5	41.9	40.8	39.7	37.5	35.8	34.2	33.1
46.2	55.5	53.3	51.1	48.3	45.5	43.8	42.2	41.1	40.0	37.7	36.1	34.4	33.3

续上表

平均回弹值 R_m	测区混凝土强度换算值 $f^c_{cu,i}$ (MPa)												
	平均碳化深度值 d_m (mm)												
	0	0.5	1.0	1.5	2.0	2.5	3.0	3.5	4.0	4.5	5.0	5.5	≥6
46.4	56.0	53.8	51.5	48.7	45.9	44.2	42.6	41.4	40.3	38.1	36.4	34.7	33.6
46.6	56.5	54.2	52.0	49.2	46.3	44.6	42.9	41.8	40.7	38.4	36.7	35.0	33.9
46.8	57.0	54.7	52.4	49.6	46.7	45.0	43.3	42.2	41.0	38.8	37.0	35.3	34.2
47.0	57.5	55.2	52.9	50.0	47.2	45.2	43.7	42.6	41.4	39.1	37.4	35.6	34.5
47.2	58.0	55.7	53.4	50.5	47.6	45.8	44.1	42.9	41.8	39.4	37.7	36.0	34.8
47.4	58.5	56.2	53.8	50.9	48.0	46.2	44.5	43.3	42.1	39.8	38.0	36.3	35.1
47.6	59.0	56.6	54.3	51.3	48.4	46.6	44.8	43.7	42.5	4.1	38.4	36.6	35.4
47.8	59.5	57.1	54.7	51.8	48.8	47.0	45.2	44.0	42.8	40.5	38.7	36.9	35.7
48.0	60.0	57.6	55.2	52.2	49.2	47.4	45.6	44.4	43.2	40.8	39.0	37.2	36.0
48.2	—	58.0	55.7	52.6	49.6	47.8	46.0	44.8	43.6	41.1	39.3	37.5	36.3
48.4	—	58.6	56.1	53.1	50.0	48.2	46.4	45.1	43.9	41.5	39.6	37.8	36.6
48.6	—	59.0	56.6	53.5	50.4	48.6	46.7	45.5	44.3	41.8	4.0	38.1	36.9
48.8	—	59.5	57.1	54.0	50.9	49.0	47.1	45.9	44.6	42.2	40.3	38.4	37.2
49.0	—	60.0	57.5	54.4	51.3	49.4	47.5	46.2	45.0	42.5	40.6	38.8	37.5
49.2	—	—	58.0	54.8	51.7	49.8	47.9	46.6	45.4	42.8	41.0	39.1	37.8
49.4	—	—	58.5	55.3	52.1	50.2	48.3	47.1	45.8	43.2	41.3	39.4	38.2
49.6	—	—	58.9	55.7	52.5	50.6	48.7	47.4	46.2	43.6	41.7	39.7	38.5
49.8	—	—	59.4	56.2	53.0	51.0	49.1	47.8	46.5	43.9	42.0	40.1	38.8
50.0	—	—	59.9	56.7	53.4	51.4	49.5	48.2	46.9	44.3	42.3	40.4	39.1
50.2	—	—	60.0	57.1	53.8	51.9	49.9	48.5	47.2	44.6	42.6	40.7	39.4
50.4	—	—	—	57.6	54.3	52.3	50.3	49.0	47.7	45.0	43.0	41.0	39.7
50.6	—	—	—	58.0	54.7	52.7	50.7	49.4	48.0	45.4	43.4	41.4	40.0
50.8	—	—	—	58.5	55.1	53.1	51.1	49.8	48.4	45.7	43.7	41.7	40.3
51.0	—	—	—	59.0	55.6	53.5	51.5	50.1	48.8	46.1	44.1	42.0	40.7
51.2	—	—	—	59.4	56.0	54.0	51.9	50.5	49.2	46.4	44.4	42.3	41.0
51.4	—	—	—	59.9	56.4	54.4	52.3	50.9	49.6	46.8	44.7	42.7	41.3
51.6	—	—	—	60.0	56.9	54.8	52.7	51.3	50.0	47.2	45.1	43.0	41.6
51.8	—	—	—	—	57.3	55.2	53.1	51.7	50.3	47.5	45.4	43.3	41.8
52.0	—	—	—	—	57.8	55.7	53.6	52.1	50.7	47.9	45.8	43.7	42.3
52.2	—	—	—	—	58.2	56.1	54.0	52.5	51.1	48.3	46.2	44.0	42.6
52.4	—	—	—	—	58.7	56.5	54.4	53.0	51.5	48.7	46.5	44.4	43.0
52.6	—	—	—	—	59.1	57.0	54.8	53.4	51.9	49.0	46.9	44.7	43.3
52.8	—	—	—	—	59.6	57.4	55.2	53.8	52.3	49.4	47.3	45.1	43.6

续上表

平均回弹值 R_m	测区混凝土强度换算值 $f^c_{cu,i}$ (MPa)											
	平均碳化深度值 d_m (mm)											
	0	0.5	1.0	1.5	2.0	2.5	3.0	3.5	4.0	4.5	5.0	5.5	≥6
53.0	—	—	—	—	60.0	57.8	55.6	54.2	52.7	49.8	47.6	45.4	43.9
53.2	—	—	—	—	—	58.3	56.1	54.6	53.1	50.2	48.0	45.8	44.3
53.4	—	—	—	—	—	58.7	56.5	55.0	53.5	50.5	48.3	46.1	44.6
53.6	—	—	—	—	—	59.2	56.9	55.4	53.9	50.9	48.7	46.4	44.9
53.8	—	—	—	—	—	59.6	57.3	55.8	54.3	51.3	49.0	46.8	45.3
54.0	—	—	—	—	—	60.0	57.8	56.3	54.7	51.7	49.4	47.1	45.6
54.2	—	—	—	—	—	—	58.2	56.7	55.1	52.1	49.8	47.5	46.0
54.4	—	—	—	—	—	—	58.6	57.1	55.6	52.5	50.2	47.9	46.3
54.6	—	—	—	—	—	—	59.1	57.5	56.0	52.9	50.5	48.2	46.6
54.8	—	—	—	—	—	—	59.5	57.9	56.4	53.2	50.9	48.5	47.0
55.0	—	—	—	—	—	—	59.9	58.4	56.8	53.6	51.3	48.9	47.3
55.2	—	—	—	—	—	—	60.0	58.8	57.2	54.0	51.6	49.3	47.7
55.4	—	—	—	—	—	—	—	59.2	57.6	54.4	52.0	49.6	48.0
55.6	—	—	—	—	—	—	—	59.7	58.0	54.8	52.4	50.0	48.4
55.8	—	—	—	—	—	—	—	60.0	58.5	55.2	52.8	50.3	48.7
56.0	—	—	—	—	—	—	—	—	58.9	55.6	53.2	50.7	49.1
56.2	—	—	—	—	—	—	—	—	59.3	56.0	53.5	51.1	49.4
56.4	—	—	—	—	—	—	—	—	59.7	56.4	53.9	51.4	49.8
56.6	—	—	—	—	—	—	—	—	60.0	56.8	54.3	51.8	50.1
56.8	—	—	—	—	—	—	—	—	—	57.2	54.7	52.2	50.5
57.0	—	—	—	—	—	—	—	—	—	57.6	55.1	52.5	50.8
57.2	—	—	—	—	—	—	—	—	—	58.0	55.5	52.9	51.2
57.4	—	—	—	—	—	—	—	—	—	58.4	55.9	53.3	51.6
57.6	—	—	—	—	—	—	—	—	—	58.9	56.3	53.7	51.9
57.8	—	—	—	—	—	—	—	—	—	59.3	56.7	54.0	52.3
58.0	—	—	—	—	—	—	—	—	—	59.7	57.0	54.4	52.7
58.2	—	—	—	—	—	—	—	—	—	60.0	57.4	54.8	53.0
58.4	—	—	—	—	—	—	—	—	—	—	57.8	55.2	53.4
58.6	—	—	—	—	—	—	—	—	—	—	58.2	55.6	53.8
58.8	—	—	—	—	—	—	—	—	—	—	58.6	55.9	54.1
59.0	—	—	—	—	—	—	—	—	—	—	59.0	56.3	54.5
59.2	—	—	—	—	—	—	—	—	—	—	59.4	56.7	54.9
59.4	—	—	—	—	—	—	—	—	—	—	59.8	57.1	55.2

续上表

平均回弹值 R_m	测区混凝土强度换算值 $f^c_{cu,i}$(MPa)											
	平均碳化深度值 d_m(mm)											
	0	0.5	1.0	1.5	2.0	2.5	3.0	3.5	4.0	4.5	5.0	5.5	≥6
59.6	—	—	—	—	—	—	—	—	—	60.0	57.5	55.6
59.8	—	—	—	—	—	—	—	—	—	—	57.9	56.0
60.0	—	—	—	—	—	—	—	—	—	—	58.3	56.4

注：表中未注明的测区混凝土强度换算值为小于10MPa或大于60MPa。

泵送混凝土测区强度换算表 附表1-4

平均回弹值 R_m	测区混凝土强度换算值 $f^c_{cu,i}$(MPa)											
	平均碳化深度值 d_m(mm)											
	0.0	0.5	1.0	1.5	2.0	2.5	3.0	3.5	4.0	4.5	5.0	5.5	≥6.0
18.6	10.0	—	—	—	—	—	—	—	—	—	—	—	—
18.8	10.2	10.0	—	—	—	—	—	—	—	—	—	—	—
19.0	10.4	10.2	10.0	—	—	—	—	—	—	—	—	—	—
19.2	10.6	10.4	10.2	10.0	—	—	—	—	—	—	—	—	—
19.4	10.9	10.7	10.4	10.2	10.0	—	—	—	—	—	—	—	—
19.6	11.1	10.9	10.6	10.4	10.2	10.0	—	—	—	—	—	—	—
19.8	11.3	11.1	10.9	10.6	10.4	10.2	10.0	—	—	—	—	—	—
20.0	11.5	11.3	11.1	10.9	10.6	10.4	10.2	10.0	—	—	—	—	—
20.2	11.8	11.5	11.3	11.1	10.9	10.6	10.4	10.2	10.0	—	—	—	—
20.4	12.0	11.7	11.5	11.3	11.1	10.8	10.6	10.4	10.2	10.0	—	—	—
20.6	12.2	12.0	11.7	11.5	11.3	11.0	10.8	10.6	10.4	10.2	10.0	—	—
20.8	12.4	12.2	12.0	11.7	11.5	11.3	11.0	10.8	10.6	10.4	10.2	10.0	—
21.0	12.7	12.4	12.2	11.9	11.7	11.5	11.2	11.0	10.8	10.6	10.4	10.2	10.0
21.2	12.9	12.7	12.4	12.2	11.9	11.7	11.5	11.2	11.0	10.8	10.6	10.4	10.2
21.4	13.1	12.9	12.6	12.4	12.1	11.9	11.7	11.4	11.2	11.0	10.8	10.6	10.3
21.6	13.4	13.1	12.9	12.6	12.4	12.1	11.9	11.6	11.4	11.2	11.0	10.7	10.5
21.8	13.6	13.4	13.1	12.8	12.6	12.3	12.1	11.9	11.6	11.4	11.2	10.9	10.7
22.0	13.9	13.6	13.3	13.1	12.8	12.6	12.3	12.1	11.8	11.6	11.4	11.1	10.9
22.2	14.1	13.8	13.6	13.3	13.0	12.8	12.5	12.3	12.0	11.8	11.6	11.3	11.1
22.4	14.4	14.1	13.8	13.5	13.3	13.0	12.7	12.5	12.2	12.0	11.8	11.5	11.3
22.6	14.6	14.3	14.0	13.8	13.5	13.2	13.0	12.7	12.5	12.2	12.0	11.7	11.5
22.8	14.9	14.6	14.3	14.0	13.7	13.5	13.2	12.9	12.7	12.4	12.2	11.9	11.7
23.0	15.1	14.8	14.5	14.2	14.0	13.7	13.4	13.1	12.9	12.6	12.4	12.1	11.9
23.2	15.4	15.1	14.8	14.5	14.2	13.9	13.6	13.4	13.1	12.8	12.6	12.3	12.1
23.4	15.6	15.3	15.0	14.7	14.4	14.1	13.9	13.6	13.3	13.1	12.8	12.6	12.3

续上表

| 平均回弹值 R_m | 测区混凝土强度换算值 $f^c_{cu,i}$ (MPa) |||||||||||||
| | 平均碳化深度值 d_m (mm) |||||||||||||
	0.0	0.5	1.0	1.5	2.0	2.5	3.0	3.5	4.0	4.5	5.0	5.5	≥6.0
23.6	15.9	15.6	15.3	15.0	14.7	14.4	14.1	13.8	13.5	13.3	13.0	12.8	12.5
23.8	16.2	15.8	15.5	15.2	14.9	14.6	14.3	14.1	13.8	13.5	13.2	13.0	12.7
24.0	16.4	16.1	15.8	15.5	15.2	14.9	14.6	14.3	14.0	13.7	13.5	13.2	12.9
24.2	16.7	16.4	16.0	15.7	15.4	15.1	14.8	14.5	14.2	13.9	13.7	13.4	13.1
24.4	17.0	16.6	16.3	16.0	15.7	15.3	15.0	14.7	14.5	14.2	13.9	13.6	13.3
25.4	18.3	18.0	17.6	17.3	16.9	16.6	16.3	15.9	15.6	15.3	15.0	14.7	14.4
25.6	18.6	18.2	17.9	17.5	17.2	16.8	16.5	16.2	15.9	15.6	15.2	14.9	14.7
25.8	18.9	18.5	18.2	17.8	17.4	17.1	16.8	16.4	16.1	15.8	15.5	15.2	14.9
26.0	19.2	18.8	18.4	18.1	17.7	17.4	17.0	16.7	16.3	16.0	15.7	15.4	15.1
26.2	19.5	19.1	18.7	18.3	18.0	17.6	17.3	16.9	16.6	16.3	15.9	15.6	15.3
26.4	19.8	19.4	19.0	18.6	18.2	17.9	17.5	17.2	16.8	16.5	16.2	15.9	15.6
26.6	20.0	19.6	19.3	18.9	18.5	18.1	17.8	17.4	17.1	16.8	16.4	16.1	15.8
26.8	20.3	19.9	19.5	19.2	18.8	18.4	18.0	17.7	17.3	17.0	16.7	16.3	16.0
27.0	20.6	20.2	19.8	19.4	19.1	18.7	18.3	17.9	17.6	17.2	16.9	16.6	16.2
27.2	20.9	20.5	20.1	19.7	19.3	18.9	18.6	18.2	17.8	17.5	17.1	16.8	16.5
27.4	21.2	20.8	20.4	20.0	19.6	19.2	18.8	18.5	18.0	17.7	17.4	17.1	16.7
27.6	21.5	21.1	20.7	20.3	19.9	19.5	19.1	18.7	18.4	18.0	17.6	17.3	17.0
27.8	21.8	21.4	21.0	20.6	20.2	19.8	19.4	19.0	18.6	18.3	17.9	17.5	17.2
28.0	22.1	21.7	21.3	20.9	20.4	20.0	19.6	19.3	18.9	18.5	18.1	17.8	17.4
28.2	22.4	22.0	21.6	21.1	20.7	20.3	19.9	19.5	19.1	18.8	18.4	18.0	17.7
28.4	22.8	22.3	21.9	21.4	21.0	20.6	20.2	19.8	19.4	19.0	18.6	18.3	17.9
28.6	23.1	22.6	22.2	21.7	21.3	20.9	20.5	20.1	19.7	19.3	18.9	18.5	18.2
28.8	23.4	22.9	22.5	22.0	21.6	21.2	20.7	20.3	19.9	19.5	19.2	18.8	18.4
29.0	23.7	23.2	22.8	22.3	21.9	21.5	21.0	20.6	20.2	19.8	19.4	19.0	18.7
29.2	24.0	23.5	23.1	22.6	22.2	21.7	21.3	20.9	20.5	20.1	19.7	19.3	18.9
29.4	24.3	23.9	23.4	22.9	22.5	22.0	21.6	21.2	20.8	20.3	19.9	19.5	19.2
29.6	24.7	24.2	23.7	23.2	22.8	22.3	21.9	21.4	21.0	20.6	20.2	19.8	19.4
29.8	25.0	24.5	24.0	23.5	23.1	22.6	22.2	21.7	21.3	20.9	20.5	20.1	19.7
30.0	25.3	24.8	24.3	23.8	23.4	22.9	22.5	22.0	21.6	21.2	20.7	20.3	19.9
30.2	25.6	25.1	24.6	24.2	23.7	23.2	22.8	22.3	21.9	21.4	21.0	20.6	20.2
30.4	26.0	25.5	25.0	24.5	24.0	23.5	23.0	22.6	22.1	21.7	21.3	20.9	20.4
30.6	26.3	25.8	25.3	24.8	24.3	23.8	23.3	22.9	22.4	22.0	21.6	21.1	20.7
30.8	26.6	26.1	25.6	25.1	24.6	24.1	23.6	23.2	22.7	22.3	21.8	21.4	21.0

续上表

平均回弹值 R_m	测区混凝土强度换算值 $f^c_{cu,i}$ (MPa) 平均碳化深度值 d_m (mm)												
	0.0	0.5	1.0	1.5	2.0	2.5	3.0	3.5	4.0	4.5	5.0	5.5	≥6.0
31.0	27.0	26.4	25.9	25.4	24.9	24.4	23.9	23.5	23.0	22.5	22.1	21.7	21.2
31.2	27.3	26.8	26.2	25.7	25.2	24.7	24.2	23.8	23.3	22.8	22.4	21.9	21.5
31.4	27.7	27.1	26.6	26.0	25.5	25.0	24.5	24.1	23.6	23.1	22.7	22.2	21.8
31.6	28.0	27.4	26.9	26.4	25.9	25.3	24.8	24.4	23.9	23.4	22.9	22.5	22.0
31.8	28.3	27.8	27.2	26.7	26.2	25.7	25.1	24.7	24.2	23.7	23.2	22.8	22.3
32.0	28.7	28.1	27.6	27.0	26.5	26.0	25.5	25.0	24.5	24.0	23.5	23.0	22.6
32.2	29.0	28.5	27.9	27.4	26.8	26.3	25.8	25.3	24.8	24.3	23.8	23.3	22.9
32.4	29.4	28.8	28.2	27.7	27.1	26.6	26.1	25.6	25.1	24.6	24.1	23.6	23.1
32.6	29.7	29.2	28.6	28.0	27.5	26.9	26.4	25.9	25.4	24.9	24.4	23.9	23.4
32.8	30.1	29.5	28.9	28.3	27.8	27.2	26.7	26.2	25.7	25.2	24.7	24.2	23.7
33.0	30.4	29.8	29.3	28.7	28.1	27.6	27.0	26.5	26.0	25.5	25.0	24.5	24.0
33.2	30.8	30.2	29.6	29.0	28.4	37.9	27.3	26.8	26.3	25.8	25.2	24.7	24.3
33.4	31.2	30.6	30.0	29.4	28.8	28.2	27.7	27.1	26.6	26.1	25.5	25.0	24.5
33.6	31.5	30.9	30.3	29.7	29.1	28.5	28.0	27.4	26.9	26.4	25.8	25.3	24.8
33.8	31.9	31.3	30.7	30.0	29.5	28.9	28.3	27.7	27.2	26.7	26.1	25.6	25.1
34.0	32.3	31.6	31.0	30.4	29.8	29.2	28.6	28.1	27.5	27.0	26.4	25.9	25.4
34.2	32.6	32.0	31.4	30.7	30.1	29.5	29.0	28.4	27.8	27.3	26.7	26.2	25.7
34.4	33.0	32.4	31.7	31.1	30.5	29.9	29.3	28.7	28.1	27.6	27.0	26.5	26.0
34.6	33.4	32.7	32.1	31.4	30.8	30.2	29.6	29.0	28.5	27.9	27.4	26.8	26.3
34.8	33.8	33.1	32.4	31.8	31.2	30.6	30.0	29.4	28.8	28.2	27.7	27.1	26.6
35.0	34.1	33.5	32.8	32.2	31.5	30.9	30.3	29.7	29.1	28.5	28.0	27.4	26.9
35.2	34.5	33.8	33.2	32.5	31.9	31.2	30.6	30.0	29.4	28.8	28.3	27.7	27.2
35.4	34.9	34.2	33.5	32.9	32.2	31.6	31.0	30.4	29.8	29.2	28.6	28.0	27.5
35.6	35.3	34.6	33.9	33.2	32.6	31.9	31.3	30.7	30.1	29.5	28.9	28.3	27.8
35.8	35.7	35.0	34.3	33.6	32.9	32.3	31.6	31.0	30.4	29.8	29.2	28.6	28.1
36.0	36.0	35.3	34.6	34.0	33.3	32.6	32.0	31.4	30.7	30.1	29.5	29.0	28.4
36.2	36.4	35.7	35.0	34.3	33.6	33.0	32.3	31.7	31.1	30.5	29.9	29.3	28.7
36.4	36.8	36.1	35.4	34.7	34.0	33.3	32.7	32.0	31.4	30.8	30.2	29.6	29.0
36.6	37.2	36.5	35.8	35.1	34.4	33.7	33.0	32.4	31.7	31.1	30.5	29.9	29.3
36.8	37.6	36.9	36.2	35.4	34.7	34.1	33.4	32.7	32.1	31.4	30.8	30.2	29.6
37.0	38.0	37.3	36.5	35.8	35.1	34.4	33.7	33.1	32.4	31.8	31.2	30.5	29.9
37.2	38.4	37.7	36.9	36.2	35.5	34.8	34.1	33.4	32.8	32.1	31.5	30.9	30.2
37.4	38.8	38.1	37.3	36.6	35.8	35.1	34.4	33.8	33.1	32.4	31.8	31.2	30.6

续上表

| 平均回弹值 R_m | 测区混凝土强度换算值 $f^c_{cu,i}$ (MPa) |||||||||||||
| | 平均碳化深度值 d_m (mm) |||||||||||||
	0.0	0.5	1.0	1.5	2.0	2.5	3.0	3.5	4.0	4.5	5.0	5.5	≥6.0
37.6	39.2	38.4	37.7	36.9	36.2	35.5	34.8	34.1	33.4	32.8	32.1	31.5	30.9
37.8	39.6	38.8	38.1	37.3	36.6	35.9	35.2	34.5	33.8	33.1	32.5	31.8	31.2
38.0	40.0	39.2	38.5	37.7	37.0	36.2	35.5	34.8	34.1	33.5	32.8	32.2	31.5
38.2	40.4	39.6	38.9	38.1	37.3	36.6	35.9	35.2	34.5	33.8	33.1	32.5	31.8
38.4	40.9	40.1	39.3	38.5	37.7	37.0	36.3	35.5	34.8	34.2	33.5	32.8	32.2
38.6	41.3	40.5	39.7	38.9	38.1	37.4	36.6	35.9	35.2	34.5	33.8	33.2	32.5
38.8	41.7	40.9	40.1	39.3	38.5	37.7	37.0	36.3	35.5	34.8	34.2	33.5	32.8
39.0	42.1	41.3	40.5	39.7	38.9	38.1	37.4	36.6	35.9	35.2	32.5	33.8	33.2
39.2	42.5	41.7	40.9	40.1	39.3	38.5	37.7	37.0	36.3	35.5	34.8	34.2	33.5
39.4	42.9	42.1	41.3	40.5	39.7	38.9	38.1	37.4	36.6	35.9	35.2	34.5	33.8
39.6	43.4	42.5	41.7	40.9	40.0	39.3	38.5	37.7	37.0	36.3	35.5	34.8	34.2
39.8	43.8	42.9	42.1	41.3	40.4	39.6	38.9	38.1	37.3	36.6	35.9	35.2	34.5
40.0	44.2	43.4	42.5	41.7	40.8	40.0	39.2	38.5	37.7	37.0	36.2	35.5	34.8
40.2	44.7	43.8	42.9	42.1	41.2	40.4	39.6	38.8	38.1	37.3	36.6	35.9	35.2
40.4	45.1	44.2	43.3	42.5	41.6	40.8	40.0	39.2	38.4	37.7	36.9	36.2	35.5
40.6	45.5	44.6	43.7	42.9	42.0	41.2	40.4	39.6	38.8	38.1	37.3	36.6	35.8
40.8	46.0	45.1	44.2	43.3	42.4	41.6	40.8	40.0	39.2	38.4	37.7	36.9	36.2
41.0	46.4	45.5	44.6	43.7	42.8	42.0	41.2	40.4	39.6	38.8	38.0	37.3	36.5
41.2	46.8	45.9	45.0	44.1	43.2	42.4	41.6	40.7	39.9	39.1	38.4	37.6	36.9
41.4	47.3	46.3	45.4	44.5	43.7	42.8	42.0	41.1	40.3	39.5	38.7	38.0	37.2
41.6	47.7	46.8	45.9	45.0	44.1	43.2	42.3	41.5	40.7	39.9	39.1	38.3	37.6
41.8	48.2	47.2	46.3	45.4	44.5	43.6	42.7	41.9	41.1	40.3	39.5	38.7	37.9
42.0	48.6	27.7	46.7	45.8	44.9	44.0	43.1	42.3	41.5	40.6	39.8	39.1	38.3
42.2	49.1	48.1	47.1	46.2	45.3	44.4	43.5	42.7	41.8	41.0	40.2	39.4	38.6
42.4	49.5	48.5	47.6	46.6	45.7	44.8	43.9	43.1	42.2	41.4	40.6	39.8	39.0
42.6	50.0	49.0	48.0	47.1	46.1	45.2	44.3	43.5	42.6	41.8	40.9	40.1	39.3
42.8	50.4	49.4	48.5	47.5	46.6	45.6	44.7	43.9	43.0	42.2	41.3	40.5	39.7
43.0	50.9	49.9	48.9	47.9	47.0	46.1	45.2	44.3	43.4	42.5	41.7	40.9	40.1
43.2	51.3	60.3	49.3	48.4	47.4	46.5	45.6	44.7	43.8	42.9	42.1	41.2	40.4
43.4	51.8	50.8	49.8	48.8	47.8	46.9	46.0	45.1	44.2	43.3	42.5	41.6	40.8
43.6	52.3	51.2	50.2	49.2	48.3	47.3	46.4	45.5	44.6	43.7	42.8	42.0	41.2
43.8	50.7	51.7	50.7	49.7	48.7	47.7	46.8	45.9	45.0	44.1	43.2	42.4	41.5
44.0	53.2	52.2	51.1	50.1	49.1	48.2	47.2	46.3	45.4	44.5	43.6	42.7	41.9

续上表

平均回弹值 R_m	测区混凝土强度换算值 $f^c_{cu,i}$ (MPa)												
	平均碳化深度值 d_m (mm)												
	0.0	0.5	1.0	1.5	2.0	2.5	3.0	3.5	4.0	4.5	5.0	5.5	≥6.0
44.2	53.7	52.6	51.6	50.6	49.6	48.6	47.6	46.7	45.8	44.9	44.0	43.1	42.3
44.4	54.1	53.1	52.0	51.0	50.0	49.0	48.0	47.1	46.2	45.3	44.4	43.5	42.6
44.6	54.6	53.5	52.5	51.5	50.4	49.4	48.5	47.5	46.6	45.7	44.8	43.9	43.0
44.8	55.1	54.0	52.9	51.9	50.9	49.9	48.9	47.9	47.0	46.1	45.1	44.3	43.4
45.0	55.6	54.5	53.4	52.4	51.3	50.3	49.3	48.3	47.4	46.5	45.5	44.6	43.8
45.2	56.1	55.0	53.9	52.8	51.8	50.7	49.7	48.8	47.8	46.9	45.9	45.0	44.1
45.4	56.5	55.4	54.3	53.3	52.2	51.2	50.2	49.2	48.2	47.3	46.3	45.4	44.5
45.6	57.0	55.9	54.8	53.7	52.7	51.6	50.6	49.6	48.6	47.7	46.7	45.8	44.9
45.8	57.5	56.4	55.3	54.2	53.1	52.1	51.0	50.0	49.0	48.1	47.1	46.2	45.3
46.0	58.0	56.9	55.7	54.6	53.6	52.5	51.5	50.5	49.5	48.5	47.5	46.6	45.7
46.2	58.5	57.3	56.2	55.1	54.0	52.9	51.9	50.9	49.9	48.9	47.9	47.0	46.1
46.4	59.0	57.8	56.7	55.6	54.5	53.4	52.3	51.3	50.3	49.3	48.3	47.4	46.4
46.6	59.5	58.3	57.2	56.0	54.9	53.8	52.8	51.7	50.7	49.7	48.7	47.8	46.8
46.8	60.0	58.8	57.6	56.5	55.4	54.3	53.2	52.2	51.1	50.1	49.1	48.2	47.2
47.0	—	59.3	58.1	57.0	55.8	54.7	53.7	52.6	51.6	50.5	49.5	48.6	47.6
47.2	—	59.8	58.6	57.4	56.3	55.2	54.1	53.0	52.0	51.0	50.0	49.0	48.0
47.4	—	60.0	59.1	57.9	56.8	55.6	54.5	53.5	52.4	51.4	50.4	49.4	48.4
47.6	—	—	59.6	58.4	57.2	56.1	55.0	53.9	52.8	51.8	50.8	49.8	48.8
47.8	—	—	60.0	58.9	57.7	56.6	55.4	54.4	53.3	52.2	51.2	50.2	49.2
48.0	—	—	—	59.3	58.2	57.0	55.9	54.8	53.7	52.7	51.6	50.6	49.6
48.2	—	—	—	59.8	59.6	57.5	56.0	55.2	54.1	53.1	52.0	51.0	50.0
48.4	—	—	—	60.0	59.1	57.9	56.8	55.7	54.6	53.0	52.5	51.4	50.4
48.6	—	—	—	—	59.6	58.4	57.3	56.1	55.0	53.9	52.9	51.8	50.8
48.8	—	—	—	—	—	60.0	58.9	57.7	56.6	55.5	54.4	53.3	52.2	51.2
49.0	—	—	—	—	—	59.3	58.2	57.0	55.9	54.8	53.7	52.7	51.6
49.2	—	—	—	—	—	59.8	58.6	57.5	56.3	55.2	54.1	53.1	52.0
49.4	—	—	—	—	—	60.0	59.1	57.9	56.8	55.7	54.6	53.5	52.4
49.6	—	—	—	—	—	—	59.6	58.4	57.2	56.1	55.0	53.9	52.9
49.8	—	—	—	—	—	—	60.0	58.8	57.7	56.6	55.4	54.3	53.3
50.0	—	—	—	—	—	—	—	59.3	58.1	57.0	55.9	54.8	53.7
51.0	—	—	—	—	—	—	—	—	—	59.2	58.1	56.9	55.8
51.2	—	—	—	—	—	—	—	—	—	59.7	58.5	57.3	56.2
51.4	—	—	—	—	—	—	—	—	—	60.0	58.9	57.8	56.6

续上表

平均回弹值 R_m	测区混凝土强度换算值 $f^c_{cu,i}$ (MPa)											
	平均碳化深度值 d_m (mm)											
	0.0	0.5	1.0	1.5	2.0	2.5	3.0	3.5	4.0	4.5	5.0	5.5	≥6.0
51.6	—	—	—	—	—	—	—	—	—	—	59.4	58.2	57.1
51.8	—	—	—	—	—	—	—	—	—	—	59.8	58.7	57.5
52.0	—	—	—	—	—	—	—	—	—	—	60.0	59.1	57.9
52.2	—	—	—	—	—	—	—	—	—	—	—	59.5	58.4
52.4	—	—	—	—	—	—	—	—	—	—	—	60.0	58.8
52.6	—	—	—	—	—	—	—	—	—	—	—	—	59.2
52.8	—	—	—	—	—	—	—	—	—	—	—	—	59.7

注：1. 表中未注明的测区混凝土强度换算值为小于10MPa或大于60MPa。
2. 表中数值是根据曲线方程 $f = 0.034488R^{1.9400}10^{(-0.0173d_m)}$ 计算。

附录2 t 分布概率系数表

t 分布概率系数表   附表1-5

n	双边置信水平			单边置信水平		
	99%	95%	90%	99%	95%	90%
	$t_{0.995}/\sqrt{n}$	$t_{0.975}/\sqrt{n}$	$t_{0.95}/\sqrt{n}$	$t_{0.99}/\sqrt{n}$	$t_{0.95}/\sqrt{n}$	$t_{0.90}/\sqrt{n}$
2	45.012	8.985	4.465	22.501	4.465	2.176
3	5.730	2.484	1.686	4.201	1.686	1.089
4	2.921	1.591	1.177	2.270	1.177	0.819
5	2.059	1.242	0.953	1.676	0.953	0.686
6	1.646	1.049	0.823	1.374	0.823	0.603
7	1.401	0.925	0.734	1.188	0.734	0.544
8	1.237	0.836	0.670	1.060	0.670	0.500
9	1.118	0.769	0.620	0.966	0.620	0.466
10	1.028	0.715	0.580	0.892	0.580	0.437
11	0.955	0.672	0.546	0.833	0.546	0.414
12	0.897	0.635	0.518	0.785	0.518	0.393
13	0.847	0.604	0.494	0.744	0.494	0.376
14	0.805	0.577	0.473	0.708	0.473	0.361
15	0.769	0.554	0.455	0.678	0.455	0.347
16	0.737	0.533	0.438	0.651	0.438	0.335
17	0.708	0.514	0.423	0.626	0.423	0.324
18	0.683	0.497	0.410	0.605	0.410	0.314
19	0.660	0.482	0.398	0.586	0.398	0.305
20	0.640	0.468	0.387	0.568	0.387	0.297

续上表

n	双边置信水平			单边置信水平		
	99%	95%	90%	99%	95%	90%
	$t_{0.995}/\sqrt{n}$	$t_{0.975}/\sqrt{n}$	$t_{0.95}/\sqrt{n}$	$t_{0.99}/\sqrt{n}$	$t_{0.95}/\sqrt{n}$	$t_{0.90}/\sqrt{n}$
21	0.621	0.455	0.376	0.552	0.376	0.289
22	0.604	0.443	0.367	0.537	0.367	0.282
23	0.588	0.432	0.358	0.523	0.358	0.275
24	0.573	0.422	0.350	0.510	0.350	0.269
25	0.559	0.413	0.342	0.498	0.342	0.264
26	0.547	0.404	0.335	0.487	0.335	0.258
27	0.535	0.396	0.328	0.477	0.328	0.253
28	0.524	0.388	0.322	0.467	0.322	0.248
29	0.513	0.380	0.316	0.458	0.316	0.244
30	0.503	0.373	0.310	0.449	0.310	0.239
40	0.428	0.320	0.266	0.383	0.266	0.206
50	0.380	0.284	0.237	0.340	0.237	0.184
60	0.344	0.258	0.216	0.308	0.216	0.167
70	0.318	0.238	0.199	0.285	0.199	0.155
80	0.297	0.223	0.186	0.266	0.186	0.145
90	0.278	0.209	0.175	0.249	0.175	0.136
100	0.263	0.198	0.166	0.236	0.166	0.129

参 考 文 献

[1] 梁晋文,何贡.误差理论与数据处理[M].北京:中国计量出版社,1988.
[2] 交通运输部.公路工程质量检验评定标准 第一册 土建工程:JTG F80/1—2017[S].北京:人民交通出版社股份有限公司,2018.
[3] 交通运输部.公路路基路面现场测试规程:JTG 3450—2019:[S].北京:人民交通出版社股份有限公司,2019.
[4] 交通运输部.公路工程技术标准:JTG B01—2014[S].北京:人民交通出版社股份有限公司,2015.
[5] 交通运输部.公路工程无机结合料稳定材料试验规程:JTG E51—2009[S].北京:人民交通出版社,2009.
[6] 交通运输部.公路工程沥青及沥青混合料试验规程:JTG E20—2011[S].北京:人民交通出版社,2011.
[7] 交通运输部.公路工程水泥及水泥混凝土试验规程:JTG 3420—2020[S].北京:人民交通出版社股份有限公司,2020.
[8] 盛安连.路基路面检测技术[M].北京:人民交通出版社,1996.
[9] 赵汉寿.路面结构检测与测试技术[M].北京:人民交通出版社,1983.
[10] 应国兰,过大江.工程检测基础[M].上海:同济大学出版社,1986.
[11] 国家建筑工程质量监督检测中心.混凝土无损检测技术[M].北京:中国建材工业出版社,1996.
[12] 朱之基.混凝土灌注桩质量无损检测技术[M].北京:人民交通出版社,1993.
[13] 周若愚.公路工程现场测试技术[M].北京:人民交通出版社,2001.
[14] 徐培华,陈忠达.路基路面试验检测技术[M].北京:人民交通出版社,2000.
[15] 徐日昶,王博仪,赵家奎.桥梁检测[M].北京:人民交通出版社,1992.
[16] 沙庆林.公路压实与压实标准[M].北京:人民交通出版社,2000.
[17] 胡大林.桥涵工程试验检测技术[M].北京:人民交通出版社,2001.
[18] 住房和城乡建设部.建筑地基基础设计规范:GB 50007—2011[S].北京:中国建筑工业出版社,2011.
[19] 交通运输部.公路桥涵地基与基础设计规范:JTG 3363—2019[S].北京:人民交通出版社股份有限公司,2019.
[20] 交通运输部.公路土工试验规程:JTG 3430—2020[S].北京:人民交通出版社股份有限公司,2020.
[21] 习应祥,卓知学,杨煜惠.道路工程与材料质量与检测[M].长沙:湖南地图出版社,1989.
[22] 吴慧敏.结构混凝土现场检测技术[M].长沙:湖南大学出版社,1988.

[23] 交通运输部.公路路面基层施工技术细则:JTG/T F20—2015[S].北京:人民交通出版社股份有限公司,2015.

[24] 交通运输部.公路水泥混凝土路面施工技术规范:JTG/T F30—2014[S].北京:人民交通出版社,2014.

[25] 交通运输部.公路水泥混凝土路面养护技术规范:JTJ 073.1—2001[S].北京:人民交通出版社,2001.

[26] 交通运输部.公路桥梁板式橡胶支座:JT/T 4—2019[S].北京:人民交通出版社股份有限公司,2019.

[27] 范智杰,何少平,等.隧道施工与检测技术[M].北京:人民交通出版社,2006.

[28] 陈建勋,马建秦.隧道工程试验检测技术[M].北京:人民交通出版社,2005.

[29] 交通运输部.公路工程土工合成材料试验规程:JTG E50—2006[S].北京:人民交通出版社,2006.

[30] 交通运输部.公路隧道施工技术规范:JTG 3660—2020[S].北京:人民交通出版社股份有限公司,2020.

[31] 住房和城乡建设部.建筑基桩检测技术规范:JGJ 106—2014[S].北京:中国建筑工业出版社,2014.

[32] 交通运输部.公路工程基桩检测技术规程:JTG/T 3512—2020[S].北京:人民交通出版社股份有限公司,2020.

[33] 国家铁路局.铁路工程地质原位测试规程:TB 10018—2018[S].北京:中国铁道出版社,2018.

[34] 交通运输部.公路桥梁伸缩装置:JT/T 327—2016[S].北京:人民交通出版社股份有限公司,2016.

[35] 中国交通企业管理协会.模数式伸缩装置通用技术条件:JTQX-2011-12-2[S].北京:人民交通出版社,2011.

[36] 吴佳晔.土木工程检测与测试[M].北京:北京高等教育出版社,2015.

[37] 吕小彬,吴佳晔.冲击弹性波理论与应用[M].北京:中国水利水电出版社,2016.

[38] 中国工程建设标准化协会.超声法检测混凝土缺陷技术规程:CECS 21:2000[S].北京:中国建筑工业出版社,2000.

[39] 交通运输部.冲击回波法检测混凝土缺陷技术规程:JGJ/T 411—2017[S].北京:中国建筑工业出版社,2017.

[40] 交通运输部.混凝土中钢筋检测技术规程:JGJ/T 152—2019[S].北京:中国建筑工业出版社,2019.

[41] 交通运输部.公路交通安全设施设计规范:JTG D81—2017[S].北京:人民交通出版社股份有限公司,2017.

[42] 交通运输部.公路交通安全设施质量检验抽样方法:JT/T 495—2014[S].北京:人民交通出版社,2014.

[43] 交通运输部.公路工程竣(交)工验收办法与实施细则:交公路发[2010]65号[S].北京:人民交通出版社,2010.

[44] 交通运输部,公安部.道路交通标志和标线:GB 5768[S].北京:中国标准出版社,2019.

[45] 全国交通工程设施(公路)标准化技术委员会.道路交通标志板及支撑件:GB/T 23827—2021[S].北京:人民交通出版社股份有限公司,2021.

[46] 交通运输部.路面标线涂料:JT/T 280—2022[S].北京:人民交通出版社股份有限公司,2022.

[47] 全国交通工程设施(公路)标准化技术委员会.路面标线用玻璃珠:GB/T 24722—2009[S].北京:中国标准出版社,2009.

[48] 交通运输部.钢质活节式灯桩通用技术条件:JT/T 712—2008[S].北京:人民交通出版社,2008.

[49] 全国交通工程设施(公路)标准化技术委员会.防眩板:GB/T 24718—2009[S].北京:中国标准出版社,2009.

[50] 全国交通工程设施(公路)标准化技术委员会.波形梁钢护栏:GB/T 31439—2015[S].北京:中国标准出版社,2015.

[51] 全国交通工程设施(公路)标准化技术委员会.突起路标:GB/T 24725—2009[S].北京:中国标准出版社,2009.

[52] 全国交通工程设施(公路)标准化技术委员会.太阳能突起路标:GB/T 19813—2005[S].北京:中国标准出版社,2005.

[53] 全国交通工程设施(公路)标准化技术委员会.轮廓标:GB/T 24970—2010[S].北京:中国标准出版社,2010.

[54] 全国交通工程设施(公路)标准化技术委员会.隔离栅:GB/T 26941—2011[S].北京:中国标准出版社,2011.

[55] 交通运输部.公路护栏安全性能评价标准:JTG B05-01—2013[S].北京:人民交通出版社,2013.

[56] 中国工程建设标准化协会.冲击弹性波法检测混凝土缺陷技术规程技术规程:T/CECS 925—2021[S].北京:中国计划出版社,2021.

[57] 交通运输部.公路路基路面现场测试规程:JTG 3450—2019.北京:人民交通出版社股份有限公司,2019.

[58] 水利部.水工混凝土结构缺陷检测技术规程:SL 713—2015.北京:中国水利水电出版社,2015.

[59] 住房和城乡建设部.普通混凝土长期性能和耐久性能试验方法:GB/T 50082—2009.北京:中国建筑工业出版社,2009.

[60] 福建省交通运输厅.公路混凝土桥梁预应力施工质量检测评定技术规程:DB35/T 1638—2017.

[61] 中国工程建设标准化协会.公路桥梁锚下有效预应力检测技术规程:T/CECS G:J51-01—2020.北京:人民交通出版社,2020.

[62] 中国工程建设标准化协会.冲击弹性波法检测混凝土缺陷技术规程:T/CECS 925—2021.北京:中国计划出版社,2021.

[63] 重庆市交通运输委.桥梁预应力及索力张拉施工质量检测验收规程:CQJTG/T

F81—2009.

[64] 交通运输部公路科学研究所.公路桥梁预应力孔道压浆密实度冲击弹性波检测技术指南:T/CHTS 10012—2019.北京:人民交通出版社股份有限公司,2019.

[65] 交通运输部.公路工程质量检验评定标准 第一册 土建工程:JTG F80/1—2017.北京:人民交通出版社股份有限公司,2017.

[66] 福建省交通运输厅.公路钢质护栏立柱埋深冲击弹性波检测技术规程:DB35/T 1961—2021.福建:福建省市场监督管理局,2021.